D1785464

Philosophische Arbeiten

herausgegeben

von

Hermann Cohen und **Paul Natorp**
in Marburg i. H.   in Marburg i. H.

Erster Band
1906—1907

ALFRED TÖPELMANN
(vormals J. Ricker'sche Verlagsbuchhandlung)
GIESSEN 1907

In the interest of creating a more extensive selection of rare historical book reprints, we have chosen to reproduce this title even though it may possibly have occasional imperfections such as missing and blurred pages, missing text, poor pictures, markings, dark backgrounds and other reproduction issues beyond our control. Because this work is culturally important, we have made it available as a part of our commitment to protecting, preserving and promoting the world's literature. Thank you for your understanding.

Inhalt des ersten Bandes

168368

Ernst Cassirer

Der kritische Idealismus und die
Philosophie des „gesunden Menschenverstandes"

———————

Der kritische Idealismus

und die

Philosophie des „gesunden Menschenverstandes"

von

Ernst Cassirer
Dr. phil.

ALFRED TÖPELMANN

(vormals J. Ricker'sche Verlagsbuchhandlung)

GIESZEN 1906

Philosophische Arbeiten

herausgegeben von

Hermann Cohen und Paul Natorp
in Marburg in Marburg

1. Band 1. Heft

Der Kantischen Philosophie ist ein neuer Retter erstanden.
Wenn sie bisher durch den Streit der Schulen bis zur Unkennt-
lichkeit entstellt wurde, wenn die Fülle und der Gegensatz der
Auslegungen sie immer mehr zu verdunkeln drohte, so ist nunmehr endlich die Lösung des Rätsels gefunden, das uns seit
einem Jahrhundert gequält hat. Und so klar und einleuchtend
ist diese Lösung, daß vor ihr jeder Widerspruch verstummen
wird. Die Anarchie der philosophischen Sekten und Lehr-
meinungen muß nun von selbst schwinden: die Philosophie
steht endlich im Begriff, das Ziel zu erreichen, das Kant selber
vergeblich für sie ersehnt hat. Sie wandelt sich zu einer evidenten Wissenschaft, die fortan an logischem Range weder der
Mathematik noch der mathematischen Naturwissenschaft nach-
steht. An die Stelle schwankender Parteimeinungen tritt ein
exaktes Lehrgebäude; an die Stelle des zügellosen Spiels der Ori-
ginalitätssucht tritt die strenge schulgemäße Ausbildung. Solche
Erhöhung und Festigung ihres Wertes aber verdankt die Philosophie lediglich der neuen Methode, auf die sie gegründet
wird. Eine Methode, die freilich heute noch kaum gekannt und
verstanden wird: die aber nichtsdestoweniger die alleinige und
sichere Gewähr für allen künftigen Fortschritt in sich birgt.

Derartige Ankündigungen und Versprechungen müssen das
lebhafte Interesse aller derer wachrufen, denen „Philosophie am
Herzen liegt". Und die Erwartung wird noch höher gespannt,
wenn man hört, welche geschichtlichen Schutzpatrone die neue
Ansicht sich erwählt. Es ist die Lehre von Jakob Friedrich
Fries und E. F. Apelt, an die sie wiederum anknüpft, die sie
erst wahrhaft beleben und den Zeitgenossen verständlich machen
will. Der Name dieser Männer muß in der Tat ein günstiges

Vorurteil erwecken; waren sie es doch, die mitten in dem metaphysischen Getriebe ihrer Zeit den Blick unbeirrt auf das wesentliche Objekt gerichtet hielten, auf das Kant die philosophische Forschung für immer verwiesen hatte: auf die Prinzipien der Mathematik und der mathematischen Naturwissenschaft. Sie haben, wie immer man über ihre endgültigen Lösungen urteilen mag, die Grundfrage der theoretischen Philosophie lebendig gehalten und sie der Folgezeit rein überliefert. Wenn die Erneuerung und Deutung ihrer Lehre mit wissenschaftlicher Gründlichkeit durchgeführt wird, wenn sie an spekulativer Tiefe ihren Gegenstand erreicht: so dürfen wir von hier aus in der Tat eine Belebung der allgemeinen philosophischen Bildung der Zeit erhoffen.

Der Führer freilich, der sich uns anbietet, um uns zu diesem Ziel zu geleiten, Herr Leonard Nelson[1], hat uns den Eingang in das System nicht eben erleichtert. Sein Stil trägt überall dem Tagesgeschmack Rechnung, den seine Philosophie zu bekämpfen behauptet. Nicht in ruhiger und sachlicher Erörterung werden die Grundlagen der Friesschen Lehre vor uns klargelegt, sondern immer wieder lenkt die Betrachtung zu polemischen Exkursen ab und ergeht sich in pathetischen Beteuerungen oder Angriffen. Die Art, in der Nelson die Gegner der Friesschen Auffassung abzufertigen sucht, kann nur zur Verwirrung, nicht zur Klärung des eigentlichen Streitpunktes dienen. Nirgends gönnt er ihnen eine klare und zusammenfassende Darstellung ihrer Ansicht; immer von neuem unterbricht er sein Referat mit höhnischen Glossen und Zwischenbemerkungen. Wir verzichten darauf, ihm gegenüber das gleiche Verfahren zu üben. Wir wollen die Lehre Nelsons kennen lernen, ehe wir sie beurteilen; wir wollen sie so getreu als möglich wiedergeben und ihren eigentlichen Kern herausstellen, ehe wir über ihren Wert und die Stellung, die ihr innerhalb der Geschichte der Philosophie gebührt, eine Entscheidung fällen.

---

[1] Leonard Nelson, Die kritische Methode und das Verhältnis der Psychologie zur Philosophie. — Jakob Friedrich Fries und seine jüngsten Kritiker. (Abhandlungen der Friesschen Schule; Neue Folge, Heft 1 u. 2.) Göttingen 1904/05.

I.

Wenn wir nach den Gründen der Streitigkeiten fragen, die
die philosophischen Schulen bisher entzweit haben — so beginnt
Nelson seine Argumentation —, so werden wir alsbald finden,
daß der Gegensatz immer nur die Aussprache und die Formulierung der Prinzipien, nicht ihre konkrete Anwendung und
Handhabung betraf. Im wirklichen Leben folgen wir alle denselben Grundsätzen, gleichviel, welcher abstrakten Lehrmeinung
wir uns zuneigen mögen. Zwiespältig und strittig werden unsere
Meinungen erst dann, wenn wir versuchen, sie zu einem begrifflichen Ganzen zusammenzuschließen, sie zu zerlegen und allgemein auszusprechen. Haben wir diesen Unterschied aber erst
einmal erfaßt, so besitzen wir damit bereits ein sicheres Mittel,
uns vor allem Irrtum zu schützen. Es gilt nur, eine Methode
ausfindig zu machen, die diesen primitiven Urstand unserer
Erkenntnis, von dem die philosophische Reflexion uns immer
mehr entfernt hat, wieder zurückerschafft: es gilt diejenige
Philosophie wieder in uns herzustellen, die uns als „Natur-
anlage" von Anfang an gegeben ist. „Diese Unterscheidung
gibt uns daher ein Mittel an die Hand, den Prinzipienstreit zu
schlichten. Greifen wir nämlich aus den Erfahrungen des
Lebens solche Urteile und Beurteilungen heraus, über die Einig-
keit herrscht, so können wir diese zergliedern und so durch
ein regressives Verfahren den philosophischen Prinzipien
nachspüren, die in den vorliegenden Urteilen und Beurteilungen
zur Anwendung kommen und gemeinsam vorausgesetzt werden.
Durch fortgesetzte Zergliederung und Abstraktion von den besonderen Anwendungen müssen wir schließlich auf irgendwelche
letzte und höchste Voraussetzungen kommen, und diese werden
wir dann für sich herausheben können." (Seite 4f.)

In diesem Verfahren ist, wie Nelson hervorhebt, der gewöhnliche Gang der Beweisführung, wie er sonst in der Wissenschaft angewandt wird, direkt in sein Gegenteil verkehrt. Wenn
man sonst von den Gründen zu den Folgen herabsteigt, so soll
hier umgekehrt der Grund erst durch die Folgen bestätigt
werden. Wir können die ersten Prinzipien und ihre Geltung
nicht aus höheren Gründen ableiten: wir können sie nur in
den abgeleiteten Ergebnissen selbst „aufweisen", sofern wir
zeigen, daß sie in ihnen implicite als Voraussetzung enthalten
sind. Es gibt keine andere Bewährung eines Grundsatzes,

als indem wir dartun, daß er in allen unseren empirischen Urteilen in tatsächlichem G e b r a u c h ist. Und es wäre ein verderblicher Irrglaube, wenn man diese rein faktische Aufzeigung eines Grundsatzes vom logischen Standpunkt aus als minderwertig betrachten würde. Die Philosophie hat es nur deshalb noch nicht zum Rang einer evidenten Wissenschaft gebracht, weil man sich von diesem p r i n z i p i e l l e n M i ß v e r s t ä n d n i s nicht loszumachen vermochte: weil man von ihr verlangt hat, daß sie ihre Grundsätze b e w e i s e n solle. „Es ist ein ganz irriges logisches Vorurteil, daß sich alle Wahrheit beweisen lassen müsse. Durch alle Beweise können wir vielmehr nichts erkennen und entdecken, was nicht schon implicite in den Grundsätzen lag, wir können uns nur dieses deutlicher machen und klarer zum Bewußtsein bringen. Beweise sind nur notwendig und möglich für mittelbare, abgeleitete Sätze, aber ebenso unnötig wie unmöglich für Grundsätze." (Seite 5.)

Schon in diesen ersten einleitenden Sätzen haben wir daher einen neuen Einblick in das Wesen des „Kritizismus" erhalten, das bisher fast allgemein verkannt worden ist. Der „Kritizismus in der Philosophie" besteht in nichts anderem als „in der Befolgung der regressiven Methode" (Seite 7). Wo immer wir von der Aufstellung von Prinzipien ausgehen, um aus ihnen in deduktiver Ableitung die Folgerungen zu entwickeln, da gehen wir d o g m a t i s c h, wo immer wir dagegen gegebene Urteile und Beurteilungen des tatsächlichen Lebens zugrunde legen, um sie in ihre Bedingungen zu zerlegen und damit die Prinzipien, auf die sie sich stützen, erst zu entdecken, da gehen wir k r i t i s c h vor. Nun befolgt zwar auch die e m p i r i s c h e Wissenschaft einen ähnlichen analytischen Gang, indem auch sie mit den Einzeltatsachen beginnt, um rückschreitend aus ihnen das allgemeine Gesetz zu gewinnen. Von der „abstraktiven" Methode der Philosophie aber ist dies Verfahren der i n d u k t i v e n Forschung doch in seiner Tendenz und seinem Ergebnis deutlich unterschieden. Die Induktion führt niemals auf Grundsätze, sondern immer nur auf Lehrsätze; die allgemeinen und notwendigen Wahrheiten sind für sie nicht das Ziel, bei dem sie endet, sondern immer schon der Anfang, den sie allenthalben voraussetzen muß. Die kritische Philosophie hingegen nimmt den T a t b e s t a n d unserer Urteile hin, wie sie ihn vorfindet, nicht um seine Wahrheit zu beweisen, noch um seine Entstehung zu erklären, „sondern um aus ihm die reine begriffliche Erkenntnis zu a b s t r a h i e r e n und auf ihre obersten Prinzipien zurückzuführen. Hat sie diese gefunden, so stellt sie sie als System der Philosophie auf". (Seite 9 f.)

Es ist demnach klar, daß die letzten Ergebnisse dieser Philosophie von jenen ersten Zugeständnissen, die wir der naiven Vorstellung entnommen haben, ihrem Werte nach abhängig bleiben. Nur sofern wir faktisch gewisse Gesetze anerkennen, müssen wir auch die logischen Bedingungen ihrer Möglichkeit einräumen (Seite 12 f.). Das Verfahren der „Reflexion", kraft dessen wir uns die Grundgesetze zum klaren und deutlichen Bewußtsein bringen, erschafft doch keineswegs ihren eigentlichen Erkenntniswert. Die Reflexion kann nur aus gegebenen Wahrheiten Folgerungen ableiten; sie kann Prämissen, die unabhängig von ihr feststehen, weiter aufklären und verdeutlichen, aber sie ist unfähig, irgendeine fundamentale Wahrheit schöpferisch aus sich hervorgehen zu lassen. Wollen wir uns eines solchen produktiven Urgrundes des Wissens versichern, so müssen wir uns hierfür auf ein anderes seelisches Vermögen stützen. „Der Grund der obersten Urteile muß .... unabhängig von der Reflexion in einer unmittelbaren Erkenntnis liegen, die selbst die obersten Gründe für alle Urteile, d. h. für alle mittelbare Erkenntnis enthält. Eine solche unmittelbare Erkenntnis ist die Anschauung, sowohl die empirische Anschauung als Grund aller empirischen Urteile, wie die mathematische Anschauung als Grund aller mathematischen Urteile. Die Einheit und Notwendigkeit aber, die wir faktisch in unserm Denken finden, und die wir durch die metaphysischen Grundsätze aussprechen, kann nicht aus der Anschauung entspringen, denn sie kommt uns nur durch Reflexion zum Bewußtsein. Ihr Ursprung kann aber auch — sofern sie synthetische Einheit ist — nicht in der Reflexion liegen, da sie vielmehr schon eine Voraussetzung jeden Urteils der Reflexion bildet. Es gibt folglich eine unmittelbare Erkenntnis nicht anschaulicher Art, die den Grund unserer metaphysischen Urteile bildet. Wir nennen sie die unmittelbare Erkenntnis der reinen Vernunft." (Seite 17 f.)

Haben wir die Notwendigkeit einer solchen unmittelbaren Erkenntnis einmal eingesehen, so haben wir damit den Archimedischen Punkt entdeckt, von dem alle Philosophie fortan ihren Ausgang nehmen kann. Jetzt brauchen wir keine Schwierigkeiten mehr zu fürchten, da wir gegen alle Einwände, die sich gegen unsere Methode erheben können, von vornherein gerüstet sind. „Aller Streit um Irrtum und Wahrheit, aller Zweifel und alle Ungewißheit bezieht sich auf die Urteile der Reflexion und betrifft ihre Vergleichung mit der unmittelbaren Erkenntnis, die sie wiederholen. Um diese unmittelbare Erkenntnis kann gar kein Streit sein, ihre Gewissheit kann nie in Frage gestellt und des Irrtums verdächtigt werden, denn Irrtum ist nur Abweichung von der unmittelbaren Erkenntnis, falsche Wiederholung der unmittelbaren Erkenntnis, falscher Ausspruch der unmittelbaren Erkenntnis. Diese liegt daher der Möglichkeit des Irrtums bereits zugrunde; wer sie für irrig erklärt, widerspricht sich selbst, der weiß nicht, was die Worte Irrtum und Wahrheit bedeuten. Aller Irrtum und Zweifel gehört der Reflexion und kann die unmittelbare Erkenntnis nicht antasten." (Seite 18 f.) Damit aber ergibt sich freilich zugleich unwidersprechlich, daß alle unsere Gewißheit — sowohl die von den mathematischen, wie die von den metaphysischen Grundurteilen — „dem gewöhnlichen Vorurteil entgegen" lediglich auf subjektivem Grunde, nicht auf objektiven Kriterien beruhen kann. Wir können niemals unsere Vorstellung mit dem Gegenstand, sondern immer nur unsere mittelbaren Urteile mit den unmittelbaren Erkenntnissen der Vernunft vergleichen und an ihnen messen. Da uns aber Erkenntnisse überhaupt nicht anders als durch innere Erfahrung zugänglich werden, so steht damit weiterhin fest, daß die Kritik des Erkennens nicht anders als psychologisch verfahren kann, d. h. daß sie selbst Wissenschaft aus innerer Erfahrung sei. Die Deduktion der metaphysischen Grundsätze ist also ein Geschäft der Psychologie. Es wird „möglich sein, ohne mit den philosophischen Prinzipien selbst in abstracto zu operieren, sie auf empirischem Wege zu deduzieren". (Seite 26.) Der inneren Selbstbeobachtung bleibt daher die letzte und höchste Entscheidung über unsere Erkenntnis überlassen. Diese „subjektive Wendung aller Spekulation" überhebt uns aller vorlauten Zweifel und Fragen des abstrakten, reflektierenden Denkens. Dem Verfahren gegenüber, das hier geübt wird, ist „Skeptizismus gar nicht anzubringen", „eben weil wir dabei ganz auf dem Boden der Tatsachen bleiben, die einem jeden zur Beobachtung offen liegen, ohne uns irgend auf metaphysische Erörterungen oder Hypothesen einzulassen". (Seite 26.) Die einzige Voraussetzung, die wir hierbei machen müssen, ist das Faktum des Selbstvertrauens der Vernunft. Dieser Grundsatz „verdient allein den Namen eines kritischen (oder transzendentalen) Prinzips, sofern darunter ein Satz verstanden wird, der, ohne selbst metaphysisch zu sein, ein Kriterium

der Legitimität metaphysischer Sätze an die Hand gibt. Denn
er enthält die Legitimität aller Sätze, die ihren Ursprung in
der reinen Vernunft und mithin sich selbst als metaphysische
Grundsätze erweisen können . . . . Jedes andere angeblich
kritische Prinzip, als der Grundsatz des Selbstvertrauens der
Vernunft ist entweder zu eng, indem es unsere metaphysischen
Befugnisse willkürlich einschränkt, oder zu weit, indem es die
Ansprüche der Metaphysik ungebührlich ausdehnt". (Seite 31.)
So rührt z. B. „der Mangel an Konzentration in der Kantischen
Lehre" lediglich daher, daß ihr das hier entdeckte einheitliche
Prinzip, das erst Fries mit Sicherheit ergriffen und bestimmt
hat, noch fehlte. (Seite 31 f.) Die ursprüngliche, vor der mittelbaren Erkenntnis der Reflexion schon vorausgehende Erkenntnis
der Vernunft, die indessen keine Anschauung ist, sondern
uns trotzdem nur mittels des reflektierenden Verstandes zu
Bewußtsein kommt, blieb Kant verschlossen, womit ihm denn
auch der eigentliche Grund der Apodiktizität in unseren Urteilen
unklar blieb. (Seite 62 f.) „So sehr Kant sich daher auch bemüht,
die subjektive Deduktion von der objektiven zu unterscheiden,
so hat er doch infolge des Mißverständnisses des Transzendentalen ihre psychologische Natur verkannt und ihr, aus Furcht,
in die physiologische Ableitung zu geraten, eine irreführende
objektive Wendung gegeben. So hat er uns mit seiner Arbeit
gleichsam nur ein Problem, ein Rätsel in die Geschichte der
Philosophie geworfen, dessen Auflösung ihm selbst verborgen
geblieben ist." (Seite 64.)

II.

Wir sind am Ende unserer Darstellung der Nelsonschen
Lehre. Wir haben ihren Inhalt, ohne kritische Einwürfe und
Zwischenbemerkungen, so genau und prägnant wie möglich
wiederzugeben gesucht. Der Grundriß des Systems ist in den
Sätzen, die wir bis hierher kennen gelernt haben, endgültig
entworfen und abgesteckt; was Nelson hinzufügt, sind nur
noch rhetorische Ausschmückungen oder polemische Herzens-
ergießungen. Nach den Verheißungen, die uns am Eingang
empfingen, muß sich jetzt freilich ein Gefühl der Enttäuschung
in uns regen. Dies also ist die entscheidende Entdeckung, die
der Anarchie der philosophischen Schulen ein Ende machen
und die Philosophie in den sicheren Gang der Wissenschaft
leiten sollte; dies der Gedanke, der bisher von aller Spekulation

verkannt wurde, fortan aber als „konstitutives Prinzip der Metaphysik" gelten muß? Das „Vertrauen der Vernunft zu sich
selbst": nun, wir denken es nicht zu schmälern oder zu bekämpfen. Aber wir waren bisher der Meinung, daß die Philosophie, daß insbesondere die Erkenntniskritik die Aufgabe
hätte, an Stelle des blinden Glaubens die Rechtfertigung
der Prinzipien zu setzen, daß sie nicht nur die tatsächliche
empirische Anwendung der logischen Grundsätze aufzuweisen,
sondern auch deren Notwendigkeit und objektive Gültigkeit
darzutun hätte. Jetzt sehen wir, daß eben diese Ansicht das
— Vorurteil ist, das uns von der unbefangenen Würdigung des
Nelsonschen „Standpunktes" noch trennt. Um uns von diesem
Vorurteil zu befreien, werden wir nicht nur unsere Anschauung
vom Wesen der Philosophie, wir werden auch unsere Auffassung von ihrer geschichtlichen Entwicklung zu korri-
gieren haben. Glücklicherweise ist es Nelson selbst, der uns
hierzu die Hand bietet, indem er seine theoretischen Erörterungen durch ein Schema ergänzt, in welchem er den bisherigen
Fortgang oder vielmehr Irrgang der spekulativen Forschung
beschreibt. Wenn Kant einmal den Gedanken einer „philosophischen Archäologie" ausspricht, die die „Fakta der Vernunft",
die sie aufstellt, dennoch nicht von der Geschichtserzählung
entlehnt, sondern sie aus der „Natur der menschlichen Vernunft"
selbst zieht: so sollen sich die bisherigen abstrakten Entwicklungen Nelsons daran bewähren, daß sie uns unmittelbar in den
Stand setzen, das Schema dieser philosophischen Archäologie
aufzustellen. „Dies Schema ist der Organisation der Vernunft
selbst nachgebildet. Der psychologische Gesichtspunkt, nach
dem es entworfen ist, verbürgt einerseits seine Vollständigkeit
rücksichtlich der Mannigfaltigkeit aller möglichen historischen
Formen, andrerseits die Unabhängigkeit aller Momente seiner
Einteilung von historisch gegebenen oder willkürlich erdachten
Maßstäben. Es gibt uns daher einen sicheren Leitfaden an die
Hand, an dem sich alle methodologisch bedeutsamen Fortschritte und Irrtümer in der Geschichte der philosophischen
Wissenschaften nach Prinzipien übersehen und bis auf ihre
Quelle in der Vernunft selbst zurückführen lassen." (Seite 55 f.)
Man versteht die bisherige Gestaltung der Philosophie, wenn
man sich gegenwärtig hält, daß sie das eigentliche Losungswort,
das alle Schwierigkeiten mit einem Schlage beseitigt, daß sie
die unmittelbare Erkenntnis der Vernunft, die weder anschaulichen noch logischen Ursprungs ist, nicht zu begreifen und

herauszustellen vermochte. Ihr gelten als einzige Erkenntnis-
quellen Anschauung und Reflexion, womit sie „zwar der
reinen Mathematik und Empirie, nicht aber dem Metaphysischen
in unserer Erkenntnis gerecht werden konnte." An diesem gemeinsamen Irrtum krankt der Platonismus, wie der Aristotelismus und mit ihm alle seine Spiel- und Abarten, die er in
der Entwicklung der Philosophie gezeigt hat. Man suchte
entweder die obersten Grundsätze zu beweisen, womit man
in den Fehler verfiel, aus bloßer formaler Logik Metaphysik
machen zu wollen oder aber man erkannte ihre Unerweislichkeit,
berief sich aber, um die Prinzipien doch nicht ohne Begründung
zu lassen, auf die „mystische Fiktion" einer nichtsinnlichen,
intellektuellen Anschauung. Wer schließlich beide Auswege
verwarf, dem blieb nichts übrig, als die Realität dieser Prinzipien selbst zu leugnen und sich so einem schrankenlosen
Empirismus in die Arme zu werfen. Aus diesen Erwägungen
wird man die folgende graphische Darstellung der Philosophie-
geschichte verstehen, die Nelson entwirft und die zu wertvoll
ist, als daß wir sie hier den Lesern vorenthalten sollten. (Siehe
das Schema Seite 10.)

Wer sich in die Betrachtung dieser Figur versenkt, dem
muß sich gleichsam sinnlich die Gewißheit aufdrängen, daß alle
bisherigen Versuche, die Philosophie zu begründen, daß Rationalismus wie Mystizismus, Empirismus wie Apriorismus nur
kindliche Vorstufen des wahren Systems gewesen sind. „Es
läßt sich ohne Mühe zeigen, daß fast jeder selbständige speku-
lative Kopf in der Geschichte der Philosophie dieser Entdeckung
mit größerer oder geringerer Deutlichkeit auf der Spur war,
sich aber durch das seine Zeit beherrschende dogmatische Vorurteil hindern ließ, dieser Entdeckung nachzugehen. Platons göttliche Anschauung der Ideen, der νοῦς des Aristoteles, bei den
Neueren Jacobis „Offenbarung", Kants „transzendentale Apperzeption", Reinholds „unmittelbares Bewußtsein", Fichtes „reines
Ich", Schellings „intellektuelle Anschauung" und so fort bis auf
Windelbands „Normalbewußtsein" und Rickerts „Sollen als trans-
zendentes Minimum": das alles sind nur mehr oder weniger un-
beholfene Versuche, von der bloßen Reflexion zur unmittelbaren
Erkenntnis der reinen Vernunft herüberzukommen." (Seite 53 f.)
Ob Nelson diese seine summarische Auffassung von der welt-
historischen Entwicklung des Denkens von Fries, ob er sie
insbesondere von Ernst Friedrich Apelt, einem der ersten
und tiefsten Geschichtschreiber der logischen und wissenschaft-

Das Nelsonsche „Schema."

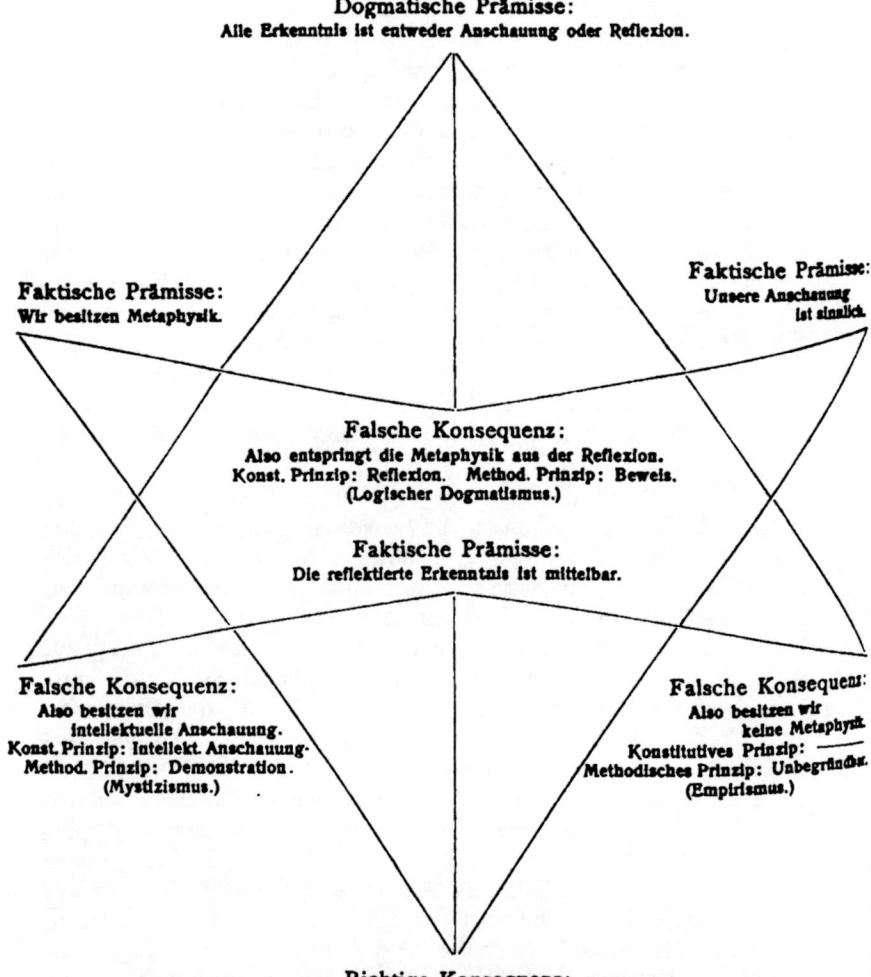

Dogmatische Prämisse:
Alle Erkenntnis ist entweder Anschauung oder Reflexion.

Faktische Prämisse:
Wir besitzen Metaphysik.

Faktische Prämisse:
Unsere Anschauung
ist sinnlich.

Falsche Konsequenz:
Also entspringt die Metaphysik aus der Reflexion.
Konst. Prinzip: Reflexion.   Method. Prinzip: Beweis.
(Logischer Dogmatismus.)

Faktische Prämisse:
Die reflektierte Erkenntnis ist mittelbar.

Falsche Konsequenz:
Also besitzen wir
intellektuelle Anschauung.
Konst. Prinzip: Intellekt. Anschauung.
Method. Prinzip: Demonstration.
(Mystizismus.)

Falsche Konsequenz:
Also besitzen wir
keine Metaphysik.
Konstitutives Prinzip: ———
Methodisches Prinzip: Unbegründb.
(Empirismus.)

Richtige Konsequenz:
Die Metaphysik entspringt aus nicht anschaulicher, unmittelbarer Erkenntnis.
Konstitutives Prinzip: Unmittelbare Erkenntnis der reinen Vernunft.
Methodisches Prinzip: Deduktion.
(Kritizismus.)

lichen Methodenlehre gelernt hat, das läßt sich füglich bezweifeln. Was mich betrifft, so bekenne ich, selber noch
zu „unbeholfen" zu sein, um selbst unter dem suggestiven
Zwange des Nelsonschen Schemas den Fortschritt zu der neuen
Geschichtsansicht sogleich vollziehen zu können. Befragen
wir die allbekannten und unzweifelhaften Tatsachen der Geschichte selbst und sehen wir zu, welches Bild der philosophischen Gesamtentwicklung sich aus ihnen ergibt. Hier finden
wir denn mit einigem Erstaunen die „Entdeckung", die Nelson
an die Spitze stellt, als eigentlichen Ausgangs- und Anfangs-
punkt der Logik wieder. Daß Aristoteles, erfüllt von dem
Vorurteil des logischen Dogmatismus, auch die Wahrheit der
obersten Grundsätze nach dem Verfahren der „Reflexion" und
des Syllogismus zu beweisen unternommen habe, ist durchaus
unzutreffend: genau das Gegenteil ist der Fall. Einen „Mangel
an Bildung" nennt er es, wenn man nicht zu unterscheiden
vermag, von welchen Sätzen man einen Beweis suchen, von
welchen man ihn nicht suchen solle. „Denn daß es von allem
einen Beweis gebe, ist unmöglich, da dies ins unendliche ginge,
so daß es wiederum keinen Beweis gäbe." (Metaph. Γ 4, 1006a.)
Aller syllogistischen Ableitung, allem synthetischen Fortschritt
des Denkens müssen demnach nach ihm erste „unvermittelte"
Gewißheiten bereits zugrunde liegen, die lediglich „durch sich
selbst" erkannt werden (δι' αὐτῶν γνωρίζονται).[1] Und als psycho-
logisches Korrelat dieser „unmittelbaren" Erkenntnisse (ἄμεσα)
wird der Begriff der „Vernunft", als eines eigenen, von allen
sonstigen seelischen Funktionen streng gesonderten Vermögens
von Aristoteles geradezu geprägt. Von der Anschauung (φαν-
ταοία), wie von der abstrakten reflektierenden Denktätigkeit ist
der νοῦς, der die obersten Prinzipien aller Wissenschaft zu
seinem Gegenstand hat, gleich sehr unterschieden. Zugleich
ist er der Möglichkeit des Irrtums überhoben: die einfachen
Grundlagen aller Erkenntnis kann man nur besitzen oder nicht
besitzen; hat man sie aber einmal ergriffen, so ist eine Täuschung über sie fürderhin nicht länger möglich. (De anima, III,
6, 430; Metaphys. Θ 10, 1051 b.) Wie diese Aristotelische Lehre
sich innerhalb der griechischen Spekulation forterbte, wie sie
sich zu dem Stoischen System der notwendigen Grundbegriffe
der Vernunft verdichtet hat, die keiner anderen Bürgschaft als
der „allgemeinen Übereinstimmung" bedürfen; wie dieses System

---

[1] Analyt. prior. B., cap. 16.

schließlich wiederum auf die Anfänge des modernen Rationalismus, besonders auf Herbert v. Cherbury gewirkt hat: dies alles ist bekannt und braucht hier nicht näher ausgeführt zu werden.[1]

In neuer Form tritt uns der Gedanke sodann in der Lehre Descartes' entgegen. Das Kriterium der „klaren und deutlichen Perzeption" wird hier von neuem zum obersten Prinzip aller Gewißheit erhöht. Freilich erhält es nunmehr einen vertieften und originalen Sinn, da es den Zusammenhang bezeichnet, der zwischen der philosophischen Methodik Descartes' und seiner Grundlegung der Mathematik besteht. Die „dunklen Qualitäten" der Scholastik müssen aus der Naturerklärung schwinden: nur was sich völlig in die „Evidenz" der ersten mathematischen Begriffe und Gründe auflösen läßt, soll uns fortan ein wahrhaftes und wirkliches Sein bedeuten. Die abstrakte Schlußfolgerung wird für die Ableitung der ersten mathematischen und metaphysischen Grundwahrheiten verworfen. Das Wissen, das wir von ihnen besitzen, stammt aus keinem syllogistischen Beweis, sondern es ruht ganz auf jener „inneren Erkenntnis", die aller abstrakten logischen Zergliederung vorangeht. (Responsiones VI, vgl. Correspondance, ed. Adam-Tannery, V, 138 u. ö.) Dennoch aber — und dies ist ein zweiter nicht minder wichtiger Zug seiner Lehre — ist die Anschauung ihm keineswegs der zureichende Grund dieser Wahrheiten. Schon die mathematischen Begriffe und Urteile haben ihm, wenngleich sie sich auf das Gebiet des anschaulichen Seins beziehen, dennoch in ihm nicht ihre letzte Stütze: Arithmetik, wie Geometrie gründen sich nicht auf die „Phantome der Einbildungskraft", sondern lediglich auf die „klaren und distinkten Begriffe unseres Geistes".[2] Die metaphysischen Begriffe vollends, die Gottesidee und die Idee des Unendlichen, werden prinzipiell jeder Möglichkeit einer direkten oder mittelbaren anschaulichen Erfassung entrückt und als Inhalte und Erzeugnisse des „reinen Verstandes" bezeichnet. Daß diese Inhalte uns nicht als fertige, psychische Daten mitgegeben sind, daß sie erst durch die Tätigkeit der Reflexion und des selbstbewußten Denkens erarbeitet und in unseren Besitz gebracht werden müssen: diese selbstverständliche Einsicht hat sich ein Descartes wahrlich nicht

---

[1]) Vgl. hierzu Dilthey, Die Autonomie des Denkens, der konstruktive Rationalismus und der pantheistische Monismus nach ihrem Zusammenhang im 17. Jahrhundert. Archiv f. Gesch. d. Philos. Bd. VII.
[2]) Correspondance III, 395; vgl. bes. Respons. V.

verhehlt. Wenn Hobbes die Idee der „Seele" damit zu vernichten meinte, daß er darauf hinwies, daß sie uns nicht unmittelbar bekannt sei, sondern erst durch rationales Denken
zustande komme („ratione colligitur"), so erteilt Descartes ihm
die bündige und schlagende Antwort, daß der Begriff der Seele
gerade dadurch, daß er auf diese Weise e r w o r b e n werden
müsse, erst zur Idee in seinem Sinne werde.[1] Und dennoch
ist es gerade dieser sein Grundbegriff der „klaren und deutlichen Perzeption", der Descartes, trotz aller seiner kritischen
Tiefe und seiner methodischen Vorsicht, zuletzt wiederum in
dem Bannkreis der Metaphysik gefangen hält. Jetzt erweist
es sich alsbald, wie zweideutig und fragwürdig die bloße Behauptung einer unmittelbaren, nicht weiter zu rechtfertigenden
Erkenntnis aus reiner Vernunft ist. D a s s e l b e Prinzip, das
dazu ausersehen war, die exakte Wissenschaft zu begründen
und ihren eigentümlichen Vorzug zu bezeichnen, wird nunmehr
der Ableitung von „Axiomen" dienstbar gemacht, die uns wieder
mitten in die Scholastik zurückversetzen. Vor allem aber
wird es innerhalb der Entwicklung der C a r t e s i s c h e n Schule
deutlich, daß die Mängel des Wahrheitskriteriums es sind,
die unaufhaltsam zu der stetigen Selbstauflösung des Systems
hinführen. Der Begriff der klaren und deutlichen Perzeption
wird zur eigentlichen geschichtlichen und sachlichen Krisis der
Cartesischen Philosophie.[2] Fortan wird dieser Begriff nicht
nur von den sensualistischen Gegnern bekämpft: auch innerhalb
des Rationalismus ist seine Rolle beendet. Leibniz spricht
nur noch mit unverhohlenem Spott von denen, die statt jeder
Rechtfertigung und jedes Beweises der obersten Grundsätze
sich nur auf ihre klaren und deutlichen Ideen und deren innere
psychologische Evidenz berufen. Aus der Polemik gegen eine
derartige Auffassung entwickelt sich sein eigenes Ideal der
Philosophie und sein System der „allgemeinen Charakteristik".
Die „unmittelbare" Erkenntnis im Sinne des Aristoteles ist
somit nunmehr von b e i d e n gegnerischen Parteien, die sich in
der neueren Erkenntnistheorie gegenüberstehen, verlassen; wenn
sie trotzdem noch nicht als völlig überwunden gelten kann, so
liegt dies daran, daß sie einen letzten Halt- und Stützpunkt in

---

[1]) Respons. III; objectio VII.

[2]) Vgl. die ausführliche Darlegung dieses Prozesses in meiner Schrift
„Das Erkenntnisproblem in der Philosophie und Wissenschaft der neueren
Zeit". Berlin 1906; Bd. I, Buch 3, Kap. 2.

der schottischen Schule, in der Lehre Reids und Beatties findet.

Schärfer und bestimmter hebt sich jetzt das Prinzip der Gesamtanschauung heraus, da die Fragen der formalen Logik, die bei Aristoteles dennoch vorherrschten, hier bereits völlig durch psychologische Interessen abgelöst und verdrängt sind. Alle Beweisführung — so argumentiert Reid — muß von ersten Prinzipien anheben, für die kein anderer Grund angegeben werden kann, als dies, daß wir durch die natürliche Beschaffenheit unseres Geistes (the constitution of our nature) gezwungen sind, ihnen zuzustimmen. Solche Prinzipien sind Teile unseres eigenen Wesens: das vermittelnde Denken kann sie weder hervorbringen, noch vernichten, noch auch den geringsten Schritt ohne sie tun. „Woher diese Prinzipien stammen, auf die ich all meine Schlußfolgerungen gründe, das weiß ich nicht; denn ich besitze sie länger als ich denken kann, aber ich bin sicher, daß sie zum Wesen meines Ich gehören und daß ich sie nicht ablegen kann."[1] Der Trieb, der mich an diese Grundsätze glauben lehrt, ist somit die letzte und notwendige Voraussetzung all unseres Wissens. Durch ihn werden wir sowohl der Realität der Außenwelt, wie der Existenz unseres eigenen Ich gewiß, deren wir uns durch abstrakte Verstandestätigkeit niemals versichern könnten. So wissen wir etwa um den notwendigen Zusammenhang, der zwischen Ursache und Wirkung besteht, lediglich durch ein derartiges natürliches Prinzip, das wir in uns tragen. Der Grundsatz der Kausalität kann nicht aus der Induktion stammen; denn alle Induktion setzt, um gültig zu sein, den Gedanken, daß die Natur stets gleichförmig und nach einer bestimmten Regel verfahre, voraus: er kann ebensowenig — wie Hume treffend gezeigt hat — das Ergebnis rationaler Schlußfolgerung sein. So bleibt nur übrig, ihn auf einen psychologischen „Instinkt" zurückzuleiten, kraft dessen wir die künftige Erfahrung antizipieren.[2] Das innere Zwangsgefühl, die „Suggestion", die uns nötigt, zwei Elemente der Erfahrung a und b in das Verhältnis von Ursache und Wirkung zu setzen: sie ist die einzige und nicht zu überbietende Gewähr der Gültigkeit des Kausalbegriffs.

Überblicken wir diese geschichtlichen Betrachtungen, so bietet sich uns nunmehr ein etwas anderes Bild, als das „Schema"

---

[1] Thomas Reid, An inquiry into the human mind. Edinburgh 1765, S. 111f. u. ö.

[2] A. a. O. S. 89ff., 346 ff. u. ö.

Nelsons es uns gezeigt hat. Was er eine fundamentale Entdeckung nennt, das ist nicht nur seit den Tagen des Aristoteles ein Gemeingut der Philosophie: es erweist sich auch,
von den Anfängen der modernen Erkenntniskritik ab, immer
deutlicher als ein gefährlicher Gemeinplatz, der durch den Fortschritt der wissenschaftlichen Analyse mehr und mehr zurück-
gedrängt wird. Nelson täuscht sich über die wahren geschichtlichen Ursprünge seines Systems, wenn er sich als Reformator
der Friesschen Lehre fühlt: was er in Wahrheit ergriffen und
wiederhergestellt hat, das ist die altbekannte Philosophie des
„Common sense". Zwar wir behaupten nicht, daß es inhaltlich
dieselben theoretischen und praktischen Grundsätze sind, für
deren Geltung er eintritt. An einigen dieser „unmittelbar evidenten Wahrheiten" hat die Zeit, hat die Wissenschaft eine zu
unerbittliche Kritik vollzogen, als daß man heute versuchen
könnte, sie von neuem zu behaupten. Aber die Methode,
nach welcher die Prinzipien aufgestellt und gegen alle Einwendungen verteidigt werden, ist die alte geblieben: und die
Methode allein ist es, die nach Nelsons eigenem Urteil über
den wahren Charakter einer Philosophie entscheidet.

III.

Stellen wir uns, um zunächst dieses geschichtliche Urteil
zu begründen, die Argumente, die Nelson für seine unmittelbare
Erkenntnis der Vernunft anzuführen weiß, noch einmal einzeln
vor Augen. Durch seine Schrift zieht sich, wie wir gesehen
haben, die Unterscheidung zweier heterogener Erkenntnismittel:
der Anschauung und der Reflexion. Wenn jene für sich genommen unfehlbar und keinem Truge unterworfen ist, so befinden wir uns mit dieser in dem Gebiet bloßer Wahrscheinlichkeit; wenn für jene keine tiefere Begründung, als ihre eigene
Sicherheit gesucht zu werden braucht, so muß diese mühsam
und beschwerlich auf den Krücken des Beweises fortschreiten.
Das Auszeichnende der „psychologischen" Methode liegt eben
darin: daß sie die Reflexion, die sie nicht zu entbehren vermag, dennoch Schritt für Schritt durch die Vergleichung mit
der unmittelbaren Anschauung kontrolliert und bewährt. Hier
bleiben wir ganz „bei der Beobachtung, d. h. bei der Erkenntnis
durch Sinnesanschauung stehen. Wir entfernen uns also nicht
in das Gebiet abstrakten Denkens und verlieren uns überhaupt
nicht in die Spitzfindigkeiten und Grübeleien mittelbarer Beweis-

verfahren, die der Gefahr des Irrtums um so mehr ausgesetzt sind, je mittelbarer sie sind, je weiter sie sich von der Anschauung entfernen. Je näher wir bei dieser, in unserem Falle der Selbstbeobachtung, bleiben, desto weniger sind wir logischen Fehlern ausgesetzt, und desto leichter lassen sich Fehler, wo sie dennoch vorkommen sollten, aufdecken und verbessern. Auch kommen wir so nicht in Gefahr, uns auf bloße Wahrscheinlichkeiten einzulassen. Denn alle Wahrscheinlichkeit gehört, wie der Irrtum, nur der Reflexion und beruht auf unvollständigen Schlüssen. Die Anschauung dagegen, von der wir uns nicht entfernen und auf die wir immer zurückgehen, ist überhaupt nicht der Ungewißheit unterworfen, also auch nicht den verschiedenen Graden der Wahrscheinlichkeit". (Seite 27.) Es ist genau diese Grundansicht, die in der Erkenntnistheorie der Schottischen Schule herrschend ist, und die sich in all ihren Schriften gleichlautend wiederfindet. Was Nelson hier Anschauung nennt: dies und nur dies bezeichnet und bestimmt Beattie durch den Begriff des „common sense".[1] Nun scheint es zwar bei Nelson, als ob hie und da gegen ein derartiges Verfahren Bedenken sich regen wollten. Er selbst spricht es aus, daß „jedes Pochen auf die Unerschütterlichkeit unserer Überzeugungen nur gewalttätiges Parteimachen ist, das wohl zur Überredung, aber nie zur Überzeugung führen kann"; er selbst verlangt nach einem Kriterium, durch welches wir uns „über das nur Faktische unserer Gedanken und Gefühle zu erheben" und die psychologischen Tatsachen „gegen den Zweifel sicherzustellen vermögen". (S. 14f.) Aber welches gedankliche Mittel bietet er uns zuletzt, um dieses Ziel zu erreichen? Das erste Verfahren, das er einschlägt, bezeichnet er selbst als eine

---

[1] If that faculty, by which we perceive truth in consequence of a proof, be called Reason, surely that power, by which we perceive self-evident truth, ought to be distinguished by a different name. Some philosophers of eminence have given it the name of Common Sense; and as the term seems not improper, we shall adopt it .... The term Common sense .. signifies that power of the mind which perceives truth, or commands belief, not by progressive argumentation, but by an instantaneous, instinctive and irresistible impulse; derived neither from education, nor from habit, but from nature .. according to an established law ... That there is a real and essential difference between those two faculties; that common sense cannot be accounted for, by being called the perfection of reason, nor reason by being resolved into common sense, will appear from the following considerations. etc. Beattie, An Essay on the nature and immutability of truth, Edinburgh 1770, Part. I, ch. I.

Beweisführung ad hominem: es vermag lediglich zu zeigen, daß
bestimmte Grundsätze in den Beurteilungen des täglichen Lebens
im steten Gebrauch sind und in ihnen implicite beständig
vorausgesetzt werden. Diese Methode aber ist genau diejenige,
die Reid gegen Hume befolgt, und die ihm Kant mit scharfen
Worten vorgehalten hat. „Man kann es, ohne eine gewisse
Pein zu empfinden, nicht ansehen, wie so ganz und gar seine
Gegner Reid, Oswald, Beattie und zuletzt noch Priestley
den Punkt seiner Aufgabe verfehlten und, indem sie immer das
als zugestanden annahmen, was er eben bezweifelte, dagegen
aber mit Heftigkeit und mehrenteils mit großer Unbe-
scheidenheit dasjenige bewiesen, was ihm niemals zu bezweifeln in den Sinn gekommen war, seinen Wink zur Verbesserung
so verkannten, daß alles in dem alten Zustande blieb, als ob
nichts geschehen wäre. Es war nicht die Frage, ob der Begriff
der Ursache richtig, brauchbar und in Ansehung der ganzen
Naturerkenntnis unentbehrlich sei, denn dieses hatte Hume niemals in Zweifel gezogen; sondern ob er durch die Vernunft a
priori gedacht werde und auf solche Weise eine von aller Erfahrung unabhängige innere Wahrheit, und daher auch wohl
weiter ausgedehnte Brauchbarkeit habe, die nicht bloß auf
Gegenstände der Erfahrung eingeschränkt sei: hierüber erwartete Hume Eröffnung. Es war ja nur die Rede von dem Ursprunge dieses Begriffs, nicht von der Unentbehrlichkeit desselben im Gebrauche; wäre jener nur ausgemittelt, so würde es
sich wegen der Bedingungen seines Gebrauches und des Um-
fanges, in welchem er gültig sein kann, schon von selbst gegeben
haben". Neben der Berufung auf die tatsächliche Anwendung
des Kausalprinzips aber bleibt Nelson kein anderer Weg als
der der unmittelbaren Selbstbeobachtung übrig, und auf ihn
werden wir denn auch zur Ergänzung des anfänglichen regressiven Verfahrens fort und fort verwiesen. In der Tat: wenn es
möglich wäre, die Zweifel der Vernunft durch sanften Zuspruch
oder durch rauhes Poltern, durch linde Beschwichtigungsmittel
oder drohende Beschwörungsformeln zum Schweigen zu bringen:
so müßte man Nelson den Preis der Methode zugestehen. Keines
dieser Mittel hat er unversucht gelassen, und in kunstvollem
Aufbau steigern und verstärken sich die rhetorischen Accente.
Es ist noch das Geringste, wenn er demjenigen, der der Zuver-
lässigkeit seiner Vernunft nicht traut, den tröstlichen Rat gibt,
„sich an die Psychiater zu wenden und die Philosophen in Ruhe
zu lassen". (Seite 33.) Wer nach diesem Ausspruch noch nicht

völlig überzeugt sein sollte, für den hält er noch kräftigere
Mittel in Bereitschaft. „Sich gegen diese Methode" (der psychologischen Deduktion der Grundsätze) „zu sträuben, das ist
nur der Sport derer, die fürchten müssen, daß doch noch einmal Philosophie als evidente Wissenschaft dem Spiel ihrer eigenen spekulativen Weisheit ein Ende machen könnte, ohne zu
bedenken, daß, wer die Herrschaft der Vernunft ablehnt, sich
dadurch nur mit dem Blödsinnigen auf eine Stufe stellt".
(Seite 35.) Vor sachlichen Argumenten von solcher Kraft und
Eindringlichkeit gibt es freilich kein Entrinnen mehr. Nur eine
Bemerkung sei uns noch verstattet: daß sich nämlich hier ein
Mißverständnis eingeschlichen hat. Es ist nicht die Vernunft
überhaupt, der wir mißtrauen: es ist nur seine, Herrn Nelsons
Vernunft, zu der wir nicht das gleiche unbedingte Vertrauen,
wie er selber, zu fassen vermögen. —

Aber im Ernst gesprochen: kann es eine gröbere Verwechslung geben, als zu glauben, daß derjenige die Herrschaft der
Vernunft ablehnt, der nach der Beglaubigung und den Rechts-
titeln dieser Herrschaft fragt? Dann hätten freilich die tiefsten
spekulativen Geister aller Zeiten, dann hätten Platon und Kant
sich und uns nutzlos bemüht. „Ich kenne keine Untersuchungen"
— so urteilt Kant — „die zu Ergründung des Vermögens, welches
wir Verstand nennen, und zugleich zu Bestimmung der Regeln
und Grenzen seines Gebrauchs wichtiger wären, als die, welche
ich in dem zweiten Hauptstücke der transzendentalen Analytik
unter dem Titel der Deduktion der reinen Verstandesbegriffe
angestellt habe; auch haben sie mir die meiste, aber, wie ich
hoffe, nicht unvergoltene Mühe gekostet." Armer Kant! Was
Dir die tiefste philosophische Sorge und die ernsteste Schwierigkeit war, das ist in Wahrheit ein bloßes Phantom gewesen, mit
dem Deine Einbildungskraft Dich narrte! Denn dies ist in der
Tat nach Nelson der prinzipielle Fehler Kants, daß er „ganz
bei der Reflexion stehen blieb und sogar(!) selbst wieder einen
Beweis der metaphysischen Grundsätze versuchte, den er den
transzendentalen nannte". (Seite 61.) So hat Nelson mit einem
einzigen absoluten Machtspruch die Vernunftkritik um ihr eigent-
liches Zentrum gebracht. Wenn er sie auch fürderhin als
Grundlage der echten Philosophie anerkennen und dulden will,
so ist dies lediglich eine seltsame Inkonsequenz. Denn man
höre, in welchem Sinne sie nunmehr aufgefaßt und ausgedeutet
wird. Ihr Grundmangel — dies sahen wir bereits — liegt darin,
daß sie bis zu der Einsicht in die „unmittelbare Erkenntnis der

Vernunft" nicht vorzudringen vermochte. Diese Erkenntnis allein ist „jenes verborgene X, worauf sich der Verstand stützt" und das den Grund der Möglichkeit synthetischer Urteile a priori aus bloßen Begriffen bildet. Weil er diesen Grund und Halt, nach dem er beständig suchte, nicht finden konnte: darum macht Kant den vergeblichen Versuch, die Reflexion sich selbst ihre Wahrhaftigkeit verbürgen zu lassen durch die analytische Beziehung zwischen der Erfahrung und ihren Grundsätzen. (Seite 63.) Man begreift hier die plötzliche Milde in Nelsons Urteil nicht, die von seiner sonstigen Art so merkwürdig absticht. Wie? Kant hätte eine Lehre nur „nicht gefunden", sie also doch von weitem geahnt und in allgemeinsten Umrissen erfaßt, die er in Wahrheit, wie die geschichtlichen Zeugnisse unzweideutig beweisen, mit bewußter Entschiedenheit von sich abgewehrt hat? Wenn das eingeräumt wird — so spricht er selbst sich aus — daß man synthetische Sätze, so evident sie auch sein mögen, „ohne Deduktion auf das Ansehen ihres eigenen Ausspruchs dem unbedingten Beifalle aufheften dürfe, so ist alle Kritik des Verstandes verloren; und da es an dreisten Anmaßungen nicht fehlt, deren sich auch der gemeine Glaube (der aber kein Kreditiv ist) nicht weigert, so wird unser Verstand jedem Wahne offenstehen, ohne daß er seinen Beifall denen Aussprüchen versagen kann, die, obgleich unrechtmäßig, doch in ebendemselben Tone der Zuversicht als wirkliche Axiome eingelassen zu werden verlangen. Wenn also zu dem Begriffe eines Dinges eine Bestimmung a priori synthetisch hinzukommt, so muß von einem solchen Satze, wo nicht ein Beweis, doch wenigstens eine Deduktion der Rechtmäßigkeit seiner Behauptung unnachlaßlich hinzugefügt werden"[1]: — eine Deduktion, die im Kantischen Sinne, wie nicht mehr gesagt zu werden braucht, stets nur aus dem Begriff der Möglichkeit der Erfahrung geführt werden, nicht aber die bloße psychologische Aufweisung eines Satzes in der inneren Beobachtung bedeuten kann. Es ist ein seltsames Schicksal, daß die Vernunftkritik hier als Vorbereitung einer Lehre bezeichnet wird, deren endgültige Überwindung sie sein will. Die Behauptung unmittelbar gewisser Vernunfterkenntnisse aus reinen Begriffen: dies und nichts anderes ist es, was Kant als Dogmatismus enthüllt und bekämpft. Wäre er bei dieser Behauptung stehen geblieben, so

---

[1] Kritik der reinen Vernunft (B) S. 285 f.

wäre er in der Tat dem Rationalismus der Wolffschen Schule
nicht entwachsen, so wäre er über die Berufung auf das ein-
geborne „natürliche Licht" nirgend hinausgekommen. Für Nelson
bot sich, wenn er sachlich verfahren wollte, ein doppelter Weg.
Er hätte an der Kantischen Lehre ganz vorübergehen, er hätte
seine eigene Auffassung unabhängig von ihr darstellen und aus-
bauen können.   Oder aber er hätte die kritischen Einwände
Kants berücksichtigen, zugleich aber im einzelnen mit Beweis-
gründen, nicht mit bloßen Beteuerungen dartun müssen, daß
sie unhaltbar sind.   Der Versuch aber, Kant als den ersten
Begründer einer Ansicht zu feiern, die das grade Widerspiel
seiner Methode ist: dieser Versuch muß notwendig scheitern,
solange jemand die Kritik der reinen Vernunft auch nur zu
lesen versteht.

IV.

Aber warum sich bei der Frage aufhalten, ob die Nelson-
sche Lehre kantisch oder nicht-kantisch ist, ob sie die Fort-
setzung oder der Gegensatz zur Methode der Vernunftkritik ist?
Ob sie richtig und begründet, ob sie für die tiefere Erfassung
des Erkenntnisproblems fruchtbar ist: dies allein ist es, worauf wir zu achten haben.   In der Tat hätten wir jene erste
Frage gern vermieden, wenn sie uns nicht von Nelson selbst
auf Schritt und Tritt aufgedrängt worden wäre.   Aber lassen
wir sie jetzt einmal ganz beiseite, um nur den systematischen
Erörterungen nachzugehen, die Nelson uns darbietet.   Hier muß
ich nun vor allem bedauern, daß er selbst, soviel ich sehe,
uns kein einzelnes konkretes Beispiel für einen jener Grundsätze gegeben hat, die, ohne durch logische Beweise verbürgt
zu werden, dennoch unmittelbar gewiß sein sollen.   Die Betrachtung hätte sich alsdann an dieses Beispiel halten, sie hätte
an ihm prüfen können, ob der psychologische Schein der „Evidenz" auch wahrhaft in der Sache gegründet oder vielleicht
nur ein subjektives Vorurteil sei.   Nun nennt Nelson einmal
das Prinzip der Erhaltung der Energie als einen jener
unbeweisbaren Grundsätze, der denn auch tatsächlich nicht auf
dem Wege der Induktion, sondern auf dem Wege rein logischer Zergliederung und Abstraktion gefunden worden sei.
Indem Helmholtz sich die Frage vorlegte: „Wie müssen die
höchsten Obersätze der Naturwissenschaft beschaffen sein, wenn
ein perpetuum mobile unmöglich sein soll", — gelangte er
damit zur Aufstellung seines Grundprinzips. Aber Nelson fügt

sofort hinzu, daß dieser Weg der Auffindung nicht auch schon
der der ausreichenden Begründung sein könne. „Denn es
fällt keinem besonnenen Naturforscher ein, die Gültigkeit des
Energiegesetzes von dem Grade der Gewißheit eines solchen
empirischen Satzes (wie es der Satz von der Unmöglichkeit
eines Perpetuum mobile ist) abhängig machen zu wollen. Vielmehr schreibt er es umgekehrt seinen Beobachtungen als Bedingung ihrer Gültigkeit vor, es gilt ihm als Norm und Regu-
lativ für seine Induktionen. Durch Erfahrung können wir also
ein derartiges Prinzip nicht beweisen, a priori beweisbar ist es
aber ebensowenig, sofern es wirklich ein Grundsatz ist. Wodurch sollen wir es denn aber als solchen beglaubigen und es
schützen, wenn sich der Zweifel dagegen kehrt?" (Seite 12 f.)

Ich gestehe offen, daß ich die Antwort auf diese Frage,
so begierig ich nach ihr gesucht habe, an keiner Stelle der
Nelsonschen Schrift zu entdecken vermochte. Hier klafft eine
Lücke, die durch die späteren Erörterungen nirgends ausgefüllt
wird. Denn was bei Nelson als Ergänzung des anfänglichen,
regressiven Verfahrens folgt, reicht für unser Problem nicht im
entferntesten aus. Außer dem logischen Beweis, der hier ja
ausgeschlossen werden soll, unterscheidet er noch zwei Arten
der Begründung: „Demonstration" und „Deduktion". Die erstere,
kraft deren wir die Grundurteile der empirischen und mathematischen Wissenschaften rechtfertigen sollen — die also, wie
es scheint, hier einzig und allein in Betracht kommt — besteht
darin, daß wir eine bestimmte Aussage auf eine anschauliche
Erkenntnis in uns zurückführen, die für sich und unmittelbar
einleuchtend ist. So haben wir alle geometrischen Sätze begründet, wenn wir sie auf die Axiome der Geometrie und
damit auf einen von der Willkür des Urteilens unabhängigen
Grund zurückgeführt haben. (Seite 17, 21 u. ö.) Glaubt aber
Nelson wirklich eine derartige direkte Anschauung, die uns der
Wahrheit des Energieprinzips versicherte, auf psychologischem
Wege in uns nachweisen zu können? Und glaubt er weiter,
daß irgend ein Naturforscher ihm hierin folgen und die eigentliche Begründung seiner Grundsätze fortan in der „inneren Erfahrung" suchen werde? Oder gehört vielleicht der Gedanke
der Erhaltung der Energie — um auch diese dritte Möglichkeit
zu erwägen, da sich bei Nelson eine bestimmte Entscheidung
hierüber nicht finden läßt — zu den „metaphysischen" Grundsätzen, die sich weder durch einen Beweis, noch auch in einer
direkten Anschauung beglaubigen lassen sollen, die aber den-

noch, wenn sie kraft der Reflexion einmal zu deutlichem
Bewußtsein erhoben worden sind, nicht minder gewiß und
unmittelbar evident sein sollen? Aber auch damit wäre nichts
gewonnen: denn immer würde hier ein „a priori" behauptet,
das nur auf eine „innere Stimme", auf ein bloßes psychisches
Zwangsgefühl hin geglaubt und anerkannt werden müßte. Die
„exakte" psychologische Zergliederung sieht sich hier letzten
Endes auf eine Instanz hingewiesen, auf die jegliche Art der
Mystik sich von jeher berufen und auf die sie ihre Ansprüche
gestützt hat. Den empiristischen Einwänden ist damit Tür und
Tor geöffnet. Nelson sieht einen entscheidenden Vorzug seiner
Lehre darin, daß sie allein den „alle Philosophie zerstörenden
Empirismus" abzuwehren und endgültig zu bewältigen vermöge.
(Seite 67 f.)   In Wahrheit indes ist er es, der die Prinzipien
der empiristischen Deutung und Kritik rettungslos preisgibt:
die gewöhnlichsten und bekanntesten Einwürfe, wie sie etwa
ein John Stuart Mill gegen die Apriorität des Beharrungsgesetzes
gerichtet hat, reichen hin, um ein a priori in seinem Sinne
zu entwerten und hinfällig zu machen.

Denn welchen Vorzug hat im methodischen Sinne die innere
vor der äußeren Erfahrung: welchen Beweisgrund trägt sie in
sich, der sie über alle Fragen und Zweifel, die gegen diese
letztere gerichtet werden können, hinaushöbe? Was versichert
mich, daß meine psychische Natur in sich regelmäßig und gleichförmig ist, daß die Ergebnisse meiner bisherigen Beobachtung
auch für alle künftige Erfahrung Bestand und Geltung haben
werden? Auf diese erkenntnistheoretische Grundfrage
ist Nelson die Antwort schuldig geblieben; alles, was er anführt,
ist nur ein mißglückter Versuch, sie beiseite zu schieben. Er
mag immerhin die „Abstraktion", kraft deren wir uns der psychologischen Grundtatsachen bemächtigen, von der „Induktion",
wie wir sie in der Physik und beschreibenden Naturwissenschaft
üben, unterscheiden. Aber auch die Abstraktion muß doch
von bestimmten Daten, die uns durch innere Erfahrung gegeben
sind, ausgehen und sie als feststehend voraussetzen. Alle derartigen „Gegebenheiten" aber sind als solche veränderlich: und
nichts verbürgt mir ihren gleichartigen, notwendigen Fortbestand;
so könnte denn auch das Ergebnis der abstraktiven Analyse
jederzeit nur bedingte und hypothetische Geltung beanspruchen.
Und diesem Schlusse vermag Nelson auch dadurch nicht aus-
zuweichen, daß er der Vernunftkritik, welche psychologisch
verfährt und daher in der Tat eine empirische Wissen-

schaft sein soll, das „System der Philosophie" gegenüberstellt, das nach ihm aus lauter allgemeingültigen und notwendigen Sätzen besteht. Denn jetzt gibt es für ihn nur eine Alternative. Entweder nämlich gründet er das System völlig auf die Kritik und läßt es aus ihr seinen gesamten Gehalt schöpfen: dann ist klar, daß die Urteile, die es in sich schließt, nur von gleichem logischen Range wie die Tatsachen-Wahrheiten sein können, die die Kritik uns eröffnet. Dieser Zusammenhang bleibt bestehen, gleichviel ob man annimmt, daß die Kritik die metaphysischen Sätze logisch zu beweisen oder daß sie sie nur zu „deduzieren" d. h. in unserer inneren Erfahrung als vorhanden aufzuweisen habe (vgl. Seite 29, 42 f.). Denn in beiden Fällen ist doch die Sicherheit, die einem einzelnen philosophischen Grundsatze zukommt, von dem jeweiligen Stande, den die Kritik als empirische Wissenschaft erreicht hat, abhängig. Ein Fortschritt der Zergliederung und Selbstbeobachtung kann uns lehren, daß ein Prinzip, das wir bisher für ein letztes, nicht weiter auflösbares gehalten haben, sich in Wahrheit noch aus verschiedenen Bestandteilen von ungleichem logischen Werte zusammensetzt; daß daher, was uns bisher als unumstößlich gewiß erschien, nur einen bestimmten Grad der Wahrscheinlichkeit besitzt und durch künftige Erfahrungen jederzeit berichtigt werden kann. Wir sehen uns bei Nelson vergeblich nach einem Prinzip um, das uns die Sicherheit und Vollständigkeit in der Ableitung der metaphysischen Grundsätze verbürgte. Fries und Apelt haben sich hier auf den „transzendentalen Leitfaden" Kants berufen: die Tafel der Urteile bietet ihnen das Grundschema, an dem sie sich über das gesamte Gebiet des Verstandes und über den Umfang und Inhalt seiner Stammbegriffe orientieren.[1] Eine derartige Ableitung hat Nelson verschmäht — ·wohl weil er den Einwänden, die seither gegen die Vollständigkeit und Notwendigkeit der kantischen Urteilstafel selbst gerichtet worden sind, nicht recht zu begegnen wußte. Aber da er nichts anderes an ihre Stelle gesetzt hat, so bleibt er in Wahrheit aller Zufälligkeit der „Selbstbeobachtung" überlassen und treibt ohne Steuer auf dem weiten Meere der „inneren Erfahrung" dahin. Will dagegen Nelson den zweiten Weg einschlagen: will er dem „System" ein besonderes selbständiges Machtbereich unabhängig von der „Kritik" zugestehen, so fällt

---

[1] Vgl. Fries, System der Metaphysik, Heidelberg 1824, S. 195 ff.; Apelt, Metaphysik, Leipzig 1857, S. 97 ff.

er damit notwendig in die rein dogmatische Ansicht von der
Stellung und Bedeutung der Metaphysik zurück. Denn jetzt
gilt die Kritik vielleicht als ein geeignetes Mittel, metaphysische
Wahrheiten aufzufinden, nicht aber ist sie es, die uns ihren
eigentlichen Grund und Sachgehalt verbürgt; jetzt kann sie
daher wohl als ein einzelnes Instrument der Philosophie, nicht
aber als ihre konstitutive Bedingung gelten. Über einer
Kritik, die empirisch und psychologisch ist, erhebt sich nunmehr
eine Metaphysik, die als solche, wie Nelson ausdrücklich betont,
nur apriorische und apodiktische Urteile enthalten darf und
daher weder psychologisch ist, noch sein kann. (Seite 42 f.)
Deutlicher kann es nicht ausgesprochen werden, daß die eigentliche logische Struktur und Eigenart derjenigen Metaphysik,
die uns hier verkündet wird, durch den Begriff der Kritik nicht
bestimmt wird. Die Kritik dient jetzt nur als gefälliger Helfers-
helfer, der, nachdem er seinen Dienst getan und zu den unbedingt gültigen metaphysischen Sätzen hingeleitet hat, getrost
verabschiedet werden kann. Ihre Rechtfertigung und ihre Beglaubigung finden diese Sätze nunmehr in sich selbst; sie
können, nachdem sie einmal festgestellt sind, der kritischen
Stützen und Krücken entraten. Daher ist denn auch nicht
einzusehen, wie die Kritik es nunmehr noch auf sich nehmen
könnte, das wesentliche Ziel, das ihr von Kant gesetzt worden
ist, zu erreichen: nämlich den dogmatischen und transzendenten
Behauptungen aus reiner Vernunft Schranken zu setzen. Was
sie allein vermag, ist die reine Vernunfterkenntnis als solche
aufzudecken: nicht aber ihren Gebrauch zu bestimmen und
das Gebiet ihrer rechtmäßigen Anwendung abzugrenzen. So
treten denn hier in der Tat die „spekulativen Ideen" wieder
unmittelbar neben die Grundsätze, die die mathematische
Naturwissenschaft ermöglichen und sind ihnen im logischen
Range gleichgeordnet (Seite 32); so können Fries und Apelt
für den Gottesbegriff und für die Grundvorstellungen der
Religion, die uns in Gefühl und Ahndung zu Bewußtsein kommen, die gleiche objektive Geltung und Gewißheit in Anspruch
nehmen, wie für irgendein Axiom der Mathematik. An solchen
Beispielen zeigt sich deutlich, wie die Kritik hier ihre Schärfe
und die siegreiche Kraft gegenüber den Übergriffen der Metaphysik, die sie bei ihrem Urheber besaß, eingebüßt hat — sie
ist zu einer stumpfen Waffe geworden.

Diese Nivellierung ist bei dem jüngsten „Erneuerer"
der Friesschen Lehre vollendet. Das „System" bildet hier

keine festgefügte organische Einheit mehr, es fällt in hetero-
gene Bestandteile auseinander. Daher bleibt denn auch zuletzt
selbst die Beurteilung, die Nelson von der Friesschen Philosophie gibt, in sich zwiespältig und zweideutig. Fries ist
in seiner Darstellung, sofern er Kritiker ist, Empirist und
Psychologe; sofern er Systematiker ist, Apriorist, ja fast —
Transzendentalphilosoph. In dem ersten Aufsatz über die „kritische Methode und das Verhältnis der Psychologie zur Philosophie" wird mit aller wünschenswerten Klarheit ausgesprochen,
daß „die Deduktion der metaphysischen Grundsätze ein Geschäft der Psychologie" sei. (Seite 24.) Eine besondere „transzendentale" Erkenntnisart neben oder über diesem psychologischen Verfahren anzunehmen: das gilt hier als der Grund-
irrtum, der „im Keime" bereits bei Kant vorhanden ist, der
aber zu erschrecklicher und verhängnisvoller Bedeutung erst
bei seinen Nachfolgern gediehen ist. (Seite 45.) Das „Vorurteil
des Transzendentalen" ist es, das bisher der Begründung der
Philosophie als exakter Wissenschaft vor allem im Wege ge-
standen hat. Die zweite Abhandlung aber, die „Jakob Friedrich
Fries und seine jüngsten Kritiker" überschrieben ist, spricht aus
einem anderen Tone. Hier gilt es, den Metaphysiker Fries
von dem Verdachte des „Psychologismus" zu reinigen; hier
müssen daher alle Stellen, in denen Fries sich dagegen verwahrt,
daß der systematische Grund und Inhalt seiner Philosophie
aus der empirischen Psychologie gewonnen ist, sorgfältig zu-
sammengestellt werden. „Die angeführten Stellen beweisen mit unzweideutiger Bestimmtheit, daß Fries
nicht nur selbst nicht Psychologist gewesen, sondern sogar den Psychologismus seiner Zeitgenossen
auf das lebhafteste bekämpft und in der Befreiung
von ihm das wahre Heil für die Fortbildung der Philosophie gesucht hat." (Seite 256 f.) Fragen wir aber weiter,
welches positive sachliche Verhältnis Fries somit zur „transzendentalen Methode" gehabt habe, so schlägt Nelson, um die
Antwort hierauf zu erteilen, einen merkwürdigen Umweg ein.
Statt nämlich den Begriff dieser Methode in der Vernunftkritik,
in der er geprägt und gefestigt wird, aufzusuchen, legt er vielmehr die bekannte Schrift Max Schelers „Die transzendentale und die psychologische Methode" zugrunde und vergleicht
die einzelnen charakteristischen Eigentümlichkeiten der „transzendentalen Methode", die hier festgestellt werden, Schritt für
Schritt mit dem Friesschen Verfahren. Und das Resultat ist in

der Tat überraschend: nachdem fünf verschiedene Merkmale
einzeln durchgegangen worden sind, gilt es für Nelson nunmehr
„durch vollständige Induktion" als bewiesen, „daß Fries ein
Anhänger der transzendentalen Methode ist"! (Seite 270.) Nun
denn — so wird mancher Leser hier versucht sein zu fragen —:
wozu der Lärm, Herr Nelson? Sieht man freilich näher zu, so
erkennt man, daß es ein fragwürdiges Zugeständnis ist, das uns
hier gemacht wird. Denn diese ganze Ausführung dient im
Grunde lediglich taktischen, nicht systematischen Zwecken.
Jetzt steht die Friessche Lehre in der Tat unwiderleglich fest;
jetzt ist sie gegen die Einwände aller Parteien für alle Zeiten
gleichmäßig gesichert. Man braucht nur dem Psychologen die
„empiristische", dem Transzendental-Philosophen die „apriori-
rische" Hälfte des Systems zuzuwenden, um beide zu befriedigen
und zu bekehren.[1] Aber glaubt Nelson wirklich, daß durch solche
advokatorische Mittel die Sache, der er dienen will, gefördert
und geklärt werden kann? Nelson ist ausgezogen, um die
transzendentale Methode, die er als das Erbübel in der neueren
Philosophie ansieht, mit Stumpf und Stiel auszurotten. Aber
eine geheime und widerstrebende Anerkennung ihrer Bedeutung
hat er in sich selbst doch nicht völlig zu besiegen vermocht:
so kommt es, daß er zuletzt seinen eigenen Helden, daß er
Fries zum Vertreter des echten und wahrhaften — „Trans-
zendentalismus" stempelt. Dieses Zugeständnis spricht deutlich
genug; aber es hilft uns freilich in der Sache selbst nicht weiter.
Denn die transzendentale Kritik läßt sich nicht damit abfertigen,
daß ihr in irgendeinem Winkel des „Systems" ein bequemer
Schlupfwinkel geboten wird: wo sie nicht die höchste prinzipielle
Instanz, wo sie nicht den Grund und die Kontrolle des Ganzen
bildet, da ist ihre Bedeutung bereits vernichtet.

V.

Wir sind den Einwendungen Nelsons geduldig gefolgt und
haben uns der Gründe, auf die sie sich stützen, bis ins einzelne
zu versichern gesucht. Dennoch haben wir die originelle Stellung, die er zu den Grundfragen der Philosophie einnimmt, bis

---

[1]) Auf die Deutung, die N. von der Friesschen Lehre gibt, gehe ich
hier nicht im einzelnen ein: daß auch sie von Irrtümern und Mißver-
ständnissen keineswegs frei ist, hat neuerdings Paul Stern in einem
Aufsatz in der „Philosoph. Wochenschrift und Literatur-Zeitung" (herausg.
von H. Renner) gezeigt. („Gegen den Versuch einer Neubelebung der
Friesschen Philosophie" Januar 1906.)

hierher noch nicht vollständig und erschöpfend kennen gelernt.
Fortan müssen wir versuchen, uns zu einem höheren Standpunkt
der Betrachtung zu erheben. Denn die ganze bisherige Untersuchung könnte noch immer den Glauben aufkommen lassen,
als handle es sich für Nelson darum, eine neue festumschriebene
Methode d e r E r k e n n t n i s t h e o r i e zu vertreten und sie allen
anderen, die heutzutage in dieser Wissenschaft geübt werden,
entgegenzusetzen. Damit aber wäre seine Grundabsicht durchaus verkannt: nicht bestimmte Richtungen i n n e r h a l b d e r
Erkenntnistheorie will er bekämpfen, sondern die g e s a m t e
D i s z i p l i n , die mit diesem Namen bezeichnet wird, ist es, die
von ihm gewogen und zu leicht befunden wird. Nicht die
A n t w o r t e n , die man bisher auf die Grundfragen der Erkenntnis
erteilt hat, waren falsch: die A u f g a b e n u n d Z i e l e selbst, die
man sich gestellt hat, waren trügerisch und irreführend. Gerade
dies ist die neue und entscheidende Leistung von Fries, daß
er — die Unmöglichkeit der Erkenntnistheorie bewiesen hat.
(Seite 315 u. s.)

Fragen wir nach der näheren Begründung dieses über-
raschenden Ergebnisses, so hören wir, daß „jede Erkenntnis
a l s s o l c h e schon Erkenntnis eines Gegenstandes" ist. Es ist
also durchaus nicht nötig, daß irgendeinem Urteil seine „objektive Bedeutung und Geltung erst nachträglich verbürgt" werde,
daß gleichsam eine neue äußerliche Qualität zu ihm hinzukäme.
„Der Gegenstand ist immer schon bei der Erkenntnis und wird
nicht erst zu ihr hinzugebracht. Das Verhältnis der Erkenntnis
zum Gegenstand läßt sich keiner mittelbaren Prüfung unterwerfen, sondern nur unmittelbar, wie es als Faktum in der
Erkenntnis stattfindet, erleben. Es ist weder ein Kausalverhältnis, noch sonst auf i r g e n d w e l c h e B e g r i f f e zurück-
z u f ü h r e n . Dies Verhältnis kann daher auch kein Thema irgendeiner Wissenschaft werden: e s g i b t k e i n e T h e o r i e d e r
M ö g l i c h k e i t d e r E r k e n n t n i s ." (Seite 21.) „Die Übereinstimmung mit dem Gegenstand besitzt die Erkenntnis unserer
Vernunft oder besitzt sie nicht, ohne daß wir etwas dafür
oder dagegen tun können. Es gibt für uns keinen Standpunkt, von dem aus wir, gleichsam außer oder über unserer
Erkenntnis stehend, ihre Gültigkeit zum Thema irgendeiner
Wissenschaft machen könnten." (Seite 20.)

In diesen Sätzen liegt Wahres und Falsches, liegt die Ab-
weisung irrtümlicher Fragestellungen und die Verkennung echter,
fundamentaler Probleme so dicht beieinander, daß es schwer

fällt, beides zu entwirren. Also weil wir niemals aus unserer
Erkenntnis heraus zu den transzendenten Dingen gelangen,
weil wir unsere Vorstellungen niemals mit diesen vergleichen
können: darum ist es müßig, irgendwelchen Wahrheiten in uns
„objektiven" gegenständlichen Wert zuzusprechen? Der Beweis
Nelsons löst sich, bei all seiner scheinbaren Strenge, in ein
dialektisches Spiel mit Worten auf. Es versteht sich von selbst,
daß es nur der immanente Gegenstand der Erfahrung
sein kann, den die echte Erkenntnistheorie umgrenzen und
bestimmen will. Worauf beruht es, daß wir bestimmten Inhalten
und Verknüpfungen des Bewußtseins notwendige Geltung zu-
erkennen und sie damit von den willkürlichen Zusammensetzungen, die unsere subjektive Einbildungskraft erschafft und
vernichtet, unterscheiden? Wenn wir uns diese Frage stellen,
so fragen wir damit im neuen, im kritischen Sinne nach dem
Gegenstand, der unserer Vorstellung „entspricht". Jetzt
handelt es sich nicht mehr darum — was freilich absurd wäre —
die Daten des Bewußtseins als „Abbilder" mit ihrem äußeren
jenseitigen „Original" zu vergleichen: sondern vielmehr darum,
ob es möglich ist, das scheinbar regellose Spiel der Vorstellungen, die in uns kommen und gehen, auf feste unverrückbare
Gesetze zurückzuführen. „Wenn wir untersuchen, was denn
die Beziehung auf einen Gegenstand unseren Vorstellungen
für eine neue Beschaffenheit gebe, und welches die Dignität
sei, die sie dadurch erhalten, so finden wir, daß sie nichts
weiter tue, als die Verbindung der Vorstellungen auf eine
gewisse Art notwendig zu machen und sie einer Regel zu unterwerfen; daß umgekehrt nur dadurch, daß eine gewisse Ordnung
in dem Zeitverhältnisse unserer Vorstellungen notwendig ist,
ihnen objektive Bedeutung erteilt wird." (Kritik der reinen Vernunft (B) Seite 242 f.) Nelson freilich besitzt hierfür ein einfaches Kriterium: ihm ist ein Urteil wahr und notwendig, wenn
es von jedem denkenden Subjekt kraft seiner psychischen Verfassung hingenommen und anerkannt werden muß. Aber auch
hier ist gerade die wesentliche Schwierigkeit wiederum beiseite
geschoben. Daß die Individuen in ihren Aussagen zusammentreffen und sich vereinigen: dies ist keineswegs das einzige
Problem, das es hier zu lösen gibt. Diese Frage könnte man
immerhin mit der Berufung auf ihre gleichmäßige physiologische
und psychologische „Organisation" zu erledigen glauben, obwohl
man auch damit nur ein neues Wort schaffen würde, das die
Schwierigkeit, statt sie zu heben, nur um so deutlicher be-

zeichnet. Was wir aber in Wahrheit zu wissen begehren und
was auch Kant an die Spitze seiner Erörterungen stellt, ist
dies: wie es kommt, daß die empirischen Gegenstände den
Gesetzen gemäß sind, die wir unabhängig von ihnen in unserem
eigenen Geiste entdecken? Wie können meine Urteile nicht
nur den Anspruch erheben, für alle denkenden Individuen,
sondern auch für alle Objekte, die die künftige Erfahrung uns
noch darbieten wird, gelten zu wollen? Daß die mathematischen
Begriffe unserem Geiste für immer eingegraben sind, mögen
wir zugeben: aber damit verstehen wir noch nicht, warum sie
in den physischen Körpern jederzeit ihre genaue Entsprechung
und Bestätigung finden müssen. Man kann diese Frage zu
beseitigen hoffen, indem man den Tatbestand, von welchem
hier ausgegangen wird, bestreitet: indem man entweder die
exakte Anwendbarkeit der Mathematik leugnet, oder aber die
mathematischen Grundsätze selbst aus der Erfahrung ableitet.
Wie man aber das Faktum selbst zugestehen, wie man also
an der Geltung synthetischer Sätze a priori festhalten kann
und dennoch das Problem, das hierin enthalten ist, nicht einmal
von weitem ahnen kann: das ist eines jener Geheimnisse, vor
die uns die Schrift Nelsons so.häufig stellt. Wer dies tut, der
hat das philosophische Staunen noch nicht gelernt, das im
besonderen und auszeichnenden Sinne der Anfang aller Erkenntniskritik ist.

Hätte Nelson übrigens das Verständnis der Kritik der reinen
Vernunft aus dieser selbst zu gewinnen versucht, statt sie von
vornherein aus seinem eigenartigen „Standpunkt" zu betrachten
und zu beurteilen, so hätte er in ihr auch das entscheidende
Argument gegen seine Auffassung entdeckt. „Wollte jemand"
— so heißt es hier — „die Kategorien für subjektive, uns mit
unserer Existenz eingepflanzte Anlagen zum Denken erklären,
die von unserem Urheber so eingerichtet worden, daß ihr Gebrauch mit den Gesetzen der Natur, an welchen die Erfahrung
fortläuft, genau stimmte (eine Art von Präformationssystem
der reinen Vernunft), so würde (außerdem, daß bei einer solchen
Hypothese kein Ende abzusehen ist, wie weit man die Voraussetzung vorbestimmter Anlagen zu künftigen Urteilen treiben
möchte), das wider gedachten Mittelweg entscheidend sein: daß
in solchem Falle den Kategorien die Notwendigkeit mangeln
würde, die ihrem Begriffe wesentlich angehört. Denn z. B. der
Begriff der Ursache, welcher die Notwendigkeit eines Erfolgs
unter einer vorausgesetzten Bedingung aussagt, würde falsch

sein, wenn er nur auf einer beliebigen uns eingeflanzten subjektiven Notwendigkeit, gewisse empirische Vorstellungen nach einer solchen Regel des Verhältnisses zu verbinden, beruhte. Ich würde nicht sagen können: die Wirkung ist mit der Ursache im Objekte (d. i. notwendig) verbunden, sondern: ich bin nur so eingerichtet, daß ich diese Vorstellung nicht anders als so verknüpft denken kann; welches gerade das ist, was der Skeptiker am meisten wünscht; denn alsdann ist alle unsere Einsicht durch vermeinte objektive Gültigkeit unserer Urteile nichts als lauter Schein, und es würde auch an Leuten nicht fehlen, die diese subjektive Notwendigkeit (die gefühlt werden muß) von sich nicht gestehen würden; zum wenigsten könnte man mit niemandem über dasjenige hadern, was bloß auf der Art beruht, wie sein Subjekt organisiert ist." (Seite 167 f.) In der Tat kann uns Nelson zwar beweisen, daß der Kausalbegriff eine Art Zwangsvorstellung aller denkenden Subjekte ist, nicht aber, daß die „Natur", daß aller künftige Verlauf der Erscheinungen diesem Zwange gleichfalls untersteht und für immer unterstehen müsse. Wollte er diesen Beweis führen, so hätte er zu der von ihm verschmähten Deduktion aus der „Möglichkeit der Erfahrung" zurückkehren müssen, so hätte auch er in irgendeiner Weise zeigen müssen, daß es ohne den Begriff der Ursache nicht gelingen könne, die Zeitordnung des Geschehens eindeutig festzustellen, und daß es somit ohne ihn niemals zu einem konstanten „Gegenstand" im Unterschied von dem willkürlichen Spiel der Vorstellungen kommen könne. —

Oder will Nelson, um die Grenze zwischen der subjektiven und objektiven Beweisart wiederum zu verwischen, einwenden, daß es sich auch in der Kantischen Fragestellung doch niemals um die Bedingungen des empirischen Gegenstandes selbst, sondern nur um das Denken des Gegenstandes handeln könne; daß aber der Prozeß des Denkens uns eben nur durch „innere Erfahrung" zugänglich sei? (Vgl. Seite 41.) Das aber hieße nur wieder, ein Grundproblem aller Philosophie durch eine leere tautologische Behauptung erledigen wollen. Daß das Material, auf das sich alle Forschung, die wissenschaftliche wie die philosophische, bezieht, nur in Inhalten des Bewußtseins besteht, versteht sich freilich von selbst: aber aus dieser Beziehung, die allen Disziplinen gemeinsam ist, kann denn auch niemals etwas über ihren spezifischen Charakter und über das auszeichnende Unterscheidungsmerkmal ihrer Methode gefolgert werden. Das „Bewußtsein" ist nur das Substrat, das überall in derselben

Weise zugrunde liegt; die Wissenschaften aber gelangen zur
klaren Abgrenzung erst in der verschiedenartigen Auffassung
und Formung dieses Grundstoffes. Daß also die Philosophie
psychologisch sein müsse, weil sie Erkenntnisse zu ihrem Gegenstande hat: das ist genau ebenso richtig und unrichtig, wie
wenn man behaupten wollte, daß die Mathematik ein Zweig
der Psychologie sei, da sie doch nur von unseren Begriffen und
unseren Anschauungen handle. Ja man könnte alsdann das
gleiche auch für alle Naturwissenschaft behaupten, da doch die
empirischen Erscheinungen nur insoweit, als sie uns zum Bewußtsein kommen, als sie von unseren Sinnen oder unserem Verstand
erfaßt werden, der Betrachtung unterworfen werden können.
Trotz dieses bestechenden dialektischen Einwandes aber dürfte
wohl kein Astronom sich künftig verleiten lassen, seine Ergebnisse, statt sie am Himmel aufzusuchen und in der mathematischen Rechnung zu begründen, durch psychologische „Selbstbeobachtung" gewinnen zu wollen. Was die Wissenschaften
scheidet, ist nicht ihr Stoff, sondern ihr Verfahren. Wenn
es etwas anderes ist, ob man von der alltäglichen, noch un-
gesichteten Erfahrung oder von der exakten wissenschaftlichen
Bearbeitung des empirischen Stoffes seinen Ausgang nimmt;
wenn es etwas anderes ist, ob man den Tatsachen der inneren
Beobachtung nachspürt, oder aber den Begriff des „Natur-
objekts" rein inhaltlich analysiert und auf die „Bedingungen
seiner Möglichkeit" prüft: so bleiben die transzendentale und
die psychologische Methode voneinander getrennt, und es ist
ein bloßes Wortspiel, sie unter dem Gesichtspunkt, daß sie
beide es im letzten Grunde irgendwie mit dem „Bewußtsein"
zu tun haben, miteinander vermischen zu wollen.

VI.

Woher aber — so müssen wir uns zum Schluß dennoch
fragen — stammt dieses Unvermögen Nelsons, sich auch nur
vorübergehend in den Standpunkt und die Fragestellung der
modernen Erkenntniskritik zu versetzen: eine Unfähigkeit, die
so stark ist, daß er die Einwendungen Cohens und Riehls
gar nicht zu begreifen und auch nur sinngemäß wiederzugeben
vermag?[1] Eine derartige Verblendung müssen wir, wenn sie

---

[1]) Von seinem Verständnis der Lehre Cohens hat Nelson neuerdings in einer Besprechung der „Logik der reinen Erkenntnis" im Oktober-
heft der „Gött. gel. Anzeigen" eine Probe abgelegt, die alle seine früheren

nicht zuletzt dennoch wie ein Rätsel wirken soll, wenn nicht
in ihren logischen Gründen, so doch wenigstens in ihren psychologischen Ursachen zu verstehen suchen. Herr Nelson

Leistungen überbietet. Diese Kritik fordert, wenn nicht um ihres sachlichen Gehalts, so doch um der Stelle willen, an der sie erschienen ist,
die Betrachtung heraus. Der Grundgedanke von Cohens Werk läßt sich
in aller Kürze dahin aussprechen: daß wir, wenn wir zu einer echten
wissenschaftlichen Begründung der Logik gelangen wollen, nicht von
irgendeiner Art fertiger Existenz auszugehen haben. Was die
naive Anschauung als ihren festen und sicheren Besitz ansieht, das bildet
für die Logik erst das eigentliche Problem; was ihr unmittelbar „gegeben"
heißt, das gilt es erst kritisch zu analysieren und in seine notwendigen
gedanklichen Bedingungen zu zerlegen. Wir dürfen mit keinerlei gegen-
ständlichem Sein, welcherart es auch sei und welche Bezeichnung
wir ihm immer geben, den Anfang machen: denn jedes „Sein" ist erst
ein Produkt und ein Ergebnis, das die Operationen des Denkens
und ihre systematische Einheit zur Voraussetzung hat. Eine grundlegende begriffliche Setzung dieser Art, eine intellektuelle Bedingung,
unter der wir erst von „Realität" im wissenschaftlichen Sinne sprechen
können, ist nun für Cohen der Gedanke des Infinitesimalen, wie er in
der modernen Mathematik zur Auszeichnung und Fixierung gelangt ist.
Was wird nun unter Nelsons Händen aus dieser Lehre? „Die Arbeiten
von Cauchy, Weierstraß und ihren Schülern — so belehrt er uns —
haben einwandfrei gezeigt, daß im gesamten Gebiete der Analysis dem
sogenannten Unendlichkleinen eine mathematisch genau definierbare Bedeutung zukommt und daß man es in ihr niemals mit wirklich existierenden unendlich kleinen Größen in irgendeinem mysti-
schen Sinne zu tun hat." Cohens Ansicht dagegen läuft — nach dem
Urteil Nelsons — „darauf hinaus, daß dem Unendlichkleinen nicht nur
eine selbständige Bedeutung — und Existenz zukommen soll, sondern
daß in ihm sogar das Ursprungs- und Erzeugungsprinzip für das Endliche liegt". Damit aber gehe er auf die „vorkritische Zeit der Wissenschaft" zurück: auf eine Zeit, in der man noch „vielfach mystische
Elemente in die Grundbegriffe der neuen Methode hineinzulegen geneigt
war" und in der man somit das Unendlichkleine als aktuelle Existenz
ansah und ausdeutete. Mit Verlaub, Herr Nelson — hier muß zunächst
im Namen der geschichtlichen Wahrheit Einspruch erhoben werden!
Die eigentlichen Begründer der Analysis des Unendlichen haben niemals
die Absurdität begangen, die Sie ihnen zuschreiben: Leibniz wie
Newton, Euler wie Maclaurin haben das Unendlichkleine als reinen
Methodenbegriff gedacht und alle Versuche, es zu einem für sich bestehenden Dinge zu hypostasieren, ausdrücklich und energisch abgewehrt.
Und Cohen verfolgt nur den Weg, den sie gewiesen haben, wenn er
fort und fort betont, daß das Infinitesimale nicht als Ding, sondern als
Bedingung, nicht als eine irgendwie vorhandene Wirklichkeit, sondern
als ein gedankliches Instrument zur Entdeckung und zum Aufbau des
wahrhaften Seins zu gelten habe. Für Nelson aber schließt die logische
Bedeutung, die hier dem Begriff des Unendlichkleinen zugeschrieben
wird, unmittelbar die Behauptung der Existenz unendlich kleiner —

verarge es mir nicht, wenn ich diese Erklärung einem Denker, den er ingrimmig befehdet, wenn ich sie Johann Gottlieb Fichte entlehne. In einem wenig bekannten Aufsatz, in seiner „Vergleichung des von Herrn Prof. Schmid aufgestellten Systems mit der Wissenschaftslehre" hat Fichte sein eigenes System einer Lehre entgegengestellt, die alle Philosophie auf vorgeblich letzte und unerweisliche „Tatsachen des Bewußtseins" gründet und hier den Eck- und Schlußstein alles Beweisens gefunden zu haben meint. Woher — so fragt er — kommt die beneidenswerte Sicherheit, mit der man hier auf jene zweifellosen und evidenten „Tatsachen" baut und sie als einen festen, von keiner künftigen Analyse mehr angreifbaren Bestand behauptet? Und er erteilt hierauf einen drastischen, aber treffenden Bescheid. „Wir lernen in der Jugend so viele Wörter, ohne etwas Bestimmtes dabei zu denken, noch denken zu können. Sie werden demnach mit einem unbestimmten Bilde im Gedächtnisse niedergelegt und unaustilgbar; wenn nicht frühe innere Selbsttätigkeit einmal wenigstens alles auswirft, bis es einst mit gutem Fug und Grunde, oder etwas Besseres

---

Dinge ein; die Zurückführung komplexer Inhalte des Denkens auf ihre Prinzipien vermag er sich gar nicht anders vorzustellen, als dadurch, daß er diese letzteren selbst wiederum als metaphysische Wirklichkeiten denkt. Daß sich in seinem Kopfe ein erkenntniskritisches Werk anders als sonst in Menschenköpfen malt: das kann uns nach dem, was wir oben von seiner eigenen Lehre erfahren haben, nicht mehr in Staunen setzen; aber wahrhaft bewundernswert bleibt dennoch die Fertigkeit, mit der er in einem einzigen Worte, das er hinzufügt, eine gesamte, eingehende Untersuchung in das Gegenteil ihres Sinns verkehrt und ihr genau diejenige Tendenz unterschiebt, die sie ständig und unablässig bekämpft. — Außer diesem Einwand gegen das Infinitesimale aber, dem sich, so verkehrt er ist, doch allenfalls noch ein sachlicher Sinn abgewinnen läßt, findet sich in der ganzen langen Kritik N.'s auch nicht ein einziges positives Argument. Was übrig bleibt sind einzig und allein gehässige Entstellungen und Schmähungen. Keinem Begriff wird die feste terminologische Bedeutung, keinem Gedanken der innere sachliche Zusammenhang gelassen, die sie innerhalb der „Logik der reinen Erkenntnis" besitzen; überall werden nur einzelne Sätze herausgerissen, um sie mit höhnischen Randbemerkungen zu versehen. Daß es nach dieser Methode — besonders wenn man in den beigefügten Scherzen nicht allzu wählerisch ist — ein leichtes ist, ein schwieriges spekulatives Werk zu „vernichten", das brauchte nicht erst N. zu erweisen: es ist aus der Geschichte des Idealismus sattsam bekannt. Wiederum übt N. hier mit Berufung auf Kant ein Verfahren, das Kant für immer gekennzeichnet hat: „beim Lichte besehen ist diese Appellation nichts anderes als eine Berufung auf das Urteil der Menge; ein Zuklatschen, über das der Philosoph errötet, der populäre Witzling aber triumphiert und trotzig tut."

an dessen Stelle wieder aufgenommen werden könne; wenn
wir nicht einmal wenigstens in unserem Leben an allem zweifeln, und uns völlig zur leeren Tafel machen. Wer sich nicht
bewußt ist, durch diesen Zustand hindurchgegangen zu sein,
der sei nur im voraus sicher, daß er mit seinem Philosophieren
weder sich selbst noch anderen sehr zur Freude leben werde.
Könnte ihm auch irgendein Genius die reine Wahrheit in die
Hand geben, so hälfe ihm dies alles nichts; die Wahrheit würde
nie die seinige, da sie nicht aus ihm selbst hervorgegangen wäre,
sondern sie wäre und bliebe eine fremde Zutat. Wenn nun
ein solcher, übrigens mit dem besten Willen und der emsigsten
Tätigkeit von der Welt, in sich selbst einkehrt, alles wegwirft,
was seines Wissens durch Freiheit in ihm ist, bleibt ihm immer
etwas auf dem Grunde übrig, von welchem er nicht weiß, woher
es kommt. O, das muß meine ursprüngliche Gestalt sein, denkt
er; aber es ist leider nichts mehr als der Eindruck von seiner
Amme, seinen Wärterinnen, seinem Katechismus. . . . . . Daher
entsteht gleichsam ein Grundsystem, das Erbteil der Generation
von allen vorhergehenden, welches ihr ohne alle eigene Arbeit
zuteil wird. . . . . Dieses Grundsystem ist für alle gebildete
Nationen ziemlich dasselbe; und ihr Räsonnement ist größten-
teils weiter nichts, als nur Revidieren, Kombinieren und wieder
anders, und noch anders Kombinieren, jenes ursprünglichen
sicheren Besitzes. . . . . . Wer (somit) hintritt und sagt: m i r
i s t   d a s   u n m i t t e l b a r e   T a t s a c h e   d e s   B e w u ß t s e i n s , der
beweist gerade durch diese Art der Begründung, daß es f ü r
i h n nicht wahr ist, . . . daß er die ganze Sache nur vom Hören-
sagen, nur aus seinem Katechismus hat."[1]

Die Geschichte der Philosophie bietet demjenigen, der sie
in ihren Einzelheiten verfolgt, ein verwirrendes und wenig
trostreiches Bild. Wichtige Grundgedanken, die für immer be-
festigt und erwiesen zu sein schienen, werden wiederum preis-
gegeben; alte Irrtümer, die längst widerlegt sind, wagen sich
von neuem hervor und preisen sich als neue Entdeckungen an.
So scheinen sich überall nur die Namen zu wandeln, während
die Gedanken selbst nicht von der Stelle rücken. Aber es
wäre voreilig, sein Urteil auf diesen Eindruck zu gründen,
den man aus der Betrachtung der jeweiligen Zeitgeschichte
der Philosophie gewinnt. Wer die Gesamtentwicklung des
Denkens verfolgt, dem muß deutlich werden, daß es sich in

---

[1] F i c h t e , Sämtliche Werke II, 452 ff.

ihm um einen langsamen stetigen Fortschritt derselben großen Probleme handelt. Die Lösungen wechseln; aber die Grundfragen behaupten ihren Bestand. Alles, was gegen sie eingewandt wird, dient nur dazu, sie schärfer und klarer zu formulieren und damit ihre immer erneute Lebenskraft zu beweisen. Eine dieser Grundfragen aber hat Kant in der „transzendentalen Deduktion" der Kategorien entdeckt; und es wird immer vergeblich sein, sie wiederum aus dem Bewußtsein der Wissenschaft verdrängen zu wollen.

Beiträge zur Geschichte der Idee

Teil I

Philon und Plotin

von

Gustav Falter
Dr. phil.

ALFRED TÖPELMANN

(vormals J. Ricker'sche Verlagsbuchhandlung)

GIESZEN 1906

Philosophische Arbeiten

herausgegeben von

Hermann Cohen und Paul Natorp

in Marburg   in Marburg

I. Band   2. Heft

Gustav Falter

Beiträge zur Geschichte der Idee

Teil I: Philon und Plotin

————————

I.
Einleitung.

Die Wissenschaft selbst und die Kultur überhaupt zum Verständnis ihrer Voraussetzungen zu bringen, das ist die Aufgabe der Philosophie in allen ihren systematischen Gliedern.[1] (Cohen, Ethik 482.) Alle Wissenschaft hat das Bestreben, die Empfindungen den Gesetzen der Vernunft zu unterwerfen d. h. in Begriffen festzulegen. Dieses Bestreben läßt sich an den genialen Äußerungen der griechischen Spekulation am leichtesten erkennen und am reizvollsten studieren. Man kann hier verfolgen, wie nur allmählich und in langer, mühevoller Arbeit die Einsicht in das Wesen des Begriffes, als des Werkzeuges fruchtbarer Forschung, gewonnen wurde; und wie, als man die logische Natur des Seienden erkannt hatte, wiederum die Tat eines großen Denkers erforderlich war, ehe der Begriff den letzten Rest des Dogmatismus abstreifte und sich zur Idee vertiefen konnte. Am Terminus der Idee könnte man die Geschichte der Philosophie abwandeln. Wir werden uns hier begnügen, einige Kapitel aus dem Entwicklungsgange dieses Begriffes zu geben. Wenn wir dabei zuvörderst einen kurzen Blick auf die Philosophie des Sokrates und Platon werfen, so geschieht dies nur in der Absicht, für die Betrachtung der Lehren des Philon und Plotin die richtige Grundlage zu gewinnen.

Sokrates.[2]

Die Rettung, die Sokrates gegen den zersetzenden Relativismus der Sophistik brachte, die in raschem Aufschwung ein mächtiger Faktor des damaligen Staatslebens geworden war, lag in der Wiederentdeckung des Begriffes der Identität. Es

---

[1] H. Cohen: Ethik des reinen Willens. Berlin 1904.
[2] Die folgende Darstellung von Sokrates und Platon beruht auf den Arbeiten von H. Cohen: Platons Ideenlehre und die Mathematik. Marburg 1879, und P. Natorp: Platos Ideenlehre. Leipzig 1903. Auf diese müssen wir daher wegen der näheren Begründung verweisen.

muß etwas Allgemeingültiges, einen Begriff von einer Sache
geben, den alle anzuerkennen haben. Der Begriff ist bei Sokrates
als Zweck entstanden. Der Begriff des Menschen ist die Hin-
führung auf seinen Zweck, seine Lebensbeschäftigung. (Sokratische Induktion.) Was ist der Fischer? Was ist der Krieger?
Tί ἐστιν beginnen die sokratischen Fragen nach dem Sein, nach
den Begriffen. Der Begriff ist Frage bei Sokrates. Das ist
der idealistische Sinn des τί ἐστιν. Es gibt keine abgeschlossenen
Lösungen. Jede Antwort stellt sofort ein neues Problem, ist
eine neue Frage. Die wissenschaftliche Begründung dieser Idee
wird uns die platonische Hypothesis darstellen. Wenn wir die
Bedeutung des Sokrates in kurzen Worten anzugeben versuchen,
können wir etwa so sagen. Er hat erstens erkannt, daß das
Seiende im Denken liege, und zweitens, daß der Begriff nichts
Abgeschlossenes sei, sondern eine ewige Frage. Die Begründung
dafür, daß die Idee Hypothesis ist, fehlt. Zu der richtigen
Einsicht in die Frage-Natur des Begriffes kam Sokrates des-
wegen, weil er von der Ethik, von sittlichen Interessen ausging.
Denn das Sittliche ist ewig Problem, Aufgabe, Ziel. Auch der
Mangel, den wir soeben erwähnten, versteht sich von daher.

Bei Sokrates ist der Begriff als der Zweck im Bereiche
des sittlichen Seins lebendig geworden. Der Gegenstand des
sittlichen Seins, der Ethik, ist der Mensch. Das ist der Gedanke des Phädrus, in welchem Sokrates die Ethik geschaffen
hat. (Vgl. Cohen, Ethik 3.) Schon aus dieser Identität von
Begriff und Zweck ergibt sich, daß die Sittlichkeit für Sokrates
lediglich Wissen sein kann. Der Mensch tut das Schlechte nur
aus „Unkenntnis" des Besseren. Die Tugend ist ein Lehrbares,
ein διδακτόν. Hiermit ist die Wissenschaft der Tugend als
Problem gestellt; die Selbsterkenntnis, das γνῶθι σεαυτόν ist
vor allem andern der Inhalt dieser Wissenschaft. Aber Sokrates
hat das Problem noch nicht in seiner ganzen Schärfe gefaßt.
Ihm geht der Mensch im Individuum auf. Er geht von den
Menschen der Stadt und ihren täglichen Beschäftigungen aus.
Seine Fragen gehen auf die Begriffe der einzelnen Stände und
Berufe, nicht aber wird der Begriff des Menschen überhaupt,
die Idee des Menschen oder besser der Menschheit in Frage
gestellt. Die Individuen können nicht isoliert bleiben; sie werden in Gattungen zusammengeordnet. So entsteht der Mensch
als das Zentrum der sittlichen Beziehungen der Allheit der
Menschen, der Menschheit, wie sie Platon in seinem Staate des
Sozialismus geschildert hat.

Der sokratische Weg nach dem Allgemeinen (ἐπανιέναι Symp. 211 C.) führt zur Idee; Sokrates ist bei seiner einseitigen Bevorzugung der sittlichen Begriffe nicht dazu gelangt, die logischen Rechte des Begriffs weiter auszubauen. Aber seinem Suchen liegt der Glaube an die Einheit unseres Bewußtseins, liegt der Glaube an die Idee zugrunde.

Platon.

Der griechische Geist hat seine Verkörperung und seine höchste Vollendung in Platon gefunden. Wir können es hier nicht unternehmen ein Gesamtbild von seiner Philosophie zu geben, sondern müssen uns begnügen, nur den Teil derselben andeutungsweise zu behandeln, der für die Entwicklung des Begriffs der Idee bei Philon und Plotin von maßgebender Bedeutung ist.

Platon geht den richtigen Weg, den, der für die Philosophie der allein fruchtbare ist: er geht von der Wissenschaft aus. In der Mehrzahl der Wissenschaften, die es zu seiner Zeit gab, suchte er τινὰ ἐπιστήμην μίαν. Ἐπιστήμη hat bei Platon die Bedeutung der Einheit der Wissenschaft und der Reinheit der Erkenntnis. Wir kommen hier in Berührung mit dem Ausdrucke der platonischen Terminologie, der besonders diese Einheit der Wissenschaft zu vertreten hat, und dessen Untersuchung diese Arbeit gewidmet ist: dem Terminus der Idee.

Dem Begriff fehlt das Moment der Rechtfertigung, wie wir schon gesehen haben. In dieser Vertiefung der Idee besteht die originale Tat Platons.[1] Die Einheit der Erkenntnis ist für Platon in den reinsten Darstellungen seiner Lehre keine psychologische. Obgleich er sich freilich nicht immer vor diesem Irrtum zu wahren gewußt hat, so geht doch die Tendenz seines Philosophierens dahin, die Einheit der Erkenntnis in der Einheit der Wissenschaft zu begründen. Die Idee ist die Einheit der Erkenntnis der Wissenschaft. Deshalb darf sie nicht als etwas Absolutes genommen werden. Sie ist vielmehr im Sinne Platons als die aus dem Denken selbst hervorgehende Grundlegung jeder wissenschaftlichen Untersuchung anzusehen, und nur, weil sie dies ist, ist sie zugleich auch Grundlegung des Seins. Denn für Platon gilt die Grundgleichung: Wissenschaftliche Wahrheit gleich Sein. Wir wollen uns kurz hiervon über-

---

[1]) Dies hat Kant schon gesehen und gewürdigt. Man vergleiche: Kr. d. r. V. B. 369/70.

indem wir versuchen, den systematischen Aufbau der
:hen Ideenlehre bis zu ihrer Ausreifung in die Hypo-
ias ist der platonische Ausdruck für die Grundlegung
n Denken, kurz zu skizzieren.

on nimmt seinen Ausgang von der parmenideischen Iden-
ι Denken und Sein. Diese Identität ist die unerläßliche
ıg für die Möglichkeit wissenschaftlicher Begriffsbildung.
ıken ist das Denken des Seins, und umgekehrt: das
das Sein des Denkens, d. h. alles Sein muß im Denken
:t sein; es muß seine ὑπόθεσις, das ist Grundlegung, im
ıenken der Wissenschaft erlangen.

haben Kenntnisse a priori, das ist der Sinn jenes groß-
ɔleichnisses von den gleichen Hölzern im Phädon. (Vgl.
ı und 75.) Wir können nicht zwei Elemente gleich-
hierzu bedarf es eines Dritten, eines Begriffes, des Be-
ler Gleichheit. Die Gleichheit oder die Zweiheit legen
ie Dinge hinein, aber wir nehmen sie nicht wahr. Für
ɔhe selbst ist unbedingte Identität gefordert; die Steine
uns oft gleich, dann wieder ungleich. Sie sind ja nicht
ıeßbar, und nur annäherungsweise erreichen sie die
it. Sie muß a priori unserem Verstande innewohnen,
ınnte sie ja nicht die Norm für die Korrektur der sinn-
√ahrnehmungen und Hantierungen werden. Wer auf
ıe sieht, wird sich an den Worten nicht stoßen. Es
auch: anläßlich[1] des Sehens oder Berührens wenden
reinen Begriffe an.[2] „Aber auch das geben wir doch
· wir ebendieses nirgend anders her bemerkt haben,
. Stande sind zu bemerken, als anläßlich des Sehens
rührens oder anläßlich[3] irgendeiner andern von den
ımungen." Demnach müßten die Wahrnehmungen vor-
ı. Ein sachliches Voraus soll keineswegs damit ange-
ᵣerden. Die reinen Begriffe müssen wir vorauswissen
gelegentlich und anläßlich der Wahrnehmungen wieder

---

ir machen ausdrücklich auf die Rolle aufmerksam, welche die
:it hier bei Platon spielt, weil sich von hier aus auch die rich-
igung der Stellung Plotins zum Problem der sinnlichen Wahr-
ergeben kann.

ıäd. 75 A: ἀλλὰ μὴν καὶ τόδε ὁμολογοῦμεν, μὴ ἄλλοθεν αὐτὸ ἐννε-
:ηδὲ δυνατὸν εἶναι ἐννοῆσαι, ἀλλ' ἐκ τοῦ ἰδεῖν ἢ ἅψασθαι ἢ ἔκ τινος
αἰσθήσεων.

ıäd. 76 A wird dies mit ἀπό gegeben, wie wir es auch bei Plotin
rden.

daran erinnern. So ist alle Wissenschaft ein Wiedererinnern, *καὶ ἡ μάθησις ἀνάμνησις ἂν εἴη* (Phäd. 76 A), d. h. der Mensch schöpft sein Wissen aus seinem eignen Bewußtsein; die Seele in ihrer Selbsttätigkeit bringt es hervor. Dies ist der Sinn des platonischen Wiedererinnerns, die Erkenntnis aus dem eignen Bewußtsein zu erzeugen. Dem Bewußtsein ist keine Erkenntnis einzusetzen, die es nicht selbst erzeugt, die nicht in ihm wäre. Da wir vermittelst der Sinne nur näherungsweise den reinen Begriffen beikommen, so müssen diese selbst a priori in unserem Bewußtsein liegen (*προειδέναι* Phäd. 74 E, *ἐνεῖναι τῇ ψυχῇ* Meno 85 C). Die reine Bestimmung ist eine Setzung der *ψυχή*. Unter dem Erscheinenden ist kein an sich Seiendes; die Sinne geben nur *ἄπειρα* dem *λόγος* zur Bestimmung. „Die Mathematik ist für die Seele der Zug vom Werdenden zum Seienden.“ (Rep. 521 D.) Denn „die Mathematik“ (ebenso wie bei Plotin) „bewirkt jene Umlenkung der Seele, welche aus einem gleichsam nächtlichen Tag zu dem wahren Tag des Seienden jene Auffahrt anstrebt, welche wir eben die wahre Philosophie nennen wollen.“ (Schleiermacher.) Rep. 521 C.[1] Man vergleiche auch Rep. 526 A/B.

Wir gehen weiter zur Idee und Hypothesis. Das wahre Sein wird von der Vernunft unmittelbar ergriffen „indem sie mittelst des dialektischen Vermögens Voraussetzungen macht, nicht als Anfänge, sondern wahrhaft Voraussetzungen, als Sprungbretter und Anläufe, damit sie bis zum Aufhören aller Voraussetzung = *ἀνυπόθετον* an den Anfang von allem gelangend, diesen ergreife, und so wiederum, sich an alles haltend, was mit jenem zusammenhängt, zum Ende hinabsteige, ohne sich überall irgend etwas sinnlich Wahrnehmbaren, sondern nur der Ideen selbst an und für sich dazu zu bedienen, und so am Ende eben zu ihnen, den Ideen, gelange“. (Schleiermacher.) Rep. 511 BC.[2] Diese klassische Stelle ist zugleich ein klarer Ausdruck für das methodische Verfahren, welches man mit H. Cohen als Urteil des Ursprungs bezeichnen kann. (Log. d. r. Erk. S. 73.) Bei Plotin wollen wir näher auf dieses Verfahren eingehen. Der

---

[1] *(τὸ μάθημα) ψυχῆς περιαγωγή, ἐκ νυκτερινῆς τινος ἡμέρας εἰς ἀληθινὴν τοῦ ὄντος οὖσα ἐπάνοδος, ἣν δὴ φιλοσοφίαν ἀληθῆ φήσομεν εἶναι.*

[2] *τῇ τοῦ διαλέγεσθαι δυνάμει, τὰς ὑποθέσεις ποιούμενος οὐκ ἀρχὰς ἀλλὰ τῷ ὄντι ὑποθέσεις, οἷον ἐπιβάσεις τε καὶ ὁρμάς, ἵνα μέχρι τοῦ ἀνυποθέτου ἐπὶ τὴν τοῦ παντὸς ἀρχὴν ἰών, ἁψάμενος αὐτῆς, πάλιν αὖ ἐχόμενος τῶν ἐκείνης ἐχομένων, οὕτως ἐπὶ τελευτὴν καταβαίνῃ αἰσθητῷ παντάπασιν οὐδενὶ προσχρώμενος, ἀλλ' εἴδεσιν αὐτοῖς δι' αὐτῶν εἰς αὐτά, καὶ τελευτᾷ εἰς εἴδη.*

LIBRARY
OF THE
UNIVERSITY
OF

wesentliche Sinn desselben ist, daß sich der Geist nichts Fertiges, keine abgeschlossene Erkenntnis von irgendwoher geben lassen darf, sondern das begrifflich erfaßte Problem durch sich selbst erledigt, d. h. durch selbst erzeugte Begriffe zur Lösung bringen muß. Das ἀνυπόθετον, das Unbedingte, zeigt schon in seiner sprachlichen Form die Tendenz des Ursprungsurteils, indem selbst das Bedingte wieder bedingt gedacht werden soll durch das Unbedingte, welches selbst freilich nur wiederum eine erneute Setzung des Geistes sein kann. So muß ich also aller Erkenntnis Grundlegungen machen, die die Voraussetzungen meiner Untersuchung bilden und meine Arbeit allererst ermöglichen. Vgl. Rep. 510 ABC, wo Platon dies, wie folgt, klarzumachen sucht. Die Hypothesis ward an der Kritik der damaligen Mathematik gefunden. Das „Axiom" darf nicht absoluter Anfang sein; es ist Voraussetzung und Idee. Über die Art, wie die Rechtfertigung der Idee zu kontrollieren sei, äußert sich Platon auch, z. B. Phäd. 100 A und 101 D. Gewißheit haben wir da, wo wir die Gegenstände der Erkenntnis gemäß dem eignen Gesetze des Bewußtseins erzeugen und dadurch sicherstellen. Dies ist der Gedanke, der auch im Systeme Kants zum Grundgedanken wird im a priori. Kant nennt es „hineinlegen" in die Dinge, aber im Sinne der Grundlegung. Dieses Apriori fand Kant bei Kopernikus vor; so nennt er auch diesen Apriorismus der Hypothesis die kopernikanische Revolution der Denkart. Die transzendentale Kritik Kants wird nur durch das a priori der Hypothesis begründet. Wie können wir uns sichere Erkenntnisse verschaffen, so daß wir Rechenschaft ablegen können? Indem wir Grundlegungen machen. Dies ist der Sinn der Kantischen Worte; daß wir nur das in den Dingen zu erkennen vermöchten, was wir selbst in sie „hineinlegen".

Das Denken der Ideen ist das Denken der Grundlegungen, in welchen Grundlegungen sich die Erkenntnis einrichtet. Es gibt keine andre Erkenntnis, als welche in den Grundlegungen ihren Bestand erlangt. Es gibt keine Wissenschaft, welche nicht auf den Grundlagen beruht, welche wir als Grundlegungen erkennen. Diese Grundlegungen sind die Erkenntnisse, welche die einheitliche Grundlage der Wissenschaft bilden. Die wissenschaftliche Vernunft fordert für ihre Zwecke und Arbeiten die Idee, als Grundlegung, die jeder Untersuchung voraufzugehen hat. In der Hypothesis liegt auch die Gewißheit der Wissenschaft. Die Rechtfertigung der Hypothesis liegt in ihrer Bewährung.

Die moderne Zeit hat sich den platonischen Gedanken wieder angeeignet, daß das mathematische Sein von anderer Art ist als das sittliche. Platon gibt den Unterschied an als ein Überragen δυνάμει καὶ πρεσβείᾳ an Kraft und Würde des sittlichen über das theoretische. Wie in der mathematischen, so müssen wir auch in der sittlichen Kultur die Forderung des Gesetzes aufstellen und seine Grundlegung in der sittlichen Vernunft verlangen. Αὐτὸς ὁ λόγος, das letzte Gesetz der Denksetzung, die oberste ὑπόθεσις, ist bei Platon identisch mit der ἰδέα τοῦ ἀγαθοῦ (Rep. 510), dem Gesetz der Gesetzlichkeit, wie Natorp[1] sagt. Die Idee des Guten ist nicht ein Gesetzliches, sondern αὐτὸς ὁ λόγος, das Gesetzliche überhaupt. Der Unterschied der sittlichen Idee von der mathematischen, die beide Gesetzesgeltung haben, ist darin von Platon empfunden worden, daß er das Sittliche als Ziel (τέλος) hinstellt. Das Seinsollen führt die Idee des Guten jenseits des mathematischen Seins. Das Gute als τέλος ist Forderung und Aufgabe für den Menschen (ἐπίταξις Gastm. 202 E). Auch Kant stellt es als Grundgedanken für seine Ethik auf, daß das Sittengesetz sowohl ein Gesetz der praktischen Vernunft, als auch, daß es eine Grundlegung sein müsse. Es ist ebenso ein Charakteristikum der neueren Zeit, die mit der Renaissance Platons beginnt, daß sie für alle wissenschaftlichen Disziplinen den Grund und Ursprung in der Vernunft sucht. So verlangt auch sie für die Ethik die Systematik der Vernunft, wie es Platon an der oben berührten Stelle des Staates tut. (Rep. 510 B und 509 B.) Die Vernunft allein hat das Sittengesetz zu geben. Sie übernimmt damit auch die Kontrole und die Verantwortung. Keine Autorität, kein Gott darf der Urheber sein. Das Sittengesetz darf nicht zum Absoluten erstarren; es ist ewige Aufgabe und ewiges Ziel. Die Idee des Guten ist schwer zu sehen (μόγις ὀφθεῖσα) und Platon kann uns eigentlich nur vom Sprößling des Guten, so wie er sich eben auf Erden zeigt, berichten. (Rep. 508 B.) Wie auf ein παράδειγμα muß man auf sie schauen, wenn man gesetzmäßig und vernünftig leben will, so wie die Mathematiker es machen, die zwar „sich der sichtbaren Gestalten bedienen und immer auf diese ihre Reden beziehen, ohnerachtet sie nicht von diesen handeln, sondern von jenem, dem diese gleichen, und die um des Vierecks selbst willen und seiner Diagonale ihre Beweise führen, nicht um des willen, welches sie zeichnen". (Schleiermacher.)

---

[1] Ideenl. z. B. S. 177. 187. 189.

Rep. 510 D. Diese Aufgabe, der **Idee** des Guten „nachzujagen"
und um sie zu „kämpfen", ist als Gesetz der reinen Vernunft
der Logik unterstellt und kann von ihr zu jeder Zeit neu erzeugt
und verteidigt werden. Der Idealismus kennt keine absoluten
Gesetze. Die Grundlagen sind nicht ἀρχαί, sondern in Wahrheit ὑποθέσεις, Sprungbretter zum wahrhaften Sein.

Der letzten Blüte, welche die griechische Philosophie in
dem System des Neuplatonismus erlebte, ging eine Zeit des
Niederganges voraus.

Stoizismus, Epikureismus, Skeptizismus und mystische
Schwärmerei, die Mannigfaltigkeit der philosophischen Lehr-
meinungen und Standpunkte kann nicht wegtäuschen über die
Schwäche, welche sich des philosophierenden Geistes in dieser
Zeit bemächtigt hatte, und die ihren Ausdruck unter anderem
auch in einem weitverbreiteten Eklektizismus fand. Die Vielheit
und Unsicherheit der theoretischen und praktischen Bestrebungen
hatte das Gemüt des Menschen, sozusagen, zerrissen, und der
Skeptizismus vollends warf das Individuum auf sich selbst und
seine schwache Kraft zurück. Demgegenüber erwacht im Neuplatonismus und schon bei Philon das Verlangen nach einem die
Menschen verbindenden Allgemeingültigen. So wurde man an
Platon erinnert, der in der wissenschaftlichen und in der sittlichen
Vernunft das gemeinsame Band der Menschen erkannt hat,
wenngleich er im Praktischen diese Erkenntnis nicht bis in alle
Konsequenzen verfolgt hatte.

II.

P h i l o n.[1]

Der bedeutendste unter den Vorläufern des Neuplatonismus
ist der alexandrinische Jude Philon. Er ist ein ausgezeichneter
Kenner der griechischen Literatur und vor allem Platons, für
dessen Ideenlehre ihm zuerst das Verständnis aufging. Trotz
seines einseitigen Interesses, die Ideen für die Theologie dienstbar zu machen und dadurch notwendigerweise zu verdinglichen
und zu dogmatisieren, läßt sich doch bei ihm der Idealismus,
in platonischem Geiste aufgefaßt, nachweisen. Philons Interesse

---

[1] Zu Philon vgl. man durchgängig die vorzügliche Darstellung bei
Gfrörer, Kritische Gesch. des Urchristentums. II. Bd.

konzentriert sich allein auf die Religion, auf den einen Jehova seines jüdischen Glaubens. Weltfremder Glaubenseifer, der in dem schlimmsten Aberglauben seine Befriedigung fand, ist ein Zeichen der damaligen Zeit. Mystik, Symbolik, Aberglauben, Asketik, Weltentsagung und Märtyrertum charakterisieren jene für die Kulturgeschichte so lehrreiche Epoche. Wenn Philon in solchen Zeiten seine Aufmerksamkeit der Philosophie der Griechen zuwandte, tat er es nicht aus dem platonischen Interesse an dem Geltungswerte der Wissenschaft, sondern in erster Linie, weil er im Streite und Zanke, den die Gelehrten um das Wesen Gottes angehoben hatten, nach einer Richtschnur, nach einer Philosophie suchte, die ihn lehren konnte, nach welchen Prinzipien ein solcher Zwist beigelegt, und mit welchem Recht die Einheit und Güte Gottes bewiesen werden könnte. Die Wissenschaft soll ihm den sicheren und festen Weg zeigen, wie man die Dinge zu fassen habe. Er sagt: „Der Bezirk (die Grenze) der Wissenschaft ist: das feste, sichere, unwandelbare Erfassen durch den Verstand" (λόγος).[1] Die Philosophie hat die Begriffe des Daseienden aufzustellen und also zu zeigen, daß es für ein Ding nur einen Begriff geben kann. Auch um über Gott disputieren zu können, dazu müssen wir ebenfalls die Wissenschaft benützen. Denn „die Philosophie umfaßt die Natur alles Seienden."[2] „Jede Beschäftigung über die Grenzen der Wissenschaft ist dem Philosophen bestimmt"[3]; „jede Idee wird durch die Philosophie errungen".[4] Die Methodik, die Philon für seine Zwecke auffand, ist die des Idealismus. Sein Suchen führte ihn zu Platon.[5] Wir wenden uns hiermit gegen die übliche[6], besonders von Zeller vertretene Ansicht, die dem Stoizismus das Übergewicht in der Philosophie Philons einräumt; wir schließen uns Brandis[7] an, welcher auch hier das Richtigere gesehen hat.

---

[1]) De congr. er. gr. 141. ἐπιστήμης ὅρος οὗτος: κατάληψις ἀσφαλὴς καὶ βέβαιος, ἀμετάπτωτος ὑπὸ λόγου.

[2]) De congr. er. gr. 144. φιλοσοφία δὲ πᾶσαν τὴν τῶν ὄντων φύσιν.

[3]) De congr. er. gr. 148. περὶ ὅρων (sc. τῆς ἐπιστήμης) πραγματεία πᾶσα τῷ φιλοσόφῳ (ἀνακεῖσθαι).

[4]) Πᾶσα ἰδέα οὐ φιλοσοφίᾳ πεπόνηται; cf. de opif. mundi 12 M.

[5]) Man vgl. B. Rippner: Ursprünge des phil. Logos. Mtsschr. f. Gesch. u. Wiss. des Judentums ed. G. Fränkel. — H. Grantz. XXI, S. 303 (1872).

[6]) Z. B. L. Cohn: Philo v. Alexandria: Neue Jahrbücher für das klass. Altertum und Pädagogik (Ilberg — Richter) 1898, S. 531—538. Cohn ist von Zeller abhängig.

[7]) Brandis: Handbuch der Gesch. der griech.-röm. Philosophie. III. Teil, 2. Abt. Berlin 1866. Vgl. S. 287 f.

Die Stoa ist für den Inhalt des philonischen Philosophierens ohne nachhaltigen Einfluß gewesen, jedoch ist seine Terminologie von den Bezeichnungen der Stoa abhängig, wie das eben bei dem übermächtigen Einfluß gerade der Stoa in dieser Zeit nicht anders zu erwarten ist; andrerseits mag es sich auch aus direktem Schuleinfluß der Stoiker auf ihn erklären lassen.

Einen ganz platonischen Ausgangspunkt haben wir bei Philon in seiner Kritik der Sinnlichkeit. „Nichts Reines gibt es in den Dingen der Wahrnehmung."[1] Das Zeugnis der Sinne ist unzuverlässig; man muß vielmehr mit dem Denken die Wahrnehmungen fassen und der Seele einprägen. Nur der wird richtige Erkenntnis von etwas haben, „wer dies nicht durch das Gehör, sondern vielmehr durch das Denken $(\delta\iota\alpha\nu o\iota\alpha)$ gelernt hat und seiner Seele einprägte."[2] Das Wahrnehmbare ist immer der Veränderung, weil dem Werden, unterworfen; Philon sagt: „Alles Wahrnehmbare ist im Werden und in Veränderung und niemals an sich selbst seiend. Dem Unsichtbaren und Gedachten wohnt wie ein Bruder und Verwandter die Unvergänglichkeit inne; dem Wahrnehmbaren legte er (der Logos) den Namen des Werdens bei, der ihm eigentümlich ist."[3] Das Wahrnehmbare ist so in keinem Augenblick identisch und der Wissenschaft zugänglich, welche Forderung jedoch zu stellen ist. Diese Identität gewährleisten die Begriffe, die $\varkappa\alpha\tau\dot\alpha$ $\tau\dot\alpha$ $\alpha\dot\upsilon\tau\dot\alpha$ $\delta\nu\tau\alpha$ oder $\tau\dot\alpha$ $\gamma\acute\epsilon\nu\eta$. Bei Platon finden sich analoge Stellen z. B. Rep. 402 BC $\alpha\dot\upsilon\tau\dot\alpha$ $\tau\dot\alpha$ $\epsilon\check\iota\delta\eta$; Parm. 129 A, 129 D, 130 B, 133 A usw.[4] An sich seiend ist ein ständiges Beiwort der platonischen Idee. Im Denken liegt also das wahre Sein; und der $\nu o\tilde\upsilon\varsigma$, als der Sitz der Gedanken, muß daher der Führer der Seele, des Bewußtseins sein, da auf die Sinne kein Verlaß ist. Deshalb „übersteigt er (der Nus) alles sinnlich wahrnehmbare Sein und strebt nach dem gedachten Sein".[5] Das gedachte Sein, die Ideen, sind die Formen und Maße, nach denen der Verstand das Mannigfache der Empfindung gestaltet. In diesem Sinne

---

[1]) De opif. mundi 7 M. $\epsilon\dot\iota\lambda\iota\varkappa\rho\iota\nu\grave\epsilon\varsigma$ $\gamma\grave\alpha\rho$ $o\dot\upsilon\delta\grave\epsilon\nu$ $\tau\tilde\omega\nu$ $\dot\epsilon\nu$ $\alpha\dot\iota\sigma\vartheta\acute\eta\sigma\epsilon\iota$.

[2]) De opif. mundi § 61. $\dot O$ $\delta\grave\epsilon$ $\tau\alpha\tilde\upsilon\tau\alpha$ $\mu\grave\eta$ $\dot\alpha\varkappa o\tilde\eta$ $\mu\tilde\alpha\lambda\lambda o\nu$ $\tilde\eta$ $\delta\iota\alpha\nu o\iota\alpha$ $\pi\rho o\mu\alpha\vartheta\grave\omega\nu$ $\varkappa\alpha\grave\iota$ $\dot\epsilon\nu$ $\psi\upsilon\chi\tilde\eta$ $\sigma\varphi\rho\alpha\gamma\iota\sigma\acute\alpha\mu\epsilon\nu o\varsigma$ . . . .

[3]) De opif. mundi 3 M. $\Pi\tilde\alpha\nu$ $\gamma\grave\alpha\rho$ $\alpha\dot\iota\sigma\vartheta\eta\tau\grave o\nu$ $\dot\epsilon\nu$ $\gamma\epsilon\nu\acute\epsilon\sigma\epsilon\iota$ $\varkappa\alpha\grave\iota$ $\mu\epsilon\tau\alpha\beta o\lambda\alpha\tilde\iota\varsigma$ $o\dot\upsilon\delta\acute\epsilon$-$\pi o\tau\epsilon$ $\varkappa\alpha\tau\grave\alpha$ $\tau\alpha\dot\upsilon\tau\grave\alpha$ $\delta\nu$. $\tau\tilde\omega$ $\mu\grave\epsilon\nu$ $\dot\alpha o\rho\acute\alpha\tau\omega$ $\varkappa\alpha\grave\iota$ $\nu o\eta\tau\tilde\omega$ $\pi\rho o\sigma\acute\epsilon\nu\epsilon\iota\mu\epsilon\nu$ $\dot\omega\varsigma$ $\dot\alpha\delta\epsilon\lambda\varphi\grave o\nu$ $\varkappa\alpha\grave\iota$ $\sigma\upsilon\gamma\gamma\epsilon\nu\grave\epsilon\varsigma$ $\dot\alpha\ddot\iota\delta\iota\acute o\tau\eta\tau\alpha$, $\tau\tilde\omega$ $\delta'\alpha\dot\iota\sigma\vartheta\eta\tau\tilde\omega$ $\gamma\acute\epsilon\nu\epsilon\sigma\iota\nu$ $o\dot\iota\varkappa\epsilon\tilde\iota o\nu$ $\delta\nu o\mu\alpha$ $\dot\epsilon\pi\epsilon\varphi\acute\eta\mu\iota\sigma\epsilon\nu$.

[4]) Weitere zahlreiche Belege hierfür findet man leicht bei Natorp, Plat. Ideenl. S. 438.

[5]) De opif. mundi 16 M. $\Pi\tilde\alpha\sigma\alpha\nu$ $\tau\grave\eta\nu$ $\alpha\dot\iota\sigma\vartheta\eta\tau\iota\varkappa\grave\eta\nu$ $o\dot\upsilon\sigma\iota\alpha\nu$ $\dot\upsilon\pi\epsilon\rho\varkappa\acute\upsilon\psi\epsilon\iota$, $\dot\epsilon\nu\tau\alpha\tilde\upsilon\vartheta\alpha$ $\dot\epsilon\varphi\acute\iota\epsilon\tau\alpha\iota$ $\tau\tilde\eta\varsigma$ $\nu o\eta\tau\tilde\eta\varsigma$.

mag die folgende Stelle erklärt werden: „Man muß aber bei einem jeden von den andern Dingen, was die Wahrnehmungen bestimmen, als das Ursprünglichere Formen und Maße zum Grunde legen, nach denen das Werdende gestaltet und gemessen wird."[1]

Der Ursprung dieser Formen und Maße liegt im Nus, der sie im reinen Schauen erschafft. Wir wollen zunächst untersuchen, wie dieser Begriff des Schauens zu verstehen ist. Wenn Philon sagt: „Der Nus schaut das Gedachte"[2] und ferner: „der Nus hat die Wissenschaft nötig, um das Unkörperliche zu erkennen"[3], so sieht man hieraus, daß das Schauen nur ein bildlicher Ausdruck für eine gedankliche Tätigkeit sein kann, da ja das Objekt und Resultat des Schauens das Gedachte ist. Man sieht ferner, daß also das Schauen nur auf dem methodischen Wege der Wissenschaft geschehen kann. Das Gesetzmäßige ist also auch für Philon das Charakteristikum der Idee. Im allgemeinen ist Philon auf den sokratischen Begriff rekurriert[4]; ἰδέα ist identisch mit γένος[5] oder εἶδος, wie auch ebenso nach der platonischen Definition die Ideen zugleich allgemeine Gattungsbegriffe sind. Indessen ist aber auch die Spur dafür vorhanden, daß Philon die Forderung der Grundlegung kannte, wie man deutlich aus folgenden Ausdrücken erkennen kann. Ὑπονοητέον, man muß „als Grundlage denken", daß die Formen und Maße das Ursprünglichere sind, wie wir oben gesehen haben.[6] Ferner: „Der Logos setzt sich selbst als Grundlegung, was zu tun ist."[7] Es ist der Gedanke der Autonomie des Selbstbewußtseins, der uns hier, allerdings in dogmatischer Abschwächung, entgegentritt. Die Idee ist das Paradeigma, worauf hinblickend, wir über eine bestimmte Sache einen Satz aufstellen.[8] Ohne dieses Paradeigma kommt nichts in den

---

[1]) De opif. mundi § 44. Ὑπονοητέον δὲ ὅτι καὶ ἑκάστου τῶν ἄλλων ἃ διχάζουσιν αἰσθήσεις τὰ πρεσβύτερα εἴδη καὶ μέτρα, οἷς εἰδοποιεῖται καὶ μετρεῖται τὰ γινόμενα.

[2]) De opif. mundi 12 M. Ὁ νοῦς βλέπει τὰ νοητά.

[3]) De opif. mundi 12 M. Χρεῖος δὲ μὲν νοῦς ἐπιστήμης εἰς τὸ γνωρίσαι τὰ ἀσώματα.

[4]) Wir dürfen hier vielleicht an Kants Gedankenformen und an die reinen Anschauungsformen erinnern.

[5]) De opif. mundi 32 M. ἰδέα τις ἢ γένος ἢ σφραγὶς νοητὸς ἀσώματος.

[6]) De opif. mundi 31 M (§ 44). Ὑπονοητέον . . . τὰ πρεσβύτερα εἴδη καὶ μέτρα.

[7]) Cf. de post. Caini § 19.

[8]) De post. Caini § 19. παράδειγμα τίθεσθαι.

Wahrnehmungen zustande. Die Wahrnehmung bietet eben nur das Problem, das sie dem Verstand zur Bearbeitung anheimstellt. Der Verstand legt das ἀσώματον παράδειγμα in die Erscheinungen und ohne dieses vollendet er nichts in den Dingen der Wahrnehmung.[1] Der apriorische Charakter der Idee ist von Philon erkannt. Das ὑπονοητέον, das „voraus als Grundlegung gedachte" Musterbild wird vom λογισμός d. h. vom reinen Denken erzeugt. Um ein Beispiel zu bringen, dessen sachliche Würdigung für eine andre Stelle aufbewahrt werden muß, und das wir hier nur wegen der darin ausgesprochenen methodischen Ansicht betrachten wollen, so spricht er einmal von einer νοητὴ πόλις, die als ein διανοούμενον des Architekten nirgends anderswo ist als im Denken des Architekten. „Und nicht ist die gedachte Stadt etwas anderes als das Denken des Architekten."[2] Daß das Denken sich in Grundlegungen seinen Bestand sichere, dies scheint überall bei Philon durch. Auch das Wort, das in der modernen Zeit ein Gegenstand berechtigten Ärgernisses und der Verachtung geworden ist, hat bei Philon noch nicht diese anstößige Bedeutung: Dogma steht bei ihm im Sinne der Hypothese, der Theorie. So können wir es an vielen Stellen erkennen, z. B. „Der Lustgierige (φιλήδονος) wird nicht gespeist mit himmlischer Nahrung, welche die Weisheit den Schaulustigen durch Begriffe und Theorien darreicht".[3] Λόγοι und δόγματα: schon diese Verbindung kann uns belehren, daß die δόγματα nicht außerhalb des einheitlichen Zusammenschlusses der Erzeugnisse unserer Vernunft, nicht außerhalb der Einheit unseres Wissens liegen. Das Dogma wird abhängig gemacht von dem λόγος d. h. von dem Denken der Menschen: οὐ γὰρ λογικῶν ἀνδρῶν τὸ δόγμα.[4] Daran müssen wir auch für Philon festhalten. Das bekundet auch seine pythagoreische Ansicht von den Zahlen als den Gesetzen, nach denen das Weltall eingerichtet und geordnet sei. Es gibt keine absoluten Lösungen. Das ist auch der Sinn der philonischen Erkenntnislehre; wir können dabei jetzt noch außer acht lassen, daß die Erkenntnis kraft der Gnade Gottes ad maiorem dei gloriam vonstatten geht.

---

[1]) De opif. mundi § 44. ἄνευ ἀσωμάτου παραδείγματος οὐδὲν τελεσιουργεῖ τῶν ἐν αἰσθήσει.

[2]) De opif. mundi § 6. Οὐδὲ ἡ νοητὴ πόλις ἕτερόν τι ἐστὶν ἢ ὁ τοῦ ἀρχιτέκτονος λογισμός. Vgl. Horovitz. Untersuchungen über Philons und Platons Lehre von der Weltschöpfung. Marburg (Elwert).

[3]) De opif. mundi 36 M. (sc. ὁ φιλήδονος) σιτεῖταί τε οὐκ οὐράνιον τροφήν, ἣν ὀρέγει τοῖς φιλοθεάμοσι διὰ λόγων καὶ δογμάτων σοφία.

[4]) De post. Caini § 19.

Die Welt ist geordnet nach Zahlen. „In sechs Tagen soll die Welt geschaffen worden sein, nicht weil der Schöpfer die Länge der Zeit nötig hatte, sondern weil das Entstandene der Ordnung bedarf. Der Ordnung aber ist die Zahl eigen und die Sechs ist am meisten entstanden nach den Gesetzen def Natur der Zahlen."[1] Die Genauigkeit der mathematischen Naturwissenschaft, wie sie Pythagoras und Platon klar geworden war, entnimmt Philon, der diesen Studien fernsteht, seinen griechischen Vorbildern und verlegt sie in die gottgebildete Welt, weil er die Notwendigkeit dieser Forderung der Gesetzmäßigkeit, wie sie in exaktester Weise in der Mathematik vorbildlich ist, für die κοσμοποιΐα des λόγος anerkennt; hierbei gibt er freilich der Vorliebe der Pythagoreer für Zahlenspielerei und Zahlenmystik allzuviel nach. „Welcher Teil von den Dingen im Kosmos liebt nicht die Sieben, durch den Eros und dies Verlangen nach der Sieben bezwungen? Sofort sagt man, der Himmel habe seine Einteilung in sieben Kreise."[2] Bei allen Auswüchsen muß man doch hier den Grundgedanken anerkennen, daß die Zahl ein gesetzmäßig bestimmender Faktor im Weltall sei. Die Ideen, nach denen die Welt geschaffen wurde, sind Monaden, Einheiten. „Die Einheit ist ungemischt und das Ungemischte Einheit. Der ungemischte Gott nun redet Einheiten."[3] Der Ausdruck ungemischt bezieht sich auf die Reinheit vom Sinnlichen, wie sich aus vielen Stellen belegen läßt.[4] Das ist auch bei Platon, wie wir wissen, das Wesen, wenn auch nicht die tiefgehendste Befugnis des Denkens, Einheit zu bewirken. Die Monade ist unvermischt mit der Sinneswahrnehmung und ein Einfaches. Weil das System der Natur durch die Einheit eines Gesetzes garantiert wird, kann auch die Aufgabe der Erkenntnis (der Seele) keine andre sein, als die Vielheit aus einheitlichen Ursprüngen zu erklären. So sagt auch Philon: „Infolge der „einen" und „selbigen" Ordnung wird gezeigt, wie die Seele auf die Aufstellung des Einen sieht, weil, wenn man auf viele

---

[1] De opif. mundi § 3. Ἓξ δὲ ἡμερῶν δημιουργηθῆναί φησι τὸν κόσμον, οὐκ ἐπειδὴ προσεδεῖτο χρόνων μήκους ὁποιῶν ... ἀλλ ἐπειδὴ τοῖς γινομένοις ἔδει τάξεως. τάξει δὲ ἀριθμὸς οἰκεῖον, ἀριθμῶν δὲ φύσεως νόμοις γεννητικώτατος ὁ ἕξ.

[2] De opif. mundi § 38. Τί γὰρ οὐ φιλέβδομον τῶν ἐν τῷ κόσμῳ μέρος, ἔρωτι καὶ ποθῷ δαμασθὲν ἑβδομάδος; αὐτίκα τὸν οὐρανόν φασιν ἑπτὰ διεζῶσθαι κύκλοις.

[3] Quod deus sit imm. 82. τὸ ἄκρατον μονὰς καὶ ἡ μονὰς ἄκρατον. μονάδας μὲν οὖν ἄκρατος ὁ θεὸς λαλεῖ.

[4] De opif. mundi 15 M. und 33 M.

Ursprünge zurückgeht, man notwendig in die schwerste Bedrängnis kommt."[1] Der göttliche Logos bringt τὴν μίαν σύνταξιν oder, wie es an anderer Stelle heißt, den σύνοδος τῆς διανοίας, die Synthesis hervor. Nun ist aber der Nus des Menschen ein Teil des göttlichen, so daß für ihn diese Definition bestehen bleibt. Der Logos ist der Inbegriff der Weltordnung, die ἰδέα ἰδεῶν. „Es ist offenbar, da ja auch der νοητὸς κόσμος eine ursprüngliche Prägung ist, daß auch der göttliche Logos selbst „das" ursprüngliche Musterbild, die Idee der Ideen ist[2], in welcher die gedachte Welt gegründet ist."[3] Im Logos haben die ἰδέαι καὶ μέτρα ihren Sitz.

Die ἰδέα τῶν ἰδεῶν ist die platonische Formulierung des Systems der Erkenntnisse, für den Glauben an die Einheit der Vernunft. In diesem Triebe zur Einheit führte den Philon sein ethischer Genius zur Erkenntnis der Idee der Menschheit[4]: ἰδέα ἀνθρώπου oder ὁ πρὸς ἀλήθειαν ἄνθρωπος. So schreitet er auf der von Platon vorgezeichneten Bahn über seinen Meister hinaus. Denn bei Platon findet sich der Begriff der Menschheit noch nicht völlig in seiner ethischen Bedeutung erkannt. Daß in Wirklichkeit der kosmopolitische Sinn Philons diesen Gedanken hervorbringen konnte, hängt aufs innigste zusammen und erhält seine Bestätigung durch den echten Sozialismus Philons, der in dem messianischen Gedanken der Propheten einen günstigen Boden gehabt hatte. Der Idealmensch Philons ist daher Sozialist und Kosmopolit.[5] „Zwiefach ist die Gestalt des Staates; die eine ist besser, die andere schlechter. Die bessere, welche die demokratische Verfassung hat, ist in einem Staatswesen, welches die Gleichheit ehrt und dessen Leiter Gesetz und Recht sind; im geringeren aber ... die Ochlokratie, die das Ungleiche an-

---

[1]) Ὑπὸ γὰρ μίαν καὶ τὴν αὐτὴν σύνταξιν ἐξ ἀνάγκης φανεῖται πρὸς τὴν ἑνὸς ἐπιστασίαν ἀφορῶσα ἐπεί τό γε πολλαῖς ὑπακούουσιν ἀρχαῖς ἀναγκάζεσθαι βαρύτατον ἄχθος. (De agric. § 12.)

[2]) De opif. mundi § 6. Δῆλον δὲ ὅτι καὶ ἡ ἀρχέτυπος σφραγίς, ὃν φαμεν εἶναι κόσμον νοητόν, αὐτὸς ἂν εἴη τὸ ἀρχέτυπον παράδειγμα ἰδέα τῶν ἰδεῶν, ὁ θεοῦ λόγος.

[3]) De opif. mundi § 10. Ὁ μὲν οὖν ἀσώματος κόσμος .... ἱδρυθεὶς ἐν τῷ θείῳ λόγῳ.

[4]) Diesen Gedanken vermißt man ungern bei Horovitz, der sich überhaupt über die Bedeutung der Idee bei Platon und Philon nicht klar ist. Eine hierauf bez. Kritik der Horovitzschen Arbeit findet sich weiter unten.

[5]) De opif. mundi § 1. νομίμου ἀνδρός, εὐθὺς ὄντος κοσμοπολίτου. Vgl. § 50 an zwei Stellen.

staunt; in ihr sind Unrecht und Ungesetzlichkeit übermächtig."[1]
Die Gerechtigkeit muß den einheitlichen Boden für die Anwendung der Gesetze bilden. Alle haben an der Verwirklichung
der Sittlichkeit mitzuhelfen, niemand darf ausgeschlossen sein.
Dies ist die Grundvoraussetzung des philonischen Sozialismus,
„damit die ganze Erde ein Staat werde und die beste aller
Staatsverfassungen, die Demokratie habe".[2]   „Die Staatsver-
waltung, an der das ganze Volk teilhat *(ἡ κατὰ δήμους πολιτεία)* entspräche der Natur.   Denn diese Welt ist ein großer
Staat, der „eine" Staatsverfassung und „ein" Gesetz hat."[3]
Hierbei ist offenbar die Natur als die sittliche Natur d. h. als
die Natur des sittlichen Geistes gedacht.   Der Ausdruck *φύσεως*
aber ist irreführend, denn die Begründung zeigt, daß auf das
Vernunftgesetz des Kosmos rekurriert wird, welches natürlich
selbst nur in und kraft der Idee existiert.   Die Gerechtigkeit
und die Sittlichkeit bilden die Grundlage des philonischen Staats-
wesens.   Im sozialen Staate darf nur die *ἰσότης* gelten; er muß
νόμῳ ἑνί geleitet sein.
     Wie in der theoretischen Weltbetrachtung der Gedanke
der Einheit unter der Form des Systems lebendig wurde, so
faßte er auch die Stellung des Individuums zur Allheit der
Menschen unter dem Gesichtspunkte der Einheit.   Die Schranken
der natürlichen Gemeinschaften wie Familie, Rasse und Geschlecht, aber auch der Nation trüben den Blick nicht mehr
gegenüber dem kosmopolitischen Ideal, sondern empfangen
ihrerseits ihre Rechtfertigung aus der Vernunftidee der Menschheit.   So weiß Philon nichts von einer Trennung von Politik und
Ethik, sondern sein politisches Glaubensbekenntnis beruht auf
seiner ethischen Erkenntnis. [Man sehe sich hierzu den Anfang
von Schiller: Völkerwanderung, Mittelalter und Kreuzzüge an.]
So müssen wir denn auch erwarten, daß dem sozialen Sinne des
Alexandriners der Egoismus nicht das Prinzip seiner Ethik sein
kann.   „Die unvernünftigen Lüste sollen nicht in der Seele die

---

     [1]) De conf. ling. § 23. *Διττὸν δὲ πόλεως εἶδος τὸ μὲν ἄμεινον, τὸ δὲ χεῖρον,
ἄμεινον μὲν τὸ δημοκρατίᾳ χρώμενον ἰσότητα τιμώσῃ πολιτείᾳ, ἧς ἄρχοντές εἰσι
νόμος καὶ δίκη, χεῖρον δὲ . . . . ὀχλοκρατία, ἣ θαυμάζει τὸ ἄνισον, ἐν ᾗ ἀδικία
καὶ ἀνομία καταδυναστεύουσιν.*
     [2]) Quod deus s. imm. § 36. *ἵνα ὡς μία πόλις ἡ οἰκουμένη πᾶσα τὴν
ἀρίστην πολιτειῶν ἄγῃ δημοκρατίαν.*
     [3]) Joseph. § 6. *Προσθήκη γάρ ἐστι τῆς . . . . φύσεως ἡ κατὰ δήμους
πολιτεία. ἡ μὲν γὰρ μεγαλόπολις ὅδε ὁ κόσμος ἐστὶ καὶ μιᾷ χρῆται πολιτείᾳ καὶ
μόνῳ ἑνί.*

Gewalt haben."[1] Darin liegt unverkennbar der Hinweis, daß die Vernunft die Herrschaft zu führen habe im Bereiche des Wollens und Begehrens. Aber freilich oft genug folgen wir dem Trieb, statt der Stimme der Vernunft zu gehorchen. „Die Lust ist und gehört zu den ersten Wahrnehmungen, durch die sie auch den Lenker Nus täuscht.[2] Wir sollten aber durch die Vernunft unterscheiden und entscheiden, was gut und böse ist an den Sinnen und Trieben, die sich durch die Wahrnehmung an die Vernunft wenden. Wer der Lust folgt, hat als Bestimmungsgrund seiner Ethik die Quelle der Ungerechtigkeit und Gesetzlosigkeit erwählt." „Dieses Verlangen (ὁ ἔρως) hat auch die Lust der Körper hervorgebracht, welche eine Quelle der Ungerechtigkeiten und Gesetzwidrigkeiten ist."[3] Wichtig für den idealistischen Charakter der philonischen Ethik ist die Bedeutung des ungeschriebenen Gesetzes. So sagt er etwa von dem Führer des jüdischen Volkes: „Dieses Leben des Ersten und Führers des Volkes ist, wie einige sagen, gesetzlich, und wie meine Rede zeigte, war dieses Gesetz selbst ein „ungeschriebenes Gesetz" (θεσμὸς ἄγραφος)."[4] Das „ungeschriebene Gesetz" steht über dem zeitlich vergänglichen und auch damit wird in der Vernunft und in der Idee ein Richter und Lenker der Sittlichkeit anerkannt. Wer keine Vernunft hat, hat auch nicht teil am Guten und Bösen. Wir erkennen hier wiederum ganz deutlich, daß es Philo nicht an Einsicht gefehlt hat in den autonomen Charakter unserer sittlichen Vernunft. In der Selbstbewegung der Seele liegt der Unterschied, der den Menschen vom Tier unterscheidet. Nur in der Ethik kann man vom Menschen reden. Die διάνοια des Menschen ist frei; kraft ihrer vollzieht er seine Selbstgesetzgebung, und durch sie unterscheidet er sich von allen andern Lebewesen. „Anders gestaltete er die Verfassung der Seele; diese ihre Affektion heißt Trieb. Diesen unterschied man und nannte ihn die erste Bewegung der Seele. Hierdurch überragen die Lebewesen die Pflanzen."[5]

---

[1]) De opif. mundi § 26. μήτε αἱ ἄλογοι ἡδοναὶ ψυχὴν δυναστεύσωσι.

[2]) De opif. mundi § 59. Ἡδονὴ δὲ προτέραις ἐντυγχάνει καὶ ἐνομιλεῖ ταῖς αἰσθήσεσι, δι' ὧν καὶ τὸν ἡγεμόνα νοῦν φενακίζει.

[3]) Ὁ δὲ πόθος οὗτος καὶ τὴν τῶν σωμάτων ἡδονὴν ἐγέννησεν ἥτις ἐστὶν ἀδικημάτων καὶ παρανομημάτων ἀρχή.

[4]) De Abrahamo, Schluß. Τοιοῦτος ὁ βίος τοῦ πρώτου καὶ ἀρχηγέτου τοῦ ἔθνους ἐστίν, ὡς μὲν ἔνιοι φήσουσι, νόμιμος, ὡς δ' ὁ παρ' ἐμοῦ λόγος ἔδειξε, νόμος αὐτὸς ὢν καὶ θεσμὸς ἄγραφος.

[5]) Quod deus sit imm. § 9. Ἑτέρως διέθηκε τὴν ψυχήν, τοῦτο δὲ αὐτῆς τὸ πάθος ὁρμὴ καλεῖται, ἣν ὁριζόμενοι πρώτην ἔφασαν εἶναι ψυχῆς κίνησιν. Τοσούτοις μὲν δὴ ζῷα προὔχει φυτῶν.

Oder: „Als auserwähltes Geschenk erhielt nun dieser (der Mensch) die Vernunft, welche es sich zu eigen gemacht hat, die Natur der Körper zugleich und der Handlungen zu erfassen. . . . Das einzig Unsterbliche in uns sei wahrscheinlich die Dianoia. Sie allein hat der erzeugende Vater der Freiheit für würdig erachtet, und er ließ sie frei von den Fesseln der Notwendigkeit." So ist es „der Mensch, der eine freischaffende und selbst gebietende Erkenntnis erlangte".[1] Diese Fähigkeit ist allerdings ein Geschenk Gottes, und nur der Gottlose mag behaupten, der Mensch habe sich selbst diese Macht gegeben. „Dem Gottlosen dünkt das Gegenteil zu sein, nämlich der Nus sei von selbst mächtig."[2] Gemäß dem gesetzmäßigen Charakter des Guten und der Vernunft wird auch für das Gute die Identität, die absolute Einheit gefordert. Diese absolute Einheit ist von Philon verdinglicht worden. „Es ist ein Herrscher und Lenker und König, der allein die Aufgabe hat, alles zu regieren und zu ordnen."[3]

Οὐκ ἀγαθὸν πολυκοιρανίη, εἷς κοίρανος ἔστω, εἷς βασιλεύς.[4]

Der Zentralbegriff der philonischen Ethik ist Gott, der Jehova des alten Testamentes. Sein philosophisches Interesse gipfelt und entspringt dem Interesse an Gott. Damit hängen die intimsten Schwächen auch seiner Erkenntnislehre zusammen. Aber auch den idealen Gehalt Gottes hat Philon richtig erkannt und die Gottheit als *τέλος*, als Ziel, dem alles zustreben müsse, richtig gewürdigt. Die Wissenschaft hat für ihn überhaupt keinen andern Wert, als daß sie uns die Güte des Schöpfers einleuchtend und bewußt werden läßt. Alle Forschung muß geschehen im Hinblick auf das höchste Gut (d. i. die Gottheit), das erstrebt werden soll. „Wenn nun die gottliebende Seele sucht, was das Seiende nach seiner Wesenheit ist, dann geht sie auf eine unsichtbare Suche, durch die ihr das größte Gut zuteil wird: zu erfassen, daß Gott, seinem Sein nach, einem jeden unfaßbar ist, und eben dies zu sehen, daß er unsichtbar

---

[1] Quod deus sit imm. § 10. Ἐξαιρετὸν οὗτος τοίνυν γέρας ἔλαχε διανοίαν ἢ τὰς ἁπάντων φύσεις σωμάτων τε ὁμοῦ καὶ πραγμάτων εἴωθε καταλαμβάνειν .... καὶ μόνον τῶν ἐν ἡμῖν εἰκότως ἄφθαρτον ἔδοξεν εἶναι διάνοια, μόνην γὰρ αὐτὴν ὁ γεννήσας πατὴρ ἐλευθερίας ἠξίωσε, καὶ τὰ τῆς ἀνάγκης ἀνεὶς δέσμα ἀφετὸν εἴασε. ... ὁ δὲ ἄνθρωπος ἐθελουργοῦ καὶ αὐτοκελεύστου γνώμης λαχών.

[2] De conf. ling. § 25. Τῷ δ'ἀσεβεῖ τ'οὐνάντιον δοκεῖ, αὐτοκράτορα μὲν εἶναι τὸν νοῦν ὧν βουλεύεται.

[3] De conf. ling. § 33. Ἔστιν εἷς ἄρχων καὶ ἡγεμὼν καὶ βασιλεὺς ᾧ πρυτανεύειν καὶ διοικεῖν μόνῳ θέμις τὰ σύμπαντα.

[4] De conf. ling. § 33.

ist."[1] Weil Gott das unendlich ferne Ziel ist, kann er weder
im Denken völlig erkannt noch mit dem Willen erreicht werden,
aber wir erkennen und erreichen ihn doch, indem wir uns ihm
stetig annähern „in jener unbekannten und unsichtbaren Suche"
d. h. jener Suche des Unsichtbaren und Unbekannten. Diese
Idee des Guten ist die Ursache des gesetzmäßigen Geschehens,
so im theoretischen wie im sittlichen Sein. So will der Logos
„das Geschlecht der Menschen, das in unwegsamen Gegenden
herumirrt, auf den ebensten Weg bringen, damit wir unserer Natur
folgen und so das beste Ziel gefunden wird, die Erkenntnis des
wahrhaft Seienden, welches das erste und vollendetste Gut ist."[2]
Der stoische Ausdruck der Natur kann nicht am platonischen
Ausdrucke irre machen; denn welcher Stoiker würde wohl als
letztes Ziel die Erkenntnis des wahrhaft Seienden (mit platonischen Worten ἐπιστήμην τοῦ ὄντως ὄντος[3]) und als das wahrhaft
Seiende das höchste Gut angeben? Diese Stelle kann vielmehr
nur zum Beleg dienen, daß, wo Philon von der sittlichen Natur
des Menschen spricht, er den Menschen der Idee meint.

Gott vertritt ferner das Prinzip der Weltordnung, und ähnlich wie die Idee des Guten bei Platon, ist auch sein Gott
δημιοῦργος, der die Welt vom Chaos des μὴ ὄν ins ὄν hinüber-
leitet. Diese Ordnung geschah nach einem vorausgedachten
Plane, nach einer νοητῇ ἰδέᾳ. Der Gedanke der νοητὴ ἰδέα enthüllt auch hier wiederum Gott als regulative Idee im Sinne
Kants. Er ist selbst ein Gedanke des Geistes und kann nur
mit dem geistigen Auge erblickt werden. „Dem wahrhaft
Seienden (d. i. Gott) kommt es zu, nicht nur durch die Ohren,
sondern durch die Augen der Dianoia erdacht und erkannt zu
werden."[4] Wenn das Sein der Natur der Vernunft zugänglich

---

[1]) De post. Caini § 5. Ὅταν οὖν φιλόθεος ψυχὴ τὸ τί ἐστιν τὸ ὄν κατὰ τὴν
οὐσίαν ζητῇ, εἰς ἀειδῆ καὶ ἀόρατον ἔρχεται ζήτησιν, ἐξ ἧς αὐτῇ περιγίγνεται
μέγιστον ἀγαθὸν καταλαβεῖν ὅτι ἀκατάληπτος ὁ κατὰ τὸ εἶναι θεὸς παντὶ καὶ
αὐτὸ τοῦτο ἰδεῖν, ὅτι ἐστὶν ἀόρατος.

[2]) De Decal. § 16. βουλόμενος δὲ τὸ γένος τῶν ἀνθρώπων ἀνοδίαις πλαζό-
μενον εἰς ἀπλανεστάτην ἄγειν ὁδόν, ἵν' ἑπόμενον τῇ φύσει τὸ ἄριστον εὕρηται τέλος
ἐπιστήμην τοῦ ὄντος ὄντος, ὃ ἐστι τὸ πρῶτον ἀγαθὸν καὶ τελειώτατον.

[3]) Plat. Phäd. 247 E. ἀλλὰ τὴν ἐν τῷ ὅ ἐστιν ὄν ὄντως ἐπιστήμην οὖσαν.
249 B/C. Τοῦτο δέ ἐστιν ἀνάμνησις ἐκείνων, ἃ ποτ' εἶδεν ἡμῶν ἡ ψυχὴ συμ-
πορευθεῖσα θεῷ καὶ ὑπεριδοῦσα ἃ νῦν εἶναί φαμεν, καὶ ἀνακύψασα εἰς τὸ
ὄν ὄντως.

[4]) De post. Caini § 48. Τὸ δὲ πρὸς ἀλήθειαν ὄν οὐ δι' ὤτων μόνον, ἀλλὰ
τοῖς διανοίας ὄμμασιν .... κατανοεῖσθαι καὶ γνωρίζεσθαι συμβέβηκε. Vgl. auch
Quod deus sit imm. § 3.

sein soll, so muß es selbst als vernünftig gedacht werden. So gibt Gott hier die Garantie ab für die Erkennbarkeit des Seienden.[1] Ich möchte hier eine Stelle bei Kant [2] anführen, wo dieser Gedanke schön dargestellt ist. „Endlich drittens müssen wir alles (in Ansehung der Theologie), was nur immer in den Zusammenhang der möglichen Erfahrung gehören mag, so betrachten .... als ob der Inbegriff aller Erscheinungen einen einzigen und obersten und allgenügsamen Grund außer ihrem Umfange habe, nämlich eine gleichsam selbständige, ursprüngliche schöpferische Vernunft, in Beziehung auf welche wir allen empirischen Gebrauch unserer Vernunft in seiner größten Erweiterung so richten, als ob die Gegenstände selbst aus jenem Urbilde aller Vernunft entsprungen wären, ... "

Dies Urbild entspricht offenbar genau der νοητὴ ἰδέα des Philon. Der Gedanke ist ins Dogmatische gewendet. Es fehlt das charakteristische als ob; der rationalistische Trieb ist jedoch unverkennbar. Gott müßte also a priori eine νοητὴ ἰδέα formieren, nach der die Schöpfung vor sich gehen konnte, als nach einem παράδειγμα, worauf hinblickend er das Dasein gestaltete. Gott schuf zuvor die gedachte Welt, um dann, sich dieses unkörperlichen und göttlichsten Musterbildes bedienend, die körperliche zu gestalten.[3] Der göttliche νοῦς arbeitet nicht anders als der menschliche, der eine Aufgabe zu lösen strebt. Philon erläutert den Schöpfungsakt durch ein Beispiel. Wenn ein Architekt eine Stadt bauen will, muß er vor allen Dingen in seiner Seele einen Plan zurechtmachen. Nach dieser πόλις νοητή seiner Seele kann dann die πόλις αἰσθητή erstehen. Die πόλις νοητή kam zustande durch das Denken des Architekten; οὐδὲ γὰρ ἡ νοητὴ πόλις ἕτερόν τι ἐστὶν ἢ ὁ τοῦ ἀρχιτέκτονος λογισμός, ἤδη τὴν νοητὴν πόλιν κτίζειν διανοουμένου (De opif. mundi § 6). Philon subintelligiert hier den Begriff Gottes als heuristisches

---

[1]) Dieser Gedanke fehlt in der Arbeit von Horovitz. Er fehlt wohl deshalb, weil Horovitz die ἰδέα τῶν ἰδεῶν bei Philon und bei Platon nicht kennt und deshalb die Systembedeutung dieser ἰδέα τῶν ἰδεῶν d. i. Gottes nicht kennen kann.

[2]) Kant: Kritik d. r. Vernunft 2. Aufl. (B) 700/701.

[3]) De opif. mundi § 4. Προλαβὼν γὰρ ὁ θεὸς ἅτε θεὸς ὅτι μίμημα καλὸν οὐκ ἂν ποτε γένοιτο δίχα καλοῦ παραδείγματος οὐδέ τι τῶν αἰσθητῶν ἀνυπαίτιον, ὃ μὴ πρὸς ἀρχέτυπον καὶ νοητὴν ἰδέαν ἀπεικονίσθη βουληθεὶς τὸν ὁρατὸν κόσμον τουτονὶ δημιουργῆσαι προεξετύπου τὸν νοητόν, ἵνα χρώμενοι ἀσωμάτῳ καὶ θεοειδεστάτῳ παραδείγματι τὸν σωματικὸν ἀπεργάσηται πρεσβυτέρου νεώτερον ἀπεικόνισμα, τοσαῦτα περιέξοντα αἰσθητὰ γένη ὁσαπερ ἐν ἐκείνῳ νοητά.

Prinzip (Krit. d. Urtkr. 33 u. 36f. Orig.-Ausg.) und bemüht sich
so scheinbar, über den Gedanken der platonischen Hypothesis
hinauszugehen. Indem er Gott als Endziel erkennt, anerkennt
er, wenn auch in verschleierter Form, den Idealismus; denn wenn
es möglich sein soll das Endziel prinzipiell zu erkennen, so
muß unsere Vernunft demselben adäquat sein.

Gott ist das wahre Sein; er ist, wie die pantheistische
Ausdrucksweise lautet εἷς καὶ πᾶν.[1] „Gott ist weder anthro-
pomorph noch ist der menschliche Körper gottähnlich. Das
„Bild" wird nur gesagt vom Nus, dem Lenker der Seele."[2]
Gott ist ganz Geist, und nicht ist der menschliche Körper ein
Abbild Gottes. „Gott schuf den Menschen ihm zum Bilde"
sagt Moses nur im Hinblick auf den göttlichen Nus, dessen
Abglanz die Seele ist. Doch hat Philon den Gedanken der Idee
des Guten nicht immer in völliger Reinheit festzuhalten vermocht. Gott ist nicht nur Idee des Guten, sondern er versteinert,
wie es die dogmatische Natur der Religionen mit sich bringt,
zum absoluten Ding, von dem aus alles Gute und Schöne über
die Welt strömt. Das Moment der Heteronomie wird so übermächtig bei Philon. Darunter leiden die Ideen, die ebenfalls
dogmatisiert und zu Kräften, zu den δυνάμεις werden, die uns
(z. T. schon personifiziert als Engel gedacht) den Willen Gottes
kundtun. Gott als das absolute Wesen ist deshalb andrerseits
auch[3] losgelöst von der Wissenschaft und dem reinen Denken.
Er bedarf des vermittelnden Logos, damit wir nur scheinbare
Kunde von seinem Wesen erlangen. Hierin verbirgt sich der Gedanke von der Endlosigkeit des Forschens. „Für den Menschen
nämlich genügt es, durch sein Denken so weit vorzudringen,
daß er erkennt, Gott sei und existiere als Ursache von allem."[4]
Philon ist hierin von Aristoteles aus zu verstehen. Während
bei Platon die Idee des Guten zum Seinsollenden gehört, ist
der erste Beweger ein ἄμεσον, ein Unvermitteltes, etwas, was
eines Mittlers bedarf um in Verbindung mit der Erkenntnis
treten zu können. Diese Rolle erfüllt der λόγος bei Philon, der

---

[1]) Leg. Allegor. § 14.
[2]) De opif. mundi § 23. Οὔτε γὰρ ἀνθρωπόμορφος ὁ θεός, οὔτε θεοειδὲς
τὸ ἀνθρώπινον σῶμα. ἡ δὲ εἰκὼν λέλεκται κατὰ τὸν τῆς ψυχῆς ἡγεμόνα νοῦν.
[3]) Horovitz kennt nur diese Bedeutung der philonischen Gottheit,
keineswegs die der Idee, des τέλος, die er ja auch nicht für Platon zugibt.
— Vgl. Hor. S. 9 und S. 60. Wir haben schon kurz auf das Mißverhältnis
dieser sonst so tüchtigen Arbeit zur platonischen Idee hingewiesen.
[4]) De post. Caini § 48. Ἀνθρώπου γὰρ ἐξαρκεῖ λογισμῷ μέχρι τοῦ κατα-
μαθεῖν ὅτι ἔστι τε καὶ ὑπάρχει τὸ τῶν ὅλων αἴτιον προελθεῖν.

nicht nur in der Bedeutung des Verstandesbegriffes, sondern
auch als das versteinerte Wort und die Äußerung Gottes fungiert.
Der λόγος ist Gottes eingeborner Sohn, den der Allvater erzeugte.
Der Sprößling aber bildete die Welt. „Diesen erzog der Vater
des Alls als seinen ältesten Sprößling, den er anders auch
seinen Erstgebornen nannte; und der Erzeugte, nachahmend die
Wege des Vaters, indem er auf die Urbilder jenes als seine
Musterbilder blickte, schuf die Begriffe."[1] Die menschliche
Vernunft wird demgemäß eine Ausstrahlung des θεῖος λόγος,
in welchem sie ihren Sitz hat.[2] Die menschliche Freiheit wird
so die Freiheit der Heteronomie. Die Emanation verdinglicht
notwendigerweise das rein logische Verhältnis der Ideen zu den
göttlichen δυνάμεις; diese Abschwenkung von dem platonischen
Idealismus mußte sich Philon zuschulden kommen lassen, weil
seine ganze Spekulation um Gott zirkuliert. Trotzdem mußten
wir ihn hier zu würdigen suchen; denn sein philosophisches
System, wenn wir es ohne Rücksicht auf seinen dogmatischen
Endzweck betrachten, ist im wesentlichen Platonismus. Die
Anleihen beim Stoizismus beschränken sich beinahe lediglich
auf die Terminologie.

Die pseudophilonische Schrift de indelebilitate mundi.

Diese Schrift verdient in einem besonderen Abschnitt behandelt zu werden, weil in ihr der rechte Geist des platonischen
Idealismus lebendig ist, wenngleich sich der Terminus der Idee
nicht gerade vorfindet.

Schon dadurch beweist der Verfasser seine Überlegenheit
gegen den Eklektizismus seiner Zeit, daß er seinen Ausgangspunkt nicht im erkennenden Subjekt nimmt, sondern seine Frage
an die Gewißheit der Wissenschaft richtet. Οὔτε ῥήμαϑ' ἡμῶν
..... οἷς οὐδὲν ἀδιερεύνητον τῶν εἰς ἐπιστήμην ἀναγκαίων
ἀπολέλειπται (513).[3] Wer subjektive Meinungen vorträgt, dem
kommt es nur darauf an, recht zu behalten. „Rechthaberei
ist aber das Widerspiel von Naturwissenschaft, welche vielmehr
kein höheres Verlangen kennt, als die Wahrheit auszuspüren."

---

[1]) De conf. ling. § 14. Τοῦτον μὲν γὰρ πρεσβύτατον υἱὸν ὁ τῶν ὅλων
ἀνέτειλε πατήρ, ὃν ἑτέρωθι πρωτόγονον ὠνόμασεν, καὶ ὁ γεννηθεὶς μέντοι, μιμού-
μενος τὰς τοῦ πατρὸς ὁδοὺς πρὸς παραδείγματα ἀρχέτυπα ἐκείνου βλέπων ἐμόρ-
φου τὰ εἴδη.

[2]) De opif. mundi § 51. Διάνοια ᾠκείωται θείῳ λόγῳ.

[3]) Die unter Philons Werken stehende Schrift: „Über die Unzerstör-
barkeit des Weltalls" wiedergestellt und übersetzt von J. Bernays. Abh.
d. kgl. Ak. d. Wiss. Berlin 1876.

*Φυσιολογίας γὰρ ἀντίπαλον φιλονεικία τριπόθητον ἡγουμένης ἀλή-
θειαν ἰχνηλατεῖν* (514). Man darf in einem Beweisgange nichts
vorbringen, was nicht begründet werden kann; wenn ein Satz
nicht richtig formuliert worden ist, muß der Schluß notwendig
falsch sein. Auf Grund der Voraussetzungen ziehe ich richtige
Schlüsse. Sind die Voraussetzungen falsch, sind es die Schlüsse
auch. Die Sicherheit der Grundlage gewährt und verbürgt die
Sicherheit der Resultate. *Καὶ μὴν ὁ τρίτος λόγος ἐξ ἑαυτοῦ
διελέγχεται μὴ ὑγιῶς ἐρωτηθεὶς ἀπὸ τῆς εὐθὺς ἐν ἀρχῇ φάσεως*
(515). Auch die einleuchtenden Dinge, die Axiome, dürfen
nicht dogmatisch absolut sein. Wenn man sie nicht glaubt,
müssen sie bewiesen werden können. Es darf kein Dogma
geben. *Εἰ δεῖ καὶ ἀποδείξεως τοῖς οὕτως ἐμφανέσι· δεῖ δέ* (492).
Könnte man sich diesen Satz nicht als einen direkten Ausfall
gegen Aristoteles vorstellen?

Wenngleich sich der Ausdruck *δόγμα* häufig bei unserm
Philosophen findet, so doch immer in der kritischen Bedeutung
der Hypothesis. Das *δόγμα* muß der vernünftigeren Einsicht
weichen und sich umbilden lassen. Es ist vom reinen Denken
abhängig. *Βοηθὸς γοῦν ὁ Σιδώνιος καὶ Παναίτιος, ἄνδρες ἐν τοῖς
στωικοῖς δόγμασιν ἰσχυκότες, ἅτε θεόληπτοι, τὰς ἐκ πυρώσεις καὶ
παλιγγενεσίας καταλιπόντες πρὸς θειότερον δόγμα τὸ τῆς ἀφθαρσίας
τοῦ κόσμου παντὸς ηὐτομόλησαν* [1] (497). Die Entscheidung über
das *δόγμα* steht nicht der unvernünftigen und trügerischen
Sinneswahrnehmung zu, sondern nur dem reinsten und unge-
trübtesten Geiste. *Τὰ σεμνὰ καὶ περιμάχητα διιδεῖν, καὶ μάλισθ'
ὅσα μὴ δικάζει ἡ ἄλογος καὶ ἀπατηλὸς αἴσθησις ἀλλ' ὁ καθαρώ-
τατος καὶ ἀκραιφνέστατος νοῦς* (502, 34).
Auch in seiner Erkenntnislehre zeigt sich der Autor unserer
Schrift als Kritizist. Das Sinnliche gibt die Aufgabe, ist auch
hier der Leitgedanke. Stets aber ist der *νοῦς* Gebieter über
die Sinne und das durch den *νοῦς* Ergriffene *(νοητά)* über das
sinnlich Wahrgenommene. *Ἀεὶ δ' αἰσθήσεως ἡγεμὼν νοῦς καὶ
νοητὸν αἰσθητοῦ* (487). Die Natur ist die Gesetzesordnung des
Erscheinenden im theoretischen, wie im sittlichen Sein „die
Natur der Welt, welche doch die Ordnung des Ungeordneten
ist, das Gefüge des Ungefügten, der Einklang des Auseinander-
klingenden, die Einigung des Getrennten ..., welche Vernunft
im Menschen und in den sittlich vollendeten Menschen die vollkommenste Tugend ist." *Φύσιν .. τὴν τάξιν τῶν ἀτάκτων,*

---

[1] Charakteristisch ist auch hier der Gegensatz zur Stoa, deren
Einfluß auf den Neuplatonismus gemeinhin überschätzt wird.

τὴν ἁρμονίαν τῶν ἀναρμοστῶν, τὴν συμφωνίαν τῶν ἀσυμφώνων, τὴν ἕνωσιν τῶν διεστηκότων .... ἀνθρώπων δὲ νοῦν καὶ λόγον, ἀρετὴν δὲ σπουδαίων τελειοτάτην.

Mußte uns Philon wegen seines Dogmatismus berechtigten Anstoß erregen, so lernen wir in dem Verfasser der indel. mund. eine höchst sympathische Erscheinung kennen. Die Dogmatik ist eben kein griechisches Problem, und unser Autor ist Grieche. Während Philon trotz seines edlen Sinnes und seines tiefen Sozialismus sich um die Frage nach der ἀθανασία des Individuums abmühte, hat Pseudophilon die Zwecklosigkeit dieses egoistischen Strebens erkannt und die platonische Einsicht erlangt, daß das Teilhaben an der Kultur die Unsterblichkeit sichere. „Während die Individuen untergehen, dauert das Geschlecht für immer als ein in der Tat wunderbares und göttliches Werk." Ὅπερ οὐκ ἴσχυσε λαβεῖν ἡμῶν ἕκαστος τοῦθ' ἅπαντι γένει δωρησαμένης τὸ ἀθάνατον. μένει γὰρ εἰς ἀεὶ φθειρομένων τῶν ἐν εἴδει, τεράστιον ὡς ἀληθῶς καὶ θεῖον ἔργον (495).

Auch in der Natur des Sittlichen müssen Gesetze herrschen; nur als die Bürgschaft des Sittlichen wird daher Gott von unserem Philosophen gewertet, von ihm stammt Regel und Ordnung in der sittlichen Welt; er ist das Prinzip der vernunftgemäßen Verwaltung der Natur. Τοῦ ὅλου διαμονὴ καὶ κατ' ὀρθὸν λόγον ἀνυπαίτιον διοίκησιν (504) τάξεως καὶ εὐκοσμίας καὶ ζωῆς ... (508). Nähere Bestimmungen über die Grundlagen der Moral finden sich nicht bei unserem Autor.

Aber für den tief ethisch-sozialen Sinn des Philosophen zeugt sein Nachdenken über den Streit in der Welt und über die Verwerflichkeit der Kriege, die die Menschen gegeneinander führen. „Ist doch der Mensch ein milderes Geschöpf, da ihm die Natur die Ehrengabe der Vernunft verliehen hat, mit welcher auch die zur Wildheit aufgeregten Leidenschaften beschwichtigt und bezähmt werden." Ἡμερώτερον γὰρ ζῷον ὁ ἄνθρωπος λόγου δωρησαμένης φύσεως αὐτῷ γέρας, ᾧ καὶ τὰ ἐξηγριωμένα πάθη κατεπάδεται καὶ τιθασσεύεται (495). „Statt der Waffen wären für ein vernunftbegabtes Wesen viel besser Heroldstäbe aus dem Boden aufgetaucht, die Wahrzeichen vereinigender Verträge." Πολὺ βέλτιον ἦν ἀνθ' ὅπλων κηρύκια ἀναδῦναι συμβατηρίων σπονδῶν σύμβολα λογικῇ φύσει (495). Alle sollen in Frieden leben; ὅπως εἰρήνην πρὸ πολέμου πᾶσι τοῖς πανταχοῦ καταγγέλῃ (495). Die Idee des ewigen Friedens paßt trefflich in den Kosmopolitismus jener Zeit.

· III.

Plotin.

Plotin lebte im dritten Jahrhundert nach Christus. Das römische Reich hat während der ganzen Dauer seines Bestehens kaum traurigere Zustände gesehen als in dieser Epoche der Auflösung der kaiserlichen Macht, wo Caracallas und Elagabals Wahnsinn die Welt in Schrecken setzte, wo (wie um 260) „dreißig Tyrannen" das Reich in innere Fehden verwickelten und zu zersplittern drohten. Aus dieser schlimmen, schier hoffnungslosen politischen Lage läßt sich der geringe politische Sinn des Plotin begreifen. Philo sieht die römische Macht in ihrer Herrlichkeit und hat die Möglichkeit eines Weltreiches gleichsam sinnlich vor den Augen. Sein Weltbürgertum ist daher politischer und mehr sinnlicher Natur, während Plotin, der die Auflösung des römischen Staates mit ansah, das Ideal, man möchte sagen, nur wie aus der Unendlichkeit erblickte. Es ist dennoch ein charakteristisches Merkmal für die Reinheit seines Idealismus, wie für seinen ethisch religiösen Standpunkt, daß er wegen der Ungunst der Verhältnisse an der Macht des Guten nicht verzweifelte. Ja, man berichtet sogar, daß er sich mit dem Gedanken getragen habe, in Campanien einen „platonischen Staat" zu gründen. In seinem Streben nach Einheit und Gesetzlichkeit, welches den Grundton seines Philosophierens ausmacht, wurde Plotin zum Anhänger eines idealen Monarchismus. Auch hierin vermögen wir seinen sozialen Sinn nicht zu verkennen. „Dem Gemeinsamen[1] gehört die Unklarheit und die Meinungsverschiedenheit. Der richtige Logos aber, wenn er aus dem Besten in das Gemeinsame gelangt ist, da er in der Mischung ist, ist dann nicht seiner Natur nach schwach, sondern so, wie im großen Gewirr einer Volksversammlung der beste Berater spricht, aber nicht durchdringt, sondern die Schlechteren unter den Lärmenden und Schreienden. Dieser aber sitzt ruhig da und richtet nichts aus, bezwungen durch den Lärm der Geringeren. Es ist nämlich in dem schlechtesten Manne das Gemeinsame und der Mensch ist wie in einem schlechten Staate aus allem gemischt. In dem mittleren aber (geht es) wie wenn in einer Stadt das brauchbarere Element die Volksherrschaft inne-

---

[1]) κοινός heißt gemeinsam = gemischt aus dem νοητόν und dem αἰσθητόν. Die Bedeutung erhellt schon aus dem angegebenen Zitat.

hat, die nicht ungemischt ist. In dem besseren aber lenkt das
aristokratische Prinzip des Lebens, wobei der Mensch schon
das Gemeinsame meidet und sich dem Besseren hingibt. In
dem Besten aber ist eins das Herrschende, und von diesem
geht die Ordnung auf das andere."[1] Die Meinung, welche
in diesem Zitat ausgedrückt ist, kann man wohl kurz so
wiedergeben. Die Vernunft ist nur immer in Wenigen; die
Mehrzahl der Menschen folgt dem sinnlichen Trieb d. h. dem
κοινόν.‑ Je mehr daher in einem Staat der ungebildeten zügellosen Menge die Herrschaft zufällt, desto schlechter wird seine
Verfassung sein. Im besten Staat dagegen wird alles dem besten
Logos gemäß vor sich gehen, der nur im Philosophen rein in
die Erscheinung tritt. Man erkennt hierin den platonischen
Gedanken: entweder sollten die Könige Philosophen oder die
Philosophen Könige sein. „Eins ist das Herrschende." Darin
ist es enthalten, daß die Gesetzmäßigkeit das Leitprinzip des
Staates zu sein hat.

Plotin führt zum ersten Male eine Renaissance Platons
herauf. In ihm entfaltet sich der Platonismus in der ganzen
kritischen Schärfe und Methodik des griechischen Geistes.
Philon hat sich seine Philosophie mehr äußerlich assimiliert,
weil er von einem fertigen Religionssystem ausging. Plotin
kann als Grieche freier sein; er nimmt seinen Ausgang von
der Wissenschaft. Die Wissenschaft ist der Pol, um den sich
sein Denken dreht; darüber kann uns auch die manchmal alle-
gorische Sprache nicht ins unklare bringen. Wenn man Plotin
häufig zum Hauptvertreter des „schwärmenden" Neuplatonismus
macht, so tut man ihm unrecht; es ist gleichsam eine Ironie
des Schicksals, daß gegen ihn, den Propheten des Rationalismus,
solche Vorwürfe erhoben werden.[2]

---

[1]) Plot. Ennead. IV, 4, 17. τοῦ κοινοῦ ἡ ἀπορία καὶ ἡ ἀλλοδοξία. ἐκ δὲ
τοῦ βελτίστου ὁ λόγος. ὁ ὀρθὸς εἰς τὸ κοινὸν δοθεὶς τῷ εἶναι ἐν τῷ μίγματι, οὐ
τῇ αὑτοῦ φύσει ἀσθενής, ἀλλ' οἷον ἐν πολλῷ θορύβῳ ἐκκλησίας ὁ ἄριστος τῶν
συμβούλων εἰπὼν οὐ κρατεῖ, ἀλλ' οἱ χείρονες τῶν θορυβούντων καὶ βοώντων, ὁ
δὲ κάθηται ἡσυχῇ οὐδὲν δυνηθείς, ἡττηθεὶς δὲ τῷ θορύβῳ τῶν χειρόνων. καὶ
ἔστιν ἐν μὲν τῷ φαυλοτάτῳ ἀνδρὶ τὸ κοινὸν καὶ ἐκ πάντων ὁ ἄνθρωπος κατὰ
πολιτείαν τινὰ φαύλην. ἐν δὲ τῷ μέσῳ, ἐν ᾗ πόλει κ'ἂν χρηστόν τι κρατήσειε
δημοτικῆς πολιτείας οὐκ ἀκράτου οὔσης. ἐν δὲ τῷ βελτίονι ἀριστοκρατικὸν τὸ
τῆς ζωῆς φεύγοντος ἤδη τὸ κοινὸν τοῦ ἀνθρώπου καὶ τοῖς ἀμείνοσι διδόντος.
ἐν δὲ τῷ ἀρίστῳ, τῷ χωρίζοντι, ἐν τὸ ἄρχον, καὶ παρὰ τούτου εἰς τὰ ἄλλα ἡ
τάξις. (Ich benütze hierzu die Ausgabe von Creuzer und Moser, ed.
Parisina, und die Teubnerausg. des Plotin von R. Volkmann.)

[2]) Darauf hat Hegel hingewiesen: Gesch. d. Philos. III. Teil 2. Aufl.
S. 33 (Berlin 1844).

Wie bei Platon die Idee des Guten nicht nur das letzte
Ziel unseres Handelns, sondern auch der Grund und die Bürgschaft alles theoretischen Erkennens ist [1], so auch bei Plotin.
Denn in theoretischer Hinsicht ist die Idee des Guten die Forderung der Gesetzlichkeit oder der absoluten Vernunftgemäßheit
des Seienden, nicht so, daß das Seiende als ein an sich Vernünftiges der Untersuchung vorausginge, sondern daß vielmehr
eben die Aufgabe aller wissenschaftlichen Untersuchung darin
gesehen wird, das Sein gesetzmäßig zu erdenken. Deshalb
hatte Plato die Idee des Guten mit dem Logos selbst (αὐτὸς
ὁ λόγος) [2] identifiziert. Die spezielle Aufgabe des Philosophen
ist es, die obersten Voraussetzungen aller Wissenschaft überhaupt aufzusuchen. Während also z. B. der Mathematiker, von
gegebenen Voraussetzungen ausgehend, seine Folgerungen zieht,
ohne die Herkunft der Voraussetzungen selbst zu prüfen, muß
vielmehr der Philosoph auch von diesen noch Rechenschaft
geben und so emporsteigen bis zum obersten Ausgangspunkt
überhaupt, eben der Idee des Guten, als der bloß formalen
Forderung der Gesetzmäßigkeit schlechthin. In praktischer
Hinsicht aber wird das, was uns soeben als der Anfang erschien,
vielmehr das Ende und Ziel. Denn da bedeutet die Idee des
Guten, wie gesagt, das letzte zu erreichende Ziel der Sittlichkeit.
Dies darzulegen in seiner Bedeutung für den Menschen, ist die
Aufgabe der praktischen Philosophie. In diesem platonischen
Geiste nun faßt auch Plotin die Aufgabe der Philosophie. So
wird z. B. das Gute als Ziel und Prinzip bezeichnet in folgenden
Worten: „Welche Kunst oder Methode oder Beschäftigung führt
uns hinauf, dahin, wohin wir unsern Weg nehmen müssen,
wohin man gehen muß, nämlich nach dem Guten und nach
dem ersten Prinzip." [3] Welche Kunst oder Methodik führt dorthin empor? Die Philosophie. „Wer seiner Natur nach ein
Philosoph ist, soll hinauf geführt werden." [4] Denn: „Wer
seiner Natur nach ein Philosoph ist, der ist bereit und gleichsam beflügelt und hat die Trennung nicht nötig, wie jene andern
(Liebhaber, Musiker) wenn er zum Höheren strebt. Er ist nur

---

[1]) Platon, Rep. 509 B. Καὶ τοῖς γιγνωσκομένοις τοίνυν μὴ μόνον τὸ γι-
γνώσκεσθαι φάναι ὑπὸ τοῦ ἀγαθοῦ παρεῖναι, ἀλλὰ καὶ τὸ εἶναί τε καὶ τὴν οὐσίαν
ὑπ᾽ ἐκείνου αὐτοῖς προσεῖναι.

[2]) Vgl. Natorp, Ideenlehre S. 190.

[3]) Enn. I, 3, 1. Τίς τέχνη ἢ μέθοδος ἢ ἐπιτήδευσις ἡμᾶς οἷ δεῖ πορευθῆναι
ἀνάγει; ὅποι μὲν οὖν δεῖ ἐλθεῖν, ὡς ἐπὶ τ᾽ἀγαθὸν καὶ τὴν ἀρχὴν τὴν πρώτην.

[4]) Enn. I, 3, 1. Ὁ μὲν δὴ φιλόσοφος τὴν φύσιν .... ἀνακτέον.

unsicher und bedarf jemandes, der ihm den Weg zeigt. . . . . .
Man muß ihm die Mathematik geben, zur Gewöhnung an das
Denken und den Glauben an das Gedachte — das nimmt er
nämlich leicht in sich auf, da er lernbegierig ist — und da er
seiner Natur nach tugendhaft ist, muß er zur Vollendung der
Tugenden gebracht werden. Nach der Mathematik muß man
ihm die λόγοι der Dialektik geben und ihn ganz zum Dialektiker
machen."[1] Wir sehen, hier ist auch die Mathematik ganz im
Sinne Platons gewürdigt. Sie kann in gewisser Hinsicht als
Vorbild wissenschaftlichen Verfahrens überhaupt gelten und ist
so besonders geeignet, auf die höchste Wissenschaft, auf die
Wissenschaft der Idee oder die Dialektik vorzubereiten. Denn
die Mathematik verfährt, wie schon oben angedeutet, rein logisch
und deduktiv.[2] Sie geht von Voraussetzungen zu Folgerungen,
und indem sie diese Folgerungen selbst aufs neue als Voraussetzungen gebraucht, leitet sie, einzig dem Gesetz der Vernunft
folgend, ihre Resultate ab. So hat es der Mathematiker bereits
mit dem Begriff zu tun. Die Wissenschaft aber, welche nach
den ursprünglichsten und obersten Begriffen forscht, ist die
Dialektik. „Was ist die Dialektik, die man den Vorgeschritte-
neren mitteilen muß? Es ist die Fähigkeit, über jedes logisch
auszusagen, was ein jedes ist, was es von anderem unterscheidet,
und was ihm gemeinsam ist."[3] Hier sind offenbar bereits die
Kriterien des Begriffs angegeben, um die Objekte der Dialektik
zu kennzeichnen. „Aber woher hat diese Wissenschaft", fragt
sich nun Plotin, „ihre Ursprünge? Der Nus gibt die deutlichen Ursprünge, wenn eine Seele ihn ergreifen kann."[4] Hierdurch wird ausgesprochen, daß jene obersten Begriffe, welche
aufzusuchen die Aufgabe der Dialektik ist, ihren Ursprung
nur in der Vernunft selbst, nicht in irgendeiner äußeren Ge-

---

[1]) Enn. I, 3, 3. Ὁ δὲ φιλόσοφος τὴν φύσιν ἕτοιμος οὗτος καὶ οἷον ἐπτερω-
μένος καὶ οὐ δεόμενος χωρίσεως . . . κεκινημένος πρὸς τῷ ἄνω,·ἀπορῶν δὲ τοῦ
δεικνύντος δεῖται μόνον. . . . . τὰ μὲν δὴ μαθήματα δοτέον πρὸς συνεθισμὸν
κατανοήσεως καὶ πίστεως ἀσωμάτου — καὶ γὰρ ῥᾴδιον δέξεται φιλομαθὴς ὢν —
καὶ φύσει ἐνάρετον ὄντα πρὸς τελείωσιν ἀρετῶν ἀκτέον καὶ μετὰ τὰ μαθήματα
λόγους διαλεκτικῆς δοτέον καὶ ὅλως διαλεκτικὸν ποιητέον.

[2]) Enn. IV, 9, 5. καὶ ὁ γεωμέτρης δὲ ἐν τῇ ἀναλύσει δηλοῖ, ὡς τὸ ἓν ἔχει
τὰ πρὸ αὐτοῦ πάντα, δι' ὧν ἡ ἀνάλυσις, καὶ τὰ ἐφεξῆς δέ, ἃ ἐξ αὐτοῦ γεννᾶται.

[3]) Enn. I, 3, 4. Τίς δὲ ἡ διαλεκτική, ἣν δεῖ καὶ τοῖς προτέροις παραδιδόναι;
ἔστι μὲν δὴ ἡ λόγῳ περὶ ἑκάστου δυναμένη ἕξις εἰπεῖν τί τε ἕκαστον καὶ τί ἄλλων
διαφέρει καὶ τίς ἡ κοινότης.

[4]) Enn. I, 3, 5. Ἀλλὰ πόθεν τὰς ἀρχὰς ἔχει ἡ ἐπιστήμη αὕτη; ἢ νοῦς
δίδωσιν ἐναργεῖς ἀρχάς, εἴ τις λαβεῖν δύναιτο ψυχή.

gebenheit (Dingen) haben können. Die nähere Instruktion des Problems der Dialektik und der Philosophie überhaupt macht Plotin in genauer Übereinstimmung mit Platon durch die Unterscheidung der sinnlichen Wahrnehmung vom Denken. „Die Kraft der Seele, wahrzunehmen, darf nicht das Sinnliche erfassen, vielmehr muß sie (die Kraft der Seele) die anläßlich[1] der Wahrnehmung in dem Lebewesen entstehenden Eindrücke (Typen, τύποι etwa gleich εἴδη) aufnehmen. Denn diese sind schon gedacht *(νοητά)*. So ist denn auch die äußere Wahrnehmung ein Bild von dieser. Jene aber ist wahrer ihrem Wesen nach und nur ein affektionsloses Betrachten von Begriffen. Von diesen Begriffen, von denen aus die Seele schon allein die Führung des Lebewesens übernimmt, kommen die Dianoia, die Urteile und das reine Denken."[2] Hier haben wir die klare Einsicht, daß das Denken nicht zur Wahrnehmung nivelliert werden dürfe, wenn man nicht auf die Wissenschaft und ihre Begründung in der reinen Vernunft Verzicht leisten wollte.

Das Denken ist die eigentümliche Tätigkeit unserer Seele. „Man muß ihr eine Bewegung geben, die nicht den Körpern zukommt, sondern die ihr eignes Leben ist."[3] „Die Energie der Seele besteht (nun) im Denken und daher in dem in sich selber tätig sein."[4] Und wiederum, diese selbsteigne Tätigkeit der Seele im Denken ist nichts andres als das Bilden von Begriffen. „Das Denken, das die anläßlich der Wahrnehmung entstehenden Typen beurteilt, betrachtet schon Begriffe."[5] Nun werden die Begriffe, wie wir gesehen haben, bei Gelegenheit und zum Zweck der Bewältigung der Wahrnehmungen gebildet. So liegt Ziel und Ursprung der Erkenntnis im Intellekt.

---

[1]) Diese Bedeutung von ἀπό als anläßlich fanden wir auch bei Plato (z. B. Phädo 76, cf. Phäd. 75 ἐκ).

[2]) Enn. I, 1, 7. Τὴν δὲ τῆς ψυχῆς τοῦ αἰσθάνεσθαι δύναμιν οὐ τῶν αἰσθητῶν εἶναι δεῖ, τῶν δὲ ἀπὸ τῆς αἰσθήσεως ἐγγιγνομένων τῷ ζῴῳ τύπων ἀντιληπτικὴν εἶναι μᾶλλον· νοητὰ γὰρ ἤδη ταῦτα. ὡς τὴν αἴσθησιν τὴν ἔξω εἴδωλον εἶναι ταύτης, ἐκείνην δὲ ἀληθεστέραν τῇ οὐσίᾳ οὖσαν εἰδῶν μόνον ἀπαθῶς εἶναι θεωρίαν. ἀπὸ δὴ τούτων τῶν εἰδῶν, ἀφ' ὧν ψυχὴ ἤδη παραδέχεται μόνη τὴν τοῦ ζῴου ἡγεμονίαν, διάνοια δὴ καὶ δόξα καὶ νοήσεις.

[3]) Enn. I, 1, 13. Κίνησιν τὴν τοιαύτην δοτέον αὐτῇ ἢ μὴ σωμάτων, ἀλλ' ἐστὶν αὐτῆς ζωή.

[4]) Enn. I, 5, 10. Ἡ γὰρ ἐνέργεια τῆς ψυχῆς ἐν τῷ φρονῆσαι καὶ ἐν ἑαυτῇ ὡδὶ ἐνεργῆσαι.

[5]) Enn. I, 1, 9. Τὴν διάνοιαν ἐπίκρισιν ποιουμένην τῶν ἀπὸ τῆς αἰσθήσεωι τύπων εἴδη ἤδη θεωρεῖν.

Wenn daher Plotin sagt: „Früher (als die Gedanken) sind die Wahrnehmungen, deren Ziel die Erkenntnis ist"[1], so ist das Früher nicht logisch-sachlich, sondern psychologisch-zeitlich zu verstehen, insofern man eben erst durch die Wahrnehmung zur Stellung des Erkenntnisproblems getrieben wird. Nicht aber ist es so zu verstehen, daß uns die Gedanken (Begriffe) von den Wahrnehmungen gegeben würden. Es ist eben die Täuschung des naiven Realismus und Sensualismus, in der Wahrnehmung das letzte Erkenntnisprinzip zu sehen und bei ihr als dem Ersten und Letzten stehen zu bleiben. „Alle Menschen gebrauchen von Anfang an die sinnliche Wahrnehmung vor dem Verstand, und indem sie sich dem Wahrnehmbaren notwendigerweise als dem Ersten zuwenden, verharren die Einen ihr Leben lang hierbei, da sie dies für das Erste und Letzte halten."[2]

Die Dinge sind die Probleme, die der Verstand zu bearbeiten hat. „Etwas Unbegrenztes und Gestaltloses muß das Wesen der Materie sein."[3] „Zunächst muß nun gesagt werden, daß nicht überhaupt das Unbestimmte verachtet werden darf, auch nicht das, was nach eigner Absicht gestaltlos ist, wenn es sich übergeben wollte dem, was ursprünglicher als es selbst ist und dem Besten."[4] „Wenn nun die Wahrnehmung die Form in den Körpern sieht, wie sie zusammenfügt und bewältigt die ihr entgegengesetzte, gestaltlose Natur, und die Gestalt, die über andre Gestalten ausgezeichnet sich breitet, bezieht sie das Mannigfaltige, das sich überall findet, zusammenfassend auf das Obere und führt es in das Unteilbare, welches innen (in der Seele) sich befindet."[5] Die Materie ist also ein Unbestimmtes; sie muß vom Denken zur Bestimmung und Gestaltung gebracht werden. Dazu ist sie bestimmt; „Denn alles Gestalt-

---

[1] Enn. III, 8, 7. Πρότερον αἱ αἰσθήσεις αἷς τέλος ἡ γνῶσις.

[2] Enn. V, 9, 1. Πάντες ἄνθρωποι ἐξ ἀρχῆς αἰσθήσει πρὸ τοῦ χρησάμενοι καὶ τοῖς αἰσθητοῖς προσβαλόντες πρώτοις ἐξ ἀνάγκης οἱ μὲν ἐνταυθοῖ καταμείναντες διέζησαν ταῦτα πρῶτα καὶ ἔσχατα νομίσαντες.

[3] Enn. II, 4, 2. Ἀόριστόν τι καὶ ἄμορφον δεῖ τὸ τῆς ὕλης εἶναι.

[4] Enn. II, 4, 3. Πρῶτον οὖν λεκτέον, ὡς οὐ πανταχοῦ τὸ ἀόριστον ἀτιμαστέον οὐδὲ ὃ ἂν ἄμορφον ᾖ τῇ ἑαυτοῦ ἐπινοίᾳ, εἰ μέλλοι παρέχειν αὐτὸ τοῖς πρὸ αὐτοῦ καὶ τοῖς ἀρίστοις. Von dieser und der folgenden Stelle werden wir noch in anderem Zusammenhange reden.

[5] Enn. I, 6, 3. Ὅταν οὖν καὶ ἡ αἴσθησις τὸ ἐν σώμασιν εἶδος ἴδῃ συνδησάμενον καὶ κρατῆσαν τῆς φύσεως τῆς ἐναντίας ἀμόρφου οὔσης καὶ μορφὴν ἐπ' ἄλλαις μορφαῖς ἐκπρεπῶς ἐποχουμένην, συνελοῦσα ἀθρόον αὐτὸ τὸ πολλαχῇ ἀνήνεγκέ τε καὶ εἰσήγαγεν εἰς τὸ εἴσω ἀμερές. Vgl. noch: III, 8, 2.

lose hat die Natur, Gestalt und Form (Begriff) anzunehmen."[1]
Sie ist das x, das für die Erkenntnis nicht in Betracht kommt,
außer sofern es durch die Gleichung zur Bestimmung gebracht
wird. „Für immer hängt alles zusammen, das Gedachte und
das Sinnliche; das eine ist von sich, das andere erhält in alle
Zeit sein Sein durch die Teilhabe an diesem (Gedachten), indem
es die gedachte Natur nachahmt, soweit es dies vermag."[2]
Ohne Hilfe des Intellekts vermögen die Sinne keine Erkenntnis
zu geben. Daher, sagt Platon, bedienen sich auch die Mathematiker bei ihren Rechnungen nicht der Figuren, die sie gezeichnet haben, sondern der reinen Formen, die der Verstand
diesen zugrunde legt. Infolge der Unterscheidung Plotins zwischen dem Sinnlichen als dem Niederen und dem Intelligiblen
als dem Höheren hat man sich verleiten lassen, die Materie als
das Prinzip des Bösen anzusehen. Wir werden später, wenn
wir die Ethik Plotins behandeln, sehen, wie es sich damit verhält. Hier haben wir nur noch zu erwähnen, daß es kein
schwärmender Idealismus ist, den Plotin lehrt, der sich in leeren
Spekulationen ergehe und verächtlich die Erfahrung unberück-
sichtigt lasse. Die Begriffe der Dialektik dienen eben zur Bestimmung und Konstruktion der Gegenstände der Erfahrung
und ihre Theorien sind nicht leere Gedankenformen. „Die Dialektik ist der edlere Teil der Philosophie. Man darf nicht
glauben, daß diese ein Werkzeug des Philosophen sei. Denn
es sind nicht leere Theoreme und Richtlinien, sondern sie handelt von Gegenständen; und gleichsam als ὕλη hat sie die
seienden Dinge. Methodisch aber geht sie daran, sie, die zugleich mit den Theoremen die Gegenstände innehat."[3]

Die Tätigkeit unseres Verstandes, welche die Dinge begrifflich erzeugt, nennt Plotin ein Schauen. Diese Identität zwischen
begrifflichem Denken und Schauen geht z. B. aus folgender
Stelle hervor. „Was bei uns Verstand genannt wird, das wird
erfüllt aus Voraussetzungen; es vermag Aussagen zu verstehen,
Betrachtungen anzustellen über die logische Folge und schaut

---

[1]) Enn. I, 6, 2. Πᾶν μὲν γὰρ τὸ ἄμορφον πεφυκὸς μορφὴν καὶ εἶδος
δέχεσθαι.

[2]) Enn. IV, 8, 6. Συνέχεται πάντα εἰς ἀεὶ τά τε νοητῶς τά τε αἰσθητῶς
ὄντα, τὰ μὲν παρ' αὐτῶν ὄντα, τὰ δὲ μετοχῇ τούτων τὸ εἶναι εἰς ἀεὶ λαβόντα
μιμούμενα τὴν νοητὴν καθ' ὅσον δύναται φύσιν.

[3]) Enn. I, 3, 5. (διαλεκτικὴ) φιλοσοφίας μέρος τὸ τίμιον· οὐ γὰρ δὴ οἰητέον
ὄργανον τοῦτο εἶναι τοῦ φιλοσόφου· οὐ γὰρ ψιλὰ θεωρήματά ἐστι καὶ κανόνες;
ἀλλὰ περὶ πράγματά ἐστι, καὶ οἷον ὕλην ἔχει τὰ ὄντα. ὁδῷ μέντοι ἐπ' αὐτὰ
χωρεῖ ἅμα τοῖς θεωρήμασι τὰ πράγματα ἔχουσα.

das Seiende nach der logischen Folge."[1] Noch deutlicher heißt
es V, 1, 5: „Das Denken ist ein Sehen, welches betrachtet."
Auch Platon nennt das Denken ein Zusammenschauen in Eins[2],
und der Terminus der Idee selbst ist jener Auffassung vom
Denken als dem Zusammenschauen in eine ἰδέα entsprungen,
und zwar wurde er wahrscheinlich in der Geometrie erfunden.
Wie das Denken geht daher auch das reine Schauen immer
auf das wahrhafte Sein. „Daß nun alles wahrhaft Seiende aus
dem Schauen und Schauen ist .... ist offenbar."[3] Das Schauen
ist die erzeugende Tätigkeit des Nus. An vielen Stellen wird
es mit der Geburt verglichen, und es finden sich dafür die Ausdrücke γεννᾶν, γέννησις, ποιεῖν. „Schaffen, daß etwas ist, heißt
einen Begriff (Form) schaffen. Das heißt es: alles mit der
Betrachtung erfüllen."[4] Das Erzeugen der Begriffe ist eine
mühevolle Arbeit und mit Wehen verknüpft, wie sie die Mutter
bei der Geburt erdulden muß. „Nachdem wir in betreff der
Natur gesagt haben, auf welche Weise das Werden Schauen
sei, kommen wir zur Seele vor ihm (dem Schauen) und wollen
sagen, wie dies ihr Schauen, ihre Lernfreude, ihr Streben und
die Geburtswehen, die sie hat, infolge des Erkennens, und das
Erfülltsein bewirkt hat ... "[5], daß sie eine andre Anschauung
hervorbrachte. Oder ähnlich: „Mein Betrachten erzeugt ein
Theorema, so wie die Geometer zeichnen, indem sie betrachten.
Aber ich zeichne nicht, ich betrachte vielmehr, und die Linien
der Körper treten unter das Seiende gleichsam herausfallend.
Dabei geht es mir wie einer Mutter."[6] Wenn nun aus diesen
Stellen deutlich genug hervorgeht, daß Plotin die Erkenntnis

---

[1] Enn. I, 8, 2. Κατὰ τοὺς παρ' ἡμῖν λεγομένους νοῦς εἶναι τοὺς ἐκ προτάσεων
συμπληρουμένους καὶ τῶν λεγομένων συνιέναι δυναμένους λογιζομένους τε καὶ
τοῦ ἀκολούθου θεωρίαν ποιουμένους καὶ ἐξ ἀκολουθίας τὰ ὄντα θεωμένους.

[2] Plat. Phaidr. 265 D. Εἰς μίαν τε ἰδέαν συνορῶντα ἄγειν τὰ πολλαχῇ
διεσπαρμένα.

[3] Enn. III, 8, 7. Ὅτι μὲν οὖν πάντα τά τε ὡς ἀληθῶς ὄντα ἐκ θεωρίας
καὶ θεωρία ..... δῆλόν που.

[4] Enn. III, 8, 6. Τὸ γὰρ ποιεῖν εἶναί τι εἶδός ἐστι ποιεῖν, τοῦτο δέ ἐστι
πάντα πληρῶσαι θεωρίας.

[5] Enn. III, 8, 4. Ἀλλὰ περὶ μὲν φύσεως εἰπόντες ὃν τρόπον θεωρία ἡ γέ-
νεσις, ἐπὶ τὴν ψυχὴν τὴν πρὸ ταύτης ἐλθόντες λέγομεν, ὡς ἡ ταύτης θεωρία καὶ
τὸ φιλομαθὲς καὶ τὸ ζητητικὸν καὶ ἡ ἐξ ὧν ἐγνώκει ὠδὶς καὶ τὸ πλῆρες
πεποίηκεν ....

[6] Enn. III, 8, 4. καὶ τὸ θεωροῦν μου θεώρημα ποιεῖ, ὥσπερ οἱ γεωμέτραι
θεωροῦντες γράφουσιν. ἀλλ' ἐμοῦ μὴ γραφούσης, θεωρούσης δὲ ὑφίστανται
αἱ τῶν σωμάτων γραμμαὶ ὥσπερ ἐκπίπτουσαι. καί μοι τὸ τῆς μητρὸς καὶ τῶν
γειναμένων πάθος ὑπάρχει.

als ein Schaffen und Zeugen der Seele auffaßt, so muß noch
auf den Umstand besonderes Gewicht gelegt werden, daß das
Resultat der Erkenntnis hierdurch dem Denken selbst nicht
äußerlich wird. Wie die Gesetze der Vernunft und also der
Erkenntnis zugleich die Gesetze der Natur und also auch der
Gegenstände der Natur sind, so darf auch kein Gegensatz bestehen zwischen der erzeugenden Erkenntnis des Geistes und
deren Resultat, sondern dieses ist in jener enthalten. „Das
Schaffen hat sich uns als ein Betrachten gezeigt. Sie ist
nämlich die Wirkung des Betrachtens, welches Betrachten bleibt
und nichts anderes tut. Vielmehr schafft es dadurch, daß es
Betrachten ist."[1] Nichts kann demnach als wahrhaft seiend
gelten, als was seinen Ursprung in der Tätigkeit der Seele hat,
wie es Plotin deutlich ausspricht.[2] Die Seele erzeugt also
das Sein, das gesetzmäßige Sein, das gesetzmäßige Sein der
Begriffe.[3] Das Schaffen des Gegenstandes ist ein Schauen;
gleichzeitig ist es auch das Resultat des Schauens. Dies konnten
wir schon durch die Stelle III, 8, 7, wonach alles wahrhaft Seiende
aus dem Schauen und selbst Schauen ist, einleuchtend erläutert
und bestätigt finden. Der Denkinhalt ist nicht abgesehen vom
Denken selbst da. „Was im Nus vereinigt ist, gelangt nicht
von einem andern in ihn."[4] Das Erzeugen ist das Erzeugnis.
Die Formel des Parmenides ist so der Wegweiser aller kritischen
Philosophie geworden. Die Identität von Denken und Sein ist
die unerläßliche Vorbedingung für den kritischen Idealismus,
weil für das Verständnis der Idee im Sinne Platons.

Die ganze Natur verwandelt sich ihm demgemäß in einen
κόσμος νοητός nach dem Satze Kants: „Die Bedingungen der
Möglichkeit der Erfahrung überhaupt sind zugleich Bedingungen
der Möglichkeit der Gegenstände der Erfahrung."[5] „In der

---

[1] Enn. III, 8, 3. Ἡ ποίησις ἄρα θεωρία ἡμῖν ἀναπέφανται · ἔστι γὰρ ἀπο-
τέλεσμα θεωρίας μενούσης θεωρίας οὐκ ἄλλο τι πραξάσης, ἀλλὰ τῷ εἶναι θεωρία
ποιησάσης.

[2] Enn. III, 5, 7. οἱ δὲ (ἔρωτες) παρὰ φύσιν σφαλέντων πάθη ταῦτα καὶ
οὐδαμῇ οὐσίαι οὐ παρὰ ψυχῆς ἔτι γεννώμενα, ἀλλὰ συνυφιστάμενα κακίᾳ ψυχῆς
ὅμοια γεννώσης ἐν διαθέσει καὶ ἕξειν ἤδη.

[3] Falsche Begriffe haben keinen Sinn. Dies erhellt aus III, 5, 7.
ψευδῆ νοήματα οὐκ ἔχοντα τὰς ὑπ' αὐτὰ οὐσίας, καθάπερ τὰ ἀληθῆ ὄντως καὶ
ἀΐδια καὶ ὡρισμένα. Falsche Gedanken haben keine οὐσίαι, die unter sie
fallen, wie die wahrhaften, ewigen und bestimmten.

[4] Τὸ ἐν νῷ συνεσπειραμένον οὐ παρὰ ἄλλου εἰς αὐτόν.

[5] Krit. d. r. Vern. 2. Aufl. 197. Horovitz hat diesen Sinn des κόσμος
νοητός gar nicht erkannt.

gedachten Welt ist das wahrhafte Sein."[1] Nicht die Einzel-
substanz der sinnlichen Wahrnehmung kann, wie Aristoteles
meinte, in dieser Welt des wahrhaft Seienden als das „Ding"
den Gegenstand der Erfahrung repräsentieren, sondern diesen
vertritt allein der aus den Voraussetzungen des Denkens selbst
erwachsene Inbegriff von Denkgesetzen. Die Gegenstände oder
Dinge des κόσμος νοητός müssen selbst νοητά sein. „Die Erkenntnisse vom Gedachten, die in Wahrheit Erkenntnisse
sind, kommen vom νοῦς in die vernünftige Seele und denken
nichts Sinnliches. Soweit sie aber Wissenschaften sind, sind
sie allemal selbst das, was sie denken, und enthalten in sich
das Gedachte und das Denken."[2] Wir können jetzt auch in
platonischem Sinne die Art der Existenz jener νοητά näher bezeichnen als das Sein der Idee. Die Idee ist ja nie etwas, was,
wie Aristoteles meint, noch zum Ding oder Gegenstand hinzukommen müßte und also an sich von ihm verschieden wäre,
sondern sie ist die Voraussetzung des Gegenstandes selbst, der
nur dadurch, daß er an ihr „teilnimmt", selbst existiert. Die
Idee ist eine Gedanken-„form", d. h. ein Gesetz des Geistes.
Und dieses Gesetz selbst ist zugleich auch der Inhalt des
Denkens. „Wenn nun also das Denken Denken des eigenen
Inhaltes ist, dann ist jene Form der Inhalt; und dies heißt man
Idee. Was versteht man nun unter Idee? Denken (νοῦς) und
gedachtes Sein; jede Idee ist nichts anderes als das Denken
(νοῦς), sondern jede ist Denken (νοῦς)."[3] Zur weiteren Klar-
legung dieses Verhältnisses vergleiche man noch folgende Stellen.
„Alles Seiende erzeugt er (der νοῦς) zugleich mit sich selbst."[4]
Besonders deutlich sind die folgenden Worte: „Wenn er aber
(der Nus) das Denken nicht zugeführt erhält, so denkt er, wenn
er etwas erdenkt, es von sich selbst, und wenn er etwas innehat, hat er es von sich selbst. Wenn er aber von sich selbst
und aus sich selbst denkt, dann ist er selbst, was er denkt.
Worin muß nun seine Tätigkeit und sein Denken bestehen,
damit wir den Satz aufstellen können, er sei selbst das, was er

---

[1]) Enn. IV, 1, 1. Ἐν δὲ τῷ κόσμῳ τῷ νοητῷ ἡ ἀληθινὴ οὐσία.

[2]) Enn. V, 9, 7. Αἱ δὲ τῶν νοητῶν, αἵ δὴ καὶ ὄντως ἐπιστῆμαι, παρὰ τοῦ
εἰς λογικὴν ψυχὴν ἐλθοῦσαι αἰσθητὸν μὲν οὐδὲν νοοῦσι. καθόσον δὲ εἰσιν ἐπιστῆμαι, εἰσὶν αὐτὰ ἕκαστα ἃ νοοῦσι, καὶ ἔνδοθεν τό τε νοητὸν τήν τε νόησιν ἔχουσιν.

[3]) Enn. V, 9, 8. Εἰ οὖν ἡ νόησις ἐνόντος, ἐκεῖνο τὸ εἶδος τὸ ἐνὸν καὶ ἡ
ἰδέα αὕτη. τί οὖν τοῦτο; νοῦς καὶ νοερὰ οὐσία, οὐχ ἑτέρα τοῦ νοῦ ἑκάστη, ἀλλ'
ἑκάστη νοῦς.

[4]) Enn. V, 1, 7. Τὰ ὄντα πάντα σὺν αὐτῷ γεννῆσαι.

denkt? Es ist offenbar, daß er als Verstand in Wirklichkeit das Seiende erdenkt und unter das Sein unterstellt. Er ist also das Seiende. Denn entweder wird er das Seiende anderswo denken oder in sich selbst, als ob er selbst es sei. Anderswo, das ist unmöglich. Wo denn? Sich selbst also vielmehr (denkt er) und in sich selbst. Keineswegs in dem Wahrnehmbaren, wie man glaubt. Denn das erste Element ist nicht das Wahrnehmbare; denn die Form in ihm an der Materie ist ein Bild des Seienden (also nichts der Wahrnehmung Gehöriges). Der Verstand ist also das wahrhaft Seiende, indem er es nicht denkt, so wie es anderswo ist. Denn es ist weder vor noch nach ihm. Sondern er ist gleichsam der erste Gesetzgeber, vielmehr das Gesetz selbst des Seins. Also ist es richtig: Denken und Sein ist dasselbe."[1] Aus der Fülle der kritischen Gedanken, die Plotin hier auf engem Raume uns darbietet, wollen wir hier nur das Wichtigste hervorheben. Die Wahrnehmung ist nicht das sachlich Erste. Die Form, die wir wahrnehmen, ist schon ein Erzeugnis unseres Verstandes. Der Erkenntnisvorgang ist nicht, wie der Sensualist und der Dogmatiker glauben, ein Ablesen von fertigen Dingen, sondern, wie bereits gezeigt, ein Erzeugen durch den Intellekt, welcher die Formen schafft und die Dinge. Das Denken erzeugt aus sich selbst, was als Sein gelten kann. „Wenn nun alles andere vor ihm (dem Nus, d. h. ursprünglicher als er) ist, dann litte er von diesem. Wenn dies aber", wie wir gesehen haben, „nicht so ist, dann hat dieser alles erzeugt, vielmehr er war alles."[2]

Plotin gebraucht den Ausdruck des „Setzens" für dieses Schaffen des Verstandes, wie wir schon (V, 9, 5) gesehen haben. „Wie muß sein Denken sein, damit wir den Satz aufstellen können, er selbst sei, was er denkt." Hierin ist der Wurzelgedanke für alle idealistische Spekulation ausgesprochen. Es

---

[1]) Enn. V, 9, 5. Εἰ δὲ μὴ ἐπακτὸν τὸ φρονεῖν ἔχει, εἴ τι νοεῖ, παρ' αὐτοῦ νοεῖ, καὶ εἴ τι ἔχει, παρ' αὐτοῦ ἔχει. εἰ δὲ παρ' αὐτοῦ καὶ ἐξ αὐτοῦ νοεῖ, αὐτός ἐστιν ἃ νοεῖ. ..... τί οὖν ἐνεργεῖ καὶ τί νοεῖ, ἵνα ἐκεῖνα αὐτὸν ἃ νοεῖ θώμεθα; ἢ δῆλον, ὅτι νοῦς ὢν ὄντως νοεῖ τὰ ὄντα καὶ ὑφίστησιν. ἔστιν ἄρα τὰ ὄντα. ἢ γὰρ ἑτέρωθι ὄντα αὐτὰ νοήσει, ἢ ἐν αὐτῷ ὡς αὐτὸν ὄντα. ἑτέρωθι οὖν ἀδύνατος· ποῦ γάρ; αὐτὸν ἄρα καὶ ἐν αὐτῷ. οὐ γὰρ δὴ ἐν τοῖς αἰσθητοῖς, ὥσπερ οἴονται. τὸ γὰρ πρῶτον ἕκαστον οὐ τὸ αἰσθητόν. τὸ γὰρ ἐν αὐτοῖς εἶδος ἐπὶ ὕλῃ εἰδωλον ὄντος ..... ὁ νοῦς ἄρα τὰ ὄντα ὄντως, οὐχ οἷά ἐστιν ἄλλοθι νοῶν· οὐ γὰρ ἐστιν οὔτε πρὸ αὐτοῦ οὔτε μετ' αὐτόν. ἀλλὰ οἷον νομοθέτης πρῶτος, μᾶλλον δὲ νόμος αὐτὸς τοῦ εἶναι. ὀρθῶς ἄρα. τὸ γὰρ αὐτὸ νοεῖν ἐστίν τε καὶ εἶναι.

[2]) Enn. VI, 7, 13. Εἰ μὲν οὖν ἐστι πρὸ αὐτοῦ τὰ ἕτερα πάντα, ἤδη πάσχοι ἂν ὑπ' αὐτῶν. εἰ δὲ μή ἐστιν, οὗτος τὰ πάντα ἐγέννα, μᾶλλον δὲ τὰ πάντα ἦν.

kann keine wissenschaftliche Erkenntnis geben ohne die geistigen, reinen Voraussetzungen, die der Verstand erzeugt. Diese von der Vernunft gemachten Setzungen *(θέσεις* oder *ὑποθέσεις)* sind die logischen Prämissen, aus denen sich unsere Erkenntnis konstruiert. „Aus Vordersätzen erfüllt sich der Nus und vermag das Gesagte zu verstehen, zu urteilen, und er schaut das Seiende nach der logischen Folge."[1] Häufig findet sich der von Platon für die reine Denksetzung gebrauchte Ausdruck der Hypothesis, und als Kriterium wird die Widerspruchslosigkeit und Fruchtbarkeit ihrer Konsequenzen betont. „Daher wäre sie keine Hypothesis, da sie Widersprüche in sich enthält. . . . . . Deshalb muß man diese Hypothese aufgeben, da es nicht möglich ist, eine notwendige Konsequenz zu ziehen, indem man eben das darin Vorausgesetzte aufhebt."[2] Es steht nicht dem subjektiven Gutdünken oder gar der Willkür anheim, irgendeine Setzung anzunehmen oder abzulehnen; sondern die wissenschaftliche Vernunft, die sie geschaffen hat, ist zugleich mit der Aufgabe betraut, sie zu prüfen nach ihrer Bewährung, nach ihrer Symphonie mit den übrigen Hypothesen, wie der platonische Ausdruck lautet. Es ist nun zu beachten, daß sich der Terminus der *ὑπόθεσις* fast durchaus nur in Anwendung findet in der Bedeutung der modernen Theorie für die physikalische Erklärung von Naturvorgängen, während für die echte Hypothesis, das fundamentale Instrument des Denkens überhaupt das Verbum *ὑποτίθεσθαι* oder auch das verbum simplex gebraucht ist. Einige Beispiele können uns darüber Klarheit verschaffen. „Daß man nachts Sterne und überhaupt Feuer sieht, das fällt dieser Hypothese schwer zu erklären."[3] In demselben Zusammenhange fährt Plotin hier, wo er die verschiedenen *ὑποθέσεις* der Lichtfortpflanzung kritisiert, fort: „Wenn das Licht an dem sinnlichwahrnehmbaren Gegenstand affiziert wird und (diese Affektion) zum Gesicht hin übermittelt, so entsteht dieselbe Hypothesis wie die, welche das Dazwischenliegende durch den sinnlichen Gegenstand zuvor verändert. Auf die Schwierigkeiten bei dieser Hypothesis haben wir schon anderen

---

[1] Enn. I, 8, 2.
[2] Enn. IV, 5, 8. ὥστε ἔχουσα τὰ ἀντικείμενα ἐν αὐτῇ οὐδ᾽ ἂν ὑπόθεσις εἴη. . . . . . ὥστε ἀφετέον τὴν ὑπόθεσιν ὡς οὐκ ὂν ζητεῖν τὸ ἀκόλουθον τῷ αὐτὸ τὸ ὑποτεθὲν ἐν αὐτῷ ἀναιρεῖν.
[3] Enn. IV, 5, 4. Τὸ τῆς νυκτὸς ὁρᾶν τὰ ἄστρα ἢ ὅλως πῦρ χαλεπὸν ταύτῃ τῇ ὑποθέσει ἀπευθῦναι.

Ortes hingewiesen."[1] Die Hypothesis ist eben bei Plotin, ebenso wie bei Kepler, der Ausdruck für die Gesetze, in die wir die Natur objektivieren. Der Verstand erzeugt durch Hypothesen, durch Grundlegungen das Sein. Der Intellekt ist der erste Gesetzgeber des Seins, das Gesetz des Seins selbst (V, 8, 5). Derselbe Gedanke findet sich auch VI, 2, 8, wo es heißt: „Er (der *νοῦς*) erdenkt sie (die Zahl 3) und setzt sie, indem er sie denkt; und sie ist, wenn sie gedacht ist."[2] Hier haben wir die echte Hypothesis.

Der Sache nach haben wir uns dem Grundthema unserer Arbeit genähert. Denn die Denksetzungen sind gleichwertig und gleichbedeutend mit der Idee. „Was versteht man nun unter Idee? Denken und gedachtes Sein; jede Idee ist nichts anderes als Denken, und jede ist Denken."[3] Daß der *νοῦς*, wenn er etwas denkt, es gleichzeitig setzt, indem er es denkt, haben wir aus der letztzitierten Stelle gesehen.[4] Die Ideen sind die Grundbegriffe, ohne die man die Wissenschaft überhaupt nicht beginnen kann. Diese Grundbegriffe muß man an die Wissenschaft mit heranbringen. Alle Wissenschaft ist deshalb Deduktion. Die Einheit der Wissenschaft, das System ist das Zentrum, von dem alle Wissenschaften ausgehen und auf das sie wieder zielen. (V, 9, 5.) Nach diesen Worten gibt Plotin ein Beispiel. „So erklärt der Geometer in der Analysis, wie das Eine alles vor ihm liegende enthält, wodurch die Analysis stattfindet, und ebenso das Folgende, das aus ihm erzeugt wird."[5] „Das an sich Seiende ist vor dem irgendetwas Seienden"[6] d. h. das Gesetz muß vor dem bestimmten Fall sein. Diese allgemeinsten Gesetze, von denen alle Deduktion ausgeht, können nun, wie schon gesagt, nichts anderes sein als die Grundgesetze und Grundbegriffe der Vernunft selbst. Indem also die Seele sie aufstellt und aufsucht, sucht sie gleichsam sich selber auf. Wir können uns hierbei an Platon erinnern, der diesen Gedanken

---

[1]) Enn. IV, 5, 4. *εἰ παθεῖν δεῖ τὸ πρὸς τὸ αἰσθητὸν φῶς, εἶτα διαδοῦναι μέχρις ὄψεως, ἡ αὐτὴ γίνεται ὑπόθεσις τῇ ὑπὸ τοῦ αἰσθητοῦ τὸ μεταξὺ πρότερον τρεπούσῃ, πρὸς ἣν ἤδη καὶ ἐν ἄλλοις ἠπόρηται.*

[2]) Enn. VI, 2, 8. *Ἅμα δὲ νοεῖ καὶ τίθησιν, εἴπερ νοεῖ, καὶ ἔστιν, εἴπερ νενόηται.*

[3]) Enn. V, 9, 8. *εἰ οὖν ἡ νόησις ἐνόντος, ἐκεῖνο τὸ εἶδος τὸ ἐνὸν καὶ ἡ ἰδέα αὐτη. τί οὖν τοῦτο; νοῦς καὶ νοερὰ οὐσία οὐχ ἑτέρα τοῦ νοῦ ἑκάστη ἰδέα, ἀλλ' ἑκάστη νοῦς.* Cf. 52.

[4]) Enn. VI, 2, 8.

[5]) Enn. IV, 9, 5. *Καὶ ὁ γεωμέτρης δὲ ἐν τῇ ἀναλύσει δηλοῖ, ὡς τὸ ἓν ἔχει τὰ πρὸ αὐτοῦ πάντα, δι' ὧν ἡ ἀνάλυσις, καὶ τὰ ἐφεξῆς δὲ, ἃ ἐξ αὐτοῦ γεννᾶται.*

[6]) Enn. V, 3, 12. *Τὸ γὰρ αὐτὸ πρὸ τοῦ τί.*

durch sein Bild von der Anamnesis zum Ausdruck bringt;
„und den heiligen Sinn hütet das mystische Wort". *„Nicht
läuft die Seele irgendwie hinaus und sieht die Besonnenheit
und die Gerechtigkeit, sondern sie selbst bei sich selbst in dem
Denken ihrer selbst und dessen, was früher war, indem sie
gleichsam in ihr selbst aufgestellte Bilder sieht, nachdem sie
diese, die von der Zeit mit Rost bedeckt waren, gereinigt
hat."[1] Die Erkenntnisse, die die Seele durch die Reinigung
in sich selbst erlangt, kommen natürlich nicht von außen, sondern sind eigenstes Besitztum der Seele. „Wenn nun die
Reinigung bewirkt, daß wir in der Erkenntnis des Besten sind,
dann zeigt es sich doch, daß die Erkenntnisse in uns sind, die
in Wahrheit Erkenntnisse sind."[2] Die Seele schöpft aus dem
Borne ihres eignen Selbstbewußtseins ihre Erkenntnisse oder
vielmehr die Prinzipien, wonach sie sich ihre Erkenntnisse aufbaut. Diese Prinzipien des Seins, diese obersten Grundbegriffe
der Wissenschaft sind Prinzipien für eine bestimmte Wissens-
stufe; sie sind relativ, nicht starr und absolut. Trotzdem sind
sie nicht vage Versuche; von solchen unterscheiden sie sich
dadurch, daß man von ihnen Rechenschaft ablegen kann.

Wir finden bei Plotin die Relativität des Seienden in einer
Weise präzisiert, wie wir es wohl sonst nur noch bei Kant
finden, der in Beziehung hierauf gesagt hat: „Wir erkennen
von den Dingen nur das a priori, was wir selbst in sie legen."[3]
So äußert sich Plotin z. B. bei seiner Kritik der aristotelischen
Kategorien. „Das Verhältnis, was ist es anders als unser
Urteil, die wir das was an sich das ist, was es ist, vergleichen.
— Was wäre denn die Beziehung aufeinander anderes, als daß
wir [die wir es erdenken] die Beziehung setzen in diesem; die
Vergleichung ist von uns, ist nicht in ihnen. — Wir haben das
Rechts und das Links erdacht; in ihnen (den Dingen) ist es
nichts."[4] Das Sein ist Erzeugnis des Denkens d. h. nicht, es

---

[1]) Enn. IV, 7, 10. οὐ δὴ ἔξω που δραμοῦσα ἡ ψυχὴ σωφροσύνην καθορᾷ
καὶ δικαιοσύνην, ἀλλ' αὐτὴ παρ' αὑτῇ ἐν τῇ κατανοήσει ἑαυτῆς καὶ τοῦ ὃ πρότερον
ἦν ὥσπερ ἀγάλματα ἐν αὑτῇ ἱδρυμένα ὁρῶσα οἷον ὑπὸ χρόνου ἰοῦ πεπληρωμένα
καθαρὰ ποιησαμένη.

[2]) Enn. IV, 7, 10. Εἰ δὲ ἡ κάθαρσις ποιεῖ ἐν γνώσει τῶν ἀρίστων εἶναι καὶ
αἱ ἐπιστῆμαι ἔνδον οὖσαι ἀναφαίνονται, αἳ δὴ καὶ ὄντως ἐπιστῆμαί εἰσιν.

[3]) Krit. d. r. Vern., Vorr. z. 2. Aufl.

[4]) Enn. IV, 1, 6. Ἡ δὲ σχέσις τί ἄλλο ἢ ἡμετέρα κρίσις παραβαλλόντων τὰ
ἐφ' ἑαυτῶν ὄντα ἃ ἔστι . . . . . . τί ἂν οὖν εἴη παρὰ ταῦτα τὰ πρὸς ἄλληλα ἢ
ἡμῶν τὴν παράθεσιν νοούντων; . . . . . ἡ δὲ παραβολὴ παρ' ἡμῶν, οὐκ ἐν αὐτοῖς.
. . . . . ἡμεῖς δὲ τὸ δεξιὸν καὶ τὸ ἀριστερὸν ἐνοήσαμεν, ἐν δὲ αὐτοῖς οὐδέν.

wird erzeugt mit dem zeitlichen Akte des Denkens. „Daher ist es•auch nicht Recht zu sagen, die Begriffe seien Gedanken, wenn es so gemeint ist, als ob, als man es dachte, es dies wurde oder ist. Denn ursprünglicher als dieses (nämlich das zeitlich bestimmte) Denken muß das Gedachte sein."[1] Der Begriff bleibt derselbe, wie oft er auch vorgestellt werden mag, und ist insofern früher d. i. unabhängig von der Vorstellung.

Durch die Einheit ist der Begriff charakterisiert. Durch diese Einheit schafft er aus dem Gestaltlosen, verbindet er das Getrennte zur Einheit des Gegenstandes.[2] Der Verstand ist also der Gesetzgeber der Natur; der Verstand betätigt sich aber in Begriffen, und so ist die Idee in ihrer Anwendung auf die Natur eben der Begriff. Das Seiende ist Begriff d. h. Gesetz. Das Moment der Einheitssetzung ist auch für den plotinischen Begriff maßgebend. „Und wenn es nun der Logos wäre, welcher hinzukommend den Körper schafft, dann ist es offenbar, daß der Logos alle Qualitäten enthält. — In dem Denken *(νοῦς)* aber ist er (der *λόγος*), weil er selbst Denken ist."[3]

Schon hier ist völlig der kritisch-idealistische Standpunkt erreicht: die Dinge werden aufgelöst in begrifflich methodisches Denken. Wenn hier von den Qualitäten die Rede ist, die der Begriff in sich befaßt, so können hiermit unmöglich die sinnlichen Qualitäten gemeint sein; Plotin bezeichnet damit die begrifflichen Bestimmtheiten, die nötig sind, um den Begriff des Körpers zu vollenden. Man vergleiche II, 6, 2. „Und Dreieck und Viereck sind an und für sich kein quale, sondern das zum Dreieck Werden, insofern es (eben das betreffende Objekt — zum Dreieck —) gestaltet wird, muß man quale nennen; nicht die Dreieckigkeit, sondern die Gestaltung."[4] Ferner: „Form muß sie (die Natur) sein, und nicht aus Materie

---

[1] Enn. V, 9, 7. Ὅθεν καὶ τὸ λέγειν νοήσεις τὰ εἴδη, εἰ οὕτω λέγεται, ὡς, ἐπειδὴ ἐνόησε, τότε ἐγένετο ἢ ἔστι τόδε, οὐκ ὀρθῶς. ταύτης γὰρ τῆς νοήσεως πρότερον δεῖ τὸ νοούμενον εἶναι. Vgl. hierzu: Plato. Parm. 132 BC.

[2] Enn. I, 6, 3. Ὅταν οὖν ἡ αἴσθησις τὸ ἐν σώμασιν εἶδος ἴδῃ συνδησάμενον καὶ κρατῆσαν τῆς φύσεως τῆς ἐναντίας ἀμόρφου οὔσης . . . . . συνελοῦσα ἀθρόον αὐτὸ τὸ πολλαχῇ ἀνήνεγκέ τε καὶ εἰςήγαγε εἰς τὸ εἴσω ἀμερές.

[3] Enn. II, 7, 3. Καὶ εἰ λόγος δὲ εἴη, ὃς προςελθὼν ποιεῖ τὸ σῶμα, δηλονότι ὁ λόγος ἐμπεριλαβὼν ἔχει τὰς ποιότητας ἀπάσας. . . . . ἐν τῷ δὲ, ὅτι καὶ αὐτὸς νοῦς.

[4] Enn. II, 6, 2. καὶ τρίγωνον μὲν καὶ τετράγωνον καθ' αὐτὸ οὐ ποιόν, τὸ δὲ τετριγωνίσθαι ἢ μεμόρφωται ποιὸν λεκτέον, καὶ οὐ τὴν τριγωνότητα, ἀλλὰ τὴν μόρφωσιν.

und Form. Denn was braucht sie warme oder kalte Materie?
— Denn nicht Feuer muß hinzukommen, daß die Materie Feuer
werde, sondern der Begriff"[1] *(λόγος)*. Plotin fährt an dieser
Stelle fort: „Dies ist auch ein nicht kleiner Beweis dafür, daß
die Begriffe in den Lebewesen und den Pflanzen das Erzeugende
sind, und daß die Natur Begriff ist, welcher einen anderen
Begriff erzeugt, ein Erzeugnis seiner selbst; er gibt zwar dem
zugrunde Liegenden (Substrat) etwas, verharrt aber als er selbst.
Der Begriff *(λόγος)* nun an der gesehenen Gestalt ist der letzte
bereits und tot und nicht mehr imstande, einen andern zu
erzeugen; der aber, welcher das Leben hat, ist ein Bruder
dessen, welcher die Gestalt erzeugte, und da er selbst dieselbe
Gewalt hat, schafft er in dem Entstandenen."[2] Zunächst muß
hier darauf aufmerksam gemacht werden, wie die Begriffe nicht
nur als das eigentliche Sein der Natur, sondern auch in wechsel-
seitiger Abhängigkeit erscheinen, derart, daß der ursprünglichere, fundamentalere Begriff ebendeswegen auch der lebendi-
gere ist. Würde ein Begriff restlos im Sinnlichen zu erscheinen
vermögen, so wäre er eben damit auch tot, d. h. die Determination des Sinnlichen wäre zu Ende gebracht, so daß der
Vernunft keine Aufgabe mehr verbliebe. Diese Vollendung ist
natürlich nur ein Ideal der Forschung. Um uns den Sachver-
halt an einem Beispiel klarzumachen, können wir an die allgemeine Definition des Kreises oder der Ellipse denken, die
für alle möglichen Kreise und Ellipsen gilt. Darin zeigt sich
ihre Lebendigkeit. Bestimmen wir jedoch für den Radius z. B.
des Kreises eine gewisse Länge, dann verliert der Begriff den
größten Teil seiner Lebendigkeit, seiner Lebenskraft, — denn
jetzt muß ich immer an einen Kreis von bestimmter Größe
denken, — und er wird gleichsam tot, wenn ich ihn noch örtlich und zeitlich fixiere. Wir erhalten so ein bestimmtes Individuum, einen vielleicht sinnlich wahrnehmbaren Kreis. Käme
die Vernunft bei diesem ihrem Geschäfte zu einem Abschluß,
dann wäre dies das Ende aller Wissenschaft; aber das darf

---

[1]) Enn. III, 8, 2. εἶδος αὐτὴν δεῖ εἶναι καὶ οὐκ ἐξ ὕλης καὶ εἴδους. τί γὰρ
δεῖ αὐτῇ ὕλης θερμῆς ἢ ψυχρᾶς; ..... οὐ γὰρ πῦρ δεῖ προσελθεῖν, ἵνα πῦρ ἡ
ὕλη γένηται, ἀλλὰ λόγον. Cf. Plat. Phaedo.

[2]) Enn. III, 8, 2. ὃ καὶ σημεῖον οὐ μικρὸν τοῦ ἐν τοῖς ζῴοις καὶ ἐν τοῖς
φυτοῖς τοὺς λόγους εἶναι τοὺς ποιοῦντας καὶ τὴν φύσιν εἶναι λόγον, ὃς ποιεῖ
ἄλλον λόγον, γέννημα αὐτοῦ, δόντα μέν τι τῷ ὑποκειμένῳ, μένοντα δ' αὐτόν. ὁ
μὲν οὖν λόγος ὁ κατὰ τὴν μορφὴν τὴν ὁρωμένην ἔσχατος ἤδη καὶ νεκρὸς καὶ
οὐκέτι ποιεῖν δύναται ἄλλον, ὁ δὲ ζωὴν ἔχων ὁ τοῦ ποιήσαντος τὴν μορφὴν
ἀδελφὸς ὢν καὶ αὐτὸς τὴν αὐτὴν δύναμιν ἔχων ποιεῖ ἐν τῷ γενομένῳ.

nicht sein. Das „Seiende geht nur näherungsweise im Begriffe
auf. „Durch Teilhabe an diesem *(τὰ παρ' αὐτῶν ὄντα)* erhält
es für alle Zeit sein Sein[1], indem es *(τὰ αἰσθητῶς ὄντα)* das
Gedachte nachahmt, soweit es nach seiner Natur dies kann."[2]
Das Sinnliche wird also ins Sein erhoben, soweit und wiefern
man es begrifflich zu fassen vermag. „Indem nun der Begriff
hinzugeht, ordnet er das, was aus vielen Teilen Eins werden
soll, durch Synthesis zusammen und bringt es zum Abschluß
und macht es zu „Einem" durch Übereinstimmung, da er selbst
Eins war und das Gestaltete „Eins" werden sollte, soweit es
ihm, da es aus Vielem besteht, möglich ist."[3] Die Tiefe der
Einsicht, die Plotin in das Wesen des Begriffs hatte, zeigt sich
besonders an der folgenden Stelle: „Und bei jedem gibt es ein
Eins; auf das kannst du es zurückführen, und das Ganze wieder
auf das Eins vor ihm, welches noch nicht schlechthin Eins ist,
so lange bis man zu dem einfach Einen gelangt."[4] Hieraus ist
zunächst so viel ersichtlich, daß das Wesen des Begriffes in der
Einheit besteht. Aber mehr noch ist darin enthalten: Jeder
Begriff birgt wieder ein Problem. Um dieses zu lösen, muß
man von dem Begriffe absehen und auf seinen Ursprung zurückgehen. Diesem Ursprungsbegriff, auf welchen man schließlich
kommen muß, kommt nicht nur die logische Priorität, sondern
auch die höhere metaphysische Realität zu. Dieser Gedanke
ist ausgesprochen an einer Stelle, welche wir sogleich anführen
werden, indem wir zunächst noch darauf aufmerksam machen,
daß der Begriff der erzeugenden Einheit verbunden mit dem
Gedanken der geistigen Kontinuität auftritt. Die Vielheit wird
begründet auf die Einheit und als in ihr enthalten gedacht.
Die Stelle lautet: „Wie aber wiederum kann dieses Eins Vieles
sein? Weil nicht Eins betrachtet. Denn auch, wenn das Eine
anschaut, tut es dies nicht als Eins; wenn aber nicht, dann
wird es nicht reines Erdenken. Sondern nachdem es begonnen
hatte als Eins, blieb es nicht bei dem, wie es begonnen hatte,
sondern wurde sich selbst unvermerkt vieles, da es gleichsam

---

[1]) Dieser Ausdruck der Teilhabe ist direkt von Platon entlehnt.

[2]) Enn. IV, 8, 6. Μετοχῇ τούτων τὸ εἶναι εἰς ἀεὶ λαβόντα μιμούμενα τὴν
νοητὴν καθ' ὅσον δύναται φύσιν.

[3]) Enn. I, 6, 2. Προσιὸν οὖν τὸ εἶδος τὸ μὲν ἐκ πολλῶν ἐσόμενον μερῶν
ἓν συνθέσει συντάξει τε καὶ εἰς μίαν συντέλειαν ἤγαγε καὶ ἓν τῇ ὁμολογίᾳ πεποίηκεν,
ἐπείπερ ἓν ἦν αὐτὸ ἕν τε ἔδει τὸ μορφούμενον εἶναι ὡς δυνατὸν αὐτῷ ἐκ
πολλῶν ὄντι.

[4]) καὶ ἐφ' ἑκάστου μὲν τι ἕν, εἰς ὃ ἀνάξεις, καὶ τὸ δὲ πᾶν εἰς ἓν τὸ πρὸ
αὐτοῦ οὐχ ἁπλῶς ἕν, ἕως ἄν τις ἐπὶ τὸ ἁπλῶς ἓν ἔλθῃ.

belastet war, und es entwickelte sich, indem es alles haben wollte, wenn es auch besser für es wäre, dies nicht zu wollen. Denn es wurde, indem es sich selbst entwickelte, ein Zweites, z. B. ein Kreis, Figur, Fläche, Peripherie, Zentrum und Linien, das eine oben, das andere unten. Besser ist das Woher, geringer das Wohin; denn das Woher ist nicht dasselbe wie das Woher und Wohin, noch auch das Woher und Wohin (dasselbe), wie das Woher allein."[1]

Dieses Beispiel eines allgemeinen Ursprungsurteils weist uns darauf hin, daß dem reinen Denken nichts „gegeben" sein darf. Die Kontinuität des Denkens muß es aus sich selbst erzeugen. Hierdurch wird seine Realität gewährleistet; und wir verstehen jetzt, warum Plotin das Woher für besser erklärt als das Woher und Wohin in seiner bildlichen Sprache: weil es eben die höhere Realität ausdrückt, d. i. den reinen Ursprung und damit die noch unbeschränkte Entwicklungsmöglichkeit; während jede Entwicklung in bestimmter Richtung („Wohin?") eine Einschränkung bedeutet.

Wir wollen hier auf eine sprachliche Erörterung uns kurz einlassen, die aufs engste mit den Fragen nach dem Ursprung und der Realität zusammenhängt: Sie betrifft das μὴ ὄν. Μὴ ὄν soll keineswegs negieren; es hat Seiendes, ἐπεῇ ὄντα, zu vertreten. In dieser festen Bedeutung finden wir μὴ ὄν bei Demokrit und auch bei Platon. Wir erinnern uns noch, daß auch bei Philon die Welt-„ordnung" aus dem μὴ ὄν geschieht. Wir markieren die Ordnung: die Schöpfung•wäre aus dem οὐκ ὄν vollzogen worden. Das μὴ ὄν gibt den Ursprung an, aus dem sich das ὄν realisiert. Während bei den älteren Philosophen der Gebrauch des μὴ ὄν durch diese Hinweisung auf den Ursprung im allgemeinen ziemlich feststeht, kommt er durch Plotin in Verwirrung. Er wendet die Partikel μὴ wenig an, trotzdem kennt auch er ihre prägnante Wertung, wie ich an einigen Beispielen zeigen und begründen will. Zunächst hält Plotin das Böse für ein μὴ ὄν, das keineswegs so viel sei als ein οὐκ ὄν; wir würden sagen, das Böse habe zwar Dasein,

---

[1]) Enn. III, 8, 8. Πῶς αὖ πολλὰ τοῦτο τὸ ἕν; ἢ ὅτι οὐχ ἓν θεωρεῖ. ἐπεὶ καὶ, ὅταν τὸ ἓν θεωρῇ, οὐχ ὡς ἓν· εἰ δὲ μή, οὐ γίνεται νοῦς. ἀλλὰ ἀρξάμενος ὡς ἓν οὐχ ὡς ἤρξατο ἔμεινεν, ἀλλ' ἔλαθεν ἑαυτὸν πολὺς γενόμενος, οἷον βεβαρημένος, καὶ ἐξείλιξεν αὑτὸν πάντα ἔχειν ἐθέλων — εἰ καὶ βέλτιον ἦν αὐτῷ μὴ ἐθελῆσαι τοῦτο, δεύτερον γὰρ ἐγένετο — οἷον κύκλος ἐξελίξας αὑτὸν γέγονε καὶ σχῆμα καὶ ἐπίπεδον καὶ περιφέρεια καὶ κέντρον καὶ γραμμαὶ καὶ τὰ μὲν ἄνω, τὰ δὲ κάτω. βελτίω μὲν ὅθεν, χείρω δὲ εἰς ὅ. τὸ γὰρ ἀφ' οὗ οὐκ ἦν τοιοῦτον οἷον τὸ ἀφ' οὗ καὶ εἰς ὅ, οὐδὲ αὖ τὸ ἀφ' οὗ καὶ εἰς ὅ οἷον τὸ ἀφ' οὗ μόνον.

aber kein Sein. Plotin erklärt weiter: das Böse soll auch nicht solch ein μὴ ὄν sein, wie die Bewegung und Ruhe in betreff des Seienden *(κίνησις καὶ στάσις ἡ περὶ τὸ ὄν)*.[1] Hier haben wir das μὴ ὄν in der scharfen demokritischen Bedeutung, angewandt sogar auf die Beispiele des großen Atomisten. Die Materie ist ein μὴ ὄν ebenso wie bei Philon. „Und da ja auch die Materie selbst nicht ungestaltet verbleibt, sondern beständig in Dinge gestaltet wird, deshalb bringt auch die Seele sofort die Form auf sie in Anwendung, weil sie das Unbestimmte schmerzt, gleich als ob sie Furcht habe aus dem Seienden herauszugeraten und länger im Nicht-Seienden *(ἐν τῷ μὴ ὄντι)* zu verweilen."[2] Ähnlich heißt es (II, 4, 16), daß die Materie das μὴ ὄν sein solle, das im Kontrast stehe zum Seienden, nämlich den Begriffen. „Deshalb kann auch das, was μὴ ὄν ist, in gewisser Weise „seiend" heißen." Es soll mit der privatio *(στέρησις)* identisch sein (nicht mit der negatio); „es ist Un-Maß gegenüber dem Maß, es ist Unbegrenztes gegenüber der Grenze, Formloses gegenüber dem Formenden".[3] Wir sehen, Plotin ist nicht recht zur Klarheit gekommen, obwohl er dem Richtigen manchmal hart auf der Spur ist. So fragt er von der Materie, als einem μὴ ὄν, in welcher Beziehung sie zum ὄν stehe. „Sie ist der Möglichkeit nach das Seiende" *(δυνάμει)*. „Ihr Sein wird auf die Zukunft, auf das, was sein wird, verschoben."[4] Trotzdem will er dieses μὴ ὄν von einem anderen, das der Bewegung[5] zukomme, streng geschieden wissen. Wie schon erwähnt, er verwirrt die Bedeutungsunterschiede und wird dadurch für die spätere Zeit in dieser Hinsicht zum Verhängnis.[6]

„In dem κόσμος νοητός ist das wahrhafte Sein."[7] „Wenn du weiter suchst wo, dann mußt du suchen, wo jenes (das wahrhaft Seiende) ist. Wenn du aber suchst, dann suche nicht

---

[1]) Enn. I, 8, 3.
[2]) Enn. II, 4, 10. *Καὶ ἐπειδὴ οὐκ ἔμεινεν οὐδ' αὐτὴ ἡ ὕλη ἄμορφος, ἀλλ' ἐν τοῖς πράγμασίν ἐστι μεμορφωμένη, καὶ ἡ ψυχὴ εὐθέως ἐπέβαλε τὸ εἶδος τῶν πραγμάτων αὐτῇ, ἀλγοῦσα τῷ ἀορίστῳ, οἷον φόβῳ τοῦ ἔξω τῶν ὄντων εἶναι, καὶ οὐκ ἀνεχομένη ἐν τῷ μὴ ὄντι ἐπιπολὺ ἑστάναι.*
[3]) Enn. I, 8, 3. *οἷον ἀμετρίαν εἶναι πρὸς μέτρον, καὶ ἄπειρον πρὸς πέρας, καὶ ἀνείδεον πρὸς εἰδοποιητικόν.*
[4]) Enn. II, 5, 5. *οἷον τὸ εἶναι αὐτῇ εἰς ἐκεῖνο ἀναβάλλεται, ὃ ἔσται.*
[5]) *Εἴη ἂν οὖν τοῦτο μὴ ὄν, οὐχ ὡς ἕτερον τοῦ ὄντος, οἷον κίνησις.*
[6]) In Zusammensetzungen wie Nicht-Körper usw. findet sich regelmäßig οὐ auch in der Ursprungsbedeutung des μή z. B. Enn. II, 6, 1 an mehreren Stellen *(οὐκ-οὐσίαι)* u. III, 8, 7 *(οὐ-σώματα)*.
[7]) Enn. IV, 1, 1. *Ἐν τῷ κόσμῳ τῷ νοητῷ ἡ ἀληθινὴ οὐσία.*

mit den Augen, nicht wie einer der Körper sucht."[1] Der Ursprung ist im reinen Denken zu suchen. Auch die zweite Stelle
besagt nichts anderes. Vielleicht ist es gut, auf sie wegen der
Interpretation der platonischen Ideenwelt (τόπος νοητός) hinzu-
weisen.[2] „Dieser Verstand also, welcher eine solche Erzeugung
hat, ist des Reinsten würdig, nicht anderswoher, als aus dem
ersten Prinzip entstanden zu sein; geworden aber erzeugt er
alles Seiende zugleich mit sich selbst. — Das Erzeugnis des Nus
ist irgendein Begriff (λόγος)."[3] Das Prinzip des Ursprungs muß
für das Denken gewahrt bleiben. Das reine Denken erzeugt
das Sein aus sich selbst und ferner: das Erzeugen ist das Erzeugnis. Das Denken ist kein Bewußtseinsvorgang, der durch
die Empfindung inszeniert wird. In enger Verwandtschaft mit
dem Prinzip des Ursprungs steht das unendliche Urteil. Das
unendliche Urteil gibt den Weg an, den das Denken zu gehen
hat, wenn es nach dem Ursprung sucht. Um das Endliche zu
erklären, muß man das Un-Endliche, das die Kontinuität des
Denkens ausdrücken soll, zu Hilfe nehmen. So entstand das
unendliche Urteil im engsten Anschluß an das Problem des
Ursprungs. Die Stelle, die für uns in Betracht kommt, lautet:
„Leichtmöglich hat dieser Name „Eins" die Aufhebung in
bezug auf das Viele in sich. Daher bezeichneten es auch die
Pythagoriker symbolisch mit dem Namen Apollon untereinander durch Verneinung der Vielheit (das Un-Viele)."[4] In
diesem Sinne müssen wir auch die folgende Stelle interpretieren:
„Es muß nun, da er (der νοῦς) alles ist und von allem (ist),
auch der Teil von ihm das All und alles haben. Andernfalls
wird er einen Teil, der nicht νοῦς ist, haben, und er wird zusammengesetzt sein aus nicht νοῦς; und er wird ein zusammen-
getragener Haufe sein, welcher darauf wartet, νοῦς aus allem zu
werden. Deshalb ist er auch unendlich; wenn etwas von ihm (genommen) ist, wird dadurch nicht geringer weder das, was von
ihm ist, weil auch dieses selbst alles ist, noch auch jener (νοῦς),

---

[1]) Enn. IV, 3, 24. Εἰ δ'ἔτι ζητεῖς ποῦ, ζητητέον σοι ποῦ ἐκεῖνα. ζητῶν
δὲ ζήτει μὴ τοῖς ὄμμασι μηδ' ὡς ζητῶν σώματα.

[2]) Man vergleiche auch die Stelle, wo früher die Rede vom κόσμος
νοητός war.

[3]) Enn. V, 1, 7. „Ταύτης τοι γενεᾶς" ὁ νοῦς οὗτος ἄξιος τοῦ καθαρωτάτου
μηδ' ἄλλοθεν ἢ ἐκ τῆς πρώτης ἀρχῆς φῦναι, γενόμενον δὲ ἤδη τὰ ὄντα πάντα
σὺν αὑτῷ γεννῆσαι. . . . . . νοῦ δὲ γέννημα λόγος τις.

[4]) Enn. V, 5, 6. Τάχα δὲ καὶ τὸ ἓν ὄνομα τοῦτο ἄρσιν ἔχει πρὸς τὰ πολλά.
ὅθεν καὶ 'Απόλλωνα οἱ Πυθαγορικοὶ συμβολικῶς πρὸς ἀλλήλους ἐσήμαινον ἀπο-
φάσει τῶν πολλῶν.

aus dem es ist, weil er nicht Zusammensetzung aus Teilen ist."[1]
Für das Verständnis der Stelle ist es am besten, wenn wir ausgehen von dem Schlußsatz: „Das Ganze kann nicht erklärt
werden als Zusammensetzung aus Teilen." Ebenso darf der
νοῦς nicht aus οὐ-νοῦς zusammengesetzt werden. Vgl. S. 43.
Im Teil vielmehr muß, wie bei dem Kurvenpunkt, das Gesetz für das Ganze gefunden und eingesehen werden können.[2]

Unter den Einzelproblemen, an deren Lösung sich Plotin
versucht hat, verdient das Problem von Raum und Zeit an die
hervorragendste Stelle gesetzt zu werden. Nirgends ist der
kritische Gedanke von der Relativität des Seienden energischer
betont als bei der Abwickelung dieser Fragen. Die Resultate,
zu denen Plotin gelangt, sind überraschend und verdienten ihrer
Wichtigkeit wegen ausführlicher behandelt zu werden, als wir
das hier tun können.[3] Wir müssen uns darauf beschränken,
das Wichtigste in historischer Beleuchtung hier vorzutragen.

Die Verwirrung von Anschauen und Denken durch die
psychologische Betrachtungsweise hat die Erörterungen über
Raum und Zeit von jeher in eine Notlage getrieben. Wie bei
Platon, so haben wir es auch bei Plotin gesehen, daß die
schauende Tätigkeit der Seele das Denken ist. So ist auch
bei Plotin die Zeit ein in der intelligiblen Wesenheit Geschautes,
d. i. ein Gedachtes und trägt die Bezeichnung der Kategorie.
Dies werden wir später berühren. „Man darf die Zeit nicht
außerhalb der Seele annehmen, wie auch nicht die Ewigkeit dort außerhalb des Seienden, noch auch wieder als
begleitende Folge, noch als etwas Späteres, wie auch nicht
dort, sondern als ein darin (in zeitlichen Erscheinungen) Ge-
sehenes, darin sich Befindendes, damit Zusammenseiendes, wie
dort (in der ged. Welt) auch die Ewigkeit es ist."[4] Hier wird

---

[1]) Enn. III, 8, 7. δεῖ οὖν αὐτὸν πάντα ὄντα καὶ πάντων καὶ τὸ μέρος αὐτοῦ
ἔχειν πᾶν καὶ πάντα. εἰ δὲ μή, ἕξει τι μέρος οὐ νοῦν καὶ συγκείσεται ἐξ οὐ νῶν,
καὶ σωρός τις συμφορητὸς ἔσται ἀναμένων τὸ γενέσθαι νοῦς ἐκ πάντων. διὸ καὶ
ἄπειρος οὗτος καὶ, εἴ τι ἀπ᾽ αὐτοῦ, οὐκ ἠλάττωται οὔτε τὸ ἀπ᾽ αὐτοῦ, ὅτι πάντα
καὶ αὐτό, οὔτε ἐκεῖνος ὁ ἐξ οὗ, ὅτι μὴ σύνθεσις ἦν ἐκ μορίων.

[2]) Wir verweisen hierzu auf den Abschnitt, in dem wir das Atom
behandeln.

[3]) Dieser Aufgabe hat sich C. Horst unterzogen in der Schrift:
„Plotins Ästhetik. Vorstudien zu einer Neuuntersuchung" (Friedr. Andr.
Perthes, Gotha, 1905).

[4]) Enn. III, 7, 11. Δεῖ δὲ οὐκ ἔξωθεν τῆς ψυχῆς λαμβάνειν τὸν χρόνον,
ὥσπερ οὐδὲ τὸν αἰῶνα ἐκεῖ ἔξω τοῦ ὄντος, οὐδ᾽ αὖ παρακολούθημα οὐδ᾽ ὕστερον,
ὥσπερ οὐδ᾽ ἐκεῖ, ἀλλ᾽ ἐνορώμενον καὶ ἐνόντα καὶ συνόντα, ὥσπερ κἀκεῖ ὁ αἰών.

also zuerst die Idealität der Zeit konstatiert und dann auch
zugleich in völlig richtiger Weise ihre empirische Realität:
Wie alle Gegenstände des κόσμος νοητός dem νοῦς ihr Dasein
verdanken, so kommt ihnen von der Seele die zeitliche Bestimmung und Ordnung zu, aber nicht als etwas Äußerliches,
das noch hinzukommen müßte, wenn die Dinge bereits fertig
sind, oder das unabhängig von ihnen bereits existiert hätte;
sondern als ein Mittel zur Erzeugung des Gegenstandes ist
sie in diesem enthalten und hat insofern empirische Realität.

Schon von Platon und Aristoteles wird die Zeit mit der
Bewegung in Korrelation gesetzt. Auch Plotin sagt: die Bewegung messe die Zeit. „Wenn daher jemand sagte, die Bewegung und die Umdrehung messe auf gewisse Weise die Zeit,
indem sie, soweit sie imstande sei, in ihrer eignen Quantität
die Größe der Zeit angebe, da sie nicht imstande sei, es
anders zu fassen und mit ihm zu sein, so ist er nicht unge-
schickt in seiner Erklärung. Die Zeit wird nun das von der
Umdrehung Gemessene — d. i. das durch sie Kundgegebene —
sein, also nicht hervorgebracht von der Umdrehung, sondern
nur kundgetan.“[1] Außerdem stellt Plotin die Zeit unter die
Kategorie der Relation. Hieraus ist zu ersehen, wie die Idealität der Zeit als eines Mittels unseres Verstandes zur Erzeugung
der Erkenntnis, die ja schon von Platon in gewissem Sinne
erkannt ist, ihre kritische Ausreifung erlangt. „Ort und Zeit
darf man nicht gemäß dem Quantum erdenken, sondern die
Zeit besteht in dem Maße der Bewegung, und sie ist dem πρός τι
(der Kategorie der Relation) zuzuteilen.“[2] Ausdrücklich wird
hier gegen die Auffassung des naiven Denkens — auch Aristoteles, gegen den die Polemik geht, war davon nicht völlig
frei — polemisiert, welchem die Zeit ein Quantum ist, etwas
Gegebenes, gleichsam ein Dingliches aus sehr feiner Substanz,
welches von selbst fortschreitet. Das Erzeugen liefert der plotinischen Kategorie den Ausweis ihrer Reinheit. „Das Früher
und das Später sind zwei Zeiten. Das Früher und Später aber
haben wir ebenfalls erdacht; in ihnen (den Erscheinungen) ist

---

[1]) Enn. III, 7, 12. ὥστε τὴν κίνησιν καὶ τὴν περιφορὰν εἴ τις λέγοι τρόπον
τινὰ μετρεῖν τὸν χρόνον ὅσον οἷόν τε ὡς δηλοῦσαν ἐν τῷ αὐτῆς αὐτῆς τοσῷδε τὸ
τοσόνδε τοῦ χρόνου, οὐκ ὂν λαβεῖν οὐδὲ συνεῖναι ἄλλως, οὐκ ἄτοπος τῆς δηλώ-
σεως. τὸ οὖν μετρούμενον ὑπὸ τῆς περιφορᾶς — τοῦτο δέ ἐστι τὸ δηλούμενον —
ὁ χρόνος ἔσται, οὐ γεννηθεὶς ὑπὸ τῆς περιφορᾶς ἀλλὰ δηλωθείς.

[2]) Enn. VI, 3, 11. Τόπον δὲ καὶ χρόνον μὴ κατὰ τὸ ποσὸν νενοῆσθαι, ἀλλὰ
τὸν μὲν χρόνον τῷ μέτρον κινήσεως εἶναι καὶ τῷ πρός τι δοτέον.

es nichts."[1]   Raum und Zeit sind Kategorien der Relation.
Dieser Gedanke wird mehrfach ausgesprochen.[2] Wenn nun
die Zeit und das Maß der Zeit, die Bewegung, nicht zum ποσόν
gehören, so kann doch das bestimmte Quantum nur entstehen
durch die Bewegung. „Wenn sie aber (die Zeit) ein kontinuier-
liches Maß ist, wird sie als ein bestimmtes Quantum Maß sein,
wie bei einer Elle.   Daher wird sie eine Größe sein, wie eine
Linie, welche mit der Bewegung mitläuft."[3]

Was wir für die Zeit geltend gemacht haben, können wir
für den Raum wiederholen. Auch der Raum ist kein gegebenes
Quantum, sondern als das Prinzip der Stellenordnung gehört
er in die Kategorie der Relation.   „Raum und Zeit darf man
nicht nach der Quantität betrachten. — Der Raum ist das den
Körper Umfassende, und als solches gehört er in das Verhältnis
und in die Relation."[4] „Was in den Teilen oben und unten
genannt wird, bedeutet nichts anderes, als höher oder tiefer
und ist ähnlich dem Rechts und dem Links.   Das gehört in
die Kategorie der Relation."[5] Raum und Zeit sind Hypothesen,
die wir erzeugen, um die Natur zu beherrschen. In den Dingen
und Ereignissen liegen sie nicht, so daß wir sie ablesen könnten.
Wir legen sie hinein. „Die Relation besteht nirgends anders
als in unserem Urteil, die wir das an sich Seiende an ihnen,
was es ist, vergleichen. — Der eine ist da, der andre dort.
Aber wir sind es, die das Rechts und das Links in Gedanken
geschaut haben; in ihnen liegt nichts davon."[6]

Wie die vorgebrachten so sind auch die übrigen Einzel-
probleme, die wir zu erwähnen haben, der Mathematik, der
reinen oder der angewandten entnommen. Darin bekundet sich
eben der tief wissenschaftliche Sinn unseres Autors, daß er
zumeist seine Beispiele aus der Mathematik entlehnt. Über die
Mathematik hat Plotin ähnliche Ansichten, wie wir sie bei
Platon und Proklus, der hierin ganz von dem großen Meister
abhängt, finden. Die Mathematik nimmt gemäß ihrer Anwendung

---

[1]) Enn. VI, 1, 6. *Tὸ δὲ πρότερον καὶ ὕστερον χρόνοι δύο· τὸ δὲ πρότερον
καὶ ὕστερον ἡμεῖς ὡσαύτως ⟨ἐνοήσαμεν, ἐν δὲ αὐτοῖς οὐδέν⟩.*

[2]) Enn. VI, 1, 13 und 14.

[3]) Enn. III, 7, 9. *Εἰ δὲ συνεχὲς μέτρον ἐστί, ποσόν τι ὂν μέτρον ἔσται, οἷον
τὸ πηχυαῖον. μέγεθος τοίνυν ἔσται, οἷον γραμμὴ συνθέουσα δηλονότι κινήσει.*

[4]) Enn. VI, 3, 11. *Τόπον δὲ καὶ χρόνον μὴ κατὰ τὸ ποσὸν νενοῆσθαι, ...
τὸν δὲ τόπον σώματος περιεκτικόν, ὡς καὶ τοῦτον ἐν σχέσει καὶ τῷ πρός τι κεῖσθαι.*

[5]) Enn. VI, 3, 12. *Ἐν δὲ τοῖς μέρεσι τὸ ἄνω καὶ κάτω λεγόμενον ἄλλο
οὐδὲν ἂν σημαίνει ἢ ἀνωτέρω καὶ κατωτέρω καὶ ὅμοιον τῷ δεξιὸν καὶ ἀριστερόν.*

[6]) Enn. VI, 1, 6, s. oben.

auf das Sinnliche eine Mittelstellung ein zwischen dem Intelligiblen und dem Sinnlichen. „Die Geometrie aber, die rein Gedachtes zum Gegenstand hat, ist dorthin zu stellen (in den *νοητὸς κόσμος*) und an die oberste Stelle die Weisheit, die vom Seienden handelt."[1]

In die angewandte Mathematik gehören die Forderung der Erhaltung der Substanz und die Ausführungen über die Atomtheorie. Es ist für die Naturwissenschaft unerläßlich, die Voraussetzung der Substanz, welche an sich auch die Setzung ihrer Erhaltung involviert, zu machen, trotz des steten Flusses, in dem sich die Körper befinden. „Man braucht etwas, —, das alles aufnimmt."[2] „Wenn der Wille dies vermag, während der Körper immer entfließt und fließt, dieselbe Form einmal diesem, einmal jenem zuzulegen, so daß nicht das Eine der Zahl nach für alle Zeit erhalten bleibt, sondern das Eine dem Begriffe nach (der Form nach)."[3] Die Einheit der Form (Gesetz) nach müssen wir notwendigerweise bei jedem Körper zugrunde legen, wenn wir wissenschaftliche Erkenntnis von ihm gewinnen wollen.

Plotin hat es nicht unterlassen, auch über die Art, wie frühere Philosophen die Entstehung der Materie zu erklären versuchten, sich zu äußern. „Empedokles setzte die Elemente in die Materie. Als Widerlegung hat er ihre Vernichtung."[4] Plotin hat also erkannt, daß Feuer, Luft usw. keine Elemente sind, weil sie in dieser ihrer Existenzart nicht von Dauer sind. Auch würde die Materie selbst unbegreiflich sein, wenn sie nach Art des Empedokles aus Elementen bestände, die selbst wieder materiell gedacht werden.

„Anaxagoras setzte die Materie als Mischung; er sagt nicht, sie sei geeignet zu allem, sondern sie enthalte alles in der Verwirklichung. Den *νοῦς*, den er einführt, hebt er auf, da er ihn nicht Gestalt und Begriff geben und nicht ursprünglicher sein läßt als die Materie, sondern zugleich."[5] Plotin tadelt mit

---

[1]) Enn. V, 9, 11. γεωμετρία δὲ τῶν νοητῶν οὖσα τακτέα ἐκεῖ, σοφία τε ἀνωτάτω περὶ τὸ ὂν οὖσα.

[2]) Enn. II, 4, 11. Δεῖ τινος . . . . . . ὑποδεξομένου πάντα.

[3]) Enn. II, 1, 1. ὡς τῆς βουλήσεως τοῦτο δυναμένης, δεῖ ὑπεκφεύγοντος καὶ ῥέοντος τοῦ σώματος ἐπιτιθέναι τὸ εἶδος τὸ αὐτὸ ἄλλοτε ἄλλῳ, ὡς μὴ σώζεσθαι τὸ ἓν ἀριθμῷ εἰς τὸ ἀεί, ἀλλὰ τὸ ἓν τῷ εἴδει.

[4]) Enn. II, 4, 7. Ἐμπεδοκλῆς δὲ τὰ στοιχεῖα ἐν ὕλῃ θέμενος ἀντιμαρτυροῦσαν ἔχει τὴν φθορὰν αὐτῶν.

[5]) Enn. II, 4, 7. Ἀναξαγόρας δὲ τὸ μῖγμα ὕλην ποιῶν, οὐκ ἐπιτηδειότητα πρὸς πάντα, ἀλλὰ πάντα ἐνεργείᾳ ἔχειν λέγων, ὃν εἰσάγει νοῦν ἀναιρεῖ οὐκ αὐτὸν τὴν μορφὴν καὶ τὸ εἶδος διδόντα ποιῶν οὐδὲ πρότερον τῆς ὕλης, ἀλλ' ἅμα.

Recht an Anaxagoras, daß er den Geist selbst nach Art der Materie gedacht habe und nicht versuchte, die Materie aus dem Geiste zu begreifen, indem er ihr ein begriffliches, Form (Gesetz) gebendes Ursprungsprinzip zugrunde legte.[1] „Wer aber das Unendliche voraussetzt, soll sagen, was das ist. Wenn es in dem Sinne unendlich ist, daß es nicht bis zum Ende zu durchlaufen, so ist klar, daß ein Derartiges unter dem Seienden nicht existiert, weder ein Unendliches an sich, noch an einer andern Natur als ein einem Körper Zukommendes (als ein Akzidens). An sich unendlich kann es nicht sein, weil (dann) auch sein Teil notwendig unendlich ist, als Akzidens kann es nicht sein, weil das, dem es zukommt, nicht an sich unendlich ist, noch einfach, noch Materie. Auch nicht die Atome werden die Rolle der Materie vertreten, die überhaupt nicht sind; denn jeder Körper ist durchaus teilbar; und die Kontinuität der Körper und das Feuchte . . . . . "[1] Wie wir also sehen, spielt Plotin die Kontinuität gegen die Atomtheorie aus und bestreitet, daß das Unendliche, weder im Großen noch im Kleinen als fertig gedacht, eine fruchtbare Hypothese sein könne. Er weist darauf hin, daß das Unendliche im Großen wie im Kleinen, als abgeschlossenes Sein ein in sich widersprechender Begriff ist. Bei der ganzen Erörterung ist Plotin von Aristoteles abhängig.[2] Den abgerissenen Satz des ersten Teiles seiner Behauptung darf man wohl so vollenden: denn aus Endlichem kann das Unendliche nicht zusammengesetzt sein; und dieses Argument trifft auf ein sinnlich gedachtes abgeschlossenes Unendliche völlig zu. Den zweiten Teil seines Beweises kann man vielleicht so verstehen: Erstens: dasjenige, von welchem das Unendliche ein Akzidens wäre, kann nicht selbst unendlich sein, weil ja in diesem Falle das eine Unendliche im andern wäre, notwendig das eine das andere begrenzte und somit endlich machte. Zweitens: das Substrat des Unendlichen würde aber auch nicht einfach sein können, denn das Unendliche muß aus vielen

---

[1]) Enn. II, 4, 7. Ὁ δὲ τὸ ἄπειρον ὑποθεὶς τί ποτε τοῦτο λεγέτω. καὶ εἰ οὕτως ἄπειρον, ὡς ἀδιεξίτητον, ὡς οὐκ ἔστι τοιοῦτόν τι ἐν τοῖς οὖσιν οὔτε αὐτοάπειρον οὔτε ἐπ᾽ ἄλλῃ φύσει ὡς συμβεβηκὸς σώματί τινι, τὸ μὲν αὐτοάπειρον, ὅτι καὶ τὸ μέρος αὐτοῦ ἐξ ἀνάγκης ἄπειρον, τὸ δὲ ὡς συμβεβηκός, ὅτι τὸ ᾧ συμβέβηκεν ἐκεῖνο οὐκ ἂν καθ᾽ ἑαυτὸ ἄπειρον εἴη οὐδὲ ἁπλοῦν οὐδὲ ὕλη, ἔστι δῆλον. ἀλλ᾽ οὐδὲ αἱ ἄτομοι τάξιν ὕλης ἕξουσιν αἱ τὸ παράπαν οὐκ οὖσαι. τμητὸν γὰρ πᾶν σῶμα κατὰ πᾶν. καὶ τὸ συνεχὲς δὲ τῶν σωμάτων καὶ τὸ ὑγρόν . . . . .

[2]) Vergleiche hierzu, was Aristoteles selbst ausführt in Phys. III, 4—7, und A. Görland: Aristoteles und die Mathematik, Marburg 1899.

Teilen bestehen. Und endlich drittens: das gedachte Substrat, dem das Unendliche als Akzidens zukäme, müßte vielmehr selbst ein Konkretum sein; aber nicht ὕλη, sondern εἶδος.

Es ist überall der Einheitsgedanke, der uns in Plotin gleichsam als die Rechtfertigung seines ganzen Philosophierens entgegentritt. Das ist gerade die Grundfrage des Idealismus, wie die Einheit zustande komme. Hierfür geht der Psychologie für immer die Kompetenz ab. Wie will sie etwa erklären, wie aus den Tast-, den Farben-, den Gehör- und wer weiß, welchen andern Empfindungen, die Einheit des Raumbewußtseins, das ihr doch das Facit daraus zu sein dünkt, entsteht? Hier ist allein das Denken, oder in der Sprache Plotins der νοῦς kompetent. Man kann überhaupt hieran nur zweifeln, solange man die Einheit nur als Produkt einer Summation zu denken vermag. Und selbst hierbei würde man dem Element der Summation, der Eins, unrecht tun, wenn man sie aus dem Sinnlichen ableiten wollte, wie schon Platon gewußt hat, der sie deshalb zur Idee erhob, die man nur mit der Dianoia fassen könne (διανοηθῆναι μόνον ἐγχωρεῖ).[1]

Die moderne Logik unterscheidet diese Einheit der Allheit von der Einheit der Mehrheit. Diesen Unterschied kennt im wesentlichen auch schon Plotin. „Keineswegs ist die Eins an sich dasselbe, wie die Eins in der Einheit oder Zweiheit oder den übrigen Zahlen."[2] Wir erinnern auch an die soeben zitierte Stelle, wo die numerische Einheit der Einheit der Form nach gegenübergestellt wurde.[3] Die Einheit umschließt die Allgemeinheit gleichsam durch „ein" Gesetz. Jedes Element verdankt ihm seine Existenz. „Der Verstand also soll das Seiende sein, der alles in sich enthält, nicht wie an einem Ort, sondern wie sich selbst enthalte er es und Eins sei er für dieses. Alles ist dort zugleich beisammen und nichtsdestoweniger getrennt."[4]

Die höchste Einheit der Erkenntnis muß die Einheit des Systems sein. Auf ihr beruht der Charakter der Wissenschaft. Diesen Gedanken spricht Plotin an den Stellen aus, in denen er von der Einheit der Wissenschaft handelt. Die oberste

---

[1] Platon Rep. 526 A.
[2] Enn. VI, 2, 11. Οὐδὲ γὰρ ταὐτὸν τὸ ἓν τὸ ἐπ' αὐτοῦ τοῦ ἓν τῷ ἐπὶ μονάδος καὶ δυάδος καὶ τῶν ἄλλων ἀριθμῶν.
[3] Enn. II, 1, 1. Vgl. auch VI, 2, 20.
[4] Enn. V, 9, 6. Νοῦς μὲν δὴ ἔστω τὰ ὄντα, καὶ πάντα ἐν αὐτῷ οὐχ ὡς ἐν τόπῳ ἔχων, ἀλλ' ὡς αὐτὸν ἔχων καὶ ἓν ὢν αὐτοῖς. πάντα δὲ ὁμοῦ ἐκεῖ καὶ οὐδὲν ἧττον διακεκριμένα.

Voraussetzung, von der die Einzeldisziplinen·herleitbar sind, ist
„die" Wissenschaft. Alle Einzeldisziplinen sollen auf einer einheitlichen Grundlegung basiert werden. „Die Wissenschaft ist
vor den Teildisziplinen, und die Teildisziplin vor den Teilen
in ihr. — (Ebenso verhält es sich beim Nus.) Jene (die Einzel-
nus) aber enthalten in sich, indem sie eben nur teilweise Nus
sind, den ganzen, wie die bestimmte Wissenschaft d i e Wissenschaft."[1] Die einzelnen Richtungen unserer geistigen Betätigung
sind nicht voneinander unabhängig. Ein Band umschließt sie
alle: die Einheit der Wissenschaft. „Wie die ganze Wissenschaft
alle Theoreme umfaßt, so ist jeder Teil der ganzen nicht wie
örtlich geschieden, sondern jeder hat seine Kraft in dem
Ganzen."[2] Dies folgt eigentlich schon aus der Einsicht in den
deduktiven Charakter der Erkenntnis, insofern von gemeinsamen
obersten Prämissen ausgegangen werden muß, die dann für alle
Einzeldisziplinen auch als gemeinsamer Quell und vereinigendes
Band angesehen werden können. Auch bedingen die Teile
einander wechselseitig, und die Forderung der widerspruchslosen
Einheit dient als Ausgangs- und Endpunkt. „Wie bei der einen,
ganzen Wissenschaft die Teilung in die jedesmaligen Theoreme
sich vollzieht, ohne daß sie zerstreut und zerstückelt wird,
sondern jedes enthält·der Kraft nach das Ganze, bei welchem
dasselbe ist Anfang und Ende."[3] Vgl. ferner: „Niemand soll
daran zweifeln, daß die ganze Wissenschaft und ihre Teile
existieren derart, daß sie ganz bleibt und die Teile von ihr
abhängen. . . . . . In dem Teil liegt das Geeignete. Es erhält
seine Kraft, wenn es sich gleichsam dem Ganzen nähert. Man
darf nicht glauben, daß dieser verlassen von den andern Theoremen sei; sonst wird er nicht mehr logisch systematisch oder
wissenschaftlich sein, sondern wie die Aussagen eines Kindes."[4]

---

[1]) Enn. VI, 2, 20. Ἐπιστήμη πρὸ τῶν ἐν μέρει εἰδῶν, καὶ ἡ ἐν εἴδει δὲ
ἐπιστήμη πρὸ τῶν ἐν αὐτῇ μερῶν . . . . . ἐκείνους τε αὖ ἐν τοῖς ἐν μέρει οὖσσ
ἔχειν τὸν καθόλου, ὡς ἡ τὶς ἐπιστήμη τὴν ἐπιστήμην.

[2]) Enn. V, 9, 8. Ὡς ἡ ὅλη ἐπιστήμη τὰ πάντα θεωρήματα, ἕκαστον δὲ
μέρος τῆς ὅλης οὐχ ὡς διακεκριμένον τόπῳ, ἔχον δὲ δύναμιν ἕκαστον ἐν τῷ ὅλῳ.

[3]) Enn. III, 9, 2. Οἷον μιᾶς ἐπιστήμης τῆς ὅλης ὁ μερισμὸς εἰς τὰ θεωρήματα τὰ καθέκαστα οὐ σκεδασθείσης οὐδὲ κατακερματισθείσης, ἔχει δὲ ἕκαστον
δυνάμει τὸ ὅλον, οὗ τὸ αὐτὸ ἀρχὴ καὶ τέλος.

[4]) Enn. IV, 9, 5. Μὴ δή τις ἀπιστείτω. καὶ γὰρ ἡ ἐπιστήμη ὅλη καὶ τὰ
μέρη αὐτῆς ὡς μένειν τὴν ὅλην καὶ ἀπ' αὐτῆς τὰ μέρη . . . . . ἐν δὲ τῷ μέρει
τὸ ἕτοιμον. ἐνδυναμοῦται δὲ οἷον πλησιάσαν τῷ ὅλῳ. ἔρημον δὲ τῶν ἄλλων
θεωρημάτων οὐ δεῖ νομίζειν. εἰ δὲ μή, ἔσται οὐκέτι τεχνικὸν οὐδὲ ἐπιστημονικόν,
ἀλλ' ὥσπερ ἂν καὶ εἰ παῖς λέγοι.

Die Teilwissenschaft muß sich als Glied dem System der Wissenschaften einordnen. Sie muß ihren Ursprung aus ihm legitimieren können.

So wie die höchste Einheit des in der Wissenschaft erfaßten kosmischen Seins durch den Systemgedanken begründet und gesichert wird, so muß auch im individuellen Seelenleben das Ich oder das theoretische Selbstbewußtsein den höchsten Beziehungspunkt abgeben, welcher die Einheit des Geisteslebens sichert. Es verdient der Umstand Erwähnung, wenn er auch von dem eigentlichen Thema unserer Arbeit abseits liegt, daß Plotin der erste ist, welcher den Begriff des Selbstbewußtseins zuerst richtig gefaßt hat. Vgl. H. Siebeck: Gesch. d. Psych. 337 ff. Er hebt ausdrücklich die Identität des Denkenden und Gedachten im Selbstbewußtsein hervor, wie sich aus Stellen, wie den folgenden klar ergibt[1]: „Dann muß man sehen, ob das Denken Platz hat, zu fassen einen Verstand, der nur denkt, der sich dessen aber nicht bewußt ist, daß er denkt." Die Einheit des Selbstbewußtseins, das war der Punkt, von dem aus sich die moderne Zeit seit dem Beginne der Renaissance der Einheit der Welt zu bemächtigen bestrebt war, und so versteht es sich, wie man damals neben Platon auch auf Plotin zurückgreifen konnte. Es ist Plotins Errungenschaft, welche sich im cogito, ergo sum des Augustin, des Descartes und der transzendentalen Apperzeption Kants fruchtbar erweist.[2]

Die Ethik Plotins.

Das System der Wissenschaft in seiner Vollendung bleibt natürlich stets Ideal. Es ist der höchste Punkt und das Ziel, nach dem unser geistiges Auge gerichtet sein muß, wohin zu gelangen das Streben einer jeden fruchtbaren, wissenschaftlichen Arbeit sein muß. Relative Einheiten, die auf einem bestimmten Kulturstandpunkt erreicht werden können, werden durch den Fortschritt und das Auftauchen neuer Einsichten, welche nicht in den Rahmen der gegebenen Erkenntnis einzufügen sind, aufgehoben, und so wird das Problem der Einheit immer wieder

---

[1] Enn. III, 9, 3 (vgl. Siebeck, G. d. Ps. 339) und Enn. II, 9, 1 ἔπειτα δεῖ σκοπεῖν εἰ καὶ αἱ ἐπίνοιαι χώραν ἔχουσι λαβεῖν νοῦν νοοῦντα μόνον, μὴ παρακολουθοῦντα δὲ ἑαυτῷ ὅτι νοεῖ.

[2] Vgl. H. Leder: Untersuchungen über Augustins Erkenntnistheorie in ihren Beziehungen zur antiken Skepsis, zu Plotin und Descartes. Marburg 1901. S. 66—75.

aufs neue aufgerollt. Und nicht unberührt bleibt hiervon die sittliche Kultur.

Plotin hat gewußt, wie wir sehen werden, daß Erkenntnis oder Bewußtsein Voraussetzung des sittlichen Handelns ist. Nur bewußtes Handeln verdient das Prädikat: sittlich oder: unsittlich. Daher ist der Fortschritt der theoretischen Kultur zugleich eine Vorbedingung für den Fortschritt der praktischen; und die höchste theoretische Einheit würde die Realisierung des höchsten sittlichen Ideals allererst ermöglichen. Daher ist es ein Ziel, ein Unbedingtes, auf das sich die ganze Kulturentwicklung zubewegt, die Idee des Guten, wie es von Platon schon genannt wurde.

So wird auf diesem Standpunkte das Gute weit über die jeweilige Wirklichkeit hinausgehoben, ja gewinnt ihr gegenüber eine geistige Transzendenz, insofern kein sinnliches Auge jene vollendete Einheit je zu erblicken vermag, welche selbst dem geistigen Auge nur wie ein ferner Lichtschein und ein gewußtes, aber nicht ergriffenes Ziel erscheint. Leicht kann dieser Gedanke der völligen Nichtwirklichkeit im Sinne der Bedeutung der Sinnenwelt dazu verführen, das sittliche Ideal als ein seinem Wesen nach der sinnlichen Realisierung Unzugängliches zu schildern. Und dieser Gefahr ist auch Plotin nicht ganz entgangen, wenn er sich bemüht, von Gott als dem letzten Endziel nicht nur jedes Sinnliche, sondern auch, sozusagen, jedes Geistige abzuwehren. Doch hat er die Transzendenz Gottes nie in dem Sinne gelehrt, daß etwa erst das Jenseits, eine Welt nach dem Tode, dem Menschen die Annäherung und die relative Erkenntnis Gottes möglich machte, sondern Gott ist durchaus das Endziel und die Zukunft dieser Welt.

Jenes Bemühen also, Gott über alle endliche Wirklichkeit zu erheben, spricht sich aus in Stellen, wie der folgenden: „Was ist nun heilig? Denn auch nicht, wenn wir sagen würden, es sei das Gute und Allereinfachste, werden wir etwas Klares und Deutliches sagen, auch indem wir die Wahrheit sagen, so lange wir nicht etwas haben, worauf unser Denken bei dieser Behauptung sich stützt. Nämlich, auch die Erkenntnis des anderen geschieht durch den νοῦς, und man vermag nur durch die Vernunft Vernünftiges zu erkennen. Dies aber übersteigt die Natur des Nus; mit welcher zusammengefaßten Erkenntniskraft würde dieses also erfaßt? Hierzu muß man erklären: Wir werden sagen, es sei möglich durch das Entsprechende (Analoge) in uns."[1]

---

[1] Enn. III, 8, 8. τί σεμνόν; οὐδὲ γάρ, εἰ λέγοιμεν τὸ ἀγαθὸν εἶναι καὶ

Man sieht, selbst wo die Erkenntnis scheinbar aufgehoben wird, wird um so kräftiger an sie appelliert. Auch vom kritischen Standpunkte gilt: Freilich kann man das letzte Ziel nicht denken, weil hierzu eben die Vollendung der Wissenschaft schon erforderlich wäre. Andrerseits muß man es doch denken, nämlich als Leitstern und heuristisches Prinzip des Handelns. So bleibt nichts übrig, als es nach der Analogie im Endlichen zu erblicken, d. h. vom jeweiligen Standpunkt der Wissenschaft aus die höchstmögliche Einheit zu ergreifen. Denselben Gedanken spricht Kant einmal aus in der Kr. d. pr. Vern. (A 99—100): „was aber mit ihnen in Verbindung noch sonst für Eigenschaften, die zur theoretischen Vorstellungsart solcher übersinnlichen Dinge gehören, herbeigezogen werden möchten, diese insgesamt alsdann gar nicht zum Wissen, sondern nur zur Befugnis (in praktischer Hinsicht aber gar zur Notwendigkeit) sie anzunehmen und vorauszusetzen gezählt werden, selbst da, wo man übersinnliche Wesen (als Gott) nach einer Analogie, d. i. dem reinen Vernunftverhältnisse, dessen wir in Ansehung der sinnlichen uns praktisch bedienen, annimmt, und so der reinen theoretischen Vernunft durch die Anwendung aufs Übersinnliche, aber nur in praktischer Absicht, zum Schwärmen ins Überschwängliche nicht den mindesten Vorschub gibt." Um einen Vergleich zu gebrauchen, möchte man sagen: Die Gottheit Plotins sei wie eine Statue, die, niedrig aufgestellt, wenigen zwar, diesen aber deutlich sichtbar sei; möglichst hoch gestellt jedoch würde sie von allen gesehen, von keinem aber deutlich erkannt werden können; sie wird zum focus imaginarius, wie Kant sagen würde.

Auch darf man nicht glauben, Plotin sei bei der bloßen Verneinung stehen geblieben. Kraft seines Intellektes macht er trotzdem Aussagen über Gott. „Daher ist die Ewigkeit heilig und dasselbe wie Gott."[1] Gott gibt sich, wie es an derselben Stelle weiter lautet, als „ruhiges identisches permanentes Sein"[2] kund. Das ist verständlich, weil Plotin Gott als letztes

---

ἁπλούστατον εἶναι, δῆλόν τι καὶ σαφὲς ἐροῦμεν τὸ ἀληθὲς λέγοντες, ἕως ἂν μὴ ἔχωμεν ἐπὶ τί ἐρείδοντες τὴν διάνοιαν λέγομεν. καὶ γὰρ αὐτῆς γνώσεως διὰ τοῦ τῶν ἄλλων γιγνομένης καὶ τῷ νῷ νοοῦν τι γιγνώσκειν δυναμένων ὑπερβεβηκὸς τοῦτο τὴν νοῦ φύσιν τίνι ἂν ἀλλόκοιτο ἐπιβολῇ ἀθρόᾳ; πρὸς ὃ δεῖ σημᾶναι, οἷόν τε τῷ ἐν ἡμῖν ὁμοίῳ φήσομεν. (Die Analogie ist gemeint auf seiten der Erkenntniskraft, nicht des Objektes. Vgl. das Folgende.)

[1]) Enn. III, 7, 5. Ὅθεν σεμνὸν ὁ αἰών, καὶ ταὐτὸν τῷ θεῷ ἡ ἔννοια λέγει.
[2]) τὸ εἶναι ὡς ἀτρεμὲς καὶ ταὐτὸν καὶ ἀίδιον . . .

Ziel denkt. „Der alles ordnende Zeus, der für alles sorgt und alles leitet, hat in alle Zeit eine königliche Seele und einen königlichen Verstand und Vorsicht."[1] Dieses Beispiel hat Plotin, wie er uns selbst mitteilt, aus Platon. „Es ist recht, wenn man sagt, dieselbe Weisheit herrsche und sie bestehe als die Weisheit gleichsam des ganzen Kosmos; sie sei die vielfach mannigfaltige, dann wieder einfache Weisheit des einen großen Lebewesens, die durch das Viele nicht anders werde, sondern sie sei ein Begriff und zugleich alles."[2] In theoretischer Hinsicht bedeutet eben Gott das wahre Sein gegenüber der Vielheit seiner Erscheinungen. Freilich besitzen wir nie dieses absolute Sein, sondern wir suchen danach in alle Ewigkeit.

Von hier aus läßt sich leicht der Umschwung in die Bedeutung der Idee des Guten als des ewig fernen Zieles verstehen. „Man muß dem Guten zustreben und das Streben muß darauf hingehen. ..... Um dieses (das Gute) ist ein großer und äußerster Wettkampf vorgesetzt, um seinetwillen (ist) auch jede Mühe, um nicht unteilhaftig zu sein des besten Anblicks."[3] „Dort nun (im κόσμος νοητός), sagt Platon, sei das Urbild, das „Gutartige" (ἀγαθοειδές), weil es in den εἴδη, den Ideen, (als deren Prinzip) „das Gute" hat."[4] Der Zusatz ist von Plotin. Platon weiß es und ist sich klar darüber, daß die Idee nicht völlig in Erscheinung treten kann. Für Plotin kann der Intellekt die Idee des Guten fassen. „Und die das Gute erfaßt haben, glauben, sich zu genügen, nämlich am Ziel angekommen zu sein."[5] Trotzdem soll die Idee des Guten auch ἐπέκεινα τῆς οὐσίας und ἀνυπόθετον sein. In den Ideen, den theoretischen, wie ästhetischen hat der Intellekt das Urgute, das oberste Prinzip und den Grund aller Dinge. „Das ursprüng-

---

[1]) Enn. IV, 4, 9. Ὁ δὲ πάντα κοσμῶν Ζεὺς καὶ ἐπιτροπεύων καὶ διατιθείς, εἰς ἀεὶ ψυχὴν βασιλικὴν καὶ βασιλικὸν νοῦν ἔχων καὶ πρόνοιαν.

[2]) Enn. IV, 4, 11. Καὶ δὴ τὴν αὐτὴν φρόνησιν ἄξιον περιθεῖναι καὶ ταύτην καθόλου εἶναι οἷον κόσμου φρόνησιν ἑστῶσαν, πολλὴν μὲν καὶ ποικίλην καὶ αὖ ἁπλῆν ζῴου ἑνὸς μεγίστου, οὐ τῷ πολλῷ ἀλλοιουμένην, ἀλλὰ ἕνα λόγον καὶ ὁμοῦ πάντα.

[3]) Enn. I, 6, 7. Ἐφετὸν μὲν γὰρ ὡς ἀγαθὸν καὶ ἡ ἔφεσις πρὸς τοῦτο ..... οὗ δὴ καὶ ἀγὼν μέγιστος καὶ ἔσχατος ψυχαῖς πρόκειται, ὑπὲρ οὗ καὶ ὁ πᾶς πόνος, μὴ ἄμοιρος γενέσθαι τῆς ἀρίστης θέας. Man vgl. auch I, 6, 7. Anfang. Cf. Platon Phädrus.

[4]) Enn. VI, 7, 15. Ἐκεῖ δὲ τὸ ἀρχέτυπον τὸ ἀγαθοειδές φησιν (Πλάτων), ὅτι ἐν τοῖς εἴδεσι τὸ ἀγαθὸν ἔχει. Cf. Staat 509 A.

[5]) Enn. V, 5, 12. Καὶ οἴονται δὲ ἀγαθὸν λαβόντες ἀρκεῖν αὑτοῖς ἅπαντες. εἰς γὰρ τέλος ἀφῖχθαι.

lichst Gute hat sich uns herausgestellt als über allem Seienden befindlich, als das allein Gute, und nichts in sich Enthaltende, sondern ungemischt, alles überragend und die Ursache von allem."[1] Das Streben nach dem höchsten Gute darf nicht als Bestimmungsgrund irgend eine Materie haben, sondern muß rein sein und ein Gesetz der praktischen Vernunft. „Das Streben nach dem Guten jedoch soll kein gemeinsamer Zustand sein, sondern soll der Seele gehören, wie auch das andere."[2] Wenn das Gute kein Leiden der Seele, sondern etwas, was ihr selbst eigen ist, sein soll, so sieht man wohl, wie kein endliches erreichbares Ziel dieser Forderung genügt; denn indem die Seele das Sein zum Endlichen bestimmt, wird es dadurch gleichsam bedingt, und wenn man es in dieser Bedingtheit als das Absolute setzt, so wird eben damit auch die Seele ihrer Freiheit beraubt und in das Endliche eingesponnen. Wenn es aber ein selbsteignes Besitztum der Seele sein soll, dann muß es unendlich sein, wie die Vernunft selbst in ihrem Streben.

Die Realisierung der Idee als des Seinsollenden soll sich in der Zukunft vollziehen. So ruht das Sein der Welt stets in der Zukunft. „Die geschaffenen Dinge haben ein Sein vom Anfang ihres Entstehens an bis man zu dem äußersten Punkte ihrer Lebenszeit kommt, in dem sie nicht mehr sind. Dieses Sein wird also immer sein, und wenn jemand dies wegnähme, dann wäre ihr Leben vernichtet. Daher hört auch ihr Dasein auf. ..... Deshalb eilt es auch auf das Zukünftige los und will nicht stehen bleiben. Es zieht sich sein Sein herbei, indem es dies und dann jenes wirkt und sich im Kreise bewegt durch ein gewisses Trachten nach dem Sein. In dieser seiner Verfassung ist für uns der Grund gefunden für die Bewegung, welche so zueilt auf das ewige Sein durch das Zukünftige."[3]

---

[1]) Enn. V, 5, 13. Τὸ ἄρα πρώτως καὶ τἀγαθὸν ὑπὲρ τε πάντα τὰ ὄντα ἀναπέφανται ἡμῖν καὶ μόνον ἀγαθὸν καὶ οὐδὲν ἔχον ἐν ἑαυτῷ, ἀλλὰ ἀμιγὲς πάντων καὶ ὑπὲρ πάντα καὶ αἴτιον τῶν πάντων.

[2]) Enn. I, 1, 5. Ἡ δὲ τοῦ ἀγαθοῦ ὄρεξις μὴ κοινὸν πάθημα ἀλλὰ ψυχῆς ἔσται, ὥσπερ καὶ ἄλλα.

[3]) Enn. III, 7, 4. Κινδυνεύει γὰρ τοῖς μὲν γεννητικοῖς ἡ οὐσία εἶναι τὸ ἐκ τοῦ ἐξ ἀρχῆς εἶναι τῆς γενέσεως, μέχρι περ ἂν εἰς ἔσχατον ἥκῃ τοῦ χρόνου, ἐν ᾧ μηκέτι ἔστι, τοῦτο δὲ τὸ ἔσται εἶναι, καὶ, εἴ τις τοῦτο παρέλοιτο, ἠλαττῶσθαι ὁ βίος. ὥστε καὶ τὸ εἶναι ..... διὸ καὶ σπεύδει πρὸς τὸ μέλλον εἶναι καὶ στῆναι οὐ θέλει ἕλκον τὸ εἶναι αὐτῷ ἐν τῷ τι ἄλλο καὶ ἄλλο ποιεῖν καὶ κινεῖσθαι κύκλῳ ἐφέσει τινὶ οὐσίας. ὥστε εἶναι ἡμῖν εὑρημένον καὶ τὸ αἴτιον τῆς κινήσεως τῆς οὕτω σπευδούσης ἐπὶ τὸ ἀεὶ εἶναι τῷ μέλλοντι.

Auf die Zukunft gründet sich die Ethik und insbesondere die Stellung des Menschen zur Welt. Was für den Begriff des Menschen, wie ihn Plotin aufstellt, wichtig ist, das ist die Unterscheidung des Individuums von der Person, worin sich der Unterschied zwischen der Einzelheit und dem Einen der Allheit widerspiegelt, auf den wir schon geachtet haben. „Oben aber (im κόσμος νοητός) ist jedes alles, unten aber (im Sinnlichen) ist nicht jedes alles. Auch jeder Mensch, sofern er ein Teil ist (vom Sinnlichen) ist nicht der ganze Mensch." [1] „Das andere aber wird nur genannt, wie es eben genannt wird, z. B. Mensch. Denn auch wenn wir manchmal sagen, ein Mensch, sagen wir dies in Beziehung auf zwei. . . . . . Eins bedeutet nicht dasselbe in Hinsicht der Einheit wie in Hinsicht der Zahl 1, 2 usf." [2] Die Tendenz zum Nebenmenschen vollendet erst den Begriff des Menschen. Der Begriff des Menschen deckt sich nicht mit dem Begriffe irgendeines Individuums. Bei Plotin handelt es sich nicht mehr um den Begriff vom Schuhmacher oder dem Tapferen, vielmehr bildet der Mensch überhaupt das Problem. „Wenn aber der Begriff des Menschen dort ist (im Intelligiblen), dann auch des vernünftigen und künstlerisch tätigen, und die Künste sind Erzeugnisse des Denkens. Es müssen da aber auch von dem Allgemeinen die Ideen sein, nicht vom Sokrates, sondern vom Menschen überhaupt. Man muß sehen, ob auch vom Menschen, was er überhaupt ist." [3] Der Mensch überhaupt ist der Mensch an sich, der αὐτοάνθρωπος [4], der nicht irgendeinem Individuum korrespondiert, der vielmehr den Gedanken der Menschheit vertritt. Wenn die Idee des Menschen nicht auf das Individuum gehen darf, dann hat auch die Stoa nicht recht, ihr Ideal des Weisen aufzustellen. Denn sie bleibt so immer am Individuum kleben. Die Idee des Menschen überhaupt bei Plotin hat nichts Subjektives mehr. Sie ist allgemein. Wir sollen dem Guten an sich nachstreben, aber οὐ πρὸς ἀνθρώπους

---

[1]) Enn. III, 2, 14. Τὸ μὲν γὰρ ἄνω πᾶν πάντα, τὸ δὲ κάτω οὐ πάντα ἕκαστον, καὶ ἄνθρωπος δὴ καθ' ὅσον μέρος ἕκαστος οὐ πᾶς.

[2]) Enn. VI, 2, 11. Ὅθεν τὰ μὲν ἄλλα λέγεται ἃ λέγεται μόνον οἷον ἄνθρωπος. καὶ γὰρ, εἴ ποτε λέγοιμεν εἷς, πρὸς δύο λέγομεν. . . . . . οὐδὲ γὰρ ταὐτόν τὸ ἓν τὸ ἐπ' αὐτοῦ τοῦ ἓν τῷ ἐπὶ μονάδος καὶ δυάδος καὶ τῶν ἄλλων ἀριθμῶν.

[3]) Enn. V, 9, 12. Εἰ δὲ ἀνθρώπου ἐκεῖ, καὶ λογικοῦ ἐκεῖ καὶ τεχνικοῦ, καὶ αἱ τέχναι νοῦ γεννήματα οὖσαι. χρὴ δὲ καὶ τῶν καθόλου λέγειν τὰ εἴδη εἶναι, οὐ Σωκράτους, ἀλλ' ἀνθρώπου.

[4]) Enn. V, 9, 13. ἀνθρώπου ὁ αὐτοάνθρωπος ἕτερος.

ἀγαθοὺς ἢ ὁμοίωσις.[1] „Tier aber ist der belebte Körper. Der wahrhafte Mensch aber, der rein von diesem die im Denken befindlichen Tugenden hat, ist ein andrer."[2] Mit Recht wird auch der Tugend das Denken vorangestellt von Plotin. Doch macht sich bereits hier in seiner Formulierung des Tugendbegriffes ein Fehler bemerkbar, auf den wir später einzugehen gedenken.

Wenn Plotin den wahren Menschen nur in dem intelligiblen Sein suchte, in dem Lebewesen das Löwenartige[3], das vielgestaltige Tier, so konnte die Ansicht aufkommen, zumal die zweideutige Bezeichnung des Höheren, nicht nur als Reineren, sondern auch als des Besseren[4] diesem Irrtum zugunsten kam, daß die Materie an und für sich das Prinzip des Bösen sei. Das ist jedoch nicht Plotins Meinung, wie man aus den folgenden Zitaten leicht ersehen mag. „Zunächst nun muß gesagt werden, daß nicht überhaupt das Unbestimmte verachtet werden darf, auch nicht das, was nach eigner Absicht gestaltlos ist, wenn es sich hingeben wollte dem, was ursprünglicher als es selbst ist und dem Besten."[5]

Wir haben es für das Gegebene der sinnlichen Wahrnehmung gesehen, daß es eben das Bestimmbare ist, und dieselbe Bedeutung haben wir auch für die Materie schon festgestellt.[6] Die Materie kann am Seienden teilhaben, das Böse nicht. „Man kann einzusehen suchen, ob es überhaupt zum Seienden gehört. — Wie könnte sich jemand das Schlechte als Idee vorstellen, das gerade in der Abwesenheit jegliches Guten vorgestellt wird."[7] „Es bleibt also nur übrig, daß es unter das Nichtseiende gehört."[8] Das Böse kann ich nicht zur Hypothese machen. Wozu wäre sie fruchtbar?

---

[1]) Enn. I, 2, 27.

[2]) Enn. I, 1, 10. Θηρίον δὲ ζῳωθὲν τὸ σῶμα. ὁ δ'ἀληθὴς ἄνθρωπος ἄλλος ὁ καθαρὸς τούτου τὰς ἀρετὰς ἔχων τὰς ἐν νοήσει.

[3]) Enn. I, 1, 7.

[4]) Enn. I, 1, 2. παρὰ τῶν πρὸ αὐτοῦ ἔχειν, ὧν μὴ ἀποτέμηται κρειττόνων ὄντων. Die Seele soll sich an das, was ursprünglicher ist als sie, halten, von dem sie als dem Besseren nicht abgeschnitten ist.

[5]) Enn. II, 4, 3. Πρῶτον οὖν λεκτέον, ὡς οὐ πανταχοῦ τὸ ἀόριστον ἀτιμαστέον οὐδὲ ὃ ἂν ἄμορφον ᾖ τῇ ἑαυτοῦ ἐπινοίᾳ, εἰ μέλλοι παρέχειν αὐτὸ τοῖς πρὸ αὐτοῦ καὶ τοῖς ἀρίστοις.

[6]) Wir verweisen hier, um nichts wiederholen zu müssen, darauf zurück, was wir über die Materie gesagt haben.

[7]) Enn. I, 8, 1. Γνωσθείη ἂν ὅλως εἰ ἔστιν ἐν τοῖς οὖσιν ..... εἶδος δὲ τὸ κακὸν πῶς ἄν τις φαντάζοιτο ἐν ἀπουσίᾳ παντὸς ἀγαθοῦ ἰνδαλλόμενον.

[8]) Enn. I, 8, 3. Λείπεται τοίνυν ἐν τοῖς μὴ οὖσιν εἶναι.

Aus demselben Grunde (der Nichtbewährung als Hypothesis) wird auch die Lust als ein Kriterium der Ethik verworfen. „Alle Menschen gebrauchen von Anfang an die Wahrnehmung vor dem Verstande, und da sie dem Sinnlichen als dem Ersten sich zuwandten, verharren die einen ihr Leben lang hierbei, dies für das Erste und Letzte zu halten; und sie sind der Meinung, da sie das Traurige und das Angenehme im Sinnlichen, jenes für schlecht und dieses für gut halten, daß es ausreiche, wenn sie immer dem einen folgten und das andere zurückwiesen. — Die andern erheben sich zwar ein wenig über die Unteren, da der bessere Teil ihrer Seele von dem Angenehmen zum Schöneren ihnen den Antrieb gibt. — Eine dritte Art von göttlichen Menschen sieht mit besserer Kraft und Schärfe der Augen, gleichsam infolge seiner Scharfsichtigkeit, den Glanz bei dem Oberen und strebt dahin."[1]   Die Lust wird also verworfen, zwar nicht überhaupt, sondern nur als Motiv für das Handeln. Vielmehr „man muß erkennen, nicht nur, daß dies angenehm, sondern daß es gut sei. . . . . . Nicht im Lustempfinden wird das gut leben bestehen, sondern in der Erkenntnis, daß die Lust etwas Gutes ist.   Das Urteil ist besser als das, was nach der Affektion geschieht (wie z. B. die Lust), denn es ist Logos oder Verstand. Die Lust ist Affektion. Nirgends aber vermag das Unvernünftige mehr als die Vernunft."[2]

Alles strebt nach dem Guten, und alles soll danach streben. Dies wird unbedingt einmal gefordert: das Gute ist um seiner selbst willen zu erstreben. „Dieses nun (das Gute) muß, auch wenn die Lust es nicht begleitet, ergriffen und seiner selbst wegen erstrebt werden."[3]   Aus alledem geht zur Evidenz

---

[1]) Enn. V, 9, 1. Πάντες ἄνθρωποι ἐξ ἀρχῆς αἰσθήσει πρὸ νοῦ χρησάμενοι καὶ τοῖς αἰσθητοῖς προσβαλόντες πρώτοις ἐξ ἀνάγκης οἱ μὲν ἐνταυθοῖ καταμείναντες διεζήσαν ταῦτα πρῶτα καὶ ἔσχατα νομίσαντες, καὶ τὸ ἐν αὐτοῖς λυπηρόν τε καὶ ἡδὺ τὸ μὲν κακόν, τὸ δὲ ἀγαθὸν ὑπολαβόντες ἀρκεῖν ἐνόμισαν, εἰ τὸ μὲν διώκοντες, τὸ δ'ἀποικονομούμενοι διεγένοντο. . . . . . οἱ δὲ ᾔρθησαν μὲν ὀλίγον ἐκ τῶν κάτω κινοῦντος αὐτοὺς πρὸς τὸ κάλλιον ἀπὸ τοῦ ἡδέος τοῦ τῆς ψυχῆς κρείττονος. . . . . . τρίτον δὲ γένος θείων ἀνθρώπων δυνάμει τε κρείττω καὶ ὀξύτητι ὀμμάτων εἶδέ τε ὥσπερ ὑπὸ ὀξυδορκίας τὴν ἄνω αὐγὴν. . . . . . καὶ ἐφίεται. . . . . .

[2]) Enn. I, 4, 2. δεῖ γνῶναι οὐ μόνον ὅτι ἡδύ, ἀλλὰ ὅτι τοῦτο τὸ ἀγαθόν . . . . . οὐ τοῖς ἡδομένοις τὸ εὖ ζῆν ὑπάρξει ἀλλὰ τῷ γιγνώσκειν δυναμένῳ, ὅτι ἡδονὴ τὸ ἀγαθόν. αἴτιον δὲ τοῦ εὖ ζῆν οὐχ ἡδονὴ ἔσται ἀλλὰ τὸ κρίνειν δυνάμενον ὅτι ἡδονὴ ἀγαθόν. καὶ τὸ μὲν κρῖνον βέλτιον ἢ κατὰ πάθος, λόγος γὰρ ἢ νοῦς· ἡδονὴ δὲ πάθος· οὐδαμοῦ δὲ κρεῖττον ἄλογον λόγου.

[3]) Enn. VI, 7, 27. Ἀλλὰ τὸ μὲν, εἰ μὴ ἕποιτο ἡδονή, αἱρετίον καὶ αὐτὸ ζητητέον. Vgl. auch VI, 7, 23. Wie sollte das Gute nicht das Beste von allem Seienden sein? Τὸ δὴ ἄριστον τῶν ὄντων πῶς οὐ τὸ ἀγαθόν ἐστι.

hervor, daß nicht die Lust als Bestimmungsgrund des Willens von Plotin anerkannt wird, sondern das Sittliche, das Gute selbst. Auch hierin ist Plotin Platons treuer Schüler.

Wenn das Gute das Ziel unseres Strebens sein soll, muß es sich als gesetzmäßigen Bestimmungsgrund geltend machen können. Es muß durch Allgemeinheit oder, was dasselbe ist, durch die Einheit charakterisiert sein. „Wenn aber ein Ziel ist, dann muß es „eins" sein, nicht viele; denn so würde man nicht das Ziel, sondern Ziele suchen."[1] Durch solche Aussprüche ist der Relativismus auf dem sittlichen Gebiet in seiner Bedeutung in gleicher Weise erkannt wie eingeschränkt und ein sicheres Prinzip zur Beurteilung alles ethischen Evolutionismus gewonnen. Von solchem Standpunkte aus sieht man schon das Unsinnige des Skeptizismus, der aus der Verschiedenheit der Sitten auf eine Vielheit des Sittlichen schließt. Die verschiedenen Erscheinungsweisen des Sittlichen können eben nur als Stufen im Entwicklungsgange der sittlichen Kultur aufgefaßt werden; und der Gedanke der Einheit des Sittlichen läßt erst die Bemühungen der Menschheit um die sittliche Kultur begreiflich erscheinen. Gäbe es verschiedene Ziele, d. h. eine Sondersittlichkeit, sei es für die einzelnen Individuen, sei es für höhere Gemeinschaften (Völker, Nationen usw.), so wäre damit sowohl der Begriff der Menschheit, wie auch strenggenommen der der Sittlichkeit zerstört; denn entweder wären die sittlichen Sonderziele einander gleichwertig, dann dürften sie sich nicht widersprechen, sondern müßten sogar in einer höheren Einheit befaßt sein; oder aber sie wären nicht gleichwertig, dann müßte eben eins von ihnen das wertvollste, also im wahren Sinne das Endziel sein. Doch was so für die Menschheit dargetan ward, gilt natürlich in erhöhtem Maße für das Leben des Individuums als Einzelorganismus. „Einheitlich sind die freiwilligen Bestrebungen des einheitlichen Lebewesens."[2] „Wenn wir sagen „eins", und wenn wir sagen „das Gute", dann muß man dies für ein (μίαν) und dieselbe Natur halten."[3] „Auch nicht die Gerechtigkeit selbst und jede Tugend (selbst) ist Tugend, sondern gleichsam Musterbild. Was von ihr in der Seele ist,

---

[1] Enn. I, 4, 6. Εἰ δὲ τὸ τέλος ἕν τι εἶναι ἀλλ' οὐ πολλὰ δεῖ — οὕτω γὰρ ἂν οὐ τέλος, ἀλλὰ τέλη ἂν ζητοῖ.

[2] Enn. IV, 4, 35. Μία γὰρ ἡ προαίρεσις ἑνὸς ζῴου.

[3] Enn. II, 9, 1. Ὅταν λέγωμεν τὸ ἕν, καὶ ὅταν λέγωμεν τἀγαθόν, τὴν αὐτὴν δεῖ νομίζειν τὴν φύσιν καὶ μίαν λέγειν.

das ist Tugend."[1] Man vergleiche noch I, 2, 2, Anfang. „Die Tugenden machen uns besser, indem sie die Begierden begrenzen und messen."[2] In der Auffassung der Tugend spiegelt sich das Verhältnis von Geist und Materie wieder. Plotin unterscheidet zwischen natürlichen und vollendeten Tugenden. Über deren Wertunterschied äußert er sich so: „Leicht mag jemand natürliche Tugenden haben, aus denen, wenn die Einsicht hinzukommt, vollendete werden. Zu den natürlichen (kommt) also die Einsicht, dann sind die Sitten vollendet."[3] Oder: „Die Tugend, die zur Vollendung vorschreitet und in der Seele ist, verbunden mit Einsicht, zeigt Gott. Ohne wahrhafte Tugend ist Gott nur ein Name."[4] Man sieht hier, wie die sinnliche Natur des Menschen in der Sittlichkeit selbst zum Problem wird. Das Gute ruht nicht im angeborenen sinnlichen Trieb, oder wenigstens, es vollendet sich nicht in ihm. Erst wenn die Weisheit hinzukommt, d. h. wenn die Vernunft den Trieb ihrem eigenen Gesetze gemäß bestimmt, entspringt die vollendete Tugend. Doch ist Plotin in betreff der sinnlichen Natur des Menschen nicht zu völliger Klarheit durchgedrungen.

Während er von der Materie als dem völlig Bestimmungslosen spricht, so erscheint es doch andrerseits wieder, als ob ihm angeboren, also doch in einer natürlichen Bestimmtheit, wenn nicht die Vollendung, so doch die Wurzel der Tugend ruhte: ἀρεταὶ μὲν διὰ τὸ ἀρχαῖον τῆς ψυχῆς[5] (Tugenden durch das Ursprüngliche der Seele). Dieser Fehler hängt bei Plotin zusammen mit der schon oben angedeuteten ungenügenden Bestimmung des Verhältnisses von Denken und Willen. Praktische und theoretische Vernunft sind bei Plotin gleichsam auseinandergerissen und können deshalb zu keiner befriedigenden Einheit kommen. Während bei Platon der θυμός (τὸ θυμοειδές) der Vernunft (λογιστικόν) unterstützend zur Seite tritt, so daß diese, sich selbst überlassen, selbst der sinnlichen Begierde (ἐπιθυμητικόν) nicht Herr zu werden vermöchte und erst im

---

[1]) Enn. I, 2, 6. Οὔτε αὐτοδικαιοσύνη καὶ ἑκάστη ἀρετή, ἀλλ' οἷον παράδειγμα· τὸ δὲ ἀπ' αὐτῆς ἐν ψυχῇ ἀρετή.

[2]) Enn. I, 2, 2. ἀμείνους ποιοῦσιν (ἡμᾶς) ὁρίζουσαι καὶ μετροῦσαι τὰς ἐπιθυμίας.

[3]) Enn. I, 3, 6. Καὶ τάχα ἂν φυσικάς τις ἀρετὰς ἔχοι, ἐξ ὧν αἱ τέλειαι σοφίας προσγενομένης· μετὰ τὰς φυσικὰς οὖν ἡ σοφία· εἶτα τελειοῖ τὰ ἤθη.

[4]) Enn. II, 9, 15. Ἀρετὴ μὲν οὖν εἰς τέλος προϊοῦσα καὶ ἐν ψυχῇ ἐγγενομένη μετὰ φρονήσεως θεὸν δείκνυσιν· ἄνευ δὲ ἀρετῆς ἀληθινῆς θεὸς λεγόμενος ὄνομά ἐστιν. Weitere Stellen findet man in I, 2.

[5]) Enn. II, 3, 8.

Verein mit dem ϑυμός die Tugend zu verwirklichen imstande ist (vgl. Phaidr. 253 D ff. und Rep. 439 D ff.), spürt man bei Plotin an dieser Stelle den verhängnisvollen Einfluß des Aristoteles.

Aristoteles unterscheidet die dianoetischen und ethischen Tugenden, von denen die ersteren im Denken selbst aufgehen.[1] In bezug auf diese dianoëtischen Tugenden ist das Denken und die vernünftige Einsicht nicht mehr die Voraussetzung und Vorbedingung des sittlichen Handelns, sondern fällt· mit diesem selbst zusammen.   Diese übertriebene Bedeutung der dianoëtischen Tugenden bei Aristoteles hängt mit seiner Lehre vom νοῦς ἀπαϑὴς (ποιητικός)[2] zusammen, welcher nach seiner Meinung unmittelbar das Allgemeingültige, Notwendige erfaßt. Durch diese seelische Fähigkeit (genauer durch den νοῦς überhaupt, welcher auch den νοῦς παϑητικός in sich schließt, auf dessen Bedeutung wir hier nicht weiter eingehen können) ist der Mensch dem Tiere überlegen.   Auf ihr beruht seine menschliche Würde.   Der Wille ist an sich blind und vermag daher das Notwendige nicht zu ergreifen; selbst die ethischen Tugenden, welche auf der Verbindung der Vernunft mit dem Willen beruhen, stehen dem Aristoteles nicht so hoch als die bloßen Denktugenden.

Eine ähnliche Bewertung des Willens und des Denkens finden wir nun auch bei Plotin und zwar mit derselben Begründung.   Wenn man nämlich genauer zusieht, so zeigt die Unterscheidung des Plotin von natürlichen und vollendeten Tugenden in sich schon einen Rest jener aristotelischen Auffassung.   Deutlicher wird es, wenn er sich dem Begriff der praktischen Handlung und der Stellung des Menschen zur Wirklichkeit zuwendet.   So erscheint selbst die Betätigung am Staate und am praktischen Leben minderwertig gegenüber dem rein theoretischen Verhalten.   Die Handlungen sind den sinnlichen Qualitäten einzuordnen.   „Es steht auch nichts im Wege, die praktischen Tugenden hier (in die sinnliche Qualität) zu setzen, die sich so betätigen, daß sie gleichsam eine politische Wirksamkeit haben; sie alle aber trennen die Seele nicht los und führen sie dorthin, sondern sie wirken das Schöne hier."[3]

---

[1] H. Siebeck, Aristoteles S. 100.
[2] Siebeck, a. a. O. S. 82.
[3] Enn. VI, 3, 16. Καί δὴ καί τὰς πρακτικὰς ἀρετὰς οὐδὲν κωλύει ἐνταῦθα τὰς οὕτω πραττούσας ὡς πολιτικῶς τό πράττειν ἔχειν, ὅσαι μὴ χωρίζουσι τὴν ψυχὴν πρὸς τὰ ἐκεῖ ἄγουσαι, ἀλλ' ἐνταῦθα τό καλῶς ἐνεργοῦσι.

Charakteristisch ist nun die Begründung dieser Ansicht. Plotin fährt nämlich fort a. a. O.: „Sie stellen es (das Schöne) als etwas, dem man den Vorzug gibt, aber nicht als ein Notwendiges hin."[1] Auf das Notwendige geht eben nur der νοῦς. Dieser Auffassung entspricht es, wenn Plotin sagt: „Wenn nun die Tugend gleichsam ein andrer Nus ist und ein Zustand, der die Seele, man möchte sagen, zum „Vernunft werden" (Geist; mentem übersetzt Marsil. Ficinus.) macht, so ergibt es sich wiederum, daß nicht in der Handlung „das aus uns selbst" (d. h. der freie Wille), sondern im Denken, das in Ruhe ist vor den Handlungen, liegt."[2] „Daher darf auch das von selbst Freiwillige in den Handlungen und der freie Wille nicht auf das Handeln (bezogen) zurückgeführt werden und nicht auf das Äußere, sondern auf die Kraft im Innern, auf das Erdenken und das Betrachten der Tugend selbst."[3] Doch würde man Plotin unrecht tun, wenn man seine Lehre nach solchen Verirrungen beurteilen wollte.

Vielmehr zeigt er sich in seiner Bestimmung der Willensfreiheit wieder vollkommen auf der Höhe des kritischen Idealismus. Willensfreiheit ist Autonomie, Selbstgesetzgebung der Vernunft. „Wenn nun die Seele durch das Äußere verändert etwas schafft und in Angriff nimmt, steht sie gleichsam unter blindem Antrieb, und diese Handlung darf man nicht freiwillig nennen, ebenso die Verfassung der Seele. . . . . . Wenn sie aber den eignen Verstand zum reinen und leidenschaftslosen Führer hat, dann ist dieses Streben allein unser Werk, das nicht irgend anderswoher kommt, sondern von innen, von der reinen Seele."[4] Man muß besonders beachten, wie hier Freiheit und vernunftgemäßes Handeln völlig gleichbedeutend gebraucht werden. Die Freiheit ist daher nicht diejenige von Buridans Esel. Die Freiheit Plotins wurzelt im Wesen des Menschen, aber nicht

---

[1]) προηγούμενον τοῦτο (τὸ καλῶς) ἀλλ' οὐχ ὡς ἀναγκαῖον τιθέμεναι.

[2]) Enn. VI, 8, 5. Εἰ οὖν οἷον νοῦς τις ἄλλος ἐστὶν ἡ ἀρετὴ καὶ ἕξις οἷον νοωθῆναι τὴν ψυχὴν ποιοῦσα, πάλιν αὖ ἥκει οὐκ ἐν πράξει τὸ ἐφ' ἡμῖν, ἀλλ' ἐν νῷ ἡσυχῷ τῶν πράξεων.

[3]) Enn. VI, 8, 6. Ὥστε καὶ τὸ ἐν ταῖς πράξεσιν αὐτοεξούσιον καὶ τὸ ἐφ' ἡμῖν οὐκ εἰς τὸ πράττειν ἀνάγεσθαι οὐδ' εἰς τὴν ἔξω, ἀλλ' εἰς τὴν ἐντὸς ἐνέργειαν καὶ νόησιν καὶ θεωρίαν τῆς αὐτῆς ἀρετῆς.

[4]) Enn. III, 1, 9. Ὅταν μὲν οὖν ἀλλοιωθεῖσα παρὰ τῶν ἔξω ψυχὴ πράττῃ τι καὶ ὁρμᾷ οἷον τυφλῇ τῇ φορᾷ χρωμένη, οὐχὶ ἑκούσιον τὴν πρᾶξιν οὐδὲ τὴν διάθεσιν λεκτέον. . . . . . λόγον δὲ ὅταν ἡγεμόνα καθαρὸν καὶ ἀπαθῆ τὸν οἰκεῖον ἔχουσα ὁρμᾷ ταύτην μόνην τὴν ὁρμὴν φατέον εἶναι τὸ ἡμέτερον ἔργον, ὃ μὴ ἄλλοθεν ἦλθεν, ἀλλ' ἔνδοθεν ἀπὸ καθαρᾶς τῆς ψυχῆς.

in seiner natürlich sinnlichen Erscheinung, sondern in seiner vernünftigen Bestimmung. Er braucht sich nur auf sich selbst zu
besinnen, nur sein eignes Selbst zu suchen, um sich frei zu fühlen.
Dabei kann er sich auf seine Seele verlassen, *κάνονα ἔχουσα τοῦ
ἀγαθοῦ παρ' αὐτῇ*.[1] Man muß aus sich selbst wissen und entscheiden können, warum unser Handeln richtig ist. „Denn nicht
hat einer, wenn er etwas für recht gehalten und getan hat, dies
unumstritten als frei aus ihm entsprungene Handlung, wenn
er nicht weiß, warum es richtig ist, sondern er vielmehr
durch Zufall, oder irgendwelche Phantasie zu seiner Pflicht getrieben worden ist."[2] Das reine Denken *(λόγος ὀρθός)*[3] muß
vielmehr die Gesetzmäßigkeit erklären. So lautet es: „Indem wir
also den freien Willen auf den schönsten Ursprung hinaufführen,
werden wir die Energie der Vernunft und die von ihr kommen-
den Entschlüsse, als wahrhaft frei zugeben und die Begehrungen,
die aus dem reinen (erzeugenden) Denken erweckt werden, als
nicht unfreiwillige."[4] Es versteht sich eigentlich schon von
selbst und ist im Obengesagten enthalten, daß die Freiheit bei
Plotin nicht mit der Willkür identisch ist. Die Vernunft selbst
ist Ursache des Handelns, bedingt also den Willen durch ihr
eigenes Gesetz. „Wenn die Seelen das, was sie treiben, nach
der richtigen Vernunft wirken, so tun sie es von sich selbst,
das andre aber, indem sie gehindert sind, ihre eigne Tat zu
vollbringen, und sind darin mehr leidend als tätig."[5]

Soweit Plotin durch diese Auffassung der Freiheit den
Stoikern, Skeptikern und Eklektikern überlegen ist, so weit
erhebt er sich auch über das gesamte religiöse Denken und
den Aberglauben seiner Zeit. Wir wollen dies nur noch an
einem Beispiel dartun, an seiner Stellung zur Astrologie. Wie
wir es bei seiner Betonung der Freiheit nicht anders erwarten
können, verwirft er die Astrologie auf das entschiedenste. Er

---

[1] Enn. V, 3, 3.
[2] Enn. VI, 8, 3. οὐκ, εἴ τις ἐδόξασεν ὀρθῶς καὶ ἔπραξεν, ἔχοι ἂν ἴσως ἀναμ-
φισβήτητον τὸ αὐτοεξούσιον, εἰ μὴ εἰδὼς διότι ὀρθῶς, ἀλλὰ τύχῃ ἢ φαντασίᾳ
τινι πρὸς τὸ δέον ἀχθείς.
[3] Enn. VI, 8, 3.
[4] Enn. VI, 8, 3. Εἰς ἀρχὴν τὸ ἐφ' ἡμῖν καλλίστην ἀνάγοντες τὴν τοῦ νοῦ
ἐνέργειαν καὶ τὰς ἐντεῦθεν προτάσεις ἐλευθέρας ὄντως δώσομεν καὶ τὰς ὀρέξεις
τὰς ἐκ τοῦ νοεῖν ἀγειρομένας οὐκ ἀκουσίους εἶναι.
[5] Enn. III, 1, 10. Πραττούσας δὲ ψυχὰς ὅσα πράττουσι κατὰ μὲν λόγον
ποιούσας ὀρθὸν παρ' αὐτῶν πράττειν ὅσα πράττουσι, τὰ δὲ ἄλλα ἐμποδιζομένας
τὰ αὐτῶν πράττειν, πάσχειν τε μᾶλλον ἢ πράττειν.

muß energischen Protest einlegen, „wenn jemand die Verschiedenheit der Sitten ihnen (den Menschen) zuerteilte nach den Mischungen ihrer Körper. ... Denn es ist unsinnig, daß jene (die Gestirne usw.) in die Angelegenheiten der Menschen eingriffen, damit die einen Diebe, die andern Sklaven, Städtezerstörer usw. würden."[1] „Deshalb muß man sagen, es gibt überhaupt keine Voraussage und überhaupt keine Mantik."[2]

Den Zeitgenossen des Plotin war es gegangen, wie weiland dem Doktor Faust: sie hatten sich der Magie ergeben.

Aber Plotin tritt ihnen gegenüber, wie Doktor Faust sich selbst am Ende seines Lebens und rät ihnen: „Magie von ihrem Wege zu entfernen."

„Daher, was sind wir übrigens? Was wir in Wahrheit als wir selbst sind, denen die Natur es verliehen hat, die Leidenschaften zu beherrschen. Denn Gott hat uns, die wir zugleich durch die Übel wegen der Natur unseres Leibes in Bedrängnis sind, die keinem Herrn gehörige Tugend gegeben."[3]

Ästhetik.

Der Mangel an der Hervorhebung des Affektes im Willen und des Momentes der Handlung beruht auf dem kontemplativ ästhetischen Grundzug des plotinischen Denkens, welcher sich in seiner Gleichsetzung von schön und gut offenbart; denn wenn er auch die Priorität des Guten vor dem Schönen betont, so ist doch das Gute bei ihm nach Art der ästhetischen Vollkommenheit. „Zuerst wird er (der Mensch)

---

[1]) Enn. IV, 4, 31. Οὐδὲ γὰρ εἴ τις τὰς τῶν ἠθῶν διαφορὰς δοίη αὐτοῖς κατὰ τὰς τῶν σωμάτων κράσεις. . . . . . ἄτοπον γὰρ ἐκείνους (τὰ ἄστρα κ. τ. λ.) μηχανᾶσθαι περὶ τὰ τῶν ἀνθρώπων, ὅπως οἱ μὲν γένοιντο κλέπται, οἱ δὲ ἀνδραποδισταὶ τοιχώρυχοι. . . . .

[2]) Enn. III, 1, 3. Ὥστε οὔτε πρόρρησις οὔτε μαντικὴ τὸ παράπαν ἂν εἴη. Man vergleiche auch Enn. II, 3, 6. Zu sagen, Ares oder Aphrodite bewirke Ehebruch . . . . . wie ist das doch gar töricht? Ἄρεα δὲ τόνδε ἢ Ἀφροδίτην θεμένους μοιχείας ποιεῖν . . . πῶς οὐ πολλὴν ἀλογίαν ἔχει.

[3]) Enn. II, 3, 9. Τί λοιπὸν ἡμεῖς; ἢ ὅπερ ἐσμὲν κατ' ἀλήθειαν ἡμεῖς, οἷς καὶ κρατεῖν τῶν παθῶν ἔδωκεν ἡ φύσις. καὶ γὰρ ὅμως ἐν τούτοις τοῖς κακοῖς διὰ τὴν τοῦ σώματος (φύσιν) ἀπειλημμένοις ἀδέσποτον ἀρετὴν θεὸς ἔδωκεν. Wir wollen hier noch eine Sache erwähnen, die uns die Pietät Plotins gegen Platon anschaulich machen soll. Plotin hat Bedenken gegen „die Spindel der Notwendigkeit" und bemüht sich (an mehreren Stellen) eine günstige Interpretation zu geben derart, daß er die Notwendigkeit einräumt, sofern die Seele physisch bedingt, d. h. vom Körper abhängig sei. Im Denken jedoch sei sie frei. Man vgl. besonders II, 3, 15 und II, 3, 9.

bei seinem Aufstieg zu dem Nus gelangen, und da wird er alle die schönen Formen sehen, und er wird sagen, die Ideen seien die Schönheit. Alles nämlich ist durch sie schön, durch die Erzeugung und das Sein des Denkens *(νοῦς)*. Was jenseits liegt, nennen wir die Natur des Guten, welche das Schöne (accus.) vor sich gestellt hat. Daher ist es, um es kurz zu sagen, das Urschöne. Trennt man das Gedachte, dann wird man das gedachte Schöne den Ort der Formen nennen, das Gute jenseits aber Quelle und Ursprung des Schönen."[1] Das Sittliche gilt als Voraussetzung und Quelle der Schönheit. So sagt auch Platon (Phaedrus) von der Idee des Schönen, sie könne erscheinen, während die Idee des Guten niemals in Erscheinung treten könne. Der Nachsatz Plotins: „das Gute und das Urschöne sollen als dasselbe gesetzt werden"[2], setzt also Identität zwischen dem Guten und dem Urschönen. Die Gottheit wird in die Idee des Schönen gesetzt und gewinnt jenen ästhetischen Anstrich und Zauber (auch hierfür findet sich die Wurzel im Plato cf. Philebus), der als der berückendste Irrtum des Pantheismus poesievollen Gemütern zur gefährlichen Klippe wird. Die Selbständigkeit der Ästhetik wird von Plotin keineswegs behauptet. Ethik und Ästhetik werden von ihm verschmolzen. Die Idee des Guten saugt die Idee des Schönen in sich auf. Die Tugend ist schön[3] und das Schöne gut.[4] „Als das Beste muß man die Schönheit setzen, die auch das Gute ist. Hieraus entsteht sogleich der Nus, als das Schöne. Die Seele ist das durch den Nus Schöne. Das übrige, was in den Handlungen, wie auch was in den Beschäftigungen (schön ist), ist schön durch die gestaltende Seele."[4] Die Philosophie liefert die Mittel zum Schönen zu gelangen. „Was ist dies nun für ein Ort, und wie könnte jemand zu ihm hingelangen? Es könnte

---

[1] Enn. I, 6, 9. Ἥξει γὰρ πρῶτον ἀναβαίνων ἐπὶ τὸν νοῦν κἀκεῖ πάντα εἰσόψεται καλὰ τὰ εἴδη καὶ φήσει τὸ κάλλος τοῦτο εἶναι τὰς ἰδέας. πάντα γὰρ ταύταις καλά, τοῖς νοῦ γεννήμασι καὶ οὐσίᾳ. τὸ δὲ ἐπέκεινα τούτου τὴν τοῦ ἀγαθοῦ λέγομεν φύσιν προβεβλημένον τὸ καλὸν πρὸ αὐτῆς ἔχουσαν. ὥστε ὁλοσχερεῖ μὲν λόγῳ τὸ πρῶτον καλόν. διαιρῶν δὲ τὰ νοητὰ τὸ μὲν νοητὸν καλὸν τὸν τῶν εἰδῶν φήσει τόπον, τὸ δ'ἀγαθὸν τὸ ἐπέκεινα καὶ πηγὴν καὶ ἀρχὴν τοῦ καλοῦ. Vgl. hierzu: Cohen, Ethik d. r. W. S. 396.

[2] Enn. I, 6, 9. ἐν τῷ αὐτῷ τὸ ἀγαθὸν καὶ καλὸν πρῶτον θήσεται.

[3] Enn. I, 6, 1. τὸ τῶν ἀρετῶν κάλλος und νοῦ κάλλος.

[4] Enn. I, 6, 6. καὶ τὸ πρῶτον θετέον τὴν καλλόνην, ὅπερ καὶ τἀγαθόν· ἀφ' οὗ νοῦς εὐθὺς τὸ καλόν. ψυχὴ δὲ νῷ καλόν. τὰ δὲ ἄλλα ἤδη παρὰ ψυχῆς μορφούσης καλά, τά τε ἐν ταῖς πράξεσι τά τε ἐν τοῖς ἐπιτηδεύμασι.

hingelangen, wer seiner Natur nach ein Liebhaber und seiner Verfassung nach ein Philosoph ist."[1]

Wir erkennen hier die Unterscheidung von Gedachtem und Sinnlichem auch in der Ästhetik wieder. So unterscheidet Plotin das Schöne, das mit Sinneswerkzeugen, und das Schöne, das ohne die Sinne wahrgenommen wird, das also nur durch die Idee gedacht wird. „Wie ist dieses und jenes schön? Durch Teilhabe an der Idee nennen wir es so."[2] Die Idee ist das Kriterium, dessen sich die Seele bei der Beurteilung des schönen Gegenstandes bedient. „Leichtmöglich aber sagt sie selbst (die Seele) dies (ob ein Körper schön ist), indem sie das fragliche Objekt zusammenpassend mit ihrer Idee diese Idee zur Beurteilung gebraucht wie eine Richtschnur für das Gerade.[3]

Wir sehen also, wie immer die Idee das Werkzeug bildet, allem Sein, dem logischen, ethischen und ästhetischen im reinen Denken den Grund zu legen.

Plotins tiefstes Verständnis für den Platonismus gipfelt in dieser Einsicht, die stets das Kriterium aller wahrhaft kritischen Philosophie sein wird.

---

[1] Enn. V, 9, 2. Τίς οὖν οὗτος ὁ τόπος; καὶ πῶς ἄν τις εἰς αὐτὸν ἀφίκοιτο; ἀφίκοιτο μὲν ἂν ὁ φύσει ἐρωτικὸς καὶ ὄντως τὴν διάθεσιν ἐξ ἀρχῆς φιλόσοφος. Vgl. Platons Symposion.

[2] Enn. I, 6, 2. Πῶς δὲ καλὰ κἀκεῖνα καὶ ταῦτα; μετοχῇ εἴδους φαμὲν ταῦτα.

[3] Enn. I, 6, 3. Τάχα δὲ καὶ αὐτὴ λέγει συναρμόττουσα τῷ παρ' αὐτῇ εἴδει κἀκείνῳ πρὸς τὴν κρίσιν χρωμένη ὥσπερ κανόνι τοῦ εὐθέος.

Angeregt zu dieser Arbeit wurde ich durch Herrn Prof. W. KINKEL, der ihr auch im ganzen Verlaufe ihrer Entstehung sein Interesse schenkte und mich mit seinem trefflichen Rate unterstützte. Ihm sei auch an dieser Stelle herzlichst gedankt. Herzlichen Dank sage ich auch den Herren H. COHEN und P. NATORP, besonders Herrn Prof. NATORP für mannigfache Ratschläge und Verbesserungen.

Albert Görland

Der Gottesbegriff bei Leibniz

Der Gottesbegriff bei Leibniz

Ein Vorwort zu seinem System

von

Albert Görland
Dr. phil.

ALFRED TÖPELMANN

(vormals J. Ricker'sche Verlagsbuchhandlung)

GIESZEN 1907

Philosophische Arbeiten

herausgegeben von

Hermann Cohen und **Paul Natorp**
in Marburg · in Marburg

I. Band 3. Heft

Vorrede

Zeit und Persönlichkeit wirkten zusammen, dem Gottesbegriff im Denken Leibnizens eine bedeutsame Rolle zuzuweisen. Seine Gedankenstimmung ist ein messianischer Idealismus; seine Weltanschauung entrollt vor uns das Gemälde einer Theodicee.

Je innerlicher aber dem Denken Leibnizens der Gottesbegriff war, um so mehr drohte ein verhängnisvoller Collaps von Philosophie und Theologie; um so dringlicher war die Bewältigung dieses Begriffes aus den Mitteln philosophischer Methode.

So möchte man sagen, daß infolge des Zeitgeistes und der Universalität der Persönlichkeit der — Philosoph Leibniz seinerselbst erst nach der Disziplinierung des Gottesbegriffs durch philosophische Methode sicher war.

Die philosophische Bewältigung des Gottesbegriffs war somit die methodische Prophylaxis für das gesamte System Leibnizens.

Aus solcher historischen Einsicht gab ich meinem Buche über den Gottesbegriff bei Leibniz den Untertitel: Ein Vorwort zu seinem System.

Zuzweit aber lag mir daran, diese Arbeit über Leibniz als Eröffnungsschrift einer Reihe von Monographien zu bezeichnen, in denen ich das System Leibnizens darzustellen mir vorgesetzt habe. Mein Beruf beschenkt mich nicht mit standhafter Beschaulichkeit, die mich hoffen ließe, das umfangreich entworfene Werk in einem Zuge fertigzustellen. So bin ich denn auf den Weg von Monographien verwiesen. Darauf sollte der Untertitel aufmerksam machen, etwas, das für manche Sätze dieses Buches erklärend wirken wird.

Selbstredend ist mir nicht dieser publizistische Sinn des
Untertitels Hauptsache, sondern jener historische. Kann sich
das Buch legitimieren als Vorwort zum Systeme Leibnizens?
Darüber ist zu entscheiden. —

Einem verhältnismäßig geringen Text steht ein umfang-
reiches Zitatmaterial zur Seite. Das ist nicht allein zufälliges
Ergebnis des historischen Objekts. Ich vermeine, der Leser
müsse von Zeile zu Zeile vom historischen Autor zur kritischen
Mitarbeit befähigt werden. Das scheint mir nur möglich,
wenn der philosophische Genius in seinen Dokumenten die
Hauptsache bleibt. Zweifellos wird dadurch die Eleganz der
Geschichtsschreibung oft zurücktreten müssen, aber die Historie
muß dabei an Stabilität gewinnen.

Das umfangreiche Zitatmaterial wird aber noch besonders
bei Leibniz zur Notwendigkeit, weil dessen literarische Eigenart
ein unmittelbares Studium seiner Philosophie zu einer überaus
beschwerlichen Arbeit macht. Gedanklich auf einander Be-
zogenes ist zumeist über Bände verzettelt. Die Auswahl von
Leibniz-Schriften durch Cassirer leistet dem weiteren Publikum
schon wichtige Hülfe.

Ich nehme auf das vorzügliche Werk meines Schulfreundes
Cassirer über Leibniz' System in meinem Buche nicht Bezug.
Es brauchte nicht ausgesprochen zu werden, daß wir beiden
Marburger bezüglich unserer fundamentalen Einsichten in Leib-
nizsche Denkweise eines Geistes sind. Da bedarf es keiner
Parallelisierung im Einzelnen. Möge mein Buch (und die von
mir erhofften folgenden über Leibniz) neben dem schönen
Werke meines Freundes wirken, da auch unser Leibnizstudium
von einander unabhängig nur neben einander verlief.

1. Kapitel.

Gott und Wissenschaft.

1. Die ewigen Wahrheiten sind unabhängig von Gott. Nichts gegen die Vernunft.

Augustin hatte die mittelalterliche Philosophie auf ihre Aufgabe bestimmt hingewiesen: Was man mit der Gewißheit des Glaubens bereits festhalte, solle man auch mit dem Lichte der Vernunft zu erkennen streben.

Das Inventarium des Glaubens war gegeben. Diesen Inhalt galt es apologetisch gegen innere und äußere Angriffe zu sichern. Draußen standen die Feinde in den glänzenden Waffen der antiken Philosophie; im Innern erhoben sich die Bedenken und Einwendungen des Gläubigen gegen Formulierungen, die das Bedürfnis seiner Vernunft nach Einhelligkeit und Widerspruchslosigkeit zu verletzen schienen.

Durch die Bekanntschaft mit Aristoteles hatte die Scholastik, die aus solcher apologetischen Arbeit erwuchs, ihr gewaltiges Werkzeug erhalten. Es ist erklärlich, daß die erste Wirkung der Aristotelesstudien eine Begeisterung, ein Rausch war; der Doctor naturae erschien den Philosophen unter den Theologen alsbald so bedeutsam, daß sie seine Rolle für das System des Christentums in Parallele stellten mit dem, was ein Johannes der Täufer für den Messias gewesen war.

Der Vorteil, den die mittelalterliche Philosophie aus dem Studium des Aristoteles zog, offenbarte sich in zwiefacher Beziehung. Der Glaube erlernte erstens das Idiom der logischen Routine. Was vorzeiten in der Sentenzform der Offenbarung unbedingt und schroff autoritativ der Vernunft entgegentrat, kleidete sich nunmehr in die Sprache des Vernunftgebrauches. Das Credibile war nicht mehr, wie in erster Glaubenskühnheit, das Ineptum, noch das Impossibile das Certum. Nun, wo die

Kirchenlehre in der Sprache des Denkens redete, glaubte sie auch das Verständnis des Denkens erzwingen zu können.

Zuzweit lag das Bedürfnis vor, über die bloße Exegese einzelner Sätze zu einer Summa theologiae zu kommen. In diesem Streben, die Dogmen zur systematischen Einheit der Dogmatik auszubauen, — im Grunde eine Wirkung des verfeinerten apologetischen Gewissens —, entwickelte die Scholastik ihre gewaltigsten Kräfte. Einheit ist das vornehmste Verlangen der Vernunft. Konnte dies Verlangen befriedigt werden, so schien ein ewiger Friede zwischen Vernunft und Glauben in die Wege geleitet zu werden. In dem großen Begriffsgerüste der aristotelischen Metaphysik waren die inneren Stützen für den Aufbau der christlichen Dogmatik gefunden.

Nach diesen beiden Seiten kaptivierte die Theologie die Vernunft und verlockte sie obendrein zur Mitarbeit. Nur war der Gegenstand für diese Vernunftbetätigung ein unbedingt gegebener; die philosophische Leistung war eine bloß formale, eine Leistung des philosophischen Formalismus, der philosophischen Technik; die Philosophie vertrat keine richterliche Instanz. Wo sie sich zur Konsequenz der eigenen Arbeitsweise ermutigte, verfiel sie der kirchlichen und bürgerlichen Infamie.

Je geschlossener aber der Systembau wurde, um so mehr mußte sich die Leistung der Philosophie bornieren; sie artete aus zu terminologischer Kleinarbeit an dem sterilen Dogmenstoff.

Der christliche Glaube stand nun allerdings außerhalb der philosophischen Kontroverse. Aber der Aristotelismus im Christentum war nicht geweiht. Und was zum Mittel geworden war, die Philosophie an die Theologie zu ketten, das gerade wurde zum Anlaß der Befreiung und des Fortschritts: Die Besinnung der Philosophie auf sich selbst geschah an der Kritik des Aristotelismus. Diese Kritik entzog sich der klerikalen Jurisdiktion, wofern nur der zentrale Gegenstand Gott keine antitheologische Formulierung erfuhr.

Somit war auch die Richtung für die Kritik des Aristotelismus gegeben. Sie konnte sich nicht gefahrlos, ohne Kollision mit der klerikalen Gewalt, gegen die Spitze des Systems richten; so wandte sie sich demnach in voller Kraft gegen die aristotelische Auffassung des Naturerkennens, gegen die aristotelische Wertung der Wissenschaft und ihrer Arbeitsweise. Es galt zu entscheiden zwischen dem angemaßten Vorrechte der Empfindung und dem originalen Anspruch des Denkens. Ist die Wissenschaft von der Natur nur ἐξ ἀφαιρέσεως* gewonnen, oder gibt es similitudinem ... in sensibilibus cum certo aliquo verissimae harmoniae archetypo, qui intus est in animo?** Die „Ordnung der Dinge" wurde von neuem der Problembegriff der Philosophie und zwar in Gegnerschaft zum Aristotelismus.

Es lag in der Natur der Sache, daß eine Renaissance der Philosophie des Mittelalters nicht aus der Mitte der Theologen unter den Philosophen anheben konnte; die Regeneratoren waren Mathematiker. Und mit je größerer Innigkeit der philosophische Genius sich der Selbstgesetzlichkeit seiner Arbeitsweise bewußt wurde, um so kraftvoller trat der Wille zur Systematik hervor.

Wie glücklich nun auch das Naturgesetz als „ewige Wahrheit", d. h. als archetypus, qui intus est in animo, nicht nur behauptet, sondern in wissenschaftlichen Entdeckungen von größter Tragweite bewahrheitet wurde, — unbewältigt blieb trotz aller Energie des philosophischen Denkens der Begriff der Existenz.

Die „Existenz" machte aus dem Denken die denkende — Substanz. Damit war die Art des Systemganges gegeben. Waren nämlich die einzelnen Naturgesetze einzelne vérités de raison, so war die Natur, in Hinsicht ihrer Gesetzlichkeit überhaupt, der Vollgehalt der raison. Nun bedeutet Erkenntnis aber Prozeß, einen Prozeß, der seinem Wesen nach unendlich ist; darum bleibt „Natur" ewiger Problembegriff der Erkenntnis. Andererseits bedeutet der Doppelsinn der „Natur" auch die Gesamtheit alles Existenten, bedeutet das Dasein. Vertritt also die „Natur" das Dasein schlechtweg, so muß auch die Gesamtheit ihrer Gesetze, irgendwie bestimmt, „da sein". Das heißt: Die raison, welche sich in die vérités ausrollt, wird jetzt als Totalität gedacht; was im menschlichen Erkennen nur unendlicher Prozeß ist, das ist als Totalität das Attribut eines summum — ens.

Zweierlei bewirkte somit, daß die Systematik auch der neueren Philosophie im Begriff Gottes kulminierte: der unbewältigte Begriff der Existenz, der den Nachsatz zum „je pense" schuf, — und die Einsicht in die Naturgesetzlichkeit als règle

---

*) „aus Abstraction" (Aristoteles).
**) Kepler op. V 216 „in den Sinnendingen eine Ähnlichkeit mit einem unzweifelhaft gewissen Urbild der wahrsten Harmonie, das im Innern des Geistes liegt".

de raison. Das Ideal der Wissenschaftsarbeit, das „Ganze der
Erkenntnis" erstarrte zur daseienden Totalität, zum ideellen
Wesen.

Aus dieser Stimmung kennzeichnet Leibniz als das vornehmste Ziel der Philosophie: die Betrachtung der göttlichen
Weisheit in der Ordnung der Dinge.[1] In dieser Bestimmung
offenbart sich aufs deutlichste die Doppelseitigkeit des Interesses. Diese „Ordnung der Dinge" wird nunmehr zum Ausgangspunkt einer Betrachtung der göttlichen Weisheit; ober-
flächlich betrachtet, könnte es scheinen, daß Leibniz diese
Betrachtung auch als höchstes Ziel für die Theologie hätte bezeichnen können. Darin aber lag das Spezifikum der Theologie:
ihr war die „Ordnung der Dinge" ein möglicher, aber kein
notwendiger Zugang, um der göttlichen Weisheit innezuwerden;
ihr stand die reservatio ignorantiae zur Verfügung, die eine
„Unordnung der Dinge" in einen „wunderbaren Weg Gottes"
umzuwerten verstand. Das aber war die unentreißbare Errungenschaft des zum Selbstbewußtsein erwachten philosophischen Denkens, daß die Ordnung der Dinge fürderhin nicht
etwa ein Instrument in der Hand theologischer und göttlicher
Willkür bedeutete; sondern daß diese Ordnung als die notwendige und zureichende Bedingung für die Betätigung der
göttlichen Weisheit und demnach als das Material für die Betrachtung ebenderselben Weisheit hinfort vorausgesetzt wurde.

Es ist eine höchst sonderbare Tatsache, daß Leibniz in
seinem Streben, den Wert und die Geltung der Wissenschaft
als das Unbedingte schlechthin den Menschen zum Bewußtsein
zu bringen, sich in Gegensatz zu Descartes stellen mußte, aber
an Thomas von Aquino anknüpfen konnte. Dieser hatte den
Willen Gottes beschränkt, indem er behauptete, daß ein göttlicher Aktus das Gesetz des Widerspruchs zu respektieren habe.
Descartes dagegen hatte aus betrübenden, äußeren Motiven
den Willen Gottes mindestens als mögliche Instanz des Unbedingten zugelassen.

Dem widersetzt sich Leibniz in dem reifen Bewußtsein,
daß der Kulturwert der Philosophie dadurch nicht etwa nur
bedroht und verdächtigt, sondern vernichtet wird: Die Beweise
der Geometer sind unbezweifelbar, und nicht zu jeder Gewißheit
ist es erforderlich, daß wir wissen, ob es einen Gott gebe.[2]
Die notwendigen Wahrheiten sind auf dem Prinzip des Widerspruchs und auf der Möglichkeit und Unmöglichkeit der Wesenheiten gegründet, ohne dabei auf den Willen Gottes Rücksicht

zu nehmen.[3][4] Denn ist es etwa eine Folge des göttlichen Willens
oder nicht vielmehr eine Folge der Natur der Zahlen, daß gewisse Zahlen für gewisse andere rational, für andere irrational
sind?[5] Alles in der Ordnung der Dinge ist vollkommen miteinander verbunden, selbst wenn man von der Mitwirkung
Gottes absieht; denn es kann nichts geschehen ohne eine aus
dem Objekt folgende Ursache, die gehörigermaßen geeignet
ist, die Wirkung hervorzubringen.[6] Darum ist es absurd, zu
behaupten, daß die mathematischen Wahrheiten nicht für sicher
gehalten werden könnten, ohne daß vorher Gott erkannt wäre.[7]
Es wird keiner glauben, daß Descartes selbst davon überzeugt
gewesen ist, wenn er behauptet, nichts könne für gewiß gehalten werden, als nur die vorausgesetzte Existenz Gottes[8],
während gerade die unbedingte Gewißheit der ewigen
Wahrheiten und der Ordnung der Natur zum Fundamente des Gottesbeweises werden muß.

Somit gibt es keine „unwiderleglichen Einwände" gegen
die Wahrheit.[9][10] Wird ein Glaubenssatz von der Vernunft bestritten und widerlegt, so darf er nicht für eine „unbegreifliche"
Wahrheit, für eine zweite Art von Wahrheit erklärt werden.
Mag es etwas über die Vernunft geben, gegen die Vernunft
gibt es nichts.[11][12]

Diese Behauptung ist um so gewichtiger, da Leibniz die
„Unbegreiflichkeit", die als Gottes übernatürlicher Charakter
die Vernunft verstummen machen soll, auch der Natur zuspricht
und doch das Vorrecht eines „Wahrheit"-Anspruches — der
Natur beläßt: es gibt keinen Teil der Natur, der von uns vollkommen erfaßt wäre[13]; und trotzdem wird dieser ewige Rest,
den jedes „Begriffene" an der Natur übriglassen muß, nicht
etwa zu einem Quietiv, sondern zum Ausdruck, daß der
Prozeß des Erkennens ein unendlicher, und als ein solcher:
unendliche Aufgabe sei.[20] Das Erkennen ist unbedingt
und duldet keine Grenzen, welche die „Unbegreiflichkeit" auf-
richten möchte.

2 a. Die Absurdität des Gedankens,
daß die Wahrheit vom Willen Gottes abhängig sei,
bezüglich des Gottesbegriffes.

Diese Unbegreiflichkeit einer „Wahrheit" bildet aber auch gar keinen Schutz, sondern geradezu die Preisgabe des Begriffs Gottes. Nehmen wir an, die Wahrheit sei vom Willen Gottes und nicht von der Natur der Dinge abhängig. Nun liegt der Charakter des Willens darin, sich ein Objekt zu setzen; das Inhaltliche dieses Objektes jedoch wird vom Verstande bestimmt. Somit bedeutet die Arbeit des Verstandes der des Willens gegenüber eine Priorität. Hängt nun die Wahrheit der Dinge primär vom Willen ab, so kann der Verstand keine Wahrheit zum Objekte haben. Ein solcher Verstand ist aber keine Unbegreiflichkeit, er ist eine Chimäre.[14][15] Die Ideen sind sonach nicht durch einen Akt des Willens Gottes hervorgebracht, so wenig wie die Zahlen und Figuren, mit einem Worte: alle essences possibles müssen für ewig und notwendig gehalten werden; denn ihr Ort ist das ideale Gebiet des Möglichen, d. h. der göttliche Verstand.[16]

Von hier aus offenbart sich in neuer Weise die Absurdität des Gedankens, die ewigen Wahrheiten von einem göttlichen Aktus abhängig machen zu wollen. Wenn auch in Gott also der Intellekt „früher" ist als der Wille, ist es dann mehr als eine bloße Redensart[17], zu sagen, Gott habe „bestimmt", daß der Kreis möglich sei? Welcher Sinn liegt in solchem Gedanken? Erkannte er den Kreis oder nicht, als er das Dekret der Existenz gab? Ich glaube, er erkannte ihn, denn der Wille setzt den Intellekt voraus. Zweitens: als er ihn verstand, erkannte er den Kreis doch wohl klar und distinkt. Nun ist aber alles möglich, was klar und distinkt erkannt wird (sei es nun — von Gott oder von uns!). Also ist die Möglichkeit des Kreises, d. h. die ewige Wahrheit in ihren inhaltlichen Werten, von Natur früher als ein derartiges Dekret Gottes. Kurz: der Wille Gottes setzt das Einsehen der zu wollenden Sache voraus; der Intellekt schließt die Möglichkeit der intelligierten Sache ein. Also setzt der Wille die Möglichkeit der zu wollenden Sache voraus, ist also bedingt bezüglich seines Objektes.*[18] — Durch entgegengesetzte Schlüsse gelangt man von einer Absur-

---

*) cf. (W. W. Gerhardt) IV 259[5], 1671; VI 341[19].

dität in die andere, so daß schließlich die Notwendigkeit der
göttlichen Existenz und selbst die Notwendigkeit des göttlichen Willens als von dem göttlichen Willen abhängig aufgezeigt werden könnte.[19]

Das Fundament dieses apagogischen Beweises ist, wie
gesagt, die dogmatische Voraussetzung, daß Gottes Geist die
Region der Ideen oder der Wahrheit ist.[20] Sobald dieses zugegeben ist, folgt bündig, daß er auch der Urheber dieses
seines Verstandes, seiner eignen Wesenheit ist, wenn die
ewigen Wahrheiten von seinem Willen abhängig sind.
Als „ewige Wahrheiten" werden bezeichnet das Gebiet der
Metaphysik und das der Geometrie, die Regeln der Güte, der
Gerechtigkeit und Vollkommenheit, somit das gesamte Gebiet
geistiger Betätigung, der Vernunft.[21]

Bis hierher war der Beweisgang vorwiegend aus dem Begriffe Gottes selbst geführt; wenden wir ihn jetzt so, daß er
sich aus den Forderungen, die von den ewigen Wahrheiten an
sich gestellt werden, erhebt.

2b. Die Absurdität des Abhängigkeitgedankens, bezüglich des Erkennens nachgewiesen.

Wie charakterisiert sich solch eine Abhängigkeit der ewigen
Wahrheiten vom Willen Gottes? Das Dreieck hat als Summe
seiner Innenwinkel zwei R; von allen Figuren mit gleichem
Umfang hat der Kreis den größten Inhalt. Hängt diese Wahrheit vom Willen Gottes ab, so ist diese Eigenschaft ein —
Privilegium des Dreiecks, resp. des Kreises, die Gott auch
auf das Quadrat hätte übertragen können, wenn er es — ge-
wollt hätte.[22] Das Naturgesetz wäre demnach etwas Willkürliches und Indifferentes[23]; der Aktus Gottes ein bloßes bon
plaisir, ein liberum arbitrium[24]; seine Handlung würde das Ge-
haben eines Despoten zeigen[25], der nicht durch Weisheit geregelt würde. Und behauptete Descartes, Gott könne kein
trompeur sein, leugnete er andererseits nicht, daß von Gott
einander Widersprechendes bewirkt werden könnte, so ist das
eine Widersinnigkeit[26], ein jeu d'esprit*, das nicht ernst zu
nehmen ist. Der Geometer erwartet, dieselbe Gesetzeskonse-
quenz, mit der sein Beweis an der Parabel die Eigenschaften
einer Ellipse mit unendlich fernem Brennpunkte nachweist, auch

---

*) III 353.

in dem Wandel der Natur beobachten zu können.[27] Denn
nichts geschieht ohne ein genügendes „Warum?" oder besser:
ohne einen bestimmenden Grund. Dieses Prinzip hat seine Be-
deutsamkeit bewiesen, indem es die wichtigsten Entdeckungen
im Naturgeschehen ermöglichte. Kraft dessen aber wechselt
Gott niemals Wille und Verrichtung, ohne gewichtigen Grund
dazu zu haben. Und wenn die Sache, um die es sich handelt,
eine einförmige und einfache Natur hat, so sind wir imstande
(so armselige Geschöpfe wir auch sind), zu urteilen, ob es dafür
einen Grund geben kann oder nicht. Wenn der Wille Gottes
allein, d. h. seine Willkür, sich betätigte, ohne daß in der
Natur der Geschöpfe der Grund dieses Willens läge, so wäre
das ein ganz unverhülltes — Wunder, für das in der Philosophie kein Platz sein darf.[28]

In diesem Ausdrucke protestiert das Erkennen gegen den
Willkürakt Gottes. In den natürlichen Dingen ist der Wille
Gottes kein genügendes „Warum?", wenn die Gründe des
Wollens sich nicht in dem Gegenstande und den mit der Ordnung der Natur im Einklang stehenden Mitteln finden, vermöge
derer Gott seinen Willen auszuführen hätte.[29] Könnten wir
den Grund der Beziehungen unter Tatsachen der Natur nicht
im allgemeinen begreifen, dadurch daß Gott den Dingen zufällige, der allgemeinen Naturkausalität entrückte Vermögen
gäbe, so wäre hiermit eine Hintertür geöffnet, durch die jene
verborgenen Qualitäten zurückkehrten, die kein Denken fassen
kann, und jene kleinen überall dienstbereiten Geister von „Vermögen", die wie die Götter auf dem Theater oder die Feen
im Märchen erscheinen und, wenn es nötig ist, alles, was ein
Philosoph verlangen kann, ohne Umstände und Werkzeuge
verrichten.[30] Diese verborgenen Qualitäten sind nichts anderes
als die Asyle einer unter schönem Namen sich verbergenden
Unwissenheit, oder sogar der Schlupfwinkel einer dreisten Faulheit. Denn es ist in der Tat leichter, der Forschung Schranken
zu setzen, sich mit wenig Aufwand aus der Affäre zu ziehen
und keck mit eignen Händen Beifall sich zu klatschen, daß
man den Dingen „auf den Grund gekommen" sei, als daß man
Ehrfurcht habe vor der Natur in ihrer Unendlichkeit, die keine
Schranken duldet, bei denen der menschliche Geist in einer
Schwäche Halt machen möchte.[29]

Durch solche Ansicht wird die Erkenntnis der Wahrheit
zerstört und einem zügellosen Enthusiasmus Tür und Tor
geöffnet.[31] Oder wo gäbe es alsdann Kriterien der Wahrheit?

Ich erwarte, daß ihr sagt, es werde auch eine Welt geben, in der das Ganze kleiner ist, als sein Teil, und in der der Winkel im Halbkreis ein spitzer ist. Da Gott ja alles, was er will, auch kann, so konnte er gewiß auch dieses wollen.[32] Auf diese Konsequenz muß sich — nicht die vermeintliche Willkür Gottes, — die Zügellosigkeit eines faulen Denkens einlassen, das lieber die Phantasie, die Einbildung spielen läßt, als daß es sich harter Arbeit ergebe. Woher schreibt sich denn das Recht, eine andere Art von „Wahrheit" der Wahrheit der Wissenschaft entgegenzustellen? Kann eine Einbildung meines Kopfes, und sei sie noch so stark, auf die Autorität Gottes ihren Ursprung zurückleiten, so daß sie mit dem Anspruch der Wahrheit auftreten könnte? Man mag einem solchen Einfalle den Namen eines Gesichts oder einer Erleuchtung geben, so ist's doch nicht mehr als eine Kredulität und Konfidenz. Denn wenn von einer Behauptung gehandelt wird, deren Wahrheit man sich eingebildet hat, ohne zu erkennen, daß sie wahr sei, so kann es nicht heißen sehen, sondern glauben, man mag einer solchen Eingebung einen Namen geben, welchen man wolle.[33] Derowegen merket Herr Locke gar wohl an, daß, wenn das Licht, welches jeder in sich zu haben meint und welches auf diesen Fall nichts als eine Macht seiner eignen Einbildung ist, ein Beweis wäre, daß die Sache, welche man sich einbildet, von Gott käme, so müßte man schließen, daß alle widrigen Meinungen das Recht, vor göttliche Eingebungen zu passieren, haben könnten.[34]

So sind die divinatorischen Künste allesamt nichts als pure Betrügereien.[35] Die Notwendigkeit, an die Lehren der Kirche zu glauben, erheischt nur eine vernünftige Neigung, sich belehren zu lassen und verpflichtet nach den gelehrtesten (katholischen) Kirchenlehrern nicht unbedingt zur Zustimmung.[36][37] „Denn Gott", so zitiert Leibniz Locke in einem schönen Wort, „vernichtet den Menschen nicht, wenn er einen Propheten machet".[38]

Es gibt nichts gegen die Vernunft; dem steht die Natur der Evidenz des Erkennens entgegen, und die Erfahrungen des ganzen Lebens bezeugen das Gegenteil. Aber noch mehr: Es darf nichts gegen die Vernunft geben. Denn könnte einmal der Zweifel von Rechts wegen in Gang gebracht werden, so würde er durchaus unüberwindlich sein, ja, sich auch sogar dem widersetzen, der für diese Ansicht Einleuchtendes herbeischaffte. Das Kriterium der Wahrheit liegt in der

Wissenschaft, in der Erkenntnis, das ist die unbeirrbare, unbedingte Notwendigkeit für jeden Anfang geistigen Besinnens. Denn das muß jedem klar sein, daß dieser Zweifel an dem Erkennen, als an der letzten und eindeutigen Instanz der Wahrheit, weder eintritt, wenn wir Gott leugneten (denn auch ein Atheist kann ein Geometer sein), noch gehoben wird, wenn man Gott zuläßt. Existierte auch kein Gott, so würden wir deswegen nicht weniger fähig zum Wahren bleiben; und mag Gottes Sein eingeräumt werden, so folgt deshalb nicht, daß es nicht ein dem Irrtum verfallenes Geschöpf gebe.[39] Bis zu dieser Grenze der Formulierung geht Leibniz in einer Periode seines Lebens, in der er einem anmaßlichen Gottesbegriff gegenüber mit dem Atheismus spielt. In späteren Formulierungen verhüllt sich wohl der Sinn, ohne sich aber zu ändern. Die Gedankenstimmung bleibt dieselbe: die ewigen Wahrheiten müssen als Unbedingtes gelten; von ihnen erst hebt die Charakterisierung Gottes an. Denn der Zweifel an den ewigen Wahrheiten zerstört nicht allein den Gang der Kultur, sondern verschüttet den Zugang selbst zu Gott*[7]: Wenn man behauptet, daß die ewigen Wahrheiten der Geometrie und Moral und folglich auch die Regeln der Gerechtigkeit, der Güte und Schönheit die Wirkung einer freien und willkürlichen Wahl des Willens Gottes ist, so scheint es, daß man ihm seine Weisheit und seine Gerechtigkeit, oder vielmehr den Verstand und den Willen nimmt, denn alsdann hat dieser Gott weder das Gute zum Gegenstand des Willens, noch das Wahre zum Objekt seines Verstandes.[39][40] In diesem Objekte des Wahren verbleibt demnach das Kennzeichen Gottes, der Ausgangspunkt und die Kontrolle seiner Charakterisierung. Die Erfahrung und der Grund ihrer Ordnung, der in den ewigen Wahrheiten liegt, ist die Offenbarung Gottes. Und da die Dinge, die Werke Gottes, um so mehr den Intellekt befriedigen, je mehr sie diskutiert werden[41], so muß Gottes Intellekt die Idealregion der ewigen Wahrheiten sein[42][43], eine Region der Einhelligkeit und Widerspruchslosigkeit, die eine zweite Gattung „Wahrheit" ausschließt.[44]

---

*) cf. „Jede Urteilsbildung über Gott ist unmöglich". (Zitat 7.)

3. Konsequenzen
eines derartig bestimmten Verhältnisses
zwischen dem Erkennen und dem Gottesbegriff.

Die erste Formulierung des indirekten Beweises gegen die Annahme eines unbedingten Willens Gottes stellte die absurden Folgerungen für den Gottesbegriff vor Augen, die zweite bewies, daß das Fundament jeder geistigen Sicherheit, auch der über Gott, die unbedingte Autorität der Vernunft, der Wissenschaft, der Erkenntnis sei. Jeder Zweifel an demselben ist der Anfang eines zügellosen Einbildungsspieles; er dient nicht nur nicht der Allmacht Gottes, sondern macht, einmal erwacht und ermuntert, selbst vor ihm nicht Halt.

Nach dieser Polemik, deren Ergebnis die platonische Wertung der Erkenntnis, der Wissenschaft, ist, gelangt Leibniz zu folgenden positiven Bestimmungen.

Ebenso, wie man sagen kann, es sei eine der offenbarsten Wahrheiten, daß eine Substanz, deren Wissen und Macht unendlich sind, verehrt werden muß, ganz ebenso ist es auch erlaubt zu sagen, daß sie von Anfang an aus dem Lichte hervorgeht, das mit uns geboren ist, damit wir auf sie unsere Aufmerksamkeit richten können.[45] Darum erhebt uns die Kenntnis der ewigen Wahrheiten, Vernunft und Wissenschaft, zur Erkenntnis nicht nur unsrer selbst, sondern auch zu der Gottes.[46] Denn das, was aus Gottes allgemeiner Gesetzgebung stammt, das entspricht der Natur und der Vernunft[47], so daß das Licht der Vernunft das Licht der Offenbarung Gottes ist.[48][48] Die mathematische Meditation gewährt uns geradezu den Anblick der Ideen Gottes.[49]

Das Mittel, durch das uns Gott die Wahrheit einer Sache erkennen läßt, ist entweder der ordentliche Weg der natürlichen Vernunft, oder er gibt doch wenigstens zu erkennen, daß es eine Wahrheit sei, die wir seiner (begrifflich nunmehr klargestellten) Autorität wegen annehmen müssen, indem er uns durch gewisse Merkmale, die unsere Vernunft, welche die unendliche Kette der Verursachung nicht übersehen kann, überzeugt, daß sie von ihm (d. h. der Region der ewigen Wahrheiten) komme.[50]

Es ist also weder ein Verbrechen noch eine Gottlosigkeit, alles in der Physik auf mechanische Weise erklären zu wollen; denn die Gesetze der Mathematik, d. h. die ewigen Wahrheiten, sind der Gegenstand, wie unserer Vernunft, so auch seiner Weisheit. [51]

Von diesem Punkte aus sucht Leibniz eine Berührung mit dem Malebrancheschen Prinzipe, daß wir alle Dinge in Gott schauten. Er kann ihm nur zustimmen, wenn es im „guten" Sinne verstanden werde. [52] Leibniz vermöchte einer solchen Auffassung aber nicht zuzustimmen, nach welcher unsere Ideen nur gleichsam Bilderchen wären; er ist Platons Schüler, indem er Gott bestimmt als Vernunft, zu deren Licht wir geboren sind [53]; indem wir in diesem Lichte leben, schauen wir Gott. Die Abfolge der Ideen in unserem Geiste ist, bedingt durch das Gesetz dieses Geistes, im Ganzen zwar als abhängig zu denken von der Instanz der Vollkommenheit, im Einzelnen aber kraft der eigenen Gesetzlichkeit frei von äußerer Einwirkung. [54] In dieser Einschränkung kann man sagen, Gott sei unser unmittelbarer Gegenstand, — wenn dieser Begriff des „Objektes" überhaupt für ihn paßt. [55] An solchem Schlußsatz zeigt sich, daß es sich bei diesen Wendungen des Malebrancheschen Gedankens für Leibniz nur um den äußerlichen Versuch einer Annäherung handelt. Notwendig bleibt, daß zwischen Gott und den Menschen kein prinzipieller Unterschied aufklafft. Seine Güte und seine Gerechtigkeit, ebenso wie seine Weisheit, unterscheiden sich nur dadurch von unserer Güte, Gerechtigkeit und Weisheit, daß sie unendlich vollkommen sind. [56] Alles, was im göttlichen Geist ist, ist auch in dem unsrigen, dort distinkt, hier aber konfus und unvollkommen. [57] Wenn Gott uns eine Wahrheit offenbart, so erlangen wir diejenige, die seinem Verstande innewohnt; denn obgleich zwischen seinen und unseren Ideen ein unendlicher Unterschied stattfindet, sowohl, was Vollendung als was Ausdehnung anbetrifft, so bleibt doch immer wahr, daß wir bezüglich desselben unsere Vernunft in derselben Weise wie Gott betätigen. Also muß man die Wahrheit in diesen Rapport zu Gott setzen. [58]

Somit kann man sagen, daß die Geister (mentes) die nächsten Ebenbilder des „ersten Seienden" sind, weil deren Vernunft die notwendigen Wahrheiten, d. h. die Gründe, welche das erste Seiende bewegen und das Universum formen mußten, distinkt perzipieren kann. [59] Die Geister sind ihm zum Bilde gemacht und gleichsam von seiner Rasse. [60] In einem andern Gleichnis nennt Leibniz die Seele den Mikrokosmos gegenüber Gott, dem Makrokosmos [61]; sie ist ihm eine Nachahmung der Gottheit [62], ein kleiner Gott, der eine Welt schafft, die ebenso

wenig zugrunde geht, als das Universum, — Bezeichnungen, die erst aus Späterem ihr volles Verständnis finden können. [61]
Diese Wesensgleichheit zwischen dem Geist des Menschen und Gott begründet die innigste Gemeinschaft zwischen beiden. Vermöge der Gemeinsamkeit der Vernunft stehen alle vernünftigen Wesen zu Gott im Verhältnis der Kinder zum Vater[62]; die Menschen sind Gottes legitime Kinder.[63] — Je umfassendere Gebiete die Vernunft eines Menschen umspannt, je größer der Umkreis der Natur ist, der von seinem Geiste beherrscht wird, um so näher steht dieser Mensch Gott. „Ich mache einen unendlichen Unterschied zwischen denen, die nur Erfahrungen (Versuche) geben und denen, die darin verborgene Gründe entziffern; diese gehören gleichsam zum Rate Gottes"[64], des Monarchen der vollkommensten Republik der Geister.[65] Oder anders: „Manche können im gemeinsamen Concert à ces solides connaissances durch Erfahrungen beisteuern, welche die Materialien bilden; aber die, welche wie Newton hieraus Nutzen zu ziehen vermögen, um den großen Bau der Wissenschaft vorwärts zu bringen, und die das Innere der Natur entziffern können, gehören im wahren Sinne des Wortes zum Geheimrate Gottes, und alle anderen arbeiten nur für sie."[66]
So begründet Leibniz die Möglichkeit einer Menschheitsarbeit, der „Kultur", indem er unter dem Idealbegriff Gott die Geister vereint zur allgemeinen Republik intelligenter Wesen. Es gelingt dadurch, daß er die Erkenntnis, die Wissenschaft, zum Unbedingten erhebt und hieraus die Merkmale und die Kontrolle für eine zulängliche Formulierung des Gottesbegriffs gewinnt. Damit wird auch der Begriff der Existenz schon wenigstens so weit bewältigt, daß er dem Vorrechte der Erkenntnis nicht mehr zu schaden vermag. Nun ist der Inhalt, das Wesen alles Existenten von der Erkenntnismöglichkeit abhängig gemacht; die Erkenntnis erhält die Befugnis, dasjenige, was gegen die Vernunft ausgespielt wird, als „das Absurde" von der Existenz auszuschließen. Die Erkenntnismöglichkeit wird zur ersten Existenzbedingung, — die Unmöglichkeit, der Widerspruch der Erkenntnis schließt in sich die Unmöglichkeit der Existenz.
So ist die Stelle Leibnizens in der Geschichte der Philosophie unzweideutig gekennzeichnet. Sein Denken gipfelt in der platonischen Frage: Was ist Wissenschaft, Erkenntnis? In dem Forschen nach dem unbedingten Wert und Wesen der Erkenntnis hat er die Methode seines Philosophierens erkannt.

2. Kapitel.
Gott und Sittlichkeit.

1. Die Weisheit als Wissenschaft des Guten ist von dem Willen Gottes unabhängig.

Das vorige Kapitel wollte nachweisen, daß der Wille Gottes über die Natur der Dinge, d. h. über die Erkenntnis, keine ursprüngliche Macht besitzt. Der Verstand ist dem Willen gegenüber ein apriori, ein von Natur Früheres. Der göttliche Wille folgt aus der Notwendigkeit der Dinge, weil auch die Existenz Gottes aus dieser Notwendigkeit der Dinge oder aus der Essenz Gottes folgt, denn Gottes Essenz (Wesenheit) kommt mit der Notwendigkeit der Dinge überein.[67]

Im Gebiete der Sittlichkeit wiederholen sich bedeutsamerweise die im vorhergehenden erörterten Gedankengänge. Die Wesenheit der Dinge hängt nicht von der Willkür Gottes ab, sondern von seiner Wesenheit; ist dies zugegeben, so ist offenbar, daß sogar auch die Ideen des Guten und Gerechten nicht von Gottes Willkür abhängen dürfen.[68] Wäre unter den Ideen die Idee der Güte nicht vorhanden, so wäre gewiß auch in Gott keine Weisheit; denn nichts anderes ist Weisheit als die Wissenschaft des Guten.[69] Wie der Aktus Gottes den Intellekt, d. h. die ewigen Wahrheiten voraussetzt, so setzt der Wille Gottes die Regel des Guten[21], an die Gott gebunden ist, voraus; denn jeglicher Wille muß unter dem Gesichtspunkt des Guten stehen, setzt also „das Gute" inhaltlich voraus. Es darf daher nicht gesagt werden, daß das, was wir Gerechtigkeit nennen, in bezug auf Gott nichts sei, daß seine absolute Herrschaft über die Dinge so unbeschränkt gelten dürfe, daß er, ohne gegen die Gerechtigkeit zu verstoßen, Unschuldige verdammen könnte, daß also die Gerechtigkeit in bezug auf ihn etwas Willkürliches wäre. Das sind verwegene und gefährliche Ausdrücke.[70] Gott darf bezüglich der Dinge, die wir gerecht und ungerecht nennen, nicht als indifferent gedacht werden; andernfalls würde er, wenn es ihm gefiele, eine Welt erschaffen können, in der die Guten für immer unglücklich und die Schlechten (d. h. die, welche die anderen nur zu vernichten suchen) glücklich wären; was alsdann „gerecht" sein würde. Dann aber könnten wir nichts über die Gerechtigkeit Gottes ausmachen,

und vielleicht hätte er etwas auf eine Weise eingerichtet, die
wir ungerecht nennen, weil es in bezug auf ihn keinen Begriff
des Gerechten gäbe.[71]

Es führt also ins Wahnwitzige, sowohl in Hinsicht des
Gottesbegriffes wie der Sittlichkeit selbst, wollten wir die Weisheit irgend von Gottes Willen abhängig machen. Die Dinge
sind nicht gut oder schlecht nur durch einen Effekt des Willens
Gottes, sondern das Gute ist ein Motiv seines Willens, weil es
früher ist als der Wille, es müßte denn der Wille ein absolutes
Dekret (Geheimbeschluß) ohne Grund sein und folglich nicht
die Absicht des Guten haben; was nur dann möglich wäre,
wenn der Wille nicht aus einer Intelligenz herflösse.[71] Darum
ist Spinoza schon deshalb, um den Gottesbegriff vor der Absurdität zu retten, mit Recht gegen eine absolute Macht der
Selbstbestimmung, gegen eine Bestimmung ohne irgendeinen
Grund.[72] In tiefstgreifender Polemik gegen Descartes[71] ist es
gesagt, daß der Wille Gottes immer gefesselt sei, und zwar
gefesselt durch das „Beste", das also apriori vor dem Willen
schon gegeben ist. Das heißt: Gott kann nie einen besonderen,
ursprünglichen (primitiven) Willen haben, einen Willen, der von
den allgemeinen Gesetzen der Willensbetätigungen unabhängig wäre, — ein solcher Wille würde vernunftwidrig sein[73],
er würde die Sittlichkeit selbst unmöglich machen. Denn das
ist das Fundament der Vorsehung und aller unserer
Hoffnungen, daß es nämlich etwas Gutes und Gerechtes an
sich selbst* gibt, und daß Gott in seinem Willen durch dieses
determiniert ist, denn er ist die Weisheit und kann nicht verfehlen, das Beste zu wählen.

Frei von jedem dogmatischen Bedenken wird hier das
Fundament der Weltordnung in das Gute und Gerechte an sich
gelegt, in die allgemeinen Gesetze des Guten. In ihnen
liegt das Prinzip aller sittlichen Bestimmung und darum auch
die Quelle der Formulierung des Gottesbegriffs. Die Allmacht
Gottes wird von der Vernunft gefesselt, eingeschränkt auf die
Forderung des Guten an sich selbst. Das besagt: die Wissenschaft der Sittlichkeit ist Vernunft, als solche in ihrem Arbeits-
gange unbedingt, und der Gottesbegriff ein Erzeugnis des sittlichen Besinnens. Auch hier bedeutet diese Umwertung des
Abhängigkeitsverhältnisses von Sittlichkeit und Gott nicht eine

---

*) Man beachte die platonische Ideensprache!

Entweihung Gottes, sondern das Mittel des reinsten Gottes-
Glaubens. Durch solche Bestimmungen allein ist das Gute,
die Gerechtigkeit, die Vorsehung davor bewahrt, eine bloße
. Chimäre zu sein. [71]

2. Das Verhältnis Gottes zu den Menschen, als den zur Sittlichkeit berufenen Wesen. Die Vollkommenheit Gottes.

Die Idee Gottes entsteht uns durch die Beseitigung der
Grenzen unsrer Vollkommenheiten [74], sagt Leibniz. Die Folge
einer solchen Entstehungsweise ist, daß der Unterschied von
uns zu Gott nur ein Unterschied der Stufen, des Mehr und
Minder ist. [82] Die Vollkommenheit Gottes ist eine Idee von
Vollkommenheit, die wir in uns vorfinden; die göttlichen Vollkommenheiten sind die nämlichen wie in unserer Seele, nur
daß Gott dieselben in unbegrenztem Maße besitzt: er ist
ein Ozean, von dem wir nur Tropfen empfangen haben. [75]
Das allgemeine Recht bleibt dasselbe für Gott und für Menschen. [76 88 89 90]

Gottes Intellekt und Gottes Wille sind demnach gebunden
an die Wissenschaft und die Sittlichkeit, wie sie aus dem Lichte
unserer Vernunft hervorgehen. Nun kann der Begriff „Existenz"
sich aus dieser Idee des Unbedingten, des Unbegrenzten, aus
der Totalität der Ideen ableiten. Die „Idee die in uns ist"
verbleibt das Kriterium aller inhaltlichen Bestimmung. Als
solcher der Idealbegriff des Ganzen sittlicher Gesetze [77], erheischt
Gott nicht nur Ehrfurcht, sondern auch Liebe. [78] Wir werden
später noch Gelegenheit finden, diese Liebe zu Gott als Demut
zu bestimmen, als Demut im Unterschied zur Resignation, dem
Ausdruck des Gefühlsverhältnisses zu Gott aus der Gedankenstimmung des stoischen Heidentums heraus. Gott ist die Weisheit; Liebe zu Gott empfinden heißt demnach, das Gesetz des
Guten an sich selbst vor seinem ganzen Menschen als den
eignen reinsten Inhalt umfassen. Dadurch wird die Liebe zu
Gott zum Gefühl der Demut vor Gott. Die Liebe Gottes ist
Liebe der Weisheit. [80]

Nunmehr entäußert sich das Bewußtsein seines Schatzes
und schützt dadurch diesen reinsten Inhalt seines Selbst vor
der Schwachheit des eigenen Menschen [78], indem es die moralischen Qualitäten als eine Bestimmung des Menschen durch Gott
auffaßt [79]: Gott hat das Licht der Vernunft in uns angezündet

und ist dadurch unser Lehrer.[81] Er regiert die Geister nach
Gesetzen der Gerechtigkeit.

Gott ist also mit Willen und moralischen Qualitäten bekleidet, er ist selbst Geist wie wir, wie einer unseresgleichen.[82]
Denken wir ferner an das Gesagte, daß Gott in der Idee entsteht, in der wir unserer Vollkommenheit alle Grenzen ab-
streifen, so liegt das stehende Bild Leibnizens für das Verhältnis
von Gott zu den Menschen als auf Sittlichkeit tendierenden
Wesen nahe: Gott ist der Monarch der sittlichen Republik.
Gott ist der Fürst über seine Untertanen und sogar Vater zu
seinen Kindern.[83] [84] Er ist das Haupt aller Personen und intelligenten Substanzen, der absolute Monarch des vollkommensten
Staates, der vollkommensten Republik.[84] [85] [86] [82] Die Gesellschaft, in die Gott mit uns eintritt, oder diese allgemeine Republik der Geister unter diesem Monarchen ist der edelste Teil
des Weltalls, zusammengesetzt aus so vielen kleinen Gottheiten
unter diesem großen Gotte, der als König der Geister, selbst
Geist, eine besondere Gesellschaft (societas) mit ihnen pflegt.
Jeder einzelne Geist ist der Ausdruck des göttlichen Ebenbildes (Imago).[87]

Das stehende Gleichnis vom Monarchen der vollkommensten
Republik ist scheinbar paradox, jedoch von größter gedanklicher
Kühnheit. In diesem Gleichnis hält Leibniz zunächst den Gedanken der Unbedingtheit der sittlichen Welt in ihrer Gesetzlichkeit aufrecht: das Staatswesen ist in seiner gesetzlichen Grund-
lage eine Republik, die vollkommenste Republik der Geister.
Aber dieses Reich der moralischen Wesen ist in das Reich der
Notwendigkeit eingelassen. Die Notwendigkeit ist Tatsache,
die Sittlichkeit nur Aufgabe, Forderung. Darum bedarf dieser
Tatsache der Naturnotwendigkeit gegenüber, die aus sich die sittliche Forderung unerfüllt läßt, das Reich der Sittlichkeit eines
Garanten und Erhalters der unveränderlichen Vernunftregel,
eines Verwalters, d. h. eines Monarchen dieser Gesetze für
Wesen, die in die Natur gestellt zur Sittlichkeit berufen sind.[91] [92]

Dies Gleichnis vom Monarchen der vollkommensten Republik erhält einen bedeutsamen Sinn aus der Form der ethischen
Gebote. Es deutet hin auf eine Ethik innerhalb der Grenzen
der Humanität: Wer das gemeine Beste nicht suchet, gehorchet Gott nicht, d. h. dem Guten und Gerechten an sich
selbst nicht. Gott gehorchen ist: seine Ehre und gemeines
Bestes suchen. Das Gleichnis enthüllt aber seine volle Absicht
in dem Messiasgedanken, der aus der ganzen Weite des Blickes

eines philosophischen Genius heraus in dem einen Herrn der
beiden Reiche: der physischen und moralischen Wesen, den
Glauben des alten Testamentes von neuem zu einem Ferment
der Weltkultur erhebt.

Denken wir also daran, daß bis hierher nur eigentlich das
Verhältnis von Gott zu den ewigen Wahrheiten der sittlichen
Welt bestimmt ist. So wenig wie im ersten Kapitel, so wenig
hier sind wir über das Gebiet des Möglichen und bloß Essen-
tiellen, das Gebiet der reinen Vernunft, hinausgelangt. Ehe
wir den Charakter der beiden Reiche, der Physis und der Sittlichkeit, in ihrem Ineinander ins Auge fassen dürfen, ist zu
fragen, wie das Datum der Natur, die Kreatur, sich zu Gott
stelle, wie sich Möglichkeit zur Wirklichkeit, die Essenz zur
Existenz verhalte.

---

3. Kapitel.
Möglichkeit und Wirklichkeit.
Die Arten der Notwendigkeit.   Conatus zur Realität.
Causa efficiens und Causa finalis.

Es wurde ausgesprochen, daß die ewigen Wahrheiten, sowohl der Naturerkenntnis, wie der Sittlichkeit, unter dem gemeinsamen Begriff der Möglichkeiten zusammengefaßt werden. Der
gedankliche Zusammenhang unter den Begriffen der „ewigen
Wahrheiten" und der „Möglichkeiten" ist leicht ersichtlich.
Die mathematischen Erkenntnisse (die klassischen Beispiele für
die ewigen Wahrheiten seit Plato) fordern eine Reinheit ihrer
Voraussetzung, welche sich über jegliche reale Einzelgestaltung
erhebt. „Die gerade Linie", „das Quadrat" sind mathematische
Gestaltungen, hinter deren Anforderungen die Wirklichkeit stets
zurückbleibt.

Die mathematischen Einsichten gehen also niemals in einer
realen Gestaltung ganz auf, sie finden keine Verwirklichung,
wie auch die Gestalten-Mannigfaltigkeiten der Welt sich abwandeln mögen. Somit werden die mathematischen Bilder zu etwas
„bloß Möglichem". Man sagt: Was aber niemals realisiert
werden kann, habe demnach auch keine Wirkung auf Realität;
es könne kein Grund für das Existieren sein; die ewigen Wahrheiten sind demnach durch ihren Charakter der „Möglichkeiten",
ja der „bloßen Möglichkeiten", nur Imaginaria oder etwas
Fiktives, deutlicher: sind Chimären. [93] [94]

Leibniz überwindet nun diesen Begriffsgegensatz Möglichkeit — Wirklichkeit nicht kraft der Erkenntnis. Das hätte
geheißen, den Begriff der Existenz zu bewältigen. Leibniz
entdeckt vielmehr den Grundsatz, der diese Unterscheidung
sanktioniert, im Principium individuationis, nach dem Gott keine
zwei vollkommen gleichen (kongruenten) Dinge geschaffen hat,
da kein „Grund" vorlag, zweimal dasselbe zu tun.

Aber Leibniz war zu sehr Mathematiker, um die ewigen
Wahrheiten durch den Verdacht des Imaginären und des Fik-
tiven in ihrer Bedeutung für die Erkenntnis des Realen entwerten zu lassen. Er sagt: Wenn ich von Möglichkeiten
spreche, so bin ich zufrieden, wenn man wahre Behauptungen
daraus bilden kann. Wenn es z. B. keineswegs ein vollkommenes
Quadrat in der Welt gibt, so würden wir doch nicht aufhören
zu sehen, daß dasselbe keineswegs einen Widerspruch einschließt.[95] Und nur das ist eine Chimäre, dessen Merkmale
zur Absurdität treiben. Die Möglichkeiten der ewigen Wahrheiten sind also grundsätzlich von den Hirngespinsten einer
kritiklosen Imagination abgehoben.

Damit ist die Mathematik als Instrument der Erkenntnis
behauptet. Aber der Besitz eines Instrumentes ist interesselos,
wenn der Gegenstand der Betätigung fehlt. Durch die Phänomenologie, zu der sich die Erkenntnislehre Leibnizens ausbaut,
wäre nun allerdings der Naturkörper ein Produkt des Erkenntnis-
vorganges, ein Eigen-Erzeugnis der ewigen Wahrheiten. Trotz
alledem würden die Ideen nicht dem Charakter bloßer Möglichkeiten enthoben; denn das Erkennen findet in Individuen statt,
das Reich der Phänomena jeder einzelnen denkenden Substanz
muß in Korrespondenz stehen mit dem jeder anderen Substanz,
damit das Kommerzium entstehe; denn jetzt erst entsteht
„Natur", wenn der Vorstellungsgang jeder Substanz ein geregelter ist, harmonisch zu dem Vorstellungsgang eines jeden anderen
sich gestaltet. Diese Harmonie, aus der die Natur real ersteht,
kann keine zufällige sein, d. h. das Kommerzium intellektueller
Wesen ist ein präetabliertes, vor der Natur, d. h. vor dem
tatsächlichen Kommerzium dieser Substanzen erschaffenes. —
Es erhellt, daß die ewigen Wahrheiten noch nicht über den
Wert bloßer Möglichkeiten erhoben sind, wenngleich sie schon
als Instrumente der Erkenntnis erkannt sind. Sie bleiben —
wahre Behauptungen, ohne realisierende Kraft, so lange nicht
der Vorstellungsgang aller denkenden Individuen ein in seiner
Gesamtheit geregelter ist: diese Einstellung auf allgemeine

Harmonie des Denkens aller Substanzen ist ein Aktus einer höchsten Intelligenz, durch die aus den bloß „möglichen" ewigen Wahrheiten Instrumente einer Wirklichkeitschau werden.

Diese höchste Intelligenz ist demnach die Wirklichkeitsquelle [96] [97] [98] [99] [100] [101] [102] [103] [104], der Ursprung der Erfahrungsmannigfaltigkeit derart, daß der Vorstellungsgang der Individuen in einem Kommerzium steht: der Grund der Einheit der Natur aus der Mannigfaltigkeit der Erfahrungen aller einzelnen denkenden Substanzen. Das Inhaltliche, das Materiale dieser Mannigfaltigkeit besteht in den ewigen Wahrheiten; die Form des Zusammen und des Nacheinander, wie es in „dieser Natur" gegeben ist, ist also ein Aktus einer höchsten Intelligenz, deren Verstand die Region der ewigen Wahrheiten [105]; deren Objekt also auf sie eingeschränkt ist; deren Aktus die Beziehung der ewigen Wahrheiten auf Realität garantiert: eine Intelligenz, selbst Substanz und kraft der ewigen Wahrheiten Realität schaffend. Gott ist also causa efficiens, sein Instrument sind die ewigen Wahrheiten. Somit werden die Ideen über die subjektive Schranke des „bloß Imaginären" hinausgehoben zu ontologischer Bedeutung; barbarisch, aber bezeichnend kann man nunmehr sagen, daß das, was sonst nur etwas Eingebildetes und Fiktives sein würde, von Gott realisiert werde. [93] Diese Bezeichnung ist nicht treffend, da die ewigen Wahrheiten nicht realisiert werden, sondern in dem Aktus der obersten Intelligenz das Instrument sind, mit dem Wirklichkeit erzeugt wird. Sie bedeuten also in dem göttlichen Verstande Realität, denn alle Realität muß in etwas Seiendem begründet sein. Freilich kann ein Atheist Geometer sein, aber wenn es keinen Gott gäbe, würde es keinen Gegenstand der Geometrie geben, demnach also auch keinen „Geometer". [98] Denn Leibniz dogmatisiert weiter: wenn Gott nicht wäre, würde auch nichts — Mögliches „sein". [102] [104] Die ewigen Wahrheiten sind also von der Existenz Gottes abhängig.

Aber wie abhängig? Nicht in ihrer inhaltlichen Bedeutung. Schafft Gott, so ist das Instrument seines Schaffens: die Gesetzlichkeit der Erkenntnis. Aber die Tatsächlichkeit, das Mannigfaltige als Objekt der Erkenntnis, ist durch die Existenz Gottes bedingt. Ohne Gottes Aktus wären die ewigen Wahrheiten — gegenstandlos.

Es kann Gott nunmehr Quelle der Wesenheiten wie der Existenzen genannt werden, oder die Realität beider. An der Realität der ewigen Wahrheiten hat aber Gottes Wille keinen

Anteil, aus welchem nur die Existenzen hervorgehen. Diese
Existenzen oder Tatsachen bilden als Ganzes die Welt. Denn
unter dem Namen „Welt" versteht Leibniz die ganze, ins Unendliche vorwärts gehende Reihe der Dinge, nämlich von dem
früheren Teile her, oder in das Unendliche hin, eine Reihe, die
nicht Eine Kreatur, sondern etwas Unendliches ist, ein quasi
aggregatum.[106] [107] Ist also die Welt ein Geschöpf Gottes, so
kann Gott nicht anima mundi sein.[108] Er ist mit der aristotelischen ἀρχὴ τῆς κινήσεως nicht hinlänglich gewürdigt, da die
Materie selbst in ihm erst zur Tatsache wird. Gott ist als
Autor der Welt eine Intelligentia supramundana.* Dieses
Transzendieren des Gottesbegriffes ist geboten von dem Augenblick an, als die Welt in eine Reihe aufgelöst wird, die ins Unendliche geht. Die Verknüpfung aller in der Zeit ausgebreiteten
Teile der Natur muß durch einen, allen diesen zeitlich geord-
neten Tatsachen gemeinsamen, Grund der Dinge geschehen, der
darum als über der Zeit und folglich auch über der Welt
stehend betrachtet werden muß.[109]

Bis hierher folgten wir einem Gedankengang, der anhub
von dem Begriffsgegensatz von Möglichkeit zu Wirklichkeit.
Es ist notwendig, sich gegenwärtig zu halten, daß dieser
Gegensatz nicht als Folge von modalen Kategorien entstand.
Es war das Mögliche nicht als die „Hypothese" ein logischer
Ausdruck über den Stand wissenschaftlicher Arbeit in ihrer
Zulänglichkeit für die „Wirklichkeit", den logischen Ausdruck
des wissenschaftlichen „Versuches". Hier haben wir es nicht
mit einer logischen Unterscheidung modaler Stufen der Erkenntnis zu tun; es handelt sich um einen Unterschied metaphysischen Charakter.[110] Es ist die alte aristotelische Frage nach
dem ὅθεν ἡ ἀρχὴ τῆς κινήσεως. Kann die Wissenschaft Existenz
schaffen oder ist sie nur unsere Abstraktion von der schon
vorliegenden Tatsache „der Natur"? Leibniz umgeht dieses
aristotelische Dilemma, indem er die Wissenschaft im Sinne
der ewigen Wahrheiten als Instrument des Wirklichkeitschaffens
in die Hand einer Intelligenz legt, die in ihrem Aktus an die
Idealregion der Wissenschaft gebunden ist. Daraus erhellt, daß
das Tatsächliche der „Natur", das Inhaltliche der unendlichen
Reihe von Tatsachen, genannt „Welt", nichts ist als „die ewigen
Wahrheiten"; denn Gott konnte kein anderes Objekt haben
als sie.

---

*) Siehe früheres.

Jeder andere Inhalt der Natur würde eine Nichtwahrheit enthalten, demnach in einen Widerspruch mit dem Ganzen der Vernunft geraten. Da solches ausgeschlossen, so ist die Gesamtheit der ewigen Wahrheiten ausnahmlos notwendig das Inhaltliche der Natur; sie bilden das Materiale mit metaphysischer Notwendigkeit.

Der Aktus der überweltlichen Intelligenz verfügt demnach nur über das Formale des Beisammen und Nacheinander, über die Formation der Natur, über den Plan dieser Weltreihe ins Unendliche.

Treten wir in diesen Gedankengang ein, um den Zugang zu einem zweiten Begriffgegensatz zu finden. Leibniz nimmt die scholastische Unterscheidung von metaphysischer und hypothetischer Notwendigkeit auf. Es wurde soeben ausgesprochen, daß die ewigen Wahrheiten jene erstere, ausnahmlose Notwendigkeit für sich in Anspruch nehmen. Die ewigen Wahrheiten sind die Bausteine der Natur, sie geben das Mittel und Material des Wirklichkeitschaffens für Gott her; auf sie ist Gott verwiesen. Die Kombination dieser Wesenheiten in ihrem Beisammen und Nacheinander ist aber eine unendlich veränderliche. Eine einfache ewige Wahrheit hat, als Ursache angesehen, nur eine einfache, eindeutige Wirkung. Aber aus diesen als Einzelheiten an sich eindeutigen Wesenheiten folgen unendlich verschiedene Systeme.

Diese Systeme haben alle einzeln einen Conatus zur Wirklichkeit. Jede Möglichkeit verlangt nach der Verwirklichung. Denn Gott ist die ultima ratio des Daseins, das Daseinschaffende (Existentificans), der Ursprung der Tatsachenmannigfaltigkeit. [110] Ist erstens das Inhaltliche des Daseins „die ewigen Wahrheiten", d. i. die Möglichkeit, und zweitens die Welt eine Reihe ins Unendliche, so wird im Nacheinander jede ewige Wahrheit im Begriff sein zur Existenz überzugehen. Hieraus folgt nicht, daß „alles Mögliche" existiere, es würde allerdings folgen, wenn alles Mögliche untereinander möglich wäre (compossibilia essent).

Nun setzt Leibnitz zwar hinzu: Gewisses Mögliche gelangt überhaupt nicht zur Existenz, und eines kann mit einem anderen nicht nur hinsichtlich derselben Zeit, sondern auch allgemein, für das Weltall unverträglich sein. Denn die Gegenwart geht mit der Zukunft schwanger, und die Zeitabfolge macht nicht jedes Unverträgliche als nachfolgend verträglich. Aber dieses absolut Unverträgliche kann nicht in den Möglichkeiten an sich

im strengen Sinne der ewigen Wahrheiten gesehen werden.
Denn Leibniz setzt als Bedingung der Verträglichkeit die Voll-
kommenheit. Er sagt: Aus dem Zusammenstoß alles nach
Existenz verlangenden Möglichen folgt das, daß die Reihe von
Dingen existiert, durch die die größte Menge zur Existenz
gelangt, oder die größte Reihe alles Möglichen. Es besteht
also das Vollkommenste, weil dieses nichts anderes ist als die
Menge an Realität.

Und nun folgt der klärende Satz: „Die Vollkommenheit
ist nicht allein in der Materie oder in dem die Zeit und den
Raum Erfüllenden zu suchen."

Also ist das Vollkommene zunächst das Zeit und Raum
erfüllende Mannigfaltige. Dieses, Tatsache genannt, ist aber
an sich schon eine (unendliche) Kombination aus dem Gesetz-
materiale: Also ist zunächst die Kombination von ewigen
Wahrheiten, wie sie in der jedesmaligen Raum- und Zeittatsache
erscheint, nicht mit jeder anderen zusammen möglich (com-
possibel). So kann nie das Merkmal der „größten Kapazität"
und „Dreieck" in einem Raum vereinigt sein, noch das „Maxi-
mum" und „Geschwindigkeit" in einem Zeitpunkt. Der am
meisten fassende Raumteil ist nie als Dreieck möglich, noch
kann eine größte Geschwindigkeit ein Inhalt irgendeines Zeit-
punktes sein. Trotzdem findet jede dieser Ideen einzeln ihre
tatsächliche Mission für die Wirklichkeit, und nur ihr Beisammen
als „dieses oder jenes" Zeit- und Raumerfüllende ist nicht allgemein kompossibel.

„Die Vollkommenheit liegt auch in der Form und der Veränderung (Varietas). Woraus schon folgt, daß die Materie
(oder Zeit- und Raumerfüllendes) niemals sich ähnlich ist, sondern durch die Form wird sie unähnlich gemacht; sonst würde
nicht die größtmögliche Menge Abwechselung (Varietas) erlangt
werden."

Hier ist somit klar die Kompossibilität auf die Kombination
der ewigen Wahrheiten zu dem einzelnen Faktum der Natur
bezogen.

„Es folgt auch, daß die Reihe vorgewogen hat, durch die
die größte distinkte Denkbarkeit (Kogitabilität) erstehen würde.
Eine distinkte Denkbarkeit gibt der Sache Ordnung. Ordnung
ist nämlich nichts anderes als die distinkte Bezogenheit (Relatio)
von Mehrerem, und Verwirrung liegt vor, wenn zwar ein
Mehreres vorhanden, aber es keinen Grund gibt, dies eine von
dem anderen zu unterscheiden." Leibniz resümiert: „So folgt

im allgemeinen, daß die Welt ein Kosmos, ein des Schmuckes Volles oder so gemacht ist, wie es dem Denkenden am meisten Genüge tut."

Dies Zitat vermag uns die Gewähr zu geben, daß die Beschränkung der Kompossibilität nicht irgendeine „Möglichkeit" im Sinne der ewigen Wahrheit von dem Aufbau der Natur ausschlösse; jede einzelne ist ein Realitätfaktor der Erfahrungtatsächlichkeit. Aber das nach Raum und Zeit zufällige Beisammen dieser ewigen Wahrheiten ist nur ein Fall unter einer Reihe unendlicher Kombinationsmöglichkeiten. Demnach begrenzt der Gedanke der Kompossibilität nur die Systemmannigfaltigkeit aus allen ewigen Wahrheiten.[111] Die Kombination dieser Wirklichkeitinstrumente ist eine unendlich mannigfaltige und jede zeigt einen Konatus zur Wirklichkeit. Aber unter dieser Unendlichkeit von Systemen aus einer Unendlichkeit von Ideen ist nur diese eine Welt zur Existenz gelangt, weil nur diese eine das durchgängige Merkmal der Kompossibilität aufweist.

Ist nun Gott das Existenzschaffende, so mußte ihn dieses Weltsystem, als Möglichkeit gedacht, bestimmen, es in die Wirklichkeit überzuführen. Da, wie jeder Aktus, so auch dieser vom Willen abhängt, so mußte dieses eine Weltbild, als Möglichkeit gedacht, in dem Willen Gottes das Bestimmende sein. Gott ist aber Geist. Als solcher wendet er sich dem zu, was ihm als das Beste erscheint; das Beste ist ihm demnach Objekt. Somit ist diese Welt das Ergebnis eines Willensaktes, dessen bestimmendes Objekt in reinster Gestalt das Gute war. Ferner ist die Bedingung jedes Willensaktes, wofern er ein sittlich sein sollender ist, daß er unter den Gesichtspunkt der Freiheit des Willens gestellt werde, oder anders ausgedrückt: daß dem Handelnden die Tat als s e i n e angerechnet werden kann. Damit ist es notwendig gemacht, daß der Anlaß zum Handeln, das bestimmende Objekt nicht zum Handeln zwingend sein darf; alsdann würde der Aktus nur ein Mittelglied in der Ursachenkette sein, und der Begriff Wille wäre Chimäre. Leibniz nimmt die charakteristische scholastische Bezeichnung des Inklinieren im Gegensatz zum Nezessitieren auf, um die Stellung des Willensobjektes zum Willen zu kennzeichnen. Darum sagt er: der Beschluß, zu schaffen, ist frei. Gott ist zu allem Guten bereit (porté), das Gute, und sogar das Beste macht ihn zum Handeln geneigt, aber es zwingt ihn nicht; denn seine Wahl macht das vom Besten Verschiedene durchaus nicht unmöglich, es bewirkt nicht, daß das, was Gott unterläßt, einen

Widerspruch enthält [112], gegen das Prinzip der ewigen Wahrheiten verstößt. Wäre nur das möglich, was Gott tatsächlich schafft, so würde das, was Gott schafft, absolut notwendig sein, und wollte Gott irgend etwas schaffen, so könnte er nur dieses allein schaffen, ohne die Freiheit der Wahl zu haben. [113] Wenn nun auch die Welt nicht metaphysisch notwendig ist, so daß das Gegenteil einen Widerspruch oder logischen Widersinn enthielte, so ist sie doch physisch notwendig oder in der Weise bestimmt, daß das Gegenteil eine Unvollkommenheit oder einen moralischen Widersinn enthält. [114] [115] Daraus folgt, daß die Gesetze der Bewegung (die prinzipalen Gesetze der Physis), wie sie sich tatsächlich in der Natur vorfinden und durch die Erfahrung bewahrheitet werden, allerdings nicht unbedingt beweisbar sind, wie es ein Lehrsatz der Geometrie sein würde, — aber das ist auch nicht nötig, oder besser: es widerspräche dem Wesen des Wirklichkeit schaffenden göttlichen Aktes, aus dem diese Physis hervorging. Sie entspringen nicht gänzlich dem Prinzip der Notwendigkeit [95], sondern sie entspringen dem Prinzip der Vollkommenheit und Ordnung: sie sind eine Wirkung der Wahl und Weisheit Gottes. Diese Bewegungsgesetze sind auf mehrere Arten zu beweisen; dabei muß aber immer etwas vorausgesetzt werden, was nicht von unbedingt geometrischer Notwendigkeit ist. [116] Nur, wofern also das Prinzip der Vollkommenheit als Bestimmungsgrund eines Willens [116] gesetzt werden kann, nur sofern ist es möglich, die tatsächlichen Erscheinungen als in notwendiger Bedingtheit stehend nachzuweisen. Ein anderes Bestimmungsmotiv würde zu einem anderen Erscheinungssystem führen, das gleichermaßen notwendig in seiner Art und Bestimmtheit wäre, jedoch in keinem logischen Widerspruch zu jenem ersteren Weltbilde stehen würde. Die Erklärung der Natur, die Aufzeigung der Bedingtheit des Tatsachensystems(-ordnung) ist also nur ex hypothesi möglich, indem ein zureichender Grund vorausgesetzt wird, aus dem als dem Zweck die Mittel in einer notwendigen Bedingtheit abfolgen. Sonach bestimmt sich die „physische Notwendigkeit" zur „hypothetischen Notwendigkeit". Sie besagt, daß die Welt der Tatsachenmannigfaltigkeit als Ganzes nicht mit metaphysischer Notwendigkeit begriffen werden kann; es gibt keine streng notwendige Antwort auf die Frage: Warum diese Welt eher als eine andere aus ihrem bloßen Konatus heraus zur Realität gelangt ist. Suchen wir eine Antwort aus dem Material der Natur selbst, indem wir

die Welt für sich allein betrachten, so sehen wir nichts als die
ewige Kette der Ursachen und Wirkungen [117], und denken wir
die Natur als Ganzes und fragen alsdann, wodurch sie in dieser
tatsächlichen Gestalt bedingt sei, so kommen wir zu der negativen Antwort der Zufälligkeit der vorliegenden Welt. [118] [119] [120]
Diese so existierende Welt hätte auch anders hervorgebracht
werden können. Das Existierende ist das Zufällige. — Erwei-
tern wir, unbefriedigt, den Blick über diese Welt hinaus, so
können wir zwar nicht die notwendige Ursache, warum diese
Welt zum Dasein gelangte, nachweisen; wohl aber kann eine
Hypothesis uns zum Schlüssel verhelfen, der uns die Antwort
auf die Frage nach der Bedingtheit dieser Welt erschließt.*
Die Welt in ihrer Totalität ist bedingt nicht durch die Notwendigkeit einer Ursächlichkeit, sondern durch die eines zureichenden Grundes, des Prinzips des Besten. [121] [122] [123] Dieses
Prinzip ist nicht nachzuweisen, wie die Ursache aus der Wirkung, sondern wie der Zweck aus den Mitteln. Der Zweck
erschöpft sich nicht in den Mitteln, er bewahrt über das
Materiale der Mittel stets seinen geistigen Ursprung als Hypothesis. [124] So führt das Prinzip der Welttatsächlichkeit, als
Hypothesis vom Geiste erschlossen, auf eine Intelligenz, einen
Geist von höchster Macht und sittlicher Bestimmung.

Der Ausdruck der hypothetischen Notwendigkeit als Gegensatz zu metaphysischer Notwendigkeit hält also zweierlei bewußt: erstens kann auf die Frage nach dem Ursprung der
Erfahrungsmannigfaltigkeit keine Antwort mit den Mitteln des
Ursachengesetzes gegeben werden; stünde uns als Erklärungs-
motiv nur dieses Gesetz zur Verfügung, so würden wir zur
negativen Einsicht gelangen, daß diese Welt der Existenz zufällig ist. (Wir haben diesen tiefen Gedanken im nächsten
Kapitel in seiner bedeutsamen Konsequenz zu zeigen.) Eine
Erklärung gibt nur ein Zweck als Hypothesis. Es kann
nicht lediglich nach einer causa efficiens gefragt werden; sie
allein führt zur Negation. Das Problem gelangt zu einer causa

---

*) Denn „Gott" schlechtweg als „Existenzschaffendes" ist nach
dem Leibnizschen Gedankengange allerdings notwendige Ursache
einer Welt überhaupt; es muß ein notwendig Existierendes geben, ehe
es ein zufällig Existierendes geben kann. Um diese Frage, die vom
spezifisch Leibnizschen Gedankengange ganz abseits liegt, handelt es
sich aber gar nicht. Es soll ein Grund gegeben werden, warum diese
Welt eher als eine andere existiert; hierfür aber gibt es keine Notwendigkeit der Ursache, so daß eine andere gesetzte Ursache einen
Widerspruch einschlösse.

finalis. Gott ist also nicht nur causa efficiens, sondern auch causa finalis. [125] So bedeutet zweitens die hypothetische Notwendigkeit, daß sich die Handlung Gottes über eine ursächliche Bedingtheit erhebt [126] [127], weil der Wirklichkeitsaktus aus einer Zwecksetzung folgte. Der Aktus ist das Mittel, und ein Zweck zergeht nie in den Mitteln, sondern ist als Hypothesis das geistige Band unter den Wirklichkeitsvorgängen, durch die sie als „Mittel" einheitlich begriffen werden können. Der Ausdruck „hypothetische Notwendigkeit" hält also bewußt, daß der Aktus Gottes aus dem Willen einer Zweck setzenden Intelligenz hervorgegangen ist; das will besagen, daß die Weltmannigfaltigkeit, hervorgehend aus Gottes Entschluß auf Grund einer Hypothesis eines Zweckes, keineswegs seine Freiheit zerstört. Die Begebenheiten sind kausal notwendig, aber sie sind notwendig nur nach der Wahl, welche Gott über dieses mögliche Weltall getroffen hat, dessen Begriff diese Folge der Dinge enthält. [128] [129]

Es bedeutet freilich das Hypothetische keine Abflauung des Begriffs Notwendigkeit. Ist einmal der Zweck gesetzt, so stehen die Mittel in vollster Geschlossenheit und Bestimmtheit fest. [130] Sicherlich könnte Gott daher jetzt nichts mehr an der Welt ändern, ohne seiner Weisheit zu nahe zu treten. [131] Es ist Gottes wenig würdig, ihn nach der Weise gewisser Socinianer aufzufassen, unter dem Vorwande, seine Freiheit zu behaupten; und wie einen Menschen, der seine Entschlüsse nach den Umständen faßt und der jetzt nicht mehr frei sein würde, das, was er für gut befindet, zu erzeugen, wenn seine ersten Entschlüsse in Hinsicht auf Adam oder andere schon eine Beziehung auf das einschlössen, was ihre Nachkommenschaft angeht; anstatt daß alle Welt der Ansicht ist, daß Gott von aller Ewigkeit her oder am Anfang die ganze Ordnung des Weltalls geregelt hat, ohne daß dieses seine Freiheit in irgendeiner Weise verminderte. [132] In einem solchen System des Okkasionalismus gleicht Gott einem Deus ex machina oder einem Werkmeister, der immer nur beschäftigt ist, sein Werk wieder in Ordnung zu bringen. [133] [134] Vielmehr bleibt das ausnahmlose Gesetz der Kausalität das erklärende Naturgesetz für jede einzelne Tatsächlichkeit, wie sie als Bestandteil dieser in Zeit und Raum sich ausbreitenden Welt erscheint. Es könnte aber gezeigt werden, wie die Zweckbetrachtung auch für eine einzelne Naturerscheinung von Leibniz benutzt wird, nämlich im Gebiete der Organismen.

Nicht nur die Mittel zur Erreichung des vorgesetzten
Zweckes, der vollkommensten Welt nämlich, stehen nach der
einmal getroffenen Wahl fest, so daß die Diskussion der Natur-
tatsachen dazu führt, daß das, was für das Erreichen dieses
Zweckes einer vollkommenen Welt uns sich als das Wahr-
scheinlichste ergibt, sich auch als wahr aufweist [126], wodurch
wir auf Gottes Weisheit schließen. Auch das Wählen unter
den unendlich vielen Weltsystemen [135] [136] selbst war nichts
weniger als ein indifferenter Akt. Besteht schon bei den vernünftigen Geschöpfen zu Recht, daß weder „frei" und „indifferent" dasselbe, noch „frei" und „determiniert" Gegensätze sind,
so ist die Determination des Willens auf das Objekt bei Gott
sogar zur Eindeutigkeit gereift. Das Dasein der Dinge ist eine
Folge der sittlichen Natur Gottes, die bewirkte, daß nur das
Vollkommenste erwählt werden konnte. [137] [138] Sagt Spinoza,
daß die Dinge auf keine andere Weise oder Ordnung von Gott
hervorgebracht werden konnten, als sie hervorgebracht sind, so
ist dieser Lehrsatz, so wie er von Spinoza bewiesen wird, wahr
und falsch. Richtig ist allerdings, daß nach der Hypothese
des göttlichen Willens, der das Beste auswählt oder der in
vollkommenster Weise handelt, gewiß nur diese Welt hat hervorgebracht werden können. Es ist für Gott unmöglich etwas
anderes als das Vollkommenste zu erschaffen. Denn weil er
der Weiseste, wählt er das Beste. Diese Notwendigkeit ist
aber nicht eine solche, daß sie nicht durch das Charakteristische
des Willens, Zwecke sich zu setzen, bestimmt wäre; sie folgt
nicht lediglich aus der Natur Gottes, ohne Dazwischenkunft
des Willens. Erst viel später kommt in Leibniz der im vor-
stehenden schon eingeführte Gedanke klar zum Durchbruch,
worin sich die Willensnotwendigkeit von der Naturnotwendigkeit
unterscheidet. Die Gesetzlichkeit des Naturgeschehens kennzeichnet sich als eine mechanische, als kausales Geschehen;
die Zweckbetrachtung, die in reinster Gestalt die der Sittlichkeit ist, ist als Hypothesis stets „supramundane" Leistung einer
Intelligenz, läßt sich aus der Natur nicht herausschälen, sondern
nur als Einheit des Prinzipes in Anlaß des Naturgeschehens er-
schließen. Das Naturgeschehen enthält den Zweck nicht; aber
auch schon das Naturgeschehen stellt gewisse Aufgaben zu seiner
Erklärung, die nur unter der Hypothesis von Ideen in einer
Art Notwendigkeit begriffen werden können. Darum mag die
Zwecksetzung der vollkommensten Welt für den schaffenden
Gott immerhin eindeutig und notwendig sein, sofern er Garant

und Monarch der sittlichen Welt ist; trotzdem fällt diese Notwendigkeit einer Hypothese (Setzung) nicht zusammen mit der
metaphysischen Notwendigkeit der Kausalität. Wie sich die
Zweckbetrachtung in ihrer moralischen Notwendigkeit von
der Kausalbetrachtung in ihrer metaphysischen oder absoluten
Notwendigkeit abhebt, nur so hebt sich der Aktus eines moralischen Wesens, als unter dem Gesichtspunkt der Freiheit des
Willens stehend, ab von dem Motus des Naturkörpers, als in
den Gesetzen der Kausalität verlaufend. Diese große gedankliche Leistung Leibnizens gibt seiner Ethik ihr Gepräge, und
ist in einer Einzeldarstellung derselben noch weiter, als es
bisher geschehen ist, von uns zu belegen.

Aus dieser Einsicht ergab sich für Leibniz der Anlaß zu
einer heftigen Polemik gegen Descartes. Es ist nicht zu leugnen,
daß Leibniz die Ausgangstelle seiner Polemik gegen Descartes:
Principiorum philosophicorum part. 3 articulo 47 nicht vor-
sichtig genug und darum Descartes mißdeutend interpretiert.
Da es aber nicht unsere Aufgabe sein kann, die Polemik auf
ihre literarische Gerechtigkeit hin zu prüfen, sondern nur zu
kennzeichnen, welche Gedankenstimmung aus Leibniz das Wort
ergreift, damit wir zu positiven Werten seines Systems gelangen,
so zitieren wir die Formulierung seiner Gedanken, wie sie sich
Leibniz im Anlaß der Polemik ergaben. Er sagt [139] [140]: Wenn
die Materie alle möglichen Formen nach und nach annimmt,
so folgt, daß man sich nichts so Absurdes, noch so Bizarres
und zu allem Gerechten in Gegensatz Stehendes vorstellen
könnte, das nicht geschehen und eines Tages da wäre. Das
sind geradezu die Ansichten, die auch Spinoza, nur klarer auseinandergesetzt hat: daß nämlich Gerechtigkeit, Schönheit,
Ordnung nur etwas Subjektives seien, daß aber die Vollkommenheit Gottes in diesem Reichtum seiner Handlung bestehe derart,
daß nichts möglich oder passend sei, was er nicht wirklich
hervorbringe. — Vielmehr glaubt Leibniz, daß die Gesetze der
Mechanik, die das Fundament des ganzen (Natur-) Systems
bilden, als Gesamtheit: von Zweckursachen abhängen, d. h. von
dem Willen Gottes, der bestimmt (déterminé) ist, das Vollkommenste zu machen, und daß die Materie nicht alle möglichen Formen, sondern nur die vollkommenen annimmt. Darin,
daß Gott sich immer das Beste und Vollkommenste vorsetzt,
ist das Prinzip aller Existenzen und Gesetze der Natur zu
suchen. Leibniz ist gern bereit, zuzugestehen, daß wir Fehl-
griffen unterworfen sind, wenn wir die Zwecke und Absichten

Gottes bestimmen wollen; aber das ist nur dann der Fall, wenn wir sie auf irgendeine besondere Absicht beschränken wollen, indem wir glauben, daß er nur eine einzige Sache im Augenmerk gehabt habe, anstatt daß er zur selben Zeit auf das Ganze Rücksicht nimmt.[141]

Gott ist also sowohl in Hinsicht der Mittel der Realisierung als auch des Weltbildes im ganzen eindeutig mit Notwendigkeit bestimmt gewesen. Die Wahl Gottes ist allerdings ein Aktus, ein Willensvorgang; der Gedanke der Freiheit des Willens ist auch für Gott notwendige Voraussetzung seines Handelns. Die Freiheit bedeutet jedoch nie und nirgends Willkür; sie erfordert nur eine solche Bewältigung ihres Problemanspruches, daß die Bestimmung (Determination) des Willens moralischer Wesen nicht zu einem Kollaps mit dem kausalen Naturgeschehen führt. Die Determination des Willens bleibt notwendig, aber nur als Direktive der Handlung vermöge einer Hypothesis, einer Zwecksetzung. In ihr kennzeichnet sich das spezifisch Geistige gegenüber dem Mechanischen. —

4. Kapitel.
Die Zufälligkeit der Welt und die Messiasidee.

Schon zur Einführung des Begriffes der hypothetischen Notwendigkeit war es geboten auf die „Zufälligkeit der Welt" einen Hinweis zu geben.

Hier nun diene dieser Begriff als Ausgangspunkt einer Gedankenreihe, die dem Bilde der Leibnizschen Philosophie die markantesten Züge verleiht.

Alles das ist zufällig, dessen Nichtsein keinen Widerspruch, d. h. keinen Denkwidersinn enthält.[142] Was auch nicht oder anders, als es ist, sein kann, ist zufällig. Unter diesem Charakter steht die gesamte Natur. Denn wessen Existenz bedingt ist, oder wessen voller Begriff durch etwas außer ihm definiert werden muß, ist nicht notwendig, sondern in seinem „So- und Nicht- anders Sein" von etwas anderem abhängig, also aus sich selbst unbestimmt, das heißt: zufällig.

Fragt man, warum dieser quadratische Körper eher quadratisch als rund ist, so kann aus der Natur dieses Körpers kein Grund geliefert werden. Denn jede Materie ist unbestimmt hinsichtlich jedweder Figur, sei sie quadratisch oder sei sie

rund. Nur dieses beides kann also geantwortet werden:
entweder ist der ins Auge gefaßte Körper von Ewigkeit her
ein quadratischer gewesen — oder er ist durch den Anstoß eines
anderen Körpers quadratisch gemacht. Wenn man sagt,
er sei von Ewigkeit her quadratisch gewesen, so ist natürlich
damit kein Grund angegeben; warum hat er nicht von Ewigkeit
her kugelig sein können? Wenn man aber sagt, durch die
Bewegung eines anderen Körpers sei er quadratisch gemacht
worden, so bleibt zweifelhaft, warum er vor jener Bewegung
eine derartige oder derartige Figur gehabt habe; und wenn
man den Grund angibt in der Bewegung eines anderen, und so
ins Unendliche, dann wird dadurch, daß man die Antworten
bis ins Unendliche mit neuen Fragen verfolgen muß, klar werden,
daß niemals der Anlaß fehlt, nach einem Grunde des Grundes
zu fragen, und daß so niemals ein Totalgrund (plena ratio) gegeben werde. Es erhellt also, daß aus der Natur des Einzel-
Körpers wie der Gesamtheit ein Grund für die bestimmten
Figuren und Größen nicht angegeben werden kann. [143]

Dasselbe gilt für die Bewegung. Natürlich kann, weil der
Raum vollständig indifferent ist für jeden besonderen Vorgang,
ein Körper, der in diesem Raumteil ist, auch anderswo sein;
das heißt: der Körper kann bewegt werden. Denn Bewegung
ist nichts als ein Wechsel des Raumes. Somit folgt aus dem
Begriff des Körpers wohl seine Beweglichkeit, aber nie seine
tatsächliche Bewegung. Demnach bleibt nur übrig, daß der
Körper entweder von Ewigkeit her sich bewegt oder von einem
anderen berührenden und bewegten Körper bewegt worden sei.
Erstere Annahme führt zu keiner Befriedigung; denn warum ist
er nicht lieber von Ewigkeit her in Ruhe? Im anderen Falle
aber geht die Frage ins Unendliche zurück. Also ist aus der
Natur keines Körpers, und demnach auch nicht für die Tatsächlichkeit der Natur selbst ein immanenter Grund anzugeben. [143] [144]
Der einzelne Körper und darum die Natur in ihrer Gesamtheit
ist zufällig.

Es hat den Anschein, als würde dieser Charakter der
„Zufälligkeit der Welt" aus der Erfahrung gezogen. Denn
Leibniz sagt: „Alles was wir sehen und durch Erfahrung
kennen, ist zufällig". [144] Aber es ist nur Schein, daß die „Zufälligkeit" als ein empirisches Prädikat von Leibniz aufgefaßt
würde. Schon der Nachsatz ergibt den Denkursprung; er fährt
fort: „und hat nichts an sich, was das Dasein notwendig
macht, da es klar am Tage liegt, daß Zeit, Raum und Materie

in sich selbst einheitlich (unies, cf. Kant: „die einige Zeit"
Kritik d. r. Vernunft, pag. 48^2 [Vorländer]) und gleichförmig
und gegen alles indifferent[145], auch ganz andere Bewegungen
und Gestalten in einer ganz anderen Ordnung annehmen —
konnten. Es besteht also die Möglichkeit einer Unendlichkeit
anderer Welten. Die Möglichkeit eines Anderssein der Erfahrung kann aber kein Gegenstand der Erfahrung sein, sondern
ist ein Prinzip aus dem Denken, wenn man sich über die Sinne
erhebt.[146] Die Idee der Zufälligkeit würde also aus den Vorgängen in Raum und Zeit gar nicht auftauchen; die Reihe
der bewirkenden Ursachen, das Grundgesetz der Natur, soll
grade eine ins Unendliche verlaufende sein, eine Reihe ohne
Grenze und Abschluß. Man mag die Notwendigkeit der Materie,
d. h. die gesetzliche Bedingtheit der Materie, und die Ordnung
der bewirkenden Ursachen ins Auge fassen, so wird man nichts
ohne eine die Imagination befriedigende Ursache oder nichts
als außerhalb der mechanischen Gesetze geschehend bemerken,
so daß alle besonderen Naturphänomene mechanisch erklärt
werden können, wenn man genügend ins Innere dringt.[147][148]
Die bewirkenden Ursachen, das Kausalgesetz ist ein vollständig
ausreichendes Gesetz, so daß es über alles Rechenschaft geben
kann, als wenn außerhalb dieses Mechanismus der Naturphänomene gar nichts existierte.[149][150] Innerhalb der Natur soll
dieser Abschluß, die plena ratio, nicht einmal erwartet werden;
es würde alsdann eine Ursache ohne Verursachung auftreten.
Der Abschluß, der Totalgrund der Naturerscheinungen muß
demnach im Supramundanen gesucht werden, das Denken dieses
Totalgrundes muß sich über die Sinnlichkeit erheben. Folglich
wird, wenn das Denken nach einer „Ursache" der Welt fragt,
sie letztlich nicht als „bewirkende" gedacht. Es liegt das Problem der Tatsache dieser Natur, das in der Idee der „Zufälligkeit der Welt" zum ersten Ausdruck gelangt, nicht sowohl in
der Frage: Wodurch diese Welt?, sondern vielmehr in der
anderen: Warum diese Welt?

Es wird danach diese Welt als Mittel unter dem Gesichtspunkt eines Zweckes betrachtet. Die Idee der Causa finalis
tritt überall dort in Anwendung, wo es sich um das Verständnis
einer Handlung, nicht einer mechanischen Bewegung, handelt.[151] Handlung aber weist zurück auf Bewußtsein und
Reflexion als auf ihre Ursprungstätte. Bewußtsein und Reflexion
sind die Kennzeichen der moralischen Wesen; also dient die
Causa finalis der Erklärung moralischer Vorgänge. Somit deutet

die Frage nach dem Zwecke der Welt auf eine moralische
Bestimmung derselben hin.

Es bildet allerdings den Ursprung der Handlungen moralischer Wesen nicht wie bei der naturnotwendigen Bewegung:
eine andere nezessitierende Bewegung, die „Ursache". Der
Ursprung eines Handelns liegt in der Zwecksetzung des
Handelns. Trotz alles dessen bleibt der Wirklichkeitswert
des zweckentsprungenen Handelns in der Möglichkeit einer
Verwirklichung in diesem Natur-Mechanismus befangen. Die
moralischen Wesen sind in ihren Handlungen auf das mechanische Mittel der Bewegungen verwiesen.

Ist somit das sittliche Handeln zur Verwirklichung auf die
Basis dieser Welt der zwingenden Kausal-Notwendigkeit gestellt,
so daß im Umfange des Reiches der Natur nur die Causa
efficiens das Mittel der Erklärung aller Phänomene ist, so ist
das Reich der Zweckbetrachtung nicht nur vom Reich der Natur
abgehoben, sondern geradezu in Frage gestellt. Wie dann,
wenn den zur Sittlichkeit berufenen, den freien Geistern das
Mittel ihres Commerciums vorenthalten wäre, wenn es unausgemacht bliebe, ob es sittlich zu handeln nur wenigstens möglich wäre! — Das Reich der Natur ist die Gesamtheit kausal
bedingter Erscheinungen; es ist versperrt gegen die Zweckursachen als Naturgesetze; das Reich der Sittlichkeit ist ganz
das Reich der Zwecke. Droht also nicht das Verhängnis,
daß die Sittlichkeit nur Hirngespinnst, daß sie gegenstandlos
bleibe?

Tut Eure Pflicht und seid zufrieden mit dem, was kommt;
Ihr könnt der Natur der Dinge nicht entgegenwirken.[152] So
predigte die Moral der Stoiker und Epikuräer. Geduld und
die Ruhe der Resignation war das Lebenswerk des Weisen,
der die „Notwendigkeit" alles Seins erfahren hatte.[153] Ein
Gift, der Biß eines tollen Hundes, ein schwerer Fall, eine
Krankheit können den ganzen Zustand eines Geistes so umwälzen, daß aus einem starken und verständigen Menschen ein
furchtsamer Mensch und ein Querulant, ja ein wahnsinniger,
und mit einem Worte aus einem glücklichen ein unglückseliger
wird.[154] Wer durch den Biß eines tollen Hundes toll wird,
ist zwar zu entschuldigen, er wird jedoch von Rechts wegen
totgeschlagen, sagt Spinoza.[155] So bleibt für den Weisen nichts
anderes übrig, als in der Ausübung der Tugend, worin die
Würde der Menschheit besteht, alles nur auf seine gegenwärtige
Zufriedenheit zu beziehen.[156] Die Seelenruhe wird nur das

sein, was man Resignation (patience par force), eine erzwungene
Geduld nennt. [156]

Diese Kunst der Geduld, in der Descartes die Kunst des
Lebens bestehen läßt, kann aber nicht das Ganze sein. Eine
Geduld ohne Hoffnung dauert nicht und tröstet nur gering. [157]
Die Resignation verschließt sich in der Einsamkeit des ver-
armenden Herzens; die erstrebte Gemeinschaft der zur Sittlichkeit berufenen Seelen zerbröckelt in das Chaos von Subjekten,
die unter dem Zwiespalt zwischen ihrer Würde und ihrem Verhängnis erliegen.

Die Resignation darf nicht das Ende aller Lebensweisheit
sein. Denn die Moral ist ganz allgemein die eigentliche Wissenschaft und die große Angelegenheit der Menschen. [158] Für
die Intelligenzen oder Seelen, die der Reflexion und der Kenntnis der ewigen Wahrheiten fähig sind, ist es nötig, eine Verbindung zwischen den moralischen und den physischen Gesetzen
herzustellen. [159] Hat man das Seinige getan, so muß in der
Vernunft die Sicherheit gefunden werden, in dem Lauf der
Dinge, in der allgemeinen Ordnung den Grund zu einer wahren
Religion sehen zu dürfen. [160] Mag uns auch die Tatsächlichkeit,
die Einzelgestaltung im Leben der Menschen vor die Tiefe
und den Abgrund einer unendlichen Erwägung stellen, über die
hienieden keine Antwort zu erwarten ist, so muß das Denken
sich zum Allgemeinen erheben und sagen: die ganze Folge der
Dinge führt zu einer Einheit des Reiches der Zwecke mit dem
der Natur. [161] Wir haben uns hinaufzuarbeiten zu jener schönen
und großen Aussicht in eine unbegrenzte Zukunft, welche uns
der Glaube an die Ordnung und Harmonie des Weltalls eröffnet. [156] Das ist das Fundament aller unserer Hoffnungen,
daß es eine Herrschaft des Guten und Gerechten an sich selbst
gäbe [71], die auch am Naturgeschehen mächtig werden wird.

Das Hauptziel der Philosophie besteht darin, die Seele zur
Ausübung der Tugend antreiben zu können. [162] Denn das
moralische Reich, der Gottesstaat, die vollkommenste Republik
der Geister ist der vortrefflichste Teil aller Dinge. Dieser
Staat bietet ein Schauspiel, das in seiner Schönheit zu erkennen
wir später einmal werden zugelassen werden. Denn jetzt kann
es nur mit den Augen des Glaubens, d. h. durch das unerschütterliche Vertrauen auf die Vollkommenheit Gottes berührt
werden. [163]

Wenn es auch richtig ist, daß manches wieder verwildert
und manches wieder zerstört und unterdrückt wird, so muß

dies doch so aufgefaßt werden, wie es das Wort ausdrückt: on recule pour mieux sauter, nämlich, daß gerade diese Zerstörung und Unterdrückung zur Erreichung eines Höheren dient, so daß wir gewissermaßen durch den Schaden selbst gewinnen.[164] Das Leben der Seelen, ihre Fortschritte und Veränderungen sind geregelt in der Richtung des Weges nach einem gewissen Ziele, oder vielmehr in der weiteren und weiteren Annäherung, wie es die Asymptoten tun. Und obgleich man manchmal sich entfernt, wie es die Kurven tun an ihren Wendepunkten, so bleibt es doch dabei, daß der Fortschritt überwiegt und endlich den Sieg davonträgt.[165]

Es schafft der Glaube, aus dem Drängen der sittlichen Aufgabe heraus, eine Harmonie zwischen dem physischen und moralischen Reich. Das moralische Reich ist keine Tatsache, aber die Geschichte geht wie eine Asymptote den Weg der unendlichen Annäherung. Es muß anerkannt werden, daß ein gewisser stetiger und freiester Fortschritt des gesamten Universums zur Höhe der allgemeinen Schönheit und Vollkommenheit stattfindet, so daß es zu immer größerer Bildung gelangt.[166]

Dieser Glaube, der das Fundament des sittlichen Handelns ist, kann unerschütterlich bleiben vor aller Skepsis. Es ist in Wahrheit ja unbillig, vor Einsicht des ganzen Gesetzes ein Urteil zu fällen, sagen die Rechtsgelehrten. So auch hier: wir kennen nur einen geringen Teil der sich ins Unermeßliche erstreckenden Ewigkeit, denn wie winzig ist die Erinnerung der paar tausend Jahre, die uns die Geschichte überliefert. Und doch urteilt die Skepsis nach einer so kleinen Erfahrung kühn über das Unermeßliche und Ewige. Und mag die gegenwärtige Welt, zumal wenn man die Regierung des Menschengeschlechtes ins Auge faßt, eher wie ein verworrenes Chaos erscheinen[167], so hält die unendliche Zukunft den vertrauenden Blick des Glaubens gefesselt. Der Glaube muß unseren Geist erheben, unter irgendeiner Gestalt das große Mysterium zu begreifen, von dem das ganze Universum abhängt.[168]

Es muß möglich sein, über dieser Natur das Reich der moralischen Wesen zu bauen. Es muß eine Harmonie beider Reiche behauptet werden, so, daß die Natur nicht bloß eine bewundernswerte Maschine bleibt, sondern daß das moralische Geschehen in ihr asymptotisch zum besten Staate freier Geister geleitet. Die Natur muß zur Sittlichkeit führen und die Sittlichkeit die Natur vervollkommnen, indem sie sich derselben bedient.[169]

Das Reich der Natur ist das Reich der Tatsächlichkeit.
Die zukünftige Gestaltung ist wohl ein Anders-sein, aber keine
höhere Stufe der Existenz. Die Sittlichkeit, das Gute an sich
selbst, ist nirgends Realität; das Reich der freien Geister wird
uns hienieden nicht beschieden sein, wenngleich auch der Fortschritt nie zu einer Schranke gelangt.[170] Und doch müssen
beide Reiche so gedacht werden, daß das Reich der Natur dem
des Guten an sich selbst dienen kann: die Realität — der Irreali-
tät! Die Natur muß auf das Gute und Gerechte angelegt
sein.[171][172][173] Dies wäre keineswegs möglich, wenn sie
nicht von einer gemeinsamen Ursache kämen; die
Harmonie unter diesen Reichen, die in ihrer Beziehung
zur Wirklichkeit so fundamental verschieden sind, kann nur
eine präetablierte sein.[174][149] Auf diesem Wege gelangt
das Denken, das dem Anspruche der Idee des Guten gerecht
werden will, zum Monarchen des Gottesstaates, der vollkommensten Gemeinschaft der Geister, der in einem auch
Erbauer des Mechanismus der Natur ist. Für Gott ist das Physische etwas Moralisches und Gewolltes. In der Architektonik
der Welt der Zwecke ist das Gute und Gerechte an sich die
Höhe, der Schlußstein der Vollkommenheit Gottes; und aus
diesem Gesichtspunkt schuf er die Welt, damit sie zur Gnade
führe.[149] Darum ist im Universum nichts vernachlässigt,
gerade durch den Bezug auf die moralische Welt, weil Gott,
dessen Herrschaft eine vollkommene ist, darüber Monarch
ist.[175]

Die Aufgabe des Menschen kann es daher sein, Gottes
Spuren in den Dingen anzubeten und nicht nur über seine
Instrumente im Operieren und die mechanischen Wirkungsweisen
der materiellen Dinge, sondern auch die sublimeren Gebrauchs-
weisen des bewundernswerten Bauwerkes nachzudenken, und
wie den Baumeister der Körper, so auch vor allem den Lenker
der Geister: Gott und dessen in bester Weise alles lenkende
Intelligenz zu erkennen, die die vollkommenste Republik des
Universums unter der Herrschaft des mächtigsten und weisesten
Monarchen aufrichtete.[148]

Daraus folgt: wer Gott aus Furcht gehorcht, ist Gottes
Freund noch nicht.[176] Gott ist Gegenstand unserer Liebe; die
demutvolle Liebe ist eine unendlich strömende Quelle des
Trostes und der arbeitfreudigen Hoffnung. Sie gewährt uns
schon jetzt einen Vorgeschmack der künftigen Glückseligkeit.
Sie verleiht uns ein vollkommenes Vertrauen auf die Güte

unseres Herrn und Schöpfers, ein Vertrauen, das eine wahrhafte Ruhe des Geistes erzeugt.[177]

Aber die „künftige Glückseligkeit" ist nicht der Ausdruck
für das eschatologische Messiasreich. Dieses ist mit größter
Schärfe im Interesse des Verständnisses Leibnizens zu betonen.
Der Gottesbegriff dient der profanen Frage: Ist sittliches
Tun in dieser Natur möglich? Oder verlohnt es sich nicht,
mit dem Stachel des sittlichen Drängens die Ruhe des Gemütes
zu gefährden? Für Leibniz geleitet keine Wartezeit und
kein Sprung ins Reich der Vollkommenheit, sondern der Gang
des moralischen Geschehens, die Geschichte des Menschengeschlechtes auf Erden ist die Asymptote zum Himmelreich
auf Erden.

Dieser Gedanke leite uns in der Ausführung von Leibnizens
Worten über Schuld und Sühne.

Schuld und Sühne sind die Fundamente der Moral; es ist
der Gedanke der Zurechnung einer Handlung, woraus allererst
der Charakter einer Person sich erhebt.

Die Sühne ist als nachteilige oder vorteilhafte Folge einer
Handlung zu denken, man vermag an der Sühne einen Lohn
und eine Strafe zu unterscheiden. Da aber die Sittlichkeit in
der Asymptote des sittlichen Strebens verläuft, so wird als
wahrhaftes Problem der Geschichte wohl nur der Begriff der
Strafe, oder besser ausgedrückt: der Begriff der strengen Verantwortlichkeit, der Haftbarkeit für seine Handlung übrigbleiben.
Es wird von Leibniz deutlich genug ausgesprochen, daß es keine
„guten Werke" und demnach kein Anrecht auf die Gnade
Gottes gäbe. „Wir sind allzumal Sünder" bleibt auch ihm das
Kennzeichen der Menschlichkeit.

Zu diesem Gedanken tritt der andere hinzu, daß die Sittlichkeit in aller überhaupt möglichen Verwirklichung in das
Diesseits gestellt ist. Soll also die Verantwortlichkeit nicht eine
bloße Fiktion bleiben, so muß auch der Gedanke aufgenommen
werden, daß nur das Diesseits der Ort der Gerechtigkeit sei.

Den stürmischsten Ausdruck fand dieser Gedanke in einem
Satz der Monadologie: Die Harmonie der beiden Reiche, der
Natur und der Gnade, hat zur Folge, daß die Dinge durch die
eigenen Wege der Natur zur Gnade führen, und daß z. B. der
Erdball auf natürlichem Wege genau zu dem Zeitpunkt zerstört
und wiederhergestellt werden muß, wo die Regierung der Geister
es der Züchtigung der Einen und der Belohnung der Anderen
wegen erheischt.[178] Die Seele wird wegen des Parallelismus

der Reiche durch die Naturgesetze selbst kraft ihrer eigenen
Handlungen zur Belohnung und Züchtigung passender gemacht.
(Hier ist der Komparativ „passender" bedeutsam.[179 180]) Im
Universum wird den Geistern möglichst viel Glückseligkeit oder
Freude zugewandt, worin die physische Vollkommenheit der-
selben besteht.[167] Die Sünden führen vermöge der Ordnung
der Natur und sogar infolge der mechanischen Einrichtung der
Dinge ihre Strafe mit sich, und ebenso werden (sic!) die guten
Handlungen durch den Bezug auf die Körper ihren Lohn auf
mechanischem Wege herbeiführen, obgleich dies nicht immer
auf der Stelle geschehen kann und darf.[181 182] — Nicht
auf der Stelle waltet die Sühne ihres Amtes. Darum muß die
Harmonie zwischen Natur und sittlichem Geschehen auch die
Harmonie zwischen der Gegenwart und Vergangenheit und
Zukunft mit befassen. In dieser Harmonie, dem Zusammenhange alles Geschehens, wie sehr es auch über die Weiten der
Zeit verbreitet ist, liegt der Grund umgekehrt dafür, warum
der Sinn der Sühne erhalten bleibt, auch wenn sie nicht auf
der Stelle geschieht. Es liegt sogar im Begriff der Sühne,
daß sie nicht immer auf der Stelle geschehen darf.

Nun erst kann das Diesseits als Ort der Gerechtigkeit und
Sühne betrachtet werden, ohne den Begriff der Sittlichkeit zu
gefährden. Die Sühne für meine Tat liegt also nicht unbedingt
in unmittelbarer Nähe, sondern zeichnet ihre Spuren erst im
Ganzen des moralischen Geschehens. Die Furcht des Egoismus vermag nicht das treibende Motiv zur Sittlichkeit zu sein.
Das Subjekt kann sich der Sühne entziehen. Aber im Ganzen
des menschlichen Geschehens verzeichnet es die Spuren seines
Handelns. Der Gedanke, daß das Diesseits der Ort der Gerechtigkeit sei, soll demnach nicht den Egoismus durch das
somatische Gefühl der Furcht aufstacheln; er dient dazu, das
Gewicht der Verantwortlichkeit zu erhöhen. Die Gesellschaft, die Societas der Geister, untersteht der Sühne für meine
Handlungen.

Damit wird zum methodischen Ausgang aller sittlichen Betrachtung der Begriff der Societas, der Gesellschaft genommen. Sie ist der reale und einzige Boden
alles uns Menschen zustehenden, sittlichen Handelns und der
Grund der Verantwortung, unter der wir als sittliche Wesen
stehen. Zu dieser methodischen Ansicht führte die Messiasidee,
als welche wir den Gedanken bezeichnen konnten, welcher die
Harmonie der beiden Reiche durch die Voraussetzung einer

gemeinsamen Ursache: Gott aussprach.* Der Gedanke der
präetablierten Harmonie stellt das reale Geschehen in das Licht
des Glaubens. Dieses Geschehen ist dem Glauben der Fortschritt zur vollkommensten Republik der Geister, zur reinen
Herrschaft des Guten und Gerechten an sich selbst, ein Fortschritt, der nie zu einer Schranke gelangt, d. h. keinem Ideal-
gebilde entgegeneilt, sondern dessen Wirklichkeit in dem asymptotischen Werden liegt, ein Fortschritt nicht zu einem Z i e l,
als vielmehr in der Annäherung an eine konstante R i c h t u n g
des unendlichen Weges.

Daraus folgt, daß der viel zitierte Ausdruck der vollkommensten aller Welten nicht hinzielt auf einen gegenwärtigen
oder zukünftigen Z u s t a n d, sondern auf die V e r f a s s u n g, auf
den „G e i s t" dieser Welt. Die Welt ist auf die Sittlichkeit
hin angelegt; es ist m ö g l i c h, in dieser Welt das Problem des
Sittlichen in Angriff zu nehmen. S o m i t b e d e u t e t d i e p r ä-
e t a b l i e r t e H a r m o n i e, d a ß e s m ö g l i c h s e i, d i e G e s e l l-
s c h a f t u n t e r d e n G e s i c h t s p u n k t d e r E n t w i c k l u n g z u
s t e l l e n.

Es ist aus dem Gesagten klar, daß für Leibniz die Welt
nicht zu aller Zeit gleicherweise vollkommen ist. Es gibt drei
Möglichkeiten, sich den Gang des Geschehens darzustellen:
1. Ist sie zu aller Zeit wahrhaft voll-
kommen, so wäre die Parallele zur Achse
das Bild der Abfolge (A.). 2. Wenn sie
aber immer an Vollkommenheit zunimmt,
so könnte man noch zwei Erklärungen
geben: d. h. durch die Ordinate der
Hyberbel (B.) oder die des Triangels (C.).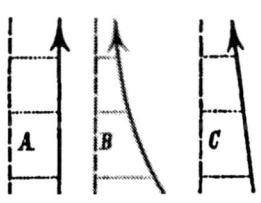
Gemäß der Voraussetzung der Hyperbel
würde sie keinen Anfang nehmen und die Augenblicke der Welt
würden an Vollkommenheit seit aller Ewigkeit gewachsen sein.
Oder aber gemäß der Hypothesis des Dreiecks würde sie einen
Anfang gehabt haben. Im Jahre 1715, im Vorjahre seines
Todes sagt Leibniz, er sehe noch kein Mittel, um vermittels
eines Beweises das kenntlich zu machen, was man durch r e i n e
V e r n u n f t wählen muß. Obgleich nach der Hypothese des
Zunehmens der Zustand der Welt (sic!) niemals absolut voll-

---

*) Dies ist ganz der Sinn, der sich im Gebote ausspricht: „Liebe
deinen Vater und deine Mutter, auf daß es dir wohlgehe und du lange
lebest auf Erden."

kommen sein könnte, in irgendeinem beliebigen Augenblicke
genommen, so würde trotzdem jede wirkliche **Folge** (sic!) nicht
aufhören die vollkommenste von allen möglichen **Folgen** zu
sein. [183] [184]

Dieser Satz enthält klar ausgesprochen: erstens, daß die
Vollkommenheit der Welt ein Postulat der Vernunft, ein Glaube
ist: daß das Sittliche sich werde realisieren können; zweitens,
daß die Vollkommenheit nicht einen Zustand angeht, sondern
die Richtung und Form der Entwicklung.

Leibniz ist sich bewußt, in der präetablierten Harmonie
einen Gedanken von größter Tragweite erfaßt zu haben. Sie
kann nur die Frucht einer großen Reife der Philosophie sein. [185] [186]
In der Tat wird der Begriff Gottes zum Schlußstein der Ethik:
Er läßt uns an die Möglichkeit einer angewandten Ethik
glauben.

Abschließend können wir somit sagen, daß der Gottesbegriff bei Leibniz nicht positiv, inhaltlich oder methodisch,
dem Erkennen dient; was Gesetz bedeutet, an das ist Gott
gefesselt, es bedeutet allem Einfluß Gottes gegenüber eine
Priorität. Aber die Erfahrungstatsächlichkeit, die Einzigkeit
des Wirklichen, das, was wir das **Datum** der Erfahrung nennen,
ruft den Gottesbegriff herbei. Gott wird zur Causa efficiens
der Mannigfaltigkeit des Naturgeschehens. Gott ist ferner als
Schöpfer eines mit dem Monarchen, er ist als Causa efficiens
zugleich Causa finalis. Das besagt, daß die Natur in sich das
Sittliche duldet, die Personalunion beider Causae garantiert die
Möglichkeit einer Praxis des Sittlichen.

Die präetablierte Harmonie konnte in diesem Kapitel nur in
einer Skizzierung dargestellt werden; den Einzelwendungen des
Begriffes zu folgen, muß Kapiteln über das Erkennen obliegen.
Allerdings gibt diese Skizze das Prinzipielle des Gedankens
mit der Absicht der Vollständigkeit, da solches im Gottesbegriff
gleichsam leibhaftig wird. Es bildet das Schlußglied der Ge-
dankenkette, die sich an das Problem der Zufälligkeit dieser
Welt angliedert. —

5. Kapitel.
Der Beweis Gottes.

Es war notwendig, daß Leibniz die Beweise für die Existenz Gottes in sein Interesse zog. Die Frage, schon rein
literarisch genommen, gab hierzu genug Grund. Descartes —
Spinoza — Malebranche auf der einen, Hobbes — Bayle auf
der anderen Seite forderten zur Stellungnahme auf. Aber vor
allem die eigene starke Verwendung des Gottesbegriffes, als
eines integrierenden Baustückes seines Systems, legte ihm die
Pflicht auf, vor seinen Lesern die Widerstandsfähigkeit dieses
Baustückes darzutun; alsdann erst konnte er erwarten, daß das
philosophische Verlangen seiner Zeit in seinem Gedankengebäude
eine Ruhestätte suchen würde.

Daß allerdings die Leibnizsche Inangriffnahme dieser Sisyphusarbeit nicht unter denselben Handgriffen, wie bei seinen
Vorgängern, geschehen sein wird, ist aus seiner schroffen Ablehnung des zügellosen Begriffes einer göttlichen Vollkommenheit von vornherein gewiß. Wissenschaft und Moral fesseln
die Vollkommenheit Gottes; Gottes Allmacht ist beschränkt.
Am Zusammenstoß mit diesem Satze wurde der Anselm —
Descartessche Beweis von Grund aus reparaturbedürftig. Und
der andere Beweis, aus dem Vorhandensein der Gottesidee
im Geiste, konnte einem Erkenntniskritiker wie Leibniz noch
weniger genügen, da die bloße Behauptung eines Denkinhaltes
als „Idee" kein Wirklichkeitkriterium bedeutet. Das stand ihm
fest, daß wir zum Wissen von Gottes Existenz nur durch eine
Beweisführung kommen; die Kenntnis Gottes ist keine unmittelbare Anschauung. Eine solche haben wir allein von unserem
Dasein.[187] Von Gott haben wir nur eine demonstrative Erkenntnis.[188] Wenn auch die Behauptung, daß Gott existiere, eine
notwendige Wahrheit ist[189], so ist sie darum kein eingeborenes
Prinzip, sondern kann und muß bewiesen werden.*[190]

Wir halten es nun für vorteilhaft, dem folgenden Gedankengange eine Skizzierung desselben vorauszustellen.

---

*) Davon muß unterschieden werden die Idee Gottes, die eingeboren
ist. Cf. V 94, 1705; III 249[19], 1699; V 419[18]. Allerdings ist Zit. 190
widerspruchsvoll hinsichtlich Punkt 2: der Gottesverehrung; hier bestreitet
L., daß sie ein eingeborenes Prinzip sei, während er V 94, 1705 behauptet, „diese Wahrheit (sc. der Gottesverehrung) ist eingeboren".

Leibniz weist den Ausdruck eines Novators, eines Neuerers, von sich; es bot ihm schon ein genügendes Interesse, die Mängel der vorhandenen Beweise aus der Gedankenstimmung dieser Beweise heraus in möglich bester Weise zu mildern, ohne jedoch damit diese Beweise zu adoptieren. Darum muß manche Arbeit und mancher Versuch nur im Sinne eines „Beispringens" aufgefaßt werden. Solcher Art sind alle Formulierungen des Beweises von der Existenz eines „summum ens", eines höchsten Seienden. Schon sehr früh kennzeichnet sich Leibniz in diesem Punkte als bloßen „Succursor", der dem schwächeren Mitkämpfer beispringt; alle derartigen Hilfsleistungen endigen mit der prinzipiellen Reserve: „vorausgesetzt, ein vollkommenes Wesen sei möglich". Diese Beweisart nennt Leibniz a priori-Beweis, oder Beweis aus dem Begriff Gottes.

Jeder Beweis, durch den Gott dargetan wird, muß entweder, wie eben angedeutet, aus der Betrachtung allein der Natur Gottes oder aus der außerdem hinzukommenden Betrachtung — unseres Geistes oder anderer existierenden Dinge im allgemeinen oder im besonderen abgeleitet werden. [191] Wird für den Beweis der Existenz Gottes aus den „Kreaturen" Material geschöpft, so vermittelt die Beziehung zwischen beiden der Satz vom zureichenden Grunde [192], dessen erste Formulierung Leibniz sich zuschreibt. Die „Zufälligkeit" aller Kreatur, das Kommerzium zwischen Geist und Körper, zwischen dem Reich der Natur und dem der Gnade sind die Pfeiler, von denen aus der Satz vom zureichenden Grunde die Brücke schlägt zum Gottesbegriff. Der Beweis solcher Art ist ein Rückschluß; Leibniz nennt ihn den a posteriori-Beweis.

Beide Beweisarten entspringen der Dogmatik, welche aus einer Denkbestimmung, deren Befugnis in dem Reich der Erfahrung befangen ist, Einsichten über die Grenzen dieser Natur hinaus erschleicht. —

Über diese Stufe einer dogmatischen Extravaganz führt die Stufe des kritischen Gewissens hinaus. Die Auseinanderhaltung beider ist zunächst nicht ein zeitliches Nacheinander. Schon früh beginnt die Kritik am Descartesschen Beweis, wie schon erwähnt, mit dem Zweifel an der Möglichkeit eines existierenden vollkommenen Wesens. Ist nicht vielleicht die „Vollkommenheit" nur im Sinne eines unendlichen Vervollkommnens denkbar, wie der Begriff des Unendlichen an der Zahl nur die Unendlichkeit des Progresses im Zählen ausdrückt? Schließt nicht die Vollkommenheit als Existenz, als Dasein gedacht, einen Widerspruch ein, wie die schnellste Bewegung oder die größte Zahl einen Widerspruch enthält? Es ist ohne Zweifel, daß diese Frage des Besinnens: Ist der Begriff möglich? für Leibniz wohl am Material der Gottesbeweise sich erhebt, aber weit über diesen Bezirk hinaus als Erleuchtung wirkt; die „Möglichkeit" wird nicht schon freigegeben, lediglich wenn der Satz des Widerspruches nichts einwendet; die „Möglichkeit" des Begriffes hängt ab von der Möglichkeit einer Real-Definition. In dieser Anknüpfung der „Möglichkeit" an die Realdefinition liegt das fruchtbare Motiv, das in der Leibnizschen Erkenntniskritik eingehend gewürdigt werden muß.

Die Kritik der Gottesbeweise erhebt sich also aus der Frage: Ist der Begriff möglich? Die Kritik in dieser Form richtet sich jedoch nur gegen einen a priori-Beweis, gegen den Beweis aus dem Begriff Gottes. Es liegt in dieser Form noch nicht explizite auch die Kritik des a posteriori-Beweises, die Kritik des Rückschlusses von der Wirkung auf eine Ursache. Die Kritik an diesem Rückschluß gilt der Befugnis, das Gesetz der causa efficiens auf das Transzendente propagieren zu lassen. Ist der Steg von den Dingen dieser Welt zum Jenseits so sicher zu legen? Und was zwingt uns denn, auf das Jenseits unsere Zuflucht zu nehmen? Probleme, die uns das Diesseits bietet, keine erklärbare Tatsächlichkeit. Nur, insofern die Mittel unseres natürlichen Denkens nicht mehr ausreichen, wenn die Fragen des Denkens zu Rätseln werden, dann wird es weltflüchtig. Will ich eine Sache beweisen, so müssen aber die Voraussetzungen sicher sein; alle Sicherheit eines Schlußsatzes ist nur die abgeleitete Sicherheit aus den Voraussetzungen. Ist also die präetablierte Harmonie eine Tatsächlichkeit oder nur eine Hypothese? Ist nicht das Kommerzium der Geister und das zwischen Geist und Körper die Hypothese eines Wunders und kein Inhalt einer Erkenntnis, einer Erfahrung? Und sind diese Voraussetzungen des Rückschlusses auf Gott keine Tatsachen, sondern Hypothesen und zwar die Hypothesen eines — Wunders, was bleibt dann an Sicherheit übrig für den Schlußsatz: Gott ist! — Diese Kritik stellt sich bei Leibniz literarisch verhältnismäßig spät und erzwungen ein. Die resignierende Zugabe, daß seine Hypothese der präetablierten Harmonie nicht mehr getan habe, als das Wunder zu hypothesieren, wie es seine Vorgänger auch getan, gibt implizite auch den Verzicht auf den „unumstößlichen Beweis" Gottes aus diesem — Wunder.

LIBRARY OF THE UNIVERSITY OF CALIFORNIA

Am zuversichtlichsten während der heftigen Kritik des Descartesschen Beweises kommt drittens der Glaube an Gott zum Ausdruck. Wir verwandten die Zitate im vorigen Kapitel. Um so mehr er anerkennt, daß die direkten Beweise nicht fertig und nicht bündig sind, um so eindringlicher betont er, daß alle diese Beweise gar nicht notwendig seien für die — moralische Gewißheit eines Gottes. Und in dem Glauben, daß die Erde der Ort der Gerechtigkeit sei, daß die Geschichte der Menschen zu einem Himmelreiche auf Erden sich entwickele, in diesen Glauben verirrt sich nicht der leiseste Ruf nach einem „Beweis"; hier ist ihm Gott das Postulat des moralischen Weltsehnens.

Von dieser Stufe aus, die Gott als moralisches Postulat gewinnt, erhält der vielfach gebrauchte Satz, daß es uns genügt, die Einwände gegen Gott zu entkräften, seinen erträglichen Sinn. Ohne diesen Zusammenhang wäre er nichts als der ödeste Ausdruck einer scholastischen Ranküne.

A. Die Stufe des Beweises der Existenz Gottes.

1. Der a priori-Beweis.

Dieser Beweis faßt Gott zunächst als „das vollkommenste Wesen". Zu den Vollkommenheiten gehört auch die Existenz. Denn Existenz bedeutet „Sein", „Dasein", „Etwas sein". Nun ist es offenbar mehr, „etwas" als „nichts" zu sein. Demnach gehört die Existenz zur Vollkommenheit, weil das Nichtsein einen Mangel ausdrückt. Es machte sich aber das Bedenken geltend, ob alle Perfektionen untereinander verträglich sind oder in demselben Subjekte sein können. Dies mußte also zunächst bewiesen werden. Leibniz versucht diesen Beweis im Jahre 1676. Er sagt: Vollkommenheit nenne ich jede einfache Qualität, die das, was immer sie ausdrückt, ohne irgendwelche Grenzen ausdrückt; oder kurz: eine einfache Qualität, die positiv und unbedingt ist. So ist Sünde keine Vollkommenheit, da sie eine Qualität ist, die etwas Negatives bedeutet. Ebenso gibt es keine vollkommene Bewegung, da jede Bewegung durch eine andere „bedingt" ist; Vollkommenheiten sind jedoch nur absolute, unbedingte Qualitäten.

A und B seien zwei Vollkommenheiten. Es werde jetzt die Behauptung gesetzt: A und B sind unverträglich. Dieser Satz kann nur durch Auflösung der Begriffe A und B bewiesen werden. Denn die Natur, das Wesen eines Begriffes liegt in den Merkmalen. Ohne die Erwägungen über die Merkmale kann über die Beziehung der Begriffe nichts ausgemacht werden. Nach der vorausgesetzten Definition sind A und B aber unauflösbar, weil sie einfache Qualitäten sind. Also kann die Behauptung nicht bewiesen werden.

Darum kann diese Behauptung ferner nicht einmal wahr sein. Denn alle notwendig wahren Sätze sind entweder beweisbar oder durch sich bekannt. Unsere Behauptung ist aber weder beweisbar noch durch sich bekannt. Also ist notwendig dieser Satz nicht wahr. Demnach muß das Gegenteil wahr sein: A und B sind, als Vollkommenheiten im Sinne von einfachen, positiven und unbedingten Qualitäten, verträglich. Also kann ein Subjekt aller Vollkommenheiten intelligiert werden. Also existiert es; denn die Existenz ist eine Vollkommenheit.[193]

Aus der Definition der „Vollkommenheit" als unbedingter Qualität ergibt sich, daß das Subjekt aller Vollkommenheiten ein absolutes Wesen, ein Wesen aus sich (ens a se) sein muß. Aus dieser Definition Gottes als absoluten Wesens folgt weniger umständlich die Existenz. Leibniz sagt: Definieren wir Gott als Wesen aus sich oder: das seine Existenz von sich selbst, d. h. von seiner Wesenheit hat, so folgt, daß Gott notwendig existiert. Die Unbedingtheit zeigt sich vor allem an der Art der Existenz; ist Gott in seinem Wesen unbedingt, so kann auch seine Existenz nicht bedingt sein; also ist er notwendig.[194] [195]

Folgt nun auch .aus der Definition eines notwendigen Wesens, d. i. eines Wesens aus sich (ens a se), daß es existiere, so fragt es sich, ob ein derartiger Begriff einen Sachwert habe (a parte rei sei), ob es also in unserer Macht stehe, ein derartiges Wesen zu fingieren (fingere). — Mit diesem bedeutsamen Satze schließt der Beweis, daß ein vollkommenes Seiendes existiert. (1676.)

Diese scharfe Frage, vor der es kein Entrinnen gibt, kleidet sich zunächst in die stumpfe Frage: Ist ein notwendiges Wesen — möglich? Möglich kann alles das sein, in dem eine bloß logische Zergliederung kein Non-A mit einem A zusammen vorfindet; allein „möglich sein" kann auch heißen: mit den gesetzlichen Bedingungen des Wirklichen übereinstimmen. — Das Jahr 1676 kennt also die Frage: Hat der Begriff von einem notwendigen Wesen einen Sachwert? Stimmt er mit den Gesetzen und Bedingungen des Realen überein? Im Jahre 1715

scheint das Dringliche der Frage ganz vergessen zu sein.
Leibniz sagt: Nur Gott (oder das notwendige Sein) hat das
Vorrecht, daß er existieren muß, wenn er möglich ist. Und
da nichts die Möglichkeit einer Sache verhindern kann, die —
keine Grenzen, keine Verneinung und folglich auch keinen
Widerspruch enthält, so genügt schon dies allein, um das
Dasein Gottes a priori zu — erkennen.[196]

Nun hatte Leibniz schon 1676 in seinem Beweis vom vollkommensten Wesen bewiesen, daß es keinen Widerspruch enthält; also war seine — Möglichkeit, im Sinne der Monadologie, ebenfalls schon nachgewiesen. Und doch erhob sich
am Schluß die Frage: Hat ein solches fingiertes „notwendiges
Wesen" einen realen Wert? Dieser Frage gegenüber bedeutet
der Satz der Monadologie einen Rückfall, eine Schwäche des
Schriftstellers.

In einem wahrscheinlich früheren Beweis verwandte Leibniz
den Begriff des Möglichen im ungeläuterten Sinne. Er sagt:
Man könnte einen einfachen Beweis vom Dasein Gottes bilden,
indem man nicht von Vollkommenheiten spricht (um nicht von
denen aufgehalten zu werden, die zu leugnen wagen, daß alle
Vollkommenheiten vereinbar seien und daß folglich die fragliche Idee möglich sei); denn wenn man nur sagt, daß Gott
ein Wesen aus sich oder ein primitives Wesen (ens a se) sei,
so heißt das, daß er durch seine Wesenheit existiert. Nun
bedeutet die „Wesenheit einer Sache" die „Möglichkeit einer
Sache". Also heißt „Existieren durch seine Wesenheit" —
„Existieren durch seine Möglichkeit". — Wären wir sicher, daß
Leibniz unter „Sache" nur einen möglichen Inhalt der Erfahrung meint, so würde die „Möglichkeit" der Sache ein
Gesetz und eine Bedingung des Realen, d. h. eine wissenschaftliche Einsicht bedeuten; so konnten wir nach Leibniz' Terminologie im 1. Kapitel die Gesetze der Wissenschaften als „Möglichkeiten" bezeichnen. Nun aber findet hier die „Sache"
keine Restriktion auf die Erfahrung, sondern soll ein supra-
mundanes Wesen bezeichnen. Da dessen Gesetze und Bedingungen nicht als Gesetze eines möglichen Erfahrunginhaltes
gelten wollen, so kann alle Bestimmung des Wesens eines supramundanen Seienden niemals Inhalt einer Erkenntnis werden,
sein „Wesen" = „Möglichkeit" hat demnach keinen Sachwert;
wir werden nie wissen, „ob wir ein solches Wesen — fingieren
dürfen". Es bleibt somit im Begriff der Möglichkeit hier nur
der Sinn der bloß logischen Widerspruchlosigkeit übrig, da uns

die Mission des Beweises, Gottes supramundane Existenz zu beweisen, das Recht gibt, ihn durch die Frage von 1676: a parte rei? von uns zu weisen. Auch hier gelangt Leibniz über seine eigene, entscheidende Frage nicht hinaus.

Leibniz fährt fort: Man könnte für diesen Gegenstand noch eine modale Behauptung aufstellen, die eine der schönsten Früchte der ganzen Logik sein würde; sie heißt: Wenn ein notwendiges Wesen — möglich ist, so existiert es. Nun ist aber ein „notwendiges Wesen" und ein „Wesen durch seine Wesenheit" nur eines und dasselbe. Also scheint die Schluß-folgerung, von diesem Auskunftmittel hergenommen, Solidität zu besitzen, und die, welche wollen, daß man niemals auf bloße Begriffe (Notiones), Ideen, Definitionen oder mögliche Wesenheiten die wirkliche Existenz übertrage, verfallen tatsächlich dem, wovon ich rede: d. h. sie leugnen die Möglichkeit eines ens a se (eines Seienden durch sich).[197]

Der Kernpunkt des Beweises ist der modale Satz: Wenn ein notwendiges Wesen möglich ist, so hat es Dasein. Wir haben auf das Zögernde und Vorläufige der Leibnizschen Behauptungen zu achten; es muß allerdings merkwürdig be-rühren, die Notwendigkeit erst an der — Möglichkeit kon-trollieren zu müssen, ehe man zur Existenz gelangt. Man erwartete, daß vielmehr das Mögliche zum Notwendigen aus-zureifen habe. Gehen wir auf den Leibnizschen Gebrauch ein, so ist entweder zwischen dem Notwendigen und dem Möglichen kein Unterschied (das Wissenschaftliche, z. B. die Winkelsumme des Dreiecks ist „Möglichkeit") — oder Notwendiges ist ein Reales, in gesetzlicher Geltung erkannt; Mögliches ist das Gesetz des Realen, ohne Hinweis auf ein einzelnes Reales.

Die dem modalen Satze folgende Worte[197] scheinen die erstere Auffassung der Begriffe Notwendig und Möglich zur Erklärung herbeizuziehen. Leibniz sagt: „,Ein Seiendes durch sich' heißt ,ein Seiendes durch seine Wesenheit'. Ferner ist ,die Wesenheit einer Sache' nur ,die Möglichkeit einer Sache'; dies läßt sich als bloßen Zusatz aus der Definition des ,Seien-den durch sich' unmittelbar aussprechen." Darauf folgt das Fernere: „Nun ist aber ,ein notwendiges Wesen' und ,ein Wesen durch seine Wesenheit' nur eines und dasselbe." Ist a : b und c : b, so ist a : c, d. h. ein „notwendiges Wesen" ist iden-tisch mit dem „Seienden durch seine Möglichkeit". Also verflüchtigt sich der modale Satz, „eine der schönsten Früchte der ganzen Logik", in analytisches Spiel; ist ein notwendiges

Wesen identisch mit dem „Wesen aus seiner Möglichkeit",
so besagt die Bedingtheit des „notwendigen Wesens" durch
seine Möglichkeit keinen Schritt über den Begriff hinaus, die
Frage nach dem a parte rei bleibt unbeantwortet.

Weitere Beweisversuche aus dem Begriff Gottes stehen
uns nicht zur Verfügung. Gehen wir somit an der Hand der
Leibnizschen Frage: „A parte rei?" zum a posteriori-Beweis
hinüber.

2. Der a posteriori-Beweis.

Ich nannte diesen Beweis einen Rückschluß von dem daseienden „Zufälligen" auf ein daseingebendes Notwendiges.
Leibniz sagt 1715: „Ebenfalls a posteriori habe ich das Dasein
Gottes bewiesen, weil zufällige Wesen da sind, die ihren letzten
oder zureichenden Grund nur in dem notwendig Seienden haben
können, das den Grund für sein Dasein in sich selbst trägt"[196].

Das Vehikel dieses Beweises liegt also im Leibnizschen
Satz vom zureichenden Grunde. Mit überraschender Klarheit
und Sicherheit wagt Leibniz im Todesjahre 1716 zu sagen, „daß
ohne dieses — große Prinzip des zureichenden Grundes man
nicht zum Beweise von der Existenz Gottes gelangen
könnte". Das Jahr 1714 kennt den Satz, daß wir nur durch
die Wirkungen zur Erkenntnis seiner Existenz gelangen.[198]
Somit beginnt hier im Rahmen des a posteriori-Beweises eigentlich erst der reife Versuch eines Gottesbeweises; am Abend
seines Lebens läßt er den a priori-Beweis, der rein aus dem
Begriffe gezogen den Satz vom zureichenden Grunde nicht verwendet, fallen.[199] Der Beweis für Gottes Dasein soll sich
nur aus dem Dasein der „Geschöpfe", nicht aus der Idee
Gottes erheben können.

Sagten wir oben, daß der a priori-Beweis die entscheidende
Frage nach dem Sachwerte des fingierten Gottesbegriffes
unbeantwortet lasse, so ist hier nunmehr der Gedanke auszusprechen, daß diese vernichtende Kritik am a priori-Beweis das
ausdrückliche Ergebnis der Leibnizschen Denkarbeit selbst
bedeutet.

Es wäre hiernach zu untersuchen, wie weit die Verwendung
des fundamentalen Naturgesetzes dem Gottesbeweise zu dienen
vermag.

Nichts existiert, wenn sich nicht dafür ein hinreichender
Grund der Existenz geltend machen läßt. Es kann leicht bewiesen werden, daß dieser hinreichende Grund innerhalb der

Ursachenreihe nicht vorhanden sein kann. In der Ursachenreihe kann nirgend Halt gemacht werden, wie weit wir auch zurückgehen. Der allgemeine bestimmende Grund oder eine solche Ursache, durch die die Dinge eher so sind und gewesen sind als anders, muß ganz außerhalb der Materie sein, weil man in ihrem Begriff keineswegs findet, daß sie ihre Existenz mit sich führt, also in dieser ihrer Existenz von einem Grunde abhängig ist; d. h. er kann nicht in ihr liegen, man muß den Grund der Dinge außerhalb der Materie suchen. Zwecks Verknüpfung aller Teile der Natur ist dieser letzte Grund der Dinge allen gemein und universell, das ist das, was man Gott nennt. Dieses absolute Seiende (ens a se) muß ferner möglich sein; denn wäre es unmöglich, so wären alle Wesen, deren Existenz an sich zufällig ist, gleicherweise unmöglich. Wenn ein notwendiges Seiendes nicht ist, so gibt es auch keine möglichen Wesen.[200]

Eine prägnante Formulierung bieten die Principes des Jahres 1714: Der zureichende Grund, der keines weiteren Grundes bedarf, muß daher außerhalb dieser Reihe der zufälligen Dinge liegen und sich in einer — Substanz finden, die die Ursache der zufälligen Dinge oder ein notwendiges Wesen ist, das den Grund seines Daseins in sich selbst trägt: anderenfalls würde man noch immer keinen zureichenden Grund haben, bei dem man stehen bleiben könnte. Dieser letzte Grund der Dinge aber wird Gott genannt.[201]

Achten wir in diesem Beweisgange auf zweierlei: die Natur stellt das Problem der Zufälligkeit ihrer Erscheinung, ihres Systems. Zur Lösung dieses Problems der Natur transzendiert das Denken auf einen supramundanen „zureichenden Grund"; zweitens stößt das Denken beim ersten Schritt wieder auf jenes „fingierte Wesen", auf die notwendige Substanz, das ens a se, dessen Möglichkeit unbeantwortet geblieben war. Allerdings ist die notwendige Substanz hier Ergebnis, nicht Ausgang; der Ausgang wird hier von irgendeinem Daseienden genommen; das Dasein soll nicht erst radikal nachgewiesen werden. Das bleibt jedoch das Wichtige: die Frage nach dem Endzwecke der Welt führt geradewegs zur Substanz; die Idee der Zufälligkeit dieser Welt und das Problem eines Endzweckes alles Daseienden gelangt zur zwecksetzenden, notwendigen Substanz.[202] [203] [204] [205] [206]

Die Hypothese der präetablierten Harmonie kleidet den eben vorgetragenen a posteriori-Beweis in ein neues Begriffsgewand. Es galt in der Hypothese eine Harmonie von Körper und Seele und eine solche unter den Substanzen auszusprechen. Leibniz gelangt daher von zwei Seiten her zum Beweis.

„Um dieses Naturgeheimnis der Harmonie zwischen Körper und Seele zu erklären, ist es sehr nötig auf Gott zurückzugehen; aber dies ist nur ein für allemal, nicht, wie wenn er die Gesetze der Körper verwirrte". [207] [208] Diese Seite der Hypothese verliert durch den reifenden Gedanken der Phänomenologie der Körperwelt in den letzten Jahren seine Bedeutung; dafür wird um so energischer der Ausgang des Gottesbeweises genommen von der präetablierten Harmonie unter den vorstellenden und wollenden Substanzen.

„Es ist klar, daß der Einklang so vieler Substanzen, die keinen Einfluß aufeinander haben und trotzdem im Einklang stehen, als wenn die eine auf die andere wirkte, nur von einer generalen Ursache herstammen kann. Sonst würden die Phänomene der verschiedenen Geister keineswegs im Einklang stehen und es würde ebensoviele Systeme als Substanzen geben; oder besser: es wäre ein bloßer Zufall, wenn sie manchmal im Einklang stünden. Jeder Begriff, den wir vom Raum, von der Zeit haben, ist auf diesen Einklang gegründet. Diese generale Ursache, von der alle vorstellenden Substanzen abhängig sind, muß eine unendliche Macht und Weisheit besitzen, um alle diese Übereinstimmungen im voraus einzurichten". [209] [210] [211] [212] [213] [214]

Besinnen wir uns über den Beweisgang, so hält unser Bewußtsein zunächst und am energischsten fest, daß diese Harmonie kein Inhalt einer Erfahrung ist. Haben die vorstellenden Substanzen keinen Einfluß aufeinander, so besteht auch kein unmittelbares Kommerzium in dem Sinne, daß der Vorstellungsinhalt der einen zum Inhalt der anderen würde; auf diesem Kommerzium der vorstellenden Substanzen beruht aber die Möglichkeit, diese Harmonie des Vorstellens aller Substanzen als Inhalt unserer Erfahrung zu gewinnen. Darum bezeichnet Leibniz die Harmonie als präetablierte; sie entsteht nicht aus dem Kommerzium der Substanzen oder aus dem gemeinsamen Objekt des Vorstellens, sie ist eine vor der Erfahrung, vor dem Vorstellen der Substanzen schon etablierte.

Deshalb führt diese Harmonie den Namen einer Hypothese. Die Hypothesis concomitantiae unterscheidet sich von der Hypothesis influxus realis und causae occasionalis. Am nächsten steht die Leibnizsche Hypothesis der des Malebranche. Sie erhebt sich

über sie nur in der Anzahl und in der Verwendung der Wunder;
was Malebranche von Fall zu Fall durch ein jedesmaliges wunderbares Eingreifen Gottes bewirken ließ, erledigte Leibniz am
Anfang durch ein allgemeines Kapitalwunder.

Gleichfalls darauf ist zu verweisen, daß das Wort Hypothese
für eine „Erklärung", die durch die Verwendung eines Wunders
zustandekommt, angemaßt erscheint. Das bezeichnet das Wesen
der Hypothese, daß sie der Tatsache, welche noch nicht
Inhalt der Erfahrung, doch als Ursache der zu erklärenden
Erscheinungen gesetzt wird, nur vorgreift. Die Hypothese
füllt somit eine vorläufige und **zufällige** Lücke der Erfahrung
aus. Hier aber wird ein Aktus gesetzt, der nie Inhalt der
Erfahrung wird, d. h. wir haben es mit einem Dogma zu tun.
Die Hypothese ergänzt mit den Gesetzesmitteln des Erkennens
die Erfahrung; das Dogma aber sucht mit den Mitteln des
bloßen Denkens das Problem des Erkennens selbst zu „erkennen"; im Dogma wird eine Einsicht aus einem bloßen Begriff behauptet.

So charakterisiert sich die präetablierte Harmonie nicht
als Hypothese: die Hypothese ist nur eine Vorstufe der Tatsache; diese Harmonie ist ein Dogma; ein Dogma ist Konstruktion aus einem Begriff mit dem Anspruch der Tatsächlichkeit.

Es ist nicht erfindlich, wie eine Annahme, die vom Urheber
selbst bloß als „Hypothese" bezeichnet ist, Beweiskraft besitzen
sollte. Gleichwohl gilt ihm die Hypothese der präetablierten
Harmonie in einem merkwürdigen Superlativ: für den am
meisten unumstößlichen Beweis der Existenz Gottes. Dieser
Superlativ zeigt uns, daß die anderweitigen „unumstößlichen"
Beweise dem Denken eines Leibniz nicht einwandfrei gewesen
sind, und deutet uns ferner an, daß der Beweis aus der präetablierten Harmonie nur den erreichbar höchsten Grad
der Sicherheit gewähren soll. Aus dieser Erkenntnis Leibnizens
heraus leiten wir es ab, daß der Ausgang des Beweises, die
präetablierte Harmonie, von Anbeginn an offen als — Hypothese
bezeichnet wurde. Von dem Augenblicke an, da die Voraussetzung eines Beweises nur eine hypothetische Zulänglichkeit
aufweist, ist auch die Konklusio bestenfalls nur — hypothetisch
zu sichern; das mußte dem Mathematiker Leibniz klar im
Bewußtsein stehen.

Der bekannte aristotelische Beweis aus dem ersten Beweger
wird auch von Leibniz beachtet, aber nur am Anfang seines
Denkens. Der Körper ist dem Jüngling 1668 nur Materie und

Figur; und da weder aus der Materie noch aus der Figur eine
Ursache der Bewegung eingesehen werden kann, so muß diese
Ursache außerhalb des Körpers liegen; da nun außer dem
Körper nichts anderes als Geist zu denken ist, so wird der
Geist die Ursache der Bewegung sein. Der das Weltall lenkende
Geist ist aber Gott. [215] [216] [217]

Es findet sich vom System des Malebranche her bei Leibniz
auch der Beweis für Gottes Existenz, der sich aus der aktuellen
Dauer der endlichen Dinge in der Zeit ergibt. Diese Dauer
der Dinge ist nur im Sinne einer Erhaltung denkbar; die Erhaltung ist ein beständiger Aktus Gottes, eine Schöpfung. Also
muß Gott existieren, da Dinge dauern.*

Damit wären alle Formen des a posteriori-Beweises zur
Erwähnung gebracht; die Darstellung hätte zur Stufe der Kritik
gegen die Gottesbeweise zu führen.

B. Stufe des kritischen Gewissens.

Der a priori - Beweis Gottes bewegte sich gänzlich in
Descartesschen Gedankenspuren. Descartes gab nämlich zwei
Wege, die Existenz Gottes zu beweisen: Erstens gibt es in
uns eine Idee von Gott, weil wir ohne Zweifel an Gott denken
und weil wir nicht an etwas denken könnten, von dem wir
keine Idee haben. Wenn wir also eine Idee von Gott haben
und wenn sie wahr ist, d. h. wenn sie die Idee eines unendlichen
Wesens ist und wenn sie es getreu darstellt (represente), so
kann sie durch keine geringere Sache verursacht sein, und
folglich ist es nötig, daß dieser Gott selbst ihre Ursache sei.
Es ist also nötig, daß er existiert. Der zweite Schluß ist noch
kürzer: Gott ist ein Wesen, das alle Vollkommenheiten besitzt,
und folglich besitzt er die Existenz, die zur Zahl der Vollkommenheiten gehört.

Man muß gestehen, sagt Leibniz, daß diese Schlüsse ein
wenig verdächtig sind, weil sie zu schnell gehen, und weil sie
uns Gewalt antun, ohne uns aufzuklären. Statt dessen haben
wahrhafte Beweise die Gewohnheit, den Geist mit irgendeiner
soliden Nahrung zu erfüllen. Es ist jedoch schwer, den springenden Punkt in der Schwierigkeit dieser Sache zu finden. [218] —
Gehen wir, diesen „springenden Punkt" der Schwierigkeit der
Gottesbeweise an der Hand der Zitate aufzusuchen.

---

*) VII 565 ect.

Von den beiden Formen des Descartesschen Beweises ist
der letztere der a priori-Beweis; er faßt Gott als vollkommenstes
Wesen oder besser als ein Wesen von höchster Größe und
Vollkommenheit.[219] Der Beweis der Existenz kommt aus
solchem Begriffe zustande, indem die Existenz selbst als eine
Vollkommenheit gesetzt wird.

Der fundamentale Einwand gegen diesen Beweis richtet
sich zunächst gegen den Begriff eines vollkommensten Wesens
selbst. Leibniz fragt sich, wie wir zum Begriff Gottes gelangen;
offenbar aus der Reflexion über das „Ich".* Alle Schranken
des Subjektes werden beseitigt. Sind die Unvollkommenheiten,
die meinem Wesen anhaften, abgestreift, so bin ich zum absolut
vollkommenen Wesen gelangt. Ist es aber immer erlaubt, bis
zum Superlativ zu gehen? Ich kann urteilen, daß die Zwei
keine unendlich vollkommene Zahl ist, weil ich in meinem Geiste
die Idee einer anderen Zahl habe oder begreifen kann, die vollkommener ist als sie. Gleichwohl erkenne ich, daß auch diese
Zahl wieder unvollkommener als eine andere ist, und so ohne
Grenzen weiter. Also gibt es keine absolut vollkommene Zahl,
und ihre Annahme würde einen Widerspruch einschließen.[220]

Zu einer gleichen Unmöglichkeit gelangten wir, wollten wir
den Begriff einer äußersten Geschwindigkeit fassen.[221] Es erfordert gerade die Art der Entstehung der Gottesidee, daß der
Nachweis geliefert werde, wie die Annahme eines Wesens, das
alle unsere Eigenschaften in schrankenloser Vollkommenheit
besitze, möglich ist.[222] [223]

Das Beispiel der Zahlen und der Geschwindigkeiten zeigt
uns, daß es Steigerungen gibt, die zu keiner Grenze führen;
ein Abschluß der Steigerung, das Setzen eines Absoluten, eines
Superlatives, führt hier zu Widersprüchen.[224] [225] Also zwingt
diese Erkenntnis, im Begriff Gottes die Möglichkeit eines Superlatives der Größe und Vollkommenheit erst nachzuweisen.

Der Begriff des vollkommensten Wesens besagt nicht nur,
daß jede seiner Qualitäten im höchsten Grade vollkommen sei,
sondern daß auch die Anzahl dieser Qualitäten unbedingt vollkommen sei; Gott müßte alle Vollkommenheiten umschließen.
Hier entsteht der Einwand, ob alle diese „Einfachen Formen"
unter sich vereinbar seien. 1676 gab Leibniz einen Beweis,
daß alle vereinbar seien; er besann sich aber sofort über seine
bloß logische Spielerei und salvierte sich mit der Kernfrage:

---

*) VI 612¹.

„a parte rei?" „Hat der Beweis einen Sachwert?" — 1680 spricht er von diesem „Beweis" nicht mehr, sondern sagt: „Ich nehme also an, daß alle einfachen Formen unter sich vereinbar sind . . . . Aber wenn diese — Behauptung zugegeben ist, dann folgt, daß die Natur Gottes, die alle einfachen Formen, absolut genommen, einschließt, möglich ist."[226]

Es bleibt auch hier bei dem Einwand: Für einen distinkten Begriff genügt es nicht, daß alle seine Teile klar sind, wenn nicht auch das klar ist, daß sie unter sich verbunden werden können. Versteht z. B. jemand, was „Geschwindigkeit" sei und was das „Größte", so vermag er doch nicht die „größte Geschwindigkeit" zu verstehen; sie widerspricht sich nämlich, wie leicht zu beweisen.[227]

Nach zwei Richtungen also ist die Möglichkeit des Gottesbegriffes nachzuweisen, zunächst, ob die Qualitäten, die ihm meine Reflexion über das eigene Wesen leiht, zu letzter Vollkommenheit widerspruchslos gesteigert werden können; sodann bleibt die Möglichkeit nachzuweisen, ob alle Vollkommenheiten unter sich verbunden werden können.

Aber dies auch zugegeben, ein „vollkommenes Sein" sei möglich, so erhebt sich noch die Frage, ob die Existenz unter die Zahl der Vollkommenheiten gehört. Es scheinen die Vollkommenheiten Qualitäten zu sein, was die Existenz nicht ist.[228]

Gott als das „Aus sich Seiende" schien Leibniz eine für den Beweis der Existenz Gottes tauglichere Definition zu sein. Wie wenig von vornherein aber auch dieser a priori-Beweis von ihm adoptiert wurde, beweist die scharfe Polemik auch gegen diese Definition. Er sagt: Der von der größten Geschwindigkeit spricht, redet von einem Etwas, dem kein möglicher Begriff zugrunde liegt. Dasselbe kann auch dem vorgeworfen werden, der von einem Ens a se redet.[229]

Jede Handlung eines „Aus sich Seienden", d. h. eines Wesens, das von keinem anderen Dinge abhängig ist, wäre ein reiner Aktus (der nicht von äußerer Ursache veranlaßt ist). Nun setzt ein reiner Aktus Vieles und Großes voraus, nämlich so viele Vermögen, als es Dinge gibt, gegen die er sich bestimmen muß, ja ein Vermögen, alle äußeren Einwirkungen zurückzustoßen. Daher sieht man, wie unhaltbar das Argument ist, daß, da dem Aktus nur der Nicht-Aktus widerstreite, demnach der reine Aktus mit Nichts in Widerstreit trete. Als wenn es so sicher wäre, daß alle Aktus und alle Vermögen unter sich wechselweise bestehen könnten. Die Gegner sagen, daß ein Ding, in das wir alle Tüchtigkeiten (virtutes), alle Aktus zusammenferchten, eine Chimäre sei.[230]

Noch ein weiterer Einwand gegen die Möglichkeit eines Begriffes von einem Ens a se erhebt sich. Das „Aus sich Seiende" ist einer von den beiden Gegensätzen im Begriff eines „Seienden"; dem „Aus sich Seienden" steht das „Von einem anderen her Seiende" entgegen. Nun folgt keineswegs, wenn von zwei Gegensätzen der eine verständlich ist, daß auch der andere verständlich sei; denn es kann der Fall sein, daß der eine von beiden Gegensätzen einen Widerspruch einschließt. Wenn z. B. man die Menschen einteilt in vernünftige und unvernünftige (irrationalis), den „Körper" in einen beweglichen und einen unbeweglichen. So auch, wenn man das „Ens" einteilt in ein solches, das von einem anderen her ist, und ein solches, das nicht von einem anderen her ist. Denn die Gegner sagen, daß, was immer notwendig bestehe, aus der unendlichen Ursachenkette von einem anderen und anderen her bedingt sei.[231] [232]

Eine weitere Definition Gottes war die eines „notwendig Seienden", d. h. eines solchen Seienden, aus dessen Wesenheit seine Existenz folgt. Ist nun bewiesen, daß ein solches Wesen möglich ist, so existiert es; ein Privilegium, das ganz allein diesem einen Seienden zukommt.[233] Es ist das eine Folge (fastigium) der Lehre von der Modalität und schafft den Übergang von bloßen Wesenheiten zu Existenzen, von hypothetischen zu absoluten Wahrheiten, von Ideen zur Welt.[234] Dieser Beweis ist stringent, wenn eine solche Wesenheit möglich ist. Aber solange jene Möglichkeit nicht bewiesen ist, darf man durchaus nicht der Meinung sein, daß Gottes Existenz durch ein derartiges Argument bewiesen sei. Und allgemein behält der Gedanke sein Recht, daß aus bloßer Definition nichts betreffs des Definierten als sicher ausgemacht gelten kann, solange nicht feststeht, daß die Definition etwas Mögliches ausdrücken kann, solange die Definition nur nominell ist.[235]

Hiermit gelangen wir zu der so überaus fruchtbaren Unterscheidung der Definitionen in Nominal- und Real-Definitionen, eine Unterscheidung, welche in vollkommener Klarheit allerdings schon bei Aristoteles nachzuweisen ist.

Unter einer Nominal-Definition ist diejenige zu verstehen, welche nur die Merkmale der Unterscheidung der Sache von anderen enthält. Die Nominal-Definition als solche ist also willkürlich; man kann zweifeln, ob das Definierte möglich sei. So folgt notwendig aus der Definition eines notwendigen Wesens, daß es tatsächlich existiert; d. h. es folgt formellerweise; ganz unausgemacht ist, ob diese willkürliche, diese Nominal-Definition eines absolut notwendigen Wesens real zulänglich ist.[236]

Es muß sich aber erst die Möglichkeit der Sache ergeben, und dazu ist die Real-Definition berufen. Die Real-Definition erhebt den Begriff der Möglichkeit weit über die dürre Forderung einer bloß logischen Widerspruchlosigkeit. Was unter dem Nachweis der Möglichkeit zu verstehen ist, haben wir von den Geometern zu lernen; denn sie sind die wahren Lehrer in der Kunst des Schließens.[237] Ihre Definitionen sind Real-, d. h. Kausal-Definitionen. Diese kennzeichnen die Weise, durch die das Ding hervorgebracht werden kann. So definieren sie einen Kreis als eine Figur, konstruiert durch eine Gerade, die sich in einer Ebene bewegt, so daß ein äußerster Punkt in Ruhe bleibt. Aus dieser Definition des Kreises erkennen wir die Weise der Verwirklichung und darin seine Möglichkeit.[238] Dieser Nachweis der möglichen Entstehung der Sache ist der a priori-Beweis der Möglichkeit und eine entsprechende Definition heißt reell und kausal. Wenn die Möglichkeit nur durch die Erfahrung dargetan wird, so ist der Nachweis a posteriori geliefert; die Definition ist nur reell und nichts weiter. Die höchste Art eines Nachweises der Möglichkeit wäre es, wenn alle Begriffe, die zur Real-Definition verwandt würden, bis auf letzte primitive Begriffe zurückgeführt würden, so daß die Definition nur voraussetzungslose Elemente des Hervorbringens verwandte. Eine solche Real-Definition würde nichts mehr voraussetzen, was einen Beweis a priori seiner Möglichkeit nötig hätte; sie wäre eine vollständige oder essentielle Definition: Ob aber der Mensch seine Gedanken auf unlösbare Begriffe oder was dasselbe ist: auf die unbedingten Attribute Gottes, nämlich die ersten Ursachen und den letzten Grund der Dinge zurückführen könne, wagt Leibniz nicht nur nicht zu entscheiden, sondern gradezu zu bezweifeln.[239][240]

Da Gott nun alle Attribute in vollkommenstem Maße besitzen müßte, so müßte der Nachweis seiner realen Möglichkeit, der Beweis des möglichen Zustandekommens seines Wesens eine Unendlichkeit von rückwärtsschreitenden Real-Definitionen möglich haben; und somit ist der Nachweis der Möglichkeit des Gottesbegriffes ein Unding. Worüber aber die Real-

Definition nicht feststeht, nicht einmal möglich ist, über das
kann kein sicherer Vernunftgebrauch angestellt werden [239] [241];
noch mehr: solange diese Möglichkeit nicht bewiesen ist, so
lange hat man nichts getan. „Wenn ich alles dieses bedenke, so habe ich Mitleid mit der Schwäche der Menschen,
und es fällt mir nicht ein, mich davon auszunehmen." [242]

Nach einem so inhaltschweren, erkenntnisheischenden Begriff der Möglichkeit ist es selbstredend, daß Leibniz dem
Verfasser des „Iudicium de argumento Cartesii" . . . . . . (1699)
bedingungslos zustimmt, der den Leuten, die sagten, daß Gott
(als ens necessarium) notwendigerweise existieren müsse, weil
es nicht unmöglich sei, daß Gott sei, geantwortet hat:
Es folgt nicht, daß eine Sache möglich sei, weil wir nicht
deren Unmöglichkeit sehen; denn unsere Kenntnis ist beschränkt. [243]

Mit nur wenigen Worten brauchen wir hiernach Leibnizens
kritische Stellung zu dem anderen Cartesischen Argumente aus
dem Vorhandensein der Idee Gottes in unserem Geiste zu
skizzieren. Gewiß ist der Einwand, daß nicht allen Menschen
der Gedanke an Gott komme und danach der Beweis nicht
allgemein gültig sei, nicht hinreichend. Gesetzt, sagt Leibniz,
es gäbe Menschen und sogar ganze Völker, die niemals an Gott
gedacht haben, so kann man sagen, daß dies nur beweise, daß
die hinreichende Gelegenheit gefehlt habe, um in ihnen die Idee
der obersten Substanz zu erwecken. [244]

Andererseits ist jedoch der Beweis Descartes', welcher das
Dasein Gottes darzutun unternimmt, weil dessen Idee in unserer
Seele ist und sie von ihrem Urbild herstammen muß, keineswegs bündig. Zunächst bleibt es eine bloße Behauptung, daß
wir in uns eine Idee von Gott hätten. Wir reden von vielen
Dingen und wissen auch, was wir sagen, und doch ist es etwas
Unmögliches, von dem wir reden, z. B. wenn wir von einer
perpetuierlichen Bewegung reden, oder einem größten Kreis etc.
Ebenso verstehen wir durchaus, was wir sagen, wenn wir von
der größten Geschwindigkeit reden, und doch können wir von
unmöglichen Dingen keine Idee haben. Ebenso reicht es nicht
hin, bloß daraus, daß man an „das höchste Wesen" denkt, nun
auch zu behaupten, daß man dessen Idee habe. Descartes'
metaphysisches Prinzip, daß es von alle dem, worüber wir
denken und schließen, notwendig in uns eine Idee gäbe, ist
allgemein also nicht wahr. Mit diesem sozusagen Achillesschilde gerüstet streckt er alle die, welche seine Beweise

der göttlichen Existenz bezweifeln, mit großem Hochmut
nieder.[245]

„Ich stimme also der Weise derjenigen gar nicht zu, die
immer ihre „idées" anrufen, wenn sie am Ende ihrer Beweise
sind, und welche das Prinzip mißbrauchen, daß jede klare und
distinkte Konzeption etwas Wahres ist; denn ich meine, man
muß erklären, an welchen Merkmalen man eine distinkte
Erkenntnis erkennen kann. So glaube ich, daß das Merkmal
einer wahren Idee ist, daß man deren — Möglichkeit beweisen kann, sei es a priori, indem man ihre Ursache oder
ihren Grund begreift, sei es a posteriori, wenn wir aus der Erfahrung erkennen, daß sie sich tatsächlich in der Natur findet.[246]

Sodann zeigt dieser Descartessche Beweis nicht ausreichend,
daß die Idee Gottes, angenommen, wir hätten eine solche, von
ihrem Urbilde herkomme. Damit will sich Leibniz jedoch nicht
aufhalten. —

Tun wir einen Rückblick über die kritische Arbeit Leibnizens. Der Begriff Gottes ist vor allem auf seine Möglichkeit
hin zu prüfen. Die Möglichkeit bedeutet nicht die bloß logische, die dialektische, vermöge der Widerspruchlosigkeit;
sie besagt die reale Möglichkeit der Erzeugung des Begriffs;
gibt es eine Möglichkeit, daß der Begriff mit den Mitteln des
Erkennens konstruiert werden kann, wie der Kreis aus der
Geraden, die sich in einer Ebene um einen festen Punkt bewegt? Kann also mit den Mitteln unseres Erkennens beurteilt werden, ob der Begriff „Gott" real zustande kommen
kann? — Dies ist die immer wiederkehrende Frage, eine Frage,
die Leibniz vor sich selbst schließlich verneint. Und damit
wird jeder a priori-Beweis Gottes als unmöglich zugestanden.
Wir sahen schon, daß Leibniz sich auf den a posteriori-Beweis
aus dem Prinzip des zureichenden Grundes beschränkte.

Der Beweis kulminierte, wie wir es darstellen, in der Hypothese der präetablierten Harmonie. Die Annahme der metaphysischen Einheit unter allen vorstellenden Substanzen, der
Harmonie derselben ist erstens kein Inhalt einer Erfahrung,
kein Phänomenon, wie Leibniz sagt; und zweitens wird von
dieser an sich nicht als Phänomenon, d. h. als Erfahrung gegebenen Harmonie ein Rückschluß auf ein Wesen gemacht,
dessen Mittel, diese Harmonie herzustellen, das Wunder ist.
Vernehmen wir Leibniz selbst darüber: „Da aber die metaphysische Einheit, die man zwischen Seele und Körper (oder
zwischen Substanz und Substanz) annimmt, kein Phänomenon

ist, und da man (im Malebrancheschen System) nicht einmal
einen verständlichen (intelligiblen) Begriff davon gegeben hat,
so habe ich es auch nicht auf mich genommen, den
Grund für sie aufzusuchen".²⁴⁶

„Und ferner ist es wahr, daß es in meinem System der
präetablierten Harmonie Wunderbares gibt, und daß Gott
auf eine außerordentliche Weise hier eintritt"²⁴⁷. Der
einzige Unterschied gegen die Malebranchesche Hypothese, nach
der die Einheit, der Parallelismus zwischen körperlicher Bewegung und seelischer Verrichtung durch ein jedesmaliges
wunderbares Eingreifen Gottes bewirkt wird, ist der, daß
Leibniz kein beständiges Wunder, sondern ein primigenes (Ur-)
Wunder annimmt. „Darum muß eingeräumt werden, daß ich
sehr im Unrecht sein würde, wenn ich den Cartesianern einwerfen wollte, daß der Einklang, den Gott nach ihrer Ansicht
unmittelbar zwischen der Seele und dem Körper unterhält,
keine wahrhafte Einheit begründe, da sicherlich auch meine
vorher bestimmte Harmonie es nicht besser machen kann.²⁴⁸
Meine Absicht war nur, das, was sie durch fortwährende Wunder erklären, auf natürliche Weise zu erklären", d. h. wenn jenes
erste Kapitalwunder geschehen ist.²⁴⁸ ²⁴⁹ ²⁵⁰ ²⁵¹

Nach solchen Zugeständnissen ist es erklärlich, daß Leibniz
es versuchen muß, den Vorwurf wenigstens abzuschwächen, als
wäre seine Hypothese eine bloße Hypothese, oder als wäre
sie sogar willkürlich. „Meine Hypothese — scheint — etwas
mehr als eine bloße Hypothese zu sein, da sie nicht nur ganz
einfach „möglich" ist, sondern da sie auch die der Weisheit
Gottes und der Ordnung der Dinge am meisten konforme ist".²⁵²
Diese Begründung ist in ihrem ersten Teile eine Erschleichung.
Seine Hypothese soll ja den Zugang zu Gott erst liefern und
nicht von irgendeiner Definition oder Qualität Gottes her eine
Stütze suchen. Ferner ist seine Hypothese nicht der Ordnung
der Dinge „konform", sondern vermeidet nur eine Kollision mit dieser Ordnung, da sie zu einer vor dieser Ordnung präetablierten Harmonie greift. So charakterisiert Leibniz
selbst den Vorzug seiner Hypothese.

„Gegen den zweiten Vorwurf ,scheint' es mir, daß ich
sagen kann, daß meine Hypothese keineswegs willkürlich ist,
weil ich glaube gezeigt zu haben, daß es nur drei mögliche
gibt²⁵³, und daß nur die meinige es ist, die zur selben Zeit
intelligibel und natürlich ist". Leibniz setzt hinzu: „aber sie
läßt sich sogar a priori beweisen."²⁵⁴

Leibniz behauptet hier, daß seine Hypothese erstens intelligibel, zweitens natürlich sei. Intelligibel, d. h. verständlich ist das, was wir intelligieren können. „Verstehen, sagen wir, tun wir nämlich die Dinge gemeinhin, wenn wir deren Erzeugung oder die Art erfassen (concipimur), durch die sie hervorgebracht werden", sagt Leibniz.[240] 1708 aber gesteht er: „Da die metaphysische Einheit (sc. diese präetablierte Harmonie) kein Phänomenon ist, und da man nicht einmal einen **intelligiblen** Begriff davon gegeben hat, so habe **ich** es **auch nicht** auf mich genommen, den Grund für sie aufzusuchen".[246] Hier steht das Wort von 1704 an Lady Masham gegen das ernste, bekenntnisvolle Wort von 1708. Nur das letztere steht im Einklang mit seinen gesamten Eingeständnissen. Er bezeichnete die präetablierte Harmonie als etwas „Außerordentliches", als etwas „Wunderbares"; das will besagen, daß die Möglichkeit und Art des supramundanen Aktus der Harmonie-Etablierung nicht eingesehen werden kann. Darum bezeichnete er sein System als Hypothese, und die Wahrheit seines Systems als hypothetische Wahrheit. Um aber diese hypothetische Wahrheit zur absoluten auszubauen, um den Übergang vom bloß Ideellen zur Welt, zur Tatsächlichkeit zu finden, dazu hätte nach seinen eigenen Worten gehört, die Möglichkeit, die Intelligibilität dieser Harmonie zu liefern.

Eine zweite Verteidigung seiner Hypothese aus dem Jahre 1704, die der an Lady Masham gerichteten durchaus entspricht, gebe den Anlaß, zu zeigen, wie Leibniz den a priori-Beweis Gottes erst als unmöglich zugibt und doch hernach auf ihn bei dem ersten Versuch, seinen a posteriori-Beweis zu entrollen, sich unumwunden stützt.

Ist also die Hypothese nichts mehr als eine Hypothese? Darauf antwortet Leibniz in seinem Schreiben an die Königin Sophie Charlotte: „Es scheint etwas Beachtenswertes zu sein, daß eine Hypothese — möglich — scheint —, wenn alle anderen es nicht tun; und es ist außerordentlich — wahrscheinlich —, daß eine derartige Hypothese wahr ist." Weiter: „weil unser Verstand von Gott kommt, und wie ein Strahl von dieser Sonne betrachtet werden muß, so müssen wir urteilen, daß das, was unserem Verstande am meisten konform ist, konform ist mit der göttlichen Weisheit."[255]

Hier wird, ganz entsprechend jenem Schreiben an Lady Masham, die Hypothese, welche den Beweis für Gottes Existenz liefern soll, durch eine Qualität des erst zu beweisenden Gottes gestützt.

Wir wollen diesen Zirkel des Beweises aus Leibniz noch weiter nachweisen und damit sein Bewußtsein von der Stützbedürftigkeit dieses „am meisten unumstößlichen Beweises" aufdecken.

Wir zitierten das Bekenntnis des Todesjahres, „daß ohne dieses große Prinzip des zureichenden Grundes man nicht zum Beweis von der Existenz Gottes gelangen könnte". Oder ähnlich: „daß wir nur durch die Wirkungen zur Kenntnis seiner Existenz gelangen" (1704).

Es ist von größter Bedeutung, das Spezifische des Leibnizschen Beweises darin zu sehen, daß der Satz vom zureichenden Grunde nicht primär auf eine Causa efficiens schließt, sondern auf eine Causa finalis, auf eine zwecksetzende Ursache. „Sie wissen, daß ich ehemals ein wenig zu weit gegangen bin und mich auf die Seite der Spinozisten zu schlagen anfing, die Gott nur eine unendliche Macht beilegen, ohne Vollkommenheiten und Weisheit in Hinsicht auf ihn anzuerkennen, und indem sie die Erforschung der — Zweckursachen vernachlässigen, alles von einer blinden Notwendigkeit ableiten" (1705).[256]

Das gerade führte Leibniz auf den Begriff der Zufälligkeit der Welt: die bloße kausale Notwendigkeit, die metaphysische d. h. streng notwendige Bedingtheit der Naturmannigfaltigkeit führte zu keinem letzten, abschließenden Grund, warum diese und nicht eine andere Welt zum Dasein gelangt sei; trotz aller Einzelkausalität blieb dem Denken, das sich über die Imagination erhob, die Einsicht, daß eine Unendlichkeit anderer Welten möglich gewesen. Wird Gott nun als blind schaffende Gewalt gefaßt, als „notwendiges Wesen" eingeführt, so wird auch nicht einmal durch Gott die Zufälligkeit der Welt beseitigt. Mag immerhin der Grund für das bloße Dasein der Welt in einer Substanz gesucht werden müssen, die den Grund ihres Daseins in sich selbst trägt und daher notwendig und ewig ist; das alles führte Leibniz noch nicht über den überall bekämpften Spinoza-Descartes hinaus. Faßt man Gott, wie Descartes und Spinoza, nur als ein Wesen, aus dem alles hervorgeht, so verdient dieses vielmehr den Namen — Natur als den Gott.[39] „Dies macht es, daß ich fürchte, daß Descartes' Gott etwas ganz anderes gewesen ist, als wofür er gehalten wird." Gott erhebt sich also erst dadurch über den Begriff „Natur", daß er nicht sowohl als „erste Ursache" (prima causa) sondern als „letzter Grund" (ultima ratio) bestimmt wird. Der Satz des zureichenden Grundes schließt primär auf letzteren. Er führt mit nichten auf ein bloß „notwendiges Wesen", sondern auf ein „vollkommenes Wesen", ein Wesen, in dem die Möglichkeit anderer Welten, die Zufälligkeit dieser Welt durch die Priorität des göttlichen Verstandes vor seiner Macht ihre Erklärung erfährt. Diese Substanz muß auch Einsicht besitzen; denn da die bestehende Welt zufällig ist und eine Unzahl anderer Welten ebenso möglich waren und sozusagen ebenso sehr nach dem Dasein strebten wie sie, so muß die Ursache der Welt auf alle diese möglichen Welten Rücksicht oder Bezug genommen haben, um eine von ihnen zu bestimmen. Diese Rücksicht oder diese Beziehung einer bestehenden Substanz auf bloße Möglichkeiten kann nichts anderes als die Leistung eines Verstandes sein, der die Ideen von ihnen hat, und die Bestimmung einer von ihnen kann nichts anderes als die Tat des Willens sein, der wählt. Aber erst die Macht dieser Substanz macht den Willen derselben wirksam. Die Macht geht auf das Sein, die Weisheit oder der Verstand auf das Wahre, der Wille auf das Gute. Ferner muß diese verständige Ursache in jeder Weise unendlich sein, unbedingt vollkommen an Macht, Weisheit und Güte . . . . . „Das ist in wenig Worten der Beweis für einen einzigen Gott".[144]

Der Rückschluß von der Tatsache dieser Welt, und, was mehr besagt: von der Harmonie, in welcher diese Welt erst zur Tatsache wird, auf einen Schöpfer ist also der Rückschluß von einem Aktus auf einen Willen, auf eine zwecksetzende Ursache. Dieser Schluß führt nicht zu einer nackten Notwendigkeit, sondern zu einer in einem quale bestimmten Gott. Erst aus der Qualität der obersten Ursache wird der zureichende Grund und damit eine Antwort gegeben auf die Frage: Warum diese Welt? „In der Tat, wenn ich das Werk Gottes betrachte, so betrachte ich seine Mittel als einen Teil seines Werkes, und die Einfachheit verbunden mit der Fruchtbarkeit der Mittel bilden einen Teil der Ausgezeichnetheit des Werkes: denn in dem Ganzen bilden die Mittel einen Teil des Zweckes.[237] Der Satz vom „zureichenden Grund", der den a posteriori-Beweis schafft, schließt von vorneherein nur auf einen qualitativ eindeutig bestimmten Gott, dieser Gedanke wird zur Gewißheit, wenn der prägnante Sinn der präetablierten Harmonie sich enthüllt: die ursprüngliche Einsetzung der präetablierten Harmonie geschah um deswillen, Sittlichkeit zu ermöglichen. Das war der gedankliche

Mutterboden der Frage nach dem „Warum?" dieser Welt: daß
die metaphysische Notwendigkeit der Natur-Ursächlichkeit Raum
lassen muß für eine bloß hypothetische Notwendigkeit, für die
Freiheit des sittlichen Handelns. Die Harmonie war zu stiften
zwischen dem Reich der Natur und dem Reich der — Gnade!
Eine Harmonie mußte zwischen den Substanzen zurückgeschaffen
werden, da Leibniz ihnen ein Kommerzium des Vorstellens
genommen hatte; und den Substanzen war die Möglichkeit des.
wechselweisen Einwirkens genommen, damit sie nicht der Natur-
bedingtheit verfielen, damit ihre Integrität, der Charakter absoluter Ursprünglichkeit ihres Vorstellens und Wollens ihnen
gewahrt bleibe. Das Reich der Natur mußte dem Reich der
vollkommensten Republik der Geister dienen können.

So führt der Satz des zureichenden Grundes von dem
Gedanken der erheischten Harmonie zwischen Natur und Sittlichkeit mit nichten zu einer bloßen obersten Kausalität (die
bliebe „Natur"), sondern zu dem Wesen, das in einem so Baumeister wie Monarch ist. In dem Generalen ihres Ursprungs
(der beiden Reiche) genügt das eine nicht ohne das andere,
denn beide fließen aus einer Quelle, in der die Macht, die die.
bewirkende Ursache bildet, und die Weisheit, die die Zweckursachen regelt, vereinigt sind.

Gott mußte als Region der sittlichen Ideen, als Vollkommenheit im Sittlichen gedacht werden; nur als ein solcher konnte·
er das Fundament der Vorsehung und aller unserer Hoffnungen
sein, weil ja das sittliche Reich nur im unendlichen Fortschreiten
gleichsam Tatsache wird, aber nirgends Tatsache ist. Deshalb
konnte der Grund für die Möglichkeit, die „vornehmste Aufgabe der Menschen" zu erfüllen, das Reich sittlicher Wesen in
dieser Welt der Naturkausalität zu bauen, nur dann ein zureichender Grund sein, wenn er die Harmonie jener zwei in.
der Eigenart ihrer Grundgesetze so gegensätzlichen Reiche zu
garantieren vermochte. Gott ist der zureichende Grund
dieser Welt, d. h. ohne weitere gedankliche Anleihe: Gott ist
Garant der Harmonie zwischen Natur und Sittlichkeit. Die
Erde mußte als Ort der Gerechtigkeit „mit aller unserer Hoffnung" betrachtet werden können, und die Hoffnung verlangt
für diese ihre Messiasidee nach einem zureichenden Grunde.
So ward Gott.

Der Rückschluß kraft des zureichenden Grundes, der a·
posteriori-Beweis Gottes gelangte also zu Gott, indem jener
Probleme lösen wollte, die aus Natur und Geist sich erhoben..

Die Kennzeichen aber, wann ein Grund für diese Probleme „zureiche", lag in diesen schon vorformuliert. Darum war Gott nicht primär „bloße Ursache der Tatsächlichkeit", und dann in zweiter Linie der qualitativ bestimmte Gott, der Bauherr, der Monarch, sondern in dem „Warum?", das an den Grenzen dieser Welt sich erhob, war der suchende Blick nur für den einen Gott sichtig, der als Region der Vollkommenheiten schon erwartet war. —

Es arbeitet demnach der a posteriori-Beweis mit dem vollen Inhalt des Gottesbegriffes, der vor der Frage nach seiner realen Möglichkeit sich nicht zu rechtfertigen vermochte und dadurch alle Beweise aus ihm illusorisch machte.

Daraus erklärt es sich, wenn Leibniz von diesem Gottesbegriff, d. h. von der Ursache her rückwärts schließen konnte auf die Wirkung, während Gott im a posteriori-Beweis als Ursache erst erschlossen worden war aus der Wirkung, aus der Welt und ihrer Besonderheit.

Leibniz hatte sich auch mit der Frage des Übels und im besonderen mit dem moralischen Übel, der Sünde, auseinanderzusetzen. Denn das physische Übel wie die Sünde lassen die Zuversicht in die Hypothese einer präetablierten Harmonie nicht mächtig werden. Ist es nicht eine Disharmonie der Reiche der Natur und der Sittlichkeit, wenn die „natürlichen" Lüste von der Aufgabe des sittlichen Arbeitens abzuziehen vermögen?

Dieser Einwand erhebt sich gegen die Hypothese der präetablierten Harmonie, die den Nachweis der Gottesexistenz liefern sollte. Wie begegnet dem Leibniz, damit seine Hypothese und folglich auch die beweisende Kraft für die Gottesexistenz erhalten bleibe?

„Allerdings kann man sich mögliche Welten ohne Sünde und ohne Elend vorstellen und könnte daraus etwas schaffen, was den Romanen von Utopien gleicht, aber diese Welten würden im übrigen der unseren bedeutend nachstehen. Ich kann das nicht im einzelnen zeigen, denn wie könnte ich Unendlichkeiten kennen, darstellen und miteinander vergleichen? Man muß es vielmehr mit mir ab effectu schließen, da Gott diese Welt gewählt hat, so wie sie ist."[258] „Man darf sogar behaupten, daß notwendigerweise gewichtige oder vielmehr zwingende Gründe vorhanden gewesen sein müssen, welche die göttliche Weisheit zur Zulassung des Übels bestimmt haben. Denn es kann nichts von Gott kommen, was nicht vollkommen seiner Güte, seiner Gerechtigkeit und Heiligkeit entspricht.

Wir können also aus dem Geschehen (événement) oder
a posteriori schließen, daß jene Zulassung unvermeidlich
war."[259] „Es reicht also hin, wenn wir sagen, daß wir den Tatbestand nicht zur Genüge kennen, sobald es sich um die Be-
antwortung bloßer Wahrscheinlichkeiten (vraisemblances) handelt,
welche die Gerechtigkeit und die Güte Gottes zweifelhaft zu
machen scheinen, die aber verschwinden würden, wenn
der Tatbestand uns genau bekannt wäre." „Auf die Frage,
warum Judas, der Verräter, tatsächlich existierte, auf diese
Frage ist hienieden keine Antwort zu erwarten, wenn man
nicht im allgemeinen sagen muß: weil Gott es für gut befunden hat." „Sucht man im einzelnen das zu beantworten,
so gerät man auf Abwege. Denn kann man in die unendlichen
Einzelheiten der universellen Harmonie eintreten?"[260]

Leibniz zensiert sich selbst; er sagt 1702 gegen die von
anderer Seite angewandte Methode, anstatt distinkte und spezielle
Gründe anzugeben, zum Allgemeinen seine Zuflucht zu nehmen:
„Es ist nichtig, in der Erklärung der Phänomena der Geschöpfe
auf die erste Substanz oder Gott zurückzugehen, so lange nicht
dessen Instrumente oder aber Zwecke einmal im einzelnen erklärt, und die zunächst liegenden bewirkenden Ursachen oder
aber die jedesmal eigentümlichen Zwecke richtig angegeben sind,
damit seine Weisheit und Macht zur Erscheinung komme.

So offenbart die Hypothese der präetablierten Harmonie
gerade im Angesicht ihrer höchsten und eigentlichen Aufgabe,
die Möglichkeit des Sittlichen auszusprechen, ihre prinzipielle
Schwäche. Sie vermag nicht den Garanten zu beweisen, sondern rettet sich selbst durch den Glauben an ihn.

„Der vortrefflichste Teil der Dinge aber, der Gottesstaat,
bietet ein Schauspiel, das nur mit den Augen des Glaubens,
d. h. durch das unerschütterlichste Vertrauen auf die
Vollkommenheit Gottes berührt werden kann."

Also bedurfte die Hypothese der präetablierten Harmonie,
die den am meisten unumstößlichen Beweis Gottes geben
wollte, zur eigenen Sicherung des unerschütterlichsten
Vertrauens auf die Vollkommenheit Gottes. Das Übermaß der
Versicherung wird abgelöst von dem Übermaß der Forderung.

Hiermit ist der Zirkel des Leibnizschen Gottesbeweises
geschlossen. Der a posteriori-Beweis ist weder in seinen Konsequenzen noch in seinem gedanklichen Ursprung selbständig
und vom Gottesbegriff des a priori-Beweises zu trennen. Die
Leibnizsche Kritik an diesem gilt implizite für jenen. —

C. Gott als Postulat.

Es wird stets eine fesselnde psychische Erscheinung bleiben, daß während der Periode, die sich durch schärfste, bedingungslos ehrliche Kritik der Gottesbeweise auszeichnet, Leibniz für den Gottesglauben und seine sittliche Mission einen naiven und reinsten Ausdruck fand. Diese Periode umfaßt die Zeit des Kampfes gegen Spinoza und Descartes.

Das Leitmotiv dieser Zeit des erbitterten Zweifels an der Möglichkeit des Nachweises der göttlichen Existenz ist das sittliche: die Moral braucht keinen Beweis ihres Gottes. Ohne über das zu träumen, was man nicht kennen lernen, und was einem nicht die geringste Aufklärung bieten kann, soll man seiner Pflicht gemäß handeln, die man kennt.[161] Es genügt, das Zutrauen zu Gott zu haben, daß er alles zum Besten macht. Dieses Zutrauen, die Liebe zu Gott, befriedigt wahrhaft in allem dem, was uns seinem Willen zufolge begegnet. „Aber diese Ruhe verstehe ich nur auf das Vergangene bezogen. Denn bei der Beziehung auf das Zukünftige braucht man kein Quietist zu sein, noch lächerlicherweise mit gekreuzten Armen das zu erwarten, was Gott bringen wird; sondern man muß handeln gemäß dem mutmaßlichen Willen Gottes. Man muß versuchen die Zukunft zu machen, soweit es von uns abhängt, im Einklang mit dem mutmaßlichen Willen Gottes oder mit seinen Geboten; unser Sparta zu schmücken und daran zu arbeiten Gutes zu tun, ohne sich zu ärgern, wenn gleichwohl der Erfolg ausbleibt; in dem festen Glauben, daß Gott die geeignetste Zeit zu finden weiß für die Umkehrung zum Besseren."[161] Die wahre Moral oder Frömmigkeit ist also weit entfernt, die Trägheit gewisser fauler Quietisten zu begründen, während sie uns gerade antreiben muß, alle bürgerlichen Betätigungen zu pflegen.[162] Die Zuversicht des sittlichen Strebens, es laufe aus, wie es wolle, entspringt der Liebe zu Gott. Sie gibt uns schon jetzt einen Vorgeschmack der künftigen Glückseligkeit, da sie uns ein vollkommenes Vertrauen auf die Güte unseres Herrn und Schöpfers gewährt, das eine wahrhafte Ruhe des Geistes schafft.[177] Hier auf Erden sehen wir die scheinbare Ungerechtigkeit; wir glauben aber und wissen sogar die Wahrheit von der verborgenen Gerechtigkeit Gottes.[263] Dies Wissen bedeutet dem Leibniz von 1686 nur die feste, unerschütterliche Zuversicht.*[82] Er sagt daher, daß es unsere Kräfte übersteige, aus-

---

*) Eine ungezügelt zuversichtliche Messiade!

einanderzusetzen, daß Gott in dieser Welt die vollkommenste
geschaffen; es ist genug es zu wissen, ohne es zu verstehen.
Und hier, gerade wo dem kritischen Verstand das Wissen aus
Zuversicht entgegengehalten wird, „ist es die richtige Zeit, die
Hoheit der göttlichen Dinge zu erkennen, die Tiefe und den
Abgrund der göttlichen Weisheit, ohne im einzelnen zu suchen,
das unendliche Erwägungen einschließt".[161] Es muß sehr unvernünftig sein, nicht mit den allgemeinen Gründen zufrieden
zu sein[164], die aus einer solchen Auffassung Gottes herfließen,
wie sie dieser zuversichtliche Glaube erzeugt. Einzelgründe
überschreiten die Kräfte des endlichen Geistes überhaupt,
wenn er noch nicht zum Genuß des Anblickes Gottes
gelangt ist.[165] „Ich glaube also, weil wir nicht das einzelne
wissen, daß wir sagen können, daß es Gott dem Prinzip des
Guten an sich selbst gemäß gefallen habe, so zu handeln, als
wir es erkennen, wonach es scheint, daß es nichts mehr zu
fragen gibt.[166] Man muß glauben, daß die Bösen in summa
unglückselig sind.[155]

In diesen Glauben, der sich in der Zeit der Kritik am
Gottesbeweise zu kräftigstem Ausdruck bringt, spielt dann
der Leibnizsche Gottesbeweis aus seiner Hypothese der präetablierten Harmonie hinein. Das Wort Glaube tritt allmählich
zurück; das Wort Wissen erhält den anmaßlichen Beigeschmack
einer Verstandesleistung; der Glaube wird zu einer „Behauptung".
So oft uns an den Werken Gottes etwas tadelnswert erscheint,
muß man — schließen, daß es uns nicht hinlänglich bekannt
ist[167]; denn man darf — behaupten, daß Gott der Baumeister Gott den Gesetzgeber in allem befriedigt.[181] [164]

Es war dies eine Wirkung der unglücklichen Prätension,
mit dem „großen Prinzip" des „Warum?", des zureichenden
Grundes, eine allgemeine beweisende Philosophie aufbauen
zu können.[168]

Wir sahen, wie das Reich der Sittlichkeit, der beste Staat
als Idee entstand in der ganz bestimmten Mission, dem Willen
den Sporn und die Nahrung zu geben, „die Zukunft selbst zu
machen" nach der Idee des Guten an sich selbst. „Wir bilden
(effingimus) uns die Idee des besten Staates, damit wir uns
dem nähern, soweit es beschieden ist (quantum fas est)."[269]
„Zukunft!", das war der Glaube, in dem der Wille den Quietismus überwand. Hier half aber nur ein Glaube, trotz alles
Prinzipes des zureichenden Grundes und aller Theodizee. Denn
1715 mußte Leibniz gestehen, daß er kein Mittel habe, um

kraft eines Beweises[183] kenntlich zu machen, ob die Welt von
Anfang an gleich vollkommen sei — das hieße den Willen in
seinem Ringen über sich selbst hinaus und eine Menschheit-
geschichte zur Chimäre machen — oder in immer weiterer
Annäherung an jene Staatsidee vorwärtsschreite. Darum war es
ursprünglicher — Glaube, kein flaues „Anerkenntnis", wie
Leibniz es 1697 nannte, daß ein stetiger und freiester Fortschritt des gesamten Universums zur Höhe der allgemeinen
Schönheit und Vollkommenheit der göttlichen Werke stattfinde,
oder daß die immateriellen Substanzen sich einem Ziele nähern,
wie es die Asymptoten tun (1702).[165] [166]

Es ist psychisch klar, daß ein Mensch, der sich in seinem
Kampfe gegen den Atheismus von Jugend auf so stark engagiert
hatte und einem geborenen Skeptiker wie Bayle den Kampf
ansagte, nicht schließlich des Mittels offen ganz entsagen
konnte, mit dem man das Vorrecht seines Gedankens zu erzwingen vermeint: des Beweises. Es bedürfte hierzu der Überzeugung, daß die sittlichen Probleme einen anderen Sinn von
Realität und eine andere Weise ihrer Realitätbegründung nötig
haben, als die Probleme der Wirklichkeit, der Natur. Für
diese Einsicht war seine Zeit noch nicht reif, die, an die Scholastik anschließend, den Verstand und seine Instrumente immer
noch als das apologetische Mittel des Glaubens ansah.

Auf dieses Mittel durfte Leibniz vor dem Geist seiner Zeit
nicht offen Verzicht leisten; es stand ihm fest, „daß wir in
Ermahnung anderer eine große Behutsamkeit brauchen müssen,
indem es nicht allezeit nötig, daß wir ihnen das beste, so wir
wissen, zu verstehen geben, maßen sie es nicht allezeit ertragen können; sondern es ist genug, daß wir ihnen mitteilen,
was ihrem gegenwärtigen Gemütszustande etwas mehr gemäß,
und deren Verstande nicht zu hoch ist, damit wir uns nicht
selbst prostituieren".[269]

Wir wollen aber nicht vergessen, daß auch der Verfasser
der Theodizee und der Hypothese der präetablierten Harmonie,
aus der der a posteriori-Beweis Gottes sich erheben sollte, uns
beredte Zeichen eines ursprünglichen Gottesglaubens hinter-
lassen hat, der nicht als Abglanz dieser Welt, sondern als das
Licht derselben empfunden wurde. Sie seien um so mehr gewürdigt, je entwürdigender ihre Verwendung in der Ökonomie
des Existenznachweises Gottes aus der hypothesierten Harmonie
zwischen dem Reich der Natur und dem der Gnade war; denn
während die Tatsache zu dem Gott hinführen sollte kraft des

Satzes vom zureichenden Grunde, mußte der Gottesglaube
schließlich über Tatsachen hinweghelfen; da, wo der Beweis
erschüttert war, da erst wurde offen „das unerschütterlichste
Vertrauen" herbeigerufen. —

In der Verwendung des Glaubens näherte sich Leibniz der
Religion. Zu einem Zusammenfall mit ihr durfte es nicht
kommen; das hätte geheißen, die Selbstbestimmung des Philosophen preisgeben; dazu konnte es aber auch nicht kommen,
da ihm der Gottesglaube einen fundamental anderen Ursprung
hatte. Der Kirche war der Inhalt des Glaubens eine Eigen-
äußerung Gottes, eine Offenbarung; dem Philosophen war er
ein Gebilde der Vernunft, eine Erkenntnis. „Wann sie", sagt
Celsus, „sich gewöhnlich hinter ihr ‚Prüfe nicht sondern glaube
nur' verschanzen, so müssen sie mir wenigstens die Dinge angeben, welche ich glauben soll." „Darin hat er ohne Zweifel
recht, und dieser Einwurf geht gegen die, welche sagen, Gott sei
gut und gerecht, dabei aber behaupten, daß wir keinen Begriff von
der Güte und Gerechtigkeit haben, wenn wir ihm diese Vollkommenheiten beilegen."[270] Denn das Gute ist, daß das, was
aus Gottes allgemeiner Gesetzgebung stammt, der Natur oder
der Vernunft entspricht.[47] Der Glaube des Philosophen ist
bedingunglos auf Vernunft gegründet; das was wir als notwendige Wahrheiten erkennen, das erhebt uns zur Kenntnis
Gottes. Diese zu verehrende Substanz, deren Wissen und Macht
unendlich sind, geht von Anfang an aus dem Licht hervor, das
mit uns geboren ist.[45] [38] Die Ideen sind in uns, nicht immer auf
die Art, daß man derselben sich bewußt ist, aber immer so,
daß man sie aus seinem eigenen **Fond** hervorziehen und
apperzeptabel machen kann; und dies glaube ich auch von
der Idee Gottes.[271] Darum ist es leicht, zur Gottesliebe zu
gelangen. Denn um ihn zu lieben, genügt es, seine Vollkommenheiten ins Auge zu fassen, und dies ist leicht, weil wir deren
Ideen in uns selbst vorfinden. Die Vollkommenheiten Gottes
sind die nämlichen, wie in unserer Seele. Ordnung, Ebenmaß
und Harmonie entzücken uns; die Musik und die Malerei sind
Proben davon; Gott ist ganz Ordnung, alle Schönheit ist ein
Ausfluß seiner Strahlen.[75] So ist der Inhalt der Gottesidee ein
Ergebnis unseres ureigenen Erkennens. Sie geht aus unserem
Fond hervor[271]; die Natur Gottes ist immer in der Vernunft
gegründet. Der wahre Grund der Religion ist also nicht eine
heteronome Manifestation, sondern jenes spontane Wohlgefallen
an der allgemeinen höchsten Ordnung, das in der Vernunft

beruht[160], aus der Vernunft entspringt. Wenn daher auch die Vernunft uns nicht das einzelne der großen Zukunft lehren kann, so dürfen wir doch vermöge ebendieser Vernunft überzeugt sein, daß die Dinge in einer Weise eingerichtet sind, die unsere Wünsche übertrifft.[272 273] Leibniz formuliert den Gedanken, daß die Vergeltung ein Postulat des Geistes sei, in feinster Weise, indem er sagt, daß es sich hierbei um eine Art Schadloshaltung des Geistes handle, den eine Unordnung verletzen würde, wenn die Strafe nicht dazu beitrüge, die gestörte Ordnung wiederherzustellen.[274] Bei diesem Ursprung Gottes, in der Vernunft des Menschen wird aller Inhalt des Sittlichen auch nur auf die Menschen beschränkt; es gibt keine Pflichten gegen Gott und gegen die Menschen; alle Sittlichkeit richtet sich nur auf die Sozietas. Wer Gott liebt, liebet alle. Wer die Weisheit hat, liebet alle. Wer die Weisheit hat, sucht aller Nutzen. Wer die Weisheit hat, ist ein Freund Gottes.[275] Nichts ist dem Menschen nützlicher als der Mensch, nichts süßer als die Freundschaft, nichts kostbarer bei Gott, als die vernünftige Seele; alle zu lieben, auch unsere Feinde, keinen zu hassen, selbst, dem wir ein Leid zuzufügen gezwungen werden, ist daher nicht mehr eine Vorschrift Christi, als die der höchsten Vernunft.[276]

Eine solche Ursprungstätte Gottes schafft derartige moralische Qualitäten, die ihn sozusagen vermenschlichen, so daß er gern Anthropologie erträgt, sagt Leibniz, und in eine Gesellschaft mit uns tritt wie ein Fürst mit seinen Untertanen.[277]

Die Vermittlung des Gottesgedankens aus der Gesetzesspontaneität der Vernunft bedeutet, daß der Gottesgedanke eine Idee ist, im Vollsinn der ewigen Wahrheiten.[278] So sagt er: Meines Erachtens bedeutet die Pflicht der Gottesverehrung, daß man bei jeder Gelegenheit kennzeichnen muß, daß wir ihn mehr als jeden anderen Gegenstand ehren; und dies ist eine notwendige Folge aus seiner Idee und seiner Existenz, was bei mir bedeutet, daß diese Wahrheit eingeboren sei.[279 280] Die Idee des höchsten Wesens ist mit uns geboren, selbst wenn es Leute gäbe, bei denen sie noch nicht durch ausdrückliche Reflexionen wiedererweckt worden ist.[281] Eine bloße Folge ist es, daß auch der Gedanke der göttlichen Gerechtigkeit, die kraft der präetablierten Harmonie und vermittels des auf das Gute an sich selbst eingeschränkten Gottes den Geist „schadlos halten" sollte, eine ewige Wahrheit ist.

Trotz aller Kritik des Descartesschen Beweises[282] „aus
der Idee Gottes" bleibt durch sein ganzes Leben die Behauptung des Gottesgedankens als eingeborene Idee von Leibniz
unangetastet. Aber „den Zweifel lasse ich nur zu hinsichtlich
einer strengen Beweisführung, die ganz allein auf die Idee
begründet ist. Denn man ist auch sonst der Idee und
des Daseins Gottes hinlänglich versichert".[283] Wo anders
her könnte die Versicherung gewonnen werden als daraus, daß
Gott in der Vernunft entsteht; daß es leicht ist ihn zu lieben,
da seine Vollkommenheiten unsere sind, da die Schönheit, die
das Genie in Musik und Malerei sucht, ein Ausfluß der göttlichen Strahlen ist. Nur zu einem Beweis, der Gott einen
Platz im Realen ausmachen sollte, der die Vernunft-Tatsache
„Gott" ihrem geistigen Ursprunge gleichsam entrückte, gegen-
ständlich und dadurch gegensätzlich machte, zu einem Beweis
reichte diese Idee nicht zu, wie sehr immer sie ein in Bewußtsein und Reflexion „Gutgegründetes" war. —

Wir sagten schon, daß der Beruf Gottes, der Gerechtigkeit
zu walten, eine Idee sei, die den Geist schadlos halten sollte.
Es handelt sich also um ein Postulat der Sittlichkeit. Es ist
glaubhaft, sagt Leibniz, daß die Natur Gottes (die immer in
der Vernunft gegründet ist) oder die Vollkommenheit der Dinge
es verlangt, daß die Geister schließlich glückselig befunden
werden, deren Wille der rechte ist.[284] [285] Zu gleicher Bestimmung gelangt Leibniz bei der Idee der Wahrhaftigkeit als
Attribut Gottes: Die christliche Theologie gründet sich auf
die Offenbarung, welche der Erfahrung entspricht; aber um
daraus ein vollständiges Ganzes zu machen, muß man die
natürliche Theologie damit verbinden, welche aus den Axiomen
der ewigen Vernunft gewonnen wird. Ist nicht selbst jener
Grundsatz, daß die Wahrhaftigkeit ein Attribut Gottes ist,
auf welchem die Gewißheit der Offenbarung beruht, eine aus
der natürlichen Theologie hergenommene Maxime?[286] Auch
jener Ausruf einer geängsteten Hoffnung forderte, daß es ein
Gutes und Gerechtes an sich selbst gäbe, daß Gott auf dieses
eingeschränkt sei; in dieser Kontroverse trat in voller Klarheit der Postulatcharakter Gottes hervor; es galt allen Hoffnungen des auf Sittlichkeit angelegten Gemütes das Fundament zu geben; aus dieser Stimmung heraus wird die
Kontroverse mit Descartes geführt. Um diesen Hoffnungen
nicht entsagen zu brauchen, um dem faulen Quietismus, dem
Fatum Mohametanum zu entgehen, bilden wir uns die Idee

des besten Staates, damit wir uns dem nähern, soweit es beschieden ist.[287]
    Was aber ein Grundsatz, ein Axiom, eine Maxime, ein
Postulat ist, das kann nicht bewiesen werden; das kann nur
aufgezeigt, geweckt werden in der Vernunft, hervorgeholt werden
aus dem eigenen Fond.[271] Es ist aber nicht aufzwingbar, wiewohl es in der Vernunft unerschütterlich bleibt. Aus der Gesetzesspontaneität der Vernunft entsprungen, bewahrt es den
Charakter der Unverletzlichkeit. Dieser Gedanke kommt bei
Leibniz zu häufigem Ausdruck. Weil der Gottesstaat nur
„berührt", nicht erkannt werden kann[183], so können wir ihn
nicht beweisen (allerdings auch nichts aus ihm beweisen, sollte
Leibniz hinzugesetzt haben), sondern er muß nur verfochten
werden. Wir können das erreichen, was über uns ist, nicht
indem wir es ergründen, aber indem wir es verfechten; wie
wir ja auch den Himmel durch das Gesicht, aber nicht durch
Berührung erreichen können.[288] Auch ein Verteidiger ist nicht
verpflichtet, seine These zu rechtfertigen, sondern nur verpflichtet,
den Einwürfen seines Gegners Genüge zu tun.[289] Man hat
somit recht, die Möglichkeiten eines jeden Wesens anzunehmen
und vor allem die Gottes, bis ein anderer das Gegenteil beweist. Somit gibt dies metaphysische Argument schon einen
moralischen beweisenden Schluß ab, wonach wir dem gegenwärtigen Bestande unserer Erkenntnisse zufolge urteilen, daß
Gott existiere, und wir demgemäß handeln müssen.[290] Es
bleibt ein Schluß von Ideen auf das Sein, ehe man die Möglichkeit eines **Überganges** von Idee zur Welt, von Wesenheiten zu Existenzen, von Vernunftwahrheiten zu Tatsachenwahrheiten erwogen hat, immer beachtenswert und
sozusagen präsumptiv.[291] Eine solche Annahme reicht für
die Praxis des Lebens aus, aber sie ist noch nicht zureichend
für einen Beweis.[292]
    Eines aber ist für diese Art Annahme Bedingung: Es muß
wahr sein, daß die Einwürfe derjenigen, welche glauben, das
Gegenteil zu beweisen, nichtig sind; denn „da der Glaube
auf unfehlbarer Wahrheit beruht, vom Wahren das Gegenteil zu beweisen aber unmöglich ist, so erhellt, daß die
gegen den Glauben aufgestellten Beweisführungen keine Beweise, sondern lösliche Gegengründe sind", sagt Thomas von
Aquino.[293] Können wir also die Postulate des Sittlichen nicht
wider allerhand Einwürfe behaupten, so würden wir keinen
genügenden Grund haben, sie zu glauben, weil alles, was mit

völliger Gewißheit kann widerlegt werden, notwendig falsch sein muß.[294]

Dieses Fürwahrhalten nennen wir Vermuten; vermuten heißt nicht etwas annehmen vor dem Beweis, für wahrscheinlich halten, — was nicht erlaubt ist, — sondern es im voraus annehmen, als möglich hypothesieren, aber mit Grund, indem man den Beweis des Gegenteils abwartet.[295] [296] [297] [298]

Worin besteht dieser „Grund", die Begründung der Annahme? In ihrer inneren Zulänglichkeit, ihrer — Vernünftigkeit. „Es besteht sogar eine große Differenz zwischen eigentlichen oder supranaturalen Wundern und zwischen natürlichen, vernünftigen Wundern; oder zwischen einer vernünftigen Erklärung und zwischen Fiktionen, worauf man seine Zuflucht nimmt, um schlecht — ‚gegründete' Meinungen aufrechtzuhalten." [299]

In dieser Reserve gesundet der Gedanke, daß man ein Sein nur anzunehmen brauche, ohne anderes als die Widerlegung abzuwarten. Ohne diese Reserve, die Annahme müsse mit Grund geschehen, es müsse sich um gut gegründete Meinungen und nicht um Fiktionen handeln, ohne solche Einschränkung würde ein Weg in die Sterilität dogmatischer Unvernunft freigegeben worden sein, welche Leibniz kaustisch als ignava ratio gebrandmarkt hatte, die mit einem deus ex machina, mit okkulten Qualitäten, mit Geisterlein Wunder was getan zu haben glaube.

Worin aber liegt der gute Grund der Gottesidee und ihrer Tendenz auf die Praxis des Lebens, auf sittliche „Realität"?

Von seiner jugendlichen Streitschrift bis ins Alter hinauf erhebt der gegen fremde Meinungen so konziliante Leibniz nur den einen unversöhnlichen Ruf: Schädlich sind diejenigen, welche gegen die Vorsehung eines vollkommenen, weisen, guten und gerechten Gottes und gegen die Unsterblichkeit der Seelen sind, welche beide sie für die Wirkungen der Gerechtigkeit empfänglich machte. Wie immer auch das Unterfangen auslaufen möge, Gott seinem Ideenwerte zu entheben und ihm einen Platz unter den existenten Dingen auszumachen, so bleibt unberührt davon das Postulat der Vernunft, daß man nicht sagen dürfe, daß das, was wir Gerechtigkeit nennen, in bezug auf Gott nichts sei. Das sind verwegene und gefährliche Ausdrücke.[70] — Man kann sagen, daß Epikur und Spinoza ein mustergültiges Leben geführt haben. Aber ihre Gründe hören bei ihren Schülern oder Nachahmern meistens auf, welche, sich

von der unbequemen Furcht vor einer überwachenden Vorsehung und einer drohenden Zukunft befreit glaubend, ihren
brutalen Leidenschaften den Zügel schießen lassen und ihren
Geist darauf richten, andere zu verführen und zu verderben;
und wenn sie ehrgeizig und von etwas hartem Naturell sind,
so sind sie imstande, für ihr Vergnügen oder ihren Vorteil
die Welt an allen vier Enden anzuzünden. Ich finde sogar, daß
ähnliche Meinungen, da sie sich nach und nach bei den Männern
der vornehmen Welt, welche die anderen regieren und von denen
die Geschehnisse abhängen, einschmeicheln und in die Mode-
schriften sich einschleichen, alle Dinge zu einer allgemeinen
Revolution vorbereiten und damit endigen, das zu zerstören,
was noch von den edlen Gesinnungen der alten Griechen und
Römer der Welt geblieben ist, welche die Liebe zum Vaterlande und zur öffentlichen Wohlfahrt und die Sorge
für die Nachwelt dem Glück und selbst dem Leben vorzogen.
Solcher bürgerliche Geist nimmt außerordentlich ab und ist
nicht mehr in der Mode; er wird noch seltener werden, wenn
er nicht mehr durch die richtige Sittenlehre und die wahre
Religion, welche die natürliche Vernunft selbst uns lehrt,
unterstützt sein wird. Die Besten jenes anderen, jetzt zur
Herrschaft gelangten Charakters haben kein anderes Prinzip
mehr als das, was ihnen ihr „Ehren"kodex vorschreibt. Das
Zeichen des „Edelmannes", des Mannes von „Adel" ist bei
ihnen allein, keine Niederträchtigkeit zu begehen, so wie sie
dieselbe verstehen. Und vergösse jemand für die Größe oder
aus Eigensinn Ströme fremden Blutes, stürzte er alles kopfüber,
so würde man das für nichts rechnen, und ein antiker Herostrat
oder ein Don Juan würde als Held gelten. Man spottet ganz
laut über die Liebe zum Vaterland, man verlacht diejenigen,
welche für das öffentliche Wohl sorgen, und wenn irgendein
Gutmeinender von der Zukunft unserer Nachkommenschaft
spricht, so antwortet man: Kommt Zeit, kommt Rat.[300]

Diese soziale Erscheinung hat ihre ideellen Gründe in einer
solchen Lehre von den Sitten, der Gerechtigkeit, den Pflichten,
die allein sich auf die **Güter** dieses Lebens stützt; und unnütz
ist dann die Lehre von der Vorsehung, wenn die Unsterblichkeit der Seele aufgehoben ist. Denn sie vermag die Menschen nicht mehr zu verpflichten, als die epikuräischen
Götter, die der Vorsehung bar sind.[301] Stützt sich eine Lehre
auf die Güter dieses Lebens, so bezieht sie alle Pflichten nur
auf das Subjekt, „auf die gegenwärtige Zufriedenheit".[156] Aber

mein spontanes Wollen (voluntas) ist kein sicheres Maß für das, was ich dem — anderen schuldig bin.[302] Wird die Pflicht nur auf die Güter dieses Lebens begründet, so ist das antreibende Motiv nur die Aussicht auf natürliche Belohnungen und Strafen; die gibt es auch ohne obersten Gesetzgeber; so wird die Unmäßigkeit durch Krankheit gestraft. Aber die Unmäßigkeit schadet nicht allen sogleich; manche Verletzung einer Pflicht, im hohen Sinne, ist oft sogar nützlich. Darum muß zugegeben werden, daß kein Sittengesetz, an das man unwiderruflich gebunden wäre, bestehen könnte, wenn es nicht einen Gott gäbe, der kein Verbrechen ungestraft läßt.[303] Darum „erkenne ich an, daß gewisse Regeln der Gerechtigkeit in ihrer ganzen Ausdehnung und Vollkommenheit nur unter der Voraussetzung des Daseins Gottes und der Unsterblichkeit der Seele bewiesen werden können. Diejenigen indessen, welche die Gerechtigkeit nur auf die Notwendigkeit dieses Lebens und dessen Bedürfnisse gründen, statt auf die Lust, deren Grund Gott ist (d. i. jene uninteressierte Liebe zu Gott, dessen Natur in unserer Vernunft gegründet!) — die freilich sind einigermaßen mit einer Gesellschaft von Banditen zu vergleichen.[304] Es gibt Fälle, wo es unmöglich ist zu beweisen, daß das Rechtschaffenste (le plus honnête) zugleich auch das Nützlichste ist. Daher ist es nur die Rücksicht auf Gott und die Unsterblichkeit, welche die Verpflichtungen zur Tugend und zur Gerechtigkeit absolut unaufhebbar macht (indispensabel).[305]

Es hieße aber das Beste an diesem Gedanken Leibnizens verkennen, wollte man von unaufhebbaren Pflichten als von Pflichten gegen Gott reden, weil die Rücksicht auf ihn sie „indispensabel" macht! Das Prinzip der Gerechtigkeit (und daher auch der Vergeltung) ist das Wohl der Sozietas, oder besser gesagt: das Wohl ohne Einschränkung auf bestimmte Personen. Denn wir sind alle ein Teil der universellen Republik, deren Monarch Gott ist; und das große Gesetz, das in dieser Republik herrscht, ist (— nicht „der Wille Gottes"): in der Welt für das Wohl schlechthin zu sorgen, soviel wir können. Das ist untrüglich, vorausgesetzt, daß es eine Vorsehung gibt, die alle Dinge in Verfassung hält.[306]

Es trägt die Gottidee die Moral auf ihren Gipfel.[307] Sie ist das Postulat, daß es eine Herrschaft des Guten und Gerechten an sich selbst gebe; in ihr ist das Fundament aller unserer Hoffnungen auf eine Vorsehung gelegt.[69][70] Vorsehung heißt nichts als eine Kontinuität der Menschheit, eine Sozietas in der Unendlichkeit der sittlichen Idee, in dem asymptotischen Sieg der Gesetzesspontaneität der Vernunft über innere und äußere Naturvergewaltigung.

Unsere Darstellung führte vom Gottesbeweis auf das Postulat. In der Genesis der Gedanken jedoch bedeutet dieses vielmehr den unerschöpflichen Nährboden aller jener vergeblichen Anstrengungen. Erhebt sich das Sittliche in der Art seines Problems über alle kausal bestimmte Natur, so ist es doch auf diese als auf sein Mittel angewiesen; nur vermittelst der Natur vermag das sittliche Wollen zur „Praxis des Lebens" den Zugang zu gewinnen. Dieser „Übergang von Idee zu Existenz", von „hypothetischer zu absoluter Wahrheit" bleibt im Sittlichen ewig Versuch; es ist uns nur eine asymptotische Annäherung, keine Darstellung einer vollkommensten Republik des Geistes beschieden. Diesem Versuch einer Art Realisierung, dieser „hypothetischen Wahrheit" des Sittlichen in Hinsicht aller Praxis des Lebens, wollte der Gottesbeweis das Fundament „absoluter Wahrheit" kraft des theoretischen Instrumentes unterbauen. So verstanden verliert der Gottesbeweis den Sinn des Primären und damit das Abstoßende eines dogmatischen Eifers. Es bleibt alsdann auch das ein ehrwürdiger Gedanke, Gott als Schöpfer der Naturmannigfaltigkeit zu erweisen. Denn, weil die Natur sein Geschöpf war, dadurch besaß er das Mittel, das Reich der Natur für ein Reich sittlicher Wesen bereit zu machen.

So schließen wir: Die Leibnizsche Gottesidee bedeutet ein Postulat des Sittlichen, die Idee des Garanten eines messianischen Reiches von dieser Welt. —

Quellenmaterial.

(Leibniz, Philosoph. Schriften I—VII [Gerhardt], Berlin.)

1 II 562 s. 1697. Nicaise. Die Betrachtung der göttlichen Weisheit in der Ordnung der Dinge ist nach meiner Ansicht das größte Ziel der Philosophie.

2 IV 260 1. 1671(?) an Honor. Fabr. Die Beweise der Geometer sind unbezweifelbar, und nicht zu jeder Gewißheit (certitudo) ist es erforderlich, daß wir wissen, Gott sei (gegen Cartesius).

3 IV 438 2. Die notwendigen Wahrheiten sind auf dem Prinzip des Widerspruches und auf der Möglichkeit und Unmöglichkeit der Wesenheiten selbst gegründet, ohne dabei auf den freien Willen Gottes oder der Geschöpfe Rücksicht zu nehmen.

4 III 592 10. 1716. Bourguet. Die Ideen oder Wesenheiten (essences) sind alle gegründet auf einer Notwendigkeit, die unabhängig von der Weisheit ist, von der Paßlichkeit (convenance) und von der Wahl; aber die Existenzen hängen davon ab.

5 VI 423 10–7. 1710? Theod. Anhang III. Ist es z. B. etwa eine Folge des göttlichen Willens, oder ist es nicht vielmehr eine Folge der Natur der Zahlen, daß gewisse Zahlen für eine größere Anzahl genauer Teilungen geeigneter sind als andere?

6 VI 103 6–9. 1710. Theod. Und selbst wenn man von der Mitwirkung Gottes absähe, ist doch alles in der Ordnung der Dinge vollkommen miteinander verbunden, denn es kann nichts geschehen ohne eine Ursache, die gehörigermaßen geeignet ist, die Wirkung hervorzubringen. Und das gilt nicht weniger von den willentlichen Handlungen als von allen andern.

7 IV 327 s. 1681? Mit Recht ist Descartes getadelt worden, daß er zu den Wahrheiten, die er anfänglich meinte zurückweisen zu müssen, auch die zählte, deren Gegenteil tatsächlich einen Widerspruch einschließt. Denn wie die inneren Erfahrungen (interna experimenta) das Fundament aller Wahrheiten des Erfahrungsdatums („der Tatsache", facti), so ist das Prinzip des Widerspruches das Prinzip aller Wahrheiten der Vernunft (rationis, „des Denkens"), und wird dies aufgehoben, so wird jegliche Schlußtätigkeit (ratiocinatio, „logische Tätigkeit", „Denken") aufgehoben und jede Urteilsbildung (colligere) über Gott oder irgendeine andere Sache ist unmöglich. Daher war es höchst absurd, zu behaupten, daß die mathematischen Wahrheiten nicht für sicher gehalten werden könnten ohne vorher Gott erkannt zu haben, so sehr daß die, welche den Scharfsinn Cartesius' kannten, hier irgendeinen unglücklichen Kunstgriff argwöhnten.

8 IV 314 *. 1680? Descartes verwarf das Argument für die Gottheit
aus der Vorsehung und den eines Weisen würdigen Zwecken der Dinge,
und an Stelle der für die Fassungskraft leichteren Argumente setzte er
lediglich metaphysische. Ich weiß nicht, in welcher Absicht bezweifelte
er sogar die ersten, am meisten offenbaren Behauptungen (assertiones),
als wenn nichts für gewiß gehalten werden könnte, als nur die vorausgesetzte Existenz Gottes, von dem keiner glauben wird, daß er
es selbst geglaubt hat; oder als wenn sogar die Wahrheit von der
Willkür (arbitrium) Gottes abhinge, so daß durch seinen Willen
(voluntas) statthätte, daß die 3 Winkel des Dreiecks = 2 R sind. Er scheint
damit haben sagen wollen, daß es einen Urheber in den Dingen gäbe:
Gott, von dem Spinoza, ihn (Gott) mißbrauchend behauptete, daß in
den Dingen nur eine Substanz sei, eben dieser Gott, d. h. für ihn: die
Natur des Weltalls, dessen übrige Dinge: Modi sind, wie die Figuren
die Modi der Materie. Cartesius behauptete sogar, daß die Materie nach
und nach alle Formen annehme, so daß nichts so Unverträgliches gedacht
werden kann, das nicht irgend einmal und irgendwo im Universum
anzutreffen wäre, dessen Folge ohne Zweifel die ist, daß jeder Begriff
(ratio) von Weisheit und Schönheit (um nicht Vorsehung zu erwähnen)
aufgehoben wird, obgleich ich ihm selbst diese Konsequenz nicht zumuten
möchte noch als von ihm bemerkt hoffe.

9 VI 51 *⁻¹¹. 1710. Theod. Dessenungeachtet bleibt es immer wahr,
daß die Naturgesetze der zeitweiligen Aufhebung (Dispensation) durch
den Gesetzgeber unterworfen sind, während die ewigen Wahrheiten, wie
z. B. die geometrischen, durchaus keine Ausnahme gestatten, und der
Glaube ihnen daher nicht widersprechen darf. Aus diesem Grunde kann
es keinen unwiderleglichen Einwand gegen die Wahrheit geben.

10 VI 65 ¹⁴⁻¹⁷. 1710. Theod. Ich für meinen Teil gestehe, daß ich
denen, welche behaupten, einer Wahrheit könnten unwiderlegliche Einwände begegnen, nicht beistimmen kann, denn ist ein Einwand etwas
anderes als ein Argument, dessen Schlußsatz (conclusio) unserer These
widerspricht?

11 VI 64 ₁₄₋₂₁. 1710. Theod. Es kann eine Wahrheit nie gegen die
Vernunft sein, und weit entfernt, daß ein von der Vernunft bestrittener
und widerlegter Glaubenssatz für „unbegreiflich" erklärt werden dürfte,
darf man vielmehr sagen, daß nichts leichter zu begreifen, nichts offen-
barer sei, als seine Widersinnigkeit.

12 VI 64 ¹⁰⁻¹⁶.

18 II 412 *. 1710. Bosses. Wäre doch das Attribut der Unbegreifbar-
keit allein Gott eigentümlich, so hätten wir eine größere Hoffnung, die
Natur kennen zu lernen, aber zu wahr ist es, daß es keinen Teil der
Natur gibt, der von uns vollkommen erfaßt werden könnte, und dies
beweist sogar der Umkreis (περιχώρησις) der Dinge.

14 (Cf. Zitat 63.) IV 285 ¹². 1680. (Philipp.) Noch mehr: dieser Gott
Desc.s würde selbst nicht einmal Verstand haben. Denn wenn die
Wahrheit selbst nur von dem Willen Gottes und nicht von der Natur der
Dinge abhinge, und da der Verstand (entendement) notwendig vor dem
Willen (ich rede von der Priorität der Natur, nicht der Zeit) ist, so
würde der Verstand Gottes vor der Wahrheit der Dinge sein und folglich
keine Wahrheit zum Objekt haben. Ein derartiger Verstand ist ohne
Zweifel nichts als eine Chimäre und folglich wäre es nötig, Gott nach

der Weise Spinozas als ein Wesen zu begreifen, das weder Verstand noch
Willen hätte, das aber alles gut oder schlecht ohne Unterschied hervorbringt, da es indifferent bezüglich der Dinge ist und folglich kein Grund
(raison) vorliegt, der es mehr nach der einen als nach der andern Seite
geneigt macht.

15 VI 614 12. 1715. Monad. Indessen darf man sich nicht mit einigen
Philosophen einbilden, daß die ewigen Wahrheiten, weil sie von Gott
abhängig sind, willkürlich seien und von seinem Willen abhängen.

16 VI 313 2. 1710. Theod. Die Ideen hat Gott nicht durch einen Akt
seines Willens hervorgebracht, so wenig wie die Zahlen und Figuren und
— mit einem Worte — alle die „möglichen Wesenheiten" (essences
possibles), die man für ewig und notwendig halten muß, denn sie finden
sich im idealen Gebiete des Möglichen, d. h. im göttlichen Verstande.
Gott ist also keineswegs Urheber der Wesenheiten, insoweit diese nur
Möglichkeiten sind; es gibt aber nichts Tatsächliches (actuel), dem er
nicht das Dasein bestimmt und gegeben hat.

17 I 257 *. 1677. Wir dürfen die Vollkommenheit des Willens Gottes
nicht so weitfassend fingieren, daß er das wollte, was der Intellekt
nicht faßt. — Auch in Gott ist der Intellekt von Natur früher als
der Wille, weil Gott nichts will, was er nicht versteht und vieles versteht, was er nicht will. Der Wille ist eine Art Folge des Intellekts.
Es will Gott nämlich, von dem er einsieht, daß es das Vollkommenste
ist. Einen Willen einzuführen, der nicht den Intellekt des Gewollten
zugrunde legt, ist ein Spiel mit Worten.

18 I 256. 1677. „Gott hat bestimmt, daß der Kreis möglich sei!" Diese
Worte scheinen mir bloße Redensarten zu sein. Denn was heißt das?
Erkannte er den Kreis oder nicht, als er dieses Dekret in die Öffent-
lichkeit gab? Ich glaube, er erkannte ihn; denn der Intellekt ist von
Natur aus früher als der Wille oder der Wille setzt den Intellekt voraus.
Zweitens: als er ihn verstand, erkannte er den Kreis doch wohl klar
und distinkt. Nach Früherem ist alles möglich, was klar und distinkt
erkannt wird (sei es nun von Gott oder von uns!). Also ist die Möglichkeit des Kreises von Natur früher als ein derartiges Dekret Gottes.
Kurz: Der Wille Gottes setzt das Einsehen (den Intellekt)
der zu wollenden Sache voraus; der Intellekt schließt die Möglichkeit der intelligierten Sache ein. Also setzt der Wille die Möglichkeit
der zu wollenden Sache voraus. Wenn jemand was anderes sagt, so
verstehe ich ihn nicht, gelindest gesagt.

    IV 259 *. 1671.

    VI 341 10—11.

19 I 253. 1677. Ich weiß, daß es Cartesius' Ansicht ist, daß die Wahrheit der Dinge abhängt vom göttlichen Willen; was mir, wie ich gestehe,
immer absurd geschienen hat. Denn so wird selbst die Notwendigkeit
der göttlichen Existenz und selbst die Notwendigkeit des göttlichen
Willens von dem göttlichen Willen abhängen; und so wird etwas von
Natur Früheres auch etwas als es selbst Späteres sein.

    Außerdem gibt es jenes einzige Prinzip aller notwendigen Wahr-
heiten: daß das Gegenteil in den Begriffen enthalten ist. So kann in
den geometrischen Lehrsätzen gezeigt werden, daß sie das Gegenteil
einschließen. Weil aber die Unmöglichkeit (incompossibilitas) von Ent-

gegengesetztem nicht abhängt vom göttlichen Willen, so folgt, daß die Wahrheit nicht von ihm abhängt. Denn wer sagt, a sei nicht non-a, weil Gott es dekretiert habe?

20 VII 311 ¹. um 1690. Wenn es keine ewige Substanz gäbe, so würde es keine ewigen Wahrheiten geben; daher wird gleichfalls hieraus Gott glaubhaft gemacht (probatur), der die Wurzel der Möglichkeit ist, denn sein Geist ist gerade die Region der Ideen oder (sive) Wahrheiten. Es ist aber ein großer Irrtum, daß die ewige Wahrheit und die Güte der Dinge von dem göttlichen Willen abhingen, weil jeder Wille das Urteil des Verstandes über die Güte (bonitas) voraussetzt.

21 IV 427 ₆. 1686. Metaphys. Ich bin weit entfernt von der Ansicht derjenigen, die annehmen, daß die Werke Gottes nur gut seien durch diesen bloß formellen Grund, „daß Gott sie gemacht habe". Denn wenn es so wäre, daß Gott, im Bewußtsein, er sei ihr Urheber, sie nur gemacht hätte, um sie hernach zu betrachten und um sie gut zu finden, nach dem Zeugnis der heiligen Schrift, die sich dieser Anthropologie(!) nur zu bedienen scheint, um uns erkennen zu lassen, daß ihre Vorzüglichkeit sich offenbart aus ihrer bloßen Betrachtung, selbst dann kann man aus dieser ganz nackten Angabe, die die Dinge auf ihre Ursache bezieht, keinerlei Reflexion anstellen. 428 ¹. Auch wenn man sagt, nicht daß die Dinge gut sind durch irgendeine Regel der Güte, sondern gut sind allein durch den Willen Gottes, so zerstört man, wie mir scheint, ohne es zu wollen, alle Liebe zu Gott und allen seinen Ruhm .... 428 ₁₁. Die ewigen Wahrheiten der Metaphysik und der Geometrie und folglich auch die Regeln der Güte, der Gerechtigkeit und Vollkommenheit, sind nicht Wirkungen bloß des Willens Gottes, sondern sind Folgen seines Verstandes, der keineswegs von seinem Willen abhängt, nicht mehr wie seine Wesenheit.

II 49 ₁₄. 1686.

22 IV 274 ₁₁. 1677. Molanus. Ich halte den folgenden Satz Descartes' für sehr gefährlich: daß die Materie alle Formen, deren sie fähig ist, sukzessive annimmt. Dies scheint mir aber sehr unpassend gesagt, es sei durch göttlichen Willen so eingerichtet, daß ein Dreieck als Winkelsumme 2 R hat, oder daß ein Kreis von allen Figuren mit gleichem Umfang die am meisten fassende (capacissima) ist. Als wenn Gott dies dem Kreise gleich wie ein Privilegium gegeben hätte, das er auch auf das Quadrat hätte übertragen können. Ich glaube aber zu verstehen, durch welches Argument er dazu verleitet ist. Er hatte nämlich als Kriterium der Wahrheit aufgestellt: unsere klare und distinkte Perzeption. Wenn es also wahr ist, daß der Kreis von den Figuren mit demselben Umfang die das meiste fassende ist, so kann die Kenntnis nur daher kommen, daß wir diese seine Eigenschaft klar und distinkt perzipieren. Wenn also früher Gott unsere Natur so gebildet hätte, daß das Gegenteil von uns klar und distinkt perzipiert würde, so wäre das Gegenteil wahr gewesen. Diese Ansicht wird von mir nichts weniger als gebilligt.

23 IV 520 ₁₄₋₂. 1698. Sehen wir indessen einmal nach, ob das System der Gelegenheitsursachen in der Tat kein beständiges Wunder voraussetzt. Man verneint dies, weil Gott diesem Systeme zufolge nur nach allgemeinen Gesetzen handeln würde. Das gebe ich zu, allein meiner Meinung nach genügt das nicht, um die Wunder zu beseitigen: wenn

Gott deren auch fortwährend verrichtete, so würden es nichtsdestoweniger Wunder bleiben, sobald man nur das Wort nicht im volkstümlichen
Sinne als Bezeichnung für eine seltene und Verwunderung erregende
Sache, sondern im philosophischen Sinne als Bezeichnung für das nimmt,
was die Kräfte der Geschöpfe übersteigt. Es reicht nicht hin, wenn
man sagt, daß Gott ein allgemeines Gesetz aufgestellt habe, denn neben
dem Beschlusse bedarf es noch eines natürlichen Mittels zur Ausführung
desselben, d. h. das, was geschieht, muß aus der von Gott den Dingen
verliehenen Natur erklärt werden können. Die Naturgesetze sind nicht
so willkürlich und gleichgültig (arbiträr und indifferent), wie verschiedene
Leute sich einbilden.

24 III 315 ⁱ. 1707. Burnett. Ich billige es nicht, wenn man will, daß
die Wahrheiten, die man mit Recht ewige nennt, von dem arbitrium
oder dem bon plaisir Gottes abhängen.

25 VI 106 ⁴⁻⁷. 1710. Theod. Mein Zweck ist, die Menschen von den
falschen Ideen zu befreien, die Gott als einen absoluten Herrscher darstellen, der eine despotische Macht anwendet und wenig geeignet und
wenig würdig ist, geliebt zu werden.

26 IV 329 ⁱ. 1680? „Desc. hat nicht leugnen wollen, daß von Gott
einander Widersprechendes bewirkt werden könnte." Aber wenn Gott
uns nicht täuschen kann, so kann er durchaus nicht Widersprechendes
bewirken, was nämlich mehr ein Täuschen wäre als zu bewirken, daß
etwas, was ein evidentes Sein ist, nicht sei. Und welchen Nutzen hätte
die Wahrheit, wenn sie neben der Falschheit stehen kann?

27 III 54 ⁱ. 1687. Bayle. Das bon plaisir Gottes ist geregelt durch
seine Weisheit, und die Geometer würden beinahe ebenso überrascht
sein zu sehen, daß in der Natur derartige Unregelmäßigkeiten passieren,
wie eine Parabel zu sehen, auf die man (nicht) die Eigenschaften der
Ellipse mit einem unendlich entfernten Brennpunkte anwenden könnte.

28 III 529 ⁱ. 1711. Hartsoeker. Ein Teil meiner neuen Schlüsse hängt
von einem großen genügend bekannten Prinzip ab, das aber nicht genug
ins Auge gefaßt wird: sc. daß nichts ohne ein genügendes „Warum?"
oder besser ohne einen bestimmenden Grund geschieht. Kraft dieses
Prinzips, das uns über unsere Vorgänger hinausführt, wechselt Gott niemals Willen und Verrichtung, ohne gewichtigen Grund dazu zu haben.
Und wenn die Sache, um die es sich handelt, eine einförmige und einfache Natur hat, so sind wir imstande (so armselige Geschöpfe wir auch
sind) zu urteilen, ob es einen Grund geben kann oder nicht.
Wenn der Wille Gottes ganz allein [ganz für sich] [liberum arbitrium] sich
betätigte, ohne daß in den Naturen der Geschöpfe der Grund dieses
Willens läge, noch die Art und Weise, wie er sich betätigt, so wäre
das ein ganz unverhülltes Wunder, wenig passend in die Philosophie.

29 III 532 ⁱ. 1712. Hartsoeker. Der Wille Gottes ist kein genügendes
Warum in den natürlichen Dingen, wenn sich nicht Gründe des Wollens
in dem Gegenstande und mit der Ordnung der Natur im Einklang stehende
Mittel finden, um diesen Willen auszuführen. Diese „primitiven Qualitäten"
sind gewöhnlich die Asyle entweder der Unwissenheit, verborgen unter
einem schönen Namen, oder der Faulheit, weil es viel leichter ist, die
Forschung zu begrenzen und sich mit wenig Aufwand aus der Affaire zu

ziehen, oder endlich der Zuversichtlichkeit, mit deren Hilfe den Dingen auf den Grund gekommen zu sein man sich Beifall klatscht, anstatt daß die Natur, welche die Unendlichkeit ihres Urhebers ausdrückt, derartige Schranken nicht duldet, bei denen unser Geist Halt zu machen sucht.

80 V 362 s. 1705. Nouv. Ess. Die Seele ist es, welche diese [sc. Lust, Schmerz, oder (allgemein) das Gefühl in uns] sich selbst erzeugt, entsprechend dem, was in der Materie vorgeht. Und einige tüchtige Männer unter den Neueren fangen an, sich dahin zu erklären, daß sie die Gelegenheitsursachen nur so, wie ich, verstehen. Dies nun vorausgesetzt, so geschieht (hierbei) nichts Inintelligibles, außer daß wir nicht allen Inhalt unserer verworrenen Perzeptionen, welche selbst das Unendliche enthalten und der Ausdruck der in den Körpern vor sich gehenden Einzelheiten (détails) sind, uns klarmachen können. Was ferner die freie Willkür (bon plaisir) des Schöpfers betrifft, so ist sie, wie man sagen muß, dergestalt den Naturen der Dinge gemäß geordnet, daß sie nur das hervorbringt und erhält, was diesen (Dingen) entspricht und sich durch ihre Naturen wenigstens im allgemeinen erklären läßt, — denn das einzelne übersteigt oft unsere Kräfte, sowie etwa die Arbeit und das Vermögen, die Sandkörner eines Berges nach der Ordnung von Figuren zu legen, obwohl es dabei nichts Schwieriges aufzufassen gibt, als die Menge.

363 s. Wenn diese Erkenntnis als Totalität (en elle même) uns entginge und wir nicht einmal den **Grund der Beziehungen der Seele und des Körpers im allgemeinen** begreifen könnten, wenn endlich Gott den Dingen **zufällige** (accidentelle), **von ihren Naturen abgesonderte** und mithin der Vernunft im allgemeinen fremde (eloignées de la raison en général) Vermögen gäbe, so würde dies eine Hintertür sein, jene gar **zu verborgenen Qualitäten**, welche kein Geist verstehen kann, zurückzubringen und jene kleinen, grundlosen Geister von Fähigkeiten

Et quidquid schola finxit otiosa

die dienstbaren Geisterlein, welche wie die Götter auf dem Theater oder die Feen im Amadis erscheinen und wenn es nötig ist, alles, was ein Philosoph verlangen kann, ohne Umstände und Werkzeuge verrichten. Aber den Ursprung davon dem Wohlgefallen (bon plaisir) Gottes zuzuschreiben, das scheint auf den, der die oberste Vernunft ist, bei welchem alles geregelt, alles in Verbindung ist, nicht besonders zu passen. Solches Wohlgefallen würde sogar weder ein Wohl noch ein Gefallen sein, wenn nicht zwischen der Macht und der Weisheit Gottes ein beständiger Parallelismus stattfände.

81 V 480 16. 1705. Allerdings gibt Gott den Glauben stets nur, wenn das, was er glauben macht, auf Vernunft gegründet ist, andernfalls würde er die Mittel zur Erkenntnis der Wahrheit zerstören und dem Enthusiasmus Tür und Tor öffnen; aber es ist nicht nötig, daß alle diejenigen, welche diesen göttlichen Glauben haben, diese Gründe erkennen, und noch weniger, daß sie sie immer gegenwärtig haben.

82 I 254. 1677. Ich erwarte, daß ihr sagt, es werde eine Welt geben, in der das Ganze kleiner ist als sein Teil und in der der Winkel im Halbkreis ein spitzer, und dieses sei übereinstimmend mit der Vollkommenheit Gottes; denn er werde mehr Realität in dieser Weise im Wollen haben, als wenn er nur eine (Welt) von beiden haben wollte.

Denn da er ja alles, was er will, kann, so konnte er gewiß auch dieses wollen . . . .

Und gesetzt, Gerechtigkeit und Güte hänge absolut von dem Gutdünken Gottes ab, so wird eine Welt sein können, in der die Frommen
verdammt und die Bösen geschützt werden.

88 V 33 ¹⁴. 1700. (Ich kann schließen,) daß also die Erkenntnis einer
Proposition, die mir, ich weiß nicht wie, in den Kopf kommen, nicht also
gleich ein Merkmal ist, daß sie von Gott komme. Noch viel weniger
ist eine starke Einbildung, daß diese Einbildung wahr sei, ein gewisses
Merkmal, daß sie von Gott komme, oder auch daß sie wahr seie. Man
mag einem solchen Einfalle den Namen eines Gesichts oder eines Lichts
geben, so ist's doch nichts mehr als eine Credulität und Confidentz.
Denn wenn von einem Vortrage gehandelt wird, dessen Wahrheit sie
sich eingebildet haben, ohne zu erkennen, daß er wahr sei, so kann
es hier nicht heißen sehen, sondern glauben, man mag auch einer
solchen Einbildung vor einen Namen geben, welchen man wolle.

84 V 34 ¹. 1700. Derowegen mercket Herr Locke gar wohl an, daß,
wenn das Licht, welches ein jeder in sich zu haben meyne, und welches
auf diesen Fall nichts als eine Macht seiner eigenen Einbildung ist, ein
Beweis wäre, daß die Sache, welche man sich eingebildet, von Gott
käme, so müßte man schließen, daß alle widrige Meinungen das Recht,
vor göttliche Eingebungen zu passieren, haben könnten.

85 III 620 ⁵. 1714. Remond. Die divinatorischen Künste sind allesamt
nichts als bloße (Täuschungen) Betrügereien.

86 V 503 ¹⁰. 1705. Aber diese Notwendigkeit, an die Lehren der
Kirche zu glauben, erheischt nur eine vernünftige Neigung, sich belehren
zu lassen und verpflichtet nach den gelehrtesten katholischen Kirchenlehrern nicht unbedingt zur Zustimmung.

87 V 477 ¹⁰. Theoph: Ich stimme Ihnen durchaus bei, wenn Sie verlangen, daß der Glaube auf der Vernunft gegründet sei: warum sollten
wir sonst die Bibel dem Koran oder den alten Büchern der Brahmanen
vorziehen?

88 V 35 ¹⁰. 1700. Gott, sagt Locke, vernichtet den Menschen nicht,
wenn er einen Propheten machet.

89 IV 358 ⁵. 1680. Animadvers. in Principia Cart. Ad artic. 13 (Quo
sensu reliquarum rerum cognitio a Dei cognitione dependeat). Es scheint
Gott hier für ein gewisses Schauspiel oder Gepränge herbeigerufen zu
werden; ich schweige nämlich davon, daß jene fremdartige Fiktion oder
Zweifelei, ob wir zum Irrtum sogar in dem Evidentesten geschaffen seien,
keinen bewegen darf, weil dem die Natur der Evidenz entgegen-
steht und weil das Gegenteil durch die Erfahrungen des
ganzen Lebens bezeugt wird; und wenn einmal dieser Zweifel
von Rechts wegen in Gang gebracht werden könnte, so würde
er durchaus unüberwindlich sein und sogar dem Cartesius selbst
und jedem andern, wie immer Evidentes Herbeischaffenden sich stets
entgegenstellen: hiervon, sage ich, will ich schweigen; aber das muß
jedem klar sein, daß weder dieser Zweifel eintritt, wenn
Gott geleugnet wird, noch gehoben wird, wenn Gott zugelassen wird. Denn wenn auch kein Gott existierte, und bliebe es nur
möglich, daß wir existierten, so würden wir deswegen nicht weniger
fähig zum Wahren sein; und mag Gottes Sein eingeräumt werden, so
folgt deshalb nicht, daß es nicht ein dem Irrtum zugängliches (verfallenes)

und unvollkommenes Geschöpf gebe, besonders, weil dessen Unvollkommenheit nicht angeboren, sondern vielleicht durch eine große Sünde
hereingebrochen sein könnte, wie es die christl. Theologen betreffs des
Ursprungs der Sünde meinen, also könnte dieses Übel nicht Gott auf-
gewälzt werden. Obgleich aber Gott hier nicht passend eingeführt
scheint, so meine ich doch, aber in anderer Weise, daß die wahre
Erkenntnis Gottes das Prinzip der höheren Weisheit sei; Gott ist nämlich nicht weniger primäre Ursache als auch letzter Grund (ultima ratio)
der Dinge; und die Dinge werden nicht besser als aus ihren Ursachen
und Gründen erkannt.

IV 344 ⁴. Aber man muß nicht dulden, daß unsere Modernen uns die
Metaphysik zerstören, um die eigentliche Physik (Physique particulière) aus-
zuschmücken (zu vervollkommnen), und uns die Moral und die Theologie
umstürzen, worauf einige ihrer Meinungen zu führen scheinen. Denn
wenn man behauptet, daß die ewigen Wahrheiten der Geometrie und
der Moral und folglich auch die Regeln der Gerechtigkeit, der Güte
und Schönheit die Wirkung einer freien oder willkürlichen Wahl des
Willens Gottes sind, so scheint es, daß man ihm seine Weisheit und seine
Gerechtigkeit oder vielmehr den Verstand und den Willen nimmt, indem
man nur eine gewisse, maßlose Macht übrig läßt, aus der alles hervorgeht,
ein Wesen, das vielmehr den Namen „Natur" als den Gottes verdient; denn
wie ist es möglich, daß sein Verstand (dessen Gegenstand die Wahrheiten
der Ideen sind, die in seiner Essenz eingeschlossen sind) abhängen
könnte von seinem Willen? Und wie kann er einen Willen haben, der die
Idee des Guten nicht zum Objekt, sondern (nur) zu seiner Wirkung hat?

Und indem die Zweckursachen aus der Physik verbannt werden
(außer daß man sich dadurch des Mittels beraubt, einige schöne Wahrheiten abzuleiten, die man nur durch die Zwecke gefunden hat) scheint
es, daß es vergebens und nur so obenhin geschieht, daß man eine
oberste Intelligenz vorangestellt hat, wenn man sich ihrer nicht bedient,
sondern nur der Notwendigkeit der Materie, und wenn man, anstatt zu
sagen, daß die Augen gemacht seien zum Sehen, behauptet, daß man
sehe, weil man zufällig gerade: Augen habe; eine Ansicht, die eine gefährliche Gotteslästerung enthält. Die Wirkung muß erklärt werden
durch die Kenntnis der Ursache; und ist sie intelligent, so muß man
die Betrachtung der Zwecke einführen, die sie bei den Instrumenten
gehabt, deren sie sich bediente.

40   IV 299 ₁₁. 1680? Molanus? Der Gott Descartes' hat weder Willen
(volonté) noch Verstand (entendement), weil er nach Descartes nicht
das Gute zum Gegenstand des Willens hat, noch das Wahre als Objekt
des Verstandes. Auch will er nicht, daß sein Gott nach einem Zwecke
handle, und deshalb schließt er von der Philosophie die Untersuchung
(Aufsuchung, Recherche) der Zweckursachen aus unter dem schlauen
Vorwand, daß wir nicht fähig seien, die Absichten Gottes zu wissen,
während Plato so schön gezeigt hat, daß, wenn Gott der Urheber der
Dinge und nach der Weisheit handelt, die wahrhafte Physik in der
Kenntnis der Zwecke und Verwendungen (usages) der Dinge liegt;
denn die Wissenschaft ist die Kenntnis der Gründe (raisons), und die
Gründe von dem, was durch den Verstand gemacht worden ist, sind
die Zweckursachen oder Absichten dessen, der sie gemacht hat, die
ersichtlich sind aus der Verwendung (usage) und der Funktion der Dinge;

deshalb ist die Betrachtung des Gebrauches der Teile in der Anatomie so nützlich.

41 II 168 ¹². 1699.

42 II 259 ³. 1703. Volder. Weil Gott (als der Vollkommenste) auf naturgemäße Weise handelt, in der Vernunft und Ordnung sein muß, so muß von ihm gesagt werden, daß er Grundsätze (principia) der Veränderung (mutationum) hervorgebracht habe, damit das Spätere aus dem Früheren geschlossen werden kann.

43 IV 427 ⁶ (cf. Zitat 70).

44 II 12 ¹¹. 1686. Gott tut nichts ohne Ordnung; es ist sogar unmöglich sich Ereignisse einzubilden, die nicht regulär wären.

45 V 23 ¹⁴. 1696. Ich unterscheide hier nicht die praktischen Wahrheiten von den spekulativen: es bleibt immer dasselbe. Und wie man sagen kann, daß dies eine der offenbarsten Wahrheiten ist, daß eine Substanz, deren Wissen und Macht unendlich sind, verehrt werden muß, so kann man auch sagen, daß sie von Anfang an aus dem Licht hervorgeht (emaniert), das mit uns geboren ist, damit wir auf sie unsere Aufmerksamkeit richten können.

46 VI 611.

47 V 232 ₁₄. 1705. Das Gute ist, daß das, was aus Gottes allgemeiner Gesetzgebung stammt, der Natur oder der Vernunft entspricht.

48 VI 67 ₁₆₋₁₇. 1710. Theod. Und das Licht der Vernunft ist nicht weniger eine Gabe Gottes als das Licht der Offenbarung.

49 VI 262 ¹³.

50 V 35 ¹⁴. 1700. Wenn Gott haben will, daß wir die Wahrheit einer Sache erkennen sollen, so läßt er uns diese Wahrheit entweder durch ordentliche Wege der natürlichen Vernunft sehen, oder aber er gibt uns zu erkennen, daß es eine Wahrheit sei, die wir seiner Autorität wegen annehmen müssen, indem er uns durch gewisse Merkmale, die die Vernunft nicht verwerfen kann, überzeugt, daß sie von ihm komme.

51 IV 285 ₉. 1680 an Philippi. Alles in der Physik auf mechanische Weise erklären wollen, das ist weder ein Verbrechen noch eine Gottlosigkeit, da Gott alles gemäß den Gesetzen der Mathematik gemacht hat, d. h. gemäß den ewigen Wahrheiten, die der Weisheitsgegenstand sind (die das Objekt einer Weisheit sind).

52 IV 426 ₁₉₋₉. 1684. Was die Streitfrage anlangt, ob wir alles in Gott schauen (eine sehr alte Anschauung, die, im guten Sinne verstanden, nicht gänzlich zu verachten ist), oder aber ob wir auch eigene Ideen haben, so muß man wissen, daß es notwendig ist, wenn wir auch alles in Gott schauten, daß wir doch auch selbeigene Ideen haben, d. h. nicht gleichsam gewisse Bilderchen, sondern Affektionen oder Modifikationen unseres Geistes, dem entsprechend, was wir in Gott wahrnehmen würden: denn beim Sich-Einstellen von anderen und anderen Gedanken vollzieht sich in unserem Geiste eine Änderung, während die Ideen der nicht wirklich von uns gedachten Dinge in unserm Geiste sind wie die Gestalt des Herkules im rohen Marmor. In Gott muß aber notwendigerweise nicht bloß wirklich (actu) die Idee der absoluten und unendlichen Ausdehnung, sondern auch die Idee jeder beliebigen Gestalt bestehen, die ja nichts anderes ist als eine Modifikation der unbedingten Ausdehnung.

58 III 660 ². 1715. Remond. Es ist zu bedenken, daß sowohl in dem System Malebranches als auch in meinem Gott allein das unmittelbare äußere Objekt der Seelen ist, das auf sie einen reellen Einfluß ausübt. Und obgleich die vulgäre Schulmeinung andere Einflüsse vermittels gewisser „species" (especes?) zuläßt, von denen sie glaubt, daß die Objekte sie in die Seele schicken, hört sie nicht auf anzuerkennen, daß alle unsere Vollkommenheiten eine beständige Gabe Gottes sind und eine beschränkte Teilhaberschaft an seiner unendlichen Vollkommenheit. Was genügt, um zu beurteilen, daß das, was an Wahrem und Gutem noch in unseren Kenntnissen steckt, eine Emanation des Lichtes Gottes ist, und in diesem Sinne kann man sagen, daß wir die Dinge in Gott sehen.

54 VI 593 ². 1707. Entretien. Ich bin davon überzeugt, daß Gott das einzige unmittelbare äußere Objekt der Seelen ist, weil sonst keines außerhalb der Seele vorhanden, das unmittelbar auf die Seele wirkte. Und unsere Gedanken sind mit alledem, was in uns ist, sofern es irgend Vollkommenheit enthält, ohne Unterbrechung durch seine fortgesetzte Operation hervorgebracht. Insofern also wir unsere endlichen Vollkommenheiten von den seinigen, unendlichen empfangen, werden wir unmittelbar affiziert (bestimmt, sommes affectés), und daher wird unser Geist unmittelbar durch die ewigen Ideen, die in Gott sind, affiziert, wenn unser Geist Gedanken hat, die sich darauf beziehen und die daran teilhaben. Und in diesem Sinne können wir sagen, daß unser Geist alles in Gott sieht.

55 I 383 ₁₄. 1686. Man kann hinzufügen, daß Gott es auch ist, der allein eine unmittelbare Wirkung auf uns ausübt auf Grund unserer fortgesetzten Abhängigkeit. Man kann also sagen, daß Gott allein oder was in ihm ist, unser unmittelbarer Gegenstand ist, der außer uns (hors de nous) ist, wenn dieser Begriff des „Objekts" für ihn paßt.

56 VI 51 ₁₋₄. cf. VI 27 ¹². 1710. Theod. Seine Güte und seine Gerechtigkeit, ebenso wie seine Klarheit, unterscheiden sich nur dadurch von der unsrigen, daß sie unendlich vollkommener sind.

57 VI 559 ¹⁸. 1704. Jaquelot. Alles, was im göttlichen Geist distinkt ist, ist konfus und unvollkommen in dem unsrigen.

58 V 378 ². Wenn Gott uns eine Wahrheit offenbart, so erlangen wir diejenige, welche seinem Verstande innewohnt, denn obgleich zwischen seinen und unsern Ideen ein unendlicher Unterschied stattfindet, sowohl was Vollendung als was Umfang anbetrifft, so bleibt doch immer wahr, daß wir in derselben Beziehung (dans le même rapport) mit ihm übereinstimmen. Also muß man die Wahrheit in diese Beziehung (rapport) setzen, und wir können zwischen den von unserem Belieben unabhängigen Wahrheiten und zwischen den Ausdrücken (expressions) unterscheiden, welche wir, wie es uns gut scheint, „erfinden".

59 VII 291 ². Man kann sagen, daß die Geister (mentes) die primären Einheiten der Welt seien, und die nächsten Ebenbilder des ersten Seienden, weil die Vernunft (rationes) notwendige Wahrheiten distinkt perzipieren kann, d. h. Gründe (rationes), welche das erste Seiende bewegen und das Universum formen mußten.

60 IV 461 ₇. 1686. Allein die Geister sind ihm zum Bilde gemacht und gleichsam von seiner Rasse oder Kinder des Hauses (legitime Kinder).

61 VII 541 ¹².

IV 553 ₁₄. 1702. **Die Summe meines Systems** kommt darauf hinaus, daß

1. jede Monade eine Konzentration des Universums ist und
2. jeder Geist eine Nachahmung der Gottheit, daß
3. sich das Universum in Gott nicht allein konzentriert findet, sondern auch vollkommen ausgedrückt (exprimé);
4. aber in jeder erschaffenen Monade findet sich nur ein Teil distinkt ausgedrückt, der mehr oder weniger groß ist nach Maß der mehr oder weniger hervorragenden Seele, und alles übrige, das unendlich ist, ist nur in konfuser Weise ausgedrückt.
5. Aber in Gott ist nicht nur die Konzentration, sondern auch die Quelle des Universums. Er ist das primitive Zentrum, aus dem alles übrige hervorgeht (emaniert), und wenn etwas aus uns außerdem (de nous au dehors) hervorgeht, so geschieht es nicht unmittelbar, sondern weil er von Anfang an die Dinge unseren Wünschen hat anpassen wollen.
6. Wenn man sagt, daß jede Monade, Seele, jeder Geist ein besonderes Gesetz empfangen hat, so muß man hinzufügen, daß es nur eine Variation des allgemeinen Gesetzes ist, das das Weltall regelt.

62 IV 553 ₁₄. 1702.

63 VI 621 ₆.

64 III 121 ₁₈. 1696. Basnage. Ich mache einen unendlichen Unterschied zwischen denen, die nur Erfahrungen geben und denen, die darin verborgene Gründe entziffern und die sozusagen zum Rate Gottes gehören.

65 II 124 ₁₁. 1687.

66 III 261 ₅. 1699. Burnett. Manche können zu den sicheren Erkenntnissen, die uns den obersten Urheber bewundern und lieben lassen, durch Erfahrungen (Experimente) beisteuern, welche die Materialien bilden; aber die, welche hieraus Nutzen ziehen können, wie Newton, um den großen Bau der Wissenschaften vorwärts zu bringen, und die das Innere entziffern können, gehören im wahren Sinne des Worts zum Geheimen Rate Gottes und alle andern arbeiten nur für sie.

2. Kapitel.

67 I 254. 1677. Der göttliche Wille folgt aus der Notwendigkeit der **Dinge**, weil auch die Existenz Gottes aus der Notwendigkeit der Dinge folgt oder aus Gottes Essenz: denn Gottes essentia kommt mit der Notwendigkeit der Dinge überein.

68 III 590 ⁵. 1716. Bourguet. Die Lehre, daß die moralischen Wahrheiten von dem Willen Gottes abhängen, hat mir immer außerordentlich widervernünftig geschienen.

69 IV 259 ⁵. 1671 an Honor. Fabri. Die Wesenheiten (essentiae) der Dinge hängen nicht von der Willkür Gottes ab, sondern von seiner Wesenheit; ist das der Fall, so ist offenbar, daß sogar die Idee des Guten und Gerechten gleichfalls nicht von Gottes Willkür (arbitrio) abhängt, obgleich die Schöpfung der guten und vollkommenen **Dinge** aus Gottes Willkür hervorgegangen ist, aber nicht Wesenheiten, sondern Dinge werden ja erschaffen. .... Wenn also nicht in den Ideen an sich selbst die Güte (bonitas) enthalten ist, ist gewiß auch in Gott keine Weisheit, die nichts anderes als die Wissenschaft des Guten ist. Ja, wenn die

Naturen der Dinge und die Wahrheiten von der Willkür Gottes abhingen, wie könnte man ihm Wissenschaft oder gar Willen zuschreiben! Denn ein Wille verlangt durchaus irgendwelchen Intellekt; nämlich es kann keiner wollen, als unter dem Gesichtspunkte des Guten (nisi sub ratione boni). Aber der Intellekt verlangt irgendein Intelligibles, d. h. irgendeine Natur. Wenn also alle Naturen von dem Willen herrühren, so wird auch der Intellekt vom Willen stammen. Wie verlangt also der Wille den Intellekt? Dies alles macht es, daß ich fürchte, daß Descartes' Gott etwas ganz anderes gewesen ist, als wofür er gehalten wird.

70   VI 71 ₂. 1710. Theod. Ebensowenig darf man sagen, daß das, was wir Gerechtigkeit nennen, in bezug auf Gott nichts sei, daß er der absolute Herr aller Dinge sei so weit, daß er die Unschuldigen verdammen könne, ohne gegen seine Gerechtigkeit zu verstoßen, oder endlich, daß die Gerechtigkeit in bezug auf ihn etwas Willkürliches sei: dies sind verwegene und gefährliche Ausdrücke.

     I 258 ¹². 1677. Diese Ansichten und Wendungen halte ich nicht nur für sinnlos, sondern auch für gefährlich: Sie führen nämlich einen Gott ein, der nicht der Liebe würdig ist; denn er kann weder gut noch gerecht genannt werden, wenn kein konstanter Grund (ratio) der Güte und Gerechtigkeit in ihm ist, den er nicht selbst an Stelle des Gutdünkens gesetzt haben würde. Auch verdiente er nicht gelobt zu werden wegen dessen, was er getan hat; denn wenn er wegen dessen, was er getan hat, verdiente gelobt zu werden, so folgt, daß das, was er getan hat, besser sei, als wenn er es anders gemacht hätte, was gegen die Hypothese ist, welche behauptet, dadurch selbst, daß er es gemacht, werde es gut. Außerdem ist Gott nicht einmal Urheber seiner Natur . . . .

     VI 614 ¹².

71   IV 284 ¹. 1680 an Philippi. Die wahrhafte Philosophie muß uns einen Begriff von der Vollkommenheit Gottes geben, der uns in Physik und in der Moral dienen kann und ich meine, daß man nicht nur nicht die Zweckursachen von der physikalischen Betrachtung ausschließen darf, wie Cartesius es part. 1 art. 28 behauptet, sondern daß vielmehr alles durch sie bestimmt (determiniert) wird, weil die wirkende Ursache der Dinge intelligent ist, da sie Willen hat und folglich auf das Gute tendiert, was ebenso sich von der Ansicht Descartes' entfernt, der meint, daß die Güte, die Wahrheit und die Gerechtigkeit nur dadurch sind, daß Gott sie durch einen freien (libre) Akt seines Willens eingesetzt hat, was sehr befremdlich ist. Denn wenn die Dinge gut oder schlecht sind nur durch einen Effekt des Willens Gottes, so würde das Gute nicht ein Motiv seines Willens sein, weil es später als sein Wille ist. Und sein Wille würde ein gewisses absolutes Dekret (Geheimbeschluß) ohne Grund (raison) sein; hier sind seine eignen Worte: Resp. ad object. sext. n. 8 = Dem, der auf die Unermeßlichkeit Gottes sein Augenmerk richtet, ist offenbar, daß durchaus nichts sein könnte, was nicht von ihm abhinge, nicht nur nichts Daseiendes (subsistens), sondern auch keine Ordnung, kein Gesetz, kein Grund (ratio) des Wahren und Guten, sonst wäre er nämlich nicht durchaus indifferent gewesen in der Erschaffung des Erschaffenen [[Leibn.]]: Er wäre also indifferent bezüglich der Dinge, die wir gerecht und ungerecht nennen; und wenn es ihm gefallen hätte, eine Welt zu schaffen, in der die Guten für immer unglücklich und die Schlechten (d. h. die, welche die andern nur zu vernichten suchen) glücklich wären,

so würde dies gerecht sein. Also können wir nichts über die Gerechtigkeit Gottes versprechen und vielleicht hat er Sachen auf eine Weise
gemacht, die wir ungerecht nennen, weil es in bezug auf ihn keinen
Begriff des Gerechten gibt und wenn es geschieht, daß wir unglücklich
wären trotz unserer Frömmigkeit oder wenn unsere Seele mit dem
Körper vergehen würde, so würde auch dies gerecht sein; er fährt fort:]
Denn wenn irgendein Grund (ratio) dieses Guten per ordinationem vor-
hergegangen wäre, so würde er ihn determiniert haben zu dem, was am
besten zu tun wäre [(Leibn.) ohne Zweifel, und dies ist das Fundament
der Vorsehung und aller unserer Hoffnungen, daß es nämlich etwas Gutes
und Gerechtes an sich selbst gäbe und daß Gott, da er die Weisheit
ist, selbst nicht verfehlt, das Beste zu wählen]. Sondern weil er sich
vielmehr zu dem determiniert hat, was nun getan werden muß, deswegen
sind die Dinge, wie es in der Genesis heißt, sehr gut — das heißt: der
Grund (ratio) ihrer Güte hängt davon ab, daß er sie so hat machen
wollen . — ... Nach diesen Worten ist es unnütz von Güte und von
der Gerechtigkeit Gottes zu reden und die Vorsehung wird nur eine
Chimäre sein. ... Denn welcher Wille, der nicht das Gute zum Gegenstand oder zum Motiv hat?

72 VI 337 ³. 1710. Theod. Spinoza ist mit Recht gegen eine absolute
Macht der Selbstbestimmung, d. h. ohne irgendwelchen Grund: eine solche
kommt nicht einmal Gott zu. Aber er hat unrecht, wenn er glaubt, daß
eine Seele, eine einfache Substanz, auf natürlichem Wege erzeugt
werden könne.

73 VI 315 ⁶⁻⁸. 1710. Theod. Sein Wille ist immer gefesselt und kann
es nur sein durch das Beste. Gott kann nie einen besonderen ursprünglichen (primitiven) Willen haben, d. h. einen Willen, der von den allgemeinen Gesetzen oder Willensbetätigungen unabhängig wäre — ein
solcher Wille würde vernunftwidrig sein.

VII 77 ⁴. Wer glaubt, daß Gott etwas ohne Ursach tue, d. i. aus
einem solchen Wohlgefallen, so keine Regel, noch Grund, noch Absehen
hat (ex absoluto beneplacito, ex libertate indifferentiae), der hält Gott
nicht vor vollkommen.

74 VI 403 ₈. 1710? Theod. Anhang III (King). Die Idee Gottes entsteht in der unsrigen durch die Beseitigung der Grenzen unserer Vollkommenheiten.

75 VI 27 ¹⁵⁻₁₁. 1710. Theod. Die Liebe ist derjenige Affekt, welcher
bewirkt, daß wir an den Vollkommenheiten des geliebten Gegenstandes
Vergnügen finden, und nichts ist vollkommener, nichts entzückender
(plus charmant) als Gott. Um ihn zu lieben, genügt es, seine Vollkommenheiten ins Auge zu fassen, und dies ist leicht, weil wir deren
Ideen in uns selbst vorfinden. Die Vollkommenheiten Gottes sind die
nämlichen wie die unserer Seele, nur daß Gott dieselben in unbegrenztem
Maße besitzt: er ist ein Ozean, von dem wir nur Tropfen empfangen
haben — in uns lebt einiges Vermögen, einiges Wissen, einige Güte,
in Gott aber sind diese Dinge völlig vorhanden. Ordnung, Ebenmaß
und Harmonie entzücken uns, die Musik und die Malerei sind Proben
davon; Gott ist ganz Ordnung, er bewahrt stets die Richtigkeit der Verhältnisse und bewirkt die universelle Harmonie: alle Schönheit ist ein
Ausfluß seiner Strahlen.

76 VI 70 11–14. 1710. Theod. Das allgemeine Recht (le droit universel) ist für Gott und für die Menschen dasselbe.

77 IV 427 14. 1686. Gott handelt, im Besitze der höchsten und unendlichen Weisheit, auf die vollkommenste Weise, und zwar nicht nur im metaphysischen, sondern auch im moralischen Sinne gesprochen.

78 VI 423 17–17. 1710? Theod. Anhang III (King). Da Gottes Verstand vollkommen, seine Gedanken immer distinkt und seine Neigungen immer gut sind, so kann er nie umhin, das Beste zu tun; während wir dagegen durch den falschen Schein (apparence) des Wahren und des Guten getäuscht werden können.

79 VII 332 4. 1710. Der Mensch ist von Gott bestimmt zu einem viel erhabenerem Zwecke, nämlich zur societas mit ihm selbst, und deshalb (wegen der Harmonie der Reiche der Natur und der Gnade) ist zu behaupten, daß die menschlichen Seelen eins mit einem gewissen organischen Körper erhalten werden.

80 VII 77 10. Wer Gott liebt, gehorchet seinen Willen so ihm bewust. Wer Gott liebt, liebet alle.

81 VII 510 16. 1712. Im Sittlichen ist Gott zugleich Lehrer (doctor) und Gesetzgeber (legislator); denn er kann nicht anders als das lehren, was recht ist, indem (dum) er das Licht der Vernunft in uns anzündet, und kann nicht anders als dem eine Strafe bestimmen, was gemein ist, so lange er alles in vollkommenster Weise lenkt.

82 II 124 12. 1687. Was „Geister", d. h. Substanzen, die denken, betrifft, die fähig sind, Gott zu erkennen und ewige Wahrheiten zu entdecken, so glaube ich, daß Gott sie Gesetzen gemäß regiert, die von denen verschieden sind, mit denen er die übrigen Substanzen lenkt. Denn da alle Formen der Substanzen das ganze Weltall ausdrücken, so kann man sagen, daß die tierischen Substanzen vielmehr die Welt als Gott ausdrücken, daß aber die Geister vielmehr Gott als die Welt ausdrücken. Auch regiert Gott die tierischen Substanzen nach materiellen Gesetzen der Kraft oder der Bewegungsvermittelungen (des communications du mouvement), aber die Geister nach geistigen (spirituellen) Gesetzen der Gerechtigkeit, deren die andern unfähig sind. Und deshalb kann man die tierischen Substanzen materielle nennen, weil die Verwaltung (oeconomie), die Gott in Hinsicht auf sie beobachtet, die eines Werkmeisters oder Maschinisten ist, aber in bezug auf die Geister erfüllt Gott die Funktion eines Fürsten oder Gesetzgebers, die unendlich erhabener ist. Und da Gott in bezug auf diese materiellen Substanzen nur das ist, was er in bezug auf das All ist, nämlich der allgemeine Urheber der Wesen, so nimmt er eine andere Rolle an hinsichtlich der Geister, die ihn erkennbar macht als bekleidet mit Willen und moralischen Qualitäten, weil er selbst ein Geist ist, und wie einer unseresgleichen, bis zu dem Grade eines Eintritts mit uns in eine Gesellschaftsverbindung, von der er das Haupt ist. Und diese Gesellschaft oder allgemeine Republik der Geister unter diesem Einzelherrscher ist der edelste Teil des Weltalls, zusammengesetzt aus so vielen kleinen Göttern unter diesem großen Gott. Denn man kann sagen, daß die geschaffenen Geister sich von Gott nur in dem Mehr oder Weniger, wie das Endliche vom Unendlichen unterscheiden. Und man kann wahrhaftig versichern, daß das ganze Weltall nur gemacht ist, um zum Schmuck und zum Glück dieser Stadt Gottes zu dienen. Deshalb ist alles derart angelegt, daß die Gesetze der Kraft oder die rein materiellen Gesetze zusammenwirken im ganzen Weltall, um die Gesetze der Gerechtigkeit oder der Liebe auszuführen, daß nichts den Seelen schaden könnte, die in der Hand Gottes sind, und daß alles zum größten Wohle derjenigen auslaufen muß, die ihn lieben.

VII 106 2. Das Prinzip der Gerechtigkeit ist das Wohl der Gesellschaft (societé) oder besser: das allgemeine Wohl (le bien general), denn wir alle sind ein Teil der universellen Republik, davon Gott der Monarch ist, und das große Gesetz, das in dieser Republik herrscht, ist, in der Welt so viel Gutes zu schaffen, als wir vermögen... Es ist also für sicher zu halten, daß, jemehr ein Mensch Gutes getan hat, oder wenigstens nach allen seinen Kräften versucht hat, es zu tun, um so mehr er glücklich sein wird.

88 VI 621 6. 1715. Monad. Gott steht im Verhältnis eines Fürsten zu seinen Untertanen und sogar eines Vaters zu seinen Kindern.

84 IV 460 18. 1686. Metaphys. Um durch natürliche Gründe zu urteilen, daß Gott nicht nur unsere Substanz, sondern auch unsere Person immer erhalten wird, muß man die Moral mit der Metaphysik verbinden; d. h. man muß Gott nicht nur als das Prinzip und die Ursache aller Substanzen und aller Wesen betrachten, sondern auch als Haupt (chef) aller Personen und intelligenten Substanzen, und als den absoluten Monarchen des vollkommensten Staates (cité) oder der vollkommensten Republik..

85 VI 605 12.

86 VII 307 11. 1697. Die Geister stehen dem Bilde des höchsten Urhebers am nächsten und verhalten sich zu ihm nicht bloß (wie alle übrigen Dinge) wie Maschinen zu ihrem Erbauer, sondern auch wie Bürger zu ihrem Fürsten.

87 VII 316 2. Gott ist nämlich so Ursache der Dinge wie König der Geister, und da er selbst Geist ist, so pflegt er eine besondere Gesellschaft (societas) mit ihnen. Jeder einzelne Geist ist der Ausdruck des göttlichen Ebenbildes (imago), denn es kann gesagt werden, daß die übrigen Substanzen mehr das Universum ausdrücken, die Geister mehr Gott.

88 VII 76 2. Wer das gemeine Beste nicht sucht, gehorcht Gott nicht.

89 VII 77 1. Gott gehorchen ist: seine Ehre und gemeines Beste suchen.

90 VI 230 6—9. 1710. Theod. Der göttliche Verstand braucht keine Zeit, um die Verknüpfung (liaison) der Dinge zu erkennen. Alle Verstandeshandlungen (raisonnements) sind in Gott im höchsten Grade (in eminenter Weise) enthalten und beobachten in seinem Verstande unter sich eine Ordnung wie in dem unsern: bei ihm ist dies jedoch nur eine natürliche Ordnung und natürliche Priorität *(πρότερον τῇ φύσει)*, während bei uns eine zeitliche Priorität *(πρότερον πρὸς ἡμᾶς)* stattfindet.

91 V 232 16. 1705. Ich für mich würde vorziehen, als Maßstab des moralischen Guten und der Tugend die unveränderliche Vernunftregel zu nehmen, welche aufrechtzuerhalten Gottes Amt ist. Auch kann man versichert sein, daß durch seine Vermittelung jedes moralische Gut ein physisches wird, oder wie die Alten sagten, daß jedes honestum ein utile sei.

92 VII 111 18. Weilen ..., wenn kein Gott wäre, nicht allein nichts wirklich sich befinden würde, sondern auch nichts möglich wäre, und

also Wahres und Gutes mit einander vernichtet würden, so kann man wohl sagen, das Wahre sei das, so mit dem Verstande, und das Gute das, so mit dem Willen Gottes, als des Urwesens, übereintrifft.

93   VII 305 *. 1697. Gott, durch welchen das, was sonst nur etwas Eingebildetes (imaginaria) sein würde, realisiert wird, wie man regelwidrig aber treffend (barbare sed significanter) sagt.

94   VII 304 ². 1697. „Die Möglichkeiten oder Wesenheiten vor und außer der Existenz sind nur etwas Eingebildetes (Imaginäres) oder Erdachtes, also kann kein Grund für das Existieren in ihnen gesucht werden." — Darauf erwidere ich, daß weder jene Wesenheiten, noch die nach ihnen benannten ewigen Wahrheiten etwas Erdachtes (Fiktives) sind, sondern sozusagen in einer Region der Ideen bestehen, nämlich in Gott selbst, dem Quell jeder Wesenheit und der Existenz alles übrigen.

95   II 44 ². 1686. „Bloß mögliche Substanzen sind nur Chimären." (Arnaud) Ich bleibe dabei, daß es keine andere Realität in den bloß möglichen Dingen gibt, als die ist, die sie im göttlichen Verstand haben. — Wenn ich von Möglichkeiten spreche, so bin ich zufrieden, wenn man wahre Behauptungen daraus bilden kann. Z. B. wenn es keineswegs ein vollkommenes Quadrat in der Welt gibt, so würden wir doch nicht aufhören zu sehen, daß es keineswegs einen Widerspruch einschließt. Und wenn man gänzlich das bloß Mögliche zurückweisen würde, so würde man den Zufall zerstören; denn wenn nur das möglich ist, was Gott tatsächlich geschaffen hat, so würde das, was Gott geschaffen hat, notwendig sein in dem Fall, daß Gott beschlossen hat, irgendetwas zu erzeugen.

96   VI 497 ¹⁰⁻¹⁷. 1702. Es ist also nötig, daß der Grund (Raison) oder die bestimmende universelle Ursache, dadurch die Dinge gerade so und nicht anders sind und gewesen sind, außerhalb der Materie ist, weil sogar die Existens der Materie davon abhängt und es nicht in ihrem Begriff enthalten ist, daß sie die Existenz bei sich führe. Und zum Zwecke der Verknüpfung aller Teile der Natur wird dieser letzte Grund der Dinge allen gemein und universell sein, und das nennt man Gott.

97   III 347 *. 1704.

98   VI 226 ₈₋₉. 1710. Theod. Meines Erachtens bewirkt der göttliche Verstand die Realität der ewigen Wahrheiten, obgleich Gottes Wille keinen Anteil daran hat. Jede Realität muß in etwas Daseiendem begründet sein. Freilich kann ein Atheist Geometer sein; aber wenn es keinen Gott gäbe, würde es keinen Gegenstand der Geometrie geben.

99   V 141 ₁₂₋₉. 1705. Indessen muß man Gott rücksichtlich des Raumes die Unmeßlichkeit zuschreiben, welche auch den unmittelbaren Wirkungen Gottes Teile und Ordnung gibt. Er ist die Quelle der Möglichkeiten wie der Existenzen; der einen durch seine Wesenheit, und der anderen durch seinen Willen. So hat der Raum wie die Zeit ihre Realität nur von ihm, und er kann das Leere ausfüllen, wenn es ihm gut scheint. In dieser Hinsicht ist er also überall.

100   IV 292 ¹³. 1680? an Sophie v. Hannover? Ich habe erkannt, daß die wahre Metaphysik nicht sehr verschieden ist von wahrer Logik, d. h. von der Erfindungskunst im allgemeinen, denn tatsächlich ist die Metaphysik die natürliche Theologie, und derselbe Gott, der die Quelle aller Güter ist, ist auch das Prinzip aller Erkenntnisse. Und zwar deshalb,

weil die Idee Gottes in sich das absolute Wesen (être) einschließt, d. h.
das Einfache (simple), das in unseren Gedanken vorkommt, von dem
alles, was wir denken, seinen Ursprung erhält.

101 VI 614 ¹. 1715. Monad. Auch ist Gott nicht bloß die Quelle der
Existenzen, sondern auch die Quelle der Wesenheiten (essences), soweit
sie wirklich sind oder soweit Reelles in der Möglichkeit enthalten ist.

102 VI 440 ¹⁻³. 1710. Causa Dei. Die Möglichkeit der Dinge, wenn
sie nicht wirklich bestehen, hat eine Realität, die in der göttlichen
Existenz begründet ist: denn wenn Gott nicht wäre, würde auch nichts
Mögliches sein. Die Möglichkeiten sind von Ewigkeit her in den Ideen
des göttlichen Verstandes enthalten.

103 VII 266 ₆.

104 III 572 ⁷. 1714. Bourguet. Die Idee des Möglichen setzt notwendig die Idee der Existenz eines Seins voraus, das das Mögliche
hervorbringen kann. Aber die Idee des Möglichen setzt keineswegs
die Existenz etwa dieses Seins voraus. Denn es genügt, daß ein Sein,
das die Sache hervorbringen kann, möglich sei, damit die Sache möglich
sei. Allgemein gesprochen: damit ein Sein möglich sei, genügt es, daß
seine wirkende Ursache (causa efficiens) möglich sei; ich nehme die
oberste causa efficiens aus, die tatsächlich existieren muß. Aber das
gehört in ein anderes Kapitel, daß nichts möglich sein würde, wenn
nicht das notwendige Sein existierte. Das ist der Fall, weil die Realität
des Möglichen und der ewigen Wahrheiten auf etwas Reelles und Existierendes gegründet sein muß.

105 II 42 ₁₄. 1686. Le pays des possibles c'est à dire son entendement.

VI 348 ² — 350 ². 1710. Theod. Gott ist die einzige prinzipale Ursache
der reinen und absoluten Realitäten oder der Vollkommenheiten: causae
secundae agunt in virtute primae. Wenn man aber unter den Realitäten
die Begrenzungen und Privationen (Beraubungen) versteht, so kann man
sagen, daß die zweiten Ursachen zur Hervorbringung dessen mitwirken,
was beschränkt ist.

106 II 362 ⁴. 1708. Bosses. Unter dem Namen „Welt" verstehe ich
die ganze, in Ewigkeit vorwärtsgehende Reihe der Dinge, nämlich
von dem früheren Teile her oder in den zukünftigen hin, die nicht
eine Schöpfung ist, sondern etwas Unendliches, ein Quasi-Aggregatum.
Ich räume aber ein, daß es eine vollkommenste Schöpfung nicht gibt.

107 VI 107 ¹⁰⁻₁₄. 1710. Theod. Ich nenne Welt die ganze Folge und
die ganze Sammlung der bestehenden Dinge, damit man nicht sage, daß
mehrere Welten zu verschiedenen Zeiten und an verschiedenen Orten
bestehen konnten; denn diese müßten alle zusammen für eine Welt oder,
wenn man will, für ein Universum gerechnet werden.

108 II 324 ⁵. 1706. Bosses. Gott ist selbgenügsam (sufficiens sibi) und
Ursache der Materie und alles anderen; daher ist er nicht anima mundi,
sondern Autor.

109 VI 497 ¹⁰⁻¹⁷ (s. Zitat 96).

110 VII 289 ¹. 1. Es ist ein Grund (ratio) in der Natur vorhanden,
warum etwas eher als nichts existiert. Das ist die Konsequenz jenes
großen Prinzipes, daß nichts ohne Grund geschieht; ebenso gehört es

sich auch, daß es dafür, warum dies eher als etwas anderes existiert, einen Grund gibt.

2. Dieser Grund muß in irgendeinem realen Sein oder Ursache liegen. Ursache ist nämlich nichts anderes, als ein realer Grund, und keine Wahrheiten von Möglichkeiten und Notwendigkeiten (oder der Möglichkeiten, die im Entgegengesetzten negativ sind) würden etwas bewirken, wenn nicht die Möglichkeiten in einer tatsächlich existenten Sache ihr Fundament hätten.

3. Dies Seiende (ens) aber muß notwendig sein, weil sonst wiederum außer ihm eine Ursache aufgesucht werden müßte, warum es eher existiert als nicht, was gegen die hypothesis ist. Es ist also jenes Seiende die ultima ratio der Dinge, und pflegt mit einem Worte Gott genannt zu werden.

4. Es gibt also eine Ursache, warum Existenz die Nicht-Existenz überwiegt, oder das notwendige Seiende ist das Existenzschaffende (existentificans).

5. Diejenige Ursache aber, welche macht, daß etwas existiert, oder, daß die Möglichkeit Existenz fordert, macht auch, daß alles Mögliche einen conatus zur Existenz habe, weil ein Grund der Beschränkung (restrictio) auf gewisse Möglichkeiten in Universalen nicht aufgefunden werden kann.

6. Daher kann man sagen, alles Mögliche ist im Begriff zur Existenz überzugehen (existiturire), soweit es nämlich in einem tatsächlich notwendig (necessario) existierenden Seienden sein Fundament hat, ohne welches Seiende es keinen Weg gibt, daß das Mögliche in ein Tatsächliches (actum) übergehe.

7. Hieraus aber folgt nicht, daß alles Mögliche existiere; es würde allerdings folgen, wenn alles (überhaupt) Mögliche untereinander möglich wäre (compossibilia essent).

8. Aber weil manches mit manchem andern unverträglich ist, so folgt, daß gewisses Mögliches nicht zur Existenz gelangt, und eines ist mit dem andern nicht nur hinsichtlich derselben Zeit, sondern auch für das Weltall (oder: allgemein, in universum) unverträglich, weil in dem Gegenwärtigen das Zukünftige enthalten ist.

9. Indessen folgt aus dem Zusammenstoß (conflictus) aller nach Existenz verlangenden Möglichkeiten wenigstens das, daß die Reihe von Dingen existiert, durch die die größte Menge existiert, oder die größte Reihe alles Möglichen.

10. Auch ist diese Reihe allein eine determinierte, wie unter den Linien die gerade, unter den Winkeln der rechte, unter den Figuren die am meisten fassende, nämlich der Kreis oder die Kugel. Und wie wir eine Flüssigkeit aus einem Naturwillen (sponte naturae) sich in kugeligen Tropfen sammeln sehen, so besteht in der Natur des Universums die am meisten fassende Reihe.

11. Es besteht also das Vollkommenste, weil es nichts anderes als die Menge an Realität ist.

12. Ferner ist die Vollkommenheit nicht allein in der Materie zu suchen, oder (sive) in dem die Zeit und den Raum Erfüllenden, dessen Quantität in jeder beliebigen Weise dieselbe gewesen wäre, sondern in der Form und Verschiedenheit (varietas).

13. Woraus schon folgt, daß die Materie nicht überall sich ähnlich (similis) ist, sondern durch die Formen wird sie unähnlich gemacht; sonst würde nicht die größtmögliche Menge Abwechselung (varietas) erlangt werden, um davon zu schweigen, was ich anderswo bewiesen habe, daß sonst keine verschiedenen (diversa: qualitativ und örtlich!) Phänomene zum Existieren gelangen würden.

14. Es folgt auch, daß die Reihe vorgewogen hat, durch welche die größte distinkte Denkbarkeit (Kogitabilität) entstehen würde.

15. Ferner: eine distinkte Denkbarkeit (Kogitabilität) gewährt der Sache Ordnung und dem Denkenden Schönheit. Ordnung ist nämlich nichts anderes als die distinkte Beziehung (Relation) von Mehrerem. Und Verwirrung (Konfusion) liegt vor, wenn zwar ein Mehreres vorhanden, aber es keinen Grund gibt, das eine von dem einen zu unterscheiden.

16. Hierdurch werden Atome aufgehoben und im allgemeinen die Körper, in denen kein Grund vorliegt, den einen beliebigen Teil vom andern zu unterscheiden.

17. Und es folgt im allgemeinen, daß die Welt ein κόσμος, ein des Schmuckes Volles, oder (sive) so gemacht ist, wie es dem Intelligierenden am meisten Genüge tut.

111 II 182³. 1699. Volder. Eine Auswahl findet nach meiner Ansicht statt unter verschiedenen möglichen Systemen, nicht unter verschiedenen Weisen, dasselbe vollständige (plenum) System hervorzubringen. Das Gute, die Vollkommenheit, die Ordnung, möchte ich glauben, besteht durch nicht weniger klare Gründe (rationibus) als die Zahlen und Figuren. Stelle dir vor, ein Dreieck solle gezeichnet werden, aber kein weiterer Grund sei gegeben, durch das die Art des Dreiecks bestimmt wäre: ohne Zweifel wird ein gleichseitiges gezeichnet.

112 VI 255 ⁴⁻⁵. 1710. Theod. Der Beschluß zu schaffen ist frei: Gott ist zu allem Guten geneigt (porté), das Gute, und sogar das Beste macht ihn geneigt zum Handeln, aber es zwingt ihn nicht; denn seine Wahl macht das vom Besten Verschiedene durchaus nicht unmöglich, es bewirkt nicht, daß das, was Gott unterläßt, einen Widerspruch enthält.

113 II 56³. 1686. Wenn nur das „möglich" wäre, was Gott tatsächlich schafft, so würde das, was Gott schafft, notwendig sein, und wollte Gott irgend etwas schaffen, so könnte er nur dieses allein schaffen, ohne die Freiheit der Wahl zu haben.

114 VII 304 ₁₈. 1697. Es entsteht eine Welt, durch welche die größte Hervorbringung des Möglichen geschieht.

Auf diese Weise haben wir also schon eine physische Notwendigkeit, die aus einer metaphysischen hervorgeht; denn wenn auch die Welt nicht metaphysisch notwendig ist, so, daß das Gegenteil einen Widerspruch oder logischen Widersinn enthielte, so ist sie doch physisch notwendig oder in der Weise bestimmt, daß das Gegenteil eine Unvollkommenheit oder einen moralischen Widersinn enthält. Wie aber die Möglichkeit das Prinzip der Wesenheit ist, so ist die Vollkommenheit oder der Grad der Wesenheit (durch welchen möglichst vieles zusammen möglich [compossibilia] ist) das Prinzip der Existenz.

115 VI 50¹⁰. 1710. Die physische Notwendigkeit beruht auf der moralischen Notwendigkeit, d. h. auf der seiner Weisheit würdigen Wahl des Weisen.

116 VI 319₁₄₋₂. 1710. Theod. Gleichzeitig habe ich auch entdeckt, daß die Gesetze der Bewegung, wie sie sich tatsächlich in der Natur vorfinden und durch die Erfahrung bewahrheitet werden, allerdings nicht unbedingt beweisbar sind wie es ein Lehrsatz der Geometrie sein würde — aber das ist auch nicht nötig. Sie entspringen nicht gänzlich dem Prinzipe der Notwendigkeit, sondern sie entspringen dem Prinzipe der Vollkommenheit und der Ordnung: sie sind eine Wirkung der Wahl und der Weisheit Gottes. Ich kann diese Gesetze auf mehrere Arten beweisen, muß dabei aber immer etwas voraussetzen, was nicht von unbedingt geometrischer Notwendigkeit ist. Daher sind diese schönen Gesetze ein wunderbarer Beweis für das Dasein eines mit Einsicht (intelligenten) und Freiheit begabten Wesens.

117 I 148 ¹⁷. Ein Einzelnes wird nicht vom anderen bestimmt, da der Progreß ins Unendliche geht; andernfalls wird es nämlich tatsächlich unbestimmt bleiben, wie weit man auch gehe; aber eher wird alles einzelne von Gott bestimmt. Und nicht ist das Spätere (Einzelne) die volle Ursache des Früheren, sondern eher schafft Gott das Spätere so, daß es mit dem Früheren verbunden wird gemäß den Regeln der Weisheit. Wenn wir das Frühere auch die bewirkende Ursache des Späteren nennen, so wird umgekehrt das Spätere in gewisser Weise der Zweck des Ersteren sein bei denjenigen, die voraussehen, daß Gott einem Zwecke gemäß arbeite.

118 I 149₁₁. Spinoza: Die Dinge konnten auf keine andere Weise oder Ordnung von Gott hervorgebracht werden als sie hervorgebracht sind. Leibn.: Dieser Lehrsatz ist so, wie er bewiesen wird, wahr und falsch. Nach der Hypothese des göttlichen Willens, der das Beste auswählt oder in vollkommenster Weise handelt, hat gewiß nur diese Welt hervorgebracht werden können, betrachtet man aber die Natur für sich selbst allein, so hätte sie auch anders hervorgebracht werden können. Wir sagen ähnlich, daß die gefestigten (confirmatos) Engel nicht sündigen können, unbeschadet ihrer Freiheit; sie könnten es wohl, wenn sie es wollten; sie wollen aber nicht. Sie hätten wollen können, absolut gesprochen; aber nach dem bestehenden Stande der Dinge können sie nicht mehr wollen.

Richtig erkennt unser Autor (Sp.) auch in der Anmerkung an, daß etwas auf zwei Weisen (modis) ein Unmögliches werde, entweder weil es sich mit sich selbst verwickelt oder weil keine äußere Ursache gegeben wird, die geeignet ist, es hervorzubringen.

In der zweiten Anmerkung leugnet er, daß Gott alles betreibe unter dem Gesichtspunkt des Guten. Kein Wunder, daß er ihm den Willen leugnet, und er meint die zu treffen, welche der Ansicht widersprechen, daß Gott dem Fatum unterworfen sei, während er doch selbst gesteht, daß Gott alles betreibe unter dem Gesichtspunkt des Vollkommenen.

119 VII 390₁₁. 1715. (Gott das Wählen abzustreiten, weil er immer das Beste wähle) das heißt die Termini verwirren, die Macht und den Willen, die metaphysische Notwendigkeit und die moralische, die Wesenheiten (Essenzen) und die Existenzen. Denn das Notwendige ist es durch seine Wesenheit, weil das Gegenteil einen Widerspruch einschließt; aber das Zufällige, das existiert, verdankt seine Existenz dem Prinzip des Besten, einem zureichenden Sachgrunde.

120 IV 437 ⁹. 1686. Metaph. Die Verbindung (Konjunktion) oder Abfolge Konsekution) hat zwei Arten: die eine ist absolut notwendig, deren Gegen-

teil einen Widerspruch enthält, und diese Ableitung (Deduktion) findet
statt in den ewigen Wahrheiten, wie die in der Geometrie sind; — die
andere ist notwendig, aber nur hypothetisch (ex hypothesi) und eigentlich geredet per accident, und sie ist an sich selbst zufällig, insofern das
Gegenteil keinen Widerspruch enthält. Und diese Verbindung ist nicht
nur auf den ganz reinen Ideen und auf dem bloßen Verstande Gottes,
sondern auch auf seinen freien Beschlüssen und auf der Abfolge des
Universums gegründet.

121   VII 390₁. 1715. Das große Prinzip der Existenzen: das Prinzip
des zureichenden Grundes. Das Prinzip der Essenzen: Satz des Widerspruchs.

122   II 181₈. 1699. Volder. Nicht alles Mögliche existiert. ... Ist dies
aber zugegeben, so folgt, nicht aus einem absoluten Grunde der Notwendigkeit, sondern aus anderem (nämlich des Guten, der Ordnung, Vollkommenheit), daß anderes Mögliche vor anderem die Existenz erlangt.

128   VI 322 ¹⁻⁶. 1710. Theod. Bayle befürchtet, daß, wenn Gott immer
(in seinem Willen) bestimmt wäre, die Natur ihn würde entbehren und
vermöge der Notwendigkeit in der Ordnung der Dinge die nämliche
Wirkung würde hervorbringen können, die man Gott zuschreibt. Dies
würde wahr sein, wenn z. B. die Gesetze der Bewegung und alles übrige
seine Quelle in der geometrischen Notwendigkeit der bewirkenden
Ursachen hätte; bei den letzten Punkten der Analyse sieht man sich
jedoch immer genötigt, auf etwas zurückzugreifen, was von den Zweckursachen oder der Angemessenheit abhängt.

124   III 54₁₁. 1687. Bayle. Es ist Gott der letzte Grund (raison) der
Dinge und die Kenntnis Gottes ist nicht weniger das Prinzip der Wissenschaften, als seine Wesenheit (essence) und sein Wille die Prinzipien
des Seienden [ὄντα] sind. Die vernünftigsten Philosophen bleiben
dabei, aber es gibt unter ihnen sehr wenige, die sich dieser Einsicht
bedienen könnten, um Wahrheiten als Konsequenz daraus zu entdecken.
.. Es heißt die Philosophie heiligen, zu bewirken, daß ihre Kanäle herfließen aus der Quelle der Attribute Gottes. Weit entfernt, die Final-
ursachen und die Betrachtung eines Seins, das mit Weisheit handelt,
auszuschließen, muß gerade davon alles in der Physik abgeleitet werden.
Die, welche zuerst ein Verstandesprinzip (principe intelligent) außerhalb
der Materie erkannt haben, wenden es gar nicht an, wenn sie anfangen,
über das Universum zu philosophieren, und anstatt zu zeigen, daß diese
Intelligenz alles zum Besten macht, und daß dies der Grund (raison)
der Dinge ist, die sie für gut befunden hat im Einklang mit ihren Zwecken
hervorzubringen, — versuchen sie alles allein durch den Zusammenstoß
unorganischer Teilchen zu erklären, indem sie die [negativen] Bedingungen
und die Instrumente zusammenwerfen mit dem wahren Ursprunge (cause).
.... 55₁₄. Trotzdem stimme ich dem zu, daß die einzelnen Effekte der
Natur sich mechanisch erklären lassen können und müssen, ohne doch
ihre Zwecke und wunderbaren Anwendungen zu vergessen, welche die
Vorsehung kunstreich herbeizuführen gewußt hat; aber die allgemeinen
Prinzipien der Physik und der Mechanik selbst hängen von der Führung
einer souveränen Intelligenz ab und könnten nicht expliziert werden ohne
sie in Betrachtung zu ziehen.

125   VII 280 ⁷. 1690? Deus = causa efficiens et finalis.

126 II 496 ₁₈. 1715. Bosses. Also nicht aus Notwendigkeit, sondern aus der Weisheit Gottes heraus geschieht es, daß Urteile, die aus dem am meisten Wahrscheinlichen nach voller Diskussion gebildet sind, wahr sind.

127 VII 303 ¹. 1697. Daraus erhellt, daß man, wenn man auch die Welt als ewig annimmt, doch einem außerweltlichen letzten Grunde der Dinge oder Gott nicht entrinnen kann.

Die Gründe der Welt liegen also in etwas Außerweltlichem, das von der Kette der Zustände oder der Reihe der Dinge, deren Aggregat die Welt bildet, verschieden ist. Auf diese Weise gelangt man aber von der physischen oder hypothetischen Notwendigkeit, welche die späteren Dinge in der Welt aus den frühern bestimmt, zu einer unbedingten oder metaphysischen Notwendigkeit, für die kein Grund angegeben werden kann. Denn die gegenwärtige Welt ist physisch oder hypothetisch, nicht aber unbedingt oder metaphysisch notwendig, da gesetzt, daß einmal eine solche sei, folgt, daß wiederum solches daraus entsteht. Weil demnach die letzte Wurzel in etwas bestehen muß, das von metaphysischer Notwendigkeit ist, und der Grund eines Seienden nur einem Seienden entnommen werden kann, so muß es ein Wesen von metaphysischer Notwendigkeit geben oder (sive) dessen Wesen das Sein ist (de cuius essentia sit existentia), und mithin etwas bestehen, das von der Mehrheit der Dinge oder der Welt, die, wie wir eingeräumt und dargelegt haben, nicht von metaphysischer Notwendigkeit ist, verschieden ist.

Um jedoch ein wenig deutlicher darzulegen, auf welche Weise aus den ewigen, wesentlichen (essentialen) oder metaphysischen Wahrheiten die zeitlichen, zufälligen oder physischen Wahrheiten entstehen: müssen wir zunächst deshalb, weil etwas eher besteht als nichts, anerkennen, daß bei den möglichen Dingen oder der Möglichkeit selbst oder Wesenheit ein Bedürfnis (Forderung) nach Existenz oder, wenn ich so sagen darf, eine Anspruchmachung auf das Dasein besteht und daß, mit einem Wort gesagt, die Wesenheit durch sich selbst nach dem Dasein strebt. Daraus folgt aber weiter, daß alles Mögliche oder das eine Wesenheit oder eine mögliche Realität (Wirklichkeit) Ausdrückende je nach der Quantität der Wesenheit oder Realität (Wirklichkeit) oder nach dem Grade der Vollkommenheit, den es enthält, nach der Wesenheit (ad essentiam?; besser wohl existentiam) strebt; denn die Vollkommenheit ist nichts anderes als die Quantität der Wesenheit.

128 II 20 ¹⁸. 1686. Alles, was (im Weltall) aus seinem Entschluß folgt, ist nur nach einer hypothetischen Notwendigkeit notwendig und zerstört keineswegs die Freiheit Gottes noch diejenige der erschaffenen Geister.

129 II 42 ₄. 1686. ... Die Begebenheiten sind notwendig, aber sie sind notwendig nur nach der Wahl, welche Gott über dieses Weltall als mögliches getroffen hat, dessen Begriff diese Folge der Dinge enthält.

180 VI 386 ⁴⁻⁶. 1710. Theod. Anhang I. Seneca sagt an einer Stelle, Gott habe nur einmal geboten, gehorche aber immer, weil er den Gesetzen gehorche, die er sich hat vorschreiben wollen: semel jussit, semper paret.

181 VI 131 ₁₇₋₁₈. 1710. Theod. Aber dann könnte also Gott selbst nichts in der Welt ändern? wird man sagen. Sicherlich könnte er jetzt allerdings nichts an ihr ändern, ohne seiner Weisheit zu nahe zu treten.

182 II 18 ₇. 1686. Es ist Gottes wenig würdig, ihn, unter dem Vorwande, seine Freiheit zu behaupten, nach der Weise gewisser Sozinianer aufzufassen, und wie einen Menschen, der seine Entschlüsse faßt nach den zufälligen Umständen, und der jetzt nicht mehr frei sein würde, das was er für gut befindet, zu erzeugen, wenn seine ersten Entschlüsse in Hinsicht auf Adam oder andere schon eine Beziehung einschlössen auf das, was ihre Nachkommenschaft angeht; anstatt daß alle Welt der Ansicht ist, daß Gott von aller Ewigkeit her die ganze Folge des Weltalls geregelt hat, ohne daß dieses seine Freiheit in irgendeiner Weise verminderte.

183 III 122 ⁷. 1696. Basnage. Es scheint mir Gottes würdiger und der Philosophie entsprechender (convenable), alles im Einklang mit den Naturgesetzen zu erledigen (expedire), die Gott am Anfang den Dingen gegeben, als genötigt zu sein, ihn immer ex machina anzuwenden, um den Grund für das anzugeben, was gewöhnlicher Weise sich zuträgt, wie es die Vertreter des Systems der Gelegenheitsursachen tun. Also anstatt mit diesen zu sagen, daß Gott sich ein Gesetz gebildet hat, in der Substanz immer Veränderungen konform denen einer andern Substanz hervorzubringen, die jeden Augenblick deren natürliche Gesetze störend unterbrechen, werde ich sagen, daß Gott ihnen, jeder einzelnen, am Anfang eine Natur gegeben hat, deren Gesetze an sich diese Veränderungen nach sich ziehen (portent).

184 IV 586 ¹³. 1709. Gott gleicht im Okkasionalismus einem Menschen, der von heute auf morgen lebt oder einem Werkmeister, der immer beschäftigt ist sein Werk wieder in Ordnung zu bringen.

185 II 41 ⁹. 1686. Dieses Weltall hat einen gewissen Haupt- oder primitiven Begriff, ·von dem die besonderen Ereignisse nur Folgen sind, unbeschadet der Freiheit und des Zufalls, dem die Gewißheit (certitude) nichts schadet, weil die Gewißheit der Begebenheiten zum Teil auf freien Handlungen beruht.

186 VI 184 ²⁰—₁₀. 1710. Theod. Ich halte **frei** (libre) und indifferent nicht für ein und dasselbe und **frei** und determiniert nicht für Gegensätze. Man ist nie vollkommen indifferent im Sinne einer Gleichgewichtsindifferenz; sondern stets nach der einen Seite mehr geneigt und folglich auch mehr bestimmt (determiniert) als nach der andern; aber man ist doch nie zu der Wahl genötigt (nezessitiert), die man trifft. Ich meine hier eine absolute und **metaphysische Notwendigkeit**; denn man muß allerdings anerkennen, daß Gott und der Weise durch eine **moralische Notwendigkeit** zum Besten geführt werden.

187 I 129 ₄. Unter allen Umständen muß gesagt werden: alles ist eins, alles ist in Gott, wie die Wirkung in ihrer vollen Ursache enthalten ist und die Eigentümlichkeit (proprietas) irgendeines Zugrundeliegenden (Subjekt) in der Essenz (Wesen) desselben. Gewiß ist nämlich, **daß das Dasein der Dinge eine Folge der Natur Gottes ist**, die bewirkt, daß nur das Vollkommenste erwählt werden konnte.

188 I 123 (gelegentlich der Briefe an Oldenburg von Spinoza). Spinoza: Gott unterwerfe ich in keiner Weise dem Schicksal, sondern alles folgt nach meiner Annahme mit unentrinnbarer Notwendigkeit aus der Natur Gottes . . . .

Leibn.: Dies muß so erklärt werden: Die Welt hat nicht anders erzeugt werden können, weil es für Gott unmöglich ist, etwas nicht in der vollkommensten Weise zu erschaffen. Denn weil er der Weiseste ist, wählt er das Beste. Keineswegs darf man meinen, alles folge aus der Natur Gottes ohne irgendwelche Dazwischenkunft des Willens.

139 IV 283 ¹. 1680. Philippi. Cartesius: Principiorum philosophicorum part. 3. articulo 47: = „Es macht überhaupt nicht viel aus, was unter dieser Bedingung vorausgesetzt wird, weil es hernach **gemäß den Gesetzen der Natur** (juxta leges naturae) zu wechseln ist. Und kaum kann etwas vorausgesetzt werden, aus dem nicht derselbe Effekt, obgleich vielleicht umständlicher, abgeleitet werden könnte. Weil nämlich mit Hilfe jener die Materie alle Formen, deren sie fähig ist, nach und nach annimmt, so werden wir endlich, wenn wir diese Formen in einer Reihenfolge ins Auge fassen, auf jene kommen können, welche die Form dieser Welt ist, so daß insoweit kein Irrtum aus einer falschen Hypothese zu fürchten ist." — Leibniz: Ich glaube nicht, daß man eine gefährlichere Behauptung als diese ist bilden könnte. Denn wenn die Materie alle möglichen Formen nach und nach annimmt, so folgt, daß man sich nichts so Absurdes noch so Bizarres und zu allem Gerechten im Gegensatz Stehendes vorstellen könnte, das nicht geschehen wäre und eines Tages da wäre. Das sind geradezu die Ansichten, die Spinoza klarer auseinandergesetzt hat: daß nämlich Gerechtigkeit, Schönheit, Ordnung nur etwas Subjektives sind („nur in Beziehung auf uns stehen"), daß aber die Vollkommenheit Gottes in diesem Reichtum seiner Handlung besteht derart, daß nichts möglich oder passend sei, was er nicht wirklich hervorbringt. Das ist auch die Meinung Hobbes, der behauptet, daß alles, was möglich ist, vergangen, gegenwärtig oder zukünftig ist, und daß es nicht statthaft sein wird, sich etwas von der Vorsehung zu versprechen, wenn Gott alles hervorbringt und keine Wahl unter den **möglichen Wesen** trifft.

140 IV 281 ₁₀. 1679. an Philippi. Mir sind zum Beispiel zwei Sätze bei Descartes sehr verdächtig: 1. daß man die Zweckursache in der Physik nicht in Erwägung zu ziehen brauche und 2. daß die Materie alle Formen nach und nach annimmt, deren sie fähig ist.

Was mich betrifft, so glaube ich, daß die Gesetze der Mechanik, die das Fundament des ganzen Systems bilden, von Zweckursachen abhängen, d. h. von dem Willen Gottes, der bestimmt (determinée) ist, das Vollkommenste zu machen, und daß die Materie nicht alle möglichen Formen, sondern nur die vollkommensten annimmt; sonst müßte man sagen, daß eine Zeit kommen wird, in der alle Ordnung vernichtet sein wird, was der Vollkommenheit des Urhebers der Dinge ganz fern liegt.

141 IV 445 ⁸. 1686. Metaph. ....: als wenn Gott sich keinen Zweck oder Gut (bien) vorsetzte im Handeln, oder als wenn das Gute nicht ein Gegenstand seines Willens wäre. Ich glaube im Gegenteil, daß hier es gerade ist, wo das Prinzip aller Existenzen und Gesetze der Natur zu suchen ist, weil Gott sich immer das Beste und Vollkommenste vorsetzt. Ich bin gern bereit zu gestehen, daß wir dem Mißbrauch unterworfen sind, wenn wir die Zwecke und Absichten Gottes bestimmen wollen, aber das ist nur dann der Fall, wenn wir sie auf irgendeine besondere Absicht beschränken wollen, indem wir glauben, daß er nur eine einzige Sache im Augenmerk gehabt habe, anstatt daß er zur selben Zeit auf das Ganze Rücksicht nimmt; das ist ein großer Mißbrauch, wollten wir glauben, daß Gott die Welt nur für uns gemacht habe.

142 VI 127 ¹¹. 1710. Die Sache würde keinerlei Widerspruch in sich enthalten, wenn auch die Wirkung nicht einträte, und darin besteht die Zufälligkeit.

143 IV 106 ¹⁴. 1690. Was dann aber, wenn ich beweise, daß nicht einmal diese primären Qualitäten (Größe, Figur, Bewegung) aus der Natur des Körpers abgeleitet werden können? Dann werden, wie ich hoffe, unsere Naturalisten gestehen, daß die Körper sich selbst nicht genügen noch ohne ein unkörperliches Prinzip bestehen können. Ich werde es klar und ohne Umschweife beweisen.

Wenn nämlich jene Qualitäten aus der Definition des Körpers nicht abgeleitet werden können, so ist offenbar, daß sie in den sich selbst überlassenen Körpern nicht vorkommen können. Denn der Grund ·(Begründung, ratio) jeder Affektion muß abgeleitet werden entweder aus der Sache selbst oder aus irgend etwas Äußerem. Die Definition des Körpers ist aber: „Bestehen im Raume" (inexistere spatio): und alle Menschen nennen das Körper, was sich in irgendeinem Raume findet, und umgekehrt: was Körper ist, findet man in irgendeinem Raume. Es besteht diese Definition aus zwei Begriffen: Raum und inexistentia (Existenz in etwas).

Aus dem Begriff des Raumes entspringt in dem Körper Größe und Figur. Ein Körper hat nämlich ohne weiteres dieselbe Größe und Figur wie der Raum, den er erfüllt. Doch bleibt zweifelhaft, warum er lieber so viel und einen derartigen Raum erfüllt, als einen andern und warum er z. B. lieber drei Fuß als zwei Fuß lang und warum quadratisch lieber als rund. Der Grund hierfür kann aus der Natur des Körpers nicht geliefert werden, denn jede Materie ist unbestimmt (indeterminiert) hinsichtlich jedweder Figur, sei sie quadratisch oder sei sie rund. Nur dieses beides kann also geantwortet werden: entweder ist der ins Auge gefaßte (propositum) Körper von Ewigkeit her ein quadratischer gewesen — oder ist von dem Anstoß eines anderen Körpers quadratisch gemacht, wofern man ja zu einer unkörperlichen Ursache seine Zuflucht nicht nehmen will.

Wenn man sagt: er sei von Ewigkeit her quadratisch gewesen, so ist natürlich damit kein Grund (ratio) angegeben; warum hat er nicht von Ewigkeit her kugelig sein können? Die Ewigkeit kann ja nicht als Ursache irgend eines Dinges eingesehen werden.

Wenn man aber sagt: durch die Bewegung eines andern Körpers sei er quadratisch gemacht worden, so bleibt zweifelhaft, warum er vor jener Bewegung eine derartige oder derartige Figur gehabt habe; und wenn man den Grund angibt in der Bewegung eines andern und so ins Unendliche, dann wird dadurch, daß man die Antworten bis ins Unendliche mit neuen Fragen verfolgen muß, klar werden, daß niemals der Gegenstand (Materie, Anlaß) fehlt, nach einem Grund des Grundes zu fragen und daß so niemals ein zureichender (plena) Grund (immer: ratio) gegeben werde.

Es erhellt also, daß aus der Natur der Körper ein Grund für die bestimmte Figur und Größe derselben nicht angegeben werden kann.

Wir haben gesagt, daß die Definition des Körpers zwei Teile habe: Raum und Inexistenz (Dasein in ihm); aber aus dem Worte Raum entspringt Größe und Figur, wiewohl keine bestimmte; auf den Begriff der Inexistenz in jenem Raum aber bezieht sich die Bewegung; während nämlich der Körper anfängt, in einem anderen Raum als dem früheren zu existieren, wird er aus diesem heraus bewegt.

Bei genauerer Betrachtung wird aber erhellen, daß wohl aus der Natur des Körpers die Beweglichkeit entspringt, aber nicht der Grund der Bewegung selbst. Natürlich kann nämlich ein ins Auge gefaßter Körper, der in diesem Raume ist, auch in einem anderen gleichen und dem früheren ähnlichen sein, d. h. kann bewegt werden. Nämlich in einem andern Raume als dem früheren sein können, ist: den Raum wechseln können; den Raum wechseln können, ist: bewegt werden können. Bewegung ist nämlich ein Wechsel des Raumes. Eine wirkliche (actualis) Bewegung kann aus dem „Vorhandensein (inexistentia) in einem Raume" nicht entspringen, sondern, bei einem sich selbst überlassenen Körper, eher das Gegenteil davon, nämlich Verbleiben in demselben, oder Ruhe.

Ein Grund also für die Bewegung kann in den sich selbst überlassenen Körpern nicht aufgefunden werden. Umsonst ist also die Ausflucht jener Leute, die die Bewegung so begründen: Jeder Körper ist entweder von Ewigkeit her bewegt, oder wird von einem andern berührenden (contiguo) und bewegten Körper bewegt. Denn wenn sie sagen, der ins Auge gefaßte Körper sei seit Ewigkeit bewegt gewesen, so erhellt nicht, warum er nicht lieber seit Ewigkeit ruhte, denn eine Zeit, auch die unendliche, kann nicht als Ursache einer Bewegung verstanden werden. — Wenn sie aber sagen, der ins Auge gefaßte Körper werde von einem andern berührenden und bewegten Körper bewegt, und dieser wiederum von einem andern, bis ins Unendliche, so haben sie um nichts mehr einen Grund angegeben, warum der erste und der zweite und dritte und irgendein wievielter bewegt werde, solange sie nicht einen Grund angegeben haben, warum der folgende bewegt werde, von dem alle vorhergehenden bewegt werden (sic). Der Grund eines Schlusses ist so lange nicht klar gemacht, solange nicht der Grund des Grundes angegeben ist, besonders weil hier eben dasselbe ohne Ende zweifelhaft bleibt.

144 VI 106,₁₈—107⁴. 1710. Theod. 7. Gott ist der erste Grund der Dinge, denn die Dinge, welche begrenzt sind, wie alles, was wir sehen und durch Erfahrung kennen, sind zufällig und haben nichts an sich, was ihr Dasein notwendig macht, da es klar am Tage liegt, daß Zeit, Raum und Stoff, in sich selbst einheitlich (unies) und gleichförmig und gegen alles indifferent, auch ganz andere Bewegungen und Gestalten in einer ganz anderen Ordnung annehmen konnten. Man muß also den Grund für das Dasein der Welt, die aus der Gesamtheit der zufälligen Dinge besteht, aufsuchen, und zwar muß man ihn in der Substanz suchen, welche den Grund ihres Daseins in sich selbst trägt und daher notwendig und ewig ist. Diese Substanz muß auch Einsicht besitzen, denn da die bestehende Welt zufällig ist und eine Unzahl anderer Welten ebenso möglich waren und sozusagen ebensosehr nach dem Dasein strebten wie sie, so muß die Ursache der Welt auf alle diese möglichen Welten Rücksicht oder Bezug genommen haben, um eine von ihnen (zum Dasein) zu bestimmen. Diese Rücksicht oder diese Beziehung einer bestehenden Substanz auf bloße Möglichkeiten kann nichts anderes als der Verstand sein, der die Ideen von ihnen hat, und die Bestimmung einer von ihnen kann nichts anderes als die Tat des Willens sein, der wählt. Aber erst die Macht (puissance) dieser Substanz macht den Willen derselben wirksam. Die Macht geht auf das Sein, die Weisheit oder der Verstand auf das Wahre, der Wille auf das Gute. Ferner muß diese verständige Ursache in jeder Weise unendlich sein, unbedingt vollkommen an Macht, Weisheit und Güte, da sie auf alles geht, was möglich ist. Und da alles miteinander verknüpft ist, kann auch nicht mehr als eine zugelassen werden. Ihr Verstand ist die Quelle der Wesenheiten (essences), ihr Wille der Ursprung der Existenzen. Das ist in wenig Worten der Beweis für einen einzigen Gott mit seinen Vollkommenheiten und des Ursprungs der Dinge durch ihn.

145 VI 602 [18]. 1714. Principes. Der zureichende Grund für das Dasein des Universums kann nicht in der Reihe der zufälligen Dinge d. h. der Körper und ihrer Vorstellungen in den Seelen gefunden werden, weil die Materie an sich für Bewegung und für Ruhe und für solche oder solche Bewegung indifferent ist.

146 VI 491 [4]. 1702. Die Möglichkeit einer Unendlichkeit anderer Welten und daher die Notwendigkeit einer unkörperlichen Substanz außerhalb der Materie ist ein Prinzip aus dem Denken, wenn man sich über die Sinne erhebt.

147 VII 273 [3]. 1690—1695? cfr. 278 [18]. Ich habe die Gewohnheit zu sagen, daß es eigentlich zwei Reiche gibt sogar in der körperlichen Natur, die sich durchdringen, ohne sich zu verwirren oder zu hindern: Das Reich der Macht (puissance), demzufolge sich alles mechanisch durch bewirkende Ursachen erklären läßt, wenn man genügend ins Innere eindringt; und auch das Reich der Weisheit, demzufolge sich alles architektonisch, sozusagen, durch Zweckursachen erklären läßt, wenn man genügend die Gebrauchseigenschaften (usages, Verrichtungen) kennt. Und daher kann man nicht allein mit Lucrez sagen, daß die Tiere sehen, weil sie Augen haben; sondern auch (auch!), daß die Augen ihnen zum Sehen gegeben worden sind .... Die, welche in das Detail der natürlichen Maschinen eintreten, haben eine große Vorsicht nötig, um den Einflüssen ihrer Schönheit zu widerstehen, und Galen selbst, der etwas von dem Gebrauch der Teile des Tieres gekannt hat, war derartig von Bewunderung hingerissen, daß er glaubte, sie erklären wäre so viel als einen Hymnus zur Ehre der Gottheit singen.

148 IV 390 [6]. 1680? Animadversiones in Cartes. Art. 64. Cartes. sagt, daß zur Erklärung der Naturphänomene keine anderen Prinzipien nötig seien, als die aus der abstrakten Mathematik gewonnenen, oder die Wissenschaft von der Größe, Figur und Bewegung, und keine andere Materie erkenne er an als die der Gegenstand der Geometrie sei. Ich stimme ihm zwar durchweg zu, daß alle besonderen (specialia) Naturphänomene mechanisch erklärt werden können, wenn sie von uns genügend erforscht wären und daß auf keine andere Weise die Ursachen der materiellen Dinge verstanden werden können; aber das, meine ich, muß immer und immer jedoch bedacht werden, daß die mechanischen Prinzipien selbst, und daher die allgemeinen Gesetze der Natur aus höheren Prinzipien entspringen und nicht durch eine bloße Betrachtung der Quantität und der geometrischen Dinge können erklärt werden, daß vielmehr ihnen etwas Metaphysisches innewohne, das unabhängig von den Begriffen (notiones) ist, die die imaginatio gewährt und sich bezieht auf eine der Ausdehnung bare Substanz. Denn außer der Ausdehnung und deren Veränderlichkeit wohnt der Materie selbst eine Kraft inne oder eine Potenz des Handelns, die den Übergang bildet von der Metaphysik zur Natur, von dem Materiellen zum Immateriellen. Jene Kraft (vis) hat ihre eigenen Gesetze, nicht allein jene von einer absoluten und sozusagen brutalen Notwendigkeit her, wie in der Mathematik, sondern solche, die von einer vollkommenen Vernunft abgeleitet sind. Sind diese einmal in allgemeiner Bearbeitung (in einem allgemeinen Entwurf, tractatio) aufgestellt, so kann hernach, wenn der Grund (ratio) der Natur der Phänomene gegeben wird, alles mechanisch bewältigt werden; und dann werden ebenso vergeblich perceptiones und appetitus archaei und ideae operatrices und formae substantiarum und sogar animae angewandt, wie es vergeblich ist, die allgemeine Ursache aller Dinge, Gott, ex machina herbeizurufen, um die einzelnen Naturdinge durch seinen (Gottes) bloßen Willen (voluntas) beschaffen zu wollen. Wer dies billigerweise bedenken wird, der wird im Philosophieren die Mitte halten, und wird nicht weniger die Theologen als die Physiker befriedigen und wird einsehen, daß von den Scholastikern einst nicht sowohl in der Behandlung der unteilbaren Formen als in deren Anwendung gesündigt wurde, und zwar dann, als es sich vielmehr um die Modifikationen und Instrumente der Substanz handelt und um die Art des Handelns, d. h. um den Mechanismus. Es hat die Natur gleichsam ein Reich im Reich und sozusagen einen doppelten Machtbezirk, den der Vernunft und der Notwendigkeit, oder der Formen — und der Teile der Materie (wie nämlich alles voll ist von Seelen), so auch der organischen Körper. Diese Machtbezirke sind untereinander unvermischt und werden jeder durch sein eignes Recht regiert, und weder ist in den Modifikationen der Ausdehnung ein Grund für Perzeption (Vorstellung) und Appetitus (Begehrung), noch in den Formen oder Seelen ein Grund der Ernährung und der übrigen organischen Funktionen zu suchen. Aber jene höchste Substanz, die die universale Ursache aller ist, bewirkt kraft ihrer unendlichen Weisheit und Macht, daß zwei grundverschiedene Reihen in derselben körperlichen Substanz sich entsprechen und vollkommen unter sich übereinstimmen, gerade als wenn die eine durch die Einwirkung (influxu) der anderen gelenkt würde, und mag man die Notwendigkeit der Materie und die Ordnung der bewirkenden Ursachen ins Auge fassen, so wird man nichts ohne eine die Imagination befriedigende Ursache oder nichts außerhalb der mechanischen Gesetze des Mechanismus geschehend bemerken, oder mag man gleichsam die goldene Fessel der Zwecke und den Umkreis der Formen gleichsam als intelligible Welt (mundus intelligibilis) betrachten, wo die Gipfel von Ethik und Metaphysik vermöge der Vollkommenheit des höchsten Urhebers in eines verbunden sind, stets wird man gewahr werden, daß nichts ohne höchste Vernunft geschieht. Dasselbe nämlich ist Gott: Form im eminenten Sinne und erste Ursache, Zweck oder ultima ratio rerum (letzter Grund der Dinge). Unsere Aufgabe aber ist es, seine Spuren in den Dingen anzubeten, und nicht nur über seine Instrumente im Operieren und die mechanische Wirkungsweise (effectrix) der materialen Dinge, sondern auch über die feineren (höheren, sublimiores) Gebrauchsweisen des bewundernswerten Bauwerkes nachzudenken und wie den Baumeister der Körper, so auch vor allem den Lenker der Geister, Gott und dessen in bester Weise alles lenkende Intelligenz zu erkennen, die die vollkommenste Republik des Universums unter der Herrschaft des mächtigsten und weisesten Monarchen

aufrichtete. So sorgen wir in den Einzelphänomenen der Natur durch
die Verbindung von beiderlei Betrachtungen gleichermaßen für die Nützlichkeit des Lebens und für die Vervollkommnung des Geistes, und nicht
weniger für die Weisheit als für die Frömmigkeit.

149 VI 542 ². 1705. Consideration.   Obgleich nun dies allgemeine
(generale) Prinzip (sc. der präetablierten Harmonie) die ersten
besondern Beweger ausschließt, indem sie den Seelen oder erschaffenen
unstofflichen (immateriellen) Prinzipien diese Eigenschaft abspricht, so
führt es uns doch um so sicherer und klarer zu dem ersten universellen
(allgemeinen) Beweger, von dem gleicherweise die Folge wie der Einklang (Akkord) der Perzeptionen herrührt.   Es sind dies gleichsam z w e i
R e i c h e , eins der bewirkenden Ursachen und eins der Zweckursachen,
von denen im einzelnen jedes für sich genügt, um über alles Rechenschaft zu geben, als ob das andere gar nicht existierte.   In dem Generalen
(Allgemeinen) ihres Ursprungs jedoch genügt das eine nicht ohne das
andere, denn beide fließen aus einer Quelle, in der die Macht, die die
bewirkenden Ursachen macht (sic!), und die Weisheit, die die Zweckursachen regelt (sic!), vereinigt sind.   Auch der Grundsatz, daß es gemäß
den Regeln der Mechanik keine Bewegung gibt, die ihren Ursprung nicht
von einer andern Bewegung hätte, führt uns auf den ersten Beweger,
denn da der Stoff (Materie) an sich gegen jede Bewegung wie gegen die
Ruhe indifferent (gleichgültig) ist und dennoch immer die Bewegung
samt ihrer ganzen Kraft und Richtung als Besitz innehat, so kann
dieselbe nur vom Schöpfer des Stoffes selbst dem letztern eingefügt
worden sein.

150 VI 541 ₁₂₋₉. 1705. Consideration.   Ferner hat dies System auch noch
den Vorteil, daß es das große Prinzip der Physik, wonach die Bewegung
eines Körpers nur durch den Stoß eines andern in Bewegung befindlichen
Körpers verändert wird: Corpus non moveri nisi impulsum a corpore
contiguo et moto — in seiner ganzen Strenge und Allgemeinheit festhält.

151 VI 620 ₈. 1715. Monad.   Die Seelen handeln nach den Gesetzen
der Zweckursachen durch Begehrungen (appetitions), Zwecke und Mittel.
Die Körper handeln nach den Gesetzen der bewirkenden Ursachen
oder der Bewegungen. Und diese beiden Reiche, das der bewirkenden
Ursachen und das der Zweckursachen, stehen in Harmonie miteinander.

152 VI 31 ². 1710. Theod.   Tut eure Pflicht und seid zufrieden mit
dem, was kommt, nicht bloß deshalb, weil ihr der göttlichen Vorsehung
oder der Natur der Dinge nicht entgegenwirken könnt (das dürfte
genügen, um r u h i g , nicht aber, um zufrieden zu sein) sondern auch
deshalb, weil ihr es mit einem guten Gebieter zu tun habt. Und dies
könnte man fatum christianum nennen.

153 VI 268 ³⁻⁵ 1710. Theod.   Zwischen der wahren Moral und der der
Stoiker und Epikuräer besteht ein ebenso großer Unterschied wie zwischen der Freude und der Geduld (patientia); denn ihre Ruhe (tran-
quillité) stützte sich einzig und allein auf die Notwendigkeit, während die
unsere auf der Vollkommenheit und Schönheit der Dinge, auf unserer
eigenen Glückseligkeit beruhen muß.

154 IV 275 ¹⁴.   Was er (Desc.) bezüglich der Moral geschrieben hat,
halte ich für sehr schön, indem er die Sentenzen Epiktets und anderer
Alten wieder ins Leben zurückgerufen und erklärt hat. Die ganze Sache

stützt sich auf die Unterscheidung dessen, was in uns ist und dessen, was nicht in unserer Macht steht: denn wenn wir das allein gewünscht haben würden, was wir vermögen, so würden wir niemals über einen vergeblichen Ausgang Schmerzen empfinden. ... Aber es ist hierin eine Schwierigkeit, denn man hält es für ausgemacht, daß die Handlungen (actiones) wenigstens des Geistes in unserer Macht sind, was jedoch nicht ohne weiteres entschieden ist, es kann nämlich ein Gift, der Biß eines tollen Hundes, ein schwerer Fall, eine Krankheit den ganzen Zustand des Geistes so umwälzen, daß der Mensch aus einem starken und verständigen ein furchtsamer Mensch und ein Querulant, ja ein wahnsinniger und mit einem Worte aus einem glücklichen ein unglücklicher wird. Deshalb kann jene Philosophie doch das nicht bewirken, daß wir des Zukünftigen sicher seien, wenn ich auch zugestehe, daß es der Mensch durch häufige Übung bewirken könne, daß er während der Gegenwart zufrieden sei. Wenn ich dies auch der Cartesianischen, oder besser Stoischen Philosophie (denn in der Moral ist dies dasselbe) nicht überlasse (zugestehe), so bestreite ich es deswegen nicht jeder Philosophie: ich meine nämlich, daß es noch höhere Gründe gäbe, die deshalb nicht weniger gewiß sind, durch die, wenn ich mich nicht täusche, allein es bewirkt werden kann, daß unsere Ruhe durch keine Furcht vor Zukünftigem erschüttert werde.

155 I 128. Spinoza: Wer durch den Biß eines tollen Hundes toll wird, ist zwar zu entschuldigen, von Rechts wegen wird er jedoch getötet.

Leibniz: Dies mag unter Menschen passieren, aber in dem besten Staat, d. h. in der Welt, kann man nur glauben, daß nur Böse in Summa unglückselig sind.

156 V 413 [1]. Auch muß man wissen, daß die wahre Moral sich zur Metaphysik verhält, wie die Praxis zur Theorie, weil von der Lehre der Substanzen der Geister und besonders Gottes und der Seele gemeinsam abhängt, welche Erkenntnis der Gerechtigkeit und Tugend die ihnen zukommende Ausdehnung gibt. Denn wie ich anderswo bemerkt habe, würde der Weise, wenn es weder Vorsehung noch zukünftiges Leben gäbe, in den Ausübungen der Tugend beschränkter sein, denn er würde alles nur auf seine gegenwärtige Zufriedenheit beziehen; und selbst diese Zufriedenheit, die schon bei Sokrates, beim Kaiser Marc Antonin, bei Epiktet und anderen Alten vorkommt, würde sicher nicht (ne-pas toujours) ohne jene schönen und großen Aussichten, welche die Ordnung und Harmonie des Weltalls uns bis in eine unbegrenzte Zukunft eröffnen, so wohl begründet sein. Sonst wird die Seelenruhe nur das sein, was man Resignation (patience par force) nennt, so daß man sagen kann, die natürliche Theologie mit ihren zwei Teilen, dem theoretischen und dem praktischen, enthalte zugleich die echte Metaphysik und die vollkommenste Sittenlehre.

157 IV 298 4. 1680? Molanus? Es scheint mir, daß diese Kunst der Geduld, in der Descartes die Kunst des Lebens bestehen läßt, noch nicht das Ganze sei. Eine Geduld ohne Hoffnung dauert nicht und tröstet nicht sehr, und hierin überragt Plato die andern, denn er eröffnet die Hoffnung auf ein besseres Leben durch gute Gründe und nähert sich am meisten dem Christentum.

158 V 436 [4]. Phil.: Die Moral ist die eigentliche Wissenschaft und die große Angelegenheit der Menschen im allgemeinen, wie andererseits die verschiedenen Künste, welche verschiedene Teile der Natur betreffen, Einzelnen zukommen. Theoph.: Sie können nichts sagen, was mehr nach meinem Geschmack ist.

159 II 136 ¹⁴. 1690. Für die Intelligenzen oder Seelen, die der Reflexion und der Kenntnis der ewigen Wahrheiten und Gottes fähig sind, ist es nötig, die moralischen Gesetze mit den physischen zu verbinden. Alle Dinge sind grundsätzlich (principalement) für sie gemacht.

160 VII 121 ⁸. Und eben dieses Wohlgefallen an der allgemeinen höchsten Verordnung, es laufe gleich wie es wolle, wenn man das Seinige getan, ist der rechte Grund der wahren Religion [Demut]. Und beruht dabei i n d e r V e r n u n f t, dient auch zu unser Vergnügung.

161 IV 455 ⁴. 1686. Metaphys. „Aber vielleicht ist es sicher in aller Ewigkeit, daß ich sündigen werde?" Antworten Sie sich selbst: „Vielleicht auch nicht", und ohne über das zu träumen, was man nicht kennen lernen und was einem nicht die geringste Aufklärung bieten kann, soll m a n h a n d e l n g e m ä ß s e i n e r P f l i c h t, d i e m a n k e n n t.

„Aber", wird ein anderer sagen, „woher kommt es, daß dieser Mensch sicher diese Sünde begehen wird?" Die Antwort ist leicht: Weil es andernfalls nicht dieser Mensch sein würde. Denn Gott sieht seit Ewigkeit, daß es einen gewissen Judas geben wird, dessen Begriff oder Idee, die Gott davon hat, diese zukünftige freie Handlung enthält. E s b l e i b t a l s o n u r d i e s e F r a g e, warum ein derartiger Judas, der Verräter, der in der Idee Gottes nur möglich ist, t a t s ä c h l i c h e x i s t i e r t? A b e r a u f d i e s e F r a g e i s t h i e n i e d e n k e i n e A n t w o r t z u e r w a r t e n, wenn man nicht im allgemeinen sagen muß: weil nämlich Gott es für gut befunden hat, daß er existierte; ungeachtet der Sünde, die er vorhersah, muß dieses Übel mit Zinsen aufgewogen werden im ganzen Universum; daß Gott daraus ein größeres Gut ziehen, und es sich herausstellen wird, daß diese ganze Folge der Dinge, in die die Existenz dieses Sünders mit einbegriffen ist, die vollkommenste unter allen möglichen andern Gestaltungen sei. Aber immer die bewundernswürdige Sparsamkeit dieser Wahl auseinanderzusetzen, dieses übersteigt unsere Kräfte als Erdenpilger (voyageurs); es ist genug, es zu wissen ohne es zu verstehen. Und hier ist die richtige Zeit, die Hoheit der göttlichen Dinge anzuerkennen, die Tiefe und den Abgrund der göttlichen Weisheit, ohne ein einzelnes zu suchen, das u n e n d l i c h e Erwägungen einschließt.

162 VI 548 ₈. 1705. Eclaircissem. Das Hauptziel der Philosophie muß eine Kenntnis Gottes und der Seele sein, die die Seele zur Liebe Gottes und zur Ausübung der Tugend antreiben kann.

163 VI 460 ¹¹. 1710. Causa Dei. Der Schauplatz (Theatrum) der Körperwelt offenbart uns schon in diesem Leben durch das L i c h t d e r N a t u r selbst mehr und mehr seine Herrlichkeit (elegantia), seitdem die Systeme des Makrokosmos und des Mikrokosmos sich durch die neuern Entdeckungen zu enthüllen beginnen.

Der vortrefflichste Teil der Dinge aber, der Gottesstaat, bietet ein Schauspiel, das in seiner Schönheit zu erkennen wir später einmal, durch das Licht des göttlichen Ruhms erleuchtet, werden zugelassen werden. Denn jetzt kann es nur mit den Augen des Glaubens, d. h. durch das unerschütterlichste Vertrauen auf die Vollkommenheit Gottes, berührt (erreicht) werden.

164 VII 308 ¹¹⁻¹⁸. 1697. Und wenn es auch richtig ist, daß manches wieder verwildert und manches wieder zerstört und unterdrückt wird, so muß dies doch so aufgefaßt werden, wie ich eben die Bedrängnisse ausgelegt habe, nämlich daß gerade diese Zerstörung und Unterdrückung zur Erreichung eines Höhern dient, so daß wir gewissermaßen durch den Schaden selbst gewinnen.

165 VI 507 ₁. 1702. Es bestehen nicht nur die immateriellen Substanzen immer, sondern es sind auch ihr Leben, ihre Fortschritte und Veränderungen geregelt in der Richtung des Weges nach einem gewissen Ziel, oder vielmehr in der weiteren und weiteren Annäherung wie es die Asymptoten tun. Und obgleich man manchmal sich entfernt, wie die Linien, die Umkehrungen machen, so bleibt es doch dabei, daß der Fortschritt überwiegt und endlich den Sieg davon trägt.

166 VII 308 ⁷. 1697. Auch muß anerkannt werden, daß ein gewisser stetiger und freiester (liberrimus) Fortschritt des gesamten Universums zur Höhe der allgemeinen Schönheit und Vollkommenheit der göttlichen Werke stattfindet, so, daß es zu immer größerer Bildung (cultus) gelangt.

167 VII 306 ⁸. 1697. Aus dem Gesagten folgt nicht bloß, daß die Welt physisch oder, wenn man lieber will, metaphysisch die vollkommenste ist, oder daß die Reihe der Dinge wirklich geworden sei, in der die meiste Realität zur Wirklichkeit gelangt, sondern daß sie auch moralisch die vollkommenste ist, weil in Wahrheit die moralische Vollkommenheit für die Geister die physische ist. Daher ist die Welt nicht bloß eine höchst bewunderungswürdige Maschine, sondern auch, insoweit sie aus Geistern besteht, der beste Staat, durch welchen den Geistern möglichst viel Glückseligkeit oder Freude zugewandt wird, worin die physische Vollkommenheit derselben besteht.

Aber, wird man einwerfen, in der Welt erfahren wir gerade das Gegenteil, denn den Besten ergeht es sehr oft am schlechtesten und nicht bloß die unschuldigen Tiere, sondern auch die unschuldigen Menschen werden hart heimgesucht und sogar durch Martern getötet, überhaupt aber erscheint die Welt, zumal wenn die Regierung des Menschengeschlechts ins Auge gefaßt wird, eher wie ein verworrenes Chaos, denn als eine von der höchsten Weisheit geordnete Sache. Ich räume ein, daß dies allerdings auf den ersten Blick so scheint, bei genauerer Betrachtung erhellt jedoch, daß schon nach dem oben Gesagten a priori das Gegenteil angenommen werden muß, nämlich, daß von allen Dingen und mithin auch von den Geistern die höchste Vollkommenheit erlangt wird, die nur möglich ist.

Und in Wahrheit ist es ja unbillig, vor Einsicht des ganzen Gesetzes ein Urteil zu fällen, wie die Rechtsgelehrten sagen. Wir kennen nur einen geringen Teil der sich ins Unermeßliche erstreckenden Ewigkeit, denn wie winzig ist die Erinnerung (Gedächtnis) der paar tausend Jahre, die uns die Geschichte überliefert! Und doch urteilen wir nach einer so kleinen Erfahrung kühn über das Unermeßliche und Ewige.

168 IV 431 ₈. 1686. Metaphysik. Gott aber hat das gewählt, was das Vollkommenste ist, d. h. das, was zu gleicher Zeit an Hypothesen das Einfachste und an Phänomenen das Reichste ist, wie eine Linie in der Geometrie sein könnte, deren Konstruktion die leichteste und deren Eigenschaften und Folgerungen höchst bewundernswert und weitreichend sein würden. Ich bediene mich dieser Vergleiche, um eine gewisse,

wenn auch unvollkommene Ähnlichkeit mit der göttlichen Weisheit anzudeuten und um das zu sagen, was unsern Geist wenigstens erheben
könnte, unter irgendeiner Gestalt das zu begreifen, was man nicht
hinlänglich ausdrücken könnte. Ich beanspruche damit aber keineswegs dieses große Mysterium auseinanderzusetzen, von dem
das ganze Universum abhängt.

169 VI 605 [9-13]. Deshalb sind alle Geister, seien es Menschen oder
Genien, indem sie kraft der Vernunft und der ewigen Wahrheiten mit
Gott in eine Art Gemeinschaft (societas) treten, Glieder des Gottesstaates d. h. des vollkommensten, vom größten und besten aller Monarchen
gebildeten und regierten Staates, wo es keine Verbrechen ohne Strafe,
keine Handlung ohne angemessene Belohnung und endlich so viel Tugend
und Glück, als möglich, gibt, und dies nicht durch eine Störung der
Natur, als ob das, was Gott den Seelen bereitet, die Gesetze der Körper
störte, sondern gerade durch die Ordnung der natürlichen Dinge kraft
der von Ewigkeit her (de tout temps) zwischen den Reichen der
Natur und der Gnade, zwischen Gott dem Architekten und Gott dem
Monarchen vorherbestimmten Harmonie, so daß die Natur an sich zur
Gnade führt und die Gnade die Natur vervollkommt, indem sie sich
derselben bedient.

170 VII 308 1. 1697. Es kann der Fortschritt nie zu einer Grenze
gelangen.

171 VI 264 [13]–[14]. 1710. Theod. Dem von mir aufgestellten System der
allgemeinen Harmonie zufolge sind das Reich der bewirkenden Ursachen
(efficientes causae) und das der Zweckursachen (finalen Ursachen) einander
parallel; danach ist ferner Gott nicht minder der beste Monarch als der
größte Baumeister; die Materie ist aber so angelegt (disponiert), daß
die Gesetze der Bewegung zur bessern Verwaltung (gouvernement) der
Geister dienen.

172 VI 466 [18]. 1710. Und kann man also sagen, daß die physische
oder natürliche Notwendigkeit auf der moralischen oder sittlichen gegründet, weil die Gesetze der Natur von einer Wahl des Weisen herrühren,
so seiner Weisheit anständig.

173 V 164 [17]. Die geometrischen und metaphysischen Konsequenzen
nötigen (nezessitieren), aber die physischen und moralischen Konsequenzen machen geneigt (inklinieren) ohne zu nötigen; das Physische selbst
hat durch die Beziehung auf Gott ein gewisses Moralisches und Willentliches (volontaire) an sich, weil die Bewegungsgesetze keine andere Notwendigkeit als die des Besten haben.

174 III 354 [2]. 1704. Masham. Es würde keineswegs möglich sein, daß
die Dinge so vollkommen unter sich selbst durch eine präetablierte
Harmonie übereinstimmten, wenn sie nicht von einer gemeinsamen
Ursache kämen, und wenn diese Ursache nicht unendlich mächtig und
vorsehend wäre, um sich über alle Dinge mit so viel Gerechtigkeit zu
erstrecken.

175 V 223 [2]. 1705. Aber es hat den Anschein, daß im Universum nichts
vernachlässigt wird, gerade wegen der moralischen Welt (par rapport
même à la morale), weil Gott, dessen Herrschaft eine vollkommene ist,
darüber Monarch ist.

176   VII 76 ₄. Wer Gott aus Furcht gehorcht, ist Gottes Freund noch nicht.

177   VI 606 ₄. 1714. Principes. Man darf sogar behaupten, daß die Liebe (d. h. die uninteressierte Liebe) Gottes uns schon jetzt einen Vorgeschmack der künftigen Glückseligkeit gewährt. Sie verleiht uns nämlich ein vollkommenes Vertrauen auf die Güte unseres Herrn und Schöpfers, ein Vertrauen, das eine wahrhafte Ruhe des Geistes erzeugt, und zwar nicht wie bei den Stoikern, die sich gewaltsam in Geduld fassen, sondern vermöge einer gegenwärtigen Zufriedenheit, die uns sogar noch ein kommendes Glück sichert.

178   VI 622 ⁷. 1715. Monad. Wie wir nun oben eine vollkommene Harmonie zwischen zwei natürlichen Reichen, dem der bewirkenden und dem der Zweckursachen, festgestellt haben, so müssen wir hier noch eine zweite Harmonie zwischen dem physischen Reiche der Natur und dem moralischen Reiche der Gnade hervorheben, d. h. zwischen Gott, dem Architekten der Maschine des Universums, und Gott, dem Monarchen des göttlichen Staates der Geister.

Diese Harmonie hat zur Folge, daß die Dinge durch die eigenen Wege der Natur zur Gnade führen, und daß z. B. der Erdball auf natürlichem Wege genau zu den Zeitpunkten zerstört und wiederhergestellt werden muß, wo die Regierung der Geister es der Züchtigung der einen und der Belohnung der andern wegen erheischt.

179   VII 531 ₉. 1710. Sind die Samentierchen aber einmal vernünftig gemacht und des Gewissens (conscientiae) und der Gemeinschaft mit Gott fähig geworden, so legen sie meiner Meinung nach nie den Charakter eines Bürgers des Staates Gottes ab, und da dieser Staat auf die schönste und gerechteste Weise regiert wird, so folgt, daß die Seele wegen des Parallelismus zwischen den Reichen der Natur und der Gnade durch die Naturgesetze selbst kraft ihrer eigenen Handlungen zur Belohnung und Züchtigung passender gemacht wird. Und in diesem Sinne kann man sagen, daß die Tugend ihren Lohn, das Laster seine Strafe in sich trage.

180   VI 142 ¹¹. 1710. Theod. Denn gemäß dem Parallelismus zwischen den beiden Reichen, dem der Zweckursachen und dem der bewirkenden Ursachen, darf man annehmen, daß Gott im Universum einen Zusammenhang (Connexion) zwischen der Strafe oder Belohnung und der bösen oder guten Tat eingerichtet hat, so daß die erste immer von der zweiten herbeigeführt wird und Tugend und Laster sich selbst ihren Lohn oder ihre Strafe verschaffen gemäß der natürlichen Aufeinanderfolge der Dinge, die noch eine andere Art von vorherbestimmter Harmonie enthält als jene, welche im Verkehr (commercium) der Seele mit dem Körper zutage tritt. Denn kurz und gut, alles, was Gott tut, ist harmonisch vollkommen, wie ich bereits gesagt habe.

181   VI 622 ¹⁷. 1715. Monad. Man darf auch behaupten, daß Gott der Baumeister Gott den Gesetzgeber in allem befriedigt, und daß daher die Sünden vermöge der Ordnung der Natur und sogar infolge der mechanischen Einrichtung der Dinge ihre Strafe mit sich führen müssen, und daß ebenso die guten Handlungen durch den Bezug (par rapport) auf die Körper ihren Lohn auf mechanischem Wege herbeiführen werden, obgleich dies nicht immer auf der Stelle geschehen kann und darf.

182 VI 168₁₁. 1710. Theod. Allerdings muß das Reich der Natur dem Reiche der Gnade dienen, da aber in dem großen Plane Gottes alles miteinander verknüpft ist, so ist anzunehmen, daß auch das Reich der Gnade in gewisser Weise dem Reiche der Natur angepaßt ist, so daß das letztere die meiste Ordnung und Schönheit in sich bewahrt, um das aus beiden Zusammengesetzte zum Vollkommensten zu machen, das nur möglich ist.

183 III 582 ¹⁴. 1715. Bourguet. Ich wage nicht zu leugnen, daß es einen ersten Augenblick gegeben habe. Man kann darüber zwei Hypothesen bilden: 1. daß die Natur immer gleicherweise vollkommen ist, 2. daß sie immer an Vollkommenheit zunimmt.

1. Wenn sie immer gleicherweise, aber veränderlich (vielleicht statt variablement: veritablement?) vollkommen, so ist wahrscheinlicher, daß es keinen Anfang gibt. 2. Wenn sie aber immer an Vollkommenheit zunimmt (vorausgesetzt, daß es unmöglich sei, ihr alle Vollkommenheit auf einmal zu geben), so könnte man noch zwei Erklärungen geben:

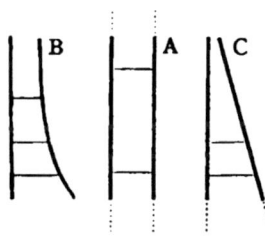 d. h. durch die Ordinaten der Hyperbel B oder durch die des Triangels C. Gemäß der Voraussetzung der Hyperbel würde sie keinen Anfang nehmen und die Augenblicke oder Zustände der Welt würden an Vollkommenheit seit aller Ewigkeit gewachsen sein; aber gemäß der Hypothesis des Dreiecks würde sie einen Anfang gehabt haben. Die Hypothese der gleichen Vollkommenheit würde die des Rechtecks A sein. Ich sehe noch kein Mittel, um vermittels eines Beweises das kenntlich zu machen, was man durch reine Vernunft (pure raison) wählen muß. Obgleich nach der Hypothese des Zunehmens der Zustand der Welt niemals absolut (oben: veritablement?) vollkommen sein könnte, in irgendeinem beliebigen Augenblick genommen, so würde trotzdem jede wirkliche Folge nicht aufhören, die vollkommenste von allen möglichen Folgen zu sein, durch den Grund, daß Gott immer das möglich Beste wählte.

184 VI 364 ⁸. 1710. Theod. Die Pyramide aus den möglichen Welten hatte eine Spitze, aber keine Basis, sondern wuchs nach unten ins Endlose fort. Das kam daher (wie die Göttin erklärte), daß es unter der unendlichen Zahl von möglichen Welten eine beste gibt: sonst würde Gott sich nicht entschlossen haben, überhaupt eine Welt zu erschaffen.

185 VI 136 ₄. 1710. Theod. Ich war überdies vom Prinzip der Harmonie im allgemeinen überzeugt und folglich auch von der Präformation und der vorherbestimmten Harmonie aller Dinge unter sich, der Harmonie zwischen der Natur und der Gnade, zwischen den Beschlüssen Gottes und unsern vorhergesehenen Handlungen, zwischen allen Teilen der Materie und sogar zwischen der Zukunft und der Vergangenheit — alles in Übereinstimmung mit der höchsten Weisheit Gottes, dessen Werke die harmonischsten sind, welche man sich vorstellen kann. Daher mußte ich unfehlbar auf dies System verfallen, demzufolge Gott die Seele im Anbeginn so geschaffen hat, daß sie sich das der Reihe nach hervorbringen und vorstellen (representer) muß, was im Körper geschieht; und

den Körper ebenfalls der Art, daß er aus sich selbst tun muß, was die
Seele gebietet. Sonach müssen die Gesetze, welche die Gedanken der
Seele in der Ordnung der Zweckursachen und gemäß der Entwicklung
(evolution) der Perzeptionen miteinander verknüpfen, Bilder hervorbringen, die mit den Eindrücken, welche die Körper auf unsere Organe
machen, sich begegnen und übereinstimmen; und ebenso müssen die
Gesetze der Bewegungen im Körper, die in der Ordnung der bewirkenden Ursachen (causas efficientes) aufeinander folgen, ebenfalls in der
Weise mit den Gedanken der Seele zusammentreffen und übereinstimmen,
daß der Körper zu der Zeit zum Handeln veranlaßt ist, wo die Seele
es will.

186　　IV 589 [11]. 1709. Die präetablierte Harmonie ist etwas Tieferes
(sc. als der Okkasionalismus) und kann nur die Frucht einer großen
Reife der Philosophie sein, die ein Geschenk der Zeit, d. h. mehr Gott
als den Menschen zu verdanken (dû) ist.

187　　V 18 [10]. 1696. Es ist sehr richtig, daß wir unser Dasein durch
unmittelbare Intuition, das Dasein Gottes aber durch Beweisführung
kennen.

188　　V 368 [16]. 1705. Von Gott haben wir (nur) eine demonstrative
Erkenntnis.

189　　III 400 [9]. 1707. Daß Gott existiert, ist eine notwendige Wahrheit.

190　　V 88 [4]. 1705. Philal.: Lord Herbert hat einige dieser Prinzipien
aufzeichnen wollen, nämlich folgende: 1. es gibt ein höchstes göttliches
Wesen; 2. man muß diesem dienen; 3. die mit der Pietät verbundene
Tugend ist der beste Kultus; 4. man muß seine Sünden bereuen; 5. es
gibt Belohnungen und Strafen nach diesem Leben. — Ich gebe zu, dies
sind evidente Wahrheiten und von solcher Art, daß, wenn man sie recht
erklärt, kein vernünftiges Geschöpf umhin kann, ihnen zuzustimmen.
Theoph.: Aber ich gestehe, daß jene fünf Sätze keine eingeborenen
Prinzipien sind; denn ich halte dafür, daß man sie beweisen kann und muß.

191　　I 264. 1677. Es ist notwendig, daß jeder B e w e i s, d u r c h d e n
G o t t d a r g e t a n wird, abgeleitet werde entweder aus der Betrachtung
allein der Natur Gottes o d e r a u s d e r a u ß e r d e m h i n z u k o m m e n d e n
B e t r a c h t u n g u n s e r e s G e i s t e s oder anderer existierender Dinge im
allgemeinen oder im besonderen.

192　　VII 301 [16]. Dies Axiom, daß n i c h t s o h n e G r u n d sei, ist zu
den größten und fruchtbarsten der gesamten menschlichen Erkenntnis
zu zählen, und auf ihm ist ein großer Teil der Metaphysik, Physik und
Moralwissenschaft auferbaut, ja, ohne es kann weder die Existenz Gottes
aus den Geschöpfen bewiesen noch von den Ursachen auf die Wirkungen
oder umgekehrt ein Beweis gebildet, noch in bürgerlichen Dingen irgendetwas geschlossen werden.

193　　VII 261 [1]ff. 1776. Q u o d e n s p e r f e c t i s s i m u m e x i s t i t.
Vollkommenheit nenne ich jede einfache (simplex) Qualität, die
positiv und absolut ist, oder: die, was immer sie ausdrückt, ohne irgendwelche Grenzen ausdrückt. Hieraus ist leicht zu zeigen, daß alle Perfektionen untereinander verträglich sind oder in demselben Subjekte
sein können.
Denn sei folgender Satz:
　　　　　A u n d B s i n d u n v e r t r ä g l i c h

(unter A und B sind zu verstehen zwei derartige einfache Formen oder
Vollkommenheiten, und dasselbe gilt, wenn zu gleicher Zeit mehrere
angenommen werden), so ist klar, daß er nicht bewiesen werden kann
ohne Auflösung der Termini A und B, und zwar eines von beiden oder
beider, andernfalls würde ihre Natur nicht in die Erwägung (ratiocinatio)
eintreten und die Unverträglichkeit könnte in gleicher Weise von beliebigen anderen Dingen wie von diesen bewiesen werden.

Nach der Hypothesis sind sie aber unauflöslich. Also kann dieser
Satz nicht von ihnen bewiesen werden.

Er könnte aber sehr wohl von ihnen (sc. A u. B) bewiesen werden,
wenn er wahr wäre, weil er nicht an sich wahr ist, alle notwendig wahren
Sätze aber entweder beweisbar oder an sich bekannt sind. Also ist
notwendig dieser Satz nicht wahr. Oder ist es nicht notwendig, daß
A und B im selben Subjekte sind, so können sie also nicht im selben
Subjekte sein, und, weil die Erwägung in derselben Art über alle andern
angenommenen Qualitäten derselben Art angestellt wird, so sind deshalb
alle Vollkommenheiten verträglich.

Es ist also ein Subjekt aller Vollkommenheiten oder ein vollkommenstes Seiendes gegeben oder kann intelligiert werden.

Daraus erhellt, daß es gleichfalls existiert, weil in der Zahl der Vollkommenheiten die Existenz mit enthalten ist.

Man fragt aber, ob es in unserer Macht steht, ein derartiges Wesen
zu bilden (fingere), oder: ob ein derartiger Begriff a parte rei sei
(einen Sachwert habe?), klar und distinkt ohne Widerspruch intelligiert
werden könnte. Die Gegner sagen nämlich, daß ein solcher Begriff
eines vollkommensten Seienden oder eines Seienden, das durch Wesenheit (essentia) existiert, eine — Chimäre sei. Und es genügt nicht,
wenn Cartesius zur Erfahrung seine Zuflucht nimmt und geltend macht,
daß er derartiges in sich klar und distinkt empfinde; denn das heißt
den Beweis abbrechen und nicht ihn erledigen. . .

194   I 212. 1677. (Maior) Ein Wesen, zu dessen Wesenheit die Existenz
gehört, existiert notwendig. (Minor) Gott ist ein Wesen, zu dessen Wesenheit die Existenz gehört. Also existiert Gott notwendig (conclusio).

Der Minor braucht nicht bewiesen zu werden, vorausgesetzt, daß
dies Gottes Definition: Er sei ein Wesen an sich (a se), oder das seine
Existenz von sich selbst, nämlich von seiner Wesenheit hat. Definitionen
brauchen nämlich nicht bewiesen zu werden, außerdem weil Thomas
und die Scholastiker sie für gut befinden.

195   I 325 ^{10}. 1675? Ich meine: alles was hervorgebracht werden kann,
hat außer sich Bedingungen, nämlich diejenigen, welche zusammengewirkt
haben zu seiner Hervorbringung. Aber die Teile des Raumes sind durch
die Bewegung des Körpers hervorgebracht, der ihn teilt; also haben die
Teile Bedingungen (Erforderlichkeiten, requisits). . .

$_\mathbf{s}$ (Da ein „absolutes Sein" ein solches ist, das nichts außer sich
Erforderliches hat) so wird nur Gott und seine Vollkommenheiten oder
Attribute es sein, die in diesem Sinne absolut sein werden.

196   VI 614 ^{12}. 1715. Monad. Nur Gott (oder das notwendige Sein) hat
also das Vorrecht, daß er existieren muß, wenn er möglich ist. Und da
nichts die Möglichkeit einer Sache verhindern kann, die keine Grenzen,
keine Verneinung und folglich auch keinen Widerspruch enthält, so
genügt schon dies allein, um das Dasein Gottes a priori zu erkennen.

Auch durch die Realität der ewigen Wahrheiten habe ich es gezeigt; a posteriori aber habe ich es ebenfalls bewiesen, da zufällige Wesen (êtres) existieren, die ihren letzten oder zureichenden Grund nur in dem notwendigen Sein haben können, das den Grund für seine Existenz in sich selbst trägt.

197 IV 405 s. Man könnte einen einfachen Beweis des Daseins Gottes bilden, indem man nicht von Vollkommenheiten spricht, um nicht von denen aufgehalten zu werden, die sich herausnehmen zu leugnen, daß alle Vollkommenheiten vereinbar seien, und daß folglich die fragliche Idee möglich sei. Denn indem man nur sagt, daß Gott ein Wesen aus sich oder ein primitives, ein Ens a se sei, d. h. daß er existiert durch seine Wesenheit, ist es leicht von dieser Definition aus zu schließen, daß ein derartiges Wesen, wenn es möglich ist, auch existiert, oder dieser Schluß ist vielmehr ein Korollarium, das sich unmittelbar aus der Definition ergibt und sich davon beinahe gar nicht unterscheidet. Denn ist die Wesenheit einer Sache nur das, was deren Möglichkeit im besonderen ausmacht, so ist offenbar, daß Existieren durch seine Wesenheit heißt: Existieren durch seine Möglichkeit. Und wenn das Ens a se in noch engere Grenzen eingeschlossen wird, indem man sagt, daß es das Wesen ist, welches existieren muß, weil (parce que) es möglich ist, so ist offenbar, daß alles das, was man gegen die Existenz eines solchen Wesens sagen könnte, seine Möglichkeit verneinen heißen würde. — Man könnte für diesen Gegenstand noch eine modale Behauptung aufstellen, die eine der schönsten Früchte der ganzen Logik sein würde, d. h.: „wenn ein notwendiges Wesen möglich ist, so existiert es." Denn ein „notwendiges Wesen" und ein „Wesen durch seine Wesenheit" ist nur eine und dieselbe Sache. Also scheint die Schlußfolgerung von diesem Auskunftmittel (Ausweg) hergenommen Solidität zu besitzen, und die, welche wollen, daß man niemals auf bloße Begriffe (notions), Ideen, Definitionen oder mögliche Wesenheiten die wirkliche Existenz übertrage, verfallen tatsächlich dem, wovon ich rede: d. h. sie leugnen die Möglichkeit eines Ens a se. Aber es ist sehr wohl zu bemerken, daß dieser Ausweg an sich dazu dient, zu zeigen, daß sie unrecht haben und daß er die Lücke des Beweises ausfüllt. Denn wenn das Ens a se unmöglich ist, so sind alle Wesen durch ihn es auch, weil sie schließlich nur durch das Ens a se sind. So würde also nichts existieren. Diese Erwägung führt uns auf einen anderen wichtigen modalen Satz, gleich dem vorhergehenden, der, mit ihm verbunden, den Beweis vollendet. Man kann ihn so aussprechen: Wenn ein notwendiges Sein (Wesen) nicht ist, so gibt es auch kein mögliches Wesen (Ens).

198 III 357 11. 1704. Masham. Und Gott selbst ist uns nur bekannt durch eine Idee, welche eine Beziehung (Rapport) auf die Ausdehnung einschließt, d. h. auf eine beständige und gesetzmäßige Abänderung (Verschiedenheit) der auf einmal bestehenden Dinge, die er hervorbringt; ebenso kommen wir nur durch die Wirkungen zur Kenntnis seiner Existenz.

199 VII 419 s. 1716. Ich wage zu sagen, daß ohne dieses große Prinzip des zureichenden Grundes man nicht zum Beweis der Existenz Gottes gelangen könnte.

200 I 138. 1671? Nichts existiert, wenn sich nicht dafür ein hinreichender Grund (ratio) der Existenz geltend machen läßt, der, als in der Reihe der Ursachen nicht vorhanden, leicht bewiesen wird. Wie weit wir nämlich in den einzelnen (Ursachen) auch zurückgehen, so werden wir nichts antreffen, wo Halt gemacht werden könnte, obgleich wir einsähen, daß die ganze Reihe ins Unendliche rückwärts genommen für die einzelnen nachfolgenden (Ursachen) ein genügender Grund des Existierens wäre, was als eine Zuflucht für die Andersgesinnten übrigbleiben kann; das Gegenteil wird leicht widerlegt, daß beliebige einzelne von dieser Reihe abgeschnitten werden könnten, (und) daß doch, was übrigbleibt, ein Grund (ratio) soweit für das Folgende sein müsse. Woraus folgt, daß schließlich die ganze Reihe, d. h. die Summe aller abschneidbaren (Ursachen? Gründe?) sich selbst abgezogen werden kann, bei vollständig erhaltenem Grunde (ratio) des Existierens, den wir in ihr zugrunde gelegt haben, was absurd ist; oder besser gesagt, was direkt das Gegenteil von dem, was zugrunde gelegt war, beweist: daß nämlich der Grund des Existierens außerhalb der Reihe sei.

Dieses Argument kann auch so ausgedrückt werden: es kann nicht gesagt werden, wo jene ins Unendliche rückwärts gehende Reihe, die für das Folgende der Grund sein muß und die von der einen Seite her unbegrenzt, von der anderen begrenzt ist, von ihrem begrenzten Teile anfangen müßte; weshalb beliebige einzelne ihr abgezogen werden können, und deshalb, wie ich gesagt habe, sie sich selbst.

Ebenso erhellt von hier aus, daß, weil es ja eine in dieser Weise beschaffene Reihe von bestimmter und sicherer Größe (magnitudo), welche (Reihe) für das Folgende den Grund enthielte, nicht gibt, es keinen Grund(?) geben wird. Doch dies ist zu subtil, wenn es auch gewiß ist. Aber ein anderer höchst einleuchtender Beweis liegt zur Hand, warum die ganze Reihe nicht den hinreichenden Existenzgrund enthält: weil die ganze Reihe als eine andere fingiert oder intelligiert werden kann; daher muß ein Grund außer dieser Reihe gesetzt werden, warum sie (gerade) so sei.

Hieraus folgt auch jenes, was man immerhin im Gedächtnis behalten muß, daß in der Reihe der Ursachen das, was eher ist, nicht dem Grund der Dinge oder dem primum ens näher ist als das, was später ist, und nicht ist das Ens primum die Ratio der späteren, während die mittleren „früher" wären, sondern ist von allen gleich unmittelbar der Grund.

201   VI 602₁₃. 1714. Principes. Der zureichende Grund, der keines weitern Grundes bedarf, muß daher außerhalb dieser Reihe der zufälligen Dinge liegen und sich in einer Substanz finden, die die Ursache der zufälligen Dinge oder ein notwendiges Wesen ist, das den Grund seines Daseins in sich selbst trägt; andernfalls würde man noch immer keinen zureichenden Grund haben, bei dem man stehen bleiben (finir) könnte. Dieser letzte Grund der Dinge aber wird Gott genannt.

202   VII 302₈. 1697. Selbst bei den ewigen Dingen muß, wenn auch keine Ursache bestände, doch ein Grund eingesehen werden, der bei den beharrenden Dingen die Notwendigkeit oder die Wesenheit selbst ist, bei der Reihe der veränderlichen Dinge aber, wenn diese als eine ewige a priori gesetzt wird, das Übergewicht der Neigungen (Inklinationen) sein würde.

203   VI 127¹⁴.

204 III 14 [14]. 1679. Huet. Ich meine, daß Religion und Vorsehung für das Universum sogar der mit sicheren Beweismitteln dartun kann, der die sich darbietenden (obviis) bloßen Erfahrungen mit jener ordnenden Kraft des Geistes verknüpft haben wird, worin das Lob jedes Philosophen besteht. Da nämlich jede Ursache aus jedem einzelnen, ihr zukommenden Effekt bewiesen werden kann, so ist die Folge, daß Gott aus jedem ersten besten Phänomen bewiesen werde. Es steht aber fest, daß Beweistümer (probationes) nichts anderes sind, als Anordnungen von Gedanken (cogitationes) so, daß sie geeignet sind, die Verbindung der Dinge zu erkennen (cognoscere, kennen zu lernen).

205 VI 313 [7].

VII 289 [1].

VII 200 [8]. Der Unterschied zwischen notwendigen und zufälligen Wahrheiten ist ganz derselbe, wie zwischen kommensurablen und inkommensurablen Zahlen: wie es nämlich bei kommensurablen Zahlen eine Auflösung in ein gemeinsames Maß gibt, so findet bei notwendigen Wahrheiten ein Beweis oder Zurückführung auf identische Wahrheiten statt. Wie aber in irrationalen Wurzeln die Auflösung ins Unendliche geht und sich zwar beliebig einem gemeinsamen Maß nähert und eine wenn auch unbegrenzte Reihe dabei herauskommt, so verlangen in gleicher Weise ebenso die zufälligen Wahrheiten eine unendliche Auflösung (Analyse), über die allein Gott hinausgelangt. Daher können solche Wahrheiten allein von ihm a priori und gewiß erkannt werden. Obgleich nämlich immer ein Grund eines früheren Zustandes aus einem früheren angegeben werden könnte, muß doch wiederum ein Grund von diesem angegeben werden, und so kommt man zu keinem letzten Grunde innerhalb der Reihe. Aber für den Prozeß selbst liegt im Unendlichen der Grund, weil gemäß der ihm eigenen Art und Weise: außerhalb der Reihe: in Gott, dem Urheber der Dinge, dieser Grund von Anfang an sofort eingesehen werden kann, von dem in gleicher Weise das Frühere und das Spätere abhängt und zwar mehr als sich wechselweise. Die Wahrheit also, die durch Analyse unfaßbar und nicht aus seinen Gründen bewiesen werden kann, sondern ihren letzten Grund und ihre Gewißheit allein dem göttlichen Geiste entnimmt, ist nicht notwendig. Das sind die von mir so genannten Tatsachenwahrheiten. Und das ist die Wurzel der Zufälligkeit, die, soviel ich weiß, bisher noch nicht auseinandergesetzt worden ist.

VI 613 [12]. 1715. Monad. Daher muß der letzte Grund der Dinge in einer notwendigen Substanz liegen, in der als in der Quelle das Detail der Veränderungen nur eminenterweise enthalten ist, und eben diese Substanz nennen wir Gott.

206 VII 310 11. 1690. Wenn es kein notwendig Seiendes gäbe, würde es kein zufälliges Seiende geben; es muß nämlich ein Grund angegeben werden, warum die Zufälligkeit eher existiert als nicht existiert, der nicht vorhanden wäre, wenn es kein an sich Seiendes gäbe, d. h. dessen Wesenheit den Grund seiner Existenz enthält, so daß es keines Grundes außerhalb seiner bedarf. Und mag nun auch die Beschaffung von Gründen bei dem Zufälligen ins Unendliche gehen, so muß doch außerhalb dieser Reihe (in der es einen zureichenden Grund nicht gibt) ein Grund für die Reihe als Ganzes aufgefunden werden. Hieraus folgt, daß das not-

wendig Seiende ein der Zahl nach E i n e s und dem Vermögen nach eine
A l l h e i t ist, weil es die ultima ratio (der letzte Grund) der Dinge ist, insoweit sie Realitäten oder (sive) Vollkommenheiten enthalten. Und weil
der v o l l e G r u n d e i n e r S a c h e das A g g r e g a t a l l e r p r i m ä r e n E r -
f o r d e r n i s s e (Requisiten) (die anderer Erfordernisse nicht bedürfen) ist,
so erhellt, daß die Ursachen aller Dinge in ebendiese Attribute Gottes
aufgelöst werden.

207   III 347 ⁹. 1704. Königin Charlotte. Um dieses Naturgeheimnis (sc.
der Harmonie zwischen Körper und Seele) zu erklären, ist es sehr nötig,
auf Gott zurückzugehen, wie es nötig ist, wenn es sich darum handelt,
den ersten (primordiären) Grund für die Ordnung und die Kunst in den
Dingen zu geben; aber dies ist nur ein für allemal, nicht wie wenn es
die Gesetze der Körper verwirrte. . .

208   IV 109 ¹¹. 1690. Wenn wir aber bewiesen haben, daß die Körper
eine bestimmte Figur und Quantität und vollends diese Bewegung nicht
haben können, wenn nicht ein unkörperliches Seiende vorausgesetzt
ist, so erhellt leicht, daß jenes unkörperliche Seiende für alle (pro
omnibus) einzig (unicum) ist, wegen der Harmonie aller untereinander,
besonders weil die Körper Bewegung haben, nicht einzeln von dem
unkörperlichen Seienden, sondern von sich wechselweise. Warum aber
jenes unkörperliche Seiende diese Größe, Figur, Bewegung eher als jene
auswählt, hierfür kann ein Grund nicht angegeben werden, wenn es
nicht intelligent und weise, wegen der Schönheit der Dinge, und mächtig,
wegen deren Gehorsam auf seinen Wink. Ein derartiges unkörperliches
Seiende wird die das Weltall lenkende Mens *(νοῦς)* sein, d. h. Gott.

209   II 94 ₁. 1687. (Die Hypothese der Concomitance) kennzeichnet die
bewundernswürdige Weisheit des Schöpfers mehr als jede andere
H y p o t h e s e.

210   III 464 ₁₂. 1704. Jaquelot. Mein System ist ein neuer Beweis der
Existenz Gottes, das darin zugleich die Weisheit in allem beweist, was
man begriffen hat.

211   II 115 ¹⁴. 1687. Auch diese wechselseitige Correspondence verschiedener Substanzen (die, in metaphysischer Strenge gesprochen, nicht
eine auf die andere wirken könnten, und trotzdem im Einklang stehen,
als w e n n die eine auf die andere wirkte) ist e i n e r d e r s t ä r k s t e n B e -
w e i s e f ü r die E x i s t e n z G o t t e s oder einer gemeinsamen Ursache,
die jeder Effekt immer ausdrücken muß zufolge seines Gesichtspunktes
und seiner Fassungskraft. Sonst würden die Phänomene der verschiedenen
Geister keineswegs im Einklang stehen und es würde ebensoviele
Systeme als Substanzen geben; oder besser: es wäre ein bloßer Zufall,
wenn sie manchmal im Einklang ständen. Jeder Begriff, den wir von
der Zeit, vom Raum haben, ist auf diesen Einklang gegründet, aber ich
würde (ihn) niemals gebildet haben, wenn ich von Grund aus auseinander
setzen müßte, was mit unserm Subjekt verbunden ist.

212   VII 321 ₁₆. Gewiß ist, daß jedes Phänomen irgendeine Ursache
habe. Wenn nun jemand sagte, die Ursache der Phänomene liege in der
Natur unseres Geistes, in dem die Phänomene sind, so wird der zwar
nichts Falsches behaupten, aber auch nicht die ganze Wahrheit sagen.
Erstens ist es nämlich notwendig, daß ein Grund vorhanden sei, warum
wir selbst eher seien als nicht seien, und mögen wir auch von Ewigkeit

her als existent gesetzt werden, so muß doch ein Grund der ewigen Existenz aufgesucht werden, der entweder in der Wesenheit unseres Geistes oder außerhalb desselben aufgedeckt werden muß. Und hindert zwar nichts, daß unzählige andere Geister ebenso wie unserer existieren, so existieren doch nicht alle möglichen Geister, was ich daraus beweise, daß alles Existierende unter sich ein Kommerzium habe. Man kann aber Geister von anderer Natur als der unsrigen intelligieren, und zwar die ein Kommerzium mit dem unsrigen haben. Daß aber alles Existierende unter sich ein Kommerzium habe, beweist man sowohl daraus: daß man sonst nicht sagen könnte, ob etwas in ihm jetzt sich zuträgt oder nicht, und deshalb die Wahrheit oder Falschheit einer solchen Behauptung nicht gegeben werden könnte, was absurd ist; als auch zweitens daraus, weil es viele äußerliche (von außen kommende) Benennungen (denominationes) gibt und keiner in Indien ein Witwer wird, dadurch daß in Europa seine Gemahlin stirbt, wenn nicht in ihm ein realer Wechsel vorgeht. Jedes Prädikat ist nämlich tatsächlich in der Natur des Subjekts enthalten. Wenn nun einige mögliche Geister existieren, so fragt man, warum nicht alle; weil es notwendig ist, daß alles Existierende ein Kommerzium habe, so ist zweitens notwendig, daß es für dieses Kommerzium eine Ursache gebe, ja, es ist notwendig, daß alles dieselbe Natur aber auf verschiedene Weise ausdrücke; die Ursache aber, durch die es geschieht, daß alle Geister ein Kommerzium haben oder (sive) dasselbe ausdrücken und insoweit existieren, ist die, welche vollkommen das Universum ausdrückt, nämlich Gott.

218 VII 411 [11]. 1716. Die präetablierte Harmonie ist einer der schönsten und am meisten unumstößlichen Beweise für die Existenz Gottes, weil nur Gott, d. h. die gemeinsame Ursache, diese Harmonie der Dinge schaffen kann.

214 VI 541 [17-22]. 1705. Consideration. Dies System der vorherbestimmten Harmonie bietet auch einen neuen, bisher unbekannten Beweis für das Dasein Gottes, da klar ist, daß der Einklang so vieler Substanzen, die keinen Einfluß aufeinander haben, nur von einer generalen Ursache herstammen kann, von der sie sämtlich abhängig sind, und die eine unendliche Macht und Weisheit besitzen muß, um alle diese Übereinstimmungen im voraus einzurichten.

215 I 10 [7]. 1668. motus materiae ab intelligentia est, i. e. Deo

216 I 11 [4]. 1668. necessitas motoris incorporei = Dei

    1. Cum corpus nihil aliud sit, quam materia et figura

    2. Cum nec ex materia nec figura intelligi possit causa motus, necesse est: causam motus esse extra corpus.

       Cumque extra corpus nihil sit cogitabile praeter ens cogitans seu mentem, erit

           mens = causa motus

         mens autem universi rectrix est Deus.

217 I 23 [2]. Zwei Argumente, durch welche Aristoteles adscendit ad primum motorem:

    1. quod omnis motus principium sit extra corpus motum

    2. non dari processum in infinitum.

218 IV 292 [18]. 1680? (an Sophie v. Hannover.) Er (Desc.) gibt zwei Weisen, die Existenz Gottes zu beweisen: I. Es gibt in uns eine Idee von

Gott, weil wir ohne Zweifel an Gott denken und weil wir nicht an etwas
denken könnten, von dem wir keine Idee haben. Wenn wir also eine
Idee von Gott haben und wenn sie wahr ist, d. h. wenn sie die Idee
eines unendlichen Wesens ist und wenn sie es getreu darstellt (represente),
so kann sie durch keine geringere Sache verursacht sein und folglich
ist es nötig, daß dieser Gott selbst ihre Ursache sei. Es ist also nötig,
daß er existiert. II. Der zweite Schluß ist noch kürzer: Gott ist ein
Wesen, das alle Vollkommenheiten besitzt und folglich besitzt er die
Existenz, die zur Zahl der Vollkommenheiten gehört. Also existiert er. —
Man muß gestehen, daß diese Schlüsse ein wenig verdächtig sind, weil
sie zu schnell gehen, und weil sie uns Gewalt antun ohne uns aufzuklären. Statt dessen haben wahrhafte Beweise (demonstrations!) die
Gewohnheit, den Geist mit irgendeiner soliden Nahrung zu erfüllen
[synthetische Einsicht]. Es ist jedoch schwer, den springenden Punkt
in der Schwierigkeit dieser Sache zu finden.

219 V 418 14. (a priori Gottes-Beweis des Descartes aus seinem Begriff:)
Gott ist das größte oder (wie Descartes es ausdrückt) das vollkommenste
der Wesen, oder auch ein Wesen von höchster Größe und Vollkommenheit, das alle Grade derselben in sich schließt. Dies also ist der Begriff
Gottes. Sehen wir nun, wie aus diesem Begriff die Existenz folgt. Es ist
etwas mehr, zu existieren, als nicht zu existieren, oder auch die Existenz
fügt der Größe oder der Vollkommenheit einen Grad hinzu, und wie
Descartes es ausspricht, die Existenz ist selbst eine Vollkommenheit.
Darum ist dieser Grad von Größe und Vollkommenheit oder auch diese
Vollkommenheit, welche in der Existenz besteht, in diesem höchsten,
durchaus großen, ganz vollkommenen Wesen; denn sonst würde ihm ein
Grad fehlen, was gegen seine Definition wäre. Und folglich existiert
dies höchste Wesen.

220 I 331 3. 1679. (an Malebranche.) Ich glaube, der Umstand, daß das,
was Sie an Descartes für gut befinden, ich nicht goutieren kann, kommt
daher, daß wir uns nicht ganz verstehen. Ich halte es für sicher, daß
die Beweise, die er über die Existenz Gottes bringt, unvollkommen
sind, solange er nicht beweist, daß wir eine Idee von Gott oder von dem
größten aller Wesen haben. Sie werden mir sagen, daß wir andernfalls
nicht darüber reden (raisonner) könnten. Aber man kann auch über die
größte aller Zahlen reden, die einen Widerspruch einschließt ebenso wie
die größte aller Geschwindigkeiten. Deshalb fehlen noch tiefe Grübelungen,
um diesen Beweis zu vollenden. — Aber jemand wird mir sagen: Ich
erfasse das vollkommenste aller Wesen, weil ich meine Unvollkommenheit begreife und diejenige anderer unvollkommener Wesen, obgleich
sie vielleicht vollkommener als ich sind. Dies würde ich nicht wissen
ohne zu wissen, was ein absolut vollkommenes Wesen ist. — Aber das
ist noch nicht genügend überzeugend; denn ich kann urteilen, daß die
Zwei keine unendlich vollkommene Zahl ist, weil ich in meinem Geiste
die Idee einer andern Zahl habe oder begreifen kann, die vollkommener
ist als sie und einer andern noch vollkommneren als diese wieder. Aber
trotz alledem habe ich deshalb nicht irgendeine Idee einer unendlichen
Zahl, obgleich ich sehr wohl sehe, daß ich immer eine größere Zahl als
eine beliebige gegebene finden kann. Randbemerkung Leibn.': Eine
höchste Vollkommenheit begreife ich doch absolut, andernfalls könnte
ich sie nicht auf die Zahl anwenden, wo sie vergebens angewandt wird.

221 I 385 ¹⁶. 1686. (Foucher.) (Anläßlich des Anselm-Desc. Beweises Gottes: .. Also existiert das vollkommenste Wesen. ..) Ich antworte: das folgt gewiß, wenn nur gesetzt werden könnte, daß es möglich! Und das ist das Vorrecht des obersten Wesens, daß es nur seines Wesens (essence) oder seiner Möglichkeit bedarf, um zu existieren. Aber, um diesen Beweis mit aller Strenge zu vollenden, muß man diese Möglichkeit beweisen, denn es ist nicht immer erlaubt, bis zum Superlativ zu gehen, z. B. enthält der Begriff der letzten Geschwindigkeit einen Widerspruch.

222 V 419 ¹. 1705. Es ist nicht ein Paralogismus, sondern ein vollständiger(?) Beweis, der etwas voraussetzt, was noch bewiesen werden müßte, um ihm mathematische Evidenz zu verleihen; — nämlich, daß man dabei stillschweigend voraussetzt, diese Idee des durchaus großen oder durchaus vollkommenen Wesens sei möglich und enthalte keinen Widerspruch. Und es ist schon etwas, daß man durch diese Bemerkung beweist: gesetzt, daß Gott möglich ist, so ist er, was das Privilegium der Gottheit allein ist.

223 I 269 ¹⁴. 1677. Es ist nicht bewiesen, daß ein solcher vollkommenster Geist möglich sei — und außerdem genügt zur Vollkommenheit des Geistes, daß er alles weiß, und alles, was er will, kann. Hieraus folgt nicht, daß er alles kann, weil er nicht alles will; und zwar will er das nicht, von dem er einsieht, daß es nicht in seiner Macht ist, d. h. er wird das nicht bestimmen wollen, was bereits durch sich selbst bestimmt ist.

224 I 338 ¹⁸. 1679. (an Malebranche.) Es scheint, daß das 10. Axiom einen Fehler enthält, sozusagen durch Erschleichung, indem es als zugestanden annimmt, daß die notwendige Existenz und die vollkommene Existenz eine und dieselbe Sache seien.

225 I 338 ¹⁸. 1679. (an Malebranche.) Die erste Behauptung oder Demonstration der Existenz Gottes verstößt offenbar gegen zwei eben von mir gemachte Bemerkungen, I. weil sie die Erschleichung zuläßt, von der ich zum 10. Axiom die Bemerkung gemacht habe, II. weil sie sich der Definition Gottes bedient, um zu beweisen, daß er existiert, ohne bewiesen zu haben, daß diese Definition möglich sei. Denn es ist nicht ganz sicher, ob ein unendlich vollkommenes Wesen nicht einen Widerspruch einschließt, wie „die schnellste Bewegung" „die größte Zahl" und andere ähnliche Begriffe, die sicher unmöglich sind. Descartes verbleibt, in seiner Antwort auf den zweiten Einwurf des 2. Artikels, bei seiner Ansicht entsprechend dieser Analogie zwischen einem ens perfectissimum und des numerus maximus, indem er leugnet, daß diese Zahl einen Widerspruch einschließe. Trotzdem ist dieses leicht zu beweisen. Denn: die „größte Zahl" ist identisch mit der „Zahl aller Einheiten". Aber: die „Zahl aller Einheiten" ist identisch mit der „Zahl aller Zahlen" (denn jede Einheit, den früheren hinzugefügt, bildet immer eine neue Zahl).

Die „Zahl aller Zahlen" aber widerspricht sich, was ich so zeige: Jeder Zahl wird eine entsprechende Zahl gegeben gleich einer anderen, die das Doppelte derselben ist. [Zu x: $2x = x + x$]

Also ist die Zahl aller Zahlen [sie sei x] nicht größer als die Zahl der gleichen Zahlen [x dürfte nicht kleiner sein als $x + x$, wenn x die größte Zahl sein sollte], d. h. das Ganze ist nicht größer als der Teil.

Es nützt nichts zu antworten, daß unser endlicher Geist das Unendliche nicht begreift, denn wir können einiges von dem beweisen, was
wir nicht verstehen. Und hier begreifen wir wenigstens die Unmöglichkeit, wenn man nicht sagen will, daß es ein gewisses Ganze gibt, das
nicht größer als sein Teil sei.

Sie werden mir sagen, daß es eine Idee des vollkommenen Wesens
gibt, weil Sie an dieses Wesen „denken", also ist es möglich. Aber man
wird antworten, daß man mit demselben Rechte sagen könnte, daß es
eine Idee der größten Zahl gebe und daß man daran „denken" könne,
trotzdem wir sehen, daß sie sich widerspricht.

Es ist wahr, daß es Gründe gibt, Unterschiede zwischen diesen unmöglichen Unendlichen, wie Zahl, Bewegung und ähnlichen Dingen, und
dem unübertrefflich vollkommenen Wesen zu machen.   Aber es bedarf
neuer und genügend tiefer Überlegungen, um hierin Sicherheit zu schaffen.

226   IV 296 ¹². 1680. (an Sophie v. Hann.) Die einfachen Gedanken sind
die Elemente der „Charakteristik" und die einfachen „Formen" sind die
Quelle der Dinge. Ich nehme aber an, daß alle einfachen Formen unter
sich vereinbar (compatible) sind. . . Aber wenn diese Behauptung zugegeben ist, so folgt, daß die Natur Gottes, die alle einfachen Formen,
absolut genommen, einschließt, möglich ist.

227   I 268 ⁸. 1677. Für einen distinkten Begriff genügt es nicht, daß
alle seine Teile klar seien, wenn nicht auch das klar ist: daß sie unter
sich verbunden werden können. Z. B. wenn jemand von der „schnellsten Bewegung" spricht, zwar versteht, was Geschwindigkeit sei, was
„das Größte", und doch nicht die größte Geschwindigkeit verstehen kann;
sie widerspricht sich nämlich, wie leicht zu beweisen.

228   I 214 ⁷. 1677. In dem Beweis der göttlichen Existenz sind zwei
Dinge zu beachten: 1. ob ein „vollkommenstes Sein" nicht einen Wider-
spruch einschließt; 2. ob, angenommen, daß ein „vollkommenstes Sein"
nicht einen Widerspruch einschließt, die Existenz unter die Zahl der
Vollkommenheiten gehört. Es scheinen nämlich die Vollkommenheiten
Qualitäten zu sein, was die Existenz nicht ist.

229   I 268. 1677. Der von der „größten Geschwindigkeit" spricht, redet
von einem Etwas, dem kein möglicher Begriff (notio, nicht con-
ceptus) zugrunde liegt. Dasselbe kann auch dem vorgeworfen werden,
der von einem An sich Seienden (Ens a se) redet.

230   I 268 ¹³. Ein Actus purus (Ausdruck des Ens a se) setzt vieles und
Großes voraus, nämlich so viele Vermögen (potentias), als es Dinge gibt,
gegen die er sich bestimmen muß, ja ein Vermögen, äußere Vermögen
auszuschließen und gleichsam zurückzustoßen.   Daher siehst du, wie
unhaltbar das Argument sei: dem Actus widerstreite nur der Nicht-
Actus; also streite der reine Actus gegen nichts (non repugnat); als wenn
es so sicher wäre, daß alle Actus und alle Vermögen (Mächtigkeiten)
unter sich wechselweise bestehen könnten! Die Gegner sagen, daß
ein Ding, in das wir alle Tüchtigkeiten (virtutes), alle actus zusammen-
pferchten, eine Chimäre sei.

231   I 268 ¹⁰. 1677. Wenn von zwei Gegensätzen der eine verständlich
(intelligibilis) ist und existiert, so folgt nicht, daß der andere auch verständlich (intelligibilis) sei; denn es kann der Fall sein, daß der
eine von beiden Gegensätzen einen Widerspruch einschließt. Z. B. wenn

man die Menschen einteilte in vernünftige und nicht vernünftige (irrationales), den „Körper" in einen beweglichen und einen unbeweglichen.
So auch, wenn man das „Ens" einteilte in ein solches, das von einem
andern her ist und solches das nicht von einem andern her ist. Denn
die Gegner sagen, daß, was immer notwendig bestehe, von einem
andern sei.

282 V 417⁶. 1705. Theoph.: Sie (sc. Phil.) schließen, daß etwas von
aller Ewigkeit her dagewesen ist. Ich finde darin etwas Zweideutiges,
wenn es sagen will, daß es niemals eine Zeit gegeben hat, wo
nichts da war. Das gestehe ich zu. Denn wenn es jemals nichts
gegeben hätte, so würde es immer nichts gegeben haben, da das Nichts
kein Seiendes hervorbringen kann; wir würden also selbst nicht sein,
was gegen die erste Erfahrungswahrheit streitet. Aber die Folge zeigt
sofort, daß, wenn Sie sagen, etwas habe von aller Ewigkeit her existiert,
Sie darunter eine ewige Sache verstehen. Das folgt indessen nicht auf
Grund dessen, was Sie bis dahin vorgebracht haben, daß, wenn es immer
etwas gegeben hat, dies ein **gewisses Etwas**, d. h. daß es ein **ewiges
Wesen gibt**. Denn gewisse Gegner werden sagen, daß das Ich durch
andere Dinge hervorgebracht worden sei, und diese Dinge wieder durch
andere. Wenn ferner Einige ewige Wesen zulassen (wie die Epikureer
ihre Atome), so werden sie sich deswegen noch nicht für verbunden
halten, ein ewiges Wesen zuzugestehen, welches allein die Quelle aller
übrigen ist. Denn wenn sie auch anerkennen würden, daß dasjenige,
welches das Dasein verleiht, auch die andern Qualitäten und Vermögen
der Sache verleiht, so können sie doch leugnen, daß ein einziges Ding
den übrigen das Dasein gibt, und sogar behaupten, daß zu jedem Dinge
mehrere andere beitragen müssen. So werden wir dadurch allein niemals zu **einer** Quelle aller Vermögen gelangen. Gleichwohl ist es sehr
vernünftig, anzunehmen, daß es nur eine und dieselbe gibt, wo (que) das
Weltall mit Weisheit regiert wird. Wenn man aber die Materie für
Empfindung empfänglich hält, so wird man auch geneigt sein, es nicht
für unmöglich zu halten, daß sie dieselbe hervorbringen könne. Wenigstens wird es schwer sein, einen Beweis beizubringen, welcher zugleich
zeigt, daß sie dazu gänzlich unfähig ist; und gesetzt, daß unser Denken
von einem denkenden Wesen ausgeht, kann man, ohne Beeinflussung
(prejudice) des Beweises, als zugestanden annehmen, daß dies Gott
sein muß?

283 I 264³. 1677. Wenn jemand zeigt, daß
Ens necessarium (= Ens, aus dessen Essenz seine Existenz folgt)
keinen Widerspruch einschließt und
definierte: dieses Ens ist Gott, so wäre Gott bewiesen.

284 VII 310¹¹. Ein notwendig Seiendes existiert auf jeden Fall, wenn
es nur möglich ist. Dies ist das Prinzip (fastigium) der Lehre von der
Modalität (doctrinae modalis) und schafft den Übergang von Wesenheiten
zu Existenzen, von hypothetischen zu absoluten Wahrheiten, von Ideen
zur Welt.

285 IV 359¹. 1680? Animadvers. in Princip. Cart. Art. 14. (Beweis der
Existenz Gottes aus seinem Begriff.) Die Sache kommt darauf zurück:
Was alles aus dem Begriff (notio) einer Sache bewiesen werden kann,
das kann von der Sache selbst ausgesagt werden. Nun kann aus dem
Begriff (notio) des vollkommensten oder größten Wesens die Existenz be-

wiesen werden. Also kann dem vollkommensten Wesen (Gott) die Existenz
zuerteilt werden, oder: Gott existiert. Die Annahme wird so bewiesen:
Ein vollkommenstes oder größtes Wesen enthält alle Vollkommenheiten,
also auch die Existenz, die durchaus mit unter die Vollkommenheiten
gehört, weil das Existieren etwas Mehr und Größeres ist als nicht Existieren. So weit der Beweis. Aber unter Beiseitelassung der Vollkommenheit oder Größe hätte diese Beweisführung noch stringenter
geführt werden können in folgender Weise: Ein notwendig Seiendes
existiert (oder ein Seiendes, zu dessen Wesenheit die Existenz gehört,
oder ein Seiendes an sich existiert), wie es aus den Termini erhellt. Nun
ist Gott ein derartiges Seiendes (nach der Definition Gottes), also Gott
existiert. Diese Beweisstücke folgen einander, wenn nur eingeräumt
wird, daß ein vollkommen(es) Seiendes oder ein Ens necessarium möglich ist und keinen Widerspruch enthält, oder, was dasselbe ist, wenn
eine solche Wesenheit möglich ist, aus der die Existenz folgt. Aber
solange jene Möglichkeit nicht bewiesen ist, darf man durchaus auch
nicht der Meinung sein, daß Gottes Existenz durch ein derartiges Argument vollkommen bewiesen ist. Und im allgemeinen behält der Gedanke
sein Recht (wie ich es schon früher betonte), daß aus bloßer Definition
nichts betreffs des Definierten als sicher ausgemacht gelten kann, solange
nicht feststeht, daß die Definition etwas Mögliches ausdrücken kann.

236 III 447 10. 1702. Jaquelot. Jedes mögliche Sein, dessen Definition,
Idee oder Wesenheit mit sich bringt, daß es existieren muß, existiert
tatsächlich, ohne weitere Bedingung. Aber wenn man den Gedanken so
formuliert: das Sein, dessen Definition an sich sagt, daß es notwendig
existieren muß, oder das, was formellerweise ein notwendiges Sein
ist, existiert tatsächlich — so findet hier noch ein „Wenn" statt und
man muß voraussetzen oder beweisen, daß dieser Begriff (notio) des
notwendigen Seins ein möglicher Begriff ist.

237 IV 401 11. 1700? Iudicium de argum. Die Geometer, die die wahren
Lehrer in der Kunst des Erwägens (raisonner) sind, haben gesehen,
daß es nötig ist, damit die Beweise, die man aus Definitionen gewinnt,
gut seien, zu beweisen (prüfen) oder zum wenigsten zu postulieren, daß
der in der Definition enthaltene Begriff (notio) möglich sei.

238 I 384 11. 1686. (Foucher.) Cartes.: unsere Ideen oder Begriffe
(conceptions) sind immer wahr. Ich bin weit entfernt, dies zuzugeben,
weil wir oft unverträgliche Begriffe verbinden, derart, daß das Zusammengesetzte einen Widerspruch einschließt (cf. Meditationes de cognitione,
veritate et ideis). Und ich halte es für sicher, daß das wahr ist, was ich
aus irgendeiner Definition schließe, wenn vorausgesetzt werden kann,
daß dieser Begriff möglich ist. Denn wenn er einen Widerspruch enthält, so kann man aus ihm zu gleicher Zeit Entgegengesetztes schließen.
Deshalb nenne ich eine Realdefinition die, durch die ich erkenne,
daß das Definierte möglich, und die es nicht tut, heißt bei mir nur
Nominaldefinition. Z. B. wenn man den Kreis definierte als eine
Figur, deren Peripheriewinkel über demselben Bogen, nach beliebigen
Punkten der Peripherie gezogen, stets gleich groß sind, so ist das eine
dieser Eigenschaften, die ich paradox nenne und an deren Möglichkeit
man zunächst zweifeln kann, denn man kann zweifeln, ob eine derartige
Figur sich in natura rerum findet. Wenn man aber sagt, daß der Kreis
eine Figur sei, beschrieben durch eine Gerade, die sich in einer

Ebene bewegt, so daß ein äußerster Punkt in Ruhe bleibt, so erkennt
man die Ursache oder die Realität des Kreises.

289 IV 424 ². 1684. Damit haben wir auch den Unterschied zwischen
den Nominaldefinitionen, welche nur die Merkmale zur Unterscheidung der Sache von andern enthalten, und den Realdefinitionen,
aus denen sich die Möglichkeit der Sache ergibt, und auf diese Weise
wird Hobbes Genüge getan: dieser wollte die Wahrheiten als willkürliche
gelten lassen, da sie von Nominaldefinitionen abhingen, weil er nicht
bedachte, daß die Realität der Definition nicht von der Willkür abhängig
ist, noch, daß nicht alle beliebigen Begriffe miteinander verbunden
werden können. Auch reichen die Nominaldefinitionen nicht zu einer
vollkommenen Wissenschaft aus, wenn nicht schon anderweitig feststeht,
daß die definierte Sache möglich ist. Daraus erhellt auch endlich, welche
Idee **wahr** und welche **falsch** ist: sie ist wahr, wenn der Begriff möglich ist, falsch, wenn er einen Widerspruch enthält. Die Möglichkeit
eines Dinges aber läßt sich teils a priori, teils a posteriori erkennen, und zwar a priori, wenn man den Begriff in seine Bestimmungsstücke oder in andere Begriffe auflöst, deren Möglichkeit bekannt ist,
und von denen man weiß, daß sie nichts Unvereinbares enthalten. Dies
findet unter andern dann statt, wenn man die Weise versteht, durch die
das Ding hervorgebracht werden kann, wobei vor allem die Kausal-
definitionen von Nutzen sind. A posteriori dagegen, wenn man durch
Erfahrung findet, daß das Ding wirklich besteht, denn das, was wirklich
besteht oder bestand, ist durchaus möglich. Sobald man eine angemessene
(adäquate) Erkenntnis hat, hat man auch eine Erkenntnis von der „Möglichkeit a priori", denn wenn bei völliger Durchführung der Analyse kein
Widerspruch zutage tritt, so ist der Begriff unter allen Umständen möglich.
Ob aber von den Menschen jemals eine vollkommene Analyse der Begriffe aufgestellt werden kann, oder ob der Mensch seine Gedanken auf
die ersten primären Möglichkeiten und unauflösbaren Begriffe oder
(was dasselbe ist) auf die absoluten Attribute Gottes, nämlich die ersten
Ursachen und den letzten Grund der Dinge zurückführen könne, das
wage ich jetzt wenigstens nicht zu entscheiden. Meistens ist man zufrieden, wenn man die Wirklichkeit gewisser Begriffe durch die Erfahrung
kennen gelernt hat, woraus man dann nach dem Beispiele der Natur
andere bildet.

IV 450 ⁴. Nominaldefinition: wenn man noch zweifeln kann, ob der
Begriff möglich ist.

Hieraus sieht man, daß jede reziproke Eigenschaft zu einer Nominal-
definition dienen kann; aber wenn die Eigenschaft die Möglichkeit der
Sache erkennen läßt, so bildet sie die Realdefinition; und solange man
nur eine Nominaldefinition hat, kann man sich nicht der Konsequenzen
versichern, die man aus ihr zieht, denn wenn sie irgendeinen Widerspruch oder eine Unmöglichkeit enthielte, so könnte man aus ihr auch
entgegengesetzte Schlußsätze ziehen.

Deshalb hängen die Wahrheiten nicht von Namen ab und
sind nicht willkürlich, wie einige neue Philosophen geglaubt haben
[Hobbes]. — Schließlich gibt es noch einen großen Unterschied unter
den **Arten der Realdefinitionen.**

(I.) Denn wenn die Möglichkeit sich nur durch die Erfahrung
dartut, so ist die Definition nur reell und nichts weiter.

(II.) Wenn aber der Beweis der Möglichkeit a priori geschieht, so ist die Definition reell und kausal, wie dann, wenn sie die mögliche Entstehung der Sache enthält.

(III.) Und wenn sie die Analyse zum Ziel führt bis zu primitiven Begriffen, ohne etwas vorauszusetzen, das einen Beweis a priori seiner Möglichkeit nötig hätte, so ist die Definition vollständig oder essentiell.

VII 310 ¹. Die Realdefinition ist die, aus der feststeht, das Definierte sei möglich und enthalte keinen Widerspruch. Denn worüber das nicht feststeht, über das kann kein sicherer Vernunftgebrauch angestellt werden, da man bei dem Vorhandensein des Widerspruchs vielleicht mit gleichem Recht zum Entgegengesetzten darüber im Schlusse gelangen kann.

240 I 131 ¹⁷. „Durch sich aber verstanden" (per se intelligi) wird nur das, von dem wir alles Erforderliche (requisita) erfassen (concipimus), ohne den Begriff (Konzeptus) einer andern Sache, oder das, was sich selbst der Grund des Daseins ist.

„Verstehen", sagen wir, tun wir nämlich die Dinge gemeinhin, wenn wir deren Erzeugung oder die Art erfassen (concipimus), durch die sie hervorgebracht werden. Weshalb „durch sich verstanden" nur das wird, was Ursache seiner selbst ist, oder das notwendig ist, oder ein Ding an sich (Ens a se). Deshalb kann von hier aus das geschlossen werden, daß wir, wenn wir ein Seiendes (Ens) als notwendig verstehen (einsehen, intelligere), es durch sich einsehen werden (intellecturos). Man kann aber zweifeln, ob von uns ein notwendig Seiendes eingesehen werde, ja, ob es eingesehen werden kann, obgleich man es wissen (scire) oder kennen (cognoscere) kann.

241 VII 294 ₄. Wir können über keinen Begriff Beweise anstellen, wenn wir nicht wissen, ob er möglich ist.

242 IV 294 ₃. 1680? an Sophie v. Hann? Wenn man diese Möglichkeit nicht bewiesen hat, so hat man nichts getan. Wenn ich alles dieses bedenke, so habe ich Mitleid mit der Schwäche der Menschen, und es fällt mir nicht ein, mich davon auszunehmen.

243 IV 402 ₁₇. 1700? Der Verfasser des „Iudicium de argumento Cartesii pro existentia Dei petito ab eius idea" (1699), der sich das Raisonnement derjenigen vor Augen gestellt hat, die sagen, daß Gott notwendigerweise existieren müsse, weil es nicht unmöglich sei, daß Gott sei, hat den wesentlichen Punkt getroffen und nicht übel geantwortet, es folge nicht, daß eine Sache möglich sei, weil wir nicht deren Unmöglichkeit sehen, da unsere Kenntnisse beschränkt seien.

244 V 21 ¹². 1696. Gesetzt, es gäbe Menschen und sogar ganze Völker, die niemals an Gott gedacht haben, so kann man sagen, daß dies nur beweise, daß die hinreichende Gelegenheit gefehlt habe, um in ihnen die Idee der obersten Substanz zu erwecken.

245 IV 275 ³. 1676? Aber auch nicht sein metaphysisches Prinzip ist allgemein wahr: daß es von alle dem, worüber wir denken und schließen (ratiocinamur), notwendig in uns eine Idee gäbe, z. B. von der Figur eines Tausendeckes oder von einem vollkommensten Wesen. Mit diesem, sozusagen, Achillesschilde gerüstet streckt er alle die, welche seine Beweise der göttlichen Existenz bezweifeln, mit großem Hochmut nieder.

246 IV 424 ² — ². 1684. Es geschieht in der Tat häufig, daß wir
unbegründeterweise I d e e n von Dingen im Geiste zu haben meinen, wenn
wir ohne Grund annehmen, daß gewisse Termini, die wir gebrauchen,
schon von uns auseinandergesetzt worden seien, wie es auch nicht
richtig oder doch ohne Zweifel doppelsinnig ist, wenn einige behaupten,
wir könnten von einem Dinge nichts aussagen und das Gesagte verstehen, wenn wir nicht die Idee desselben haben. Denn oft verstehen
wir doch die einzelnen Wörter oder erinnern uns, sie früher verstanden
zu haben; weil wir indessen mit dieser blinden Erkenntnis zufrieden
sind und die Analyse der Begriffe nicht genügend ausführen, so bleibt
uns ein Widerspruch verborgen, den der zusammengesetzte Begriff vielleicht enthält. Zu dieser genaueren Betrachtung veranlaßte mich schon
früher j e n e r B e w e i s f ü r d a s D a s e i n G o t t e s, der längst schon bei
den Scholastikern berühmt war, von Descartes erneuert worden ist und
also lautet: Was aus der Idee oder der Definition eines Dinges folgt,
kann von dem Dinge ausgesagt werden. Das Dasein folgt aus der Idee
Gottes (oder des vollkommensten Wesens, oder über das hinaus man
sich kein größeres vorstellen kann. Denn das vollkommenste Wesen
enthält alle Vollkommenheiten, zu denen auch das Dasein gehört). Folglich kann das Dasein von Gott ausgesagt werden. Dabei ist jedoch zu
beachten, daß sich daraus nur so viel ergibt: wenn Gott möglich ist,
so folgt, daß er existiert (IV 449 ¹⁸. 1686. Es ist in der Tat ein her-
vorragendes Vorrecht (Privilegium) der göttlichen Natur, nur seine
Möglichkeit oder Wesenheit nötig zu haben, um wirklich zu existieren,
und das ist es gerechtermaßen, was man ein Ens a se nennt), denn man
kann sich der Definitionen nur dann mit Sicherheit zu Schlußfolgerungen
bedienen, wenn man zuvor weiß, daß sie Realdefinitionen sind oder keinen
Widerspruch in sich schließen. Der Grund dafür liegt darin, daß aus
Definitionen, die einen Widerspruch enthalten, gleichzeitig das Entgegengesetzte gefolgert werden kann, was widersinnig ist. Zur Darlegung
dessen pflege ich mich des Beispiels der schnellsten Bewegung zu bedienen, das einen Widersinn in sich schließt. Trotz alledem aber scheint
es beim ersten Anblick, als könnten wir die Idee der schnellsten Bewegung haben, denn wir verstehen durchaus, was wir sagen — und doch
haben wir keine Idee von unmöglichen Dingen. Gleicherweise reicht
es nicht hin, daß man an das höchste Wesen denkt, um zu behaupten,
daß man dessen Idee habe, vielmehr muß bei dem oben angeführten
Beweise die **Möglichkeit** eines vollkommensten Wesens entweder dargetan oder vorausgesetzt werden, damit der Schluß richtig sei. (Ebenso:
IV 449 ⁸. Es fehlt viel, daß ich eine I d e e Gottes oder eines vollkommenen Wesens habe, weil ich daran — d e n k e und man nicht ohne
I d e e denken könnte.) Indessen ist nichts wahrer, als daß wir sowohl
die Idee Gottes haben, wie daß das höchste Wesen möglich, ja notwendig ist; der Beweis enthält jedoch keinen vollständigen Schluß und
ist daher schon von Thomas von Aquino verworfen worden.

VI 595 ⁸. 1708. Remarque. Es muß eingeräumt werden, daß ich
sehr im Unrecht sein würde, wenn ich den Cartesianern einwerfen
wollte, daß der Einklang, welchen Gott nach ihrer Ansicht unmittelbar
zwischen der Seele und dem Körper unterhält, keine wahrhafte Einheit
(union) begründe, da sicherlich auch meine vorherbestimmte Harmonie
darin nicht ein mehreres zu tun vermag (es nicht besser machen kann).

Meine Absicht war, das, was sie durch fortwährende Wunder erklären, auf natürliche Weise zu erklären. —

Da aber die metaphysische Einheit (union), die man dabei annimmt, kein Phänomen ist, und da man nicht einmal einen intelligiblen Begriff davon gegeben hat, so habe ich es auch nicht auf mich genommen, den Grund für sie aufzusuchen (chercher).

247 III 143 ¹. 1697. Basnage. Es ist wahr, daß es in meinem System der präetablierten Harmonie Wunderbares gibt, und daß Gott auf eine außerordentliche Weise hier eintritt, aber das heißt: nur am Anfang der Dinge, nach dem das alles seinen Weg geht in den Phänomenen der Natur gemäß den Gesetzen und der Körper.

248 VII 412 ¹. 1716. Die Harmonie oder Korrespondenz zwischen Seele und Körper ist kein beständiges Wunder, sondern die Wirkung oder Folge eines primigenen (Ur-) Wunders.

249 VI 41 ¹. 1710. Theod. Zur Erklärung dieses Wunders der Bildung der Tiere bediene ich mich einer präetablierten Harmonie d. h. des nämlichen Mittels, dessen ich mich zur Erklärung eines andern Wunders, der Korrespondenz der Seele mit dem Körper, bedient hatte.

250 VI 42 ₁₀₋₄. 1710. Theod. Ich lasse das Übernatürliche hier nur für den Anfang der Dinge zu, in bezug auf die erste Bildung der Tiere oder in bezug auf ursprüngliche Einsetzung der präetablierten Harmonie zwischen der Seele und dem Körper, und halte dann dafür, daß die Bildung der Tiere und die Beziehung (rapport) zwischen Seele und Körper jetzt ebenso natürlich sind; wie die übrigen alltäglichen Verrichtungen der Natur.

251 IV 557 ²¹. 1712. Das allumfassende Wunder beseitigt (hebt auf) und absorbiert sozusagen das besondere Wunder, da es Rechenschaft darüber gibt.

252 III 354 ₁₂. 1704. Masham. Meine Hypothese scheint etwas mehr als eine bloße Hypothese zu sein, da sie nicht nur ganz einfach „möglich" ist, sondern da sie auch die der Weisheit Gottes in der Ordnung (Gesetz) der Dinge am meisten konforme.

253 III 355 ³. 1704. Masham. Vorausgesetzt, daß die gewöhnlichen Dinge auf natürliche Weise verlaufen müssen und nicht durch ein Wunder, so scheint man sagen zu können, daß hiernach meine Hypothese bewiesen ist. Denn die zwei andern Hypothesen kommen notwendig auf das Wunder zurück. Und man wird keine andern als diese drei Hypothesen finden können. Denn entweder werden die Gesetze der Körper und der Seelen verwirrt (gestört), oder aber sie erhalten sich. Wenn diese Gesetze gestört werden (was nicht ausbleiben kann, wenn etwas von außen kommt), so muß entweder das eine dieser beiden Dinge das andere stören („Hypothese des Einflusses", die die gewöhnliche in den Schulen ist), oder es ist ein Drittes, das sie stört, d. h. Gott („Hypothese der Gelegenheitsursachen"). Wenn aber schließlich die Gesetze der Seelen und der Körper sich ohne gestört zu werden erhalten, so haben wir die „Hypothese der präetablierten Harmonie", die infolgedessen die einzig natürliche ist.

254 III 144 ¹. 1697. Basnage. Es scheint mir, daß ich sagen kann, daß meine Hypothese (über die präetablierte Harmonie) keineswegs willkürlich ist, weil ich glaube gezeigt zu haben, daß es nur drei mögliche

gibt, und daß nur die meinige es ist, die zur selben Zeit intelligibel und
natürlich ist; aber sie läßt sich sogar a priori beweisen.

255 III 353 ⁴. 1704. [Leibn. wurde gesagt, daß sein System nichts mehr
als eine Hypothese zu sein scheine. Darauf entgegnet er:] (I.) Es scheint
etwas Beachtenswertes zu sein, daß eine Hypothese möglich scheint,
wenn alle andern es nicht tun; und (II.) ist es außerordentlich wahrscheinlich, daß eine derartige Hypothese wahr ist... 14. Weiter (III.)
weil unser Verstand (entendement) von Gott kommt und wie ein Strahl
von dies⸗r Sonne betrachtet werden muß, so müssen wir urteilen, daß
das, was unserem Verstande am meisten konform ist (wenn man der
Ordnung nach vorwärtsschreitet und wie die eigene Natur des Verstandes es erfordert), konform ist mit der göttlichen Weisheit; und
daß, wenn wir dieser Methode folgend urteilen, wir den Ordnungen
(Gesetzen, ordres) folgen, die er uns gegeben hat. Auch werden wir
immer gefunden haben, daß (IV.) unsere Urteile, wenn sie sozusagen,
gemäß (zufolge) diesem natürlichen Lichte gebildet worden sind, niemals
Lügen gestraft (dementiert) werden durch das Geschehnis; und die
Opposition, welche die Skeptiker dawider gemacht haben, haben vernünftige Personen stets für einen Witz des Geistes angesehen.

256 V 65 ¹⁰⁻ₛ. 1705. Ich erblicke alles in Ordnung und Harmonie,
mehr als man es bis jetzt jemals begriffen hat: überall organische Materie,
nichts Leeres, Unfruchtbares und Vernachlässigtes, nichts zu Einförmiges,
alles vermannigfaltigt, aber mit Ordnung, und, was über die Einbildung
(Imagination) hinausgeht, das ganze Weltall im kleinen, jedoch von einem
ganz verschiedenen Anblick in jedem seiner Teile und selbst in jeder
seiner substantiellen Einheiten. Außer dieser neuen Analyse der Dinge
habe ich die der Begriffe oder Ideen und der Wahrheiten besser begriffen.
Ich verstehe, was eine wahre, klare, distinkte und, wenn ich dies Wort
gebrauchen darf, adäquate Idee ist. Ich verstehe, welches die primitiven
Wahrheiten und die wahren Grundsätze sind, die Unterscheidung der
notwendigen und der tatsächlichen Wahrheiten, des Vernunftgebrauchs
(raisonnement) der Menschen und der Folgerungen der Tiere, die ein
Schatten von jenem sind. Kurz, Sie werden erstaunt sein, alles zu hören,
was ich Ihnen zu sagen habe, und vor allen Dingen zu erfahren, wie die
Erkenntnis der Größe und der Vollkommenheit Gottes dadurch erhöht wird.
Denn ich kann Ihnen nicht verhehlen, da ich vor Ihnen kein Geheimnis
habe, wie ich gegenwärtig von Bewunderung und (wenn wir uns dieses
Ausdruckes zu bedienen wagen) von Liebe für diese oberste Quelle der
Dinge und Schönheiten durchdrungen bin, nachdem ich gefunden
habe, daß diejenigen Vollkommenheiten Gottes, welche dieses System
enthüllt, alles übertreffen, was man bis jetzt davon begriffen hat. Sie
wissen, daß ich ehemals ein wenig zu weit gegangen bin und mich auf
die Seite der Spinozisten zu schlagen anfing, die Gott nur eine unendliche
Macht beilegen, ohne Vollkommenheiten und Weisheit in Hinsicht auf
ihn anzuerkennen und, indem sie die Erforschung der Zweckursachen
(causes finales) vernachlässigen, alles von einer blinden Notwendigkeit
ableiten.

257 I 360 ⁹. 1711? an Malebranche. In der Tat, wenn ich das Werk
Gottes betrachte, so betrachte ich seine Mittel (Wege) als einen Teil
seines Werkes, und die Einfachheit verbunden mit der Fruchtbarkeit

der Mittel bilden einen Teil der Ausgezeichnetheit des Werkes: denn in dem Ganzen bilden die Mittel einen Teil des Zweckes (Endes). Dennoch sage ich nicht, daß es nötig sein wird, zu diesem Ausweg seine Zuflucht zu nehmen: daß Gott, indem er unberührt (unbeweglich) bleibt von dem Fall des Menschen und ihn zuläßt, zeigt, daß die ausgezeichnetsten Geschöpfe im Verhältnis zu ihm nichts sind; denn man könnte damit Mißbrauch treiben und schließen, daß das Gute (bien) und das Wohl der Geschöpfe ihm gleichgültig ist, was auf den Despotismus der Supralapsarier zurückbringen könnte und die notwendige Liebe zu Gott verkleinern würde.

Im Grunde ist ihm nichts gleichgültig, und irgendein Geschöpf oder irgendeine Handlung des Geschöpfes gilt bei ihm nicht für nichts, obgleich sie im Verhältnis zu ihm wie nichts sind. Sie behalten ihre Verhältnisse unter sich auch vor ihm, wie die Linien, welche wir als unendlich klein begreifen, ihre nützlichen Verhältnisse unter sich haben, obgleich man sie für nichts rechnet, wenn es sich darum handelt, sie mit den gewöhnlichen Linien zu vergleichen.

Aber es ist wahr, daß Gott sein Werk nicht aus dem Geleise bringen darf, um den Fall des Menschen zu verhindern; diese Gefälligkeit für eine einzige Art von Geschöpfen, wie ausgezeichnet sie auch sei, wäre zu groß gewesen. — Ich bleibe auch bei der Ansicht, daß die Gnade nicht den Verdiensten gegeben wird, obgleich ebensowohl die guten wie die schlechten Handlungen in die Rechnung eintreten, wie alles übrige (sc. das Nicht-Moralische), um den Gesamtplan zu bilden, in dem das Wohl [das Moralisch-Gute] mit einbegriffen ist. Gebete, gute Absichten, gute Handlungen, alles ist nützlich und selbst manchmal notwendig, aber nichts von alledem ist zureichend.

258   VI 108 ᵃ. 1710. Theod.   Allerdings kann man sich mögliche Welten ohne Sünde und ohne Elend vorstellen und könnte daraus etwas schaffen, was den Romanen von Utopien und von den Sevaramben gleicht, aber diese Welten würden im übrigen der unsern bedeutend nachstehen. Ich kann das nicht im einzelnen zeigen, denn wie könnte ich Unendlichkeiten kennen, darstellen und mit einander vergleichen? Man muß es vielmehr mit mir ab effectu schließen, da Gott diese Welt gewählt hat, so wie sie ist. Überdies wissen wir ja, daß ein Übel oft ein Gut bewirkt, das man ohne jenes Übel nicht erlangt haben würde. Häufig haben sogar zwei Übel ein großes Gut herbeigeführt.

259   VI 70 ᵇ. 1710. Theod.   Man weiß, daß er für das ganze Weltall (Universum) Sorge trägt, dessen sämtliche Teile in enger Verbindung miteinander stehen, und man darf daraus schließen, daß er eine endlose Menge von Rücksichten zu beobachten gehabt hat, deren Gesamtheit ihn zu dem Urteile bestimmt hat, daß es nicht angebracht sei, gewisse Übel zu verhindern.

Man darf sogar behaupten, daß notwendigerweise gewichtige oder vielmehr zwingende Gründe vorhanden gewesen sein müssen, welche die göttliche Weisheit zur Zulassung des Übels bestimmt haben, die uns in Erstaunen setzt, und zwar eben deshalb, weil diese Zulassung stattgefunden hat, denn es kann nichts von Gott kommen, was nicht vollkommen seiner Güte, seiner Gerechtigkeit und Heiligkeit entspricht. Wir können also aus dem Erfolge (Geschehnis, événement) (oder a posteriori) schließen, daß jene Zulassung unvermeidlich war, obgleich es uns nicht möglich ist, dies (a priori) durch das Detail der Gründe zu zeigen, die Gott dafür gehabt haben kann.

260 IV 567 11. 1712. Es scheint mir, daß der Grund für die Zulassung des Übels in den ewigen Möglichkeiten liegt, denen zufolge diese Art von Universum, welche das Übel zuläßt, und die zum tatsächlichen Sein zugelassen worden ist, sich unter allen möglichen Arten als die im ganzen vollkommenste ergibt. Man gerät jedoch auf Abwege, wenn man mit den Stoikern im einzelnen diese Nützlichkeit des Übels dartun will, das das Gute hervorhebt, wie St. Augustinus im allgemeinen richtig erkannt hat, und das sozusagen ein Schritt zurück ist, um besser vorwärtsspringen zu können. Denn kann man in die unendlichen Einzelheiten der allgemeinen (universellen) Harmonie eintreten?

261 II 136 18. 1690. Man muß immer zufrieden sein mit der Ordnung des Vergangenen, weil sie mit dem absoluten Willen Gottes konform ist, den man durch das Geschehnis kennen lernte; aber man muß versuchen, die Zukunft zu machen (rendre), soweit es von uns abhängt, im Einklang mit dem mutmaßlichen Willen Gottes oder mit seinen Geboten (commandemens), unser Sparta zu schmücken und daran zu arbeiten Gutes zu tun, ohne sich zu ärgern, wenn gleichwohl der Erfolg ausbleibt, in dem festen Glauben, daß Gott die geeignetste Zeit zu finden weiß für die Umkehrungen zum Besseren.

262 V 436 17. 1705. Die wahre Moral oder Frömmigkeit, weit entfernt, die Trägheit gewisser fauler Quietisten zu begünstigen, muß uns dazu treiben, die Künste (arts im weitesten Sinne der bürgerlichen Betätigung) zu pflegen. Und wie ich vorlängst gesagt habe, würde eine bessere Verwaltung imstande sein, uns dereinst eine viel bessere Medizin, als die wir jetzt haben, zu verschaffen. Nächst der Sorge für die Tugend (vertu) kann man diese nicht genug predigen.

263 VI 98 19. 1710. Theod. Bis hierher sind wir vom Lichte der Natur und vom Lichte der Gnade erleuchtet, aber noch nicht vom Lichte der Verklärung (gloire). Hier auf Erden sehen wir die scheinbare (apparente) Ungerechtigkeit und glauben und wissen sogar die Wahrheit von der verborgenen Gerechtigkeit Gottes; schauen aber werden wir diese Gerechtigkeit erst, wenn die Sonne der Gerechtigkeit sich zeigen wird, ganz wie sie ist.

264 IV 457 9. 1686. Es muß sehr unvernünftig sein, nicht mit den allgemeinen Gründen, die wir gegeben haben, zufrieden zu sein, deren Einzelheiten uns entgehen. Also anstatt seine Zuflucht zu einem absoluten Beschluß (decret absolu) zu nehmen, der, da er ohne Grund ist, unvernünftig ist, oder zu Gründen, die nicht hinreichen, die Schwierigkeiten aufzulösen und andere Gründe nötig haben, — wird es das beste sein, im Einklang mit Paulus zu sagen, daß es hierfür gewisse große Gründe der Weisheit oder Kongruität gibt, die den Sterblichen unbekannt und auf der allgemeinen Ordnung gegründet sind, deren Ziel die größte Vollendung des Weltalls ist, die Gott ins Auge gefaßt (observées) hat. — 457 16.

265 IV 429 7. 1686. Metaph. Ich meine also, daß gemäß diesen Prinzipien, um im Einklang mit der Liebe zu Gott zu handeln, es nicht genügt, eine Geduld par force zu haben, sondern man muß wahrhaft befriedigt werden von alledem, was uns seinem Willen zufolge begegnet. Ich verstehe diese Ruhe (acquiescement) als auf das Vergangene bezogen.

Denn bei einer Beziehung auf das Zukünftige braucht man kein Quietist zu sein, noch lächerlicherweise mit gekreuzten Armen das zu erwarten, was Gott bringen wird, gemäß dem Sophismus, den die Alten den λόγον ἀεργον nannten, die faule Vernunft, sondern man muß handeln gemäß dem mutmaßlichen Willen Gottes .... 430 ¹⁰. Es genügt also, dieses Zutrauen zu Gott zu haben, daß er alles zum besten macht, und daß nichts denen schaden könnte, die ihn lieben; um aber im besonderen die Gründe kennen zu lernen, die ihn bewogen haben, gerade diese Ordnung des Weltalls zu wählen, die Sünden zu dulden, die Gnadenakte des Heils auf bestimmte Weise auszuteilen, das überschreitet die Kräfte eines endlichen Geistes, überhaupt, wenn er noch nicht zum Genuß des Anblickes Gottes gelangt ist. Trotzdem kann man manche allgemeine Bemerkungen über den Gang der Vorsehung in der Regierung der Dinge machen. Man kann also sagen, daß der, welcher vollkommen handelt, ähnlich einem vortrefflichen Geometer ist, der die besten Konstruktionen eines Problems zu finden weiß.

266 IV 456 ². 1686. Metaph. Ich glaube also (weil wir nicht wissen, wieviel und wie Gott Rücksicht nimmt auf die natürlichen Dispositionen in der Verteilung [Dispensation] der Gnade), daß das exakteste und sicherste ist, unseren Prinzipien gemäß und wie ich schon bemerkt habe zu sagen, daß es unter den möglichen Wesen die Person des Peter oder des Jean geben muß, dessen Begriff oder Idee diese ganze Folge von ordentlichen und außerordentlichen Gnadenakten und den ganzen Rest dieser Begebnisse (Ereignisse) mit ihren Umständen enthalte, und daß es Gott gefallen habe, sie (die Person des Johann) unter einer Unendlichkeit anderer, gleich möglicher Personen, um wirklich zu existieren, auszuwählen: wonach es scheint, daß es nichts mehr zu fragen gibt. . .

267 VI 446 ⁷. 1710. Causa Dei. So oft uns daher an den Werken Gottes etwas tadelnswert erscheint, muß man schließen (iudicandum), daß es uns nicht hinlänglich bekannt ist.

268 III 530 ¹. 1711. Hartsoeker. Eine Freiheit, als Fähigkeit der Wahl ohne Grund (sujet), ist unmöglich und streitet wider das große Prinzip des Warum, wie es auch das Leere, die Atome, das vollkommen Harte und vollkommen Flüssige tut; und dieses Prinzip setzt uns instand, eine allgemein beweisende Philosophie aufzubauen.

269 VII 93 ². ? Daraus auch dies folget, daß wir auch in Ermahnung ander eine große Behutsamkeit brauchen müssen, indem es nicht allezeit nötig, daß wir ihnen das beste, so wir wissen, zu verstehen geben, maßen sie es nicht allezeit ertragen können, sondern es ist gnug, daß wir ihnen mitteilen, was ihrem gegenwärtigen Gemütsstande etwas mehr gemäß, und dero Verstande nicht zu hoch ist, damit wir uns nicht selbst prostituieren.

270 VI 80 ¹⁴. 1710. Theod. „Wenn sie", sagt Celsus, „sich für gewöhnlich hinter ihr „Prüfe nicht, sondern glaube nur" verschanzen, so müssen sie mir wenigstens die Dinge angeben, welche ich glauben soll." Darin hat er ohne Zweifel recht, und dieser Einwurf geht gegen die, welche sagen, Gott sei gut und gerecht, dabei aber behaupten, daß wir keinen Begriff von der Güte und Gerechtigkeit haben, wenn wir ihm diese Vollkommenheiten beilegen. Allein man darf nicht immer das verlangen, was ich adäquate Begriffe (notions) nenne, Vorstellungen,

die nichts enthalten, was nicht erklärt ist, da selbst die sinnlichen Qualitäten, wie die Wärme, das Licht, die Süßigkeit, uns keine solchen Begriffe
zu geben vermögen.

271 V 419 s. 1705. Auch werden Sie sich erinnern, daß ich gezeigt
habe, wie die Ideen in uns sind — nicht immer auf die Art, daß man
derselben sich bewußt ist, aber immer so, daß man sie aus seinem
eigenen Fond hervorziehen und apperzeptabel machen kann. Und dies
glaube ich auch von der Idee Gottes, dessen **Möglichkeit** und **Dasein**
ich auf mehr als eine Art für bewiesen halte. Und die **präetablierte
Harmonie** liefert dazu ein neues unbestreitbares Mittel.

272 III 307 ⁹. 1706. Burnett. Ich bin der Meinung, daß wir uns oft
ohne Überlegung dessen bewußt sind (nous nous appercevons), was gerecht und ungerecht ist, wie wir uns oft ohne Vernunft einiger Lehrsätze
der Geometrie bewußt sind; aber es ist immer gut, auf den Beweis zu
kommen. Gerechtigkeit und Ungerechtigkeit hängt nicht allein von der
menschlichen Natur ab, sondern von der Natur der intelligenten Substanz im allgemeinen und Mᴵˡᵉ Trotter bemerkt sehr gut, daß sie von
der Natur Gottes herkommt und nicht willkürlich ist. **Die Natur
Gottes ist immer in der Vernunft gegründet.**

273 VI 605 ¹⁰. 1714? Principes. Wenn daher auch die Vernunft uns
nicht das der Offenbarung vorbehaltene Einzelne der großen Zukunft
lehren kann, so dürfen wir doch vermöge ebendieser Vernunft überzeugt
sein, daß die Dinge in einer Weise eingerichtet sind, die unsere
Wünsche übertrifft.

274 VI 141 s. 1710. Theod. Man kann sogar sagen, daß es sich hier
(in der göttlichen Vergeltung) um eine Art Schadloshaltung des Geistes
handelt, den die Unordnung verletzen würde, wenn die Strafe nicht dazu
beitrüge, die gestörte Ordnung wiederherzustellen.

275 VII 77 ¹¹. Wer Gott liebt, liebt alle. — Wer die Weisheit hat,
liebt alle. — Wer Weisheit hat, sucht aller Nutzen. — Wer Weisheit
hat, ist ein Freund Gottes. — Ein Freund Gottes ist glückselig.

276 VII 62 s. ? Initia. Nichts aber ist dem Menschen nützlicher als
der Mensch, nichts süßer als die Freundschaft, nichts kostbarer bei Gott
als die vernünftige Seele; alle zu lieben, auch unsere Feinde, keinen zu
hassen, selbst dem wir ein Leid zuzufügen gezwungen werden, ist daher
nicht mehr eine Vorschrift Christi als die der höchsten Vernunft (supremae
rationis).

277 IV 462 ⁵. 1686. Diese moralische Qualität Gottes, die ihn zum
Herrn oder Monarchen der Geister macht, betrifft ihn, sozusagen, per-
sönlich auf eine ganz besondere Weise, und zwar insofern, als er sich
vermenschlicht, erträgt er gern Anthropologien und tritt in eine Gesellschaft mit uns, wie ein Fürst mit seinen Untertanen, und diese Erwägung
ist ihm so lieb, daß der glückliche und blühende Zustand seines Reiches,
der in der größtmöglichen Glückseligkeit der Bewohner besteht, das
oberste seiner Gesetze wird. — Denn die Glückseligkeit ist für die
Personen, was die Vollkommenheit für die Wesen ist.

278 I 146 ⁴. Gottes Existenz gleich wie seine Essenz sind ewige
Wahrheit.

279 V 94. 1705. Philal. Was sagen Sie von der Wahrheit, daß Gott
verehrt werden müsse? Ist sie eingeboren?

Theoph. Meines Erachtens bedeutet die Pflicht der Gottesverehrung, daß man bei jeder Gelegenheit kennzeichnen muß, daß wir ihn mehr als jeden andern Gegenstand ehren; und dies ist eine notwendige Folge aus seiner Idee und seiner Existenz, was bei mir bedeutet, daß diese Wahrheit eingeboren ist.

280 V 415 s. 1705. **Theoph.** Gott hat nicht allein der Seele, i h n zu erkennen, geeignete Fähigkeiten gegeben, sondern ihr auch Charaktere eingeprägt, welche ihn bezeichnen, obgleich sie, dieser Charaktere sich bewußt zu werden, Fähigkeiten nötig hat. Ich will aber nicht wiederholen, was unter uns über die eingeborenen Vorstellungen und Wahrheiten, unter die ich die Idee von Gott und die Wahrheit seines Daseins zähle, verhandelt worden ist.

281 III 249 ¹⁰. 1699. **Burnett.** Die Idee des höchsten Wesens ist mit uns geboren, selbst wenn es Leute gäbe, in denen sie noch nicht durch ausdrückliche Reflexionen wiedererweckt worden wäre.

282 V 418 ¹⁸. 1705. **Theoph.** Obschon ich für die eingeborenen Ideen, und besonders die Gottes, eingenommen bin, so glaube ich doch nicht, daß die aus der Idee von Gott hergenommenen **Beweise** der Cartesianer vollkommen sind.

283 V 419 ¹⁸. 1705. Der andere Beweis Descartes', welcher das Dasein (Existenz) Gottes darzutun unternimmt, weil dessen Idee in unserer Seele ist, und sie von ihrem Urbild herstammen muß, ist noch weniger bündig. Denn erstlich hat dieser Beweis den mit dem vorhergehenden gemeinsamen Fehler, vorauszusetzen, daß sich eine solche Idee in uns findet, d. h. daß Gott möglich ist. Denn was Descartes dafür anführt, daß wir, wenn wir von Gott sprechen, wissen, was wir sagen, und folglich die Idee davon in uns haben, ist ein trügerisches Kennzeichen, weil wir, wenn wir z. B. von der perpetuierlichen mechanischen Bewegung sprechen, auch wissen, was wir sagen, und diese immerwährende Bewegung doch etwas Unmögliches ist, wovon man folglich nur scheinbar eine Idee haben kann. Und zweitens zeigt dieser nämliche Beweis nicht ausreichend, daß die Idee von Gott, wenn wir sie haben, von ihrem Urbilde herkommt. Ich will mich jedoch jetzt nicht damit aufhalten. Sie werden mir sagen, daß wenn wir in uns die eingeborene Idee Gottes anerkennen, ich nicht sagen dürfe, es könne zweifelhaft sein, ob es eine solche gibt. Ich lasse aber diesen Zweifel nur zu hinsichtlich einer strengen Beweisführung, die ganz allein auf die Idee begründet ist. Denn man ist auch sonst der Idee und des Daseins Gottes hinlänglich versichert.

284 VI 155 s. 1710. **Theod.** Die Maxime: Quod facienti quod in se est, non denegatur gratia necessaria, scheint mir eine ewige Wahrheit zu sein.

285 I 128. **Leibn.** Es ist glaubhaft, daß die Natur Gottes es verlangt, oder die Vollkommenheit der Dinge, daß die Geister schließlich glückselig befunden werden, deren Wille der rechte ist.

286 V 396 ¹¹. 1705. Die christliche Theologie, welche die wahre Medizin der Seelen ist, gründet sich auf die Offenbarung (revelation), welche der Erfahrung entspricht; aber um daraus ein vollständiges Ganze zu machen, muß man die natürliche Theologie damit verbinden, welche aus den Axiomen der ewigen Vernunft gewonnen wird. Ist nicht selbst jener Grundsatz, daß die Wahrhaftigkeit ein Attribut Gottes ist, auf welchem, wie Sie anerkennen, die Gewißheit der Offenbarung

beruht, eine aus der natürlichen Theologie hergenommene
Maxime?

287 VII 511 ². Wir bilden (effingimus) uns die Idee des besten Staates,
damit wir uns dem nähern, soweit es beschieden ist (quantum fas est).

288 VI 91 ₈. 1710. Theod. Wir können das erreichen, was über uns
ist, nicht indem wir es ergründen, aber indem wir es verfechten; wie
wir ja auch den Himmel durch das Gesicht, aber nicht durch Berührung
erreichen können.

289 VI 82 ₁₂. 1710. Theod. Ein Verteidiger (respondens) ist nicht verpflichtet, seine These zu rechtfertigen, sondern nur verpflichtet, den
Einwürfen eines Gegners Genüge zu tun. Ein Verteidiger vor Gericht
braucht (in der Regel) sein Recht nicht zu beweisen oder eine Urkunde
seines Besitzes vorzulegen, sondern ist nur verpflichtet, auf die Gründe
des Klägers zu antworten.

290 V 419 ⁷. 1705. Man hat recht, die Möglichkeit eines jeden Wesens
anzunehmen und vor allem die Gottes, bis ein anderer das Gegenteil
beweist. Somit gibt dieses metaphysische Argument schon einen moralischen beweisenden Schluß ab, wonach wir dem gegenwärtigen Stande
unserer Erkenntnisse zufolge urteilen, daß Gott existiere, und demgemäß
handeln müssen.

291 IV 405 ₁₆. 1700? gegen Lami. Man kann über Ideen nicht in vollkommener Weise Erwägungen anstellen, ohne ihre Möglichkeit zu kennen,
worauf die Geometer achthaben, die Cartesianer aber nicht genug.
Trotzdem kann man sagen, daß dieser Beweis (des Lami) nicht aufhört,
beachtenswert und sozusagen praesumptiv zu sein; denn jedes Wesen
(être) sollte so lange für möglich gehalten werden, bis man seine Unmöglichkeit beweist.

292 IV 293 ¹⁶. 1680. an Sophie v. Hann. Ich zweifle keineswegs an der
Idee Gottes, nicht mehr als an seiner Existenz, ich behaupte im Gegenteil, hierfür einen Beweis (demonstration) zu haben; aber ich will nicht,
daß wir uns schmeicheln und uns überredeten, ans Ziel einer so großen
Sache mit so wenig Aufwand zu kommen. Die Paralogismen sind in
dieser Materie gefahrvoll; wenn sie ihren Zweck nicht erreichen, so fallen
sie auf uns selbst zurück und stärken den Gegner. Ich sage also, daß
man alle nur mögliche Genauigkeit aufwenden muß, um zu beweisen,
daß es eine Idee eines ganz vollkommenen Wesens, d. h. Gottes gibt. Es
ist wahr, daß die Einwürfe derjenigen, die das Gegenteil zu beweisen
glaubten, weil es kein Bild von Gott gibt, nichtig sind, wie ich im
Begriffe bin zu zeigen; aber man muß auch gestehen, daß der Beweis
Desc.', den er (Desc.) zur Begründung der Gottesidee beibrachte, unvoll-
ständig ist. Wie könnte man von Gott sprechen, wird er sagen, ohne
an ihn zu denken, und könnte man an ihn denken, ohne eine Idee davon
zu haben! Ja! ohne Zweifel denkt man manchmal an unmögliche Dinge
und macht darüber sogar Beweise. Desc. behauptet z. B., daß die
Quadratur des Kreises unmöglich sei, und doch hört man nicht auf,
darüber zu denken und Konsequenzen daraus zu ziehen, was geschehen
würde, wenn sie gegeben wäre. Die Bewegung der letztmöglichen Geschwindigkeit ist an jedem beliebigen Körper unmöglich. . . Trotz alledem „denkt" man an diese höchste Geschwindigkeit, von der es aber
keine Idee gibt, weil sie unmöglich ist. Ebenso ist der größte aller

Kreise etwas Unmögliches, und nicht weniger ist es die Zahl, die aus
allen möglichen Einheiten gebildet ist; hierfür gibt es einen Beweis.
Und nichtsdestoweniger denken wir an all das. Darum ist es sicherlich
am Platze, Zweifel zu hegen, ob die Idee des größten aller Wesen nicht
der Bestätigung (Gewähr, Bürgschaft) bedarf und ob sie nicht einen
Widerspruch enthält; denn ich verstehe sehr wohl z. B. die Natur der
Bewegung und der Geschwindigkeit und was „das Größte" ist. Aber
ich verstehe deshalb nicht, ob alles das verträglich ist und ob es ein
Mittel gibt, es zu vereinigen und e i n e Idee der größten Geschwindigkeit daraus zu machen, deren die Bewegung fähig wäre. ... Mit einem
Worte: ich weiß hieraus noch nicht, ob ein derartiges Wesen m ö g l i c h
ist; denn ist es nicht möglich, so wird es auch keine Idee davon geben.
Trotzdem gestehe ich, daß Gott hier vor allen anderen Dingen einen
großen Vorteil hat. Denn es genügt der Beweis seiner Möglichkeit, um
zu beweisen, daß er ist, was sich sonst, soviel ich weiß, nirgends wieder
zeigt. Weiter schließe ich daraus, daß die Vermutung (Hoffnung, Vor-
wegannahme, presomption) besteht, daß Gott existiert. Denn eine Mutmaßung gibt es immer auf seiten der Möglichkeit: d. h. alles ist so
lange für möglich zu halten, als man nicht dessen Unmöglichkeit bewiesen
hat. Also gibt es auch eine Mutmaßung, daß Gott möglich. sei, d. h.
daß er existiert, weil in ihm die Existenz eine Folge der Möglichkeit
ist. Dies mag für die Praxis des Lebens ausreichen, aber es ist noch
nicht zureichend für einen Beweis.

293 VI 83 °. Zusatz: Daher lehrt auch der heilige Thomas (parte I
Summae qu. 1 art. 8), daß dem Gegner, der keine Offenbarung anerkennt,
die Glaubenssätze nicht durch Gründe bewiesen werden können, sondern
daß hier nur das Mittel bleibt, die Gründe zu widerlegen, die jener gegen
den Glauben beibringt. „Denn da der Glaube", sagt er, „auf unfehlbarer
Wahrheit beruht, vom Wahren das Gegenteil zu beweisen aber unmöglich ist, so erhellt, daß die gegen den Glauben aufgestellten Beweisführungen keine Beweise, sondern lösliche Gegengründe sind".

294 VI 468 ₂. 1710. Theod. So ist es auch nicht möglich, Geheimnisse
aus der Vernunft zu b e w e i s e n , denn alles, was sich v o n v o r n oder
aus der Vernunft allein beweisen läßt, kann auch begriffen werden. Demnach bleibt uns nichts übrig (wenn wir denen Geheimnissen Glauben bei-
gemessen, weil wir von der Wahrheit der Religion durch glaubwürdige
Gründe überzeiget werden), als daß wir dieselben wider allerhand Einwürfe b e h a u p t e n können, denn ohne dieses würden wir nicht genug-
samen Grund haben, sie zu glauben, weil alles, was mit völliger Gewißheit kann widerlegt werden, notwendig falsch sein muß, welchergestalt
die Beweistümer von Wahrheit der Religion. ....

295 VI 378₁₁. 1710. Theod. Anhang I. Das Gute kann fortschreiten
und schreitet ins Unendliche fort, während das Übel seine Grenzen hat.
Es ist also möglich und glaublich, daß bei der Vergleichung der Seligen
mit den Verdammten das Gegenteil von dem statthat, was wir bei der
Vergleichung der vernünftigen Geschöpfe mit den vernunftlosen als
möglich hingestellt haben; d. h. es ist möglich, daß bei der Vergleichung
der Glücklichen mit den Unglücklichen das Verhältnis der Grade das
Verhältnis der Anzahl überwiegt, während bei der Vergleichung der
vernünftigen mit den vernunftlosen Geschöpfen das Verhältnis der Anzahl
größer sein mag als das Verhältnis der Werte. Nun ist man aber

berechtigt, eine Sache als möglich zu hypothesieren, solange deren Unmöglichkeit nicht bewiesen ist, und das hier Vorgebrachte ist sogar mehr als eine bloße Hypothese (supposition).

296 VI 80₁₁. 1710. Theod. Es genügt, daß wir eine auf Analogien beruhende Einsicht in ein Mysterium wie z. B. die Dreieinigkeit und die Fleischwerdung haben, damit wir, indem wir sie annehmen, nicht völlig sinnlose Worte aussprechen: aber es ist nicht notwendig, daß die Erklärung so weit gehe, wie es wohl zu wünschen wäre, d. h. daß sie bis zum Begreifen (comprehension) und zum Wie ginge.

297 VI 96₁. 1710. Theod. Auch genügt es für den Verteidiger des Mysteriums, zu behaupten, daß etwas möglich sei, ohne daß er zu behaupten braucht, daß es auch wahrscheinlich sei.

298 V 439°. 1705. Vermuten (presumer) ist also nicht etwas annehmen vor (prendre avant) dem Beweis — was nicht erlaubt ist —, sondern es im voraus annehmen (prendre par avance), aber mit Grund (fondement), indem man einen Beweis des Gegenteils abwartet.

299 III 518¹⁷. 1711. Hartsoeker. Es besteht eine große Differenz zwischen natürlichen, vernünftigen Wundern und zwischen eigentlichen oder supranaturalen Wundern oder vielmehr (wenn sie keinen Platz haben) zwischen einer vernünftigen Erklärung und zwischen den Fiktionen, worauf man seine Zuflucht nimmt, um schlecht gegründete Meinungen aufrechtzuhalten. Cf. 292.

300 V 444¹. 1705. Man kann sagen, daß Epikur und Spinoza z. B. ein ganz und gar exemplarisches Leben geführt haben. Aber diese Gründe hören bei ihren Schülern oder Nachahmern meistens auf, welche, sich von der unbequemen Furcht vor einer überwachenden Vorsehung und einer drohenden Zukunft befreit glaubend, ihren brutalen Leidenschaften den Zügel schießen lassen und ihren Geist darauf richten, andere zu verführen und zu verderben; und wenn sie ehrgeizig und von etwas hartem Naturell sind, so sind sie imstande, für ihr Vergnügen oder ihren Vorteil die Welt an allen vier Ecken anzuzünden, wie ich Leute dieses Schlages gekannt habe, welche der Tod entfernt hat. Ich finde sogar, daß ähnliche Meinungen, da sie sich nach und nach bei den Männern der vornehmen Welt, welche die andern regieren und von denen die Geschehnisse abhängen, einschmeicheln, und in die Mode-Schriften sich einschleichen, alle Dinge zu der allgemeinen Revolution, von der Europa bedroht ist, vorbereiten und damit endigen, das zu zerstören, was noch in der Welt von den edlen Gesinnungen der alten Griechen und Römer übrig ist, welche die Liebe zum Vaterland und zur öffentlichen Wohlfahrt und die Sorge für die Nachwelt dem Glück und selbst dem Leben vorzogen. Jene *public spirits*, wie die Engländer sie nennen, nehmen außerordentlich ab und sind nicht mehr in der Mode; und sie werden noch mehr aufhören, wenn sie nicht mehr durch die richtige Sittenlehre und die wahre Religion, welche die natürliche Vernunft selbst uns lehrt, unterstützt sein werden. Die Besten vom entgegengesetzten Charakter, welcher zu herrschen beginnt, haben kein anderes Prinzip mehr als das, was sie das der Ehre (honneur) nennen. Aber das Zeichen des ehrenhaften Mannes (l'honneste homme) und des Mannes von Ehre (l'homme d'honneur) bei ihnen ist allein, keine Niederträchtigkeit, wie sie dieselbe verstehen, zu begehen. Und wenn jemand für die Größe

oder aus Eigensinn Ströme Blutes vergösse, wenn er alles kopfüber
stürzte, so würde man das für nichts rechnen, und ein antiker Herostrat
oder ein Don Juan in dem „steinernen Gast" würde als Held gelten.
Man spottet ganz laut über die Liebe zum Vaterlande, man verlacht diejenigen, welche für das öffentliche Wohl sorgen, und wenn irgendein
Wohlgesinnter von dem spricht, was aus der Nachkommenschaft werden
solle, so antwortet man: kommt Zeit, kommt Rat. —

801   VII 511 ^{11}. 1712? Am unvollkommensten (bei Thomasius) ist die
Lehre von den Sitten, der Gerechtigkeit, den Pflichten, die allein sich
auf die Güter dieses Lebens stützt, und die Lehre von der Vorsehung
ist dann unnötig (unnütz), wenn die Unsterblichkeit der Seele aufgehoben
ist, und vermag die Menschen nicht mehr zu verpflichten (ad
obligandos homines efficit), als die epikuräischen Götter, die der Vorsehung bar sind.

802   VII 510 ^{10}. 1712. Mein spontaner Wille (voluntas) ist kein sicheres
Maß, was ich dem andern schuldig bin (debitae alienae mensura).

803   V 87 $_7$. 1705. Philal. Jede Pflicht führt auf die Idee des „Gesetzes"
und ein Gesetz könnte auch gar nicht ohne einen Gesetzgeber, der es
vorgeschrieben, erkannt oder vorausgesetzt werden, ebensowenig,
wie ohne Belohnung und Strafe.

Theoph. Es kann natürliche Belohnungen und Strafen ohne
Gesetzgeber geben: so wird die Unmäßigkeit z. B. durch Krankheiten
bestraft. Wie sie indessen nicht allen sogleich schadet, so gebe ich auch
zu, daß keine Vorschrift, an die man unwiderruflich gebunden wäre, bestehen könnte, wenn es nicht einen Gott gäbe, der kein Verbrechen ungestraft und keine gute Handlung unbelohnt läßt.

804   V 82 ^{2}. 1705. Auch erkenne ich an, daß gewisse Regeln der Gerechtigkeit in ihrer ganzen Ausdehnung und Vollkommenheit nur unter
der Voraussetzung des Daseins Gottes und der Unsterblichkeit der Seele
bewiesen werden können; und diejenigen, zu denen der Instinkt der
Humanität uns nicht treibt, sind der Seele nur wie andere abgeleitete
Wahrheiten eingeprägt. Diejenigen indessen, welche die Gerechtigkeit
nur auf die Notwendigkeiten dieses Lebens und dessen Bedürfnis gründen,
statt auf die Lust, welche sie darin finden sollen, eine Lust, welche,
wenn Gott deren Grund bildet, eine der größten ist — die freilich
sind einigermaßen mit der Gesellschaft der Banditen zu vergleichen.

805   V 186 $_6$. 1705. Wenn es auch nichts jenseits dieses Lebens gäbe,
so würde dennoch die Ruhe der Seele und die Gesundheit des Körpers
darum nichtsdestoweniger den ihnen schädlichen Vergnügungen vor-
zuziehen sein. Daß ein Gut nicht immer dauern wird, ist kein Grund,
es zu vernachlässigen. Ich gestehe aber, daß es Fälle gibt, wo man
unmöglich beweisen kann, daß das Rechtschaffenste (le plus honnête)
zugleich auch das Nützlichste ist. Also ist es allein die Rücksicht auf
Gott und die Unsterblichkeit, welche die Verpflichtungen zur Tugend
und zur Gerechtigkeit absolut unumgänglich (unaufhebbar, indispensabel)
macht.

806   VII 106 $_2$. Das Prinzip der Gerechtigkeit ist das Wohl der Gesell-
schaft, oder besser gesagt: das allgemeine Wohl, denn wir sind alle ein
Teil der universellen Republik, deren Monarch Gott ist, und das große
Gesetz, das in dieser Republik herrscht, ist: in der Welt für das Wohl

(Gute) zu sorgen, so viel wir können. Dies ist untrüglich, vorausgesetzt, daß es eine Vorsehung gibt, die alle Dinge regiert (lenkt), mögen auch die Triebfedern, die sie in Bewegung setzt, unsern Augen noch verborgen sein.

807   III 429 [15]. 1711. Coste (Kritik Leibn.' an Shaftesbury). Man kann sagen, daß es einen gewissen Grad einer guten Moral unabhängig von der Göttlichkeit (divinité) gibt, aber daß die Betrachtung der Vorsehung Gottes und der Unsterblichkeit der Seele die Moral auf ihren Gipfel trägt.

Das Problem der Empfindung

I.

Die Empfindung und das Bewußtsein

von

Johannes Paulsen

ALFRED TÖPELMANN

(vormals J. Ricker'sche Verlagsbuchhandlung)

GIESSEN 1907

Philosophische Arbeiten

herausgegeben von

Hermann Cohen und Paul Natorp

in Marburg   in Marburg

I. Band 4. Heft

Inhalt.

Literaturverzeichnis.

Erster Teil.

G. Th. Fechner, Elemente der Psychophysik. Band I und II. 1860. = Elem. I. II.
— In Sachen der Psychophysik. 1877 = In Sachen.
— Revision der Hauptpunkte der Psychophysik. 1882 = Revision.
— Über die psychischen Maßprinzipien und das Webersche Gesetz. Wundts philosophische Studien IV. 1888.
E. H. Weber, Der Tastsinn und das Gemeingefühl. 1846.
G. F. Lipps, Grundriß der Psychophysik. 1899.
— Die psychischen Maßmethoden. 1906.

Zweiter Teil.

W. Wundt, Logik. Band I, II, III. 1894. Band I 3. Aufl. 1906.
— Grundzüge der physiologischen Psychologie. 1903 = Grundzüge I, II, III.
— Über die Methoden der Minimaländerungen. Philosophische Studien. Band I. 1883.
— Beiträge zur Theorie der Sinneswahrnehmung. 1858—1862.
— Vorlesungen über die Menschen- und Tierseele. 1863. 3. Aufl. 1897.

Dritter Teil.

Johannes Müller, Handbuch der Physiologie des Menschen. 1833.
— Zur vergleichenden Physiologie des Gesichtssinnes. 1826.
— Über phantastische Gesichtserscheinungen. 1826.

Außerdem folgende Werke zu vergleichen:

H. Cohen, Logik der reinen Erkenntnis. 1902.
— Ethik des reinen Willens. 1904.
— Kants Theorie der Erfahrung. 2. Aufl. 1885.
— Das Prinzip der Infinitesimalmethode und seine Geschichte. 1883.
P. Natorp, Einleitung in die Psychologie nach kritischer Methode. 1888.
— Allgemeine Psychologie in Leitsätzen zu akademischen Vorlesungen. 1904.
— Logik in Leitsätzen zu akademischen Vorlesungen. 1904.
E. Cassirer, Leibnitz' System in seinen wissenschaftlichen Grundlagen. 1902.
A. Elsas, Über die Psychophysik. 1886.
— Philosophische Monatshefte. Band 24. 1888.
v. Kries, Prinzipien der Wahrscheinlichkeitsrechnung. 1886.

Einleitung.

Der Terminus der Empfindung hat in der Philosophie und Wissenschaft keine allgemein gültige und sichere Bedeutung erlangt. Aber so sehr der terminologische Gebrauch und der begriffliche Wert der Empfindung schwankt und wechselt, so scheint doch dies die allgemeine Ansicht zu sein, daß die Empfindung ein Verhältnis von Wirklichkeit und Bewußtsein bezeichnet. Der Ausdruck eines alten Problems wird so in dem Begriffe der Empfindung festgehalten und anerkannt; mit seiner Lösung erst beginnt der Unterschied der philosophischen Richtungen. Denn je nach dem hypothetischen Anfang, mit dem die theoretische Spekulation die Lösung ihrer allgemeinsten Aufgabe, der Frage nach dem Sein, beginnt, ändert sich die sachliche Bedeutung und Ausführung des Begriffs der Wirklichkeit wie des Bewußtseins, und folglich auch der methodische Ausdruck ihrer Beziehung zueinander.

Auf welchem Grunde aber ruht das Recht dieses Anfangs und warum sollte er hypothetisch sein? Es scheint doch vielmehr, als hätten wir mit der Empfindung die Wirklichkeit unmittelbar in Händen und könnten mit der Beschreibung der Empfindung und ihrer tatsächlichen Bestimmung zugleich das Verhältnis des Bewußtseins zur Außenwelt direkt klarstellen. Warum sollte man also erwarten, daß innerhalb der Systembildung philosophischer Begriffe die Empfindung erst bestimmt werde und so erst indirekt das Problem ihres Begriffs zur Behandlung käme? Die Empfindung gibt ja selbst darüber Auskunft, wie die Dinge zu Inhalten des Bewußtseins werden, sofern wir uns eben in der Empfindung dieser Einwirkung äußerer Gegenstände bewußt werden. Also braucht man nur die Empfindung systematisch zu befragen, um die Gesetzmäßigkeit zu entdecken, nach der äußere Dinge und das Bewußtsein zueinander in Beziehung treten.

Die Psychophysik Fechners stellt das Problem der Empfindung in dieser Form und es soll über ihre Möglichkeit nichts entschieden werden, bevor die Durchführung geprüft ist. Wohl aber läßt sich die Berechtigung eines anderen gedanklichen Motivs, welches ebenfalls die Empfindung behandelt, hier aufzeigen.

Denn die Antithese der äußeren und inneren Welt, von der die Psychophysik ausgeht, ist selbst erst Ergebnis einer gedanklichen Entwicklung, mit deren Ursprung die Empfindung sich abermals kompliziert. Die naive Auffassung unterscheidet nicht das Bewußtsein von der äußeren Wirklichkeit, — ebensowenig die Wahrnehmung von ihrem Inhalt. Erst die Inkongruenz der Empfindungen bringt es zum Bewußtsein, daß der äußere Gegenstand nicht ohne Beziehung auf ein Subjekt besteht. So gelangt das Bewußtsein in einen eigentümlichen Gegensatz zur Welt der Dinge, und es entsteht der Begriff der Erfahrung, welcher die naive Auffassung der Wirklichkeit berichtigt, zugleich aber mit den Anfängen der theoretischen Weltbetrachtung sich verbindet und festigt. In der Erfahrung erst bestehen für uns die Dinge; mag dies Verhältnis von Erfahrung und Gegenstand auch so gedacht sein, daß die Erfahrung in fortschreitender Erweiterung eine gegenüberstehende Wirklichkeit sich unterwirft: das wenigstens ist erreicht, daß der Begriff der Erfahrung eine Grenze zieht. Außerhalb des Umkreises, welchen die Erfahrung beschreibt, kann von keiner Phänomenalität die Rede sein.

So erweist sich die Empfindung als ein Motiv für den Begriff der Erfahrung. Sofern aber die Erfahrung jene Grenze aller Phänomenalität bedeutet, kann nur am Begriffe der Erfahrung jenes andere Moment zur Bestimmung gebracht werden, welches der Empfindung gegenüber einen äußeren Gegenstand konstituiert.

Wie kann man also dazu kommen, das äußere Objekt dennoch von der Erfahrung zu unterscheiden und das Bewußtsein dem Gegenstande korrelativ gegenüberzustellen? Auf den Begriff der Erfahrung kommt es an, wie scharf und bestimmt er gefaßt sei, um den Umfang seiner Geltung zu behaupten.

Das Sein ist durch den Begriff der Erfahrung zu umgrenzen, — dies Verhältnis vermag die Empfindung zu begründen. Mit der Empfindung fangen wir an. Es besteht aber ein Zweifel darüber, ob die Erfahrung hiermit einen äußeren Gegenstand zu erreichen vermag, und ob es möglich ist und prinzipiell möglich sein kann, das Sein in die inhaltliche Bestimmung des Erfahrungsbegriffs aufzulösen. Dies Bedenken stützt sich ebenfalls auf den Begriff der Empfindung. Wenn unsere Erfahrung mit der Empfindung anfängt, so ist sie vielleicht durch die Empfindung zu definieren. Es wird also der Empfindungsbegriff zum Bestimmungsgrund für den Erfahrungsbegriff, und somit erhält die Erfahrung den Charakter des Variablen und Unbestimmten, welcher mit der Empfindung gesetzt ist. Der ständige Wechsel der Impressionen aber führt zur Selbstaufhebung des Erfahrungsbegriffs, sofern die Beharrlichkeit eine notwendige Bedingung ist, unter welcher allein Erscheinungen als Dinge oder Gegenstände in einer möglichen Erfahrung bestimmbar sind. Darum bleibt die Beharrlichkeit bestehen — als Eigenschaft der Dinge. Für die Erfahrung aber ergibt sich, daß mit ihren Mitteln das Sein nicht zu erreichen ist, sofern eben unter Erfahrung materiell der Inbegriff von Empfindungen zu verstehen ist. So löst sich in diesem Gebrauche die Erfahrung von ihrem Inhalte ab und bedeutet ihrem Begriffe nach den Hinweis auf eine an sich existente Wirklichkeit.

Durch diese Schwierigkeit ist die Problemlage geschaffen für alle Versuche, die verloren gegangene Beziehung des Objekts zum Bewußtsein a posteriori wieder herzustellen. Wie die Besonderheit an der Disposition des Erfahrungsbegriffs dies Problem entstehen läßt, so werden wir in der Korrektur des Begriffs der Erfahrung die Mittel zu seiner Bewältigung finden können.

Wenn aber einmal die Erfahrung auf die Empfindung fixiert ist, so scheint es möglich zu sein, die positive Ausführung des Erfahrungsbegriffs in einer anderen Richtung zu beginnen. Der Sinn, welcher mit der Voraussetzung der Empfindung als der bestimmenden Bedingung der Erfahrung verbunden wird, ist der, daß der Erfahrung ihr Inhalt gegeben sein muß. Wenn also mit der Empfindung dieser Inhalt gesetzt wird, so kann die Erfahrung in nichts anderem bestehen, als in der Aufnahme und Zergliederung dieses gegebenen Inhalts. Somit definiert sich die Erfahrung als die Entwicklung von dieser Gegebenheit zur sinnvollen Vorstellung. Dabei wird auch das Denken für diese Entwicklung der Empfindung gefordert; es ist keine Frage, daß die Begriffe des Denkens richtig, brauchbar und in Ansehung der gesamten Erfahrung unentbehrlich sind. Aber dieses Denken ist das Denken der Vorstellung und nicht das Denken des Seins. Die Kategorie hat mit Voraussetzung der Gegebenheit des Inhalts ihren logischen Eigenwert verloren und das Denken ist auf den Vorgang des Erkennens reduziert. Als ein solcher tatsächlicher Vorgang in jedem menschlichen Bewußtsein bildet das Denken nun ein Problem der Logik. Es handelt sich also in der Logik darum, die Regelmäßigkeit und den typischen Verlauf dieser Bildung von Vorstellungen und ihrer Verbindung zu beschreiben. — So wird die Voraussetzung eines bestimmten Begriffs der Empfindung, nämlich die Annahme ihrer Gegebenheit, die Bedingung für eine besondere Formulierung des logischen Problems überhaupt.

Die Logik hat die Aufgabe „von den Gesetzen des Denkens Rechenschaft zu geben"[1] — so definiert Wundt, und bereits diese Formulierung weist auf eine Psychologie des Erkennens hin. Wie es sich deutlicher noch in der genaueren Fassung des Problems ausspricht, daß die logische Untersuchung „aus den mannigfachen Vorstellungsverbindungen unseres Bewußtseins diejenigen aussondere, welche für die Entwicklung unseres Wissens gesetzgebenden Charakter besitzen."[2] Dennoch fordert gerade das Problem der Empfindung mehr und ist durch den Hinweis auf die Vorstellungsverbindungen nicht zu befriedigen. Die Frage der Empfindung geht auf den Inhalt; auch die dogmatische Vorwegnahme dieses Inhalts als Gegebenheit der Empfindung soll doch der Forderung einer Gegenständlichkeit der Erfahrung Genüge tun.

Was bedeutet also diese Gegebenheit für die Begründung des Gegenstandes in der Erfahrung? Der Terminus „gegeben" kann nur die Beziehung des Bewußtseins auf einen Inhalt bedeuten. Gegeben sei also der Inhalt im Bewußtsein. Wir haben aber gesehen, wie als notwendiger Schluß aus dem Anfang mit der Empfindung die Annahme einer selbständig und an sich existenten Außenwelt folgt. Gleichwohl soll diese äußere Wirklichkeit durch die Empfindung zum Bewußtsein in Beziehung gesetzt werden. So ist mit der Empfindung nur der Reflex der Dinge gegeben; die Gegenständlichkeit der Erfahrung aber ist die Forderung. Also muß die Gegenständlichkeit als der inhaltliche Wertcharakter dieser Gegebenheit — erwiesen werden.

Das ist die Frage für das Verhältnis der Empfindung zum Bewußtsein der Erfahrung. Die Empfindung ist gegeben, — ist eine Tautologie. Der Begriff der Empfindung bezeichnet logisch die Frage nach dem Gegebensein. Demgemäß wird es in bezug auf die Logik Wundts unsere Aufgabe sein, zu untersuchen, ob mit den Mitteln und Voraussetzungen des Systems diese Gegebenheit der Empfindung erwiesen und begründet werden kann.

---

[1]) Wundt, Logik I, 1.   [2]) l. c. I, 2.

Um so fraglicher muß diese Begründung werden, als durch den Begriff der Empfindung die Logik ausdrücklich in Beziehung zur physiologischen Psychologie gesetzt wird, demnach das Verhältnis von Logik und Psychologie in dem Begriffe der Empfindung zum Problem wird. „Wir haben nichts als Empfindungen, die von irgendwoher gegeben sein müssen"[1] — so bestimmt die Logik. Die Psychologie aber bestimmt diesen Zustand der Empfindung näher als steten Wechsel der Eindrücke. Also kann das Reale der Erscheinung, sofern es in der Empfindung gegeben sein soll, der Gegenstand nicht sein; die Wahrnehmung allein kann die Dinge in ihrem Wesen nicht erreichen. Vielleicht ist dies möglich mit den Mitteln des Denkens und in den Ideen und Begriffen dieser Erkenntnisart den Gegenstand als Vorstellung zu begründen. Das Denken ist Bestimmung durch den Begriff, und die Grundformen dieser Bestimmungsweise sind wiederum in der Erfahrung zu suchen, d. h. aber in der psychologischen Erfahrung nach der Annahme, welche der Sensualist vom Begriffe der Erfahrung macht. Demnach bedeutet das Denken nichts für den Ursprung des Inhalts der Erfahrung, — sondern ist das Ende einer psychologischen Entwicklung aus den Daten der Sinneswahrnehmung. In der inneren Erfahrung ist diese Entwicklung und das Spiel der Vorstellungsverbindungen zu beobachten. Auf die Empfindung bezieht sich diese Entwicklung zurück, als auf die reale Grundlage. Worin aber liegt das Kriterium dafür, daß der Aufbau dieser Erkenntnis der äußeren Wirklichkeit in allen Verhältnissen entspricht? Auf die Empfindung werden wir zurück verwiesen. Aber sahen wir nicht, daß wir in der Empfindung des äußeren Gegenstandes nicht habhaft werden konnten? Die innere Erfahrung kann über die Grenze ihres Begriffs nicht nach außen gelangen.

In dieser Wechselwirkung des Dogmatismus von Psychologie und Logik entsteht von neuem das Problem der Psychophysik. Die Dialektik des systematischen Problems der Empfindung kompliziert sich durch den Anspruch, die logische Erörterung überhaupt durch Erfahrung zu ersetzen.

Es scheint also, als wäre die Empfindung doch mehr als ein logischer Begriff, — nämlich ein tatsächlicher Vorgang. Begriff und Tatsache schließen sich nicht aus und die Hartnäckigkeit der Problemstellungen, welche immer wieder an der

---

[1]) Wundt, Logik I, 398.

Tatsache der Empfindung anknüpfen, weist auf eine besondere Schwierigkeit in diesem Verhältnis von Tatsache und Begriff am Problem der Empfindung hin.

Auch die Physiologie berührt sich in dieser Frage mit der Psychophysik; auch für die Physiologie ist die Empfindung ein tatsächlicher Vorgang. Aber freilich in anderem Sinne, als in der Psychophysik. Dieser Unterschied zeigt sich bereits in den Ausführungen der Psychophysik gegenüber den physiologischen Ergebnissen von E. H. Weber, auf welche sie Bezug nimmt.

Aber es ist nicht zu bestreiten, daß die Physiologie die Empfindung als Problem eines tatsächlichen Vorgangs behandelt. Als einen Vorgang des Bewußtseins. An dieser Stelle wird die Sinnesphysiologie selbst zum Problem — der Philosophie. Denn der Begriff des Bewußtseins kompliziert die Sinnesphysiologie mit der Logik.

Das Bewußtsein kann als unmittelbare Naturtatsache nicht bestimmt und behandelt werden, also auch nicht die Empfindung. Wohl aber kann man annehmen, daß der Begriff des Bewußtseins sich in Komponenten zerlegen läßt, deren eine in der Richtung auf das Individuum verläuft. Hier entsteht mit dem Begriffe der Empfindung das Problem des Selbstbewußtseins als das des tatsächlichen Vollzugs psychischer Funktionen im Individuum. Wie sich die Empfindung dennoch als reiner Grundbegriff erhält, lehrt uns die Logik der Sinnesphysiologie, ihrer Methoden und Grundbegriffe, wie sie von Johannes Müller begründet sind.

Erster Teil.

Der Begriff der Empfindung in der Psychophysik.

1. Die Problemstellung der Psychophysik.

Die Aufgabe der Psychophysik ist von Fechner dahin formuliert worden: „die Abhängigkeitsbeziehungen zwischen Körper und Geist, allgemeiner zwischen körperlicher und geistiger, physischer und psychischer Welt"[1] darzulegen und zu begründen. Mit diesem Problem des Verhältnisses von Körper und Geist ist eine alte Frage der philosophischen Spekulation bezeichnet; die Psychophysik aber erhebt den Anspruch einer neuen und andersartigen Lösung dieses Problems. Sie führt als exakte Wissenschaft jene Frage der Beziehungen von Bewußtsein und Körperwelt auf erfahrungsmäßige Grundlage zurück.[2] Die „Beobachtung, das Experiment und die mathematische Verknüpfung der Tatsachen"[3] bestimmen ihr Verfahren. Somit wäre eine Grundfrage der theoretischen Philosophie der philosophischen Behandlung zwar nicht entrückt; aber diese philosophische Betrachtung könnte sich füglich erst am Ende des Unternehmens einer Psychophysik einstellen, sofern in der Methodik ihrer Erfahrung Aufschluß über die Grundbeziehung von Körper und Geist zu erwarten ist. Die Psychophysik selbst dagegen beginnt mit der Erfahrung und begründet in diesem empirischen Anfang ihren Unterschied gegen die metaphysische Behandlung ihres Problems: „Die Unterlage der Psychophysik ist in der Tat rein empirisch und jede Voraussetzung von vornherein abzuweisen."[4] Allein nicht jede Rücksicht auf die philosophischen Gesichtspunkte dieses Problems ist zu entbehren, noch ein voraussetzungsloser Anfang hier, wie überall, möglich. Die Problemstellung der Psychophysik geht davon aus, daß äußere und innere Welt als zwei Erscheinungsgebiete unterschieden und

---

[1] Elem. I, 8.   [2] l. c.   [3] In Sachen, 2.   [4] Elem. I, 7.

aufgefaßt werden können. Die Möglichkeit einer solchen Auffassung ist nicht unbestritten und bestimmt doch die Formulierung und Behandlung der vorliegenden Aufgabe von Grund aus. Die Annahme dieser fundamentalen Unterscheidung zwischen physischer und psychischer Erscheinung ist die erste Voraussetzung, der die Psychophysik sich schuldig macht.

Es fragt sich also, wie man sich den Unterschied des Physischen und Psychischen im Sinne der Psychophysik zu denken hat. „Zum Gebiete des Geistigen, Psychischen, der Seele rechnen wir überhaupt das, was durch innere Wahrnehmung erfaßlich oder daraus abstrahierbar ist, zu dem des Körperlichen, Leiblichen, Physischen, Materiellen das, was durch äußere Wahrnehmung erfaßlich oder daraus abstrahierbar ist."[1] — Die Grundunterscheidung also, mit deren Voraussetzung die Psychophysik beginnt, geschieht durch die Begriffe der äußeren und inneren Wahrnehmung und scheint demnach ganz auf dem Gebiete des Empirischen zu liegen.

Allein, gerade in dieser Einschränkung, welche das Physische, wie das Psychische durch die Bedingung seiner empirischen Wahrnehmung definiert und, sofern es sich um die Bezeichnung der beiden Erscheinungsgebiete handelt, definieren muß, wird die Gültigkeit und der Wert dieser Unterscheidung problematisch. Denn es fragt sich nunmehr, worin der Unterschied der äußeren und inneren Wahrnehmung bestehen soll. An der Wahrnehmung selbst kann er nicht liegen; die Wahrnehmung ist sowohl als innere, wie als äußere ein psychischer Vorgang, also in beiden Fällen etwas Inneres. Demnach müßte die Verschiedenheit des Inhaltes den Unterschied der äußeren und inneren Wahrnehmung begründen können: „Die Selbsterscheinung des Geistes wird von einem wahren inneren Standpunkte des ihm unterliegenden Wesens gegen sich selbst, dem der Coincidenz mit sich selbst, die Erscheinung der zugehörigen Körperlichkeit von einem wahren, dagegen äußerlichen Standpunkte, dem der Nichtcoincidenz damit gewonnen."[2] Die Angabe dieses allgemeinsten Merkmals, welches das Bewußtsein von der äußeren Erscheinung zu unterscheiden vermag, kann dennoch nicht die Triftigkeit der psychophysischen Unterscheidung einer äußeren und inneren Wahrnehmung als unmittelbaren Ausdrucks von zwei Problemgebieten beweisen. Denn, daß ich mich selbst, mein Selbstbewußtsein, von anderen Dingen außer mir unterscheide, ist ein analytischer Satz. Andere Dinge,

---

[1]) Elem. I, 8.   [2]) Elem. I, 4.

Gegenstände überhaupt, sind solche, die ich von mir unterschieden denke. Mit dem Bewußtsein dieses Unterschiedes fängt alle Erkenntnis einer Außenwelt an; also ist damit der Begriff einer äußeren Erscheinung zu bezeichnen, wie auch ein Merkmal zu gewinnen, welches die Wahrnehmung als solche bestimmt. Aber diese Wahrnehmung wäre ihrem Begriffe nach eine äußere, nicht darum, weil sie etwa einen fertigen Inhalt von außen empfängt, sondern, weil sie ihn als einen äußeren vorstellt. Das Bewußtsein, — soll anders es im Unterschiede von diesem Inhalt gedacht werden — wäre nichts als die Beziehung des äußeren Inhalts auf ein Ich, also etwas, was alle Vorstellungen begleitet und abgetrennt von diesem Inhalt nichts ist. Wohl aber bestimmt es die Form dieser Vorstellungen und erhebt sie zu Erkenntnissen, wie bereits die Wahrnehmung als Unterscheidung eines Äußeren eine Richtung des Bewußtseins in der Verlegung seines Inhalts bezeichnet.

Demnach bezieht die Wahrnehmung auch umgekehrt jede äußere Erscheinung auf ein Inneres, nämlich auf das Bewußtsein. Die innere Wahrnehmung könnte im Unterschiede von der äußeren nicht gedacht werden, da diese die Momente des Äußeren und Inneren in sich befaßt. Soll aber die innere Wahrnehmung nur die Rücksicht auf die Verhältnisse des Bewußtseins, welche in dem Urteil des bestimmenden Subjekts sich vorfinden, bezeichnen, so ist zu bedenken, daß durch die Analysis des Bewußtseins meiner selbst im Denken für die Erkenntnis meiner selbst als eines Objekts nichts gewonnen wird. Denn diese Untersuchung ist transzendental. Es kann aber nur fälschlich die logische Erörterung des Begriffs der reinen Erkenntnis für eine metaphysische Bestimmung des zugrunde liegenden Subjekts gehalten werden.

In dieser Lage nun scheint sich uns die Psychophysik gleich an ihrem Anfang zu befinden, indem sie in der oben angegebenen Weise eine innere Erscheinung oder Wahrnehmung von der äußeren unterscheidet. Die logische Bedeutung der Wahrnehmung, welche in dem Hinweis auf eine äußere Wirklichkeit besteht, wird für die Bestimmung des Subjekts einer Wahrnehmung genommen und es tritt jene äußere Wirklichkeit in der inneren Wahrnehmung als psychische Erscheinung von neuem auf. Diese „Selbsterscheinung" des Geistes als Inhalt von Empfindungen, Vorstellungen und Gedanken kann nur dann als solche Selbsterscheinung von der äußeren Erscheinung unterschieden werden, wenn man außer acht läßt, daß eben auch

das Physische, sofern es Erscheinung ist, in das Gebiet des
Psychischen fällt. Dazu treibt das Interesse der Psychophysik:
„man muß sich nur dabei hüten, Verhältnisse, die im physischen
Gebiete zwischen dessen Einzelheiten bestehen, selbst ins geistige
Gebiet rechnen zu wollen, weil sie doch nur vom Geiste faßbar
sind; denn damit verlöre man den Boden für die Unterscheidung
beider Gebiete überhaupt."[1] — Der Boden dieser Unterscheidung
liegt also außerhalb der Gemeinsamkeit, welche die Bedingung
ihrer Erfahrbarkeit bezeichnen könnte. Also bestimmt auch der
Unterschied der äußeren und inneren Wahrnehmung nicht die
Verschiedenheit der beiden Erscheinungsgebiete des Physischen
und Psychischen. Sondern umgekehrt, äußere und innere Wahrnehmung sind bestimmt gemäß einer Unterscheidung jener
beiden Erscheinungsgebiete, welche außerhalb ihrer Beziehung
auf den Begriff der Erfahrung erfolgt. Demnach wird der
Dualismus der Erscheinungen dogmatisch vorausgesetzt und es
ist keine Korrektur dieser Auffassung, wenn der Unterschied
des Physischen und Psychischen auf dem Wechsel des Standpunktes des Betrachters[2] begründet werden soll. Die Möglichkeit dieses Wechsels setzt eben den Unterschied und den Dualismus physischer und psychischer Erscheinungen schon voraus.

Mit diesem Ergebnis kämen wir zu unserem Ausgangspunkt
zurück und die Unterscheidung der äußeren und inneren Wahrnehmung erweist sich als eine tautologische Umschreibung des
Problems einer empirischen Fixierung jener beiden Erscheinungsgebiete des Physischen und Psychischen. Die Problemstellung
der Psychophysik beruht vielmehr darauf als ihrer Bedingung,
die äußere Erscheinung ohne Beziehuug auf ein Bewußtsein als
an sich vorhanden zu hypostasieren. „Nun sind wir nach den
gemeinen Begriffen unserer Vernunft in Ansehung der Gemeinschaft, darin unser denkendes Subjekt mit den Dingen außer
uns steht, dogmatisch und sehen diese als wahrhafte, unabhängig
von uns bestehende Gegenstände an, nach einem gewissen transzendentalen Dualismus, der jene äußeren Erscheinungen nicht
als Vorstellungen zum Subjekte zählt, sondern sie so, wie sinnliche Anschauung sie uns liefert, außer uns als Objekte versetzt
und sie von dem denkenden Subjekte gänzlich abtrennt. Diese
Subreption ist nun die Grundlage aller Theorien über die
Gemeinschaft zwischen Seele und Körper" . . .[3]

---

    [1] Revion 5.   [2] Elem. I, 3 f.   [3] Kant, Kritik d. r. V. 757.
(Vorländer.)

Freilich ist es nicht notwendig, daß die Erfahrung, welche als Naturwissenschaft die äußere Wirklichkeit zu ihrem Gegenstande macht, sich der psychischen Bedingtheit ihrer selbst in dem Gange ihrer Forschung bewußt sei. Sondern die Erkenntnis der Außenwelt enthält bereits in ihrer anfänglichen Form als äußere Wahrnehmung eine Abstraktion von dieser allgemeinsten Bedingung des Bewußtseins, so daß „gemäß einem transzendentalen Dualismus" die äußere Erscheinung nicht als Vorstellung zum Subjekte gezählt wird (s. o.). Aber, wenn die Frage aufgeworfen wird, welche Beziehung zwischen der Außenwelt und dem Bewußtsein besteht oder bestehen könnte, kann von diesem obersten Grundsatz, welcher die Möglichkeit der Gegenstände auf die Bedingungen ihrer Erfahrung einschränkt, nicht abstrahiert werden. Denn der Begriff des reinen Bewußtseins, welcher dem Begriffe der Natur immanent ist und ihn allererst möglich macht, bezeichnet eben das Problem des Ursprungs unserer Vorstellungen von äußeren Gegenständen.

In dem Zusammenhang also, welcher die Möglichkeit der psychophysischen Problemstellung bezeichnet, wird eben von dieser Reflexion auf das erkennende Bewußtsein abgesehen. Nur dann, wenn äußere Gegenstände außerhalb des Bewußtseins in derselben Qualität, wie sie in uns sind, hypostasiert werden, kann das Problem einer Beziehung von Außenwelt und Innenwelt nach Analogie eines mechanischen Zusammenhangs entstehen. Da nun aber, nach Voraussetzung, das Bewußtsein als ein inneres der körperlichen Welt heterogen ist, so muß ihre Verbindung unmöglich erscheinen. So tritt zu der dogmatischen Annahme äußerer Dinge eine metaphysische Bestimmung ihres Zusammenhangs mit dem Bewußtsein hinzu: äußere und innere Vorgänge sind Erscheinungsweisen einer in sich identischen Grundsubstanz und „eine Lehre von den Beziehungen zwischen Geist und Körper wird die Beziehungen beider Erscheinungsweisen des Einen zu verfolgen haben".[1]

So würden die beiden zu verbindenden Glieder der Relation von Bewußtsein und Körperwelt zwar anscheinend homogen, aber es besteht kein Grund, dieser Behauptung der Psychophysik über die Grundbeziehung und den Zusammenhang von Bewußtsein und Materie Glauben zu schenken. Denn diese Annahme entzieht sich, nach Voraussetzung, der Kontrolle der Erfahrung.

---

[1] Elem. I, 6.

Man erkennt aus diesen Angaben, was es mit dem voraussetzungslosen Anfang der Psychophysik auf sich hat. Es ist aber zugleich ersichtlich, daß diese metaphysischen Annahmen die Beziehung auf die Möglichkeit einer Erfahrung, welche in diesen Fragen entscheidet, nicht zu ersetzen vermögen. Hätte die Psychophysik die Fundamente ihres Problems in den Begriff der Erfahrung gelegt, so wäre die Möglichkeit eines Zusammenhangs zwischen äußeren Erscheinungen und Vorgängen des Bewußtseins eben durch die Einheit dieses Begriffs der Erfahrung gegeben: „Nun ist die Frage nicht mehr von der Gemeinschaft der· Seele mit anderen bekannten und fremdartigen Substanzen außer uns, sondern bloß von der Verknüpfung der Vorstellungen des inneren Sinnes mit den Modifikationen unserer äußeren Sinnlichkeit, und wie diese untereinander nach beständigen Gesetzen verknüpft sein mögen, so daß sie in einer Erfahrung zusammenhängen.“[1] Da aber die Psychophysik für die Formulierung ihres Problems die objektive Realität der äußeren Erscheinung hypostasiert, kann die Relation zum Begriffe der Erfahrung für die Einheit von Bewußtsein und Materie nicht erreicht werden.

So entsteht eine besondere Schwierigkeit, welche die Möglichkeit der Lösung des psychophysischen Problems betrifft. Wenn wir äußere Gegenstände für Dinge an sich gelten lassen, so ist nicht einzusehen, wie wir zur Erkenntnis dieser Dinge außer uns kommen sollen, da wir uns nur auf die Vorstellung berufen können, die in uns ist. Nun aber ist für die Psychophysik die Kenntnis des äußeren Gegenstandes notwendig, da die Abhängigkeitsbeziehungen zwischen äußerem Objekt und psychischer Erscheinung anders nicht bestimmt werden können. Soll also das psychophysische Problem in Angriff genommen werden, so ist hier eine Korrektur nötig.

Diese Selbstkorrektur des Problems der Psychophysik vollzieht sich am Begriffe des Reizes. Der Reiz ist als bekannt gegeben, ist physikalisch definiert. Mit diesem Begriff des Reizes ist für die Psychophysik eine Voraussetzung gewonnen, deren Gediegenheit hinreicht, um die Richtung der Problemstellung zu verändern.

Denn es zeigt sich, daß es bei der Untersuchung der Psychophysik nicht auf die Bestimmung des unbekannten Grundes von äußeren und inneren Erscheinungen und ihres Zusammenhangs

---

[1]) Kant, Kritik d. r. V. 754.

ankommt, sondern darauf, vom äußeren Reize aus die Abhängigkeit des Psychischen selbst zu verfolgen. „Ein Grund für die
Psychophysik, den Verfolg der Seite der Abhängigkeit der Seele
vom Körper vor der gegenteiligen zu bevorzugen, liegt darin, daß
nur das Physische dem Maße unmittelbar zugänglich ist, indes
das Maß des Psychischen erst in Abhängigkeit davon gewonnen
werden kann."[1] Die Gegebenheit des Physischen wird als Ausgangspunkt der Untersuchung vorausgesetzt, um durch eine
Beziehung zu dieser bekannten Größe die Unbekannte, das
Psychische, zu bestimmen. In dieser Korrelation des Physischen
und Psychischen wird die Einseitigkeit der Beziehung durch die
Tendenz bestimmt, das psychische Gebiet nach Analogie des
Physischen einer exakten Bestimmung zu unterwerfen. Somit ist
die Beschreibung des Psychischen, der Bewußtseinsvorgänge, das
Ziel der psychophysischen Untersuchung und nicht etwa die
psychologische Definition schon Voraussetzung. Die Kollision
der Psychophysik mit der Psychologie entsteht dadurch, daß
sie diese zu ersetzen sucht. Die Abhängigkeitsbeziehung des
Psychischen vom Reize ist ein Mittel, die Beschreibung der
Bewußtseinsvorgänge als eine quantitative Bestimmung im tiefsten
Grunde menschlicher Erkenntnis zu befestigen.

Darum wird diese Abhängigkeit vorausgesetzt, zunächst als
Prinzip, „insofern eine derartige konstante oder gesetzliche Beziehung zwischen beiden besteht, daß von dem Dasein und den
Veränderungen des einen auf die des anderen geschlossen
werden kann."[2] Dieser Schluß also bildet die Brücke zwischen
innerer und äußerer Welt. Die Aufgabe der Psychophysik besteht darin, diesen Schluß als eine mathematisch formulierbare
Beziehung zwischen seinen Gliedern zu beglaubigen. Demnach
setzt die Psychophysik für ihr Problem die Selbständigkeit jedes
dieser beiden Glieder, insbesondere aber ein psychisches Grundphänomen, an welches die Untersuchung anknüpfen könnte,
voraus.

Was entspricht auf psychischem Gebiete dem objektiven
Reize? „Empfindung hängt vom Reize ab"[3] — zwischen
Empfindung und Reiz soll sich eine gesetzliche Beziehung auf-
finden lassen.

So wird die Empfindung zum Problemausdruck für das
Gebiet des Psychischen, dessen Bestimmung in Frage steht.
Die Aufgabe der Psychophysik ist also dahin präzisiert, das

---

[1] Elem. I, 9.   [2] Elem. I, 8.   [3] Elem. I, 12.

vom Reize abhängige Phänomen der Empfindung durch die
Form dieser Abhängigkeit zu bestimmen.

Es kann nicht bestritten werden, daß die Empfindung zum
Reize in Beziehung steht. Die Frage ist nur, wie diese Beziehung aufzufassen und das Problem ihrer Bestimmung zu
formulieren ist.

Gemäß der Problemstellung der Psychophysik ist es nun
nicht fraglich, daß mit der Empfindung etwas über ein psychisches Objekt ausgemacht werden soll. Demnach ist es zunächst die Frage, ob die Empfindung im Verhältnis zum Reiz
als Phänomen von eigener Faktizität definiert werden kann. In
der Tendenz dieser Forderung wird das Funktionsprinzip selbst
zur Tatsache.[1] Kann eine Tatsache ein Prinzip ersetzen oder
auch nur vertreten?

Das Wort Tatsache lenkt in einen anderen Zusammenhang
über. Die Tatsache, von der die Rede ist, ist keine andere,
als die, daß wir Empfindungen haben, welche durch den äußeren
Reiz hervorgerufen werden. Sofern es aber darauf ankommt,
das Problemgebiet des Psychischen zu definieren, ist die Empfindung, in ihrer Beziehung zum Reiz, selbst diese Tatsache.
So beginnt die Psychophysik mit der Empfindung als Tatsache
und hat also den Anspruch und die Verbindlichkeit, dieses
Faktum der Empfindung als solches zu rechtfertigen und damit
die objektive Realität ihres angenommenen Begriffs darzutun.

2. Die Phänomenologie der Empfindung.

Die gesetzmäßige Kombination der beiden Erscheinungsgebiete, des physischen und psychischen, verlangt also auf der
einen Seite den Nachweis und die Behauptung eines Faktums
als eigener psychischer Erscheinung. Wie die Unterscheidung der äußeren und inneren Wahrnehmung den Funktions-
gedanken der Psychophysik entstehen läßt, so steht am Ende
dieser Entwicklung von neuem der Hinweis auf die Eigentümlichkeit des durch den Reiz im Bewußtsein, als Bewußtsein, entstehenden Zustandes der Empfindung. Von diesem Faktum
geht die Psychophysik aus; sie begründet auf der Möglichkeit,
die Empfindung als eine Erscheinung ureigenster Faktizität zu
behaupten, ihren Anspruch, als Erfahrungswissenschaft in ele-

---

[1]) Revision, 2.

mentaren und letzten Tatsachen des Bewußtseins[1] die Sicherheit ihres Anfangs und ihrer Grundlagen zu bewähren. —

So wird die Empfindung zu der fundamentalen psychophysischen Tatsache unmittelbarer Beobachtung.[2] „Denn bis zu einfachen Empfindungen gelangt, stehen wir bei etwas Elementarem, Letztem im Bewußtsein."[3] — Unmittelbar ist die Empfindung das Ergebnis empirischer Beobachtung, das soll heißen, daß die Mittel ihrer Beobachtung, und das ist die Abhängigkeit der Empfindung vom Reiz, nicht die Eigenart des psychischen Phänomens definieren. Wäre die Empfindung nur in ihrer Abhängigkeit vom Reiz zu charakterisieren, so könnte der Gedanke entstehen, daß die Empfindung nicht anders als durch den Reiz zu definieren wäre, daß sie also überhaupt keine eigene Faktizität besäße. Dieser Gedanke muß abgewehrt werden; denn die Psychophysik beruht auf dem Faktum der Empfindung. Und wenngleich in dieser Denkungsart, welche die Empfindung zu einem Faktum macht, mit dem Inneren zugleich das Äußere als Korrelat mitgedacht wird, die Beziehung der Empfindung zum Reize also erhalten bleibt, so soll innerhalb dieser Beziehung die Empfindung dennoch selbständig und Inhalt einer unmittelbaren Beobachtung bleiben. Unmittelbar ist die Empfindung gegeben, ihr Entstehen, ihr Verschwinden und die Unterschiede ihrer Stärke. „Von vornherein und im allgemeinen kann nicht bestritten werden, daß das Geistige überhaupt quantitativen Verhältnissen unterliegt."[4] Man spricht doch von größerer und geringerer Stärke der Empfindungen und somit scheint es, als hätten wir zunächst und unmittelbar ein Urteil über ein Mehr oder Weniger oder ein Gleich in allen diesen Beziehungen, welches die Empfindung, wie irgendeinen äußeren Gegenstand, zum Objekt einer sinnlichen Anschauung und also zum Problem einer exakten Bestimmung machen könnte.

Allein es muß gleich anfangs befremdlich erscheinen, daß das Urteil des Mehr oder Weniger, der stärkeren und schwächeren Empfindung, für eine Bestimmung der Empfindung selbst zu halten sei. Die Empfindung entsteht nicht von selbst und unterscheidet sich so etwa vom Reize als Erscheinung eines besonderen Objekts. Sondern die „Empfindung hängt vom Reize ab; eine stärkere Empfindung hängt von einem stärkeren Reize ab."[5] Demnach kann, gerade nach der An-

---

[1]) In Sachen, 99.   [3]) In Sachen, 99.   [3]) l. c. 100.
[4]) Elem. I, 55 f.   [5]) Elem. I, 12.

schauungsweise der Psychophysik, die Empfindung von der Erscheinungsweise des äußeren Reizes gar nicht getrennt werden und die Art, wie die fragliche Abhängigkeit der Empfindung vom Reize zunächst und von vornherein zum Ausdruck kommt, ist nicht anders zu formulieren, als daß man sagt, der Reiz werde stärker oder schwächer empfunden.[1] Dies ist nicht allein die Angabe des natürlichen Sprachgebrauchs, sondern die Aufzeigung eines Merkmals, welches das sachliche Verhältnis betrifft. Ist die Empfindung auf den Reiz bezogen, so ist diese Beziehung die des Bewußtseins auf seinen Inhalt. Also sind die Prädikate des Stärker und Schwächer und des Gleich in allen diesen Verhältnissen auf den Reiz anzuwenden und betreffen ganz und gar nicht die Empfindung. Vielmehr ist die Empfindung im Unterschiede vom Reize, welcher als Inhalt der Empfindung erscheint, das Bewußtsein der bestimmenden Funktion einer Erkenntnis. Der Reiz ist als Inhalt der Empfindung das Bestimmbare. Nicht das Bewußtsein der bestimmenden Funktion der Erkenntnis, sondern das des bestimmbaren Inhalts macht den Charakter des Objekts aus. Demnach ist in diesem Verhältnis der Empfindung zum Reiz eben der Reiz das Objektive und die Empfindung von jeder Objektivierung ex definitione ausgeschlossen.

Ich erkenne mich nicht selbst dadurch, daß ich mir meiner selbst als empfindend bewußt bin. Denn dieses Bewußtsein ist nicht eine Vorstellung, welche ein besonderes Objekt unterscheidet und bezeichnet, sondern das Bewußtsein, welches alle unsere Vorstellungen begleitet. So ist das Bewußtsein die allgemeinste Bedingung, unter der wir von äußeren Gegenständen sowohl, wie ihrer Erscheinung als Empfindung und Vorstellung reden können, aber gerade darum kann das Bewußtsein nicht Gegenstand einer besonderen Erfahrung sein. Sondern, als Inbegriff der Bedingungen einer möglichen Erfahrung überhaupt, können wir abgetrennt von dieser Erfahrung von dem Bewußtsein weder als Empfindung noch Vorstellung den mindesten Begriff haben; „um welches wir uns daher in einem beständigen Zirkel herumdrehen, indem wir uns seiner Vorstellung jederzeit schon bedienen müssen, um irgend etwas von ihm zu urteilen."[2]

Wenn es also nicht möglich ist, eine empirische Wissenschaft von dem Bewußtsein im Sinne der Psychophysik zustande zu bringen, weil diese Erfahrungswissenschaft das Bewußtsein immer

---

[1] Elem. I, 20.   [2] Kant, Kritik d. r. Vernunft, 341.

schon voraussetzt, so wäre es geboten, das Bewußtsein an dem Leitfaden der Erfahrung überhaupt zu studieren. Aber diese Wissenschaft, welche die Erfahrung selbst zu ihrem Gegenstand hat, ist nicht empirisch, sondern rein und setzt den Begriff des Bewußtseins in derjenigen Bestimmtheit fest, welche eine transzendentale Logik fordert. In dem Umfang dieser Bedeutung wäre das reine Bewußtsein der Inbegriff aller möglichen Urteile und enthielte, wie die Form eines jeden Urteils, auch das empirische Urteil der Empfindung. Aber es ist klar, daß alle Folgerungen aus diesem Gebrauch der Empfindung ihren Begriff betreffen und ihren logischen Charakter ausmachen, somit nicht den empirischen Charakter der Empfindung, sondern den Charakter des Empirischen als Empfindung bestimmen.

Die Psychophysik begeht also an ihrem Anfang die Verwechslung, daß sie die bloße Form des empirischen Urteils für die empirische Erscheinung des Bewußtseins überhaupt ansieht und die logische Funktion der Empfindung für eine metaphysische Bestimmung des Subjekts der Empfindung verwendet. Indem in dieser Weise alle modi des Selbstbewußtseins als Empfindung auf das Subjekt bezogen werden, wird die Vorstellung eines Ich dieser Bestimmung zugrunde gelegt, von der schon Kant gesagt hat, daß sie „für sich selbst an Inhalt gänzlich leer sei".[1]

Der Schein des Empirischen entsteht also dadurch, daß das Bewußtsein unter dem Terminus der inneren Wahrnehmung zu sich selbst in ein Verhältnis gesetzt wird, dessen innere Unmöglichkeit wir soeben gezeigt haben. Um diesem Bedenken, welches gegen die unmittelbare Gegebenheit der Empfindung in der inneren Wahrnehmung spricht, zu entgehen, wird eine Definition der Empfindung zur Grundlage der psychophysischen Spekulation, welche die Empfindung nicht so sehr als psychische Tatsache bestimmt, als vielmehr durch die Eigenart ihrer Beziehung zum Reize ihren Begriff zustande bringt. Diese Definition der Empfindung ist in dem Weberschen Gesetz enthalten: aber das Webersche Gesetz bedeutet für die Psychophysik nicht eine Grundlegung in dem Sinne, daß die Phänomenalität der Empfindung nun in den Bestimmungen dieser Relation begründet wird; sondern das Webersche Gesetz wird zu einer Tatsache, zu einer experimen-

----

[1] l. c. 341.

tellen Grundlage, über die hinaus die Deutung dieser Versuche die Empfindung als psychophysisches Grundphänomen bestätigt und bewährt.[1] Dieses Verhältnis des psychophysischen Interesses zu der einzigen sachlichen Grundlage, welche die Psychophysik aufzuweisen hat, ist bezeichnend: das Webersche Gesetz widerstrebt der Anwendung, welche die Psychophysik davon macht. Denn die von E. H. Weber entdeckte Gesetzmäßigkeit der Beziehung zwischen Empfindung und Reiz stellt die Selbständigkeit und Faktizität der Empfindung, welche die Psychophysik fordert, in Frage. Man kann das Webersche Gesetz, sofern es eine Definition der Empfindung betrifft, so formulieren, daß es sich weniger auf „die Auffassung des Verhältnisses ganzer Größen" bezieht, als die Tatsache zum Ausdruck bringt, daß das Verhältnis zweier gleichartiger Reize sich nicht über einen bestimmten Grenzwert der Einheit nähern darf, wenn die Reize noch unterschieden werden sollen. Diese Bedingung, welche sich auf den mathematischen Ausdruck bringen läßt: $\frac{R_1}{R_2} > c > 1$, enthält die Möglichkeit, die Empfindung zu charakterisieren. Die Empfindung ist die ebenmerkliche Unterscheidung, welche sich durch den physiologischen Versuch für alle Empfindungsgebiete konstatieren läßt, und als deren negativer Ausdruck die Tatsache der Schwelle angesehen werden kann. Die Empfindung besteht also als Phänomen lediglich darin, daß sie da ist oder nicht da ist; diese Merklichkeit wäre die „Größe" der Empfindung und ihre einzige Besonderheit, sofern in dieser Bestimmtheit und Distinktheit die eigentümliche Natur der Empfindung zum Ausdruck kommt.

Diese Ebenmerklichkeit ist nun bedingt durch die Änderung eines gegebenen Bewußtseinszustandes, bei Einwirkung eines Reizes durch die Änderung des Reizes. Durch diese Bestimmung erhält ein zweites Moment zur Charakteristik der Empfindung besonderen Nachdruck: die Unterscheidung. Die Empfindung ist der momentane Akt dieser Sonderung, ihre Entstehung ist ihr Bestand. So definiert E. H. Weber: „Das unklare Bewußtsein dieser sich schnell wiederholenden Änderungen der eigenen Tätigkeit der Seele ist es vielleicht, was wir Empfindung nennen."[2]

Wenn sich also die psychologische Leistung der Empfindung in diesem unklaren Bewußtsein einer momentanen Änderung

---

[1] Elem. I, 65 f.
[2] E. H. Weber, Lehre vom Tastsinn und Gemeingefühl, S. 35.

bestimmt und begrenzt, so kann die Empfindung nicht als Gradmesser der psychischen Tätigkeit dienen. Man kann nicht ohne weiteres sagen: „bei Einwirkung der meisten äußerlichen Potenzen, wovon Empfindung abhängt, steigt die Empfindung, nachdem sie überhaupt merklich geworden ist, mit Verstärkung der einwirkenden Potenz kontinuierlich in demselben Sinne und sinkt mit Schwächung derselben kontinuierlich bis ins Unmerkliche."[1] Die Annahme dieses Steigens und Sinkens der Empfindung beruht zunächst auf einer Verwechslung: wir übertragen auf die Empfindung, was nur Gültigkeit hat für die objektiven Verhältnisse, welche wir vermittels der Empfindung taxieren. Sodann aber widerspricht diese Auffassung, welche der Empfindung die Eigenschaft der Intensität nach Ab- und Zunahme zuschreibt, der ursprünglichen Definition der Empfindung. Denn es wird für die Möglichkeit dieser Zunahme oder Abnahme der Stärke der Empfindung eine gewisse Konstanz und eine zeitliche Dauer des Empfindungszustandes gefordert, welche ihm nicht zukommt. Vielmehr hat die Empfindung keinen Bestand als im Entstehen; sie ist durch die Änderung des Bewußtseinszustandes bestimmt und diese ist momentan, oder sie ist keine Änderung. E. H. Weber hat in Erwägung dieser möglichen Deutung des Empfindungsvorgangs, bei dem die Psychophysik stehen geblieben ist, eine andere Auffassung ausgesprochen: „Ein Thermometer zeigt die Temperatur des Quecksilbers in jedem Augenblick an, es mag nun im Steigen oder Fallen sein oder nicht. Anders verhält sich's mit dem Tastsinn. Es scheint, als ob wir mehr den Akt des Steigens oder Sinkens der Temperatur unserer Haut, als den Grad wahrnehmen können, bis zu welchem die Temperatur gestiegen oder gesunken ist." — Wie mit dem Tastsinn verhält es sich mit allen übrigen Sinnen: die Empfindung ist auf den momentanen Akt der Änderung eines bestehenden Zustandes fixiert.[2]

Die moderne Physik, welche sich anschickt, den Begriff der Materie restlos in den der Bewegung aufzulösen, würde von ihrer Auffassung des „Reizes" aus der physiologischen Ansicht über den Empfindungsvorgang nicht widersprechen. Wenn selbst die Konstanz materieller Körper nur scheinbar, in Wirklichkeit aber nichts anderes ist als eine besondere Gesetzmäßigkeit von Bewegungen der Moleküle, so ist für den Tastsinn jene physiologische Ansicht auch physikalisch gerechtfertigt. Für die

---

[1] Elem. I, 19.   [2] l. c. 92.

akustische, wie für die optische Empfindung ist es klar, daß
eine Mannigfaltigkeit sukzedierender Veränderungen den Wahrnehmungsvorgang bedingen und möglich machen. Wie die
Ruhe einer stehenden Welle nur scheinbar ist, in Wirklichkeit
aus den Einzelschwingungen besteht, so setzt sich der Vorgang
der Wahrnehmung aus der Sukzession vieler Einzelempfindungen
zusammen. Diese sind das wirklich Bestehende; die Dauer und
Konstanz des Vorgangs ist nur eine scheinbare, wie die scheinbare Wellenbewegung.

An diesem Bilde läßt sich die Kritik fortführen, sofern sich
nämlich ergibt, daß die Psychophysik in ihrer Auffassung die
Empfindung ihrer Mehrheit gleichsetzt. Diese Frage betrifft
die psychologische Bestimmung der Empfindung.

Es ist notwendig, die Empfindung von ihrer Mehrheit begrifflich zu unterscheiden, weil bereits das Verhältnis von zwei
Empfindungen nicht unter dem Bilde der Koexistenz im
Bewußtsein gedacht werden kann. Um zwei Empfindungen als
solche zu gewahren, muß ich sie unterscheiden können; wenn
die zweite Empfindung mit der ersten verglichen werden soll,
muß diese vergangen sein, Erinnerung geworden sein, um der
zweiten Empfindung überhaupt Platz zu machen. Ferner aber,
da auch dieses Vergleichen der beiden Empfindungen, gerade
nach Fechner, eine Empfindung ist, muß auch diese zweite
Empfindung vergangen sein, um der Vergleichsempfindung ihre
Existenz zu ermöglichen. „Ich kann bemerken, daß ich die eine
habe und daß ich die andere habe; um sie aber zu vergleichen
und ihres Unterschiedes zu gewahren, muß ein neuer Akt des
Bewußtseins eintreten, der seinen besonderen psychophysischen
Bedingungen unterliegt."[1] Dieser neue Akt des Bewußtseins
ist die Unterschiedsempfindung; es ergibt sich also, daß
nach den eigenen Angaben der Psychophysik die Empfindung
rein psychologisch nicht als ein einheitliches Ganzes, als die
Summe ihrer Einzelerscheinungen, zu bestimmen ist.

Vielmehr entsteht die Verpflichtung, die Empfindung nicht
allein von ihrer Mehrheit begrifflich zu unterscheiden, sondern
auch diese Mehrheit durch die Einheit des Bewußtseins psychologisch zu definieren. In dieser Rücksicht hat E. H. Weber
gleich am Anfang seiner Untersuchung auf den Begriff der
Vorstellung hingewiesen: „bei allen Empfindungen müssen
wir reine Empfindungen von unserer Auslegung derselben unter-

---

[1] In Sachen 99.

scheiden . . . . Aber diese Auslegung assoziiert sich so sehr
mit der Empfindung, daß sie von ihr unzertrennlich ist und von
uns für einen Teil der Empfindung gehalten wird, während sie
doch die Vorstellung ist, die wir uns von der Empfindung
machen."[1] Sehen wir auch davon ab, wie die nähere Ausführung dieses Begriffs der Vorstellung sich gestalten würde,
jedenfalls ergibt sich, daß die Möglichkeit einer Definition der
Vorstellung nicht durch die Berufung auf die innere Wahrnehmung abgeschnitten ist. Sondern sowohl für die Vorstellung,
wie für die Empfindung und ihr Verhältnis zueinander ist die
Grundlage für eine begriffliche Bestimmung und Unterscheidung
gelegt, indem an Stelle der inneren Wahrnehmung der Hinweis
auf die Spontaneität des Bewußtseins tritt. Die Empfindungen
kommen unmittelbar überhaupt nicht zur Existenz in einer
inneren Wahrnehmung, sondern nur mittelbar durch „Anregung
einer Tätigkeit unserer Seele, mittels derer wir Empfindungen
vorstellen und in Zusammenhang bringen."[2] Dieser Begriff des
Zusammenhangs oder der Einheit wird zum Leitbegriff für
alle Definitionen, welche die einzelnen Stufen und Stationen
des Bewußtseins bestimmen. In ihnen prägt sich die immanente
Gesetzlichkeit und Regel des Bewußtseins aus, welche unsere
Vorstellungen und alle Gegenstände einer Erfahrung beherrscht
und die nicht von außen erborgt zu werden braucht, noch aus
der unbestimmten Vorstellung eines äußeren Gegenstandes abgeleitet werden kann. Darum verbindet sich mit dieser Auffassung, welche auf die Spontaneität des Bewußtseins und seine
eigene, immanente Gesetzlichkeit Rücksicht nimmt, die Tendenz,
die Selbständigkeit der Empfindung gegenüber der Vorstellung zurückzudrängen. Mit der Empfindung wird der
äußere Gegenstand als Reiz mitgedacht und jede Möglichkeit,
die psychologische Charakteristik des Bewußtseins zu beginnen,
a limine abgewiesen. Die Vorstellung dagegen weist auf die
Eigenart der psychischen Funktionen hin gegenüber jeder Bedingtheit durch äußeren Reiz, welcher durch die Empfindung
vermittelt würde.

In der Psychophysik dagegen ist das Verhältnis von
Empfindung und Vorstellung gerade umgekehrt und mit
der Selbständigkeit der Empfindung wird das Bewußtsein überhaupt auf die Empfindung verkürzt. Die psychologische Definition der zusammengesetzten Bewußtseinserscheinungen erschöpft

---

[1]) Weber, üb. Tastsinn u. d. Gemeingefühl, 10.   [2]) l. c. 10.

sich in der Bestimmung, daß die Vorstellung das Erinnerungs-
bild, — also die Ableitung und Spur der Empfindung — darstelle.
Der Sinn dieser Ableitung kann nicht zweifelhaft sein: Es soll
der Zusammenhang zwischen der Empfindung und den höheren
psychischen Phänomenen als ein mechanischer hergestellt werden.
Also ist auch hier die Ableitung keine begriffliche; sondern es
kann sich nur um eine Wiederholung des als Empfindung in der
Psychophysik bezeichneten Inhalts handeln.   Die Vorstellung
als die Summe verschiedener Empfindungen und ihre Vergangenheit erklären, heißt sie durch die Empfindung erklären.   Der
Unterschied soll dann auf dem Grade der Intensität beruhen:
„Und so hoch auch eine psychische Tätigkeit aufsteigen mag, so
gibt doch die Intensität der Bewußtseinstätigkeit, die überhaupt
darin verwandt wird, wie die Helligkeit der Bilder, mit denen
selbst die höchste Bewußtseinstätigkeit noch spielt, einen Angriffs-
punkt für die Frage nach den Maßbeziehungen zwischen der
psychischen und physischen Seite . . ."[1]   Das Interesse dieses
Problems einer Maßbeziehung fordert es, die empirische Gegebenheit der Vorstellung in der inneren Wahrnehmung so zu
behaupten, wie für die Empfindung, um den empirischen An-
knüpfungspunkt für die fragliche Abhängigkeit zu gewinnen.
So wird auch die Vorstellung zur unmittelbaren Gegebenheit.
Das Unterscheidungsmerkmal der Intensität begründet keinen
Unterschied gegenüber der Empfindung; vielmehr wird die Vorstellung sowie jede höhere psychische Tätigkeit hierdurch der
Empfindung begrifflich gleichgesetzt, die durch den Charakter
der Intensität bezeichnet war.   Die Vorstellung ist, wie die
Empfindung, als Inhalt der inneren Wahrnehmung nichts anderes
als ein Ausdruck für das Dasein eines Bewußtseinsinhaltes überhaupt.   Im Unterschied von der Empfindung soll die Vorstellung
auf ein früher Gegenwärtiges bezogen sein.[2]   Das ist keine
Definition.   Oder kann der bloße Wechsel des vorgestellten
— in der Empfindung der Psychophysik bereits vorgestellten —
Materials die innere Umwandlung desselben von der Empfindung
zur Vorstellung auch nur psychologisch erschöpfend definieren?
      Der Einwand richtet sich weniger gegen den Inhalt der
Definition der Psychophysik, als dagegen, daß der Versuch einer
solchen überhaupt nicht gemacht wird. Indem die psychischen
Funktionen auch in ihrer kompliziertesten Gestalt zu Inhalten
einer inneren Wahrnehmung werden, erfahren sie dieselbe Be-

---

[1]) In Sachen, 2.   [2]) Revision, 8.

stimmung wie die Empfindung: sie werden zu Gegebenheiten. Der Terminus der Gegebenheit bezeichnet jene Ablenkung von der eigentlichen Aufgabe, die für die Psychologie hier vorliegt, der Aufgabe einer Definition. Was sollte sonst an diesen Inhalten der inneren Wahrnehmung interessieren? Die innere Wahrnehmung ist in dem Umfange aller psychischen Inhalte, welche auftreten mögen, nichts anderes als die Apperzeption, die mit ihnen verbunden ist: Ich erkenne. Dieses Selbstbewußtsein gibt, sei es als Empfindung oder als Denken, von der niedersten bis zur höchsten Bewußtseinstätigkeit, lediglich seine eigenen Bestimmungen. Denn freilich kann ich nicht außer mir empfinden, sondern nur in mir; freilich „kann der Geist mit seinem Inhalt von Empfindungen, Gedanken, Gefühlen nur sich selbst, innerlich, erscheinen".[1] Aber er begreift in sich den Körper und alle körperlichen Beziehungen, sofern wir zur Erkenntnis ihrer Wirklichkeit außer uns nur auf die Vorstellung in uns uns stützen können. Also ist das innerlich Erscheinende als Inhalt des Bewußtseins nichts Neues, noch als das Mannigfaltige einer besonderen inneren Anschauung zu bezeichnen, dessen Bestimmung eine eigene Wissenschaft fordern könnte. Sondern dieser Inhalt der Empfindungen und Vorstellungen ist als Erscheinung im Bewußtsein der Anfang aller Erkenntnis, welche sich indessen auf das äußere Objekt bezieht. Somit betreffen jene Bestimmungen des bloßen Selbstbewußtseins, als welche die innere Wahrnehmung alle psychischen Funktionen in einer einzigen Formel des Bewußtseins auszudrücken vermag, den äußeren Gegenstand und können darum in Hinsicht auf ihren Inhalt nicht Gegenstand einer Psychophysik sein.

Sofern aber die bloße Form des Bewußtseins in dem Wechsel ihres Ausdrucks als Empfinden, Vorstellen, Denken etc. das Problem einer psychologischen Charakteristik bildet, kann diese Aufgabe nur definitorisch sein. Die Kategorie des Psychischen, welche den Inhalt einer psychologischen Beschreibung ausmacht, ist durch den Begriff der psychischen Funktion zu umschreiben. Nicht um Dinge handelt es sich in der Psychologie, noch um Vorgänge, welche nach Analogie dinglicher Beziehungen untereinander in ein Verhältnis zu setzen wären. Sondern, indem erkannt wird, daß Gegenstände in der Einheit der Erfahrung ihren Bestand haben, entsteht für die Psychologie die Aufgabe, zu zeigen, wie die Einheit der Erkenntnis sich als Einheit des

---

[1]) Revision, 1.

Bewußtseins aufbaut. Was aber Erfahrung ist, lehrt keine innere Wahrnehmung, sondern die Logik hat diesen Begriff, wie den der Wahrnehmung selbst, zum Gegenstand ihrer Ausführung: „Denn innere Erfahrung überhaupt und deren Möglichkeit, oder Wahrnehmung überhaupt und deren Verhältnis zu anderer Wahrnehmung, ohne daß irgendein besonderer Unterschied derselben und Bestimmung empirisch gegeben ist, kann nicht als empirische Erkenntnis, sondern muß als Erkenntnis des Empirischen überhaupt angesehen werden und gehört zur Untersuchung der Möglichkeit einer jeden Erfahrung, welche allerdings transzendental ist."[1] Und somit käme auch in dieser Abhängigkeit der Psychologie von der Logik zum Ausdruck, daß die Psychologie es mit Abstraktionen zu tun hat, sofern nämlich ihr Material in der Logik vorliegt. In dieser Abstraktion von der objektiven und inhaltlichen Bedeutung der psychischen Begebenheiten, die in anderen Disziplinen verwaltet wird, begründet sich die Eigenart einer Problemstellung, welche die subjektive Seite dieser psychischen Begebenheiten untersucht. Als eine solche methodische Abstraktion von dem Inhalt des Empirischen, der nur auf objektive Verhältnisse Bezug hat, ist die Empfindung in der Psychologie ein Begriff; als das erste Element des Subjektiven, die elementare Funktion des Bewußtseins, in welche der definierbare Anfang der Erkenntnis zu setzen wäre, ist die Empfindung weder selbständig faßbar, noch bezeichenbar. Denn diese Art der Erfahrung setzt die Gesamtheit der Erkenntnisfunktionen schon voraus und betrifft überdies stets ein Objekt und niemals das Subjektive.

Der Gegensatz der Psychophysik gegen die psychologischen Bestimmungen und Distinktionen, mit deren Richtigstellung sie ihrer Voraussetzung nach unlöslich kompliziert ist, wird also als ein methodischer durchsichtig. Dieser Gegensatz betrifft die Methode der Gewinnung ihrer Begriffe, zunächst eines der wichtigsten Begriffe, des der Empfindung. Wir haben gesehen, was die innere Wahrnehmung bedeutet im Unterschiede von einer psychologischen Definition. Es kommt also nicht darauf an, eine andere psychophysische Bestimmung an Stelle dieser Wahrnehmung von Intensitäts-Ab- und Zunahme zu setzen. Der Einwand richtet sich gegen die Grundlage der psychophysischen Sätze. Die Auffassung der Psychophysik von der Empfindung widerspricht von vornherein dem psychologischen

----

[1]) Kant, Kr. d. r. Vern., S. 339.

Begriff der Empfindung. So muß sich dieser Widerspruch auch in den eigenen Aufstellungen der Psychophysik zeigen, sobald der Versuch einer näheren Definition gemacht wird.

Dies erweist sich als notwendig, wenn es sich darum handelt, die Intensität der Empfindung genauer zu bestimmen. Es ist nicht möglich, den Grad der Empfindungsintensität durch innere Wahrnehmung zu finden, sondern die experimentelle Basis dieser theoretisch zu folgernden Bestimmung ist in der ebenmerklichen Empfindung des Unterschiedes zweier Reize gegeben.[1] In den Maßmethoden, welche Fechner zur Bewährung des psychophysischen Grundgesetzes ausgebildet hat, ist diese Unterschiedsempfindung das einzige experimentelle, also empirisch gefundene Datum.[2] Darum kann auch der letzte Schritt der mathematischen Ableitungen des psychophysischen Systems, durch den der Anschluss an die Wirklichkeit, deren Ausdruck sie sein sollen, erreicht wird, nur geschehen, indem auf die bezeichnete Eigentümlichkeit der Empfindung Rücksicht genommen wird: Die Konstantenbestimmung des Integrals der Empfindung zeigt, daß es nur einen Wert gibt, der sich für die Empfindung selbständig darstellen läßt, das ist der Wert des Reizes, bei dem die Empfindung als ebenmerkliche eintritt, der sogenannte Nullwert der Empfindung.

Die Empfindung als ebenmerkliche Unterschiedsempfindung vereinigt die beiden Momente, durch welche auch E. H. Weber die Empfindung zu definieren suchte. Somit wäre in der Psychophysik eine Bestimmung der Empfindung gewonnen, welche ihren idealen Charakter darin bezeugt, daß die Empfindung nicht dem Reize als dessen Widerhall schlechthin entspricht, sondern durch das Verhältnis zweier beliebiger Reize definiert ist. Die Empfindung ist also als ebenmerkliche Unterschiedsempfindung ein Verhältnisbegriff. Aber die Psychophysik bleibt hierbei nicht stehen, sondern die Unterschiedsempfindung wird alsbald zum Empfindungsunterschied und das Webersche Gesetz in der Fassung Fechners auf diese Empfindungsunterschiede bezogen: „Das Webersche Gesetz ist in Beziehung auf Empfindungsunterschiede ausgesprochen, aber die Versuche, auf die sich das Webersche Gesetz stützt, gehen direkt nur auf empfundene Unterschiede oder Unterschiedsempfindungen . . ."[3] Mit dieser Wendung wird die Voraussetzung rezipiert, daß die Empfindung als psychisches Faktum von meßbarer Größe

---

[1]) In Sachen, 11.   [2]) ibid.   [3]) In Sachen, 11.

existiert. Die Unterschiedsempfindung soll sich als Unterscheidung nicht auf die Reize und das Verhältnis von Reizen
beziehen, sondern auf die Differenz von zwei Empfindungen.
Für diese würde sich die Frage erneuern, in deren Erörterung
wir stehen, die Frage ihrer Phänomenalität. Da sich aber
zeigt, daß die Empfindung, sofern sie als „daseiend überhaupt
erkannt wird[1]," nur Unterschiedsempfindung ist, besteht kein
Grund, die Empfindung im Sinne der Psychophysik im Gegensatz zu ihrem wirklichen Ausdruck als psychische Größe aufzufassen. Oder kann man eine Unterscheidung, als welche die
Empfindung, sofern sie wirklich da ist, sich abermals erweist,
als ein Ganzes sich denken, das aus Teilen zusammensetzbar
wäre?

Die Empfindung hat im Bewußtsein kein selbständiges
Dasein, da sie keine koexistierenden Teile besitzt, folglich
niemals als Ganzes existiert. Das beweist die Webersche
Definition. Die Ebenmerklichkeit läßt keine Grade oder Teile
ihrer selbst zu. Die Psychophysik aber erschleicht ihr Prinzip,
indem an Stelle der Unterschiedsempfindung, welche den physiologischen Begriff zum Ausdruck bringt, der Empfindungsunterschied gesetzt wird, dessen Berechtigung gerade durch den
Weberschen Begriff ausgeschlossen ist. So entscheidet die
„fundamentale" Bestimmung über die experimentale. Für diese
„fundamentale" Bestimmung ist es wesentlich, daß sie in ausdrücklichem Gegensatz gegen das Ergebnis des physiologischen
Versuchs die empirische Gegebenheit der Empfindung in der
inneren Wahrnehmung behauptet.

So überträgt sich auf die Unterschiedsempfindung, was für
die Empfindung von vornherein angenommen wurde. Die Unterschiedsempfindung wird als Differenz von zwei Empfindungen gedacht und wird so zu einer Empfindungsstrecke.
Sofern in dieser Empfindungsstrecke ein Einheitsmaß der Empfindung gewonnen werden soll, wird die Konstanz dieser Strecke
vorausgesetzt. Durch diese Annahmen wird nun auch der experimentale Teil der Psychophysik erheblich beeinflußt. Die
Annahme eines wahren Unterschiedsschwellenwertes, der
wie eine wirklich existierende Größe zu bestimmen sei, führt
dazu, in den psychophysischen Maßmethoden die subjektiven
Faktoren nach Möglichkeit zu eliminieren. Man kann aber behaupten, daß gerade das Studium dieser subjektiven Faktoren

----

[1] In Sachen, 44.

das eigentliche Interesse physiologisch-psychologischer Bestimmungen ausmacht.

Der Terminus und Begriff der Empfindung bezeichnet dies Problem der Subjektivität und die Inkongruenz ihres Ausdrucks im Verhältnis zum Reize, wie auch individuelle Verschiedenheiten, enthalten die Aufgabe, auf objektive Bedingungen zurückgeführt und also erklärt zu werden. Diese Bedingungen liegen in dem Nervensystem und den körperlichen Verhältnissen, welche für das Bewußtsein anzunehmen sind, und somit ist es die Physiologie, welche das Studium des Bewußtseins an der Materie leistet. Sofern die Physiologie also ermittelt, in welcher Art der einzelne Vorgang der Empfindung dem Reize entspricht, beziehen sich ihre Aussagen auf die physiologischen Bedingungen ihrer Entstehung, jedenfalls auf ein Äußeres und einen materiellen Vorgang. Nur in dieser Weise ist es möglich, die psychischen Faktoren zu bestimmen und eine Erfahrung von ihnen zustande zu bringen, deren erster Begriff eben die Materie ist. Die Empfindung stellt das Problem einer objektiven Beziehung, welche die Physiologie als objektive Wissenschaft ermittelt. Die Empfindung ist nicht selbst etwas Objektives, sondern sie stellt das Problem der Subjektivität, das freilich nur auf Grundlage objektiver Bestimmungen lösbar ist. Aber diese betreffen alsdann den äußeren und materiellen Vorgang, welcher in der Physiologie für das Bewußtsein angenommen und gesucht wird. Die Schwellenwerte messen nicht die Empfindung selbst, sondern die Empfindlichkeit des Sinnes für objektive Unterschiede der Reize.

Die Psychophysik aber geht darüber hinaus[1] und setzt die Objektivität für die Empfindung selbst voraus, die sie zu bestimmen sucht. Das widerspricht dem Begriffe einer subjektiven Empfindung. Es besteht kein Grund dafür, daß die Art, wie ich empfinde, für alles, was empfindet, gültig sein soll. Andererseits kann ich, solange ich das Urteil der Empfindung für das objektive ansehen will, durch keine äußere Erfahrung von einem empfindenden und vorstellenden Wesen mir die mindeste Vorstellung verschaffen, sondern ich bin ganz darauf angewiesen, wie der Ausspruch meines Selbstbewußtseins es mir angibt. — So kann es keine Erfahrung geben, und es kann diese innere Unmöglichkeit der Psychophysik nicht schlagender ausgedrückt werden, als sie es selbst tut: „Darum wird auch

---

[1] Elem. I, 54.

kein Geist des anderen Geistes unmittelbar als Geistes gewahr"; [1]
— — vielmehr kann der Geist mit seinen Empfindungen nur sich
selbst erscheinen. [2] Es besteht aber die fundamentale Bedingung
einer objektiven Erfahrung darin, daß die Erscheinung allgemein
ist. Ist die Empfindung nicht mitteilbar, so kann von
ihr keine Erfahrung zustande gebracht werden. Also ist von
der Empfindung nur indirekt etwas auszumachen. Die objektive
Erfahrung betrifft das physiologische Korrelat. „Darum kann
überhaupt kein Geist des anderen als mit Hilfe von dessen
Körperlichkeit gewahren."[3] Nur das physiologische Korrelat
kann auch einem gegenüberstehenden Wesen erscheinen. Darauf
beruht eben die Möglichkeit einer Physiologie der Empfindung.

Die Psychophysik sieht sich also in einer besonderen
Schwierigkeit hinsichtlich des Phänomens, das sie zu bestimmen
sucht. Die Empfindung will sich als eine objektive psychische
Größe nicht fassen lassen. Trotzdem unternimmt es die Psychophysik, an die Empfindung diejenigen Begriffe anzulegen, welche
im allgemeinen die Bedingungen einer objektiven Erfahrung ausmachen. Dann allerdings ist die Untersuchung keine empirische
mehr, schon darum nicht, weil sie nicht mit der Wahrnehmung
und Erscheinung anfängt.

In dieser Richtung bewegt sich die Tendenz der Psychophysik, die Empfindung als psychische Größe von bestimmter Maßzahl aufzustellen. Der Schein des Empirischen
entsteht durch den Terminus der inneren Wahrnehmung, welche
indessen nichts anderes zum Ausdruck bringen kann, als die
Erscheinungsweise des Reizes in der Sinnlichkeit. Somit würde
der Begriff der Erscheinung durch den der inneren Wahrnehmung
rezipiert und die Empfindung in dem wechselnden Ausdruck
ihrer Stärke dem Empfundenen gleichgesetzt. Aber es wird
gleichzeitig in der Psychophysik ein Unterschied gemacht: die
Empfindung ist ihrer Größe nach objektiv gegeben, also unabhängig von der Art der Erscheinung: „Man hebt ein Gewicht;
es erweckt eine gewisse Empfindung, man hebt nach einiger
Zeit ein stärkeres Gewicht; es erweckt eine stärkere Empfindung.
Diese Empfindungen sind gegeben, der Unterschied dieser Empfindungen ist gegeben, ist ein ganz bestimmter und fester, unabhängig davon, wie er mir scheint" . . . [4] Hiermit wird die
Gegebenheit der Empfindung prägnant. Auf dieses Scheinen,
welches vielmehr ein Erscheinen ist, kommt es gerade an, soll

---

[1]) Elem. I, 4.   [2]) Revision, 1.   [3]) Elem. I, 4.   [4]) In Sachen, 45.

anders in der empirischen Grundlage der psychophysischen
Forschung der Anspruch und das Problem der Empfindung
streng und genau beachtet werden.

Warum soll diese Unterschiedsempfindung eine ganz bestimmte und feste Größe haben, unabhängig davon, wie sie
wirklich da ist? Man sollte meinen, daß auch die Psychophysik
diese Größe nicht von vornherein annimmt, sondern erst als
Ergebnis ihrer Untersuchung angeben kann. Aber um diese
psychophysische Bestimmung zu ermöglichen, ist es nötig, die
Konstanz und Objektivität der Unterschiedsempfindung anzunehmen, weil sie die Einheit, mit der gemessen werden soll,
angibt. Andererseits aber, um die Größe dieser Einheitsstrecke
zu messen, ist es nötig, die objektive Größe der Empfindungen
E_1 und E_2, als deren Differenz die Unterschiedsempfindung
gedacht ist, von vornherein anzunehmen. So drehen wir uns
im Kreise und das Ergebnis ist, daß für die Empfindung eine
Objektivität angesetzt wird, die ihrem Begriffe schlechterdings
widerspricht. Diese Objektivität entsteht dadurch, daß die
Reize R_1 und R_2, welche die Empfindungen E_1 und E_2 hervor-
rufen, sich unter der Hand in Empfindungen umsetzen und so
der Annahme ihrer konstanten Differenz einen Schein von Berechtigung verleihen.

So sehen wir, wie in der Empfindung der Reiz gleichsam
vorgedacht wird und dadurch die Empfindung zu einem realen
Vorgang des Bewußtseins werden kann. Die Empfindung ist
der reale Eindruck als Reaktion auf den Reiz. Der Reiz
ist der einzelne Gegenstand, somit wird die Empfindung mit dem
einzelnen Gegenstand verbunden als Reaktion auf den Reiz.
So wird der einzelne Inhalt des Bewußtseins zur Empfindung.
Mit der inneren Wahrnehmung ist dann diese Gleichsetzung der
Empfindung mit diesem Bewußtseinsinhalt vollendet. Es überträgt sich auf die Empfindung als eine angebliche psychische
Einzelerscheinung, was als Inhalt der Vorstellung den Anspruch
auf einen externen Wert dieses Inhalts, die Erscheinung in Zeit
und Raum, bedeutet.

So wird die Empfindung zum psychischen Korrelat
komplexer Erscheinungen. Es ist aber ersichtlich, daß die Behauptung der empirischen Gegebenheit der inneren Wahrnehmung
nichts anderes besagen kann, als daß ein Bewußtseinsinhalt gegeben ist. Diese Beziehung des Bewußtseinsinhaltes auf ein Ich
kann mit dem Begriff der Empfindung gedacht werden. Man
kann aber nicht diese Beziehung vom Dasein des Inhaltes los-

lösen und für sich zum Problem machen. Jede nähere Aussage darüber, wie der Akt der Empfindung erfolgt, bezieht sich auf andere Verhältnisse, als die der Empfindung selbst. Ist die Empfindung als psychischer Vorgang unmittelbar — und das sollte sie ja sein — so widerspricht ihrem Begriffe die empirische Gegebenheit in der inneren Wahrnehmung; denn, wenn die Empfindung unmittelbar ist, so ist sie eben der Akt der Wahrnehmung selbst. Also kann sie nicht mit dem Inhalt der Wahrnehmung gleichgesetzt werden. Sondern die Empfindung wäre, soweit sie ihrem psychologischen Begriffe nach in Frage kommt, durch Rückschluß aus dem objektiven Inhalt der Wahrnehmung, welchen die Wissenschaft als Erkenntnis bestimmt, und den objektiven Einheiten, welche die Erkenntnis ausmachen, zu definieren. [1]

Es gibt nicht zwei Reihen von Phänomenen, physische und psychische, noch ist die Empfindung als psychisches Grundphänomen im Unterschiede von der Erscheinung, welche die Wissenschaft auf die objektive Einheit der Natur bezieht, in der inneren Wahrnehmung aufzufinden. „Es ist nur eine Erfahrung, in welcher alle Wahrnehmungen als im durchgängigen und gesetzmäßigen Zusammenhange vorgestellt werden; ebenso, wie nur ein Raum und eine Zeit, in welcher alle Formen der Erscheinung und alles Verhältnis des Seins oder Nichtseins stattfindet." [2]

Die Berufung auf die innere Wahrnehmung eines Wechsels und Wandels des Zustandes der Empfindung beruht auf der Verwechslung der begrifflichen Abstraktion, durch welche man eine Reihe ungleichartiger Inhalte als Sukzession bestimmen kann, mit einem vermeintlich unmittelbar beobachteten Vorgang des Bewußtseins. Eine Mannigfaltigkeit äußerer Zustände und Verhältnisse ist das Urbild, dessen Umdeutung auf die Empfindung darauf beruht, daß die Psychophysik unter dem Terminus und Begriff des Reizes „die äußeren Erscheinungen hypostasiert, sie nicht mehr als Vorstellungen, sondern in derselben Qualität, wie sie in uns sind, auch als außer uns für sich bestehende Dinge ansieht" [3] und somit für den Reiz den Charakter einer wirkenden Ursache erhält, dessen Wirkung als Empfindung ein eigenes, psychisches Phänomen zu sein scheint.

Wo auch immer der Versuch erneuert wird, die Empfindung einer Maßbestimmung zu unterwerfen auf Grund ihrer Beziehung

---

[1]) cf. P. Natorp, Einleitung in die Psychologie.
[2]) Kant, Kr. d. r. Vern. 712.   [3]) Kant, l. c. 321.

zum Reize, findet eine solche Hypostasierung und demgemäß jene Verwechslung statt. — Die neuere Psychophysik ist davon zurückgekommen, die Empfindung als eine Größe auf-zufassen, die bestimmbar sei: die Empfindung bietet sich nicht als ein Quantum dar, das in Einheiten zerlegt und aus Ein-heiten zusammengesetzt werden könnte.[1] So sind z. B. die verschiedenen Grau-Empfindungen „ja bloß Unterscheidungen, die sich voneinander abstufen und darum in eine Reihe ordnen lassen, nicht aber als Quanta, die aus Einheiten zusammen-gesetzt und in diese Einheiten zerlegbar wären, sich darbieten."[2] So soll überhaupt das psychophysische Problem darauf zurück-geführt und also beschrieben werden, — daß das Mehr oder Weniger der Empfindung nicht etwa ein Mehr oder Weniger an unterscheidbaren Teilen sei, sondern ein „Stärker oder Schwächer, ein Ähnlicher oder Unähnlicher, das einer Um-deutung in ein Wievielmal, soweit die Empfindungen als solche in Betracht gezogen werden, in keiner Weise fähig ist, wohl aber ein Ordnen nach Stärkegraden oder sonstigen ver-wandtschaftlichen und gegensätzlichen Beziehungen möglich macht."[3]

Sieht man zunächst davon ab, daß auch die Ordnung die Empfindung zur Größe macht, so ist doch zugegeben, daß die Einzelempfindung als Phänomen und empirisches Datum ein Mehr oder Weniger an unterscheidbaren Teilen, also eine Quantität, nicht besitzt. Was aber die Ordnung nach Stärke-graden anlangt, so ist zu beachten, daß nicht die Empfindung eine Ordnung hat, sondern ihre Mehrheit. Es kann aber die Mehrheit der Empfindung ihrem psychologischen Begriffe nach nicht der Empfindung gleichgesetzt werden. Die Empfindung ist nur Unterscheidung, psychologisch die Einheit des Vollzugs dieser Unterscheidung. Die Frage aber, was die Reihe dieser Unterscheidungen bedeute, verlangt eine neue Definition für die Eigenart des Bewußtseins, eine solche Mehrheit von Empfindungen zu vereinigen und zu unterscheiden, ein Nichtgegenwärtiges (E_1) dennoch als gegenwärtig vorzustellen. Diese Frage ist prinzipiell nicht lösbar durch die Einsicht in Dinge und dingliche Be-schaffenheiten, welche als Reize dargeboten werden. Denn der Grund des Zusammenhangs dieser Mehrheit von Empfindungen liegt nicht in den Sachen, sondern in dem ursprünglichen Prinzip der Einheit des Bewußtseins. In dieser Einheit, welche die der

---

[1]) Lipps, Die psychischen Meßmethoden, S. 107 f.   [2]) Ibid.
[3]) l. c. 107.

Erkenntnis ist, entstehen erst die Dinge als Erscheinungen, welche auch Lipps als selbständig gegeben hypostasiert.[1]

Welchen Sinn könnte es haben, den Zusammenhang der Elemente durch Verhältnisse, die nur für das Gebiet der Vorstellungsinhalte, für den Bereich der objektiven Erscheinungen, gelten, durch Reihen jenes angeblich nur psychischen Phänomens sich deutlich machen zu wollen? Keinen anderen als den, eine begriffliche Abstraktion, wie die Zeitordnung, jenen Zusammenhang, der sich nur denkend erfassen läßt, unter dem Terminus der Empfindung sich unmittelbar sinnlich vor Augen zu führen. Darauf führt jeder Versuch und jeder Vergleich, kraft dessen wir von einer Nähe und Entfernung der Empfindung sprechen. Die Natur der Seele aber besteht nicht in der Ausdehnung, die Einheit in der Synthesis der Empfindungen ist nicht eine Einheit im Subjekte dieser Synthesis. Denn dieses Subjekt, dieses Ich, welches alle Vorstellungen begleitet, ist weder Anschauung noch Begriff von einem Gegenstande, sondern die bloße Form des Bewußtseins, welche alle Vorstellungen zur Erkenntnis erhebt.

Dem Bewußtsein als solchem ist keine Bestimmung, welche das Reich der Ausdehnung konstituiert, im Unterschiede von diesen Bestimmungen noch einmal zuzuschreiben. Sie würden in falscher Komplikation mit der Empfindung nur noch einmal wiederholt, da man mit der Empfindung in dieser empirischen Wissenschaft billigerweise anfangen müßte. Aber man steigt auf zu Begriffen der Erfahrung. — Allein, wenn das subjektive Gegebensein der Erscheinung vor aller Objektivierung der Gegenstand psychologischer Untersuchung sein soll, so ist mit diesem Begriffe des Psychischen die Anwendung von Begriffen und Methoden, welche eben die Objektivität ausmachen, nach Definition ausgeschlossen. Also auch eine Ordnung in Zeit und Raum, denn es gibt nur eine Zeit und einen Raum — den der Außenwelt.

Raum und Zeit sind Setzungen des Bewußtseins — aber das Bewußtsein selbst vollzieht sich nicht im Unterschiede von diesen objektiven Setzungen als Empfindung oder ihre Mehrheit noch einmal in Raum und Zeit. Also dürfen die Bewußtseinselemente als solche, als Empfindungen, nicht durch Raum- und Zeitbeziehung unterschieden werden. Es sei denn, man wollte die Untersuchung auf die Physiologie orientieren. Dann wäre aber die Empfindung nur ein Ausdruck für einen materiellen

---

[1] cf. Lipps, die psychischen Maßmethoden. S. 11, 113 f. u. a. m.

Vorgang, der selbst Gegenstand der Untersuchung wäre. Die Psychophysik aber richtet sich auf den angeblich psychisch realen Vorgang der Empfindung und ihrer Ordnung nach Stärkegraden. Wenn man in diesem Zusammenhang von Einheit und Mehrheit der Empfindungen redet, so kann dies eben nicht unter dem Gesichtspunkt der Quantität geschehen, sondern nur unter dem der Einheit als Begriff, die als solche nicht Eins und nicht Ergebnis, sondern Voraussetzung ist. Die Einheit des Bewußtseins darf also nicht in Punkten und Distanzen gesucht werden, sondern in der Einheit, welche den Begriff der Vorstellung möglich macht. Diese Einheit zu definieren, wäre das eigentliche Problem, welches für die Mehrheit der Empfindung vorliegt.

Zugleich würde es notwendig sein, zu definieren, was es psychologisch bedeutet, wenn wir von einem Mehr und Minder, Stärker oder Schwächer in der Empfindung sprechen und wie wir dazu kommen, diese Art der Veränderung Ab- und Zunahme zu nennen im Gegensatz zu anderen, welche als qualitative Veränderungen erscheinen. Man sieht, daß es in unserem Falle auf die Gestaltung der Vorstellung einer Veränderungsreihe ankommt, an deren einem Ende der Nullpunkt sich befindet, welcher als solcher mit den Hilfsmitteln psychologischer Begriffe zu umschreiben wäre.

So sehen wir also im ganzen, wie die Empfindung in dieser Zeit- und Raumbeziehung zur psychischen Erscheinung hypostasiert wird. Aber, während in der modernen Psychophysik der Versuch, die Reihe der ebenmerklichen Unterscheidungen zur Maßbestimmung zu verwenden, ausdrücklich davon absieht, die einzelne Empfindung als Größe zu denken, wird in der Fechnerschen Psychophysik das Bewußtsein überhaupt auf die Empfindung verkürzt, sofern es in der Empfindung, mit der Empfindungsgröße, erst entsteht. Indem der einzelnen Empfindung dieser Größencharakter beigelegt wird, erhält sie zugleich eine sachliche Bedeutung, deren Konsequenz notwendig, da sie dem Begriffe der Empfindung schlechterdings widerspricht, zu einem inneren Widerspruch führen muß. Denn die unbestimmte Größe der Empfindung soll in der Psychophysik gemessen werden. Es kann aber der Wert dieser Problemstellung der Psychophysik als darin beruhend betrachtet werden, den Gedanken eindringlich zu machen, daß allerdings die Messung der Empfindung ein rechtmäßiges Problem ist. Aber in der Lösung dieses Problems besteht der Inhalt der messenden Physik,

welche die Empfindung zu Qualitäten objektiviert. Indem die
Psychophysik diese Objektivierung der Empfindung unter dem
Terminus des Reizes andererseits voraussetzt, erneuert sie unter
ihrem Begriff der Empfindung das Problem, mit dem jene objektive Bestimmung der messenden Physik anfängt.

In dieser Tautologie der Probleme mag die Phänomenalität der Tatsache, welche dem System der Psychophysik als
Aufgabe zugrunde liegt, selbst fraglich werden. Wie wir bereits
gesehen haben, soll die Objektivität der Empfindung im Gegensatz zu dem Ausdruck ihres Erscheinens behauptet werden.
Und somit würde das Problem der Psychophysik überhaupt
nicht auf einem Anspruch des reinen Bewußtseins beruhen,
d. h. kein Problem der empirischen Wahrnehmung bezeichnen.

Freilich muß die Psychophysik die Objektivität ihrer Empfindungsgröße im Unterschiede von ihrer Erscheinungsweise behaupten, um überhaupt nach Analogie der Naturwissenschaft
den Ausdruck und das Verhältnis von Problem und Lösung,
Erscheinung als das Unbestimmte und Gegenstand als die Bestimmung des Unbestimmten, sich zu wahren. Anders könnte
das Interesse einer Messung der psychischen Empfindung nicht
entstehen. So steigert sich diese Tendenz bis zu der Paradoxie,
welche im Begriffe der negativen und unbewußten Empfindungen liegt. Empfindungen, welche nicht allein unabhängig
sind von der Beobachtung, sondern von der Möglichkeit der
Beobachtung überhaupt, sind als mögliche Begriffe nicht anzuerkennen. Die Existenz einer solchen Empfindung ist der
Widerspruch schlechthin. Denn die Empfindung ist überall der
Index eines Wirklichen. Darin aber dürfte der Unterschied
zwischen metaphysischer Spekulation und Wissenschaft bestehen,
daß diese auf dem Anspruch der Empfindung als ihrem Problemgehalt beruht. „Ein Problem, welches den Anspruch der Empfindung nicht zu begründen vermag, ist ein unmögliches."[1]

Somit wird in der Psychophysik mit dem Begriffe der
Empfindung der Begriff des Empirischen überhaupt aufgehoben.
Es ist ersichtlich, daß die systematische Tendenz, welche die
Empfindungsgröße messen will, das Problem und den Begriff
der Unterschiedsempfindung in ihrem Sinne korrigiert und für
diese Unterschiedsempfindung den Größencharakter der Intensität
antizipiert. Diese Größe läßt sich erst als Ergebnis der psychophysischen Gesetze und Maßmethoden feststellen und nicht als

---

[1] Cohen, Logik 389 f.

Voraussetzung. Für diese Feststellung wird das Verhältnis der Empfindung zum Reize aufs neue zum Problem und damit wird die Unterschiedsempfindung als Problem einer Meßbarkeit und Messung zur Diskussion gestellt. Im Verfolg dieser Frage rekurriert die Psychophysik auf ihre empirische Grundlage, die Webersche Tatsache der Schwelle, um hiermit die Möglichkeit des Maßes der Empfindung zu begründen.

3. Die Empfindung als extensive Größe.

So sehen wir, wie die Psychophysik bei der Aufstellung und Ausführung ihres Problems auf die ebenmerkliche Unterschiedsempfindung wieder zurückkommt und in ihr die wahre Natur der Empfindung zur Definition bringt. Was sich sonst über die Empfindung und ihre unmittelbar vorgefundene Intensität und Stärke sagen ließ, war „schlußweise" ausgesprochen und findet seine Beleuchtung und Bewährung erst im Zusammenhang der theoretischen Erörterungen, welche das Problem der Psychophysik dahin präzisieren: die Empfindung zu messen. Die Ausführung dieser Aufgabe der Maßbestimmung der Empfindung nimmt ihren natürlichen Anfang mit der experimentalen Grundlage, — dem Weberschen Gesetze über die ebenmerklichen Unterschiedsempfindungen. Allerdings mit der Rücksicht, welche das vorliegende Problem fordert, — ob es gelingt und prinzipiell gelingen kann, durch diese Grundlage den reinen Begriff zu definieren, welcher die Messung der Empfindung ermöglicht.

Dieser Grundbegriff ist die Maßeinheit des Psychischen. Sofern das psychische Grundphänomen als Empfindung bestimmt ist, muß diese Maßeinheit im Gebiete der Empfindung liegen; denn die Empfindung soll sie messen. Die Empfindung aber ist nicht direkt bestimmbar. Darin gerade liegt die Eigenart des psychophysischen Lösungsversuchs, die Empfindungsmessung zu beginnen mit der exakten Definition der Maßeinheit der Empfindung durch die Beziehung zum Reiz. Diese Maßeinheit ist die ebenmerkliche Unterschiedsempfindung und diese ist als Einheitsstrecke objektiv bestimmbar. — Ändert also die Empfindung unter der Hand ihren Begriff, indem für einen Teil ihrer selbst gilt, was für die ganze Empfindung nicht gilt? Wenn die Psychophysik die Entwicklung ihres Problems mit der Einschränkung beginnt, daß die Möglichkeit eines Maßes prinzipiell auf der physischen Seite liegt (des Reizes), folgt

21*

dann nicht, daß die Empfindung ihrem Begriffe nach den Gegensatz zu dieser Maßbeziehung bezeichnet? Allein, die Psychophysik beginnt nicht mit diesen Fragen, sondern mit der experimentellen Bewährung des psychophysischen Grundgesetzes der Schwelle. Sofern sich diese Tatsache durch den physiologischen Versuch für alle Empfindungsgebiete bestätigte, schien es möglich und berechtigt, durch den Begriff der Ebenmerklichkeit eine Beziehung der Empfindung zum Reize herzustellen. Es ergab sich empirisch, daß die Empfindung durch die Ebenmerklichkeit zu definieren sei, und auch Fechners erste Formulierung des Weberschen Gesetzes bringt es zum Ausdruck, — daß der Reizzuwachs gerade im Verhältnis des Reizes wachsen muß, um immer gleich merklich für die Empfindung zu bleiben.[1] Wird so die Empfindung in diesem psychologischen Ausdruck der Merklichkeit gefaßt und als Ebenmerklichkeit präzisiert, so kann das Interesse an dem Mehr und Weniger nicht entstehen. Denn die eine Empfindung ist als solche genau so groß wie eine andere; es kann nicht die eine mehr Empfindung sein, als die andere. Die Größengleichheit der Empfindung, welche sich kraft der Ebenmerklichkeit konstatieren läßt, wird der Gleichmerklichkeit gleichgesetzt und durch diese Gleichsetzung ist ein anderer Ausdruck, als der in der Ebenmerklichkeit bestimmte, für die angebliche Intensität der Empfindung ausgeschlossen. Denn was für den ersten Anfang gilt, muß bestehen bleiben für den Fortgang.

Dennoch wird diese Gleichsetzung des Größencharakters der Empfindung mit dem Begriff der Ebenmerklichkeit wieder aufgehoben. Denn das psychophysische Problem ist, die Empfindung zu messen. Die Tatsache der Schwelle soll die Möglichkeit gewähren, die Maßeinheit der Empfindung zu bestimmen. So treibt das Interesse des Problems dahin zurück, die Empfindung als bestimmbare Größe zu denken, und diesen Größencharakter erhält zuvörderst die Unterschiedsempfindung. Die ebenmerkliche Unterschiedsempfindung soll als Maßeinheit der Empfindung definiert werden. Sie wird so als Einheitsstrecke der Empfindung gedacht.

Zur Bestimmung dieser Einheitsstrecke geht die Psychophysik mit dem Begriff der Empfindlichkeit zunächst wieder auf den Zusammenhang der physiologischen Tatsachen und

---

[1] Über d. ps.-ph. Grundgesetz u. dessen Beziehung zur Schätzung d. Sterngrößen. Abh. d. math.-phys. Kl. d. kgl. Sächs. Ges. d. W. Bd. IV. 1859.

Begriffe zurück. Die Empfindlichkeit ist dem reziproken Werte des als ebenmerklich empfundenen Reizes proportional zu setzen, da man die Empfindlichkeit um so größer nennen kann, je kleiner der als ebenmerklich empfundene Reiz ist. — Die Empfindlichkeit des Sinnes bezieht sich also auf objektive Verhältnisse, und ihr Wert ist eine durch eine objektive Relation bestimmte Größe. Wie auch Fechner sie gefaßt hat: „Wir messen dabei in der Tat nicht die Empfindung, sondern nur die Reize oder den Unterschied der Reize, welche eine gleich große Empfindung oder einen gleich großen Unterschied der Empfindungen bewirken, und es fragt sich also noch, ob und inwiefern das Maß der Empfindung selbst und des Geistigen möglich sei."[1] — Diese „gleich große Empfindung" und der „gleich große Unterschied der Empfindungen" ist gemäß der Methode zur Bestimmung der Empfindlichkeit die ebenmerkliche Unterschiedsempfindung und nichts anderes. Auf den Moment ihres Eintritts kommt es an, und die Lage dieses Punktes auf der Skala der Reize bezeichnet das Schwanken der Empfindlichkeit des Sinnes für objektive Unterschiede der Reize. So wird die Unbestimmtheit des Urteils der Empfindung zum Problem des Einflusses subjektiver Faktoren auf die Genauigkeit der Sinneswahrnehmung. Jede exakte Definition dieses Einflusses, überhaupt jede objektive Angabe auf diesem Problemgebiet kann also nur gelten, wenn in den abgeleiteten Wert nicht Empfindungen eingehen.

Denn die Unbestimmtheit der Empfindung bezeichnet das vorliegende Problem und ist durch den Begriff der Schwelle empirisch fixiert. Die relative Konstanz der von Weber entdeckten Gesetzmäßigkeit bedeutet also die Erhaltung des Begriffs der Subjektivität der Empfindung: die Empfindung kann die absoluten Werte der Reize nicht verantworten, sie ist keiner extensiven Größe fähig. — Darum ist es in jedem Sinne eine Umkehrung der physiologischen Tatsachen und logischen Begriffe, die Unterschiedsempfindung als Größe zu fassen und die Untersuchungen über die Empfindlichkeit zur Bestimmung dieses angeblich objektiv vorhandenen Unterschiedsschwellenwertes zu verwenden. — Denn durch diese Annahme wird das physiologische Problem verschoben, sofern sich die Untersuchung nun nicht mehr auf das Studium der subjektiven, in der physiologischen Konstitution objektiv zu verfolgenden Faktoren richtet, sondern auf die Elimination dieser Faktoren. In dieser

---

[1] Elem. I, 54.

Richtung bewegt sich der physiologische Teil der Psychophysik, und in der mathematischen Formulierung dieser physiologischen Untersuchung kommt der Einfluß der Präokkupation durch das theoretische Interesse so gut zum Ausdruck, wie in dem Verfehlen des eigentlichen Problems. So z. B. in der Methode der ebenmerklichen Unterschiede: Der Wert der Unterschiedsschwelle soll direkt gefunden werden durch Feststellung des Ebenmerklichen, welches die unmerklichen von den merklichen Reizen trennt. Aber das Ergebnis ist, daß die eben ebenmerkliche Empfindung nicht immer in gleicher Weise reproduzierbar ist, — und daß überhaupt auch bei dem einzelnen Versuch keine scharfe Grenze, sondern ein Intervall des Zweifels die unmerklichen von den merklichen Reizunterschieden trennt. Darum soll der Versuch dahin gerichtet werden, einen sicher aufgefaßten Empfindungsunterschied festzuhalten und durch wiederholte Versuche zu reproduzieren, um aus dem Mittel der Reizunterschiede den gesuchten ebenmerklichen Unterschied zu finden. Allein die Bildung dieser Mittelwerte ist unzulässig, weil sie auf der Annahme beruht, daß ein wahrer Unterschiedsschwellenwert vorhanden ist und diese Voraussetzung gerade in Frage steht. Die Prüfung dieser Voraussetzung würde ergeben, daß die Beobachtungsreihen von konstanten Fehlern nicht frei sind, — daß vielmehr in ihrem durch diese konstanten Fehler bestimmten Typus ein Problem für die Theorie der Sinneswahrnehmung auftaucht. Dies Problem der Empfindung wird also durch die Ausführung der Psychophysik unterdrückt. Nicht anders ergeht es mit den anderen psychophysischen Maßmethoden zur Bestimmung des Wertes der Unterschiedsschwelle: Die vorausgesetzte Annahme der Objektivität der Unterschiedsempfindung führt zur Beeinträchtigung der physiologischen Versuche und Rechnungsmethoden.

Diese Annahme ist bedingt durch das psychophysische Interesse. Der ebenmerkliche Unterschied soll ein Unterschied von Empfindungen sein, und mit diesen ebenmerklichen Unterschieden glaubte Fechner eine einfache Gesetzmäßigkeit psychischen Geschehens gefunden zu haben, welche die Möglichkeit eröffnete, im Gebiete des Psychischen das Einheitsmaß in einfacher Formulierung zu gewinnen. Darum wird in der Psychophysik die ebenmerkliche Unterschiedsempfindung zum Empfindungszuwachs und dieser Empfindungszuwachs ist der neu entdeckte Maßstab für die Intensität der Empfindung. Das Maß der Empfindung kommt also darauf hinaus: „jede

Empfindung in gleiche Abteilungen, d. i. die gleichen Inkremente, aus denen sie vom Nullzustande aus erwächst, zu zerlegen und die Zahl dieser gleichen Abteilungen, als wie durch die Zolle eines Maßstabes durch die Zahl der zugehörigen variablen Reizzuwüchse bestimmt zu denken, welche die gleichen Empfindungszuwüchse hervorzubringen imstande sind."[1] — Es sei also E die zu bestimmende Empfindungsstärke und R die zugehörige meßbare Reizgröße, so kann man R in die Summe:

$$r_1 + (r_2 - r_1) + (r_3 - r_2) + \ldots \ldots (r_n - r_{n-1}) + (R - r_n)$$

zerlegen und $r_1, r_2, r_3 \ldots r_n$ so bestimmen, daß zu r_1 die ebenmerkliche Empfindung, zu $r_2 - r_1$, $r_3 - r_2$ u. s. f. die gleiche, als Empfindungszuwachs, gehört. Dieser Empfindungszuwachs, welcher also mit der ebenmerklichen Unterschiedsempfindung identisch ist, gilt als Maßeinheit der Empfindung, und E wäre folglich eine aus n Einheiten bestehende Größe.

Die Ausführung dieser analytischen Operation setzt für die Gültigkeit ihrer Anwendung voraus, daß die Empfindung als eine Summe, als eine aggregative Vielheit von Teilen zu denken sei. Dem widerspricht der Begriff der Intensität, den die Psychophysik für die Eigenart der psychischen Größe in Anwendung gebracht hat und durch den die Empfindung als intensive Größe von der extensiven unterschieden werden sollte. Ist aber die Empfindung als Intensität gefaßt, so hört die Berechtigung der Analogie mit der räumlichen Messung auf, welche in dem oben angegebenen Verfahren zum Ausdruck kommt. Denn der intensiven Empfindungsreihe fehlt die Gleichartigkeit der Elemente des Raumes. Also ist die Gleichsetzung verschiedener Zuwüchse (von e_{r_1} auf e_{r_2} und von $e_{r_{n-1}}$ auf e_{r_n}) durchaus unzulässig, da der eine Zuwachs von dem anderen völlig verschieden ist und überhaupt keine Vergleichung gestattet ist. Beide Zuwüchse liegen an verschiedenen Stellen der Empfindungsreihe und, da sich diese stetig ändert, sind sie nicht als gleich zu setzen.

So ist nach Definition der Grundbegriff der Gleichheit für die Empfindung nicht anwendbar. Denn, selbst zugegeben, es entspreche einem objektiv bestimmten Reiz stets dieselbe Empfindung und es seien $E_1 E_2 E_3 \ldots$ die Empfindungen, welche den Reizen $R_1 R_2 R_3 \ldots$ korrespondieren, so hat die Aussage $E_1 = E_2$ doch keinen Sinn, da Intensitäten zunächst nicht vergleichbar sind. Vielmehr setzt die Vergleichung und

[1]) Elemente I, 54 ff.

die Gleichheit die Kenntnis der Gesetzmäßigkeit voraus, durch welche die Intensitäten auf ein einheitliches Maß zurückführbar werden und also verglichen werden können. — Der Fall der Gleichheit kann aber nicht umgekehrt die Maßbeziehung erst ermöglichen. So geschieht es in der Psychophysik: nicht nur wird für die Maßeinheit die Konstanz gegen die ursprüngliche Annahme vorausgesetzt, sondern diese Maßeinheit selbst durch den Fall der Gleichheit zweier Empfindungen erst definiert. Der ebenmerkliche Unterschied ist ja die Differenz der Reize, die sich in der Empfindung als Empfindungen noch als gleich darstellen. Soll also die Ungleichheit der Empfindungen vorübergehend streng als Gleichheit gelten, damit eine Differenz herauskommt und der Unterschied dieser Gleichheit gegen die Ungleichheit selbst eine Größe wird?

Der Begriff der Gleichheit widerspricht dem der Empfindung. Empfindungen, welche wir für gleich halten, sind eben nicht gleich. — Gerade diesen Gegensatz und Widerspruch der Empfindung gegen den Begriff der Gleichheit bestätigt der physiologische Versuch. Nicht allein die Webersche Konstante, deren Interpretation noch fraglich sein könnte, beweist die Unbestimmtheit der Empfindung; für die Definition der ebenmerklichen Unterschiede selbst ergibt sich, daß sie nicht eindeutig sein kann. Denn z. B. für den Tastsinn kompliziert sich die Aufsuchung des gemeinsamen Maßes durch die Ausdehnung der perzipierenden Flächen und die dadurch gegebene räumliche Veränderung des Reizes. Es muß aber an das Maßsystem die Anforderung gestellt werden, daß zwei Empfindungen, welche verschiedenen Stellen der perzipierenden Flächen angehören, wenn wir sie für gleich halten, auch in jenem Maße sich als gleich darstellen lassen. Diese Forderung erfüllen die ebenmerklichen Unterschiede nicht. Es verhalten sich beispielsweise Netzhautperipherie und Zentrum so, daß eine und dieselbe bestimmte Lichtmenge zentral gesehen kaum weniger hell erscheint, als direkt gesehen, obgleich die Unterschiedsempfindlichkeit für Helligkeiten zentral erheblich größer ist. Demnach würden zwei Lichtempfindungen als gleich zu betrachten sein, obgleich die eine (die zentral wahrgenommene) aus sehr viel mehr ebenmerklichen Unterschieden zusammenzusetzen ist, als die andere.

Die erste Anwendung der gefundenen Maßeinheit würde also unzulässig sein. Die Bedeutung der ebenmerklichen Unterschiede ist vielmehr auf den Vorgang zu beschränken, für den

sie definiert sind. Durch diese Definition ist ihre Denkbarkeit
als Einheitsstrecke von vornherein ausgeschlossen. Denn die
ebenmerkliche Unterschiedsempfindung ist als momentane Änderung des Bewußtseinszustandes nicht als Größe, geschweige als
Extension zu bestimmen. Wird die Unterschiedsempfindung
überhaupt durch ein objektives Verhältnis bestimmt, so überträgt
man auf die Empfindung, was den Wert und die Art ihrer
Bedingung ausmacht; nämlich das Verhältnis der Reize wird
auf die Empfindung übertragen und die Unterschiedsempfindung
zum Empfindungsunterschied. Dem widerspricht die ursprüngliche Definition; der Wert des Begriffs der Unterschiedsempfindung kann darin zu liegen scheinen, den Gedanken abzuwehren, als sei die Empfindung eine Größe. Die Empfindung
bedeutet als ebenmerkliche Unterschiedsempfindung die Einheit
eines Vollzuges, eine Unterscheidung.

Kann man eine Unterscheidung in Teile zerlegen und durch
die Anzahl dieser Teile als Größe bestimmen? — Die neuere
Psychophysik ist davon zurückgekommen, die Empfindung
als ein Quantum zu bestimmen: „es kann gar nicht daran gedacht werden, die einzelne Empfindung durch eine Maßzahl zu
bestimmen, welche die Anzahl der Einheiten, aus denen die
Empfindungsstärken angeblich bestehen, angeben würde."[1] Wohl
aber soll es möglich sein, — die Empfindungen als eine Reihe
ebenmerklicher Unterscheidungen und „zwar nach Stärkegraden
oder sonstigen verwandtschaftlichen und gegensätzlichen Beziehungen"[2] zu ordnen, „so daß eine die Stelle der Empfindung
in der Reihe ebenmerklicher Abstufungen bezeichnende Ord-
nungszahl in ihrer gesetzmäßigen Abhängigkeit von der Maßzahl des Reizes zu bestimmen ist."[3] — Das Ordnen nach Stärkegraden setzt jedenfalls den Grad einer Stärke überhaupt für die
einzelne Empfindung voraus. Das Bedenken, diesen Grad als
Größe aufzufassen würde also darin bestehen, — daß Intensitäten
nicht mit einer konstanten Einheit meßbar, weil sie nicht in
Teile zu zerlegen sind. Vielmehr setzt die Messung von Intensitäten die Definition einer gesetzmäßigen Beziehung zu Größen
voraus, welche als konstante Einheiten gelten können und
additiv zu verbinden sind. Nun aber soll gerade dies die gesetzmäßige Zuordnung von Reiz und Empfindung leisten: die Möglichkeit, Empfindungen in einer Reihe zu ordnen, beruht auf
ihrer Zuordnung zum Reiz. Die Ordnung hat so ihre Größe,

---

[1]) Lipps, die psychischen Maßmethoden 109.   [2]) Lipps, l. c. 107.
[3]) l. c. 110.

es gibt in ihr ein vorhergehendes und folgendes Glied, somit Entfernung und Zwischenraum — überhaupt ein eindeutiges System von Ordnungszahlen der Empfindungen. Der unbestimmte Ausdruck von Stärker oder Schwächer, Mehr oder Weniger, wird so bestimmt. Durch die Anzahl der Zwischenglieder ist die Größe der benachbarten Unterschiede bedingt.[1] Somit würde die Empfindung dennoch wieder zur Größe.

Wie die Empfindung selbst, so ist auch ihre Mehrheit nicht als in einem objektiven Verhältnis stehend zu betrachten. Die Reihe dieser Empfindungen ist die Reihe des zeitlichen Eintritts jeder einzelnen und diese ist durch den Reiz definiert, — also ist diese Mehrheit eine objektive Beziehung des Reizgebietes, die auf die Empfindung nicht zu übertragen ist. Vielmehr wird dadurch das Problem der Subjektivität ignoriert, das sich in diesem Falle in dem Wechsel dieser Anzahl von Unterscheidungen, je nach individuellen Verschiedenheiten, ausspricht. Gibt man prinzipiell zu, daß „das vom psychologischen Experimente beherrschte Gebiet der Psychologie lediglich in der Untersuchung der subjektiven Auffassung des objektiven Geschehens besteht,"[2] — so kann man die Empfindung eben nicht objektiviert denken. Also kann die Empfindung auch in Zeitbeziehungen und Raumlagen nicht bestimmt werden, — weil diese Bestimmungen objektive sind und stets etwas anderes betreffen, als die Empfindung als psychischen Vorgang. Diese ist durch die Einheit des Bewußtwerdens, als der Vollzug einer Unterscheidung psychologisch definiert.

4. Die Empfindung als intensive Größe.

Der Paradoxie des Gedankens, diese Einheit zu zerlegen und die Anzahl ihrer Teile zu bestimmen, scheint in der Psychophysik Fechners ein anderes Verfahren der psychophysischen Messung der Empfindung zu entgehen, in welchem der Begriff der intensiven Größe für die Empfindung erneuert und gerade in der Durchführung dieses Begriffs die Maßbestimmung ermöglicht werden soll. — Die ebenmerkliche Unterschiedsempfindung wird zur infinitesimalen Größe —, und der Ansatz der mathematischen Formulierung, in welchem das Webersche Gesetz zum Ausdruck kommt, durch den Übergang zur Null zur Fundamentalformel:

---

[1] l. c. 109.   [2] l. c. 10.

$$de = k \frac{dr}{r}$$

durch deren Integration mit Hinzuziehung des Schwellenwertes des Reizes (b) sich die Maßformel ergibt: $E = k \log \frac{r}{b}$. — In der Abfolge dieser Entwicklungen kann als erste Stufe die Einführung des Symbols für die Empfindung in die Gleichung des Weberschen Gesetzes bezeichnet werden. Das Webersche Gesetz wird hier in der Form ausgesprochen, — daß „der Unterschied zweier Reize für die Empfindung gleich groß erscheint, wenn das Verhältnis der Reize gleich bleibt."[1] Mit dem „gleich groß" ist bereits zuviel gesagt; als experimentell nachgewiesen kann nur gelten, daß beim Übergange von einem Reiz zum benachbarten das Verhältnis $\frac{r_1 - r}{r}$, also auch $\frac{r_1}{r}$ dann konstant bleibt, wenn die Differenzen $r_1 - r$ als ebenmerkliche Empfindung auftreten. — Man muß zu diesem Weberschen Gesetz eine Annahme hinzunehmen, um eine Beziehung zwischen Empfindungsgröße und Reiz herzustellen: diese Annahme ist die, daß den gleichmerklichen Reizunterschieden gleiche Empfindungsunterschiede entsprechen. Erst dann ergibt sich der Ansatz:

$$\Delta \varepsilon = e_1 - e = f\left(\frac{\Delta r}{r}\right) \quad (1.)$$

Diese Annahme ist indessen die petitio principii, welche in jedem Sinne unzulässig ist, weil sie der ebenmerklichen Empfindung widerspricht. Auch die Psychophysik korrigiert sich alsbald selbst, indem an die Stelle der Gleichung (1.) die Fundamentalformel tritt, $de = k \frac{dr}{r}$, in welcher die Empfindung unter dem Symbol des Unendlichkleinen erscheint. Als eine Korrektur muß diese Fundamentalformel gegenüber der Gleichung (1.) erscheinen, weil in diesem Ausdruck die Empfindung den Charakter einer extensiven Größe nicht mehr hat. Darum ist es nicht unmöglich, die Empfindung durch das Symbol de zu umschreiben, sofern nichts anderes, als die Definition der Empfindung als ebenmerkliche Unterschiedsempfindung in der abgekürzten Schreibweise der Formel ausgedrückt werden soll. — Allein die Fundamentalformel soll nicht nur den Wert einer mathematischen Analogie haben, sondern „die Möglichkeit der psychischen Elle prinzipiell sichern".[2] Die Fundamentalformel

---

[1]) In Sachen, pag. 8.   [2]) Elemente I, 60.

soll keine Korrektur der Gleichung (1.) sein, sondern eine
analytische Folgerung, und das de ist, als Differential der Empfindung, der infinitesimale Ursprung der Größe der Empfindung.

Die Größe der Empfindung soll also aus ihrem Ursprung
erst erzeugt werden. Diesen Gedanken vermag die Einführung
des Differentialbegriffs zu vertreten, und die Kraft dieses Gedankens richtet sich gegen den Terminus und Begriff, mit dem
die Psychophysik bisher ausschließlich für die Ausführung ihres
Fundamentalbegriffs der Empfindung operierte: der Gegebenheit. Denn die Erzeugung der Empfindungsgröße aus ihrem
Ursprung ist die Methode ihrer gedanklichen Bestimmung. Indem also nach dem Ursprung gefragt wird, steht die Frage der
methodischen Gewinnung des Größenbegriffs der Empfindung
zur Diskussion. Somit bezeichnet die Unterscheidung gegen
die Gegebenheit der Empfindung einen Wendepunkt der Psychophysik: die begriffliche Grundlage der Empfindungsgröße soll
zur Erörterung kommen anstelle der Berufung auf die Gegebenheit der Empfindung in der inneren Wahrnehmung. Die Gegebenheit wird fraglich, das angebliche Faktum der Empfindung
durch die Erörterung seiner Möglichkeit suspendiert. Diese
Möglichkeit bedeutet die Frage nach dem Ursprung; als Möglichkeit der Empfindungsgröße determiniert sich das Problem
auf die Möglichkeit des Maßes der Empfindung. Somit ist
im Zusammenhang der Frage nach dem Ursprung der Empfindungsgröße die Erörterung auf den systematischen Begriff
gerichtet, welcher die Möglichkeit dieses Maßes vertreten und
verbürgen kann.

Dieser systematische Begriff ist das Funktionsprinzip
der Psychophysik. Indem der Begriff der Funktion der Bestimmung der Empfindungsgröße in der Psychophysik zugrunde
gelegt wird, wird das Zugeständnis offenbar, daß die reine
Empirie der inneren Wahrnehmung die Größe der Empfindung
nicht zur Darstellung, geschweige zur Begründung bringen kann.
„Empfindung hängt vom Reize ab, eine stärkere Empfindung
hängt von einem stärkeren Reiz ab" —[1] so ist durch das
Funktionsverhältnis das Beisammen der beiden Elemente definiert, durch welches die Empfindung erst zur Darstellung und
Existenz kommt. Die Messung der Empfindung ist „gegründet
auf das Abhängigkeitsverhältnis der Stärke der Empfindung von

---

[1]) Elem. I, 12.

der Stärke des Reizes, der die Empfindung auslöst", und „solchergestalt kann die innere Empfindung durch eine äußere Elle gemessen werden."[1] — Zwei „gleiche" Empfindungen erwiesen sich als ungleich; aber das Maß ist die Gleichung des Ungleichen. — Nicht in der inneren Wahrnehmung, — in der Gesetzlichkeit der funktionellen Beziehung zum Reiz begründet sich die Größe der Empfindung und die Gleichheit von zwei reinen Quantitäten, — „insofern zwischen Empfindung und Reiz eine derartige konstante und gesetzliche Beziehung besteht, daß von dem Dasein und den Veränderungen des einen auf die des anderen geschlossen werden kann."[2] So erneuert sich mit dem Funktionsbegriff das Problem der Größe der Empfindung, und diese Erneuerung bezeichnet einen Fortschritt gegenüber der bisherigen Erörterung, sofern die Größe der Empfindung in ihrer begrifflichen Grundlage erst zur Entstehung gebracht werden soll und nicht als fertiger Bestand gegeben zu sein scheint.

Kann also das Verhältnis von Empfindung und Reiz als Funktionsverhältnis in mathematischem Sinne gelten? Der Begriff der Funktion setzt vor allem eines voraus: die Homogeneität der durch die Funktionsbeziehung verbundenen Glieder. Anders ist ein Funktionsverhältnis seinem Begriffe nach nicht denkbar; sofern auch in allgemeinster Fassung der Begriff der Funktion als logische gegenseitige Abhängigkeit von Denkinhalten zu definieren ist, wird diese Homogeneität gefordert. Es kann y nicht als $f(x)$ gedacht werden, ohne mit x kommensurabel zu sein. Ist die Empfindung ein solcher Denkinhalt, dessen Bestimmtheit hinreichend ist, um einen anderen Inhalt des Denkens gesetzlich und in eindeutiger Formulierung und Bestimmung aus sich hervorgehen zu lassen? Denn die Abhängigkeit muß doch eine gegenseitige sein. Und weiter: Kommensurabel sind Größen und nur Größen. Ist die Empfindung eine Größe?

Wir stehen in der Erörterung der Frage, ob sie eine werden kann. Diese Frage ist die Antwort auf die erste Frage: ob die Empfindung eine Größe ist. Das ganze Unternehmen der Psychophysik ist vielmehr darauf angelegt und gerichtet, die Empfindung als eine Größe durch das Maß der Empfindung zu ermöglichen und zu begründen. Der Gebrauch des reinen Funktionsbegriffs aber beruht darauf, als auf seiner Bedingung,

---

[1]) In Sachen, 1.   [2]) Elem. I, 8.

daß die Empfindung eine Größe sei. Denn die Funktionsbeziehung ist eingeschränkt auf quantitativ bestimmte Elemente.
Indem also die Psychophysik als ihre Aufgabe formuliert, die
Empfindung erst als Größe zu ermöglichen, begibt sie sich von
vornherein des Rechtes, das Verhältnis von Empfindung und
Reiz als funktionelle Beziehung vorauszusetzen und nur die
spezielle Form dieser Funktion als fraglich und bestimmbar
hinzustellen.

Steht aber dieses Abhängigkeitsverhältnis seinem Begriffe
nach in Frage, — man könnte die Formulierung der Aufgabe
der Psychophysik auch so verstehen — so ist dieses Abhängigkeitsverhältnis nicht als Funktion in mathematischem Sinne zu
verstehen. Denn es handelt sich um die Bestimmung, vielmehr
um die Bestimmbarkeit des einen der durch die Beziehung verbundenen Glieder, der Empfindung. Die Beziehung ist also
einseitig und keine gegenseitige Abhängigkeit von zwei gleichartigen Elementen d. h. Größen. — Nicht durch die Beziehung
zum Reiz, sondern als solche Beziehung stellt sich die Empfindung dar. Steht also diese Beziehung in Frage, so handelt
es sich nicht um ein Funktionsverhältnis, sondern schlechterdings
nur um eine Definition des Begriffs der Empfindung.
Die Empfindung also wird definiert durch die Art dieses Abhängigkeitsverhältnisses, welches die Psychophysik zu gewinnen
sucht. Und es ergab sich unzweideutig, daß die Empfindung
nur als das Verhältnis der Reize bestimmbar sei. Die Bestimmbarkeit betrifft den Begriff. Als Verhältnisbegriff also definiert,
stellte sich für die genauere Definition des Begriffs die Ebenmerklichkeit als Unterscheidung heraus. So kann als Definition, als Definitionsgleichung, die Formel, welche die Psychophysik
ihre Fundamentalformel nennt, angesetzt werden. Aber diese
Definition ist so wenig als Funktion in mathematischem Sinne
zu denken, daß sie vielmehr die Empfindung ihrem Begriffe
nach von jeder Maßbestimmung, also mathematischer Beziehung,
durch Definition ausschließt. Denn die Empfindung ist, soll sie
durch ein mathematisches Symbol fixiert werden, nur als de
und niemals e zu denken. Das dr des Reizes aber ist die letzte
Grundlage, aus welcher die Größe des Reizes als ein r aufsteigt
und zur Entwicklung gebracht werden kann. Aus dem de der
Empfindung kann aber niemals die Größe der Empfindung als
ein e zur Entstehung gebracht werden, das Element ist als
Wachstumselement nicht zu denken und zur Integration
schlechterdings nicht zu verwenden. Demnach sind Empfindung

und Reiz ungleichartige Elemente; wenn die Empfindung als
Funktion des Reizes gedacht wird, begeht die Psychophysik in
ihrer Fundamentalformel den methodischen Fehler, ungleichartige Elemente durch die mathematische Gleichung zu verbinden.

Allein, wenngleich die Psychophysik diesen Fehler begeht,
unweigerlich begeht, sofern die ursprüngliche Definition der
Empfindung in Geltung bleiben soll, so fehlt doch eben von
ihrer Seite das Zugeständnis und die Anerkennung der Gültigkeit
dieser Definition. Das Abhängigkeitsverhältnis der Empfindung
vom Reiz steht für die Psychophysik nicht als Definitions-
möglichkeit der Empfindung in Frage, sondern das Funktionsprinzip korrigiert diese Definition, welche eine Abschwächung
und Verneinung des Größencharakters und der Selbständigkeit
der Empfindung mit sich führt. Die Selbständigkeit des psychischen Elementes soll aber gerade durch die Fundamentalformel
begründet werden. Es wurde bereits als ein Fortschritt der
Versuch hervorgehoben, die Größe der Empfindung durch einen
systematischen Inbegriff zu vertreten und in einer gedanklichen
Relation erst entstehen zu lassen. Dieser Versuch setzt aber
die Gleichartigkeit der Elemente voraus, d. h. die Elemente
müssen Quantitäten sein. Die fragliche Relation gibt dann den
Modus an, nach dem eine Quantität aus der anderen gefunden
werden kann. So bezeichnet die Funktion als Gesetzlichkeit,
welche zwischen quantitativen Elementen sich vollzieht, die Erhaltung des logischen Wertes der Größe bei allem Wechsel
ihrer Einzelwerte und ihrer Erscheinung. Der Begriff der
Funktion vertritt also die logische Überordnung der gedanklichen
Einheit, in welcher Größen entstehen, vor den Einzelwerten
selbst, welche in sie eingehen. Darum ist, sachlich, die Relation
als Grund der Möglichkeit der Größen zu bezeichnen.

Die Möglichkeit erhält aber sofort einen anderen Sinn,
wenn unter der Funktion nicht die Relation zwischen den beiden
Terminis, also der Gesamtausdruck $F(x, y \ldots) = 0$ ver-
standen wird, sondern die einzelne abhängige Variable selbst.
So geschieht es in der Psychophysik. Unter der Funktion des
Reizes wird die Empfindung als abhängige Variable verstanden.
„Die Empfindung hängt vom Reize ab, eine stärkere Empfindung
hängt von einem stärkeren Reize ab." Die Empfindung ist nur
durch die Abhängigkeit vom Reize, ausschließlich in dieser
Abhängigkeit als ein angebliches Quantum zu ermöglichen.
Diese Möglichkeit der Empfindung ist der Ersatz einer Un-

möglichkeit: die Empfindung ist nicht selbständig, geschweige als selbständige Größe zu bestimmen. Also ist die Empfindung stets etwas Indirektes; ihre Möglichkeit, d. h. ihre Möglichkeit für die Erkenntnis, beruht auf dem Reize als ihrer Bedingung. — Der Reiz ist als Erkenntnisbedingung, als ein Erkenntniswert, zu denken, in dessen Bestimmung durch die Wissenschaft die Empfindung als ein Faktor eingeht. Demnach ist die Beziehung zwischen Reiz und Empfindung transzendental, und so würde aus der gesuchten Funktion wieder eine Definition.

Indem aber die Psychophysik die Selbständigkeit und direkte Bestimmbarkeit der Empfindung behauptet, hypostasiert sie diese Erkenntnisbeziehung zu wirklich dinglichem Dasein. Diesen Sinn kann die Fundamentalformel nur haben, sofern eben unter der Funktion in der Psychophysik nicht die Gesetzlichkeit der Relation, sondern die einzelne abhängige Variable, die Empfindung selbst, zu verstehen ist. So wird die Form der Bestimmung zum Gegenstand der Bestimmung, die Empfindung als Realität zum Differential. —

Diese Hypostasierung von Erkenntnisbeziehungen zeigt sich sofort in der Ausführung des Gedankens, die Empfindung als Differential zu bestimmen. Der Begriff des Infinitesimalen impliziert vor allem die Voraussetzung der Variabilität. Infinitesimal ist nicht der kleine Empfindungszuwachs, sei er auch so klein, daß er nicht einmal Empfindung ist. Denn wenn man den Vergleich eines solchen Empfindungszuwachses mit der ganzen Empfindung, welche in dieser Relation als unendlich groß vorausgesetzt würde, versuchte, so würde man gezwungen, die Maßeinheit als über alle Grenzen wachsend anzunehmen. Es würde jedem Zustand dieser Einheit bei dem Vergleich eine Zahl entsprechen, die immer kleiner wird und als Maß für die betrachtete kleine Empfindungsstrecke gilt. Nicht dieser Empfindungszuwachs also, sondern vielmehr die Zahl, welche zu seiner Messung bestimmt ist, wäre variabel und infinitesimal. So zeigt sich die Hypostasierung der Erkenntnismittel gleich bei Entwicklung der ersten Voraussetzung, welche mit dem Begriff des Infinitesimalen gesetzt ist. — Zugleich wird hierdurch der Zahlbegriff in Mitleidenschaft gezogen. Die einer Rechnung unterworfenen Zahlen müssen so aufgefaßt werden, daß sie sich alle auf dieselbe Maßeinheit beziehen; wie groß diese auch sein mag, so kann die Maßzahl zwar sehr klein sein, aber sie muß selbst unveränderlich bleiben.

Die durch Variation eines identischen Grundelements entstehende Größe der Empfindung ist also eine Fiktion, weil das
Grundelement selbst ein fiktives ist und die Variation die Empfindung nicht betrifft. Nur durch die Hypostasierung von Erkenntnisbeziehungen entsteht die Größe der Empfindung. Das
kommt darin zum Ausdruck, daß die Funktionsbeziehung zur
Bedingung ihrer selbst gemacht wird, indem sie die Größe der
Empfindung erst ermöglichen soll. Die Funktion wird somit
selbst zum Quantum und dies um so mehr, wenn die Fundamentalformel als Ableitung der Gleichung (1.) gelten soll
$\Delta e = f\left(\dfrac{\Delta r}{r}\right)$. Denn in dieser Gleichung ist das Δe durch eine
Deutung und Annahme entstanden, die in jedem Sinne unzulässig
ist; die Größe der Empfindung ist hier entstanden durch eine
Rückübertragung des Größencharakters der Reize und ihrer
Differenz auf die Empfindung, welche diese Differenz als Unterscheidung merklich und kenntlich macht. Das Funktionszeichen
besteht auch hier nicht zu Recht; sondern die Gleichung kann
bestenfalls als Identität aufgefaßt werden; dann würde auch
kein Zweifel darüber bestehen können, daß das Δe den Wert
eines Symbols hat und zu analytischen Folgerungen nicht zu
gebrauchen ist. Indem aber die Psychophysik von dieser
Gleichung als Bedingung für die Fundamentalformel ihren Ausgang nimmt, tritt die Unmöglichkeit der Fundamentalformel
durch den Gegensatz zu ihrer Voraussetzung besonders deutlich
hervor.

Denn angenommen, die Gleichung (1.) bestände als Gleichung,
so hat sie doch keineswegs die Eigenschaft, für alle Werte von
Δr zu gelten; von einer bestimmten Grenze ab wird $\Delta e = 0$ —
wenn überhaupt einmal angenommen werden soll, daß die Werte
der linken Seite mit denen der rechten „variieren" — und
keineswegs ist dann $\Delta r = 0$. Die Funktion hat also nicht die
Eigenschaft, in der Umgebung des Nullpunktes stetig zu sein.
Der Übergang zur quantitativen Null aber, der in dem Übergang
zum Differential gedacht wird, setzt die Stetigkeit in unserem
Falle voraus. Denn die Stetigkeit repräsentiert den Gedanken
der Erhaltung der qualitativen Einheit des Gesetzes der
Relation, in welcher die Größen bestanden, auch bei Aufhebung
ihres extensiven Wertes. Dieses qualitative Moment fehlt eben
der Beziehung der Empfindung zum Reiz; beim Übergang zur
Grenze wird gerade die Gültigkeit und Fortdauer der begrifflichen Bestimmtheit, welches die Gleichung als solche darstellen

sollte, aufgehoben; sie bleibt überhaupt nicht erhalten bei einem
Wechsel der dargestellten Werte. So ergibt sich, daß die
Gleichung kein Funktionsverhältnis zum Ausdruck bringt, sondern
eine Definition. Die Gültigkeit dieser Definition ist auf den
Fall einzuschränken, den sie darstellt, und keine analytischen
Folgerungen sind daraus abzuleiten, weil sie von vornherein
keine mathematische Beziehung enthält.

Andererseits zeigt sich, daß die Psychophysik, indem sie
Gleichung (1) als Ausgangsgleichung wählt, wiederum die einzelne
abhängige Variable als die Funktion, also die Funktion selbst
als ein Quantum bestimmt. Soll von dieser Gleichung aus der
Übergang zur Fundamentalformel geschehen, so ist die Existenz
des Grenzwertes, welche vor dem Übergang zur Null feststehen
muß und eben durch den Gedanken der Stetigkeit verbürgt ist,
nach eigener Voraussetzung ausgeschlossen. Denn, wie die
Funktion zu einem Quantum wird, d. h. die Einheit und Methode
eines Verfahrens zur Charakteristik eines Dinges verwandt wird,
so ist auch die Stetigkeit nicht als die qualitative Einheit des
Gesetzes gedacht, welche das Differential konstituiert, sondern
als Eigenschaft der in die Relation eingehenden Empfindung.
Die Charakteristik eines Verfahrens wird so verkehrt in die
eines Dinges. Somit ist der Einwand berechtigt, daß die
Empfindung durchaus unstetig ist. Der kontinuierlichen Änderung des Reizes entspricht keine kontinuierliche Änderung der
Empfindung. Das Gesetz der Schwelle widerspricht diesem
Gedanken, und gerade dieses Gesetz soll in der Gleichung (1)
zum Ausdruck gelangen.

Die Empfindung ist ihrem Begriffe nach mit der Stetigkeit
nicht zu verbinden. Durch die Kontinuität unterscheidet sich
das Denken von der Empfindung; als ein solches Denkergebnis
ist der Reiz mit seiner kontinuierlichen Änderung als Erzeugung
des Denkens im Unterschied von der Empfindung aufzufassen.
Indem die Psychophysik die Kontinuität, welche kraft des
Denkens den Wert des Reizes im Unterschiede von der Empfindung ausmacht, wieder auf die Empfindung zurück überträgt,
wird der Gebrauch des reinen Begriffs der Stetigkeit ein
anderer. — Die mathematische Stetigkeit würde die Bedingung
involvieren, daß nicht unendlich wenig verschiedenen Werten
von R endlich verschiedene Werte von E entsprächen. Dagegen
wird durch Komplikation mit der Empfindung der Sinn der
Stetigkeit der, daß wenig verschiedenen Werten von R wenig
verschiedene Werte von E zuzuordnen wären. Die Stetigkeit

der Empfindung läßt ein Mehr oder Weniger zu, ist also kein scharfer Begriff. Auf die Abschätzung dieses Grades der Stetigkeit kommt es sogar an, wenn der Fall der Gleichheit der Empfindungen bei einem Minimum der Variation des Reizes hergestellt werden soll. So wird die Stetigkeit in diesem Schwanken ihres größeren und geringeren Grades zur Empfindung.

Sie ist aber Denken. Oder soll die Stetigkeit als Empfindung selbst Gegenstand der psychophysischen Untersuchung werden? Man müßte dann auf das Denken dennoch rekurrieren: ist das Element Empfindung, so kann die Ausbreitung und stetige Wiederholung dieses Elementes nicht auch Empfindung sein. — Soll also diese andere Funktion des Bewußtseins, das Denken der Stetigkeit, durch die psychophysische Untersuchung erst herausgestellt und definiert werden? Das kann nicht die Meinung sein. Die Psychophysik kann nicht anfangen, ohne die Stetigkeit als reinen Begriff vorauszusetzen. Das eben ist der Wert und die Eigenart ihrer Voraussetzung des Reizes, daß mit dem Reize die reinen Denkbestimmungen vorausgesetzt werden, welche ihn selbst konstituieren. Allerdings gelangt die Voraussetzung der Psychophysik nicht in dieser Weise zur Formulierung. Allein von kontinuierlichen Änderungen des Reizes ist doch die Rede und es ist nicht einzusehen, wie diese ohne den strengen Begriff der Stetigkeit zu definieren wären. Kann also diese Stetigkeit noch einmal problematisch werden? Wird sie zum Inhalt der Empfindung, so wird der Begriff aufgehoben; als Denken aber ist die Stetigkeit mit dem Erkenntniswert des Reizes gegeben. Wird diese Stetigkeit in dem Umkreis der „Physik des Denkens" noch einmal zum Problem, so wird damit die Tautologie der Probleme, welche die Psychophysik in ihrem Entwurfe begeht, durchsichtig. Die gesuchte psychische Funktion ist in dem Reize, sofern er Ergebnis mathematischer und physikaler Bestimmung ist, bereits enthalten. Denn der Reiz selbst ist ein Erzeugnis des Bewußtseins. Von dieser Tatsache der rationalen Erkenntnis ist auszugehen zur Bestimmung derjenigen Bedingungen, welche sie ermöglichen und als Grundlegungen der Erkenntnis Grundlagen des Seins sind. So wird das Sein im Bewußtsein gegründet. Kann man also mit den Mitteln des Bewußtseins, welche das Sein konstituiert haben, das der Reiz bedeutet, noch einmal das Bewußtsein entstehen lassen von der Empfindung an? Die Psychophysik versucht es, und ihre erste Station ist die Empfindung als die gegebene Tatsache. Nur in der Abhängigkeit vom Reiz ist diese Tatsache zu bestimmen. Das psychophysische Interesse verlangt aber, daß das psychische Grundphänomen direkt und unmittelbar zu bestimmen sei. So wird diese Abhängigkeit selbst zur Tatsache[1] und als Tatsache zum Problem: indem die Gegebenheit der Empfindung behauptet wird, werden die reinen Grundbegriffe, welche den Reiz konstituieren, zu Inhalten der Empfindung d. h. problematisch. So kehrt der psychophysische Begriff der Empfindung den Sinn der Wissenschaft um: wir haben früher gesehen, daß die Empfindung im Gegensatz zu ihrem Anspruch als Faktum bestimmt wurde. Es ergibt sich nunmehr, daß die Empfindung der Psychophysik andererseits einen Anspruch erhebt, den sie nicht erfüllen kann. Gleichheit und Maß wie Stetigkeit sind Bestimmungen des Denkens und nicht der Empfindung. — Besonders die Gleichheit zweier Empfindungen war schon fraglich. Die Anwendung des strengen Begriffs der Gleichheit erwies sich als unmöglich. Aber es konnte damals der Einwand berechtigt scheinen, daß das Maß, dessen Möglichkeit erst diskutiert werden sollte, die Gleichung des Ungleichen werden könnte. Wie das Sein der Größe erst in ihrer Entstehung fixiert werden sollte, so könnte auch die Größengleichheit erst unter Voraussetzung der Methode der Veränderung bestimmbar sein. — Allein, wie das Prinzip der Erzeugung einer Größe eben für die Empfindung nicht anwendbar ist, so ist auch dieser höhere Begriff der Gleichheit nicht zulässig. Denn diese Gleichheit, als Grenze einer stetig abnehmenden Ungleichheit, ist bedingt durch die Äquivalenz der Begriffe, aus denen sich die Größen als aus ihrem Entstehungsprinzip ableiten. Ein solches Prinzip gibt es für die gemeinsame Entstehung der Empfindungsgröße und der Reizgröße nicht, — wie sich bereits herausstellte. — Für die Vergleichung würde eben in aller Strenge die logische Einheit des Verglichenen gefordert. Reiz und Empfindung sind aber logisch nicht äquivalent. Sondern die Denkbestimmungen, welche den Erkenntniswert des Reizes ausmachen, unterscheiden ihn fundamental von der Empfindung.

Auch die Psychophysik kann also diese Grundbegriffe als Prädikate der Empfindung nicht erweisen. Sie werden vielmehr in der Psychophysik vorausgesetzt, kraft des Funktionsprinzips für die Empfindung behauptet, in ausdrücklichem Gegensatz zu dem wirklichen Empfindungsanspruch.

---

[1]) Revision S. 2.

Dies Verhältnis zeigt sich besonders bei der letzten Bestimmung, durch welche die Gültigkeit und der grundlegende
Wert der Fundamentalformel bezeichnet werden soll: der
Realität der Empfindung als Differential. Das Differential
der Empfindung muß, seinem extensiven Wert nach, unendlich
klein sein: eine Empfindung, die nicht einem endlichen Reizwerte
entspräche, gibt es nicht. — Die Existenz dieses Grenzwertes
der Empfindung mußte vorher feststehen, ehe die Differenzierung
der Gleichung vorgenommen wird. Diese Existenz nun bedeutet
nichts anderes, als das Bestehen der Gesetzmäßigkeit einer
Relation zwischen Empfindung und Reiz auch beim Übergange
zur Null — kraft der Teilnahme beider Größen an demselben
Gesetz. In unserem Falle soll durch die funktionelle Beziehung
die eine Größe, die Empfindung, als Größe erst definiert werden.
Die Art der Relation also definiert diesen Größenwert —
dieser Gedanke ist eine andere Wendung des anderen, — daß
unter der Funktion die einzelne abhängige Variable, die Empfindung verstanden wird. Die Art der Relation aber ist durch
Gleichung (1), — in die wenigstens die Empfindung als Empfindung eingeht, festgelegt. Also wird beim Übergang zur Grenze
die Art dieser Gesetzlichkeit, die begriffliche Bestimmtheit der
Empfindung, selbst aufgehoben. Die Empfindung kann als
unendlich kleine Größe nicht charakterisiert werden, denn sie
ist in Gleichung (1), sofern ihr ein Größenwert überhaupt zugeschrieben werden soll, als endliche Differenz der Reize definiert.
Die Gleichung (1) steht aber ausdrücklich als Ausgangsgleichung
der Psychophysik der Fundamentalformel voran.

Der Übergang zur Fundamentalformel könnte also als
eine begriffliche Änderung der Empfindung sich vollziehen, — kraft des Funktionsprinzips. Allein das wäre ein
Widerspruch gegen die empirische Grundlage der Psychophysik,
welche Gleichung (1) zum Ausdruck bringt. In der Tat ist für
die Voraussetzung der Gleichung (1) der Gedanke bestimmend,
daß der Größencharakter der Empfindung in dieser Form bereits
bestimmt sei. Man käme so auf die Einwände zurück, welche
gegen die extensive Größe der Empfindung zu erheben sind.
Es ergibt sich aber zugleich, daß bei Zugrundelegung dieser
Gleichung der Übergang zur Fundamentalformel nach eigener
Voraussetzung für die Psychophysik unzulässig ist. Eine sehr
kleine Größe ist noch kein Differential. Indem die Psychophysik auf diese Gleichung rekurriert, wird das Zusammenwirken
von zwei Motiven, welche sich in diesen Gedankengängen

kreuzen, offenbar. Einerseits soll auf die Empfindung, wie sie
als Element des Bewußtseins, welches einen Anspruch auf einen
externen (Reiz) Wert bedeutet, sich darstellt, zurückgegangen
werden: das ist die Empfindung, die unzweideutig als Empfindung
im Bewußtsein fixiert ist. Andererseits soll diese Empfindung
zu einer Größe werden: daher werden der Empfindung die
reinen Grundbegriffe des Denkens als Prädikate beigelegt. Die
Empfindung zeigt sich diesen ungleichartig. So wird auf beiden
Seiten durch diese Vereinbarung die begriffliche Bestimmtheit
verschoben: die reinen Grundbegriffe geraten in ein unsicheres
Schwanken, indem sie mit der Empfindung verbunden werden.
Die Empfindung verliert die Kraft ihres Anspruchs, indem die
Probleme, welche ihre Unstetigkeit und Unbestimmtheit dar-
bieten, aufgehoben werden.

Die Unbestimmtheit, die Relativität der Empfindung auf
objektive Einheiten zurückzuführen, ist eben die Aufgabe, und
zwar der Naturwissenschaft. Was die Empfindung als
Größe im Unterschiede von dem Begriff der Ebenmerklichkeit
bedeuten kann, ist Inhalt der objektivierten Empfindung, d. h.
der Reiz, bezieht sich also seinem Sinne nach auf den Naturgegenstand als Gegenstand der Erkenntnis. In dieses Gewebe
der Erfahrung geht die Empfindung als Faktor ein: in dem
System der reinen Erkenntnisse ist die Empfindung ihrem
Begriffe nach zu bestimmen. So wird die Empfindung zu einem
Element des Bewußtseins, das in der Entfaltung der Wissenschaft
sich gestaltet. In den Grundlagen der Wissenschaft, welche das
reine Bewußtsein als Grundlegungen hervorbringt, sind die
Bestimmtheiten des Bewußtseins zu entdecken. So ist in der infinitesimalen Realität der reinen Naturwissenschaft die psychische
Elle zu definieren, welche das Sein in seinem steten Wechsel
und Werden mißt und in Verbindung mit den übrigen reinen
Grundbegriffen, „die ganze materielle Welt" allerdings als „durch-
gehende Repräsentation eines allgemeinen geistigen Wesens"
gestaltet.[1] Als Bewegung ist die ganze materielle Welt zu
fassen und zu bestimmen und wird unter diesem allgemeinsten
Problemausdruck in der Wissenschaft begriffen. Diese Bewegung
ist also fundamentalste Hypothesis des Bewußtseins.

---

[1]) Revision 13.

5. Beschluß und Zusammenfassung.

Soll man nun noch einmal zurückgehen und unter dem Terminus der psychophysischen Aktivität den Begriff der Bewegung für das Bewußtsein erneuern? Die psychophysische Aktivität könnte den Gedanken eindringlich machen, daß nichts in das Bewußtsein hineingelangt, zu dessen Entfaltung das Bewußtsein nicht selbst die Bedingung enthält. Also ist auch der Reiz nicht anders als relativ zu Funktionen des Bewußtseins zu denken. Dennoch wird der Reiz dem Bewußtsein in der Psychophysik gegenübergestellt. Denn das Bewußtsein ist nicht reines Bewußtsein, sondern auf die Empfindung eingeschränkt. So wird bereits das Mannigfaltige der äußeren Erscheinung nicht mehr relativ zu einer Funktion des Bewußtseins bestimmt, sondern korrelativ:

„Nun macht sich in uns selbst ein Prinzip geltend, was ich das synecholögische genannt habe, wonach sich das psychisch Einheitliche und Einfache an ein physisch Mannigfaltiges knüpft, umgekehrt das physisch Mannigfaltige sich psychisch ins Einheitliche, Einfache oder doch Einfachere zusammenzieht."[1] Diese Verknüpfung weist die Psychophysik als funktionelle Abhängigkeit des Psychischen vom Physischen nach und die Bedingung ihres Lösungsversuchs ist die korrelative Voraussetzung des Reizes, korrelativ zur Empfindung. Die Erhaltung dieses Dualismus ist also gefordert, sofern durch diese Korrelation die Größe der Empfindung bestimmbar sein soll. Nicht etwa ist dies das Problem, durch die systematische Einheit, welche die Seelenidee ausdrückt, den Erfahrungsbegriff zu ergänzen, d. h. in psychologischer Richtung zu ergänzen. Sondern das Verhältnis wird umgekehrt: der Erfahrungsgebrauch soll aus jener angeblich einfachen Substanz der Seele abgeleitet werden. „Die Funktion zwischen Empfindung und Reiz ist ableitbar aus einer Funktion zwischen dem Elementaren, woraus beide als erwachsen angesehen werden können."[2] In der Unterscheidung dieser Elemente fixiert sich der Dualismus zwischen Materie und Geist, als dessen Ergebnis erst die Einheit zwischen Bewußtsein und Sein zu betrachten sei, welche dennoch die Einheit der Erfahrung ist, und als solche notwendig Ausgang und Voraussetzung sein muß.

Mit der Hypostasierung der psychophysischen Aktivität als psychischer Bewegung im Unterschiede von derjenigen Bewegung,

---

[1] Revision 15.   [2] Elem. I, 158.

welche sich auf die Abstraktion materieller Vorgänge bezieht, als reines Bewußtsein aber sich vollzieht, ist der Inbegriff der psychophysischen Voraussetzungen noch einmal erschöpfend definiert. Indem die Empfindung durch diesen Begriff der Bewegung als Kontinuation eines identischen Grundelements gefaßt wird, zeigt sich zugleich, daß durch die Rezeption der Stetigkeit und aller anderen Voraussetzungen, die für die Empfindung angenommen werden, der eigentliche Problemgehalt der Empfindung aufgehoben wird.

Denn es ist klar, daß die Diskontinuität und die Indistinktheit der Empfindung nach Qualität und Intensität das eigentliche Problem der Empfindung ausmachen, sofern sie als Vorgang des Bewußtseins in Betracht gezogen wird. Um das Studium dieses objektiven Momentes der Empfindung zu beginnen, geht die Physiologie aus von der Auffassung, daß der Reiz die objektivierte Empfindung bedeute; denn nur auf Grundlage der reinen Erkenntnis ist der Abstand der Empfindung vom Reiz ein meßbarer Unterschied kommensurabler Größen. Es ist möglich, daß sich für die Abhängigkeit der Molekularbewegung der Nervensubstanz vom Reize, eine stetige Funktion bestimmen läßt, — wenngleich zu bedenken ist, daß die Empfindung mehr das Problem ihres „organischen Grundes" stellt.

Sicherlich aber kann nur auf Grundlage des in Raum und Zeit erfolgenden physiologischen Energievorgangs die Annahme gemacht werden, daß überhaupt von einem Kausalverhältnis zwischen Reiz und Empfindung die Rede sein kann. — Wird diese Erkenntnisbeziehung auf das Psychische gerichtet, so wird dadurch das Psychische zum Physischen. Der materielle Träger des psychischen Vorgangs kann nicht in einem metaphysischen Substratum gesucht werden, sondern die Materie, ohne welche eine Denkmöglichkeit von Vorgängen überhaupt nicht besteht, ist die Materie der Physiologie. Somit ist das Prinzip eines funktionellen Zusammenhangs zwischen Reiz und der psychischen Tatsache der Empfindung ausgeschlossen und damit auch die Selbständigkeit der Empfindung überhaupt. Das Ebenmerkliche der Psychophysik, welches Fechner als Realität zugrunde legte, bildet nur den Problembegriff.

In dem Zusammenhang der physiologischen Tatsachen und Begriffe gelangt also die Empfindung in der Bedingung ihres zeitlichen Eintritts zur exakten Definition. Soll man also dies Problem der Zuordnung der Empfindung zur physiologischen Erregung oder zum Reiz im psychophysischen Sinne erneuern indem man „die Zusammengehörigkeit der Maßwerte objektiver Zustände und Vorgänge einerseits und gewisser subjektiver Auffassungen und Unterscheidungen andererseits festzustellen"[1] sucht. Man würde wiederum darauf ausgehen, die Subjektivität als solche zu bestimmen, und zwar die Empfindung im Verhältnis zum Reiz. Wenngleich, im Unterschiede von der Psychophysik Fechners, die Empfindung zunächst nicht als meßbare Größe gedacht ist, sondern nur die zeitliche Verbundenheit der Empfindung als Eintritt des psychischen Aktes der Unterscheidung in der Abhängigkeit von Maßwerten des Reizes in Frage steht, so würde die Empfindung dennoch zu einer Art von Gegebenheit. Die Unbestimmtheit und Variabilität sind mit der Empfindung gesetzt und ihr Grad ist durch die Art jener zeitlichen Beziehung festzustellen. Sofern sich aber die Folge der Empfindung auf die Ursache des Reizes bestimmen ließe, würde die Empfindung in dieser Eigenart der Folge dennoch wieder in eine mathematische Formel eingehen müssen, und so würde sie wiederum zur Größe.

Es ist in rein psychologischer Rücksicht zu verwerfen, das Verhältnis von Empfindung und Reiz unter dem Schema einer zeitlichen Verbundenheit zu denken, da für die Psychologie der Unterschied der Erkenntnisfaktoren als Empfindung usw. nicht anders als an demselben Ganzen des Reizes, genauer der Vorstellung des Reizes, zu bestimmen ist. —

Was aber die Methoden einer also reduzierten psychischen Maßbestimmung anlangt, so ist zu bedenken, daß die Bestimmung des Verhältnisses der Werte von Beobachtungsreihen (Einfluß der Empfindung) zu einem theoretisch zu berechnenden objektiven Wert (Reiz) ein altes Problem ist, und zwar der Fehlertheorie. Die Angebbarkeit einer numerischen Wahrscheinlichkeit für die Fehlerbeträge beruht durchaus auf der durch objektive Verhältnisse und zahlenmäßige Bestimmtheit gegründeten Voraussetzung, daß zwischen Wahrscheinlichkeit und Fehlergröße ein bestimmtes Funktionalverhältnis besteht. Also beziehen sich die Ergebnisse der Fehlertheorie nur auf Größen und das Verhältnis von Größen, nicht aber auf das Verhältnis eines objektiven Maßwertes zu einem angeblich psychisch realen Zustand der Empfindung.

Die Empfindung ist stets ein Gegensatz zur Bestimmung. Von ihr gilt, was schließlich auch Fechner zugegeben hat: „Bei

---

[1]) Lipps, psychische Maßmethoden, 113.

aller Sorge, welche man treffen mag, die Versuchsumstände
vergleichbar zu halten, ändern sich doch im Laufe der Versuche
innere und äußere Umstände durch unbestimmbare Zufälligkeiten.
Die Zeit- und Raumlage selbst, der Einfluß der Herstellungs-
weise, die Aufmerksamkeit, der Zustand der Sinnesorgane
unterliegen immer irgendwelchen zufälligen Abänderungen,
deren Spielraum größer oder geringer sein kann und Einfluß
auf die durchschnittliche Größe der reinen Fehler gewinnt,
wonach die daraus erhaltenen Summen oder Mittelwerte nur
insofern zu einem vergleichbaren Maßstabe der Unterschiedsempfindlichkeit dienen können, als man voraussetzen darf, daß
der Spielraum oder die durchschnittliche Größe der Zufälligkeit
in den verschiedenen Versuchen dieselbe ist."[1] — Diese Voraussetzung darf man eben nicht machen, weil sie dem Wesen
der Empfindung schlechterdings widerspricht. Es ist auch nicht
möglich, die Kluft, welche die Empfindung von objektiver
Bestimmtheit trennt, durch einen Wahrscheinlichkeitsansatz zu
überbrücken. Denn die Wahrscheinlichkeitsangabe beruht eben
auf der Voraussetzung ganz bestimmter gesetzmäßiger Verhältnisse, um dem Begriff der gleichmöglichen Fälle zu genügen.[2]
Es kann nicht, umgekehrt, diese Voraussetzung durch den
Wahrscheinlichkeitsansatz erst erfüllt werden, ohne daß der
Ansatz als willkürlich bezeichnet werden muß und die Wahrscheinlichkeit zum Ausdruck mangelnder oder unmöglicher
Kenntnis wird. Freilich hat die Wahrscheinlichkeitstheorie es
mit der Materie des Urteils und der Urteile zu tun. Die Wahrscheinlichkeit bezeichnet eine Stufe der Forschung, sie setzt
ein Verhältnis an zwischen dem Gewonnenen und Erreichbaren
unter dem Gesichtspunkt einer Kritik der Methoden der Erfahrung überhaupt. Aber diese Beziehung der Urteile ist durchaus logisch und gänzlich unabhängig von dem psychischen
Ereignis des Vollzugs dieses oder jenes Urteils. Das Urteil der
Empfindung ist unbestimmt; sein Inhalt unterliegt betreffs seines
Erkenntniswertes einer Wahrscheinlichkeitsbestimmung. Aber
diese Bestimmung bezieht sich eben auf die Erkenntnis des
Objekts, nicht aber auf die „Zugehörigkeit eines objektiven
Maßwertes zu einem subjektiven Bewußtseinsinhalt." —[3]

Man kann überhaupt das Problem nicht so stellen, ohne
Bewußtsein und Objekt einander korrelativ gegenüber zu stellen,

---

[1] cf. Lipps, l. c.
[2] Vgl. v. Kries, Prinzipien d. Wahrscheinlichkeitsrechnung, S. 89,
230 u. a. m.   [3] Lipps, l. c. 114.

und das ist der Anfang aller Widersprüche. Was die Empfindung als Größe bedeuten kann, ist eben der Inhalt der
objektivierten Empfindung, d. h. des Reizes, bezieht sich
also seinem Sinne nach auf den Naturgegenstand als Gegenstand
der Naturerkenntnis. In dieser Realisierung der Empfindung
vollzieht sich die Objektivierung des Bewußtseins, die wir Natur
nennen. So werden die Dinge, als der objektivierte Inhalt der
Empfindung, zu den Integralgrößen, welche die Psychophysik
sucht.[1] Diese Gegenstände aber nahm die Psychophysik als
gegeben an. So konnte die Tautologie der Probleme entstehen,
welche die Empfindung, den Problembegriff naturwissenschaftlicher Erkenntnis, nach Vollendung und unter Voraussetzung
seiner Lösung noch einmal zum Problem macht. Auf diesem
Zusammenhang, innerhalb dessen die Empfindung zur Funktion
des Reizes wurde, beruht die Möglichkeit der Prädikate, durch
welche die Empfindung in der Psychophysik bestimmt wird.
Die Form der Urteile wird zum Inhalt einer neuen wissenschaftlichen Aussage: die Empfindung zur Realität, anstatt durch die
Realität den Gegenstand für den Anspruch der Empfindung zu
begründen.

Zweiter Teil.
Der Begriff der Empfindung
in der experimentellen Psychologie (Wundt).

6. Überleitung zur Aufgabe der experimentellen Psychologie.

Die Entwicklung der Prinzipien einer Messung der Empfindung hat gezeigt, daß die Umgestaltung des Problems der
Empfindung im Sinne der Psychophysik sich nicht zu bewähren
vermag. Die dogmatische Voraussetzung der selbständigen,
durch innere Wahrnehmung gegebenen Empfindung kann die
Richtung auf das eigentliche Problem, welches die Empfindung
in psychologischer Rücksicht bietet, nicht bezeichnen. Vielmehr
wird durch diese Voraussetzung die Empfindung zur Gegebenheit,
anstatt daß das Problem ihres Begriffs Aufgabe bleibe. Diese
Objektivierung steigert sich durch das Prinzip eines funktionellen

---

[1] Cohen, Prinzip, 160 ff.

Zusammenhangs zwischen Empfindung und Reiz, wodurch für
die Empfindung ein Inhalt prädiziert wird, der ihrem Begriffe
schlechterdings widerspricht. Diese Auffassung hat ihren zureichenden Grund darin, daß die Beziehung zwischen Empfindung
und Reiz in dem erkenntniskritischen Sinne nicht erkannt noch
anerkannt ist. Der Begriff der Erfahrung und ihrer Möglichkeit
tritt in dem Umfang der psychophysischen Erörterungen nicht
auf; sonst würde es sich ergeben, daß das psychische Geschehen
selbst sich mit diesem Begriff kompliziert und in der Unmittelbarkeit eines empirischen Phänomens nicht gegeben ist. Damit
würde auch die Möglichkeit einer konstruktiven Erklärung der
psychischen Erscheinungen nach Analogie der Naturwissenschaft,
fraglich werden.

Es kann als der Gattungscharakter der Psychophysik und
der physiologischen Psychologie Wundts bezeichnet werden,
daß versucht wird, die Erscheinungen des Seelenlebens einem
Kausalzusammenhang vermittels einer begrenzten Anzahl eindeutig bestimmter Erklärungselemente unterzuordnen. „Die
physiologische Psychologie ist demnach in erster Linie Psychologie, sie stellt sich . . . . vor allem die Aufgabe, die Bewußtseinsvorgänge in ihrem eigenen Zusammenhang zu untersuchen.“[1]
So definiert, schließt der Begriff der physiologischen Psychologie
jedenfalls die Voraussetzung der Selbständigkeit der psychischen Phänomene in sich, deren Konsequenz sich nach zwei
Seiten richtet: einerseits ist der Versuch, „die Bewußtseinserscheinungen durch Zurückführung auf ihre physiologischen
Bedingungen zu interpretieren,“[2] abzulehnen, andererseits muß
für die Erklärung der psychischen Phänomene eine eigene Art
von Kausalität angenommen werden.[3]

Allein bei dieser Ähnlichkeit der Tendenz der physiologischen
Psychologie und der Psychophysik besteht der wichtige Unterschied im Ausgangspunkt: Der dogmatischen Metaphysik der
Psychophysik gegenüber vollzieht die physiologische Psychologie
in dem Begriff der Erfahrung die Wendung zum Idealismus.[4]
Darnach ist „der letzte Grund für die Scheidung der Natur-
wissenschaften von der Psychologie und den Geisteswissen-
schaften darin zu suchen, daß jede Erfahrung einen objektiv
gegebenen Erfahrungsinhalt und ein erfahrendes Subjekt als
Faktoren enthält . . .“[5] Vorbehaltlich aller Modifikationen,

---

[1] Wundt, physiolog. Psych. I, 2.   [2] l. c. 9.   [3] ibid.
[4] Vgl. physiolog. Psych. III, 326.   [5] Grundriß d. Ps. 5.

welche dieser Einteilungsgrund beider Wissenschaften und demgemäß die Auffassung ihrer besonderen Methodik in der Ausführung enthält, so ist jedenfalls in den Kreis der Erfahrung
überhaupt die Betrachtungsweise eingetreten. Der metaphysische
Standpunkt der Psychophysik ist verlassen. Demnach sind die
psychischen Erscheinungen nicht Selbsterscheinungen des Ich;
die physiologische Psychologie richtet das Problem nicht auf
die Bewußtheit, sondern auf die Eigentümlichkeit der Beziehung
und Verbindung der Bewußtseinsinhalte in der ursprünglichen
Form ihres Zusammenhangs.

7. Die Empfindung als Ergebnis einer Analyse und Abstraktion.

In Konsequenz dieser Auffassung ergibt sich für den
psychologischen Begriff der Empfindung in der physiologischen
Psychologie eine doppelte Beziehung. Besteht „der Inhalt der
psychologischen Erfahrung in allem dem, was den Prozeß der
Erfahrung überhaupt zusammensetzt"[1], so ist die Empfindung
ihrem psychologischen Begriffe nach, gemäß ihrer Kompetenz
im Prozeß der Erfahrung überhaupt, ein nicht weiter zerlegbarer
Bestandteil, also das Ergebnis einer Analyse.[2] Der Ursprung
dieser Bestimmung, die Beziehung auf die objektive Erfahrung,
schließt die Möglichkeit aus, die Empfindung als isoliertes
psychisches Phänomen als Wirkung des Reizes im Sinne der
Psychophysik aufzufassen und als Problem direkter Bestimmung
aufzurichten. Demnach unterscheidet sich die physiologische
Psychologie in diesem ersten Ergebnis von der Psychophysik;
sie lenkt von dem Problem der Bewußtheit ab.

Die Empfindung ist nicht als Wirkung des Reizes mit
eigener Qualität gegeben; es kann also kein Problem sein, nach
welchen Gesetzen oder Maßen es sich vollzieht, daß ich den
Ton empfinde, sofern in dem objektiven Ton die Empfindung
als Faktor enthalten ist.

Andererseits aber „beruht die ganze Psychologie auf der
inneren Wahrnehmung".[3] Empfängt also das psychische Phänomen das auszeichnende Merkmal des Zusammenhangs durch die
innere Wahrnehmung, so ist die Empfindung als Bestandteil des
komplexen Bewußtseinsinhaltes das Ergebnis einer Abstraktion.[4] — Auch diese Bestimmung unterscheidet sich von der

---

[1]) Grundriß 17, phys. Psych. 341.   [2]) l. c. 35 f.
[3]) Logik III, 170.   [4]) Grundriß, 46.

psychophysischen. Schloß der psychophysische Begriff der Empfindung, welcher den ganzen komplexen Bewußtseinsinhalt vertrat und von der Erscheinungsweise psychischer Inhalte überhaupt seine Merkmale empfing, die Möglichkeit aus, außer der Empfindung ein psychisches Datum überhaupt zu charakterisieren, so ist in der physiologischen Psychologie die Unterscheidung der Hauptklassen zusammengesetzter psychischer Phänomene von der Empfindung in der Durchführung dieses analytischen Verfahrens möglich.[1] — Demnach absorbiert die Empfindung nicht als subjektives Korrelat komplizierter Erscheinungen den Zusammenhang psychischer Phänomene überhaupt. Das psychologische Problem der Unterscheidung und Analyse des Zusammengesetzten bleibt erhalten.

Die beiden gegebenen Bestimmungen schließen sich indessen der Art ihrer Gewinnung nach aus: wird die Empfindung einerseits psychologisch definiert mit Rücksicht auf ihre Kompetenz im System der Erfahrung, so ist es nicht möglich andererseits auf die innere Wahrnehmung sich zu berufen und die Empfindung mit Rücksicht auf die zusammengesetzten psychischen Vorgänge, in welche die Empfindung als Element eingeht, zu bestimmen. Denn die erste Bestimmung schließt die Selbständigkeit psychischer Phänomene als Inhalte einer eigenen inneren Wahrnehmung überhaupt aus, also auch die der zusammengesetzten psychischen „Vorgänge" oder „Ereignisse".

Demnach ist die Verbindung beider Bestimmungen, wie sie die physiologische Psychologie tatsächlich vollzieht, nur möglich, wenn die eine als die übergeordnete zu gelten hat. Daß dies die zweite ist, geht schon aus dem Satze hervor: „die ganze Psychologie beruht auf der inneren Wahrnehmung". Somit geht die physiologische Psychologie von der Selbständigkeit psychischer Phänomene aus; die Beziehung auf die Erfahrung erhält eine ganz veränderte Bedeutung: „indem . . . die Psychologie den Inhalt der Erfahrung in seiner vollen Wirklichkeit, die auf Objekte bezogenen Vorstellungen samt allen ihnen anhaftenden subjektiven Regungen, untersucht, ist ihre Erkenntnisweise eine unmittelbare oder anschauliche."[2] Ist also die psychologische Erfahrung das „konkret Wirkliche",[3] das in der inneren Wahrnehmung unmittelbar Gegebene, die naturwissenschaftliche Erfahrung die abgeleitete und abstrakte, so ist nach dieser Unterscheidung die Erfahrung überhaupt ein psycho-

---

[1]) Grundzüge d. phys. Psych. 344 f.   [2]) Grundriß, 6.   [3]) ibid.

logischer Begriff.[1] Ist aber die Erfahrung als der Inbegriff
psychischen Geschehens, der als Modifikation dieser Vorgänge
die naturwissenschaftliche Erkenntnis in sich begreift, psychologisch definiert, so vollzieht sich die Behauptung der Identität
der Phänomene des Bewußtseins mit denjenigen, welche die
Wissenschaft auf das Objekt der Natur bezieht, in der Gleichsetzung von Erfahrung und Erkenntnis, welche allerdings zu
bestreiten ist.

Diese Gleichsetzung ermöglicht die Konklusion: „da die Psychologie nicht spezifische Erfahrungsinhalte, sondern die allgemeine
Erfahrung überhaupt zu ihrem Gegenstande hat, so kann sie
sich keiner anderen Methoden bedienen, als solcher, wie sie von
den Erfahrungswissenschaften überhaupt zur Feststellung von
Tatsachen, sowie zur Analyse und kausalen Verknüpfung derselben angewandt werden."[2] Somit ist die Erfahrung als Bewußtseinsvorgang zum Gegenstand geworden; als Gegenstand
der psychologischen Untersuchung ist sie, mit Rücksicht auf die
Ergebnisse naturwissenschaftlicher Untersuchung, nach derselben
Methodik zu behandeln, wenn auch die Richtung der Untersuchung eine andere ist. So kommt in dieser Wendung zum
entscheidenden Ausdruck, daß die physiologische Psychologie
die selbständige Behandlung der Bewußtseinsphänomene in der
Tat durchzuführen gedenkt. Diese Durchführung ändert die
Bestimmung des Begriffs der Empfindung im Unterschiede von
ihrem anfänglichen Ausdruck.

8. Die Empfindung als unmittelbarer Inhalt der Erfahrung.

Denn es ergibt sich als Folge der so veränderten Auffassung
der inneren Erfahrung zunächst eine Modifikation des Begriffs der psychologischen Abstraktion, durch welche
die Empfindung bestimmt war. Die Empfindung ist zwar
Element, aber Element der Vorstellung. Ist durch den
Terminus der Vorstellung die Erscheinung psychischer Inhalte
überhaupt fixiert, in der inneren Wahrnehmung gegeben, so ist
die Empfindung ein Teilinhalt dieser unmittelbaren Wahrnehmung. Somit ist auch die Empfindung „unmittelbarer Inhalt
der Erfahrung selbst."[3] Andererseits aber bedeutet die Empfindung gegenüber dem variablen und zusammenhängenden

---

[1] l. c. 18.   [2] Grundriß, 9.
[3] Grundzüge der phys. Psych. I, 342.

Charakter der psychischen Grundphänomene den konstanten Faktor. Als solcher ist sie durch Abstraktion zu isolieren, da sie „in dem isolierten und beharrenden Zustande, in dem wir sie uns zum Behufe der Untersuchung ihrer fundamentalen Eigenschaften denken, keine Realität besitzt." Der Begriff der Abstraktion bezeichnet also den Unterschied der Empfindung von der Vorstellung. Aber die Empfindung wird doch mit Rücksicht auf die Vorstellung definiert und ist als Bestandteil der Vorstellung selbst ein empirisches Faktum.

Somit kehren wir zur inneren Wahrnehmung zurück als dem Bestimmungsgrund der Empfindung, wie der Vorstellung. Diese Selbständigkeit der inneren Erfahrung und Wahrnehmung ist zu bestreiten; denn es ist eine Konsequenz der Einheit des Begriffs der Erfahrung, daß alles psychisch Erscheinende notwendig Erscheinung eines Gegenstandes ist. Andererseits ist die Wahrnehmung überhaupt, also die innere einbegriffen, nicht kompetent, die entscheidenden Bestimmungen für das psychische Faktum zu treffen.

Ist also die Erscheinung im Bewußtsein als subjektives Phänomen als die Einheit des Bewußtwerdens nichts als Erscheinung eines Gegenstandes, d. h. nur im Hinblick auf einen objektiven Zusammenhang bestimmbar, also nicht als eigenes psychisches Datum durch die innere Wahrnehmung zu konstatieren, so kann auch die Empfindung nicht als empirischer Begriff in dem oben definierten Sinne gelten. — Es ist zugleich ersichtlich, wie die Unterordnung der Erkenntnis unter den Begriff der psychologischen Erfahrung die Behauptung der Selbständigkeit psychischer Erfahrungsinhalte zur sicheren Konsequenz hat. Diese aber müssen der Wahrnehmung überwiesen werden, weil sie nichts anderes sind als Wahrnehmung, Erkenntnis des Empirischen. Und hier beginnt denn die Schwierigkeit, wie in der Psychophysik: es muß eine Wahrnehmung der Wahrnehmung angenommen werden oder der Inhalt der Wahrnehmung als Bestimmung der Empfindung gesetzt werden.

In der Tat ist die Empfindung, auch als Element der Vorstellung, nicht direkt gegeben. Vielmehr erfolgt bereits die Bezeichnung der Empfindung in einem objektiven Zusammenhang, — wie auch die physiologische Psychologie zugibt: . . . „es sei ein für allemal bemerkt, daß wir hier ebenso wie bei allen anderen Sinnen die Empfindungen nicht anders bezeichnen können, als indem wir entweder die Organe namhaft machen, deren Funktion nachweislich zu ihrer Entstehung erforderlich

ist, oder, indem wir auf die äußeren Bedingungen hinweisen
unter denen sie auftreten."[1] Allerdings; denn jede Bezeichnung
ist eine Objektivierung, kann also nur in objektivem Zusammenhang geschehen. Ist aber durch den Terminus der Subjektivität
das Problem der Psychologie in einer anderen Richtung definiert,
so ist das Phänomen der Wahrnehmung keine Lösung, sondern
der Ausdruck eines Problems, welches als eine Stufe der
Objektivierung die Frage nach den psychischen Faktoren, welche
seine Funktion ausmachen, stellt.[2] Die Empfindung ist keineswegs direkt gegeben, sondern stets etwas Indirektes; sie ist
nicht das Gegebene, sondern hinsichtlich ihres psychologischen
Begriffs das Gesuchte.

Was die Objektivierung des Bewußtseins konstituiert, diese
psychischen Funktionen, die man als das Unmittelbare
des Bewußtseins bezeichnen könnte und deren Definition es
gilt, ist nicht identisch mit dem empirischen Inhalt der Wahrnehmung. Die physiologische Psychologie aber vollzieht diese
Gleichsetzung von Empfindung und Wahrnehmung, vielmehr
die Unterordnung der Wahrnehmung unter die Empfindung,
wenn die Empfindung als empirisches Datum der Wahrnehmung
bestimmt wird, „wenn sie niemals anders gedacht werden kann,
als mit den ihr in der unmittelbaren Wahrnehmung zukommenden
Eigenschaften." Die „unmittelbare Wahrnehmung" ist das unmittelbar Wahrgenommene, ist der Inhalt des Bewußtseins als
Erscheinung; der Terminus der Wahrnehmung bezeichnet diese
Tatsache; ihrem logischen Charakter nach ist die Wahrnehmung
das Unbestimmte, erst zu Bestimmende, aber mit Rücksicht auf
den erscheinenden Gegenstand zu Bestimmende. Demnach
bezeichnet die Wahrnehmung schon den Ansatz einer Bestimmung, nämlich die Richtung des Bewußtseins in der Verlegung seines Inhalts und zwar nach „außen". Wenn aber die
Disposition des Erkenntnisbegriffs überhaupt durch psychologische Rücksicht geleitet ist, so fängt die Unterordnung der
logischen Distinktionen unter psychologische Begriffe am Anfang
an, d. h. die Wahrnehmung geht in die Empfindung ein. Die
Wahrnehmung ermöglicht die Prädikation der Erscheinung, die
Empfindung als Wahrnehmung ermöglicht die Prädikation der
Empfindung als empirisches Faktum. So wird in Korrelation
zum äußeren Reiz die Empfindung nach Qualität und Intensität

---

[1]) Phys. Psychol. II, 3.   [2]) cf. Natorp, Einleitung in die Psychologie, 105.

bestimmt: „Jede einfache Empfindung hat eine bestimmte qualitative Beschaffenheit; diese qualitative Beschaffenheit ist aber immer zugleich in irgendeiner Stärke (Intensität) gegeben."[1] In der Abhängigkeit vom Reiz aber wird festgesetzt: „Von der Form der Bewegung ist die Qualität, von der Stärke die Intensität der Empfindung abhängig."

9. Die Empfindung als Problem der Physiologie.

So scheint die physiologische Psychologie in die Bahn der Psychophysik einzulenken. Allein, eben hier, in der Korrelation von Reiz und Empfindung, kommt ein prinzipieller Unterschied der physiologischen Psychologie gegen die Psychophysik zum Ausdruck. Das Problem dieser Beziehung zwischen Reiz und Empfindung wird in dem physiologischen Teil der physiologischen Psychologie abgehandelt und dieser Ort seiner Behandlung schließt die Hindeutung in sich, daß die Bestimmung des Verhältnisses von Materie und Bewußtsein, unter die sich die von Reiz und Empfindung subsumieren läßt, in idealistischer Richtung gewonnen ist. — In der Tat, ist das „Bewußtsein die Bedingung aller Erfahrung",[2] also die fundamentale Voraussetzung auch für den materiellen Vorgang, der unter der Bedingung der Erfahrung steht, so ist ausgeschlossen, daß die Materie zur Grundlage des Bewußtseins wird. Vollendete sich der metaphysische Dogmatismus der Psychophysik darin, daß die Empfindung als Gattungsbegriff der äußeren und inneren Psychophysik, in dem Terminus der psychophysischen Aktivität auch den physiologischen Vorgang in den Umfang ihrer inhaltlichen Bestimmungen aufnahm, so läßt die physiologische Psychologie den Prozeß der Nervenerregung im Unterschied von der Empfindung als äußeren Naturvorgang bestehen. Demnach ist die Materie nicht Ursache des Bewußtseins, sondern als Erscheinung des Bewußtseins diejenige Gruppe, an welcher wir die andere Gruppe, die psychische, zur Bestimmung bringen können.[3]

Demnach erhält das Prinzip des psychophysischen Parallelismus seine veränderte Bedeutung: „Gewisse Bestandteile dieser mittelbaren (sc. der naturwissenschaftlichen Erfahrung) können gewissen Bestandteilen jener unmittelbaren Erkenntnis (der psychologischen Erfahrung) entsprechen . . ."[4] So also

---

[1]) Grundriß, 37.   [2]) Physiolog. Psychologie III, 320.
[3]) l. c. III, 769.   [4]) Grundriß der Psychologie, pag. 388.

ändert sich der Dualismus der Substanzen zu dem der doppelten
Beziehung der Erfahrung überhaupt.[1] Da nun „unser physiologischer Begriff des körperlichen Organismus lediglich ein Teil
dieser Erfahrung"[2] (sc. der äußeren) ist, so bestimmt sich nach
dem allgemeinen Verhältnis zwischen äußerer und innerer Erfahrung auch das Verhältnis von Körper und Seele. Der
physiologische Prozeß der Nervenerregung gehört also mitsamt
dem Reize zur naturwissenschaftlichen Erkenntnis, enthält aber
als Erfahrung überhaupt den subjektiven Faktor der Empfindung
zugleich als psychisches Elementarphänomen.[3] — Also hat die
Frage nach der Transformation des Physischen ins Psychische
keinen angebbaren Sinn, — „vielmehr ist eine solche Ableitung
infolge des in beiden Fällen völlig abweichenden Standpunktes
der Auffassung an sich ausgeschlossen."[4] Wenn anders aber
die Bedingung dieser Unmöglichkeit die Anerkennung der
physiologischen Aufgabe in sich begreift, tritt an die Stelle der
Frage nach der Entstehung der Empfindung als Bewußtheit das
Interesse an der Entstehung und Entwicklung derjenigen objektiven Beziehungen, welche die Subjektivität der Empfindung
als solche zu begründen vermögen —, das Interesse an der
Entwicklung der Sinnesorgane. —

Nach dem so definierten Verhältnis der Physiologie zur
physiologischen Psychologie, die jene als Teilinhalt in sich begreift, ist man für das empirische Studium des Bewußtseins an
der Materie jedenfalls an die Physiologie verwiesen. Im besonderen aber wird die Empfindung unter diesem Gesichtspunkt
zum „Symptom",[5] nämlich zum Symptom der Funktionen der
Sinnesorgane, deren Organisation und physikalische Vorgänge
eben die Physiologie als Naturwissenschaft untersucht.[6] Als
Symptom aber, als Problemfaktor der Wissenschaft ist die
Empfindung im Bewußtsein fixiert,[7] — wenn anders auf der
Anzeigekraft der Empfindung das Problem der Wirklichkeit
beruht. Somit hat die Empfindung in einem doppelten Gegensatz zur Psychophysik den ihr zukommenden logischen Ort im
System der Erfahrung erreicht. Ist es einerseits ausgeschlossen,
die geschlossene Naturkausalität an der Stelle des physiologischen
Vorgangs zu unterbrechen und den materiellen Vorgang direkt
als Empfindung zu deuten, so ist es andererseits unmöglich, die

---

[1]) Grundriß der Psychologie, pag. 388.   [2]) ibid.
[3]) Logik III, 258.
[4]) Grundriß d. Psychologie pag. 388, Logik III, 254.
[5]) Physiolog. Psychologie I, 359.   [6]) III, 701.   [7]) l. c. I, 359.

Empfindung als negative oder unbewußte Empfindung in den
materiellen Vorgang aufgehen zu lassen. Beruht diese doppelte
Unmöglichkeit auf dem logischen Grunde der Einheit der Erfahrung,[1] so ist die Voraussetzung der ganzen Argumentation
eben darin zu sehen, daß die Einheit der Erfahrung an die
Stelle der metaphysischen Annahme der Einheit einer Grundsubstanz getreten ist.[2]

Die dargelegte Bestimmung des Verhältnisses von Materie
und Bewußtsein hat zu ihrer Voraussetzung die Einsicht, daß
die Materie selbst als ein Begriff des Bewußtseins, als ein Mittel,
das Reale des physiologischen Vorgangs zu bestimmen, anzuerkennen ist. Demnach sind Materie und Bewußtsein einander
nicht korrelativ gegenüber zu stellen, noch die Empfindung als
das psychische Ergebnis der Einwirkung des physischen Reizes
aufzufassen. Also ist das Verhältnis von Empfindung und Reiz
nicht das Problem einer psychischen Maßbestimmung, sondern
darauf reduziert, zu ermitteln, „inwiefern jene unmittelbare
Schätzung, die wir mit Hilfe der Empfindungen vornehmen, der
wirklichen Stärke der Reize entspricht oder von ihr abweicht."[3]
Diese Beziehung des Wertverhältnisses der objektivierten Empfindung und der noch nicht objektivierten Empfindung schränkt
die ganze Untersuchung auf zwei wesentliche· Aufgaben ein;
nämlich erstens zu ermitteln, welche Reize überhaupt als Empfindung beantwortet werden, d. h. also „die Grenzwerte zu bestimmen, zwischen denen Veränderungen der Reize von Veränderungen der Empfindung begleitet erscheinen";[4] zweitens
aber festzustellen, in welchem Zeitverhältnis der einzelne Vorgang
der Empfindung auf die Einwirkung des einzelnen Reizes erfolgt.[5]
Jedenfalls aber wird die psychologische Empfindung nicht selbst
zur Größe und zum Gegenstand der Bestimmung, sondern die
Empfindung ist nur der Ausdruck für einen objektiven Vorgang
oder das Verhältnis von zwei objektiven Vorgängen, des physiologischen und physikalischen.

Somit zeigt sich in der physiologischen Psychologie unzweifelhaft die Tendenz, der Empfindung den Charakter des
subjektiven und psychologischen Begriffs gegenüber aller objektiven Bestimmung zu wahren. Diese Tendenz schließt die
Prädikation der Empfindung, sei es nach ihrer Stärke oder
Qualität aus, wenn sie mit den Mitteln des erkenntniskritischen

---

[1]) Logik III, 256.   [2]) ibid. 254.
[3]) Phys. Psych. I, 466.   [4]) l. c. 467.   [5]) ibid.

Gedankens, durch den sie gewonnen war, durchgeführt wird. — Denn die Unterscheidung der äußeren und inneren Erfahrung als „verschiedene Gesichtspunkte, die wir bei der Auffassung und wissenschaftlichen Bearbeitung der an sich einheitlichen Erfahrung anwenden",[1] ist bedingt durch die erkenntniskritische Voraussetzung der Einheit der naturwissenschaftlichen Erkenntnis als Systems der Objektivität,[2] welche die Bestimmung des einen Gliedes der Korrelation, des Objektiven, ermöglichen kann. Entsteht aber unter diesem Gesichtspunkt der Begriff des Subjektiven als Inbegriff der subjektiven Faktoren unserer objektiven Erkenntnis,[3] so ist damit die methodische Richtung der Gewinnung psychologischer Begriffe überhaupt bezeichnet. Diese Richtung besteht in der Umkehrung des Verfahrens objektivierender Wissenschaft: die Psychologie restituiert aus den objektiven Einheiten der Wissenschaft das psychisch Unmittelbare und leitet damit die gegenständliche Vorstellung auf ihre subjektiven Anfänge und Quellen im Bewußtsein zurück.[4] Bei konsequenter Durchführung dieses Gedankens aber kann der Begriff der Empfindung, als subjektiver Begriff, nicht ein eigenes Etwas bedeuten, das nach Qualität oder Intensität zu bestimmen und mit dem äußeren Objekt zu vergleichen oder in einem sonst objektiven Verhältnis zu denken wäre. Denn auf diese Weise würde die Empfindung zum Objekt; der Begriff der reinen Subjektivität aber, welcher die Funktion der Empfindung ist, schließt die Anwendung von Bestimmungen und Methoden aus, welche für die Konstitution der Objektivität maßgebend sind. — Jedoch setzt diese Konsequenz bereits eine bestimmte Fassung des Verhältnisses des Objektiven zum Subjektiven voraus, welche in der Entgegensetzung der Richtung ihrer Gewinnung nicht ausgedrückt ist. Denn diese Behauptung, daß der Inhalt der psychologischen Erfahrung nicht in einer Summe von Gegenständen besteht, die dem Subjekte gegeben sind, sondern in allem dem, was den Prozeß der Erfahrung überhaupt zusammensetzt,[5] hätte nicht zu der Forderung der Selbständigkeit der Psychologie und ihrer Unabhängigkeit von den Ergebnissen der Logik[6] (und Ethik, Ästhetik) führen können, wenn nicht ein neuer Gegensatz das angenommene Verhältnis des Objektiven zum Subjektiven modifiziert hätte.

---

[1] Grundriß d. Psychologie, 3.   [2] ibid.   [3] Grundriß, 2.
[4] cf. Natorp, Einleitg. in d. Psychologie.
[5] Grundriß d. Psychologie, 20.   [6] ibid.

10. Die Empfindung als Bedingung der Erfahrung.

Dieser neue Gegensatz entsteht mit der Art des Begriffs der Erfahrung. Wird die Erfahrung zu einem psychologischen Begriff und zugleich zu einem Gattungsbegriff der Naturerkenntnis als abstrakter und der psychologischen Erfahrung als unmittelbarer Erkenntnis,[1] so ist die Möglichkeit einer Unterscheidung der objektiven und subjektiven Faktoren der Erfahrung in doppelter Hinsicht beschränkt. Ist die Erfahrung in ihrer psychologischen Bedeutung zugleich Gegenstand der Logik,[2] so hat sich die Objektivität im Begriff der objektiven Wissenschaft als Einheit der Grundsätze nicht fixiert. Demnach geschieht ihre Unterscheidung von der Subjektivität nicht aus dem Gesichtspunkt ihres Wertes und Geltungscharakters für das Ganze der Erfahrung, welche diese als objektive ermöglichen. Andererseits ist der psychologische Begriff der Erfahrung der Oberbegriff für innere und äußere Erfahrung, der Wahrnehmung, „die auf äußere Gegenstände bezogen ist"[3] und der „subjektiven Regungen, welche bei der naturwissenschaftlichen Auffassung der Dinge außer Betracht bleiben,"[4] so gehen diese beiden Faktoren ihrem Inhalte nach in den Begriff der Erfahrung ein, können also prinzipiell den Unterschied des Psychischen gegen den objektiven Inhalt der Naturwissenschaft nicht begründen. — Somit entsteht der neue Gegensatz: „daß sich jede Erfahrung unmittelbar in zwei Faktoren sondert: in einen Inhalt, der uns gegeben ist und eine Auffassung dieses Inhalts"[5] — als wäre es möglich, den Inhalt außerhalb seiner Auffassung zu konstatieren, oder möglich die Auffassung anders als im Bewußtsein als Inhalt zu rekognoszieren.

So kennzeichnet sich die ganze Auffassung als der Standpunkt des Sensualismus. Der Begriff der Erkenntnis, als Problem nicht in dem ausgezeichneten Faktum der objektiven Wissenschaft fixiert, bezeichnet auch in der Logik die Frage nach dem psychologischen Verhalten des Geistes in dem Vorgang der Kenntnisnahme;[6] die Frage nach der Gewißheit der Erkenntnis wird zwar auch aufgeworfen, aber sie ist nicht richtig gestellt: die endgültige Feststellung derjenigen Elemente, welche bei „Erforschung der Wahrheit wirksam sind",[7] soll der definitiven Einsicht in die Genesis unserer Vorstellungen überlassen werden. Versteht Wundt also unter Bewußtsein das Bewußtsein im

---

[1] l. c. 3.   [2] Logik I, 1.   [3] l. c. 2.   [4] l. c. 3.   [5] ibid.
[6] cf. Logik I, 2.   [7] Logik I, 1.

psychologischen Sinne, d. h. die Subjektivität, so ist das Gesetz, dessen Einheit die des Gegenstandes begründet, ein Gesetz unserer Subjektivität, d. h. des empirischen Bewußtseins. Es ist allerdings nicht einzusehen, auf welche Weise bei diesem Ausgangspunkt zu realen Objekten zu gelangen wäre, da die Gegenstandsbeziehung in der Fragestellung von vornherein ausgeschlossen ist. Demnach tritt das Objekt als „gegebener Inhalt"[1] auf; zwar durch den Terminus Inhalt in den Kreis der Erfahrung als Bewußtsein eingeschlossen, aber dennoch dogmatisch vorausgesetzt. Denn was der „Gegenstand" ist, das zu untersuchen ist Aufgabe der Logik, welche sie löst, indem sie die Formel für die Verfassung der Wissenschaft zu bestimmen sucht, welche den Gegenstand als gedachte Einheit des Systems konstituiert.

Also bezeichnet die Voraussetzung der Gegebenheit des Inhaltes eine Antizipation der Ergebnisse der Logik. Es vereinigen sich in dem Begriff des gegebenen Gegenstandes diejenigen Bestimmungen, welche die Möglichkeit des transzendentalen Gegenstandes der Erfahrung ausmachen würden, aber mit der Modifikation, welche in dem Begriff der Erfahrung als psychologischem Begriff liegt. Der Gegenstand ist nicht das Ergebnis der Vereinigung von Mathematik und Physik, sondern er besteht in der angenommenen Einheitlichkeit der Bewußtseinsvorgänge,[2] welche als Wahrnehmung[3] und Erkenntnis psychologisch bestimmbar wäre. Die psychologische Analyse nun führt in berechtigter Konsequenz ihrer Methode auf Empfindungen als die letzten Elemente, in welche der definierbare Anfang des Erkenntnisbewußtseins zu setzen ist. Demnach ist der Gegenstand in der Empfindung gegeben; als Grundlage aller weiteren Erkenntnismöglichkeit ist der Gegenstand ein Komplex von Empfindungen mit räumlicher Selbständigkeit und zeitlicher Stetigkeit.[4]

Der Doppelcharakter des Begriffs der Erfahrung,[5] wie er in dem terminologischen Gebrauch der Logik Wundts entsteht, ist dahin zu bestimmen: Einerseits ist an den Bestand, den Inhalt von Begriffen gedacht, welche Erfahrung ausmachen; andererseits aber an das Entstehen der Erfahrung, die psychische Entwicklung, welche die Einheit des Erkenntnisbewußtseins bezeichnet. Sofern aber diese Betrachtungsweise der ersteren

---

[1] l. c. 398.   [2] Vgl. Logik I, 465, 466.
[3] l. c. 422, 430, 36, 84 u. a. m.   [4] Logik I, 467.   [5] Logik I, 461.

übergeordnet ist,[1] können sich beide in dem Begriffe der Empfindung vereinigen. Denn in die Empfindung ist die Grundlage der Erkenntnis zu setzen;[2] die Aufgabe der Erkenntnislehre besteht darin, die allgemeinsten Erfahrungsbegriffe zu der Empfindung in Beziehung zu setzen. Und diese Beziehung ist von einerlei Art: da die Empfindung die erste und fundamentalste Bedingung der Erfahrung ist, enthält sie in ihrem Umfang das Fundament der Logik. Die Gliederung dieses Umfangs, die Einteilung in Abstraktionen, welche in dem häufigen Wechsel und dem Zusammenhang der Empfindungen auftreten, ist der Inhalt der Erkenntnislehre.

Dieser Funktion des Begriffs der Empfindung entsprechen die Bestimmungen, durch welche die Empfindung in Beziehung auf den allgemeinsten Ausdruck ihrer Kompetenz, die Repräsentation des Gegenstandes, ausgezeichnet wird. Die Prädikate „räumliche Selbständigkeit" und „zeitliche Stetigkeit" sollen der Empfindung zukommen. Das widerspricht dem logischen Begriff der Empfindung auch in der unmittelbarsten Charakteristik. Der Fehler wird dadurch nicht korrigiert, daß diese Inhalte der Empfindung nicht als Singularität zugeschrieben werden, sondern ihrer Mehrheit.

Denn nun kompliziert sich die Frage mit dem Interesse der Psychologie. Es ist nicht einzusehen, wie diese Mehrheit von Empfindungen möglich sein soll, ohne für diese Mehrheit einen neuen Begriff einzuführen — den der Vorstellung. Wird dies zugegeben, — sogar in der Steigerung des Gedankens, daß die Empfindung überhaupt kein selbständiges Faktum ist,[3] — so ist die Mehrheit von Empfindungen auch logisch ein neuer Inhalt, — der ursprüngliche Inhalt sogar. Psychologisch gehört also die Mehrheit der Empfindungen zur Charakteristik der Vorstellung. Wird die Empfindung mit der Mehrheit betraut, so ist das ein Widerspruch gegen die Methode, durch welche die Gewinnung des Begriffs der Empfindung überhaupt ermöglicht wird. Diese Methode war die der Analyse und Abstraktion. Die Umwandlung der Begriffe geschieht durch die Forderung der Gegenständlichkeit der Erfahrung. Soll in der Empfindung der Gegenstand begründet werden, so muß die Empfindung zu einem Faktum von ureigenster Selbständigkeit werden.

---

[1] l. c. 1.   [2] l. c. 84, 430 u. a. m.   [3] Grundriß, 33.

11. Die Empfindung als psychisches Faktum.

Dieser Konsequenz weicht die Psychologie und Logik Wundts in der Tat nicht aus, sondern behauptet die Faktizität der Empfindung in der inneren Wahrnehmung ganz wie Fechner: „daß jede Empfindung eine gewisse Intensität besitzt, in Bezug auf welche sie mit anderen Empfindungen, namentlich mit solchen von übereinstimmender Qualität verglichen werden kann, ist eine Tatsache der unmittelbaren Erfahrung."[1] So wird die Empfindung zu einem selbständigen psychischen Faktum. Ihre Unmittelbarkeit und Selbständigkeit wird aber gleich in Frage gestellt, indem sich ergibt, daß es doch die Beziehung zum Reiz ist, welche es möglich macht, von Intensität der Empfindung zu reden. Also ist eine objektive Beziehung doch bestimmend — die als solche auch anerkannt wird, wenn die Empfindung psychologisch näher bestimmt werden soll. Denn diese Bestimmung erfolgt durch den Begriff der Reaktion. Die Empfindung ist Reaktion auf den Reiz.

Reaktion ist Kausalität und zwar systematische Kausalität; braucht man die Begriffe des Systems und der Kausalität, um die Empfindung zu definieren, so bedarf man eben der Logik. So wird die Empfindung in diesem Höhepunkt mit allen logischen Begriffen ausgestattet, welche unabhängig von ihr nur im reinen Denken zu gewinnen und zu bestimmen sind. Die Empfindung aber soll den Gegenstand der Erfahrung verantworten. Die Empfindung als Reaktion definiert, bedeutet die bequeme Umsetzung des Außen in das Innen, weist also das Problem der Logik a limine ab.

Diese Vereinbarung der Empfindung mit dem Reiz besteht allerdings nicht in einer mathematischen Beziehung heterogener Elemente. Es wird daran festgehalten, daß eine Funktion für die Transformation des Physischen in das Psychische nicht angebbar ist, weil die Aufgabe selbst sinnlos wäre. Aber die Bedingung für diesen Unterschied gegen den Gedanken Fechners ist darin zu suchen, daß die Beziehung zwischen Reiz und Empfindung unter dem Bilde einer falschen Kausalität gedacht ist. Das psychische Etwas der Empfindung ist eigener Art; erfolgt aber auf Anstoß eines Dinges anderer Art. Der Reiz löst die Empfindung aus und wird dann aus der Betrachtung ausgeschieden; — „denn das Webersche Gesetz bezieht sich

---

[1] Phys. Psych. I, 466.

ja selbstverständlich nicht auf die Vergleichung äußerer Reize, sondern nur auf die Vergleichung der Empfindungen selbst, die durch Reize ausgelöst werden."[1] Sehen wir davon ab, daß zur Begründung der „Auffassung" der Empfindung eine neue Empfindung nötig wird, so ist die also definierte Beziehung der Empfindung zum Reiz nicht denkbar. — Denn die Möglichkeit der Argumentation beruht auf der Voraussetzung des Reizes als Ursache. Der Reiz ist Erzeugungsbedingung; die Wirkung, die Auslösung der Empfindung, der andere Vorgang, durchaus unvergleichbar mit dem Reiz. Unter dem Gesichtspunkt der Vergleichung, des Urteils überhaupt, soll die Beziehung zwischen Reiz und Empfindung also nicht gedacht werden. Die Relation ist überhaupt nicht Gesetzmäßigkeit, welche als Kausalität das andere, in diesem Falle den psychologischen Begriff mit Rücksicht auf den logischen, ermöglichen würde. Die Relation ist die falsche Kraftbeziehung heterogener Dinge. Soll aber die Transformation des Physischen in das Psychische als falsch gestellte Frage in diesem Zusammenhang ganz ausgeschlossen werden, so ist nicht ersichtlich, wie die Voraussetzung des Reizes als Ursache überhaupt möglich ist; noch auch, wie die Beziehung zum Reiz gedacht werden soll.

12. Die Empfindung in zweierlei Gestalt.

Durch den Begriff der Reaktion sollte die Empfindung als psychisches Faktum begründet werden. Die Unmöglichkeit dieser Bestimmung beweist die Unmöglichkeit dieses Empfindungsbegriffs überhaupt, und das positive Ergebnis dieser Konsequenz ist die Entstehung einer neuen Art von Empfindung in der physiologischen Psychologie: der Auffassungsempfindung.[2] Denn als Empfindung ist diese Auffassung von Empfindangen zu verstehen, sofern die Psychologie sich fernerhin mit dieser Empfindung beschäftigt und die weiteren Bestimmungen der „Relativität der Schätzung"[3] sich auf diese Empfindung beziehen. — Diese Empfindung, durch den Begriff der Relativität auch logisch charakterisiert, ist psychologisch ein diskutierbarer Begriff; sie ermöglicht die Einlenkung der Untersuchung auf diejenigen Fragen der Beziehung zum Reiz, welche für die psychologische Charakteristik des Bewußtseins verwendbar sind. Hält man diesen Begriff der Empfindung fest,

---

[1]) Phys. Psych. I, 541.   [2]) Phys. Psych. I, 466 f., 541.
[3]) l. c. 541.

so kann nicht der Gedanke entstehen, auf die Empfindung den Begriff der Größe oder Gleichheit anzuwenden. Die „Auffassung" bezeichnet eben den Unterschied gegen alle objektive Bestimmung, d. h. Messung und Vergleichung. Diesen logischen Unterschied zwischen subjektiver Auffassung und objektiver Bestimmung aber als Größe der Empfindung zu bezeichnen ist so absurd, wie den Reiz in Empfindung zu transformieren. —

In der Tat bezieht sich die Behauptung von Größe und Intensität der Empfindung nicht auf diese Auffassung der Empfindung. Als Auffassung war dagegen früher der Gegensatz gegen den objektiven Inhalt bezeichnet, also die Subjektivität. In der Auffassungsempfindung entsteht also die Richtung auf diejenigen Bestimmungen, welche die Empfindung als Ausdruck der Subjektivität überhaupt treffen. So wird die Empfindung wieder nach Qualität und Intensität zu einer Singularität, welche, von ihrem bestimmbaren Inhalt abgesehen, als psychisches Phänomen der Vergleichung und Messung überhaupt einer objektiven Beziehung zu einer anderen Empfindung nicht zugänglich ist: „man kann nicht einmal die Empfindungsstärke irgendeiner Sinnesqualität mit der einer anderen exakt vergleichen."[1] Ist die Übertragung der Maßeinheit also ausgeschlossen, so ist die Gewinnung einer Maßeinheit innerhalb derselben Dimension es nicht minder. Denn die Möglichkeit dieses Urteils der Vergleichung beruht auf der experimentellen Herstellung ausgezeichneter Fälle,[2] z. B. der Gleichheit von zwei Empfindungen. Nun wäre nach dem Weberschen Gesetz die Empfindung von 31 Lot die gleiche wie von 30 Lot, also ist der Begriff der Gleichheit mit dem der Empfindung nicht vereinbar. Vielmehr soll das Webersche Gesetz nach der psychologischen Deutung[3] ein Gesetz der Apperzeption sein und beweisen, „daß wir in unserem Bewußtsein nur ein relatives Maß besitzen für die Intensität der in ihm vorhandenen Zustände." Ist anders die Empfindung ein solcher Zustand, so kann man die Relativität der Bewußtseinszustände" überhaupt, — als Relativität der Empfindungen fassen. Größe, als Anzahl der Maßeinheiten, ist absolut. Somit ist infolge dieser Relativität der Empfindung die Gewinnung einer Maßeinheit nicht möglich. Gleichheit und Größe sind für die Empfindung selbst nicht anwendbar. Die subjektive Auffassung als Empfindung steht in Gegensatz zur Objektivität der Gleichheit und der Größe, welche Grundbegriffe des Denkens sind.

---

[1] Logik III, 183.   [2] l. c. 184.   [3] Phys. Psych. 541.

Nun aber soll der Begriff der Größe nicht mit dieser Auffassungsempfindung verbunden werden, sondern mit der Empfindung, auf welche sich diese Auffassung bezieht. Auf dieser Beziehung beruht nicht allein die Anwendung des Größenbegriffs, sondern die Meßbarkeit und die Objektivierung der Empfindung überhaupt — außerhalb derjenigen, welche der Reiz bedeuten könnte. Somit würde die psychologische Empfindung ganz im Sinne Fechners wiederum zur Größe.

Allein diese Beziehung der Auffassung zur Empfindung bedeutet eine Verdoppelung des psychischen Tatbestandes und ist nicht denkbar. Ist die Empfindung als Reaktion der Bewußtseinszustand, welcher dem Reiz antwortet, so ist sie Bewußtseinsinhalt, — denn „ich empfinde" und „ich habe eine Empfindung" ist dasselbe. Nun kann auch der Inhalt der Empfindung ein verschiedener sein, jedenfalls aber ist er Bewußtseinsinhalt, eben weil er Empfindung ist.

Also liegt in der Empfindung die Gegenstandsbeziehung und die Subjektsbeziehung schon eingeschlossen — wie auch Wundt durch seine Unterscheidung der Auffassung und des Inhaltes an jeder Empfindung[1] zugibt —. Darum kann die Auffassung von der Empfindung psychologisch nicht als neues Moment unterschieden werden. Die Empfindung ist die Auffassung, die Auffassung ist die Empfindung —: die Möglichkeit des Inhaltes beruht auf der Einbeziehung des Reizes in diese Relation. Diese Beziehung soll aber ausgeschlossen bleiben, — also ist die Unterscheidung von Auffassung und Inhalt als Empfindung überhaupt nicht vorstellbar.

13. Schlußbemerkung.

Sie wäre vorstellbar, wenn sich der Reiz unter der Hand in Empfindung restlos umgesetzt hätte und nun als der Beurteilung zugrunde liegendes Faktum aufträte. — Sehen wir von der Berechtigung dieser Vorstellung ab, so ergibt sich nunmehr allerdings der Ansatz, — die Vergleichung auf das Verhältnis der Empfindungen zu beziehen. — Aber diese geistige Funktion ist, etwas ganz anderes als Empfindung. Welcher Ausdruck auch immer für sie gefunden werden mag, so bezieht er sich schon nicht mehr auf den Begriff der Empfindung, sondern eben den der Vergleichung, — des Urteils. Nun ist der gesetzmäßige Zusammenhang zwischen Empfindung und Vergleichung

---

[1]) Logik III, 258.

nach Wundt durch eine Art von Definitionsgleichung zu um-
schreiben: $V = x \frac{\Delta\varepsilon}{\varepsilon}$.[1] Hierin kommt nichts weiter zum Ausdruck als die Relativität der Vergleichung, die nicht bestreit-
bar ist, aber keiner analytischen Formulierung fähig oder be-
dürftig ist.

Wird der Versuch gemacht, für die Empfindung eine objektive Bestimmung in Anwendung zu bringen, so beruht diese
Argumentation darauf, daß an Stelle des Reizes und seiner
Änderungen die Empfindung und ihre Änderungen der Vergleichung zugrunde liegen. Eben diese Umsetzung des Reizes
in Empfindung sollte durch den Begriff der Reaktion geleistet
werden und hierauf beruht die Berechtigung einer Prädikation
der Empfindung. — Es ist aber gezeigt worden, daß nach den
eigenen Voraussetzungen Wundts diese Beziehung der Empfindung zum Reiz nicht denkbar ist. Dieses Ergebnis stimmt
damit überein, daß sie auch gar nicht denkbar sein soll. — Wir
haben nichts als Empfindungen, — „auf irgendeine Weise", sagt
auch die Logik, „muß der Inhalt gegeben sein."[2] Diese Empfindungen müssen dem äußeren Reiz annähernd proportional
sein,[3] aber über den Grad dieser Annäherung kann nichts ausgesagt werden. Demnach dürfte auch das psychologische
Experiment,[4] auf dessen Begründung es ankommt, nicht
möglich sein. Denn, besteht der Vorteil der experimentellen
Behandlung darin, den Eintritt des psychischen Vorgangs und
seinen Verlauf willkürlich herbeiführen zu können und durch den
Reiz zu variieren, so muß das Verhältnis dieser Bedingung des
Reizes zur Empfindung entweder selbst Gegenstand der Untersuchung sein, oder die Relation muß feststehen, um ein drittes
Glied in dieser Relation zu bestimmen. Da beide Fälle ausgeschlossen sein sollen, so ist nicht ersichtlich, was die Voraussetzung des Reizes als Ursache bedeuten soll. —

Es zeigt sich also, daß die Transformation des Reizes in
Empfindung auch auf diesem Wege nicht möglich ist. Diese
Umsetzung ist schon deswegen eine Unmöglichkeit, weil dabei
ein Etwas vorausgesetzt wird, das noch nicht Bewußtsein ist,
sondern es erst werden soll. — Diese dogmatische Voraussetzung vertritt der Begriff des Reizes, — man versteht, warum
die Empfindung den Reiz in gegenständlicher Bestimmtheit auf-

---

[1]) Logik III, 193 f.   [2]) Logik I, 398.   [3]) Phys. Psych. I, 541.
[4]) Grundriß d. Psych. 25.

nehmen soll, nämlich weil von der Empfindung ab und in der Empfindung der Gegenstand in der Erkenntnis begründet werden soll. So ist der Reiz in der Tat nichts anderes als der als Ursache vorausgesetzte Inhalt ihres objektivierten Begriffs, und die Reaktion vollzieht diese Vertauschung von Reiz und Empfindung. In dem Satze: „von der Form der Bewegung ist die Qualität, von der Stärke die Intensität der Empfindung abhängig —"[1] tritt diese Antizipation, die in dem Begriffe der Reaktion liegt, deutlich hervor. Die Form der Bewegung muß sich in Qualität umsetzen und die Stärke in Intensität, während vielmehr die Form der Bewegung Qualität ist und die Intensität Größe ist.

Soll die Beziehung zwischen Empfindung und Reiz ausdrückbar sein, — so ist der Unterschied zunächst logisch zu bestimmen. Nach Wundts eigener Terminologie können die objektiven und objektivierenden Bestimmungen auf den Reiz als das Korrelat der Reaktionsempfindung bezogen werden. Also sind Empfindung als Auffassung, Reiz als objektive Bestimmung unter der Gattung des Urteils zu vereinigen, die Auffassung bezeichnet eine andere Stufe der Objektivierung als der Reiz und hat demgemäß einen anderen logischen Inhalt.

Diese Lösung und der Versuch einer solchen setzt voraus, die Realität des Objekts überhaupt in die objektive Erkenntnis zu verlegen. Statt dessen geht auch Wundt von den gegebenen Dingen aus. Dann ist die Frage nur noch die, wie diese erfahren und wahrgenommen werden. Diese Frage bezieht sich auf die psychologischen Vorgänge im einzelnen Subjekt; die Erfahrung als „innere Erfahrung" ist der allgemeinste Ausdruck der Subjektivität. Also kann in der Erfahrung die Wirklichkeit nicht begründet werden, vielmehr ist ihre Gegebenheit die Voraussetzung für die Möglichkeit der Erfahrung. Den Übergang vollzieht die Empfindung. In der Empfindung sind die Dinge gegeben, — mit der Einschränkung, welche der Begriff der inneren Erfahrung fordert. Diese Einschränkung besteht darin, daß in der Empfindung nur der Reflex der Dinge gegeben ist. Somit ist durch die Empfindung das irrationale Verhältnis der Erfahrung zu der äußeren Wirklichkeit bezeichnet. Innerhalb der Erfahrung aber ist die Empfindung der bestimmbare Ausdruck dessen, was unter einem Gegenstand zu verstehen sein könnte. Das eigentliche Objekt bleibt außerhalb der Relation, — denn wir haben nichts als Empfindungen, und diese sind gegeben.

---

[1] Phys. Psych. I, 363.

So wird die Beziehung des erfahrenden Subjekts zu dem Inhalt seiner Erfahrung allerdings rational; denn dieser Inhalt ist zurückzudeuten auf seinen Anfang, die Empfindung. Wie das Ganze des Gegenstandes mit der Empfindung gegeben ist, so sind es auch die Teile. Die Empfindung erhält diejenigen Bestimmungen, welche den Gegenstand der Erfahrung ausmachen könnten. Der Gegenstand ist ein Komplex von Empfindungen mit räumlicher Selbständigkeit und zeitlicher Stetigkeit. — Wie der Faktor der sinnlichen Empfindung somit zur Definition des Körpers verwendet wird, so auch für die Beziehung der Körper untereinander. Die Kausalität ist die wahrnehmbare Beziehung zwischen Dingen. So wird die Empfindung selbst zur Reaktion. Damit sind mit der Empfindung diejenigen Bestimmungen vereinbart, welche das reine Denken charakterisieren; diese psychologische Bestimmung ist verbindlich für die Logik, weil durch sie die Beziehung der Empfindung zur Wirklichkeit, welche auch die Logik sucht, begründet wird. Darum wird die Empfindung als intensive Größe der Reaktion in die Logik übernommen.

Somit würde dennoch die Realität des Objekts in der Relativität und Variabilität der Empfindung begründet. Dies Ergebnis und die Zirkelschlüsse der Argumentation, welche hierzu führen, beweisen hinlänglich, daß es nicht möglich ist, den Begriff der Empfindung inhaltlich auf diese Weise zu bestimmen und zu umgrenzen. Das Verhältnis von Psychologie und Logik wird verkehrt, und was in der Psychologie definiert wird, ist mit der Voraussetzung der gegebenen Dinge, zwar unbestimmt, schon gesetzt. Und zwar durch den Terminus gegeben. Damit aber wird nichts gewonnen. Vielmehr ist dies eben die Frage, warum wir Inhalte des Bewußtseins in solcher Beziehung zum Subjekt denken, daß sie als gegeben bezeichnet werden können. Hiermit entsteht das Problem des Zusammenhangs der Empfindung mit der Wirklichkeit. Diesen Zusammenhang nun vermittelt der Begriff der Aufgabe. Die Empfindung ist nicht so sehr gegeben, als aufgegeben. In der Empfindung wird die Wirklichkeit zum Problem der Bestimmung durch die Erkenntnis. Und zwar wird der einzelne Gegenstand zu diesem Problem; ihn als ein besonderes Problem möglich zu machen, das ist die Leistung der Empfindung. Darin betätigt sich ihre eigentümliche Kraft, die Tendenz zur Isolierung. Die Lösung dieser Aufgabe nun, dieses Anspruchs der Empfindung, leistet die Empfindung nicht selbst. Vielmehr wird das Einzelne als

Wirklichkeit bestimmt durch den Begriff der Größe, auf Grund der Gleichheit. Um aber auch die qualitative Verschiedenheit zu objektivieren, geht man zur Kontinuität der Schwingung über. Die Kontinuität ist das a priori der Qualität. In der Vereinbarung dieser Denkbestimmungen, der Gleichheit und der Kontinuität, vollzieht sich die Lösung und Entwicklung des Problems der Wirklichkeit.

Also ist die Wirklichkeit, so sehr sie von der Subjektivität ausgeht, nicht als Subjektivität begründet. Die Empfindung ist nur ein Anspruch, ein Index des Wirklichen. Aber ein Anspruch nach qualitativer und quantitativer Seite, — dieser doppelte Charakter ist auch psychologisch zu definieren.

Indem die Empfindung auf diese Weise als Bestandteil der Erfahrung erkannt ist, wird sie, ihrem logischen Orte nach, in dem System der Erfahrung als reiner Erkenntnis bestimmbar. Die Beziehung zwischen Reiz und Empfindung ist transzendental und die gesuchte Funktion der Inbegriff reiner Erkenntnisse, durch welche Empfindung zum Reize wird. So wird das Verhältnis der Empfindung zu dem, wovon sie ein Ausdruck ist, zugleich angebbar. ·

Ebendies ist der Weg der Wissenschaft: die Empfindungsinhalte werden mathematische Größen. — Allerdings fängt alle Erfahrung mit der Empfindung an, aber es bleibt nicht dabei. Sondern es vollendet sich das System der Erfahrung in dem Begriffe des Gegenstandes, dessen Grundlagen als Grundlegungen des Denkens der Erkenntnis durch die Logik zu entdecken und zur Bestimmung zu bringen sind. — Eine letzte Ableitung aus diesen Grundformeln der Logik ist auch der Begriff der Empfindung.

Die Grundlage der Bestimmtheit der Empfindung ist also die Einsicht, daß die Logik, in der methodischen Beziehung auf die Wissenschaft, mit der Sicherheit dieser Grundlage die Bestimmtheit der Voraussetzung verbindet, daß in der Wissenschaft das Sein und der Gegenstand zur Entfaltung gelange. — Gerade darum, weil die Erfahrung mit der Empfindung anfängt, ist von vornherein der Kreis so, daß er die Wirklichkeit mit umfaßt, zu ziehen. — Somit ist das Problem, wie sich Erfahrung auf ihren Gegenstand bezieht, durch die Bestimmung des Verhältnisses von Empfindung und Denken zur Lösung zu bringen; eine Bestimmung, die innerhalb des Systems der rationalen Erkenntnis und nur auf diese Weise erfolgen kann.

Dritter Teil.
Der Begriff der Empfindung in der Sinnesphysiologie.

14. Das Problem der Empfindung in der Sinnes- physiologie. Die subjektiven Sinnesempfindungen.

Die innere Erfahrung erwies sich als unzulänglich gegen- über einem Problem, dessen Lösbarkeit sie prinzipiell voraus- setzt, soll anders der Titel der Erfahrung ihr erhalten bleiben. Die Aufgabe bestand darin, an der Empfindung diejenigen Momente zu entdecken und zu bestimmen, welche die Gegen- ständlichkeit der Vorstellung und ihrer Verbindungen, in denen sich die Erfahrung überhaupt definierte, verbürgen konnte.

Die innere Erfahrung vermochte in dem Umfang ihrer Be- griffe und ihrer systematischen Methode diese Realität der Empfindung darum nicht zu begründen, weil nach der Voraus- setzung ihres Begriffs die Empfindung ein Bewußtseinsvorgang war, der gerade als Inhalt der inneren Erfahrung von einer gegenständlichen Beziehung nichts verriet. So stellte sich die innere Erfahrung selbst in Frage, indem die geforderte Be- stimmtheit der Empfindung von einem Faktor abhängig wurde, der außerhalb ihrer selbst lag. Die Empfindung wurde zur Reaktion auf den Reiz.

Aber die Einheit des reaktiven Systems konnte nicht voll- zogen werden, weil der Reiz der Empfindung von vornherein heterogen gedacht war. Der Reiz war nur durch die Emp- findung mit dem Bewußtsein verbunden; da nun der Reiz nur eine bestimmte Vorstellung eines Gegenstandes sein kann, so bedeutet diese Voraussetzung seiner dinglichen Gegebenheit nichts anderes als eine Antizipation derjenigen Bestimmungen für die Empfindung, welche die Gegenständlichkeit des Reizes ausmachen würden. Denn auf die Empfindung überträgt sich der Inhalt einer systematischen Vorstellung des Reizes, sofern durch Reaktion der Reiz zum Bewußtseinsinhalt wird. Somit wird die Empfindung selbst zum Objekt und ihr Verhältnis zum Reiz Gegenstand einer objektiven und experimentellen Be- stimmung.

Da die Empfindung ein psychisches Objekt sein soll, so gelangen wir zur inneren Erfahrung zurück und damit auf das

Gebiet einer grenzenlosen Relativität. Die Empfindung vermag die objektive Bestimmtheit auch im Verhältnis zum Reize nicht zu verantworten. Darum wird der Charakter ihrer objektiven Bestimmbarkeit vertauscht mit dem Terminus der Gegebenheit: die Empfindung ist mit aller gegenständlichen Bestimmtheit gegeben. Mit diesem Terminus wird der Verzicht auf die Lösung jenes Problems der Möglichkeit des Gegenstandes im Bewußtsein offenbar. Aber auch jene Gegebenheit kann sich nicht behaupten, weder als Reaktion auf den Reiz, noch als ein Gebilde des Bewußtseins, welches den äußeren Gegenstand in der Empfindung unmittelbar repräsentiert.

Der Ersatz des logischen Problems der Empfindung durch eine direkte experimentelle Bestimmung, wie er in der Psychophysik und der experimentellen Psychologie versucht wird, erweist sich von seinen Voraussetzungen an als unzulänglich. Auch die psychologische Funktion der Empfindung konnte unmittelbar nicht gefunden werden. Dennoch wird das Problem der Beziehung zwischen Reiz und Empfindung Gegenstand einer anderen systematischen Untersuchung, welche Wissenschaft ist, und das Problem ist folglich als ein rechtmäßiges anzuerkennen.

Die Physiologie hat sich als Sinnesphysiologie an diesem Problem der Empfindung entwickelt. Bestand aber die Kollision der psychophysischen Richtung mit der philosophischen darin, daß die Empfindung als psychisches Faktum bestimmt werden sollte und der Ursprung unserer Vorstellungen in der Empfindung begründet werden sollte, so ist in der Sinnesphysiologie an Stelle der Empfindung ein materieller Vorgang substituiert und somit dem Begriff des Bewußtseins jedenfalls nicht direkt vorgegriffen.

Freilich scheint es zunächst, als hätte die Sinnesphysiologie von der Porenlehre des Empedokles ab es unternommen, nicht allein die Entstehung der Empfindung durch einen Vorgang des menschlichen Körpers zu erklären, sondern den Wahrnehmungsvorgang überhaupt zu definieren. Es schien möglich, im Sinne einer Übertragung die Erscheinung der Gegenstände durch den empfindlichen Rezeptionsapparat verständlich zu machen. Die Voraussetzung hierfür lag darin, die Empfindung als Reaktion auf die Reize in eindeutiger Zuordnung zu diesen direkt und experimentell zu bestimmen. So würde wiederum die Empfindung selbst, als psychisches Faktum, Gegenstand einer direkten Bestimmung und experimentellen Erforschung.

Allein die Durchführung dieser Ansicht stößt innerhalb ihres eigensten Problemkreises auf eine Aufgabe, welche mit den Mitteln ihrer Voraussetzungen nicht lösbar ist. Diese Aufgabe besteht in der Erklärung der subjektiven Sinneserscheinungen und sie ist darum nicht lösbar, weil die physiologische Erklärung überhaupt auf der Annahme beruhte, daß ein korrelatives Verhältnis zwischen Reiz und Empfindung bestehe. Gerade dieser Voraussetzung widersprechen die subjektiven Sinneserscheinungen ex definitione. So kam es, daß die Einordnung dieser Phänomene in den Kreis gültiger physiologischer Probleme unterblieb; man bezeichnete sie als Sinnestäuschungen, um auszudrücken, daß in ihnen das Problem der sinnlichen Empfindung keinen rechtmäßigen Ausdruck gefunden habe.

Dennoch beruht auf der Anerkennung ihrer Bedeutung nicht allein ein Teilproblem der Sinnesphysiologie, sondern die Möglichkeit der physiologischen Problemstellung überhaupt. Sofern die Sinnesphysiologie auf das Problem einer Beziehung zwischen Reiz und Empfindung zu determinieren ist, kann es innerhalb dieser Aufgabe nicht zulässig sein, von der Gegebenheit einer solchen Beziehung auszugehen. Eine solche Gegebenheit aber setzt man voraus und muß man voraussetzen, wenn man von dem äußeren Reiz ausgeht und demgemäß den Empfindungsvorgang im Sinne einer Übertragung dieses äußeren Reizes bis zum Sensorium verständlich zu machen sucht. Es wird mit dem fertigen äußeren Reiz das Empfindbare als Licht, Schall usw. vorausgesetzt und damit das, was zu erklären ist, der Sinn selbst. Die Untersuchung kann sich unter diesen Annahmen nur darauf richten, aus dem anatomischen Bau der peripherischen Rezeptionsorgane jene Übertragung bis zum Entstehen z. B. eines Bildes auf der Netzhaut begreiflich zu machen. Diese Untersuchung, durch die Kenntnis der optischen Gesetze geleitet, ist nicht auf die Eigenart eines sinnesphysiologischen Problems bezogen, weil der Faktor der Empfindung vollkommen ausgeschaltet ist. Das auf der Netzhaut entstehende Bild ist nichts als eine besondere Art von reflektiertem Reiz; wie aber der Reiz als solcher empfunden wird, ist nicht gefragt.

Vielmehr würde sich diese Frage wiederholen, wenn man bedenkt, daß das im Hintergrunde des Auges entstehende umgekehrte und verkleinerte Bild doch nicht an sich da ist, sondern von dem physiologischen Beobachter perzipiert wird. Sofern aber diese Perzeption als Empfindung in Frage stehen sollte, so würde sich diese Frage nicht allein wiederholen, sondern man sieht, daß im anderen Falle die Empfindung nicht zum Ausdruck ihres Phänomens gelangt. Die Empfindung wird zu einem äußeren Vorgang; sie bedeutet aber ein Problem des Bewußtseins und kann außerhalb dieser Beziehung auf ein Bewußtsein nicht gedacht werden. — So könnte diese Beziehung dadurch hergestellt werden, daß man der Nervensubstanz, auf welcher sich die Lichtstrahlen zu einem Bilde vereinigen, den Charakter der Empfindung verleiht. Damit aber kämen wir zur Mythologie zurück, welche die Materie beseelt, vielmehr die Seele an stelle der Materie denkt.

Man kann also sehen, wie schon an diesem Anfang das Problem der Empfindung die Kritik ihres Begriffs wie des Reizes fordert. Vor allem mußte die dogmatische Voraussetzung eines korrelativen Verhältnisses zwischen Reiz und Empfindung aufgegeben werden. Dazu boten die subjektiven Sinneserscheinungen die Handhabe, und mit der Anerkennung ihrer grundsätzlichen Bedeutung für die Sinnesphysiologie vollzieht sich die Eigenart der physiologischen Problemstellung. —

Johannes Müller war es, welcher mit dieser Wendung die Physiologie zur Reife einer methodischen Abgemessenheit geführt hat. „Die Methode, worin ich bei der Bearbeitung der Physiologie der Sinne die größte Befriedigung und Gewähr gefunden habe, zeichnet sich vor anderen dadurch aus, daß sie überall von subjektiven Gesichtsphänomenen, welche hier die Urphänomene sind, auszugehen sich bestrebet."[1] Indem aber die subjektiven Sinneserscheinungen als Grundphänomene zum Ausgangspunkt der physiologischen Untersuchung gemacht werden, wird die Empfindung zum Zeichen für das Problemgebiet der Physiologie. In den subjektiven Sinneserscheinungen gelangt die Empfindung zu einem relativ selbständigen Ausdruck ihrer Phänomenalität, und die Anerkennung dieser Phänomene als „Grundphänomene"[2] und eigentliche „Sinneswahrheiten" für das Studium der Physiologie involviert in sich die Aufgabe, in dem Umfang physiologischer Begriffe und Methoden den Begriff der Empfindung zugleich zur Bestimmung zu bringen.

Wenn es sich als möglich erweist, das Problem der Sinnesphysiologie an dem Begriffe der Empfindung vorläufig zu orien-

---

[1] Zur vergl. Physiologie d. Gesichtssinnes d. M. usw. Vorwort, S. VI.
[2] Hdbch. d. Physiologie II, 255 u. a. m.

tieren, muß die genauere Bestimmung der Aufgabe der Physiologie zur Darstellung bringen, in welchem Sinne die Empfindung
hier zum Problem wird. Indem in der Steigerung der subjektiven Bedeutung der Empfindung die Eigenart der physiologischen
Problemstellung begründet wird, kann die Meinung entstehen,
daß diese Subjektivität im Unterschiede zum Äußeren, dem
Objekt, als ein Inneres gedacht ist, welches an sich und ohne
Beziehung zu einem Äußeren zu einem eigenen und selbständigen
Phänomen wird. Diese Selbständigkeit widerspricht dem Charakter der Empfindung; und es ist vorauszusehen, daß mit der
Selbständigkeit der Empfindung auch der Reiz verselbständigt
würde und man wiederum zwei Reihen von Phänomenen, äußere
und innere, physische und psychische, hätte. Dann käme man
darauf zurück, als ein mögliches Problem die Aufgabe aufzustellen, zwischen diesen beiden Erscheinungsreihen, der Außen-
und Innenwelt, eine Beziehung empirisch zu entdecken.

Diese Frage kann nicht aufgeworfen werden und sie wird
auch in der Physiologie, welche Johannes Müller begründet hat,
nicht so gestellt. Die Empfindung gelangt allerdings durch die
Hervorhebung der grundlegenden Bedeutung der subjektiven
Sinneserscheinungen zu einer gewissen Selbständigkeit gegenüber
dem äußeren Reiz. Aber diese Selbständigkeit ist nur eine
relative und vorläufige; sie ist der Ausdruck der Kritik gegenüber der Annahme einer Korrelation zwischen Empfindung und
Reiz. Die Empfindung soll zu dem Inhalt ihrer Bedeutung gebracht werden, welcher ein weiteres und andersartiges Problem
bezeichnet, als in jener Korrelativität enthalten sein kann. In
dieser Absicht führt der erste der notwendigen Vorbegriffe die
Empfindung in folgender Weise ein: „Zunächst wird nun dies
festzuhalten sein, daß wir durch äußere Ursachen keine Arten
des Empfindens haben können, die wir nicht auch ohne äußere
Ursachen durch die Empfindung der Zustände unserer Nerven
haben."[1]

Sehen wir davon ab, durch welche andere Art eines objektiven Korrelats die Bestimmung und Definition der Empfindung
erfolgt, für ihre Bedeutung als Problem kommt es zunächst auf
die Beziehung an, welche in den Worten „auch ohne äußere
Ursachen" ausgedrückt liegt. Wenn auch ohne äußere Ursachen alle Arten des Empfindens auftreten können, so besteht
zwischen Reiz und Empfindung nicht ein gegebenes Verhältnis

---

[1] Hdbch. II, 250.

der Korrelation. Vielmehr ist es der Sinn des Begriffs der
Empfindung in ihrer Bedeutung als Problem einer Physiologie,
diese Korrelation aufzuheben. Hiermit aber könnte die Meinung
entstehen, daß die Empfindung eine Selbständigkeit gegenüber
dem Reize behauptet, welche hinreicht, den Begriff des Reizes
selbst in Frage zu stellen. Wenn es nicht möglich ist, vom
äußeren Reize ausgehend, die Empfindung zu bestimmen, so
müßte man die Empfindung als das Gegebene ansehen und von
der Empfindung aus den Reiz als die unbekannte Größe physiologisch zu bestimmen suchen. So würde der Reiz nichts anderes
als Empfindung sein und er wäre durch die physiologischen
Modifikationen der Empfindung bestimmt.

Auch diese Ansicht ist innerhalb der Physiologie hervor-
getreten und zwar als angebliche Konsequenz der notwendigen
Vorbegriffe von Johannes Müller. Sie stützt sich auf „das einfache Gesetz, daß ein und derselbe Reiz, ein und derselbe
Vorgang der Außenwelt, ein und dasselbe Ding an sich, auf
verschiedene Sinnesnerven einwirkend stets verschiedene Empfindungen veranlaßt"[1] u. s. f. Dann wird gefolgert, daß „die
Vorgänge der Außenwelt mit unseren Empfindungen und Vorstellungen nichts gemein haben".[2] Demnach ist das psychische
Phänomen das einzige Datum, von dem wir auszugehen haben:
„das Wesen des Vitalismus besteht darin, daß wir den allein
richtigen Weg zur Erkenntnis einschlagen, daß wir ausgehen
von dem Bekannten, von der Innenwelt, um das Unbekannte zu
erklären, die Außenwelt."[3]

Sicherlich ist dies der Weg der Erkenntnis; aber es ist
nicht Sache der Physiologie, die Außenwelt zu erklären, sondern
die Außenwelt ist Inhalt der Naturwissenschaft. Es ist das
Wesen der Wissenschaft überhaupt, von den Erscheinungen
als Erscheinungen des Bewußtseins auszugehen. Vom Standpunkt der Physiologie aber kann die Außenwelt nicht als das
schlechthin Unbekannte gelten, weil die Physiologie den äußeren
Reiz zu ihrer methodischen Voraussetzung hat. Auch dann,
wenn sie konstatieren will, daß dieser äußere Reiz nicht das
bedingende Verhältnis zur Empfindung hat, das man ursprüng-
lich annahm. — Vielmehr enthüllt sich in dieser Konsequenz
der vitalistischen Ansicht, welche die Bestimmtheit des äußeren
Reizes leugnet, der Fehler der ganzen Argumentation: man

---

[1] Bunge, Lehrb. d. Phys. des Menschen, 11.
[2] l. c.   [3] l. c.

geht doch von der Disjunktion der äußeren und inneren, physischen und psychischen Welt aus und legt diese Korrelation zugrunde; nur das Verhältnis der Termini selbst hat sich umgekehrt.

Johannes Müller aber vollzieht die Aufhebung dieser Korrelativität in der kritischen Absicht, den Gegensatz des Physischen und Psychischen als zwei Arten verschiedener Tatsachen zu beseitigen.

In der Tat kann die Physiologie der Sinne ohne den Reiz nicht anfangen und es besteht demnach für die Physiologie in dieser Bedingung eine besondere Art von Voraussetzung, welche es nicht gestattet, die Erkenntnis der Außenwelt oder ihre Möglichkeit in Frage zu stellen. Die objektive Bestimmung des Reizes ist notwendige Vorbedingung der Sinnesphysiologie und diese Objektivität einer physikalischen Bestimmung und nur dieses besagt der Begriff des Reizes. Zugleich wird mit dem Begriff des Reizes trotz aller Unterschiede der als Reize fungierenden äußeren Gegenstände an diesen eine Gemeinsamkeit erhalten: alle Dinge werden gleichmäßig zu Reizen in der Sinnesphysiologie, wenn an ihnen diejenige Beziehung fraglich wird, welche wir als Empfindung bezeichnen.

Die Empfindung ist ein Inneres; der Reiz soll als ein äußerer Reiz erhalten bleiben, — das liegt im Begriff des Reizes. Es würde also am Reize dennoch wieder eine Beziehung fraglich, welche heterogen wäre, wenn nicht der Unterschied des Äußeren und Inneren sich modifizierte. Diese Modifikation, vielmehr diese fundamentale begriffliche Änderung entsteht eben mit dem Begriffe der Empfindung. Denn der äußere Reiz ist auf die Empfindung bezogen; er ist nicht durch die Empfindung definiert, er kann auch nicht ohne weiteres vorausgesetzt werden, um die Empfindung zu definieren, wie wir gesehen haben. Aber der äußere Reiz muß ein Moment enthalten, welches diese Beziehung zur Empfindung in sich befaßt. Außerhalb dieser Beziehung zur Empfindung ist der äußere Reiz objektiver Gegenstand, aber nicht der Reiz der Physiologie. Nur sofern er empfunden wird oder empfunden werden kann, steht der Reiz zunächst in Frage, der Ausfall der Empfindung ändert nichts an dieser Funktion. Die Empfindung als Problem schließt den äußeren Reiz ein, oder vielmehr eine mögliche Beziehung zum äußeren Reiz, und nur dadurch wird der äußere Reiz dem inneren Reiz vergleichbar. Demnach ist die Empfindung der übergeordnete Begriff, dessen Einheit ein Äußeres und Inneres als auf ihn bezogen umspannt.

Die Empfindung ist ein Inneres, ein Psychisches. Sofern der Reiz also in Frage kommt, kann er nur als ein Inneres, als Psychisches gedacht werden; — sofern er empfunden wird, kommt er zunächst zur Behandlung. So wird das Äußere des Reizes zunächst zu einem Inneren. Soll aber der Reiz als ein äußerer Reiz erhalten bleiben, so kann dies nur geschehen, wenn zur Empfindung noch etwas hinzukommt, das ihr nicht heterogen ist. Somit ist der äußere Reiz, wie er in der Physiologie in Frage kommt, auf das Bewußtsein zu orientieren:

Das Bewußtsein ist die Kategorie der Möglichkeit.[1] Die Möglichkeit des Bewußtseins ist die Möglichkeit des Gegenstandes des Bewußtseins. Richtet sich die Frage auf die Möglichkeit des äußeren Reizes als Gegenstand des Bewußtseins? Soll in der Empfindung diese Frage gelöst werden und also der Ursprung dieses Gegenstandes des Bewußtseins in die Empfindung verlegt werden?

Wir haben gesehen, daß die Physiologie den äußeren Reiz voraussetzt, als Gegenstand des Bewußtseins voraussetzt. Der Reiz ist also als ein Erzeugnis des Bewußtseins vorausgesetzt und die Frage des Ursprungs oder die seiner Möglichkeit als Gegenstand des Bewußtseins muß an anderer Stelle ihre Erledigung gefunden haben. Welches Problem könnte hier also noch aufgerichtet werden? Mit der Empfindung entsteht doch ein solches Problem des Bewußtseins; aber es bezieht sich nicht so sehr auf das Sein, als vielmehr auf das Werden: „Wie entsteht uns aber in der Erziehung der Sinne das Bewußtsein der äußeren Ursachen von inneren Veränderungen, welches, im Anfang uns so heterogen, nach der Erziehung der Sinne, nach der Ausbildung des Urteils so notwendig überzeugend uns wird, daß wir ohne die anstrengendste Abstraktion immer gezwungen sind, unsere eigenen Sinnesaffektionen, welches unsere Sinnesenergien sind, für eine uns gegenüber, mit uns im Kampfe stehende äußere Natur zu halten?"[2]

Es ist also eine Abstraktion notwendig, um zu dem ursprünglichen psychischen Erlebnis der Empfindung zu gelangen. Diese Abstraktion von der Gegebenheit der Empfindung als Korrelat des Reizes ist möglich durch die kritische Würdigung der subjektiven Sinneserscheinungen und ihrer Bedeutung für die Sinnesphysiologie überhaupt.

---

[1]) Cohen, Logik der reinen Erkenntnis. S. 349 ff.
[2]) Zur vergleich. Physiolog. d. Gesichtsempf. S. 41.

Demnach bleibt die Voraussetzung des äußeren Reizes in der Sinnesphysiologie erhalten und wenn zugleich die Empfindung als Problemausdruck bestehen bleibt, so ist damit auch die Aufgabe bestehen geblieben, eine Beziehung zwischen Reiz und Empfindung zu bestimmen. Aber die Aufgabe ist nun allererst möglich und lösbar, nachdem sich gezeigt hat, daß der Reiz dem Bewußtsein nicht heterogen ist. Sondern der Reiz ist im Begriff des Bewußtseins beschlossen, sofern er als das Ergebnis einer Entwicklung des Bewußtseins aufzufassen ist von dem Anfang der sinnlichen Empfindung an bis zum Denken und der Vorstellung. Als das Ergebnis einer solchen Entwicklung steht der Reiz selbst in Frage: wie kann man ihn also in aller Bestimmtheit voraussetzen?

Der Begriff der Entwicklung setzt methodisch die Kenntnis des Ergebnisses voraus, damit die Faktoren bestimmbar werden, welche jenes Ergebnis erzielen. So wird in der Physiologie mit dem Begriff des Reizes allerdings das Äußere vorausgesetzt, aber der Inhalt dieser Voraussetzung ist nicht eine fertige Gegebenheit, sondern ein Inbegriff von Bestimmungsstücken, deren Funktionen im einzelnen in Frage stehen. Diese Frage beginnt mit der Empfindung; damit ist zugleich die Richtung bezeichnet, nach der die Bedeutung jener Bestimmungen, welche den Reiz ausmachen, in Frage steht. Es ist nicht die Richtung auf das Objekt; die objektive Bedeutung des Reizes beruht zwar auch auf Erkenntniswerten, also auf Bestimmungen des Bewußtseins. Aber diese Bedeutung der psychischen Faktoren kommt hier nicht in Frage; sie muß erledigt sein, weil auf der Erledigung dieser Frage nach der sachlichen Bedeutung der Bewußtseinsbestimmungen die Gewinnung psychologischer Begriffe überhaupt beruht. — Durch den Terminus der Empfindung ist die Richtung auf das Subjekt bezeichnet, — und die Frage wird gestellt, wie sich das Bewußtsein der Außenwelt entwickelt. In diesem Problem sind die einzelnen Schritte zu bestimmen, welche bis zum vollendeten Urteil, also der vollständigen Erfahrung, führen. In jedem einzelnen Fall ist der Reiz das Ziel und das Vorbild, nach dem sich jene Definitionen richten; nur das Verhältnis zum Reize kann jene Stationen des Bewußtseins und ihr Inventar, jene psychologischen Begriffe und ihre Funktion bestimmen.

15. Die Bestimmung der Empfindung in der Sinnesphysiologie.

Es fragt sich also, wie die Sinnesphysiologie das Verhältnis der Empfindung zum Reize definiert. In dem
Verfolg dieser Bestimmungen ist es nun bezeichnend, daß von
vornherein der Gedanke abgewehrt wird, als wäre dem Bewußtsein in der Empfindung von außen her ein Inhalt gegeben.
Vielmehr wird die Empfindung auf die Spontaneität des Bewußtseins bezogen, und somit verliert der äußere Reiz für die
Empfindung die Bedeutung einer ursächlichen Bedingung: „— aber
die äußeren Ursachen sind nicht vermögend ein Element mehr
in die Empfindungen zu bringen" —.[1] Darum „vermag die
äußere Natur uns hier keine Eindrücke zu schaffen, die nicht
schon aus inneren Ursachen in den Nerven möglich wären."[2]
Die Empfindung bezeichnet also ihrem Begriffe nach kein ur-
sächliches Verhältnis des Psychischen zum Physischen des Reizes,
noch überhaupt eine Beziehung, welche es als möglich erscheinen
läßt, den vollendeten Inhalt des Bewußtseins einer Einwirkung
von außen zuzuschreiben. Vielmehr wird die Empfindung durch
ihr Verhältnis zum Reize so definiert, daß die weitere Entwicklung eines Inhalts der Spontaneität und schöpferischen Kraft
des Bewußtseins überlassen bleiben muß. Denn der Reiz, in
dem man sich die Außenwelt repräsentiert denken kann, hat
keine Beziehung zur Empfindung, welche den Inhalt der Empfindung bestimmt und bedingt. Vielmehr ist die Bedeutung des
äußeren Reizes für die Empfindung in diesem Zusammenhang
darauf reduziert, daß der äußere Reiz eine Anlaßbedingung für
die Empfindung darstellt: die Bildung eines Inhaltes des Bewußtseins verläuft ganz innerhalb seiner selbst und nach einer
ihm immanenten Gesetzlichkeit und Regel.[3]

Die Empfindung kann demnach auch in der Physiologie
nicht als Repräsentation des äußeren Gegenstandes im Bewußtsein gedacht werden. Da das Verhalten der Empfindungen nur
in sich gleichmäßig, von den Reizen und ihrer Spezifikation
unabhängig ist, kann die Empfindung nicht als ein inhaltliches Symbol gelten, welches für eine bestimmte seiner Be-
deutungen eindeutig wäre und den äußeren Reiz nach Qualität
und Intensität repräsentieren könnte: „Die Sinnesempfindung

---

[1]) Hdbch. II, 250.   [2]) ibid.
[3]) cf. Physiologie des Gesichtssinnes. S. 22.

ist nicht die Leitung einer Qualität oder eines Zustandes der äußeren Körper zum Bewußtsein."[1]

Hieraus ergibt sich die Unzulässigkeit aller Probleme, welche entstehen, wenn man der Empfindung im Verhältnis zum äußeren Reiz eine eigene Qualität und Intensität zuschreibt. Die Empfindung ist schon deswegen nicht die Leitung einer Qualität der äußeren Körper zum Bewußtsein, weil es noch fraglich ist, ob diese sinnlichen Qualitäten überhaupt als Momente des äußeren Reizes und damit der objektiven Welt aufzufassen sind.

Wie sich aber auch die Außenwelt aufbauen und der Begriff des äußeren Reizes konstituieren mag, auf dem Standpunkt der Empfindung ist ein bestimmter Inhalt nicht zu setzen. Eine solche Annahme wäre ein unberechtigtes Voraussetzen. Darum wird die Empfindung im Verhältnis zum äußeren Reize nur als die Vorbereitung eines Inhaltes zu bestimmen sein.

Diese Funktion des physiologischen Begriffs der Empfindung beruht auf dem Begriff der Veränderung: „Aus dem Vorigen ergibt sich deutlich genug, daß die Sinnesnerven keine bloßen Leiter der Eigenschaften der Körper zu unserem Sensorium sind, und daß wir von den Gegenständen außer uns nur durch die Eigenschaften unserer Nerven und ihre Fähigkeit, von äußeren Gegenständen stärker oder geringer verändert zu werden, unterrichtet werden."[2] So entspricht die Empfindung dieser Veränderung in den Nerven, denn die Leistung der Empfindung wurde eben unter dem Bilde jener Leitung zum Sensorium diskutiert. Ohne die Änderung des Nervenzustandes keine Empfindung; gleichgültig ist es, ob ein äußerer oder innerer Reiz diese Änderung bedingt. Denn in bezug auf die Empfindung sind äußerer Reiz und innerer Reiz nicht zu unterscheiden. Die positive Leistung des Reizes für die Empfindung besteht also darin, jene Bedingung einer Änderung für das Entstehen einer Empfindung darzustellen. So sicher die Empfindung durch den Begriff der Änderung definiert ist, so sicher ist die Bedingung eines Reizes überhaupt in Beziehung auf die Empfindung notwendig. Der Reiz bedeutet diese Funktion einer Änderung für die Empfindung: „die Art des Reizes ist also in Beziehung auf die Lichtempfindung überhaupt ein durchaus gleichgültiges; sie kann nur die Lichtempfindung verändern."[3]

Nach diesem Satze würde die Empfindung selbst verändert; und diese Änderung wäre wieder als Empfindung zu definieren,

---

[1] Hdbch. II. 254.   [2] Hdbch. II. 258.   [3] Phant. Gesichtsersch. S. 5.

da sie eine Änderung des gegebenen Bewußtseinszustandes ist. Zweifelhaft kann es bleiben, wie die erste Empfindung, welche einer Änderung des Reizes entspricht, entsteht und wie diese erste Entstehung zu definieren ist. Das Problem ist um so dringlicher, als die Empfindung gerade diesen Anfang eines Außenweltbewußtseins in ihrem Begriffe zur Bestimmung bringen soll.

Es könnte scheinen, als beträfe die Veränderung nur den Zustand des Nerven und sein Verhältnis zum Reize und damit ginge die Beziehung auf das Bewußtsein verloren. Tatsächlich würde auch nicht jeder Veränderung des nervösen Zustandes eine Empfindung entsprechen: geringe Veränderungen des Reizes sind nicht merkbar, werden nicht empfunden, wie E. H. Weber festgestellt hat. Das Auftreten der Empfindung scheint also heterogen zu sein, weil ihr ein Zustand vorausgehen soll, der nicht Bewußtsein, noch nicht Bewußtsein ist. So kämen wir darauf zurück, zwischen Reiz und Empfindung ein korrelatives Verhältnis anzusetzen, indem nur an Stelle des äußeren Reizes der innere Reiz träte. Dieser innere Reiz würde damit zu einem äußeren, — denn er würde dadurch definiert, ein Nicht-Psychisches zu sein. Es entstände das alte Problem, zu erklären, wie aus dem Physischen der Nervenbewegung ein Bewußtsein, die Empfindung sich bilden und aufleuchten kann.

Allein der materielle Vorgang der Nervenbewegung ist nicht als ein Gegensatz zum Bewußtsein zu denken, so wenig wie der Reiz, wie wir gesehen haben, außerhalb des Bewußtseins gedacht werden kann. Bewußtsein und Materie stehen nicht in Gegensatz zueinander und bedürfen also keiner Verbindung, da der Begriff der Materie nicht anders als in immanenter Beziehung auf ein erkennendes Bewußtsein zu fassen ist. Nerv, Rezeptoren, Zentralorgane und was immer den sogenannten Reflexbogen des physiologischen Körpers zusammensetzt, sind auch Inhalte unseres Bewußtseins, aber solche, an denen wir die Momente dieses Bewußtseins selbst und ihre Entstehung zur Bestimmung bringen können. So wird der Nerv zur Bedingung für die Möglichkeit einer Erkenntnis des Bewußtseins, und als solche ist die Nervenbewegung aufzufassen. Denn der Begriff der Bewegung ist überall die erste und fundamentalste Hypothesis eines erkennenden Bewußtseins.

Indem die Empfindung der Änderung eines bestehenden Zustandes des Nerven zugeordnet wird, vollzieht sich ihre Bestimmung mit den Mitteln, welche überhaupt eine Erfahrung

ausmachen. Es ist aber klar, daß die denknotwendige Voraussetzung, welche die Physiologie mit ihrem Begriffe der Nervenbewegung zugrunde legt, nicht in ihrem ganzen Umfang und in
ganzer Schärfe zur Geltung kommt, wenn mit der Empfindung,
also der Änderung, angefangen wird. Der Grenzfall der Bewegung ist die Ruhe und die Änderung setzt einen Zustand
voraus, der geändert wird. Auch dieser Zustand muß als Zustand des Bewußtseins definiert werden, wenn anders das Auftreten der Empfindung als ein Bewußtsein nicht ein Novum
sein soll.

Das Problem, den Zustand des Gleichgewichts im Nerven,
oder wenigstens den durch eine Änderung nicht modifizierten
Zustand seiner Bewegung, in einer psychologischen Definition
auf das Bewußtsein zu orientieren, ist bei Johannes Müller nicht
in aller Deutlichkeit aufgetreten. Darum findet sich auch nur
die Andeutung einer Lösung, welche dennoch zeigt, daß das
Problem lebendig war: „das Selbstbewußtsein, dessen ursprünglicher Inhalt die dunkelsten anfänglichen Regungen des Selbst-
gefühls sind . . ."[1] Das Selbstgefühl also bezeichnet jenen
Ursprung des Bewußtseins, welcher der Empfindung voraus anzunehmen ist. Der Terminus bringt zugleich die Möglichkeit
einer Entwicklung des Bewußtseins aus sich selbst und nach
seiner eigenen Gesetzlichkeit in der Vorsilbe Selbst zum Ausdruck. Das Selbstgefühl ist das Bewußtsein unsrer eigenen
Körperlichkeit und seines Zustandes als Disposition zur Reiz-
empfänglichkeit; es ist als solches noch gänzlich unbestimmt
und dunkel. So befreit uns der Begriff des Selbstgefühles von
der Voraussetzung eines bestimmten fertigen Inhaltes am Anfang
der Bewußtseinsentwicklung.

Besteht das Selbstgefühl als ursprünglicher Inhalt nur in
„dunkelsten anfänglichen Regungen" des Bewußtseins, so beginnt
es mit der Empfindung im Bewußtsein zu tagen. Dem Selbstgefühl gegenüber bezeichnet die Empfindung als Veränderung
den Anlaß und ersten Schritt zur Entwicklung eines Inhalts.
Das Selbstgefühl blieb auf die Eigenbewegung des Organismus
und speziell der Nerven bezogen; mit der Empfindung entsteht
eine Art des Bewußtseins, im Unterschiede vom Selbstgefühl
bei Müller sogar als Selbstbewußtsein bezeichnet, welche eine
bestimmte Richtung dieser Entwicklung des Bewußtseins schon bezeichnet. Diese Richtung geht auf die Außen-

---

[1] Physiolog. d. Gesichtsempf. S. 39.

welt. Wie der vollendete Inhalt des Bewußtseins als das Ganze
einer äußeren Natur dem Bewußtsein gegenübertritt, so ist in
seinem ersten Anfang eine mögliche Beziehung auf jenes Äußere
zum mindesten offen gelassen. Diese Beziehung enthält der
Begriff der Veränderung, mit dem das Selbstbewußtsein anfängt.
„Das Selbstbewußtsein ist Bewußtsein innerer Veränderungen
an demselben (sc. dem Selbstgefühl), welches bewußt wird, von
welchen Veränderungen es noch nicht ermittelt ist, ob sie von
einer von dem veränderten Selbst verschiedenen, d. i. äußeren
Ursache erregt worden sind, oder ob Eines und Dasselbe, welches
verändert wird und sich dessen bewußt ist, auch sich selbst
Grund der Veränderung sei."[1]   Die Empfindung also bleibt
auch als Veränderung des Nervenzustandes auf das Bewußtsein
orientiert, sofern sie als jene Veränderung ein Verhältnis zu
einem Zustande des Bewußtseins bezeichnet, eine Veränderung
an dem Selbstgefühl ist.

Die Einheit des sinnesphysiologischen Problems bleibt also
gewahrt, sofern die Empfindung auch als Veränderung der
Nervenbewegung das Verhältnis zweier Momente des Bewußtseins definiert und nicht etwa das Verhältnis eines Zustandes
des Bewußtseins zu einem heterogenen äußeren Vorgang. Damit ist zugleich für die Voraussetzung des Nerven in der Sinnesphysiologie die Konsequenz erhalten, daß mit dem materiellen
Vorgang kein Gegensatz zum Begriffe des Bewußtseins aufgestellt werden soll, sondern nur eine Bedingung der Möglichkeit
seiner Erkenntnis, die selbst etwas Ideales ist.

Die Empfindung bezeichnet dem Selbstgefühl gegenüber
den Anfang der Entwicklung eines Inhaltes. Die Empfindung
selbst kann diesen Inhalt nicht verantworten, sie ist noch unbestimmt. Im Verhältnis zum äußeren Reiz bedeutet die Empfindung nur das Bewußtsein einer Änderung. Jede andere Auffassung, welche dem äußeren Reiz eine bestimmte Empfindung
mit Qualität und Intensität zuordnet, käme mit dieser physiologischen Bestimmung in Konflikt.

Die Empfindung ist aber nicht allein ihrem Inhalte nach,
sondern auch in dem Umfang ihres Problems und ihrer Be-
deutungen durch den äußeren Reiz nicht zu definieren. „Dieselbe äußere Ursache erregt in den verschiedenen Sinnen verschiedene Empfindungen." Somit ist das Verhältnis der Empfindung zum äußeren Reiz ganz irrational. Die Empfindung ist

---

[1]) Phys. der Ges. l. c.

in Beziehung auf das Objektive keine Bestimmtheit, sondern nur der Index eines Wirklichen.

Die Empfindung ist also ein Zeichen für ein Objekt, aber nicht sein Abbild. Das Abbild müßte dem Original, welches dann als äußerer Reiz gedacht würde, konform sein. Die Art der Beziehung zum äußeren Reize aber, welche die Empfindung definiert, hat ergeben, daß eine Ähnlichkeit zwischen Empfindung und Reiz schon darum nicht bestehen kann, weil die Empfindung eine inhaltliche Bestimmtheit überhaupt nicht besitzt. Der Unterschied des Zeichens gegen das Abbild ist also mehr, als ein Unterschied des Grades. Die Empfindung ist auch als Zeichen nicht etwa ein modifiziertes Abbild. Man käme zu dieser Auffassung etwa, wenn man sich das äußere Objekt in Relationen eines Vorgangs aufgelöst dächte und nun die Empfindung als Abbildung der Art dieses Ablaufs und seiner Gesetzmäßigkeit definierte. Auch bei dieser Bestimmung würde die Empfindung einen bestimmten Inhalt, sogar den Inhalt in seiner höchsten Vollendung, erhalten; der Inhalt wäre mit der Empfindung gegeben.

Der Unterschied des Zeichens gegen das Abbild liegt vielmehr tiefer; er bezeichnet einen fundamentalen Unterschied in der Art der Gewinnung des Empfindungsbegriffs und seiner Funktion. Jede Auffassung, welche zu dem Schlusse gelangt, daß mit der Empfindung der Inhalt in irgendeiner Form gegeben sein müsse, geht von einer vorausgesetzten Korrelation zwischen äußerer Wirklichkeit und Bewußtsein, zwischen Reiz und Empfindung aus. Es wird also der Reiz ohne immanente Beziehung auf ein erkennendes Bewußtsein vorausgesetzt, und mit dieser unkritischen Auffassung des Reizes entsteht wieder die Frage, wie dieser äußere Reiz in das Bewußtsein gelangt. Sie kann nach diesen Voraussetzungen nicht anders gelöst werden, als durch Annahme einer möglichen Übertragung des fertigen Inhalts von außen nach innen. Und diese Übertragung muß zum Abbild oder zur Abbildung werden, weil anders die Wirklichkeit in ihrem ganzen Umfang im Bewußtsein nicht repräsentiert wäre. Somit muß die Empfindung, weil sie in Beziehung zum Reiz nur in Frage kommt, die Gegebenheit des Inhalts übernehmen und so als jene Abbildung bestimmt werden.

Damit wäre der äußere Gegenstand im Bewußtsein repräsentiert, aber wie der Begriff der Repräsentation schon sagt, bleibt ein Gegensatz und eine Spannung zwischen dem äußeren Objekt und dem Bewußtsein bestehen. Nur sofern er Empfindung ist, kann der Gegenstand fernerhin in Betracht kommen, denn nur soweit kann er, weil im Bewußtsein befindlich, erkannt und bestimmt werden. Demnach würde der äußere Reiz zu einer Art von Ding an sich, von dem man nichts weiß, noch wissen kann. Also ist auch die Form und der Modus dieser Übertragung des Reizes in Empfindung nicht zu bestimmen. Das ist die Selbstkorrektur, welche der Begriff des Bewußtseins vollzieht, daß nun, weil der Reiz dem Bewußtsein korrelativ gegenüber gestellt würde, eine nachträgliche Verbindung mit dem Bewußtsein nicht möglich wird. Demnach würde auch die physiologische Funktion der Empfindung in bezug auf den äußeren Reiz nicht bestimmbar sein, — weil wir dieses äußeren Reizes nicht habhaft werden könnten. Die Sinnesphysiologie stellt also sich selbst in Frage, wenn sie von der Problemstellung ausgeht, die Art der Abbildung der Dinge und der äußeren Vorgänge im Bewußtsein zu bestimmen.

Die Empfindung lenkt vielmehr ihrem physiologischen Begriffe nach das Problem in eine andere Richtung. Es handelt sich nicht um eine adäquate oder inadäquate Spiegelung dieser Außenwelt und es kann sich nicht um diese Frage handeln, weil die Außenwelt noch gar nicht da ist. Aber sie soll entstehen: die Empfindung ist der Anfang einer Entwicklung des Bewußtseins, dessen Ende die Außenwelt als Bewußtsein ist. Auf der Stufe der Empfindung ist eine inhaltliche Bestimmtheit des Bewußtseins nicht vorhanden; so war die Empfindung im Verhältnis zum äußeren Reiz definiert.

Aber für das Problem der Entwicklung erhebt sich hier ein anderes Bedenken. Die Funktion der Empfindung für die Erzeugung desjenigen Inhalts, welcher als äußerer Gegenstand in Frage steht, ist so weit eingeschränkt, daß die Kontinuität einer weiteren Lösung dieses Problems bedroht erscheint. Es kann fraglich werden, ob nach dieser Definition der Empfindung überhaupt innerhalb des Bewußtseins zu einem Inhalt zu gelangen ist, welcher das äußere Objekt darstellt und erzeugt. Es könnte nach dem Ergebnis dieser Vorbegriffe scheinen, als wäre das Bewußtsein von dem Selbstgefühl und der Empfindung ab so innerhalb dieser Grenzen beschlossen, daß es in der Willkür seiner Erdichtungen einen Inhalt zur Gestaltung brächte, welcher mit dem äußeren Objekt keine Gemeinsamkeit besäße.

So würde die Erkenntnis ihren objektiven, d. h. Objekt erzeugenden Charakter verlieren und, da ein Zusammenhang unserer Vorstellungen mit der Wirklichkeit nicht besteht, wäre

die Möglichkeit eines Vergleichs und einer Kontrolle unserer
Vorstellungen mit der Wirklichkeit abgeschnitten. Wir würden
die Grundlage für die Gewißheit unserer Erkenntnis aufgeben
und also die Möglichkeit einer Erkenntnis überhaupt in Frage
stellen.

Diese skeptische Auffassung ist als angebliche Konsequenz
der in den notwendigen Vorbegriffen niedergelegten physiologischen Ergebnisse oft ausgesprochen worden. Sie entspricht
aber weder dem Inhalt der notwendigen Vorbegriffe, noch ist
es möglich von der Sinnesphysiologie aus die Objektivität des
äußeren Reizes in Frage zu stellen. Diese Objektivität kann
zwar nicht darauf beruhen, daß der Reiz ein äußerer Gegenstand
ist im Unterschiede vom Bewußtsein, — dann wäre die Empfindung nicht bestimmbar. Vielmehr muß der äußere Reiz in
einem Verhältnis zum Bewußtsein gedacht werden, welches zugleich seine gegenständliche Bedeutung enthält. `

Der äußere Reiz unterscheidet sich von der Empfindung
durch die Art der Bewußtseinsfaktoren, welche in seiner Erzeugung zusammenwirken: „Das was uns durch die Sinne zum
Bewußtsein kommt, sind zunächst nur Eigenschaften und Zustände unserer Nerven, aber die Vorstellung und das Urteil
sind bereit, die durch äußere Ursachen hervorgebrachten Vorgänge in unseren Nerven als Eigenschaften und Veränderungen
der Körper außer uns selbst auszulegen." Mit dieser Berufung
auf das Urteil, in dem sich die Außenwelt erzeugt und bestimmt, ist die Gegenständlichkeit des äußeren Reizes als Inhalt
der Erkenntnis fixiert.

Also ist der äußere Reiz mit der Empfindung nicht allein
kommensurabel, sofern er auch aus psychischen Faktoren besteht, sondern es ergibt sich, daß der äußere Reiz in dieser
Bedeutung eines Erkenntniswertes vorausgesetzt wird und
so einen objektiven Bestand in der Sinnesphysiologie erhält.
Sofern die psychischen Faktoren nach diesem methodischen
Leitfaden bestimmt und hinsichtlich ihrer Leistung gemessen
werden, ist mit dem äußeren Reiz der Physiologie eine Voraussetzung gegeben, welche an Bestimmtheit jede unbestimmte
Vorstellung eines äußeren Dinges übertrifft. Es kann also
nicht fraglich sein, daß die Erfahrung mit ihrem Gegenstande konform ist, sofern sie sich in der Erzeugung des
Gegenstandes als Erfahrung betätigt. Darum kann auch in der
Physiologie das Problem nicht entstehen, in welcher Art das
äußere Objekt in der Empfindung zu einem Inhalt des Bewußt-

seins wird, sich im Bewußtsein gleichsam spiegelt, und wie die Erfahrung dadurch eine gegenständliche Bedeutung erhält. Denn mit dem Ganzen des äußeren Reizes ist das Objekt als Inhalt einer Erfahrung, die Erfahrung als objektive, d. h. Objekt erzeugende Erkenntnis schon vorausgesetzt.

Somit auch in dem Umfange dieser Voraussetzung das Verhältnis der Empfindung zur Außenwelt, das ist ihre logische Funktion. Und es widerspricht dem Begriffe der Empfindung nicht derjenige Begriff, durch den die Physiologie die Leistung der Empfindung in ihrer Sprache ausdrückt: die Veränderung. Die Veränderung entspricht, als Ausbildung der Richtung auf einen Inhalt des Bewußtseins, jenem ersten Anfang, der noch unbestimmt ist, aber eine Beziehung auf den äußeren Reiz tatsächlich enthält. Somit erledigt sich auch für die Physiologie das Bedenken, welches sich an die Beziehung zwischen Reiz und Empfindung anknüpfte. — Bestände aber jener Zusammenhang zwischen Reiz und Empfindung nicht, so müßte die Sinnesphysiologie ihn aufsuchen und er bliebe ein Problem. Denn dieser Zusammenhang ist gefordert und diese erkenntniskritische Forderung ist eine Voraussetzung des sinnesphysiologischen Problems und der Möglichkeit ihrer Untersuchung.

16. Die logischen und psychologischen Voraussetzungen der Sinnesphysiologie.

Wenn anders der Reiz in jener kritischen Bedeutung zu verstehen ist, welche in der Funktion des Urteils seinen Inhalt zusammenfaßte, so ist die Beziehung zwischen Reiz und Empfindung zunächst transzendental.

Wird also der Reiz als Erkenntniswert vorausgesetzt, so wird damit zugleich diese Beziehung zur Empfindung und folglich der logische Begriff der Empfindung selbst vorausgesetzt.

Der Begriff der Empfindung wird also in der Sinnesphysiologie nicht erst gewonnen. Vielmehr beruht die Möglichkeit ihrer Problemstellung darauf, daß sie die Funktion der Empfindung im Begriffe der Erfahrung kennt. Dennoch schien das Bemühen der Sinnesphysiologie darauf gerichtet zu sein, die Art der Beziehung zwischen Reiz und Empfindung und damit die Empfindung selbst zu bestimmen.

Allein die Anerkennung dieser Leistung verlangt die Einschränkung, daß in der Sinnesphysiologie zwar ein objektives,

physiologisches Korrelat der Beziehung zwischen Reiz und Empfindung in der Veränderung des Nerven gefunden wurde, daß
aber nicht hiermit die Empfindung selbst ihrem Begriffe nach
allererst zur Bestimmung gelangte. Wäre dies der Fall, so wäre
die Empfindung direkt bestimmbar. Die Empfindung ist aber
stets etwas Indirektes.

Was ist Empfindung? Daß ich Farben und Töne, heiß und
kalt wahrnehme, ist das Empfindung? Man würde bei allen
diesen Bestimmungen nur e i n Moment als für die Empfindung
bestimmend hervorheben, nämlich das des Bewußtseins. Das
Bewußtsein überhaupt charakterisiert aber die Empfindung nicht,
sondern mindestens ebensogut den Reiz.

Der Unterschied muß also in der Art des Bewußtseins liegen,
und die Frage ist, ob die Sinnesphysiologie diese Arten des
Bewußtseins zur Definition bringen kann; vielleicht sogar direkt
und experimentell bestimmen kann. Kann die Sinnesphysiologie z. B. diejenige Art des Bewußtseins charakterisieren,
welche wir Raum nennen? Kann die Sinnesphysiologie das
Raumbewußtsein erst entdecken, — sie, welche den äußeren
Reiz schon voraussetzt und voraussetzen muß? Dieses Außen
wäre der Raum.

Sollte es möglich sein, die Art des Raumbewußtseins erst
durch das physiologische Experiment zu charakterisieren, so
müßte der Raum eine sinnliche Erscheinung sein. Denn hiermit fängt alle Erfahrung an, auch wenn eine innere Erfahrung
angenommen werden muß. Der Raum selbst aber erscheint
gar nicht; er beruht nicht auf der Funktion des Sinnesnerven,
wenn hierdurch die Art des Erscheinens festgestellt werden
könnte: „Es liegt nicht in der Natur der Nerven selbst, den
Inhalt ihrer Empfindungen außer sich gegenwärtig zu setzen;
die unsere Empfindung begleitende, durch Erfahrung bewährte
Vorstellung ist die Ursache dieser Versetzung."[1]

Mit dem Begriff der Vorstellung und Erfahrung werden wir
jedenfalls für die Frage des Raumes auf das Bewußtsein und
seine ihm immanente Gesetzlichkeit verwiesen, deren Inbegriff den Inhalt der Erfahrung allerdings ausmacht. Aus dieser
E r f a h r u n g muß man also den Begriff des Raumes abstra-
hieren; die Erfahrung muß also als ein Inhalt solcher Arten des
Bewußtseins definiert und so vorausgesetzt sein. Wo soll diese
Voraussetzung hergenommen werden?

---

[1] Hdbch. II, S. 268.

25*

Der Begriff der Erfahrung gelangt in der transzendentalen Logik zur Bestimmung und es ist anders nicht möglich, die Kenntnis der Grundformen des Bewußtseins zu gewinnen als indem diese Bestimmungen der Logik aufgenommen werden. Aus dieser Notwendigkeit entspringt das „Bedürfnis der Sinnesphysiologie nach einer philosophischen Naturbetrachtung."[1] Wenn es dort ausgesprochen wird, daß die Sinnesphysiologie ihren Anteil daran habe, die „Erfahrung zu begreifen", so heißt das, den Prozeß und die Entwicklung der Erfahrung zu begreifen. Für diese Aufgabe ist die bestimmte Voraussetzung des Erfahrungsbegriffs und seiner Komponenten allerdings gefordert.

Es könnte aber scheinen, als würde diese Voraussetzung dadurch modifiziert. Gerade die Rücksicht auf die Empfindung könnte diese Meinung begünstigen. Denn wenn der Erfahrungsbegriff für die Bestimmung der Empfindung vorausgesetzt werden soll, so ist damit eine Erfahrung gemeint, welche die Empfindung selbst als Inhalt enthält. Wenn die Empfindung auch keine Bestimmtheit des äußeren Inhalts gewährleistet, so wäre sie doch ein inneres, psychisches Etwas, welches in einer besonderen Erfahrung zum Ausdruck käme. Was Empfindung ist, müßte man am besten erfahren durch innere Beobachtung. Die innere Erfahrung also könnte mit jenem Erfahrungsbegriff, dessen Voraussetzung für die Bestimmung der psychischen Funktionen sich als nötig erwies, gemeint sein.

Freilich ergab sich bereits, daß, wenigstens in der Physiologie, mit jenem Erfahrungsbegriff der Begriff des äußeren Reizes kompliziert ist. Aber auch die innere Erfahrung könnte den äußeren Reiz ja mit in sich schließen. Der äußere Reiz beruht auf der „Vorstellung und dem Urteil"; er beruht auf Bestimmungen des Bewußtseins. Soll anders er überhaupt zur Erfahrung kommen, so müßte er also zunächst ein innerer werden, ein Inhalt der inneren Erfahrung.

In dieser inneren Erfahrung also müßten wir die Entwicklung des Bewußtseins von der Empfindung an bis zu dem Bewußtsein einer Außenwelt in allen Ansätzen und Stationen beobachten und zur Darstellung bringen können. — Da, nach Voraussetzung, in diesen Vorgängen des Bewußtseins der Gegenstand der Erfahrung sich begründet, (einerlei wie dies gedacht wird, als Mechanismus der Vorstellungsakte oder als Entwicklung

[1] Phys. der Ges. S. 1.

eines gegebenen Inhalts von der Empfindung zur sinnvollen Vorstellung, Dingvorstellung) so muß die Unterscheidung der einzelnen Stationen jedenfalls nach inhaltlichen Merkmalen geschehen. In der Tat ist dies nicht anders denkbar, da es im Bewußtsein nur Vorstellungen und Inhalte gibt, aber kein reines Bewußtsein der denkenden Funktionen in unmittelbarer Erfahrung. Also geschieht in der Tat die Unterscheidung der Empfindung von jeder Art des Vorstellens, z. B. der Raumvorstellung nach diesem Inhalt, nämlich dem Raum.

Es ist also nicht möglich, die Empfindung zu charakterisieren, ohne ein inhaltliches Moment zu berücksichtigen. Um aber diesen Einteilungsgrund zu gewinnen, muß von der Logik der Erkenntnis ausgegangen werden, in der diese Bedingungen eines Gegenstandes als Inhalt der Erkenntnis gewonnen werden. Die psychologische Betrachtungsweise, auf die wir mit der Empfindung geführt werden, setzt jene Bestimmungen der Logik also voraus. Eine innere Erfahrung, welche sie, wenngleich unverbürgt, auch anwendet, ergibt nichts als petitiones principii.

Die Empfindung ist von der Vorstellung und dem Denken nur nach dem Beitrag zu unterscheiden, welchen sie für den zu erzeugenden Inhalt, den Gegenstand, leistet. Es fragt sich, ob die Bestimmtheit dieser Voraussetzung in der Wendung des Problems, welche die physiologische Betrachtungsweise fordert, erhalten bleibt. Für die Physiologie ist die Erfahrung ein Vorgang; der Inhalt soll sich in der Einheit des Bewußtwerdens entwickeln und beschreiben lassen. Als solcher Vorstellungs- oder Empfindungsinhalt kann das Objekt eben nicht als gegeben angenommen werden und nach Voraussetzung dieser Gegebenheit die Aufgabe der Psychologie darauf reduziert werden, den Ablauf und die Folge dieser Dingvorstellungen festzustellen. Man übersieht hierbei das eigentliche Problem, nämlich zu dem Begriff der Vorstellung zu gelangen. Dieser psychologische Begriff soll als eine Einheit des Bewußtwerdens definiert werden; für diese Bestimmung ist die Form seiner logischen Existenz vorausgesetzt. Wenn man in jener psychologischen Tendenz den Inhalt gegeben sein läßt, wird die erzeugende Tätigkeit des Bewußtseins nicht zur Grundlage der Bestimmung, und damit wird der Begriff des Bewußtseins überhaupt verfehlt. „. . . die empirische Psychologie wiederholt hier, was sie immer getan hat, sie stellt Beziehungen zwischen den Produkten auf und läßt das Leben des produzierenden Geistes gehen."[1]

---

[1] Phant. Ges. S. 95.

Nach diesen Erwägungen kann es einleuchten, daß wir für das Studium des produzierenden Geistes dahin verwiesen sind, wo er sich in der Erzeugung eines Inhalts als lebend erweist. Sofern es sich hier um den Inhalt handelt, welcher als das Ganze einer äußeren Erfahrung unser Außenweltbewußtsein ausmacht, erfolgt die Bestimmung der Grundformen des produzierenden Geistes in der Logik, welche sie aus der Erfahrung als Wissenschaft deduziert.

Zu diesem denkenden Bewußtsein, dessen objektiver und inhaltlicher Charakter außer Frage steht, ist also die Empfindung in Beziehung zu setzen, soll anders ihre Bedeutung für jenen Inhalt des objektiven Reizes diskutiert werden. Diese Bedeutung steht zunächst in Frage. Die Empfindung ist, so unbestimmt sie sein mag, auf jenen Inhalt wenigstens gerichtet.

So ist auch das Verhältnis der Empfindung zu dem, wovon sie ein Ausdruck ist, zu dem äußeren Reiz, in den notwendigen Vorbegriffen zunächst in logischem Sinne fraglich. Dies Verhältnis wird durch diese logische Bedeutung erst ausdrückbar. Die Voraussetzung, welche allein die richtige Deutung der in den notwendigen Vorbegriffen erörterten Phänomene ermöglicht, ist die Abstraktion von der dinglichen Gegebenheit des äußeren Reizes. Sollten die Phänomene der Sinnlichkeit das Problem einer besonderen objektiven Wissenschaft werden, sollten sie unabhängig vom äußeren Reiz bestehen können, so mußte der Reiz diejenigen Bestimmungen abgeben, welche jenen sinnlichen Charakter ausmachen. Damit aber droht der äußere Reiz überhaupt eine Beziehung zum Bewußtsein und also zur Erkenntnis zu verlieren (denn als Erscheinung ist auch der Reiz zunächst nur vorhanden). Er würde aber nur dann dem Bewußtsein entschwinden, wenn er als körperliches Ding gedacht wäre; denn das Moment der Körperlichkeit gehört der Sinnlichkeit an und macht diese und nur diese aus. Er wird dadurch als Voraussetzung der Sinnesphysiologie erhalten, daß er zu einem Inbegriff von Denkbestimmungen wird. Das „reine Faktum" des Reizes besteht in seiner wissenschaftlichen Erkenntnis und ist anders in der Sinnesphysiologie nicht vorausgesetzt. Bewegung und die Gesetze seiner Bewegung, die Zahl der Schwingungen u. s. f. sind insgesamt diejenigen Momente, welche nur ihrem logischen Charakter der inhaltlichen Bestimmtheit nach den Begriff des Reizes konstituieren.[1] In derartige Erkenntnis-

---

[1] Hdbch. II, S. 255.

beziehungen aufgelöst, wird der äußere Reiz der Empfindung
überhaupt kommensurabel, sofern auch diese Momente als Denk-
gesetze psychische sind, wie gleich das „Äußere" des Reizes. [1]
Es ist also zunächst nicht der physikalische Charakter des
äußeren Reizes, der in Frage steht; in den notwendigen Vorbegriffen handelt es sich um eine mögliche Beziehung dieses
physikalischen Reizes zur Empfindung, die ein psychisches
Etwas ist. Gerade darin sucht Johannes Müller die Problemstellung der Sinnesphysiologie zu begründen, daß der Reiz nicht
bloß physikalisch bleibt. Sondern es soll die Rücksicht auf das
Bewußtsein erwogen werden. Diese Erwägung führt über die
Logik; sie kann nicht darin bestehen, daß man den Inhalt der
Physik zur bloßen Vorstellung nivelliert und die angenommene
Einheitlichkeit dieser Bewußtseinsvorgänge zum Inhalt einer
inneren Erfahrung macht.

Obgleich also der Begriff des äußeren Reizes sich als die
Einheit einer Bestimmung des Bewußtseins erweist und bei
Johannes Müller nicht als ein äußeres Ding zu gelten hat, so
sind wir damit nicht auf die Psychologie der Vorstellung verwiesen, sondern zunächst auf den logischen Wertcharakter dieses
Begriffs, welcher seine gegenständliche Bedeutung ausmacht.
Nicht anders ist es bei dem Begriff der Empfindung. Sofern
die Empfindung an dem Ganzen der Erkenntnisfunktionen,
welche den äußeren Gegenstand konstituieren, ein Faktor ist,
muß mit der Voraussetzung des äußeren Reizes diese Beziehung
der Empfindung mit vorausgesetzt werden. Es ist nicht einzusehen, wie man zu einer Unterscheidung auch nur des Reizes
und der Empfindung gelangen wollte ohne die Rücksicht auf
ihren inhaltlichen und logischen Charakter. Der Unterschied
des äußeren und inneren ist nicht stichhaltig; denn auch das
Äußere muß ein Inneres werden, soll anders überhaupt darüber
etwas ausgesagt werden.

Demnach kann das unterscheidende Merkmal der subjektiven Sinneserscheinungen gegenüber dem Reize nicht darauf
beruhen, daß sie im Bewußtsein auftreten.

Auch dann nicht, wenn sich zeigen sollte, daß die subjektiven Sinneserscheinungen ihrer Art nach von dem äußeren
Reize unabhängig sind. — Wollte man hieraus folgern, daß mit
den subjektiven Sinneserscheinungen im Unterschiede vom
äußeren Reize ein Vorgang des Bewußtseins bezeichnet wäre,

---

[1] l. c. 268.

so würde man das Bewußtsein auf das Bewußtsein der Sinnlichkeit allein determinieren, was nicht zulässig ist. Denn auch der Reiz ist in den Begriff des Bewußtseins einbezogen und nicht durch die Sinnlichkeit bestimmt. Würde man andererseits behaupten, wie es die Entdecker der subjektiven Sinnesphänomene getan haben, daß diese Phänomene nur ein anormales Verhalten darstellten und in den Umkreis wirklicher Beziehungen des Reizes zum Bewußtsein nicht gehörten, so fielen gewissermaßen die Sinneserscheinungen selbst aus dem Kreis der Bewußtseinsvorgänge heraus. Denn sie sollen für die Bestimmung des Bewußtseins und der Empfindung keine Gültigkeit besitzen.

Es würde sich dann ergeben, daß man auf diese Weise zu einer eigentlich sinnesphysiologischen Untersuchung nicht gelangt. Sofern die Physiologie die Funktionen der Sinne zu untersuchen sich die Aufgabe stellt, muß sie jene Phänomene des Empfindens als ihr rechtmäßiges Problem beachten.

Wenn es also notwendig ist, die subjektiven Sinnesphänomene als ein bestimmendes Moment des Bewußtseins aufzufassen, so besteht die Begründung der Sinnesphysiologie von Johannes Müller darin, daß er diese subjektiven Sinneserscheinungen als Erscheinung der Sinne überhaupt, demnach als für die Bestimmung des sinnlichen Bewußtseins schlechterdings wesentlich aufstellte. „Lange haben diese wichtigen Erscheinungen unter dem Namen der Sinnestäuschungen figuriert und sind unter einem falschen Gesichtspunkt mißachtet worden, dagegen sie als eigentliche Sinneswahrheiten und Grundphänomene bei der Zergliederung der Sinne studiert werden müssen." Sollten diese Phänomene als Grundphänomene des sinnlichen Bewußtseins erkannt werden, so war es nötig, sie als Erscheinungsweise jedes Objektiven überhaupt zu betrachten, da anders ein Unterschied zwischen diesen Erscheinungen bestände, was nicht sein darf, wenn das sinnliche Bewußtsein in ihnen sich manifestiert. Es ist nun kein Zweifel, daß in diesem Umfange der Begriff der subjektiven Sinneserscheinungen bei Johannes Müller gefaßt ist: Wir empfinden beständig uns selbst. Um aber diese Deutung des Phänomens der subjektiven Sinneserscheinungen zu ermöglichen, ist eine Voraussetzung unerläßlich: Die Beziehung der subjektiven Sinneserscheinungen zum äußeren Reize, welche ihre sachliche Bedeutung als Erscheinung überhaupt rechtfertigt, muß als eine gedachte vorausgesetzt sein. Denn anders käme man nicht zu der Auffassung, daß in den subjektiven Sinneserscheinungen unser empfindendes Verhältnis zur Außenwelt zu einem Ausdruck seiner Phänomenalität gelangt.

Das reine Faktum widerspricht dieser Deutung: die Phänomene der Empfindung sind vom äußeren Reiz unabhängig. Sie können zwar auch durch den äußeren Reiz veranlaßt werden und bieten dann das Äußere als ein Phänomen der Sinnlichkeit, als Wirkung auf die Sinnesnerven, dar. Aber damit diese mögliche Beziehung zum eigentlichen Problem wird, damit diese subjektiven Sinneserscheinungen eine objektive Bedeutung erlangen können, ist es nötig, daß überhaupt der Terminus und Begriff der Empfindung, der in diesem Zusammenhang mit dem der Erscheinung gleichgesetzt werden kann, vorher feststeht. Wie könnte man anders die Bestimmung eines Faktors versuchen, dessen Bestimmbarkeit ex definitione unmöglich wäre, wenn man die Bedeutung der Empfindung aus dem physiologischen Versuch erst ableiten wollte.

Die Empfindung ist also nichts weniger als ein unmittelbar gegebenes und direkt bestimmbares psychisches Faktum. Die Abstraktion von der dinglichen Gegebenheit des Reizes würde wieder aufgehoben, wenn man der Empfindung diese Bedeutung einer Faktizität zuschreiben wollte. Die Empfindung stellt das Problem eines Zusammenhangs mit der äußeren Wirklichkeit, und die äußere Tatsache würde am einfachsten zu einem Bewußtseinsinhalt, wenn sie mit der Empfindung als psychisches Faktum gegeben wäre. Es ist aber gerade die Bedeutung der subjektiven Sinneserscheinungen, die Möglichkeit dieser Auffassung abzuwehren. Die subjektiven Sinnesempfindungen sind nicht das psychische Korrelat äußerer Reize; sie sind aber auch selbst keine Tatsachen, da das Moment ihrer Bestimmbarkeit außerhalb ihrer selbst gesucht werden muß.

Das bloße Auftreten der Erscheinungen würde es nicht zur Geltung bringen, daß hier ein besonderes Problem vorliegt, in dem der Erfahrungsfaktor der Empfindung zum Ausdruck seiner Phänomenalität gelangt. Die richtige Deutung der subjektiven Sinneserscheinungen entsteht erst mit der Kritik ihres Begriffs, welche die Eigenart ihrer Beziehung zum Reiz definiert. Der Reiz stellt sich in ihnen als Erscheinung dar, und als Erscheinung ist er das Problem der Subjektivität. Diese nähere Bestimmung enthält das Beiwort „subjektiv". Die subjektiven Sinneserscheinungen sind Erscheinung des Objekts, aber sie stellen als subjektive Sinneserscheinungen das Problem nicht in der Richtung auf das Objekt, sondern auf das Subjekt, das Bewußtsein.

Aber auch der Gegenstand ist Gegenstand des Bewußtseins. Das Dasein der Dinge ist eingeschränkt auf die Bestimmung nach allgemeinen Regeln und Gesetzen und diese ist Leistung der Erkenntnis, also des Bewußtseins. Auch die Erkenntnis beginnt mit der Erscheinung und der Empfindung; aber sie bezieht sich ihrem Inhalte nach nicht auf die Empfindung, sondern auf den Gegenstand der Natur. Dieser Gegenstand begründet sich im reinen Denken und nicht in der Empfindung. Also ändert man den Gesichtspunkt seiner Betrachtung, wenn man auf das Problem der Empfindung hinzielt.

Das Problem bezieht sich nicht auf den Inhalt der Erfahrung, sondern auf den Prozeß ihrer Entwicklung. Diese Entwicklung beginnt mit der Empfindung, und dieser Anfang erhält seine Bestimmung von der Logik der Wissenschaft aus: er ist Erscheinung. Die Dinge werden zu Erscheinungen, indem sie Objekte der Wissenschaft werden. Die Naturwissenschaft geht nicht hinter die Erscheinungen zurück. Sondern sie nimmt die Erscheinung als solche auf und stellt das Problem ihrer objektiven Bedeutung. Dies Problem entwickelt sich in der Untersuchung der Folge und Relationen der Erscheinungen. In diesen Relationen wird die Wirklichkeit als Gesetz entdeckt und bestimmt. Aber die Wissenschaft geht auf den Vorgang nicht ein, welcher damit verknüpft ist, daß die Dinge Objekte ihrer Untersuchung werden, — den Vorgang des Bewußtseins. Von diesen ist das Erscheinen selbst einer der wichtigsten. Für die objektive Wissenschaft ist die Erscheinung zwar nicht gegeben, sondern aufgegeben. Aber sie ist als Aufgabe gegeben.

Auch diese Gegebenheit enthält wie jede Gegebenheit ein neues Problem. Dieses Problem kommt freilich erst in einer anderen Betrachtungsweise als derjenigen, welche auf das Objektive gerichtet ist, zur Entstehung. Wenn man von dem Inhalt und Gegenstand der Erfahrung aus nach der Entwicklung der Erfahrung fragt, dann wird die Erfahrung als Vorgang des Bewußtseins in Frage stehen. In der Entfaltung dieser zusammenhängenden Bewußtseinsvorgänge werden sich einzelne Stufen unterscheiden lassen. Die erste dieser Entwicklungsstufen ist die Empfindung. So weist die Entwicklung der Erfahrung auf die Erscheinung zurück, welche den Bereich ihres objektiven Problems ausmachte. Wenn auch für den Inhalt der Erkenntnis kein neues Moment gefunden werden kann, so müssen doch die Bestimmungsstücke als in der Aufgabe vorhanden nachgewiesen werden. Diese Bestimmungen sind psychischer Natur; der

Gegenstand selbst wird in dieser Rückschau als das · Produkt einer Entwicklung aufgefaßt — und mit ihm die Erscheinung.

Demnach wandeln sich die Voraussetzungen der Sinnesphysiologie dahin um, daß sie die Einheit eines Entwicklungsproblems bedeuten können. Die Physiologie will ja nicht den Reiz bestimmen; auch nicht die Erscheinung, sofern es auf objektive Bedeutung ankommt. Aber es soll auch der äußere Reiz nicht als Erkenntnisbegriff bestimmt werden. Das ist Sache der Logik. Sondern die Physiologie setzt ihn in dieser Bedeutung voraus und bezeichnet mit dem Terminus der Subjektivität die Umkehr der Richtung ihrer Untersuchung. Die Frage ist, wie wir zum Bewußtsein des äußeren Reizes gelangen.

So wird die Psychologie zum notwendigen Vorbegriff der Physiologie, sofern sie das Werden des Bewußtseins auf jeder Stufe zur Definition bringt. Diese definitorische Bestimmung wird vorausgesetzt, wie wir bereits bei der Durchführung der sinnesphysiologischen Bestimmung der Empfindung gesehen haben. So sicher aber die Psychologie die Logik voraussetzt, ist in den Voraussetzungen der Sinnesphysiologie Psychologie und Logik enthalten.

Die Physiologie ist also in ihren Voraussetzungen psychologisch und nicht erst in ihrem Resultat. Wäre das letztere der Fall, so würde die Sinnesphysiologie das Bewußtsein und die gesamten psychischen Vorgänge erst zur Entdeckung bringen, und diese Bestimmung müßte füglich mit der Empfindung beginnen. Denn die Empfindung ist unzweifelhaft die erste Stufe der Entwicklung des Erkenntnisbewußtseins. Kommt also mit der Empfindung etwas Neues zur Kenntnis? Es müßte durch den Reiz hinzukommen. Aber wir haben gesehen, daß die äußeren Ursachen kein Element in diese Beziehungen des Bewußtseins hineintragen, das nicht ohne sie bestände. Nicht anders ist es beim Raume. Setzt nicht die Sinnesphysiologie den Begriff des Raumes als ein Motiv der Entwicklung voraus, wenn der Raum als die „durch Erfahrung bewährte Vorstellung" bezeichnet wird?

Es ist unzweifelhaft, daß die Sinnesphysiologie für ihr Problem des Bewußtseins die definitorischen Bestimmungen der Psychologie voraussetzt. Die Beschreibung und Darstellung der Vorgänge des Bewußtseins ist Sache der Psychologie. Aber freilich nicht einer experimentellen Psychologie. Diese wird durch die Physiologie ersetzt. So ist nunmehr die Frage darauf zu richten, in welcher Art die Vorgänge des Bewußtseins ein Problem enthalten, für welches ihre psychologische Definition nur eine Voraussetzung bildet.

17. Der physiologische Begriff der Empfindung.

An dem Begriffe der Empfindung muß diese Frage zur Lösung gebracht werden können, denn mit dem Terminus und Begriff der subjektiven Sinnesempfindungen soll die Eigenart der physiologischen Problemstellung sich verbinden. Die subjektiven Sinnesempfindungen sind charakterisiert durch ihr Verhältnis zum äußeren Reiz, eine Bestimmung, durch die sie dem Begriffe der Erscheinung überhaupt gleich werden, wenn man den verschlungenen Motiven dieses Problems nachgeht. Die subjektiven Sinneserscheinungen enthalten aber zugleich ein Moment der Bestimmung, welches uns dem eigentlich physiologischen Problem näher führen kann: sie sind auf den inneren Reiz bezogen. Der innere Reiz ist der Ausdruck für den nervösen Vorgang, in dem die eigentliche Natur der subjektiven Sinneserscheinungen zum Ausdruck kommt. Er ist die gleichmäßige und inhaltlich unbestimmte Bedingung für dasjenige Moment, in dem die Empfindung sich bestimmt. „Dieselbe innere Ursache ruft in verschiedenen Sinnen verschiedene Empfindungen, nach der Natur jedes Sinnes, nämlich das Empfindbare dieses Sinnes hervor."[1] Die Empfindung ist also positiv durch ihre physiologische Natur so bestimmt, daß im Verhältnis zum äußeren Reiz der innere Reiz als eine eigentliche und wesentliche Bedingung der Erscheinung überhaupt sich darstellt. „Die äußere Natur vermag uns daher hier keine Eindrücke zu schaffen, die nicht schon aus inneren Ursachen in den Nerven möglich sind."[2]

Hiermit steht nicht ihre Möglichkeit überhaupt in Frage, sondern das Verhältnis ihrer Möglichkeit zum äußeren Reiz und zur Nervenbewegung. Während sich zeigt, daß die Empfindungen ihrem Wesen nach unabhängig sind vom Reiz, ist die Möglichkeit ihrer Entstehung in ihrem ganzen Umfang auf den Nerv determiniert. Genauer kann man sagen: auf die Wirklichkeit des Nerven. Demnach stellen die subjektiven Sinneserscheinungen ein Problem dar, das in der Bestimmung der Nervenfunktionen den Ansatz einer Lösung findet. Hiermit würde der Vorgang des Empfindens objektivierbar. Denn die

---

[1]) Hdbch. II, 251.   [2]) l. c. 250.

Empfindung und alle Arten der Empfindung sind nicht dem äußeren Reize als bloße Begleiterscheinungen im Bewußtsein verbunden, wodurch sie gegenstandslos würden. Sondern die Empfindungen sind „die realen Qualitäten unserer Sinnesnerven". So erhält die Empfindung einen eigenen Ort für ihr Problem und zwar wird der Unterschied gegenüber dem Problem des äußeren Gegenstandes deutlich ausgesprochen: „Es muß also zu den Schwingungen etwas ganz anderes hinzukommen, wenn ein Ton empfunden werden soll, und dies Erforderliche liegt nur am Gehörnerven."[1]

Es fragt sich, wie dies Hinzukommen zu verstehen ist. Es könnte das Bedenken entstehen, daß mit dieser materialen Bedingung des Bewußtseins die Empfindung selbst materialisiert würde und der Seelenbegriff sich in das Naturhafte verkehrte.

Allein, wenn dies der Fall wäre, so würde die Sinnesphysiologie in ihrem Versuch und ihrer Forschung das Bewußtsein gewissermaßen erst entdecken. Mit der Empfindung würde man anfangen und die Empfindung als ein solches Novum des Bewußtseins zur Darstellung bringen. Die Möglichkeit dieser Auffassung ist aber bereits mit dem ersten der notwendigen Vorbegriffe erledigt: es kommt kein Element mehr in das Bewußtsein, als an und für sich ihm zukommt.

In diesem an und für sich ist die Notwendigkeit von Voraussetzungen für die Physiologie, welche mit dem Begriffe des Bewußtseins entstehen, bezeichnet. Diese Voraussetzung ist in unserem Falle der Begriff der Empfindung.

Der Begriff bleibt als Voraussetzung auch bei der Koordination erhalten, welche die Sinnesphysiologie zwischen Nerv und Empfindung vollzieht. Durch diese Zuordnung wird die Empfindung nicht materialisiert, sondern die Annahme des Nerven erhält eine besondere Modifikation. Die Nervenbewegung ist nicht durch ein funktionelles Verhältnis zum Reiz darstellbar und zunächst nicht durch eine Kausalbeziehung zum äußeren Reiz zu definieren.[2] „Aus allem diesen geht deutlich genug hervor, was bewiesen werden sollte, daß durch äußere Einflüsse kein modus der Empfindungen uns entsteht, der nicht auch ohne äußere Ursachen, aus inneren, in dem entsprechenden Sinne auftreten kann."[3]

Demnach entsteht die Frage, wodurch die Voraussetzung des Nerven eine so aparte wird, daß seine Bedeutung eines

---

[1]) Hdbch. II, 256.   [2]) Hdbch. II, 255 f.   [3]) l. c. 256.

mechanischen Bewegungsvorgangs sich modifiziert. Die Bedingung dieser begrifflichen Änderung liegt eben in der Beziehung des nervösen Vorgangs zur Empfindung. Denn die Empfindung stellt ein Problem dar, welches über eine mechanische Abstraktion hinausweist, zunächst aber die Möglichkeit seiner Bestimmbarkeit überhaupt in Frage stellt: „Über die Empfindung des Blauen läßt sich nicht weiter räsonnieren; sie ist eine Tatsache, wie viele andere, die die Grenze unseres Witzes bezeichnen."[1]

Bezeichnet also die Empfindung diese Grenze der Erfahrung, so kann sie auch in der Physiologie nicht selbst Gegenstand einer möglichen Erfahrung werden.

Es wird also die Empfindung nicht zum Gegenstand einer sinnlichen Anschauung, sondern die Empfindung bedeutet hier die Einheit eines Problems, das sich in der Einschränkung der Erfahrung, die notwendig wird, begrenzt. — Ist die Empfindung nicht Gegenstand einer sinnlichen Anschauung, so ist sie nicht eigentlich Gegenstand einer Erfahrung. Denn es kann keinen Gegenstand geben, der nicht durch die Bedingungen der Erfahrung gedacht wird. Also ändert sich mit dem Grenzbegriff der Empfindung, sofern die Empfindung das Problem einer Erfahrung, nämlich der Sinnesphysiologie bleibt, der Begriff der Erfahrung und seines Gegenstandes. Es ist also der Begriff der Erfahrung selbst, welcher mit diesem Problem der Empfindung erweitert und bestimmt wird, sofern die Empfindung Gegenstand der Sinnesphysiologie wird. So verändert sich mit dem Begriff der Empfindung der Gesichtspunkt der physiologischen Forschung und ihre Methodik. Diese Veränderung, diese Erweiterung des Problems bezeichnet der Begriff der spezifischen Sinnesenergie.

Der Begriff der spezifischen Sinnesenergie ist erdacht worden im Unterschiede und zunächst im Gegensatz zum Begriff der Reaktion. Die Empfindung ist nicht als Reaktion des äußeren Reizes aufzufassen; sie gelangt in dieser Auffassung nicht zum Ausdruck ihres eigentümlichen Problems. Wäre also der Begriff der Erfahrung mit der mathematischen Naturwissenschaft und ihrem Grundbegriff der Kausalität erschöpft, so wäre das Problem der Empfindung eine Schranke und würde ein ewiges Fragezeichen bedeuten. Die Sinnesphysiologie erschließt die methodische Möglichkeit seiner Behandlung, indem sie die Sinnes-

---

[1]) Hdbch. II, 256.

empfindung auf das Problem der Nerven und Organe bezieht und damit in das Ganze der biologischen Probleme einordnet. Diese methodische Bedeutung hat der Begriff der spezifischen Sinnesenergie; die Empfindung wird im Unterschiede von dem Begriff der Reaktion als Ausdruck eines Problems formuliert, das in einem anderen Grundbegriff sich begründet. —

Reaktion ist Kausalität in der Vollendung, welche der Begriff des Systems zu geben vermag. Das Analogon zum Begriffe der Kausalität ist auf dem Problemgebiet des organischen Lebens, auf welches die spezifische Sinnesenergie hinweist, der Zweckbegriff. Die Physiologie definierte das Problem der Empfindung als ein biologisches; — die Voraussetzung des Begriffs der Empfindung lenkt von der mechanischen Abstraktion zum biologischen Problem hinüber. Mit dem Begriff der spezifischen Sinnesenergie wird das Problem der Empfindung in dieser Wendung zur Behandlung gebracht. So hat der Begriff der spezifischen Sinnesenergie die Funktion, den Zweckgedanken in der Sinnesphysiologie zu vertreten.

Der Gesichtspunkt und die Methodik der sinnesphysiologischen Forschung ist hiermit von Johannes Müller festgelegt. — Dieses Problem biologischer Verrichtung ist es, was „zu den Schwingungen hinzukommen muß, damit ein Ton empfunden wird". Das Problem der Empfindung wird restringiert auf das der spezifischen Leistung des Nerven oder des Organs. Somit ist die spezifische Sinnesenergie in ihrer methodischen Bedeutung als spezifische Disposition zu verstehen.[1] Die Tatsache, daß die Geschmacks- und Geruchsorgane auf Licht und Druck gar nicht reagieren,[2] ist nur der negative Ausdruck des Begriffs der spezifischen Sinnesenergie. Als spezifische Disposition bedarf die spezifische Sinnesenergie einer besonderen Erklärung — zunächst durch den Hinweis auf die Natur der biologischen Elemente, welche die Wirksamkeit der spezifischen organischen Leistung erklären könnten.

Denn die Empfindung stellt als das Sehen und Hören die Einheit eines Problems und Gesichtspunktes dar, welcher die Organe und ihre Verrichtungen bis in die kleinsten Teile zu sammeln und zu ordnen gestattet. In dieser Methodik, welche den Begriff der Empfindung zustande bringt, erweist die Empfindung ihren idealen Charakter. Die Empfindung wird nicht direkt bestimmt, noch bestimmbar. Sie ist nicht die Summe

---

[1] cf. Nagel, Handbuch d. Physiologie III, S. 5 f.   [2] ibid.

der morphologischen und anatomischen Bestandteile. Sondern die Empfindung betätigt sich als eine Abstraktion, indem sie als Einheit des ganzen Zusammenhangs außerhalb der organischen Elemente gesetzt wird. Darin bestimmt sich der biologische Charakter der physiologischen Forschung, in dem System der Verrichtungen den Ursprung der lebendigen Einheit zu suchen.[1] Und wie dieses System in seinem weiteren Umfange die Einheit des Leibes und der Organe ist, innerhalb dieser Einheit des Individuums handelt es sich hier um ein Einzelproblem der Empfindung. So wird die Empfindung, als Begriff, die Einheit spezifischer Funktionen.

In dieser Bedeutung entfaltet der Begriff der Empfindung sich in eine Reihe von Einzelproblemen, deren Sonderung als Sinnesmodalitäten oder Qualitäten bei Johannes Müller begonnen ist. Die Einheit der Betrachtungsweise, welche die Empfindung bedeutet, erhält sich gerade in dieser systematischen Arbeit. Die Empfindung bewährt ihren Ordnungswert als Begriff, — denn der Begriff ermöglicht die Einteilung in Gattung und Art. Damit entsteht zugleich die Forderung einer Verbindung dieser Verschiedenheit. So läßt sich die Gesamtheit aller Farbenempfindungen als Funktion von drei Variablen, den Komponenten, darstellen, und diese Vereinigung ist auf· die Einheit des Empfindungsvorgangs orientiert. Die Empfindung ist, als psychischer Vorgang, immer eine Einheit. Die Gliederung betrifft das physiologische Korrelat, und in dieser Beziehung erweisen sich kombinatorische Zusammenstellungen als gleichwertig gemäß ihrer physiologischen Leistung. So bleibt der ideale Charakter der Empfindung auch hier erhalten; man gelangt zu einem Ausdruck der Wertigkeit und Valenz, welcher gleichzeitig an die Gesetze der Mechanik den Anschluß ermöglichen könnte.

Die Einteilung und Ordnung der Empfindungen, welche die physiologische Leistung im einzelnen betrifft, läßt eine Abhängigkeit der Physiologie von der Physik erkennen. Es ist klar, daß Zahl und Art der sogen. Qualitäten von der physikalischen Bestimmung abhängig sind. Die Mannigfaltigkeit der Empfindungen ist nicht von größerer Mächtigkeit d. h. nicht in mehr Beziehungen veränderlich, als die physikalischen Valenzen des Reizes.

So ergäbe sich wiederum der Zusammenhang der Physiologie mit der Logik in dem Begriff der Empfindung, welcher

---

[1] Hdbch. I, S. 53.

Leistung der Kategorie der Wirklichkeit ist. Zugleich würde der Umfang des psychologischen Begriffs der Empfindung in diesem Zusammenhang bestimmt. Es kann fraglich sein, ob die Qualität überhaupt auf der Empfindung allein beruhen kann, ob nicht vielmehr der Raum bereits nötig ist, um dieses komplizierte Problem auszudrücken. Denn es kann nicht zweifelhaft sein, daß die Qualität etwas Zusammengesetztes ist und die Empfindung hier die Einheit mehrerer physiologischer Funktionen bedeutet, die als solche erst herauszustellen und zu beschreiben sind. Die Tendenz des Begriffs der spezifischen Sinnesenergie geht eben dahin, die Selbständigkeit des biologischen Problems zu behaupten. So ist die Qualität und Modalität die Einheit dieses Problems von dem Zusammenwirken verschiedenster Organe und kleinster Organe bis zur Zelle.

Die Empfindung selbst besteht also nicht aus Aggregaten, in die sie zu zerlegen wäre. Die Einheit des psychologischen Vorgangs bezeichnet das Problem. Wie die Physiologie die Definition ihrer Begriffe von der Psychologie annimmt, so muß sie, ebenso wie diese, darauf verzichten, durch eine subjektive Analyse diese Empfindungen als elementare Vorgänge zu beschreiben. In diesem Sinne sind die Empfindungen freilich nicht in Grundempfindungen oder die Vorstellungen in Empfindungen zu zerlegen. Der Bewußtseinsinhalt ist vielmehr immer eine Einheit. Aber auf diese angebliche psychologische Analyse kommt es nicht an; der Begriff der Grundempfindung wie der des Blau und der gemischten Empfindung, wie z. B. weiß, ist wesentlich physiologisch und betrifft die physiologischen Elemente. Demnach hat die spezifische Sinnesenergie nicht die Bedeutung, die einzelne Sinnesempfindung als ein psychologisch Gegebenes zu fixieren, sondern sie ist nur der zusammenfassende Ausdruck für eine Aufgabe und ein Problem.

In dem Verfolg dieser Aufgabe vollzieht sich neben der histologischen Sonderung und Anordnung der organischen Elemente die Anpassung des biologischen Problems an chemische und physikalische Methoden, welche ihr ideales Ziel ausmachen. Einen Zusammenhang haben wir bereits gezeigt (S. 112). Den Übergang aber bildet die Chemie. Der organische Prozeß im Nerven und Organ wird zum Gegenstand und Problem der Chemie, die dadurch in den Dienst der Sinnesphysiologie tritt: „Nicht die Physiologie kann eine biochemische sein, aber die Prozedur des Physiologen ist chemisch-physiologisch und, könnte man sagen, die empirischen Doktrinen der Naturwissenschaft, der Versuch, die Analyse, geben determinierend zur lebendigen Anschauung die Logarithmen für die unbekannte physiologische Größe."[1] — Es bleibt also das physiologische Problem in seiner Eigenart bestehen, auch in dieser Annäherung an andere Methoden; aber das Verfahren, die Prozedur des Physiologen, ist chemisch-physiologisch, sollte sie auch dem lebendigen Organismus gegenüber nur ein Gleichnis bleiben. —

Wie die Empfindung schon früher als Veränderung bezeichnet wurde, so leitet sie als solche von dem Problem des Gleichgewichts, der Chemie, zu dem der Bewegung über. Die Physik tritt dem physiologischen Problem zur Seite, wie die physiologische Optik in ihrer geschichtlichen Entwicklung gezeigt hat. Damit werden die Kategorien wieder notwendig, welche den physikalischen Gegenstand ausmachen. Das Problem der Empfindung gibt trotz aller Selbständigkeit und Eigenart dennoch die Anweisung zu einer Anpassung an die Methode der Kausalität. Der Reiz tritt in seine Rechte wieder ein und zwar als „normaler Reiz". Wenngleich ,das Beiwort wieder an die Methode der Zweckmäßigkeit anklingt, so bedeutet der Reiz selbst doch etwas anderes. Der Begriff des normalen Reizes weist zurück auf die Einwirkung, welche das organische Korrelat der Empfindung von außen erfährt. So ist der normale Reiz der Inbegriff der physikalischen Bedingungen, welche die spezifische Leistung und Disposition des Organs mit mechanischen Begriffen darstellbar machen sollen. Dies Problem bleibt in der Physiologie nicht allein ein Problem der Entwicklung und Entwicklungsmechanik. Sondern das Problem der Empfindung in dieser Bedeutung wird zu einem Zusammenhang von Zweck und Kausalität in der methodischen Einheit, welche der physiologische Versuch darstellt. In diesem physiologischen Experiment ist der Zusammenhang von Zweck und Kausalität unter der Form des Stoffwechsels ein Problem dynamischer Relationen. Auch darauf weist der Terminus der Energie hin. Aber in dieser Reduktion auf chemische und physikalische Bedingungen bleibt die Eigenart des physiologischen Problems erhalten: alle Verwandlung soll unter dem Gesichtspunkt erforscht werden, welchen die Einheit des Begriffs der Empfindung fordert.

So erweist sich die Sinnesphysiologie als das Gebiet, in dem das Problem der Empfindung den Ausdruck seiner eigentlichen Bedeutung erlangt. Die Sinnesphysiologie erhält die Eigenart

---

[1] Phys. der Gesichtsempf. S. 19.

dieses Problems im Zusammenhang mit dem Begriffe des Bewußtseins. Diesen Zusammenhang bezeichnet der Terminus der subjektiven Sinneserscheinungen. Zugleich wird eine objektive Beziehung in diesem Begriffe bedeutsam. Die subjektive Sinnesempfindung ist als Erscheinung kein Schein, noch ist es die Tendenz dieses Begriffs, sie als Schein zu bezeichnen. Sondern mit der Empfindung wird dieses Erscheinen zum Problem und setzt sich als Wirklichkeit durch in dem Zusammenhang der Kausalitäten und der morphologischen Elemente. „Die Seele drückt in bestimmter Art und Weise und für eine bestimmte Zeit den Stand des Universums gemäß der Beziehung aus, die die anderen Körper zu dem eigenen haben,“ — so hat Leibniz dies Problem der Empfindung ausgedrückt. Es verwirklicht sich in dem physiologischen Korrelat der Empfindung das Verhältnis der Empfindung zu dem, wovon sie ein Ausdruck ist. Für diese Bestimmung der Physiologie war freilich das reine Bewußtsein die Grundlage. Anders, denn als Kategorie, konnte die Empfindung nicht zur Definition gelangen. Die Empfindung ist also Element des reinen Bewußtseins. Es fragt sich, was außer diesem Ergebnis der logischen Betrachtung an der Empfindung noch interessieren könnte.

Die Empfindung bezeichnet im Unterschiede, vielmehr in der Rückschau vom reinen Bewußtsein aus, das Problem des Selbstbewußtseins. Das Selbstbewußtsein bildete auch den Anstoß für die Psychophysik, wie für die experimentelle Psychologie in dem Sinne, daß man nicht begreifen konnte, wie die Dinge zu Inhalten des Bewußtseins werden. Der Begriff des Bewußtseins war verfehlt — wenn dies Problem entstehen konnte.

Die Sinnesphysiologie geht aus von einem Begriffe des Reizes, welcher, seinem Erkenntniswerte nach bestimmt, ein Gegenstand des reinen Erkenntnisbewußtseins schon ist. Das Problem des Selbstbewußtseins beginnt zwar mit der Empfindung, aber es ist nur zu definieren durch das reine Bewußtsein. Auch darin zeigt sich der Umfang dieser Voraussetzung, daß die Durchführung der Physiologie als Erfahrung das reine Bewußtsein als Bedingung seiner Möglichkeit voraussetzt und fordert.

An dem Begriff der Empfindung balanciert sich der Gegensatz zweier Welten aus zu dem Unterschied zweier Forschungsrichtungen, welche beide die Einheit der Erfahrung als Einheit des reinen Bewußtseins umspannt. So gelangt das Problem der Empfindung in das Gleichgewicht, welches der stetige Gang einer Wissenschaft zu verbürgen vermag.

CPSIA information can be obtained at www.ICGtesting.com
Printed in the USA
BVOW04s1014280115

50BV00009B/39/P